好父母好家教

好妈妈胜过好老师

文贤阁◎主编

江苏凤凰美术出版社

图书在版编目（CIP）数据

好妈妈胜过好老师 / 文贤阁主编 . -- 南京：江苏凤凰美术出版社，2020.11

（好父母好家教）

ISBN 978-7-5580-7714-2

Ⅰ . ①好… Ⅱ . ①文… Ⅲ . ①家庭教育 Ⅳ . ① G78

中国版本图书馆 CIP 数据核字（2020）第 138007 号

责任编辑　郝旭辉
封面设计　陈玉军
责任监印　唐　虎

丛 书 名　好父母好家教
本册书名　好妈妈胜过好老师
主　　编　文贤阁
出版发行　江苏凤凰美术出版社（南京市湖南路 1 号　邮编：210009）
　　　　　北京凤凰千高原文化传播有限公司
出版社网址　http://www.jsmscbs.com.cn
排版制作　文贤阁
印　　刷　阳信龙跃印务有限公司
开　　本　880mm×1230mm　1/32
总 印 张　36
版　　次　2020 年 11 月第 1 版　2020 年 11 月第 1 次印刷
标准书号　ISBN 978-7-5580-7714-2
总 定 价　192.00 元（全 6 册）

营销部电话　025-68155790　营销部地址　南京市湖南路 1 号

前言

preface

家庭教育，是父母对孩子的教育，亦是父母学着如何去做好家长的自我教育过程。

所有的父母都是一样的，都不是天生就懂得如何教育孩子。从小小的生命诞生，到牙牙学语、问东问西，到不听管束、开口顶撞，再到撒谎、逃学，与父母怒目而视……在教育孩子的道路上，家长都是任重而道远。

父母与孩子真的无法沟通吗？

当然不是。虽然孩子的成长中总会伴随着各种各样的问题，虽然每一个孩子都性格各异，虽然“代沟”不可避免，但孩子的成长总有相似性，而抵触、反抗等心理也都有其内在的原因。只要了解孩子的心，只要说对话，用对方法，就能消融与孩子之间的寒冰，实现温和对话，良好沟通。

父母都应该努力让自己变成好父母。

怎样才算是好父母呢？

是了解孩子的父母，是懂得倾听的父母，是会和孩子好好说话的父母，是能让孩子把话听进心里的父母，更是能教好孩子、让其健康成长的父母。

做父母不容易，做好父母更不容易，但我们必须努力去做，因为这关乎孩子的一生。

父母是孩子的第一任老师，也是能直接影响孩子一生的启蒙先生。好的父母胜过一个好的老师，只有优秀的父母才能培养出优秀的孩子。所以，父母都应该努力去成为一个好父母，去做一个懂孩子、懂沟通、懂管教的优秀父母。

本系列丛书系统地分析了孩子的心理，让父母了解孩子的内心，理解孩子的任性、刁蛮、叛逆，找到正面管教孩子的新方法。

本系列丛书收录了众多真实案例，还原生活中最常见的父母与孩子沟通问题，对症下药。

本系列丛书总结了很多实用的方法和技巧，条理清晰，简单实用，为困惑的父母指点迷津。

本系列丛书是送给天下父母的教子书籍，是帮助天下父母成为好父母的经验书籍。希望父母都能意识到家庭教育的重要性，自觉去学习，提升自己、精进自己，努力让自己成为合格和优秀的好父母。

为了孩子和孩子的未来，谨以此书献给全天下的父母。鉴于编者能力有限，若有疏漏和不足之处，望广大读者批评指正。

目录
contents

第一章 好妈妈习惯养成课——好习惯是孩子一生的财富

第二章 好妈妈品德教育课——好品德是孩子的立身之本

第三章 好妈妈性格教育课——拥有健全的性格才能过好一生

第四章 好妈妈独立教育课——让孩子做自己生活的主人

第五章 好妈妈学习理念培养课——让学习变得轻松起来

第六章 好妈妈社交规则普及课——让孩子人见人爱、花见花开

第七章 好妈妈心理辅导课——做孩子的心理辅导师

第一章

好妈妈习惯养成课——好习惯是孩子一生的财富

好习惯是一笔宝贵的财富。好习惯一旦养成，便会成为主宰人生的一种力量，极大地影响孩子的一生。所以，妈妈应该从小就培养孩子行为方面的好习惯，为孩子的未来助力。

妈妈这样做，孩子就能好好吃饭

给孩子吃什么、怎么吃，是让各位妈妈头疼不已的问题，也是一个非常重要的问题。事实上，给孩子怎么吃直接影响到孩子的生长发育，以及未来的健康状况。

壮壮吃饭特别有规律，总是定时定点定量。除了正常的一日三餐，每天上午 10 点左右、下午 4 点左右是壮壮吃点心的时间。壮壮对于点心，从不多吃。为了让壮壮知道食物应放在规定的地方，而且只能在规定的恰当时间吃东西，平时不能乱拿、乱吃，妈妈总是把食物放在冰箱里。因为很少吃零食，壮壮在饭点的时候就会认真吃饭，因此身体很健壮。

和壮壮相比，邻居家的可可则是另一种样子。因为家境优越，可可又是唯一的孩子，所以爸爸妈妈特别宠爱可可，可可什么时候想吃零食、想吃什么零食全都随她。如此一来，可可每天就把零食当饭吃，一到饭点，就各种挑食，一顿根本吃不了多少。可可的妈妈认为自己买的零食营养搭配比饭菜要好，所以对可可挑食的情况也没有重视。时间久了，可可的肠胃开始出现问题，经常便秘，消化不良。因为平时营养摄入不足，可可和同龄的壮壮一比，就像小了几岁似的，整个人非常瘦弱。

很多孩子在日常饮食中有很多坏毛病，其中以挑食、偏食最普遍。孩子长身体、迅速发育的时候，不良饮食习惯是健康大敌，如果不及时矫正，孩子的营养摄入必然会不均衡，也就影响了身体发育。那么妈妈应该怎么做呢？

（1）吃饭要定时定量

一日三餐定时，形成良好的饮食规律。妈妈一定要和孩子一起定时吃饭。这里建议两餐之间最好间隔4~6小时，这个时间段正是胃肠消化系统对食物有效地消化、吸收和排空的时间，能保证充分消化和吸收营养物质，同时也能保持旺盛的食欲。

因为每个孩子食量不同，所以根据食量制定饭菜的量就很有必要。切忌一味对孩子要求多吃和依着孩子想吃多少就吃多少，一顿饥一顿饱的后果就是总在非饭点用零食填补，下一顿饭又不吃，就这样形成了恶性循环。孩子在饭点时不吃饭，也会养成任性、浪费的不良习惯。

（2）定点吃饭，养成习惯

定点吃饭的习惯必须从小开始培养。孩子6个月大开始吃辅食时，妈妈尽量在固定的餐桌旁喂，再大一点，就可以把孩子放进童车。当孩子能坐稳儿童椅后，就换成儿童椅，同大人一起进餐。

无论采取哪一种方式，目的都是让孩子养成在固定地点用餐的习惯。需要特别注意的是，一定要要求孩子吃完自己的饭菜后才可以离开座位。

(3) 偏食不可取

孩子偏食有两方面原因。就客观因素而言，主要是受身体健康程度的影响，如孩子们经常出现消化不良、食物过敏反应、感冒发烧等情况。主观因素分为环境和心理两方面，如家长习惯性挑食、偏食，妈妈喜欢限制或强制孩子吃某种食物给孩子造成不愉快的体验，从而内心开始拒绝接受等等。妈妈要分清孩子偏食的原因，并采取适当的纠正措施。

妈妈可以这样做：

①给孩子积极的心理暗示，如“今天的凉拌三丝真不错，好看又爽口”“这个豆腐丸子汤看着清清爽爽的，又有青菜的清香，看着就很想吃哦”等，以激发孩子的兴趣和激起孩子的食欲。

②抓住孩子爱玩游戏的心理特点，以游戏的方式带动孩子吃不喜欢的食物，比如“我们一起来当喜羊羊吧，喜羊羊最喜欢吃青菜啦”“我是大鱼，我要吃小鱼啦”，游戏的方法对年龄较小的孩子相当有效。

③不要强制或者哄骗孩子吃哪样食物，这不仅达不到预期的效果，还会引起孩子对这种食物的厌恶和反感。不如先放一放，等到孩子高兴的时候，再引导他进食。

(4) 让孩子自己吃饭

孩子的依赖性并非天生的，他们在八九个月的时候就产生了拿勺子吃饭的欲望，这时应该放手让孩子自己去做，有时还可以特意做一些训练。刚开始，孩子可能不能把饭喂到嘴里，妈妈千万不要因此指责孩子，甚至限制孩子使用勺子，而要尽可能地给孩子创造一些条件和帮助，如怕孩子弄脏衣服，就给他围上围兜；怕孩子弄脏地面，就在地上铺上塑料纸板等。孩子用餐前，一定要将他的手洗干净，这样就算他不想用勺子了，还可以尽情地用手抓。此外，妈妈还要示范性地教导孩子正确使用餐具。

（5）创造宽松、愉快的进餐氛围

培养孩子良好的饮食习惯还可以从创造宽松、愉快的进餐氛围着手。良好的进餐环境，如桌面整洁、气氛愉悦等，能够使孩子保持愉快的进餐情绪。另外，进餐时可以播放一些优美动听的音乐。进餐时，如果孩子出现错误的行为，一定不能在餐桌上批评、责骂、训斥，这样会降低孩子的食欲，影响孩子的身心健康。

（6）少吃零食，少喝饮料

不可否认，零食和饮料的确能给孩子带来快乐，调整孩子的味觉感受，而且有些零食和饮料还有一定的营养价值，可作为辅助食物。但是需要注意的是，零食和饮料并不能多吃多喝，不能替代主食，因为它们中的一些成分不利于孩子的健康成长，如饮料中的糖含量和化学添加剂比较多，会对胃产生不良刺激，影响孩子对水的补充。所以，妈妈应该限制孩子的零食量。

勤俭的品德，从娃娃抓起

言言6岁了，是小区里人见人爱的小机灵鬼。可是，言言有个坏毛病怎么都纠正不过来，就是他特别喜欢破坏东西，因此邻居们有时看到他，就会笑着说“我们的破坏大王来了”。言言有很多玩具，可是没有一件能逃脱他的“魔爪”，完整地保留下来。言言对待绘本、图书就像对待玩具一样，也很“残暴”，刚买回来两天的书，只要妈妈不盯着，就会被他撕开。妈妈给他讲道理，他不但不听，反而变本加厉。

在物质生活越来越丰富的今天，因为长辈的重视和溺爱，孩子随心所欲地破坏物品和浪费物质的行为越来越普遍。我们常常会看到一些孩子随手将啃了一口就不想吃的水果一扔，故意拧断玩具娃娃的胳膊和腿。每当看到类似的现象，一些大人都非常痛心，可是孩子却不以为意——他们没有意识到自己的行为是多么恶劣，更没有意识到这是严重的浪费行为。

中国有句古训叫作：“成由勤俭败由奢。”节俭是一个人事业取得成功的重要因素，很难想象，一个从小大手大脚随便浪费的人能创造一番事业。因此，增强孩子的节俭意识十分必要，也刻不容缓。

比利时的妈妈们有这样的习惯，她们在孩子 8 岁时，就开始每周给孩子一些零花钱，不过金额很小，就几个硬币。孩子们想要买喜欢的东西时，让妈妈买是行不通的，只能自己一点一点地积攒零花钱去买。如果攒了很长时间钱还是不够，而孩子渴望能尽快得到自己喜欢的东西，这时可以先向妈妈借一部分钱，然后用此后的零花钱偿还。在比利时，学校从小学阶段就开设了专门课程，帮助孩子从小培养各种职业劳动报酬的意识，同时也教孩子怎样区分各种商品以及价格等。同时，学校还会引导儿童学会理解媒体、广告和消费者之间的关系，尤其是让孩子们了解广告对消费者行为的影响。因为从小就接受这样的教育，所以比利时的孩子们在买东西前会慎重思量自己最需要的是什么，由此学会选择。因此，比利时的孩子对自己拥有的东西格外珍惜，不会随意破坏，也养成了凡事节俭的习惯。

中国的妈妈们也应该从小就培养孩子勤俭节约的品德，可以从以下几个方面做起。

(1) 告诉孩子付出劳动才有成果

一定要让孩子懂得，我们每日所吃的每一粒米，所喝的每一滴水，所用的每一度电，所用的每一立方天然气，都是人们付出辛勤劳动后换来的。

(2) 从小事上培养孩子节约的习惯

从生活小事上培养孩子节约的习惯，比如节约用水、用电，用完水一定要顺手关掉水龙头，离开屋子就把灯熄灭。在使用学习用品时也要养成节约的好习惯，每张纸都能重复利用，尽量使用钢笔，少使用一次性的签字笔等等。

（3）教会孩子废物利用

平时有很多废旧物品可以再次利用，比如教会孩子把易拉罐做成小花篮，把一次性纸杯做成美丽的手工作品，把旧凉鞋剪成拖鞋等。这些既能培养孩子节约的习惯，又能起到手工练习的作用。

变小懒虫为勤快的小蜜蜂

在学校，桐桐是个品学兼优的好学生，老师、同学都很喜欢他。不过桐桐有个缺点，就是不爱劳动，是个十足的小懒虫，尤其是在家里的时候，懒得铺床、叠被，懒得洗衣服、洗红领巾，懒得收拾书桌、书包，懒得洗漱，甚至懒得吃饭喝水。

爸爸妈妈总是口头教育桐桐，可是桐桐依旧丝毫不爱劳动。有的时候被爸妈说得不耐烦了，桐桐就反问道：“你们不是让我重视学习吗?”

苏联作家高尔基说：“劳动是世界上一切欢乐和美好事情的源泉。”对于孩子来说亦是如此。据相关调查显示，我国目前的中小学生中，有近三分之二不爱劳动。孩子如果缺乏劳动意识，就会凡事依赖父母，孩子在长大进入社会以后，可能对工作难以胜任。所以，妈妈一定要重视对孩子的劳动锻炼，从小就培养孩子的劳动能力。

在当代家庭里，孩子劳动的主要表现是做家务。孩子在协助妈妈做家务的时候，可以提高生活技能，同时，观察力、理解力、体能以及应变能力都能得到训练。在做家务的过程中，孩子会有参与感、成就感、荣誉感，最为重要的是，孩子的责任心、归属感等能得到培养和发展，这有利于帮助他实现独立自主。

遗憾的是，妈妈们基本不愿意让孩子做家务，更别说鼓励了。之所以会这样，一是因为妈妈担心累坏了孩子，二是因为孩子从来没做过家务，做家务不是帮忙，而是添乱。调查显示，目前中国城市家庭的孩子每日平均劳动时间不到20分钟，还不到美国孩子的1/6。在家里，孩子的一切都被妈妈包办了；在学校，老师又很少安排劳动。如此一来，孩子动手的机会特别少，生活自理能力也得不到提高，甚至逐渐讨厌劳动，给未来的人生发展埋下隐患。

还记得曾经广为人知的“东方神童”魏永康被勒令退学的故事吗？魏永康是湖南省华容县家喻户晓的神童，他13岁的时候就完成了小学到高中的所有课程，并以优异的成绩考入湘潭大学。2000年，年仅17岁的他以总分第二的成绩考入中科院高能物理所，硕、博连读。可让人意外的是，2003年8月，魏永康因为长期生活不能自理，以及知识结构不适应中科院高能物理所的研究模式，被劝退回家。事实上，来到北京开始硕士研究生学习后，魏永康最不适应的就是生活。从出生到去中科院念书之前，魏永康所有与生活自理有关的“活”全被母亲曾雪梅包揽，他在22岁时，连最简单的吃饭、穿衣、洗澡、洗脸等都还需要靠母亲帮助。魏永康被劝退后，他和妈妈开始反思教育方法。后来，魏永康在亲人、朋友的帮助下，终于学会了生活自理，也重新考上了北京工业大学的硕士研究生，并按时完成了学业。

魏永康被劝退一事，既让人遗憾，也使我们深思。假如妈妈从小便开始培养他热爱劳动的习惯，并教导他学会独立，做到生活自理，相信他不会有被劝退的经历。幸好亡羊补牢，为时未晚，最后他学会了自立。

国外有很多名人都非常重视对孩子家务劳动的锻炼。美国著名的洛克菲勒家族的开拓者洛克菲勒，在孩子很小的时候就鼓励他们学会家务劳动，他还拿出部分零用钱奖励给从事家务劳动的孩子，如擦一双皮鞋就给五分钱等。通过这种方式，孩子们从小养成了勤劳节俭的好习惯。孩子们长大以后，也把这样的教育方式用到自己的孩子身上，一代一代传下来。如今，以洛克菲勒家族为首的洛克菲勒财团已是美国实力最强的财团之一。由此可见，从小就对孩子进行劳动习惯的培养，对他们未来的发展具有极大的积极影响。

那么，如何才能让孩子养成爱劳动的习惯呢？

（1）让孩子了解劳动的意义

要让孩子了解劳动的意义，首先就要让孩子明白，劳动成果是和人们的劳动分不开的。妈妈可以和孩子一起观察城市街道的变化，了解科学技术的进步。节假日里，妈妈还可以带着孩子去观察清洁工人为了给所有人创造一个干净舒适的环境，每天起早贪黑地劳动，让孩子知道，每一种劳动都是有意义的，也是美好的。

（2）安排孩子从事适合其年龄特点的劳动

妈妈们可能遇到过这样的事情，孩子可能会在某个时候突然想做某件事，可是这件事又并不适合孩子去做。这时，妈妈一定要给孩子参与劳动的机会，别让孩子因为不能做这件事而对劳动失去兴趣。比如，一个刚 5 岁的孩子想要自己洗衣服，但是大件衣服孩子根本洗不了。这时，妈妈就可以把他自己的小件衣服给他洗，对孩子来说，这样既不会有困难，同时又满足了自己的兴趣。假如孩子想要体验用水果刀削水果，妈妈就要及时应对，告诉孩子，这样的事只有等他再大一些时才能做。

（3）教给孩子一些劳动的方法

孩子的模仿能力很强，妈妈可以根据孩子的这个特点，在游戏中引导孩子模仿成人劳动，学习一些可操作的劳动方法。比如，孩子特别喜欢自己的玩偶，妈妈就可以让他给玩偶洗澡、洗衣服、穿衣服、穿鞋子、铺床等。孩子在这样有趣的游戏中，既获得了愉快的体验，又学到了实用的生活小技能。有些劳动技能确实难以掌握，这时妈妈就要耐心地边做示范边讲清楚方法。对很多孩子来说，系鞋带是个难题，往往只能打死结。如果妈妈只是指责孩子怎么连这点小事都做不好，就会打击孩子劳动的积极性。所以，妈妈要做的就是用正确的方法给孩子做示范，同时进行指导，之后也要创造条件让孩子反复练习，巩固技能。

（4）和孩子一起做家务

妈妈和孩子一起做家务，不仅传授了孩子劳动技能，更重要的是加深了和孩子的感情沟通，能够增进亲子关系。妈妈在给孩子安排家务时，要多安排一些孩子能独立完成的，只安排一两件需要妈妈协助的。要知道，成功完成这些任务只是目的之一，还有一个更重要的目的，就是培养同孩子之间长期良好的伙伴关系。

从心理学上讲，让孩子多参与劳动，能帮助孩子更好地成长。每次很好地完成一些家务，孩子就会产生一定的成就感；而得到妈妈的表扬，又能促使孩子在心中找到自我存在的价值。

(5) 多鼓励和肯定，激发孩子的劳动兴趣

孩子在完成一件家务时，妈妈一定要及时对他进行肯定和表扬。对待孩子的劳动成果，不要首先去看质量，只要完成了，就算只是一件小事，妈妈也应该对孩子表示感谢以及肯定，如此才能激发孩子对劳动的兴趣，使他在劳动中获得成就感和自信心。不过，要提醒各位妈妈的是，鼓励一定要多是精神鼓励，而不是以金钱换取孩子的劳动，因为这种做法对培养孩子劳动的自觉性和责任感没有益处。另外，也不要将劳动视作对孩子进行惩罚的手段，这样会使孩子对劳动产生抗拒，不利于劳动习惯的养成。

相信通过妈妈和孩子的共同努力，孩子会慢慢养成劳动的习惯，成为一个真正热爱劳动的、勤劳的好孩子。

妈妈会引导，让孩子爱上写日记

日记是人的随笔记录，生活、学习、工作情况都可以记。对于孩子来说，日记也是对自己成长过程的一种记录，孩子以后翻开过去的日记的时候，还能回忆起当时的情景，感受生活的奇妙，从而更加热爱生活。

朵朵的妈妈要求朵朵每天写日记。开始的时候，朵朵感觉写日记是件很有意思的事，于是放学回家后的第一件事就是拿出自己的日记本，写下日期、天气，然后开始记录在学校发生的事。可是，一段时间后，朵朵发现自己没东西可以写了，她逼自己继续写，结果对日记产生了厌烦，再看每天的日记，就跟流水账似的。那段时间，日记本上写的都是：妈妈早上送我上学，叮嘱我好好学习；上课时有同学讲话，老师生气了；晚上放学，妈妈来接我回家，妈妈做的饭特别好吃……妈妈看了朵朵的日记，心里担忧极了，她怕朵朵再这样写下去，要不了多久就没有想写日记的欲望了，可是朵朵明明可以写得更好的，所以就想指导一下朵朵。

这天晚上，妈妈在看完朵朵的日记后对她说："写得挺好，但是不能打100分。”朵朵很不解，就问：“妈妈，我哪里写得不对吗？”妈妈说：“记录的事要有主次之分，不能什么都记。比如，昨天上学迟到了，是什么原因导致的？今天没迟到，是因为认识到了昨天的错误，比昨天有进步。‘妈妈洗碗的时候我也能帮忙了，妈妈夸了我，我非常开心’等。”

朵朵听后，若有所思地点了点头。

这次谈话以后，妈妈也和老师进行了深入沟通，请老师给朵朵更多的指导，并适时地对朵朵的进步表示肯定。在妈妈和老师的共同努力下，朵朵的日记得到了很大改善。尽管她每天所写的内容还很幼稚，但与以前相比，已经有了很大的进步。后来，在妈妈的指引下，朵朵开始留心生活中的美好瞬间，观察身边的事物，记录自己对生活的感悟。日记一篇篇增多，朵朵的写作水平也跟着提高了。

后来，省里举办了一次小学生征文比赛。朵朵将感觉比较好的日记整理了寄去参赛，得了优秀奖。虽说这只是一个鼓励奖，可对朵朵和妈妈来说，已经非常满足了，毕竟，这是对付出的一种肯定，而且，妈妈相信朵朵会越写越好的。

古往今来，那些我们耳熟能详的著名作家、学者都有几十年如一日地坚持写日记的习惯，他们也是从写日记起步并走向成功的。鲁迅能成为中国现代最伟大的文学家之一，和他20多年从不间断地写日记的习惯密不可分。中国现代作家郁达夫更是日记的主要倡导者，他热衷于日记写作实践，其作品《日记九种》再版过很多次。19世纪中期俄国伟大的现实主义作家托尔斯泰坚持写了51年日记，他有一本小说——《昨天的事》，就完全是从日记中构思出来的。由此可见，写日记的作用有多大。

很多妈妈已经认识到了让孩子写日记的重要性，但到底该怎样指导孩子写日记却不是很懂，所以非常希望得到一些指导。这里有一些建议，各位妈妈可以参考。

（1）选一个孩子喜欢的日记本

妈妈可以和孩子一起去超市或者书店选购日记本。日记本记录了孩子的生活和梦想，会一直陪伴孩子，所以一定要挑选一本孩子喜欢的。

（2）不要规定日记的内容

日记内容可以表现心情，也可以写发生的事情、观察到的事物等。妈妈不要给孩子规定日记的内容和题材，要让孩子想写什么就写什么，想怎么写就怎么写，自由发挥才能更大地锻炼孩子的写作和表达能力。

（3）持之以恒，养成写日记的习惯

在孩子开始写日记后，妈妈要坚持要求孩子每天都写，有很多想写的就写长一点，没有什么可写的就写短一点，遇到特殊情况实在来不及写，就算只写一句话也要记录下来。因为日记记录的是当天的事情，所以不补写。这时候，妈妈不要直接给孩子规定写作质量，习惯比质量更重要，当孩子养成了良好的写日记的习惯后，质量的提高是早晚的事。

（4）鼓励孩子写特色日记

日记的形式是多种多样的，妈妈要鼓励孩子突破传统日记的写法，多写特色日记。这样不仅有利于孩子写作水平的提高，也可以激发孩子写日记的兴趣。

①摘抄日记

苏联的拉德任斯卡雅教授在《苏联的作文教学》一书中说：“锻炼孩子们从书本上搜集材料的能力，从某种意义上说就是锻炼他们走向生活。”所以，妈妈可以教孩子在日记本中摘抄一些优美、实用的句子或段落，如名人名言、谚语和歇后语、名人小档案、奇闻逸事、生活百科知识、时事等，使日记成为孩子以后写作取之不尽的宝库。

②剪贴日记

将车票、公园票、旅游门票、实况照片、电影票、戏剧票、展览会的入场券以及报刊等剪贴在日记本上，然后在旁边或者后面写上说明或者简短的感想。比如，孩子参观了地质博物馆，就让他把门票贴在日记本上，并把宣传册上对博物馆的介绍也剪下来贴上去，然后把感受写在后面。剪贴日记最大的优点是：可以保存很多直观的原始材料和具有纪念意义的东西，这可以帮助孩子扩大知识面。

③两年日记

给孩子准备一个较大的日记本，然后将每一页分成上下两部分，今年写日记时用上面一栏，到了明年这一天用下面一栏。这样一来，一本日记本就能连续使用两年，每一页又记载了两年中同一天所发生的事情。两年日记的优点是能帮助孩子温故而知新。翻开日记本，孩子就能知道去年的今天自己在干什么，有什么感想，这一年来，自己都取得了哪些进步。当孩子如此清晰地看到自己的进步时，就会不断前进。

（5）带领孩子参加各种活动

孩子基本都待在家和学校两处固定的地方，所以相对来说生活很单调，而且受年龄、阅历、学识等所限，知识面也较为狭窄。所以，妈妈要尽可能地抽出时间，多带孩子尽情尽兴地去参加多姿多彩、生动活泼的室外活动、社会活动、读书活动、亲子聚会等，让孩子的世界精彩和丰富起来，同时也拓宽孩子的视野，丰富他们的生活，这样，孩子写出来的日记才会五彩斑斓。

（6）做好引导和督促工作

日记是沟通妈妈和孩子感情的桥梁。日记里记录了孩子学习、生活、思想等各个方面的内容，妈妈通过日记，就能及时了解孩子的情况，如果孩子在某方面出现问题，也能对症下药，帮助孩子解决问题。对孩子来说，日记也是其吐露心声的朋友。仔细观察就会发现，孩子生活中所有的喜怒哀乐都能在日记中找到影子。因此，妈妈要参与到孩子的日记创作中，并做好引导和督促工作。

妈妈只要做到以上几点，就可以很好地培养起孩子写日记的习惯。记住，好习惯的养成需要时间，需要坚持，所以，各位妈妈，和孩子一起坚持吧。

有教养的孩子走到哪里都受欢迎

宇航现在是个五年级的学生，可是说话依然没大没小，而且不管是在家里还是在外面，丝毫没有礼貌。

前不久的一个周末，宇航带了很多同学到家里来玩。宇航的妈妈特别高兴，于是急忙去给孩子们准备水果和零食。就在她兴奋地端着糖果走进宇航的房间时，听到孩子们高兴地对儿子说："老大，最近你都做什么呢，怎么总不见你？""你小子最近怎样呀？"妈妈一听就不舒服，她放下糖果，正准备向旁边一位男孩子询问情况，谁知，宇航一把将妈妈推出了房门，说："你忙你自己的去，别管我们！"妈妈最后只得出了宇航的房间，先去做自己的事了。

宇航的房间里时不时地传出聊天的声音、音乐声、电视剧角色的对话声，宇航和同学们玩得非常起劲。宇航的妈妈做完自己的事，就坐在客厅里听房间里的动静。她发现宇航在和同学说话时经常冒出一些不文明用语，比如"你小子""小心我揍你"，宇航的同学们说话也这样。宇航的妈妈特别担心孩子这样不文明的习惯，影响孩子以后的人际关系。

良好的礼仪修养是一个人走向社会、走向成功的基础。礼仪修养，简单来讲就是教养。相对而言，一个有教养的孩子走出去更受人欢迎。

可是在现实生活中，许多妈妈却不注意对孩子文明习惯的培养。有些妈妈认为，孩子还小，不懂礼仪没关系，等长大了自然就懂了；有些妈妈则认为，现在是一个非常自由的时代，只要学习好、有真本事，有没有文明修养根本不重要。事实上，这都是误解，是以偏概全，是不利于孩子健康成长的行为。

妈妈忽视对孩子教养的培育，深受其害的是孩子。所以，妈妈要从小就培育孩子的文明礼仪。

那么，怎样才能让孩子更有教养呢？

在教育孩子养成良好的文明礼貌时，可以从三方面进行：一是家庭，二是出门做客与家中待客，三是公共场合。

在家庭中，妈妈要刻意地对孩子进行良好的礼仪习惯训练，比如，早上起床后，要向父母或其他长辈说早安，出门的时候要向父母打招呼，回家后要向父母问候，吃饭时尽量不说话，就算要说也小声说，学会帮父母盛饭，晚上临睡时要向父母道晚安等等。

父母是孩子的榜样，言传身教，所以父母自己要讲究礼仪，夫妻之间互相尊重，也要尊重孩子。比如有一件事需要孩子帮助时，不要以强硬的态度命令孩子，而要对孩子说："请你……好吗？"当孩子帮忙后，妈妈不要忘了说一声"谢谢"。这样一来，孩子就会懂得尊重自己，尊重父母，慢慢地，在为人处世上懂得尊重他人。

妈妈发现孩子开始说脏话时，要在第一时间严厉制止。同时，要寻找到孩子说脏话的原因。例如观察自己和家里人有没有不经意间说了脏话，被孩子模仿和学习，孩子身上的很多问题，有时候“根源”都在父母身上。找到了孩子说脏话的原因，就要有针对性地解决。如果是因处在某种不良环境中学来的脏话，比如身边有爱说脏话的同学等，这时，妈妈就要有意识地限制孩子同爱说脏话的同学之间来往；另外还可以和老师取得联系，借助老师的力量，帮助其他孩子养成文明礼貌的习惯；还有一种方法是和说脏话的同学的父母取得联系，大家共同努力帮助孩子养成文明礼貌的习惯。

除了和家人相处要礼貌，妈妈要注意教导孩子礼貌待客。在这方面，妈妈们可以学习我国近现代著名漫画家、文学家丰子恺先生的做法。

丰子恺先生的大女儿丰陈宝小时候怕见生人，每当家中来了客人时，她因为害怕，总会做出一些不太礼貌的举动。有一年，丰子恺先生要去上海为开明书店赶一项编辑工作，就将十三四岁的陈宝也带了去，打算让小陈宝帮着抄写抄写。一天，来了一个陈宝不认识的客人，这位客人与丰子恺先生交谈了很长时间，她也没有去同客人打招呼。客人与丰子恺先生谈完后，便过来跟她打招呼、告别。陈宝顿时愣住了，她显得局促不安，不知道如何是好。

等到把客人送走，丰子恺先生语重心长地问陈宝：“客人向你打招呼告别，你怎么对人家不理不睬呢？”之前陈宝姐弟几人的教育问题基本是姑姑在管，丰子恺先生虽然重视孩子的教育，但是也没怎么操心。这次以后，他就对陈宝的礼貌教育重视起来。他教导陈宝，客人来了，应该为客人端茶递水，为了表示恭敬，还一定要用双手捧上。他还风趣地打比方说："若是用一只手端茶递水，就像皇上对臣子赏赐，或一个人给乞丐布施，又像父母给孩子喝水、吃饭，这是非常不恭敬的。"接着又说："客人送你什么东西的时候，你一定要躬身双手去接。躬身表示谢意，双手表示敬意。"陈宝将父亲的话牢牢记在心里，后来，她也这样教育自己的孩子，她的为人处世极受兄弟姐妹的敬重。

妈妈应该教导孩子，面对客人要主动打招呼并问候；客人坐下后，要及时为客人倒茶、端水果等；在父母同客人说话的时候，不能随意插嘴；在客人要离开时应该礼貌挽留。假如自己的同学、朋友来家里玩，要愉快地将自己的玩具和其他孩子分享，大家一起玩才更有趣，要尊重其他孩子。

到他人家里做客时，告诉孩子要保持整洁，这是对主人的尊重；要主动同主人问好；要谈吐文雅，不要粗声粗气甚至说脏话；接受食物、礼品时要道谢；没有得到主人允许，不能随便动用主人家里的东西，不能随意打开主人家的抽屉；告别时，要说感谢的话。

孩子可能一时记不住，这时妈妈就要适时提醒孩子。

有一个5岁的孩子，他总是记不住给帮助自己的人说"谢谢"，为了解决这个问题，妈妈和孩子商量了一个办法。如果孩子忘了说"谢谢"，妈妈就轻轻地将手放在他的肩膀上，温和地注视着他。这样间接提醒的方式比直接用语言提醒孩子要好得多，因为保护了孩子的自尊。经过一段时间的提醒，孩子就会慢慢习惯下意识地给提供帮助的人说"谢谢"了。

每个人都具有社会性，都属于社会人，因此妈妈要教导孩子在公共场合保持礼仪。

教导孩子在公共场合不要随便剔牙、挖鼻、掏耳、搔痒、抠脚等；在拥挤的人群中，人与人之间互相挤撞，这时要抱理解、宽容的态度，不能恶言恶语；要求孩子遵守公共秩序，如遵守交通规则，不闯红灯，不横穿马路；在公共汽车上要向年迈体弱的老人让座；在剧院、图书馆等场合，要保持安静；等候电梯时，要站在门口一侧，遵循先出后进的规则；不随地吐痰，不随地大小便等，爱护公共环境。

妈妈有妙法，让孩子改掉毛手毛脚的坏习惯

严谨细致是做事的基本原则，但现在很多孩子做事马虎大意，丢三落四，所以妈妈要从小培养孩子严谨细致的习惯。

一个女孩削水果的时候，不小心划破了手，于是她马上找来备用的创可贴，“啪”的一声贴在手上。第二天，她觉得伤口还是特别疼，低头一看，才发现自己把创可贴贴到了伤口旁边。妈妈知道后，又气又急，生怕她的手感染。

以上案例中的女孩就是一个马虎的孩子，需要妈妈帮她克服马虎的毛病。

有一个小女孩，做事毛手毛脚。她的妈妈就别出心裁地帮她改掉了这个毛病，培养起严谨细致的习惯：

暑假的第一天，这位妈妈就把女儿叫到面前，跟她说：“放暑假了，妈妈给你一项任务，怎么样？”“什么任务？”女儿还以为又是作业之类的。“你在这个暑假学会钉纽扣。”女儿拉长声音说：“纽——扣——呀？”接着做个鬼脸，“我早会钉了。”

为了表示确实会了，她兴冲冲地找来针线、纽扣，当着妈

妈的面，穿线、打结、“钻洞”。当一枚“摇摇欲坠”的纽扣钉好以后，已经过了七八分钟。看着女儿的“成果”，妈妈笑着说：“钉得不错。可是，还没钉出意义来。”女儿疑问地说：“钉出意义？”妈妈顺手拿过旁边的盒子，打开说：“对呀，钉好、钉快不算什么，关键是用纽扣钉出意义来！”说着，妈妈从盒子里挑出不同颜色的纽扣，按照色彩规律排列，排出了一个漂亮的“纽扣字”——“好”。女儿一看，眼睛里放出光彩。“妈妈已经算过，你只要每天钉四粒，这个暑假就能‘绣’出一面‘纽扣字锦旗’来。”“要‘绣’什么字呢？”“‘老师好’。”“这是要送老师呀？”“对，下学期一开学就是教师节。你给老师送上这样一面‘纽扣字锦旗’的艺术品，艺术品品位高，更重要的是，这都是你自己的劳动成果，是不是很有意义！”“戏”唱到这里，女儿彻底来了兴趣，她一把抱住妈妈的胳膊，说：“妈妈，好妈妈，这个礼物太好了，别说每天四颗，钉再多我也愿意！”

都说兴趣是最好的老师，之后，随着“锦旗”上一个笔画一个笔画的出现，女儿信心大增——就算针扎断几根，也不停；字“绣”歪了，就拆掉重来；颜色搭配得不好，再重新选。有一次，针一歪，没扎进纽扣眼，反而深深扎进了她的手指，鲜血一滴滴地流，她也疼得落泪，可还是没有放弃。“锲而不舍，金石可镂”，钉完两百多粒纽扣，女儿钉纽扣的手艺完全可以同大人媲美了。最重要的是，通过钉纽扣的训练，她养成了严谨细致的习惯。

新学期开始了，教师节到了。女儿兴高采烈、毕恭毕敬地将

“锦旗”献给了她热爱的班主任郑老师。女儿的“锦旗”在众多礼物中独树一帜，物以稀为贵，女儿被老师夸奖了一番。

在孩子的成长过程中，严谨细致的习惯会带来意想不到的益处，相反，马虎大意、毛手毛脚可能带来不必要的麻烦。

妈妈应该对孩子的马虎行为加以重视，因为未来社会是合作与竞争的社会，将来，孩子要想轻松适应繁杂的社会性事物，很好地应对紧张的生活节奏，就必须具有严谨细致的习惯。

那么，妈妈要如何培养孩子形成严谨细致的好习惯呢？

（1）引导孩子做事要有计划性

妈妈应教导孩子做任何事之前，都制订一个周密的计划，要做这件事，先要做什么，接着要做什么，需要做好哪些准备，要怎么开始等。

（2）父母要以身作则

要培养孩子严谨细致的习惯，父母的以身作则是关键。要知道，孩子身上的毛病，很多都是从父母身上学来的。父母如果可以和孩子一起改掉做事马虎的缺陷，也是培养孩子良好习惯的好方法之一。

（3）不要急于求成，培养新习惯

孩子身上的坏习惯不是一天两天养成的，所以，妈妈常常提醒孩子不要毛躁没有问题，可是，妈妈这样一遍遍地提醒，又会使孩子形成依赖。看到孩子做作业时又马虎了，妈妈可能心急如焚，开口训斥孩子，这样一来，又会对孩子的专心造成影响。也许妈妈心里知道不能操之过急，可在具体操作时，还是忍不住急于求成。有一句名言说：要想让田里不长草，最好的方式是种上庄稼，而不是忙着锄草。妈妈如果只盯着孩子的毛病，督促他改掉，就像农民只忙着锄草一样。与其整天盯着孩子的坏习惯，不如将目光放在帮助孩子建立新的习惯上。新习惯养成了，旧习惯自然就消失了！

【妈妈有话说】

假如你想让自己的孩子在未来大有作为，那么，从现在开始，就按照以下步骤培养孩子的好习惯。

(1) 让孩子认识到习惯的重要性

妈妈可以通过讲故事、案例分析等方式，帮助孩子认识到习惯的重要性，以及自己需要形成怎样的好习惯。

(2) 制定习惯培养目标

向孩子制定习惯培养目标。分阶段地培养不同的习惯，可以两个月培养一个好习惯，当好的习惯形成后，坏习惯自然就没有了。

(3) 运用榜样来教育孩子

凡杰出人物都有好习惯，妈妈平时要多给孩子讲名人故事，以此启发孩子养成好习惯。

(4) 让孩子长期坚持

任何一种习惯的养成，都不是一蹴而就的，而是有一个循序渐进的过程。妈妈在引导孩子培养一个习惯时，不要急于求成，要让孩子长期坚持下去。

第二章

好妈妈品德教育课——好品德是孩子的立身之本

身体强健、才能出众、品德优良，这样的人才称得上是一个“成功”的人。因此妈妈在教育孩子时，不能只关注孩子智力的发展，对其品德的塑造也十分重要。孩子刚一出生，妈妈就会开始培养其智力，其实孩子的品德也应当从襁褓时期就开始进行培养，培养的时间越早，对孩子品德的塑造就会越好。在孩子的品德教育上，妈妈起了非常重要的作用。因为妈妈是陪伴孩子时间最长的人，孩子会跟随妈妈的引导一步一步地成长。

不要让孩子尝到说谎的“甜头”

诚实是一个人做人的基础品德，也是妈妈应当传授给孩子的重要课程。诚实的意思是指不撒谎、不欺瞒、言而有信。拥有了诚实的品德会让孩子更受人喜爱，能让孩子获得真诚的友情。

提到诚实，想必大家都知道美国第一任总统乔治·华盛顿的故事。

乔治·华盛顿自小就非常聪明，活泼好动，而且拥有强烈的好奇心。有一次，他突发奇想，想要试试自己的小斧子是不是真的锋利，就拿起斧子砍断了院子里的樱桃树。樱桃树被砍倒了，父亲也被气坏了，因为父亲一直十分珍爱它。父亲发现这件事时，华盛顿早已离开了“案发现场”，父亲根本找不到“犯人”，只能生气地大喊：“是谁把樱桃树砍倒的?!”听到父亲的话，华盛顿心中非常不安，但他经过反复考虑后，还是鼓起勇气找到了父亲，面带羞愧地告诉父亲说：“爸爸，是我把樱桃树砍倒的。”父亲问：“孩子，你找我来承认这件事情之前想过后果吗？我会打你的。”华盛顿坦诚地回答说：“我知道，爸爸。但是我觉得我还是应该把事实告诉您。”听了华盛顿诚恳的话语，父亲的怒火消散了。父亲高兴地说：“小乔治，你能诚实地将事情告诉我，我感到非常高兴。我宁愿损失掉一千株樱桃树，也不想听到你的谎言。”在父亲的眼中，华盛顿看到了包容、欣慰与期望，他觉得自己感受到了父亲的鼓励和鞭策。正是在这种家庭教育的影响下，华盛顿成长为一个诚实的人。

试着想象一下，倘若你的孩子犯了错，但他仍然勇敢、诚实地将事情的原委告诉给了你，可你却因为这个错误大发雷霆，狠狠地教训了孩子，那么孩子之后还敢实话实说吗？在处理这种问题时，妈妈应该在让孩子接受一些必要惩罚的同时，也让孩子了解到，将实话告诉给妈妈其实并不可怕，自己完全可以赢得妈妈的原谅，说谎也没什么必要。

倘若妈妈发现孩子开始说谎，或是养成了说谎的习惯，那么千万不要生硬地进行指责：“你才多大就学会说谎了，以后还了得!”这样的批评毫无意义，不仅对改正孩子说谎的毛病没有丝毫的帮助，反而会让孩子抵触你。妈妈应该做的是观察孩子的行为，必要时可以去核查孩子的言行是否真实，这样就可以抓住孩子谎言中的漏洞，让孩子知道说谎在你这里是行不通的，失去了说谎的“甜头”，孩子自然也就不会再对妈妈说谎了。

妈妈想要培养孩子诚实的品德，究竟应当怎样做呢？

（1）设定具体要求

年纪小的孩子对很多事情都没有清晰的认识，不知道哪些事情可以做，哪些事情不能做，因此想要培养孩子诚实的品德，只是讲道理是完全不够的，还要给孩子规定好行为规范的具体要求。有了这些要求，孩子就有了具体的行为标准，能够对应去做，这样孩子就能慢慢地养成良好的行为习惯。

具体来说，妈妈可以根据孩子的实际情况，规定“几要几不要”，例如不要说谎，不要说大话等。

（2）进行适当的惩罚

惩罚是教育孩子不可缺少的方式与手段，在纠正孩子说谎的问题上也同样适用。但是，惩罚是一种带有一定风险的教育方式，因为孩子通常会对惩罚的人感到不满。因此，妈妈在进行惩罚时一定要注意方式、方法，尽量采用合理、巧妙的方式，例如可以让孩子抄写一些关于诚实的名言警句和段落，写一篇关于诚实问题的日记或作文，取消一次外出游玩等。同时也要讲清道理，让孩子知道自己为什么会被惩罚，并接受惩罚，这样孩子才能有所收获，取得进步。

（3）表扬孩子的诚实

孩子犯了错，会有两种表现：竭力隐瞒和坦诚相告。当孩子如实地告诉妈妈自己所犯的错误时，妈妈就不能按照没有相告的情况处理，而是应当给予鼓励和表扬。这样可以让孩子意识到诚实的好处，养成诚实的美德，改正自己的错误。

让孩子学会宽容

有这样一个故事：

有一天，某个度假村发生了一个不大不小的“事故”。

这个度假村组织了一场夏令营活动，主要是教一些年龄不大的小朋友打排球。在夏令营结束的这天，由于参加活动的孩子比较多，工作人员不小心将一个5岁左右的小女孩留在了排球场。排球场所在的地方有些偏远，没有什么人去，等到工作人员发现人数不对时已经过去了两个多小时。小女孩独自一人待在那里吓坏了，号啕大哭。

工作人员心怀愧疚地一直安慰着小女孩，直到孩子妈妈到来。

假如你是孩子的妈妈，你会怎样处理这件事呢？将那位工作人员痛骂一顿？直接将情况反映到相关领导那里进行投诉？或者怒气冲冲地带着孩子离开度假村，表示再也不会来这里，也不会再让孩子参加夏令营了？

这些做法都不是最佳的处理方式。这位孩子的妈妈了解了事情的经过后，没有去指责工作人员的失误，而是蹲下来安慰自己的孩子，并且告诉她："已经没事了。这位小姐姐因为不知道你去了哪里而非常紧张、非常着急。她只是不小心，现在你要亲亲那位小姐姐，安慰安慰她！"

听了妈妈的话，这位年仅5岁的小姑娘慢慢止住了哭泣，踮起脚尖，亲了亲在她旁边蹲着的工作人员的脸颊，然后轻轻地安慰她："已经没事了，不要害怕。"

这位妈妈的教育方式，一定能够使孩子形成宽容、体贴的品德。

宽容是一种十分美好的品德，我国古代许多杰出的人物都十分重视宽容。如庄子曾说："圣人并包天地，泽及天下。"意思是圣人应当有包容天地，恩泽遍及天下的广阔胸怀。民族英雄林则徐有这样一句名言："海纳百川，有容乃大。"大海因为有宽广的度量才容纳了成百上千的河流，一个人拥有了宽容的品德，就能包容不同的想法与意见，尊重别人的行为习惯、生活方式，对别人的各种小错一笑而过，让对方能够自己修正自己的错误。能够宽容待人的人通常能够与人相处和谐，营造良好的人际关系。

宽容是每个人都应当具备的品德，是为人处世的基本要求。那么，妈妈要怎样培养孩子宽容的品德呢？

（1）重视榜样的力量

苏联杰出的教育家马卡连柯曾提出这样一个观点："在教育子女之前，家长应当首先检查自己的行为。"对妈妈而言，想要让孩子懂得什么是宽容，就应该首先从自身做起，让自己拥有宽容的品德。倘若妈妈自己都是一个斤斤计较、心胸狭窄的人，经常听不进别人的意见，总是对别人指手画脚，因为别人的一点小错就得理不饶人，那么在这种家庭氛围中成长的孩子，又怎么可能知道什么是宽容呢？

（2）在故事中教导孩子

讲故事是教育孩子的一种良好手段。我国有许多体现宽容品德的历史典故，如“负荆请罪”“宰相肚里能撑船”“六尺巷的故事”等，国内外还有许许多多关于宽容的寓言故事，这些都是教导孩子学习宽容的素材。

（3）壮美的自然景观可以陶冶孩子

大自然是杰出的工匠，浩渺的海洋、奔腾的河流、秀丽的湖光山色都令人赞叹不已。见到了大自然的雄浑与博大后，人们就会感到心胸开阔，沉郁的心情得到纾解。因此，妈妈可以在能力范围内，多带孩子去见识祖国的壮美山河，让孩子的心灵接受大自然的洗礼，让孩子的视野和胸襟都变得更加开阔。

（4）在交往中进步

每一个人都会有优点，也会存在很多不足，成长的过程中更免不了出现或大或小的错误，对于孩子来说只有多与人接触，才能够发现自己的问题。只有通过与人相处，才能感受到宽容的意义，体验到宽容带来的快乐。

因此，妈妈应当注意引导孩子宽容地对待自己的同学、朋友，乃至竞争对手。让孩子能够称赞别人的优点，为同学的成功而喜悦，对有困难的同学给予帮助，虚心接受别人的合理建议，不嫉妒优秀的同学，不嘲弄落后的同学，不刻意为难竞争对手……这些都能让孩子收获友谊，培养宽容的品德，一步步朝着更好的方向发展。

（5）让孩子对变化习以为常

对物和事的态度也能表现出宽容。有些孩子不喜欢变化，甚至还会因为变化而焦躁，经常处于紧绷的状态，这样自然也就谈不上宽容了。可是，现代社会高速发展，世界每时每刻都在发生无数变化，因此，妈妈要积极引导孩子多接触新鲜事物，让孩子感受到变化带来的快乐，并喜欢上新鲜事物。当孩子对变化习以为常时，自然也就多了一份包容。

妈妈要警惕，小孩骄傲自负要不得

在生活中，很多孩子身上都存在骄傲自负的心理，这些孩子觉得自己已经掌握了某个领域足够多的知识，继续学习根本毫无必要，于是各方面都变得越来越不好。

萌萌今年上小学一年级，认识了许多新的小朋友。半个学期相处下来，无论是老师还是同学，都对这个长相漂亮、可爱，各方面都很优秀的小姑娘产生了很好的印象。

慢慢地，萌萌的心理发生了一些变化。她觉得自己实在是太优秀了，有什么活动老师都会首先想到她，没了她，老师可能就不知道该怎么办。而且她的成绩这么好，虽然不是班里的第一名，但也总是名列前茅，其他同学都比不上她，爸爸妈妈还有很多大人总问她一些很简单的问题，他们真笨！

在这种心理的影响下，萌萌逐渐变得目中无人，对人越来越没有礼貌，同学们都不愿意和她一起玩了，原先喜欢逗她的大人也不怎么喜欢她了。而且她的成绩开始忽高忽低，每次没考好的时候说她两句，她就认真几天，成绩就上去了，可还没等稳定下来，她就又松懈了。反复几次之后，她更加自负了，觉得自己只要稍微认真一些，就能取得不错的成绩。

萌萌的问题并不是一个少见的现象。在如今的社会中，孩子越来越娇贵，家里的大人们也愿意将最好的东西给孩子。于是，被家长们放在心头宠爱的孩子只要有些许的进步或是稍微好一些的表现，大人们就会不停地夸奖，慢慢地孩子就会觉得自己比其他人强很多，时间一长，孩子就会变得目中无人。

因此，警惕孩子产生自负的心理，是每一位妈妈需要注意的问题。

通常来说，有自负心理的孩子经常表现出过于自信的样子，他们对自己的评价远远超过自己的实际能力，而且常常看不起其他人。这种孩子往往有着较强的虚荣心，接受不了任何失败，一旦失败了或是稍微碰到一些挫折，就会觉得不平衡，哭闹不止。

其实，骄傲自负的心理会让孩子许多方面的能力都难以得到提高，也会让孩子无法与伙伴们和睦相处，进而产生自私自利、意志薄弱等不良品质，很难适应复杂的社会生活，甚至可能走上歧路。

所以，如果妈妈发现孩子产生了骄傲自负的心理，就应该立刻重视起来，马上采取措施来规范孩子的行为，督促孩子消除这种不良心理，告诉孩子什么事情可以做，什么事情不能做，并进行训练和指导，让孩子养成良好的行为习惯。下面是一些具体的措施。

(1) 适当减少表扬的频率

有些妈妈认为鼓励是教育孩子最好的方式，于是孩子哪怕只有一点点的进步也会予以表扬，时间一长，骄傲自负心理就会占据孩子的内心。妈妈不能不切实际地一味吹捧孩子。当孩子，尤其是产生了骄傲心理的孩子，比较好地完成了某件事时，妈妈应当慎重、适当地表扬，以稍微高一些的标准看待孩子。

例如，静静擅长唱歌，每次上音乐课时，静静都表现得很出色，老师总是表扬她，妈妈知道后也会夸奖她。渐渐地，静静产生了骄傲自负的心理，于是经常批评其他同学，不是这个同学声音太难听，就是那个同学唱得跑调了，老师稍微流露出一些要批评她的意思，她就觉得十分委屈。

想要纠正这种问题，妈妈要适当减少表扬的频率，可以以一个轻轻的微笑代替那些溢美之词。

另外，妈妈尽量不要当着其他人的面表扬自己的孩子，因为妈妈表扬之后，其他人势必会附和，孩子就会听到更多的表扬。孩子的自我评价能力还不足，通常会从别人的评价里定义自己，因此当孩子看到那么多大人都夸赞自己，就会误以为自己已经非常优秀了，进而出现自负的心理。

（2）挫折教育可以打消孩子的自满

有着自满心理的孩子会认为自己非常出色，那么打破他对自己的错误认知，就是纠正他这一心理的最好方式。挫折教育可以让孩子尝到失败的滋味，让他们认清自己，这是对这些孩子最实际的磨炼。

一般情况下，骄傲自负的孩子通常都有着较强的能力，所以实行挫折教育时可以选择一些有难度的问题，或是让他们做一些目前很难做到的事情，让他们感到这些已经超出自己的能力范围，必须通过其他人的指导和帮助才能完成。

需要注意的是，妈妈在进行挫折教育时，一定要把握好度，不要抹杀了孩子的自信。

（3）引导孩子正确对待自满心理

当妈妈发现孩子产生自满心理时，应当引导孩子，帮助其正确看待自己的问题。妈妈应当结合具体事件与孩子一起认真分析和讨论他的问题，让孩子意识到自己还有很大的进步空间，明白骄傲自负会影响自己的进步。

（4）让孩子多与社会接触

社会是十分复杂的，妈妈要多给孩子一些接触社会、接触更优秀的人的机会，这样孩子就能意识到“人外有人，天外有天”“强中还有强中手”，也就不会因为自己的一点点进步或者成绩而骄傲自满了。

（5）让孩子设立一个目标

每到一个阶段时，妈妈都可以与孩子一起分析他当前的情况，孩子有哪些优势，有哪些需要提高的地方，哪里应该巩固，什么事情能够做得更好……妈妈可以让孩子设立一个目标，并帮助孩子拟定一个操作性较强的计划，激励孩子认清自己，不断进步。

要注意，这个目标不一定是关于学习的，也可以是关于生活技能、与人交往等方面的，让孩子可以得到全面、充足的锻炼，全方位地认识自己。

（6）不要以物质奖励为主

孩子并不一定要得到物质奖励才能感到满足，尤其是年龄小的孩子，只要能得到老师或家长的口头表扬，就已经感到很满足了。如果妈妈只用物质作为奖励，就可能会让孩子觉得物质奖励才是最好的，那么孩子以后要的东西就会越来越多，欲望越来越难以满足。而且，物质奖励过多也很容易让孩子形成自傲自大、得意忘形，或者懈怠、懒惰、不求上进的心理。所以妈妈不能给孩子太多物质上的奖励，要让孩子知道良好的生活条件是爸爸妈妈创造的，他自己其实与别的同学没有任何区别。

未来属于孩子，他们将是未来社会的设计师，给正处于人生起点的孩子良好的品德教育，对个人、家庭、社会都十分重要。因此，妈妈应当帮助孩子铲除阻碍其发展的“杂草”，让孩子形成良好的品德，摒除骄傲自负的心理，学会谦虚待人。

有爱心才能有幸福

我们经常在网络上看到那些因为一些善良的举动让事情变得特别美好的故事：由于收到了某位同学的家长亲手制作的贺卡，一位学生保持了很久的好心情；儿童节时，一位刚刚失去了孩子的母亲在路边看着欢快跑过的孩子默默地流泪，一位陌生人来到她的身边，安慰她、鼓励她，还邀请她一起去景色优美的地方散心……这些故事都让人感到十分温暖。

在这些故事中，都有一个相同的内核——爱心。正是因为有了爱心，社会才会充满温暖。做一个有爱心的人，才能收获真正的幸福。

一个人的爱心应从小就开始培养。因为倘若孩子能够从小具有爱心与同情心，未来他们才能长成一个懂得关怀弱者的仁爱之人，而这样的人才是真正的强者。

某位幼儿园的教师曾讲述了这样一个故事：在卫生间里，一个小女孩在地上蹲了很长时间，似乎想要拿起什么东西。原来她发现涮墩布的水池里有一只被遗忘的小蝌蚪。小女孩想要捧起蝌蚪，嘴里不停地安慰小蝌蚪说："哦，小蝌蚪，你别怕……别动，别动，他们把你忘在这里了也没关系，我可以送你回家的。”

事情虽小，但却体现了小孩子丰富的同情心，这是很多成年人无法相比的。孩子从作为一个独立存在于世界的生命体开始，便和周围的一切建立起了联系。孩子本身是脆弱的，他们对暴力的事物充满了担忧和害怕。因为这些切身的体会，所以孩子对那些弱小的个体充满理解和同情，也就是所谓的将心比心。

苏联著名教育家苏霍姆林斯基曾讲过这样一个故事：一个5岁的小女孩，她朋友的洋娃娃被放在露天的地方，并不幸遭到雨水的浸泡。小女孩得知这件事后，整整一夜没有睡觉，默默地为洋娃娃痛苦着。

那个洋娃娃只不过是一个普通的洋娃娃，与小女孩毫无关系，她甚至都不一定见过它，但她依然因为洋娃娃的遭遇而难过，对它的不幸产生同情。孩子的心是非常敏感的，他们同情的对象也很广泛。如果妈妈能够从小就培养孩子的同情心，那么孩子就很容易形成并保持一颗纯善的心。而等到孩子长大后，妈妈才想起要培养孩子的同情心，就会变得十分困难。

赵阿姨的儿子今年读六年级，马上就要升入初中了。这天，赵阿姨带着儿子买完菜回家，在路上正好碰到一名乞丐。赵阿姨赶紧翻了翻钱包找到零钱，正打算交给那名乞丐，但儿子却拦住了她。儿子赶紧推着赵阿姨离开，一边走一边说：“这些都是骗人的，你可别上当。”赵阿姨问：“你怎么知道那是骗人的？你不觉得他很可怜吗？”儿子振振有词地回答说：

“哪有那么多可怜人，可怜之人必有可恨之处。”赵阿姨一时不知道说什么好，但心里却觉得有些不是滋味，她不知儿子怎么会有这样的想法。

又过了几天，赵阿姨下班回家时遇到两个走路颤颤巍巍的老人。他们走到赵阿姨面前，一位老人指着另一位老人说："她已经两天没有吃饭了，现在又犯了胃病，能不能请你帮她买点儿吃的，或是给我们一顿饭钱？”说话间，另一位老人眉头紧皱，用手捂着肚子不住地痛苦呻吟着。赵阿姨赶紧从兜内掏出十几元钱给了他们。

回到家后，赵阿姨把这件事告诉了儿子，没想到儿子却说：“你肯定又被骗了，你怎么总是那么容易就相信那些骗子的话？他说两天没吃饭你就相信啊？你说他们从哪儿来？那条路上又不通火车站和长途汽车站。再说了，现在谁出门还带钱啊，都是手机支付，就算不会用手机，出门也会带钱包，这是常识。”听了儿子的话，赵阿姨很生气，批评儿子说：“你怎么完全没有同情心呢？谁告诉你他们都是骗子的！”

儿子振振有词地说：“你告诉的。你原来不是跟我说，你在新闻上看见某地的乞丐都是有组织的，他们晚上按照不同的级别住各种档次的酒店，还发工作服。前几天你还说某市的一个派出所一个星期就抓了10多个乞丐，他们还有个微信群，成员全都是职业乞丐，有的乞丐收入比一般人的工资还多。还有些乞丐很有‘上进心’，会拿出一部分钱来给自己‘充电’，投英语培训班、韩语培训部。我在网上也看到过很多乞丐骗人的事，同学们告诉我的就更多了……”

儿子讲得正起劲，赵阿姨却怎么也听不进去了，她这才意识到，自己不注意培养儿子的同情心，让儿子变成了现在的样子。

同情心是一个人品德的重要组成部分，一个拥有了同情心，才可能成为一个温暖的人，才可能成为一个体贴别人、热爱生活也珍惜自己的人。因此，妈妈应该重视对孩子同情心的培养。最有效的方法就是妈妈身体力行，做出表率。

想要培养孩子的同情心，最直接的办法就是向有困难的行乞者施善。现代人的生活水平有了大幅度的提高，可人们的防范之心越来越重。人们总是想尽办法去戳穿骗子，避免上当受骗，许多家长也总是将“骗子”一词挂在嘴边，似乎生活中处处都是陷阱。给孩子树立这么强的防范心理真的好吗？孩子今后会不会与工作伙伴也保持一定距离，无法融入社会生活呢？乞讨者中确实有一些骗子，但也有不少真正需要帮助的人，即使我们遇到的是骗子，我们损失的也不过是几元钱，并没有什么大的影响，少买一瓶饮料而已。但是，如果对方真的迫切地需要这几块钱，我们的行为无疑是雪中送炭，孩子的同情心也会在这个过程中得到培养。

事实上，大部分的乞讨者确实是迫于无奈才走上了行乞这条路。辽宁省预防未成年人犯罪救助中心主任付广荣在某次工作中偶然得知很多女犯人的孩子流落街头，便决定救助这些孩子。在司法机关的配合下，付广荣费尽心力找到了 42 个流浪异乡、深受伤害的孩子，带着他们一起生活。假如主任没有伸出援助之手，那么这 42 个孩子大概就已经变成了小乞丐，也变成了一些人眼中的“小骗子”了。其实，社会上也不乏这样的善行，大连市的林洁收养了30个孩子，广西的一位老太太收养了60多个孩子……他们每个人都献出了自己的一份爱心。

有爱才能幸福，有爱才有希望，妈妈应该让孩子心中充满爱，给孩子一片明媚的天空。

孩子不遵守公共准则，绝不可等闲视之

子鑫是家里唯一的孩子，家里所有的长辈都十分宠爱他，他也由此成了家中的“小皇帝”。有一次，爸爸要出差一段时间，妈妈正好也有事要到外地去，便将他托付给了年迈的爷爷奶奶。突然离开父母的管制，子鑫觉得自己自由了很多。

到爷爷奶奶家生活的第一天，子鑫和一群男生来到社区的草坪踢足球，踩坏了不少花草，还差点儿把一个婴儿车撞倒，后来被几个居委会的老太太给赶走了。接下来的几天，子鑫表现得很不好，过马路乱闯红灯，跟奶奶一起去银行取钱不排队，还大喊大叫、乱挤乱骂，后来被保安请出了银行。

社会是由人与人集合而成的，一定的秩序是维护社会稳定的必要条件，在社会生活，所有人都应当遵守公共准则。倘若人们都按照自己的想法做事，那么整个社会就会变得毫无秩序可言。例如，大型十字路口车杂人多，由于交警或交通信号灯的统一调度，所有车辆各行其道，来来往往，有条不紊，道路通畅。但是，倘若没有交通规则，或是人们不按照交通规则行动，道路上所有的车辆、行人各不相让，那么所有人都将无法

通行。

当然，不遵守公共准则称不上犯罪，只能算是“不良行为”，但是这种行为却给社会、给他人造成许多负面影响或危害，自己也可能深受其害。

因此，妈妈应当培养孩子遵守公共准则的好品质，让孩子能够在良好的公共意识下成长。比如，在人与社会的关系方面，妈妈应当教会孩子讲秩序、懂礼貌、讲卫生、爱护公物、保护环境、不大声喧哗等一些社会公德。在人与人的交往方面，妈妈应当教会孩子遵循相关的行为准则，尊老爱幼、孝敬长辈、与邻里和谐相处、与朋友友好交往等等，这些都是人际交往和谐所必需的。在人与自然的相处中，妈妈应当教会孩子爱护环境、保护动植物、节约各种资源等。

在成长的过程中，孩子难免会有不遵守公共准则的行为，妈妈应当及时予以纠正，不能因为是小错就放过。例如排队本是一件小事，但孩子如果不能好好排队，就会造成秩序的混乱。妈妈要告诉孩子在公共场所，为了维持秩序应当自觉排队，排队时还要注意与前面的人保持一定的距离，有“一米线”的地方更是要站在线外，而且要遵守先来后到的原则，不能插队。除了排队问题外，还有随手扔垃圾、随地吐痰、乱踩草坪、随手摘花等行为，虽然不是大错，但也体现了一个人的素养，妈妈一定要重视这些问题，及时制止孩子的不良行为。相信在妈妈的提醒和引导下，孩子一定能够养成自觉遵守公共秩序的美德。

不要让孩子“两耳不闻窗外事”

在中国，很多妈妈在教育孩子时，都只关注孩子的分数情况，而忽视其他方面的教育，这就造成了许多孩子“一心只读圣贤书，两耳不闻窗外事”，社会责任感也就十分缺乏了。

事实上，想要让我们的国家、社会发展得更好，孩子社会责任感的培养是一个十分重要的问题，因为少年强则国强，一个毫无社会责任感的人，是不可能推动我们的国家向着更好的方向发展的。因此，无论是学校教育还是家庭教育，都应该注意对孩子的社会责任感的培养。可是，很多妈妈觉得社会变得怎么样都与自己、与孩子没有什么关系，因此疏忽了这方面的教育，而这其实会带来严重的后果。

四川汶川地震是所有中国人的痛，当年地震发生时举国哀悼，许许多多的人以各种各样的方式支援着灾区。但是，当时也有一些不良事件出现。5月21日上午，一个辱骂四川地震、大骂灾区人民的视频被网友们发现，这个视频长达4分40秒。视频中，一名女子将脚高高地翘在桌子上，一副漫不经心的样子，不断地辱骂灾区人民。事件的起因非常简单，国务院下发通知，规定5月19日至21日，全国所有娱乐场所停止一切娱乐活动。而这名女子20日前往一家网吧打算进行娱乐活动时，却发现网吧已经停止了游戏娱乐活动，因此她产生了强烈的不满，并录制了这段辱骂视频。视频在网上传播后，产生了极其恶劣的社会影响，5月21日，警方抓获了这名女子。

由于缺乏社会责任感、缺乏正确的家庭教育，这名女子做出了十分愚蠢的行为，最终受到了法律的制裁。

绝大部分妈妈都希望孩子成为德才兼备的人，不会觉得只要孩子有才就行，德行品质方面怎样都无所谓。绝大部分父母都“望子成龙，望女成凤”，希望孩子能有所成就，不会觉得孩子只要能有一份维持温饱的工作就够了。作为未来社会中的人，不管将来要从事哪方面的工作，都需要有良好的道德品质作为基础，可以说，妈妈应当将对孩子道德品质的培养当作一个重要目标，而社会责任感则是良好道德中的一环。

心理学研究曾得出这样一个结论：“道德信念和道德理想形成于少年时期，这一时期也是孩子的世界观开始形成的时期，更是孩子开始以道德信念和理想来指引自己的行动的时期。”因此，在这一时期为少年儿童打下良好的道德基础是十分重要的。

那么，妈妈应当怎样来培养孩子的社会责任感呢？

（1）让孩子树立远大的理想、拥有明确的奋斗目标

这里所说的理想与目标，不是围绕个人利益得失的小理想或阶段性的目标，而是要与国家、民族与社会的利益紧紧

联系起来。拥有这样目标孩子就能够放宽自己的心胸、开阔自己的眼界，拥有社会责任感，个人的能力、素养也会随之提高。

妈妈可以陪孩子一起阅读人物传记，让孩子从那些伟人身上学习优秀的品德，激发孩子向这些榜样学习，进而树立远大的理想；也可以带着孩子参加学校和社会组织的各种活动，有计划、有目的地对社会进行考察，让孩子与社会多接触，在实践中感受真理，知道自己未来究竟想做什么。

(2) 和孩子一起关注时事热点，共同讨论社会上的热点要闻

每个时期都会发生一些重大的事件，无论是国际上的问题还是国内的事件，妈妈都可以与孩子一起讨论。例如，有的地区爆发了严重的自然灾害，政府号召社会各界组织帮助。面对此事，妈妈可以与孩子讨论关于社会义务的问题，并积极援助，由此培养孩子的社会责任感。倘若得知此事后，妈妈不仅不积极援助、鼓励孩子的义举，反而对孩子的义举表示反对，甚至加以阻挠，那么孩子就会逐步丧失社会责任感。这不利于孩子社会责任感的形成。

(3) 以身作则，潜移默化地产生影响

榜样的力量是无穷的，而妈妈就是孩子最好的榜样。妈妈拥有良好的社会责任感，潜移默化地影响孩子，孩子才能在学校、社会生活培养责任感。

(4) 让孩子积极参与学校活动和社会活动

在现代社会中，那种“两耳不闻窗外事，一心只读圣贤书”的做法早已行不通了，社会对人们的要求越来越高，只知

道闭门造车的人是无法很好地融入社会的。因此，妈妈应该让孩子积极参与学校或社会组织的各项活动，及时、广泛地了解社会、了解时代的发展，这样孩子就会对社会多一份感性的认知，也就多了一份社会责任感。

【妈妈有话说】

品德教育在幼儿教育中占有十分重要的地位，让孩子拥有良好品德会使孩子终身受益。对孩子的品德教育，可以从下面几点进行培养。

(1) 培养孩子热爱祖国的品德

热爱祖国是每一个中华儿女必备的品德。妈妈可以通过给孩子讲述一些爱国事例，让孩子深切感受爱国之情的强大力量。除此之外，妈妈还可以带着孩子去旅行，游览祖国的大好河山，领略祖国的美好风光，了解祖国的丰富物产、悠久文化……让孩子产生自豪感，孩子自然也就会产生爱国之情。

(2) 培养孩子讲文明、懂礼貌的品德

文明礼貌是做人的一张名片，妈妈应该从小就培养孩子懂礼貌、讲文明，如主动问好、尊老爱幼、处事随和、待人热情等等。懂礼貌、讲文明的人能够给人留下更好的印象。

(3) 培养孩子诚实、知错能改的品德

犯错并不可怕，可怕的是孩子因害怕家长的责罚而谎话连篇或是知错不改。妈妈应当教育孩子坦诚地将自己的错误告诉家长，并勇于改正。妈妈进行教育时的态度是培养孩子这些品德的基础。倘若妈妈一味地指责孩子犯的错，孩子就会不敢承认错误，慢慢地学会撒谎。另外，孩子不能真诚待人，也可能是由于大人没有做好榜样。因此，妈妈一定要时刻注意自己的言行。

(4) 培养孩子乐观自信、勇敢坚毅的品质与性格

勇敢坚毅的品德常与乐观自信紧密相连。想要让孩子变得

勇敢、自信，妈妈就必须注意自己对孩子的态度。指责、嘲笑、讽刺、挖苦、恐吓等，都可能让孩子产生自卑的心理，慢慢变得胆小、怯懦。所以妈妈应当运用正确的方法，对孩子的行为加以鼓励，支持孩子参加各项文体活动，还可以主动教孩子一些知识和技能，让孩子在学习的过程中体会到满足感，进而产生自信。

第三章

好妈妈性格教育课——拥有健全的性格才能过好一生

孩子只有从小自信、坚强、积极向上，才能避免出现胆怯、懦弱、自卑等负面的性格，人生之路更加精彩、顺畅。要实现这一点，就需要妈妈在孩子遇到一些困难、挫折时，积极引导、教育，让孩子不被困难、挫折吓倒，形成健全的性格。

妈妈总是“心太软”，孩子如何能坚强

坚强的意志是一个成功人士必不可少的心理品质。所以，妈妈必须从小锻炼孩子的意志。但是，在现实的生活中，很多妈妈却不忍心让自己的孩子吃一点儿苦，所谓的锻炼也就成了“摆设”，对孩子的培养毫无益处。所以，要想锻炼孩子的意志，就要有决心、有恒心，还要狠下心来让孩子吃点儿苦头，为孩子创造锻炼的条件。

上个世纪七八十年代，中国女篮的标志性人物是女篮队长宋晓波。在洛杉矶奥运会的预选赛中，她不幸脚踝骨折，一般人看来她已经无法参加比赛了，但她作为队长，是球队不可或缺的灵魂人物，于是硬挺着带领女篮姑娘们取得9胜1负的佳绩，让中国女篮第一次打入了奥运会，并取得了铜牌。

宋晓波之所以如此坚强，与她的父母从小对她的严格要求是分不开的。宋晓波出生在篮球世家，她的父母都是篮球教练员。父母都期望女儿成为坚强的人，因此特别注意培养孩子的意志。宋晓波6岁时，父母给她选了一所离家较远的小学，要倒两趟公交车，还得穿过几百米长的胡同和车流密集的马路。

奶奶很不忍心，埋怨她的父母太狠心了，她的爸爸却非常坚持，劝奶奶说：“我们也心疼晓波，但是为了培养她独立生活的能力，不得不给她选了这所学校。孩子从小不学会自立，长大哪能有出息?”奶奶含泪点了点头。于是，爸爸买来一张月票，挂在晓波的脖子上，晓波就这样第一次独自“出远门”了。当然了，一开始她的父母也没有那么放心，妈妈总是远远跟着女儿，看着她上了公交车，随后就骑上自行车跟在公交车后面，直到目睹女儿走进学校大门，才放心地回去。这样过了一段日子，发现女儿独自上学完全没有问题，妈妈才放下心来。

看到女儿迈出坚强的第一步，父母很欣慰。过了一段时间，妈妈又给她布置了新的任务：让她一个人去幼儿园接 4 岁的妹妹回家。从家里到幼儿园也要换乘两次车，当时是隆冬时节，大雪纷飞，车多路滑，但是晓波还是毫不犹豫地答应了，自信满满地踏出了家门。这次她走了一个多小时还没回来，妈妈心里慌了，赶紧骑上自行车到幼儿园，妹妹的老师说：“早让她的姐姐接走了!”妈妈又心急火燎地往家骑，快到家门口时，看到两个“小雪团”正手拉着手、不急不慢地往家走，正是晓波和她的妹妹。看到妈妈，晓波解释说：“公交太挤了，到站了我们也没能下车，只好多坐了一站路，下车后又往回走，所以耽搁时间了。”妈妈非常高兴，对这两个坚强的孩子赞不绝口。此后，宋晓波在学习和锻炼时更加努力，更加刻苦了。

培养孩子的意志，除了让他们勇敢地独自踏出家门之外，还要让他们能够在跌倒后自己爬起来，这样才不会被挫折击倒。

妈妈不要觉得挫折离孩子的日常生活很远，实际上，在孩子的学习、劳动、游戏中，都有可能遇到各种外部的和内部的困难，如果不能及时抓住机会对孩子的心理进行疏导，孩子就可能被困难吓倒，产生怯懦甚至自卑的情绪，影响意志力的培养。

坚强的意志包含很多内容，对于孩子来说，为了达到某个有益的目的，能够自觉、独立、主动地调节自己的行为而不是完全靠外力的监督和约束，就是坚强；做一件事能够有始有终、坚持到底，就是坚强；处理一些充满矛盾的问题时能够坚持原则，不冲动也不畏缩，就是坚强；为了完成自己的任务，能够不被无关的东西吸引和打动，就是坚强……对于一个成年人来说，要做到这些都不容易，对于孩子来说就更难了。那么，妈妈应该怎样有意识地培养孩子变得坚强呢？

（1）用故事启迪

孩子最喜欢听故事，一个主人公有着坚强意志的好故事会让孩子记忆深刻，并在潜移默化中向主人公学习，自己也变得坚强起来。妈妈可以留意收集一些主人公克服千难万险获得成功的故事，甚至可以自己编一些相关的小故事讲给孩子听，当然这些故事不能太过生硬、枯燥，要迎合孩子的心理，尽量生动有趣。孩子有一定阅读能力后还可以让他们阅读《鲁滨孙漂流记》《老人与海》等世界名著，书中主人公不被常人难以想象的困难击倒，勇敢地继续向前，这种坚强的意志是孩子最需要的。

（2）赞赏孩子的每一次进步

妈妈要根据孩子的不同年龄，给他们布置具有一定难度的任务，并且要让孩子付出一定努力后才能得到成功的果实，从而培养他们的自信心。当孩子在一些困难面前产生畏难心理时，妈妈可以用自己过去克服困难的事例来激励孩子，让其获得攻坚克难、勇往直前的勇气。

（3）不要大包大揽

很多妈妈溺爱孩子，对孩子进行“一条龙”“全方位”“系列化”的服务，让他们成了饭来张口、衣来伸手的“小皇帝”“小公主”。妈妈们白天不辞辛劳地接送孩子，晚上还要一直陪读，甚至千方百计地“设计”孩子的前程。像温室中的花朵一样的孩子，往往会患上“软骨症”，一经历风雨就有可能“凋零”。所以，真正爱孩子的妈妈总能适当放手，不对孩子的一切事情大包大揽，孩子力所能及的事情都交给他们自己去做。

让“胆小鬼”变得胆大起来

父母都不想让自己的孩子成为“胆小鬼”，但是，不少妈妈发现自己的孩子真的有不少胆小的表现。例如，父母不在身边什么都不敢干，即使父母在身边也不敢和陌生人说话，不敢在公开场合讲话或表演，非常怕黑，对不存在的“鬼怪”过分恐惧等。对于孩子来说，这些情况并不算罕见，妈妈不必太过担忧，只要积极教育，大多数是可以扭转的。但是，如果家长不加干预，长此以往，就可能让孩子的个性发展受到压抑，越来越缺乏独立性，甚至有可能导致某些心理障碍，影响孩子一生的发展。

孩子胆小怕事，让一些妈妈痛心疾首，开始痛斥孩子，说孩子是“胆小鬼”，甚至给予处罚，希望这种“鞭策”让孩子“警醒”，变得勇敢一点儿。这样做只会起到反作用，对孩子的自尊心造成极大伤害，让孩子无所适从，更加怯懦。这些妈妈可能不知道，孩子之所以胆小，一个重要原因就是她的溺爱。俗话说：“初生牛犊不怕虎。”孩子往往是无所畏惧的，需要家人从旁约束。但是，很多家长对子女过于关注，不想让孩子受一丁点儿委屈和伤害，这样一来，孩子就像生活在一把“保护伞”下，完全无法经历风霜雨露，结果稍稍离开“保护伞”，就会不知所措。出于自保心理，他们会自我封闭起来，也就越来越胆小。总的来说，是家长尤其是妈妈的溺爱，剥夺了孩子培养勇敢品质的机会。如果不及时纠正，孩子长大后会依然如故，甚至会更加胆小怕事。

莎莎是一个非常漂亮的小女孩，大家都说她像一个小公主。实际上，莎莎确实是从小被妈妈当公主一样宠着，什么都不干。上了幼儿园之后，妈妈不陪在身边，莎莎完全不知道如何跟别的小朋友相处，也不敢往别人身边凑，只好一个人待在角落里。莎莎很喜欢滑梯，但是看到其他小朋友玩，她就会躲得远远的，两眼却始终没离开过滑梯。老师见过很多这样的孩子，于是她走到莎莎的身边，问她：“你喜欢滑梯吗？”莎莎说：“喜欢。”老师又问：“你为什么不去跟大家一起玩呢？”莎莎摇摇头，不说话。老师说：“那你走近一点儿看大家玩好不好？”见莎莎不抗拒，老师就拉着她的手让她靠近滑梯。

莎莎站在一边，看大家玩得那么高兴，越来越眼馋。老师看在眼里，进一步诱导说：“你也滑一次好不好？”莎莎看着跑上跑下的小朋友们，一下子退缩了，躲到了老师的身后。

老师说：“我抱着你，咱们俩一起滑，你看这样好不好？”莎莎勉强同意了。在老师的怀里，莎莎找到了妈妈的感觉，于是和老师一起滑了下来。老师说：“接下来你自己滑一次怎么样？我在旁边保护你。”莎莎又鼓起勇气自己滑了一次，老师问她：“害怕吗？”莎莎说：“不害怕。”老师提高声音说：“莎莎真勇敢！大家为她鼓掌！”听着小朋友们的掌声，看着老师的笑脸，莎莎觉得幼儿园不再可怕了，她终于敢跟大家一起玩了。

这位老师没有指责莎莎，也没有对她放任不管，而是设立一个个具体的小目标，让胆怯的莎莎尝到成功的滋味，又适时用表扬提振她的自信心，终于让她敢于和小朋友们一起玩滑梯了。试想一下，如果这位老师看到这种情况就冷言冷语地说："大家都敢玩，就你不敢，真是个胆小鬼！"结果会怎么样呢？可怕的是，这样的老师不是没有，这样的妈妈也很多。

现在的孩子，进入幼儿园前很少有与同龄人交流的经历，在家里所有人围着他（她）转，到了陌生的环境里，很容易感到特别拘谨，变得无所适从，从内心感到害怕和孤独。童年是一个人三观、个性等形成的重要时期，如果妈妈不及时对孩子进行安慰和鼓励，不培养他们适应新环境的能力，孩子形成胆小怕事、畏缩不前的性格就不奇怪了。那么，妈妈应该怎样培养孩子的勇气呢？可以先从以下几个方面着手进行：

（1）不要强迫孩子掩盖恐惧

只有正视孩子的恐惧，并做出相应的解释，他们才会听得下去并相信你的解释。如果一味地驳斥孩子，强迫他们相信自己的恐惧是不存在的，他们就会觉得妈妈在骗自己，反而更害怕了。所以，当孩子说自己害怕哪些东西时，妈妈一定不能生硬地告诉他没什么可怕的，而是要教给孩子关于他所害怕的东西的相关知识。例如有些孩子害怕猫、狗，妈妈可以给孩子讲一些关于猫、狗的有趣小故事，或者看一些相关的影视作品，并教给孩子与小动物相处的方法。多数孩子都怕鬼，甚至有的孩子即使上小学了，晚上依然不敢自己去洗手间。对这样的孩子，千万不能指责说："你怎么这么胆小啊！世上哪有鬼，有什么可怕的？"这些话会让孩子更畏惧。事实上，怕鬼并不是孩子的"专利"，孩子有这种心理是正常的，也没有什么丢人的，所以妈妈听到孩子这样说时，第一反应不能是愤怒，而要用微笑来安慰，让孩子紧张、焦虑的心情放松。妈妈要坚决地告诉孩子世界上并没有鬼神，并尽己所能地用科学知识解释鬼为什么不存在。当然，不要希望一下子就能让孩子不再怕鬼，关键是满足孩子对安全感的需求，逐渐让他们不再那么恐惧。

（2）注重父母的榜样力量

父母是孩子的榜样，孩子特别爱模仿父母的一言一行，父母可能对孩子的一生产生影响。所以，妈妈一定要在孩子面前树立坚强、勇敢的形象，给孩子带来正面影响。当然，人人都有一定的畏惧心理，妈妈没有必要装出一副对什么都无所畏惧的样子，完全可以向孩子坦率地承认自己也曾害怕过某些东西，但经过努力已经不怕了。这样可以让孩子知道，世界上不是只有自己会有恐惧心理，而自己恐惧的东西也并不是不可征服的，这样能降低他们的恐惧。

（3）了解孩子真正害怕的东西

一些孩子害怕被妈妈嘲笑，所以会言行不一地掩盖自己真正害怕的东西。例如，有的孩子在父母外出时不想待在家，说自己是怕鬼，其实不过是害怕自己在家会孤单而已。所以，妈妈一定要留心观察孩子的言行，找到他们胆小的真正原因，然后对症下药，解决孩子的问题。

（4）注意从小培养孩子的独立性和自信心

孩子对父母的依赖是他们离开父母变得胆小的重要原因，

所以妈妈必须注意帮助孩子克服的依赖心理，鼓励他们勇敢面对问题。同时，要注意孩子自信心的提升，让他们相信自己有能力、有办法解决问题。妈妈不要觉得孩子离开自己就无法正常生活，要适当放手，相信自己的孩子。

总之，孩子是胆小还是勇敢，妈妈的教育有着很大的影响。想要培养出勇敢的孩子，妈妈必须适当放手，让孩子多与人接触。同时，妈妈也要注意和孩子进行深入沟通，了解孩子的真实想法，并有意识地锻炼他们的独立性和自信心。只要妈妈有耐心、有毅力，就能够改变孩子的胆小性格，和孩子一起成长。

让孩子告别“一根筋”

偏执的人总是给大家留下固执、不开窍、认死理、难沟通的印象，往往被戏称为“一根筋”。“一根筋”有利有弊，拥有这种脾性的人能够为了目标一往无前地奋斗，容易取得一定的成就；但是，我们的社会是交际型的社会，“一根筋”的人容易出现种种不适应的“症状”，无法灵活应变，不能跟随各种环境状况的变化相应地调整自己，也常常无法做到沉着冷静。所以，总的来说，孩子太过偏执是需要改变的。

邻居张女士最近总是抱怨，家里的孩子今年已经 6 岁了，最近做什么事情都听不进去别人的劝说。在外面走路的时候，孩子老是走路中间，她觉得这样很危险，而且马路上的车子飞快，万一孩子遭遇什么不测也来不及去拉住孩子。但是只要她要求孩子走在里面，孩子就大发脾气，甚至会哭起来。

另外，只要是他不喜欢吃的蔬菜，从来不会吃半口；如果给他夹了一点儿他不喜欢的菜放在他的碗中，他就会发脾气，坚持把给他夹的菜夹出去；他觉得不好看的衣服，绝对不会穿；拼图完不成不睡觉，即便已经是夜里 12 点。类似的事情太多了，只要跟孩子相关的事情，一定要先征求他的意见，否则“世界大战”便一触即发。

有一次，孩子在家中玩积木，他想搭建一个房子，但是由于过程太复杂，一直没有搭建完成。其实搭建这个房子也不是很难，最关键的那一步他忽略了，于是妈妈想要帮助他完成最关键的一步。妈妈刚提出要帮助他，他就特别气愤，不让妈妈靠近，死死护着自己的积木，坚持要自己搭建完成。妈妈说她可以帮助孩子完成。没想到孩子一下子就把积木推倒了，说不想搭了。见状，妈妈也不知道该怎么办了。

孩子这种“不撞南墙不回头”的样子，让父母很是担心，也很不能理解，这到底有什么好坚持的？为什么会出现这种状况呢？家长缺乏对孩子相应的教育和培养是一个重要原因。

如何纠正孩子“一根筋”的问题，培养其应变能力呢？这是一个非常浩大的“工程”，需要家长付出长期的努力。妈妈可以在日常生活中有意识地培养孩子以下能力：

（1）适应自身心理或生理变化的能力

告诉孩子，当感到身体某个部位不舒服时，一定要立刻告诉父母；心里有什么烦恼和疑问时，也要敞开心扉向父母或朋友倾诉。这样一来，孩子就不会用自己尚不成熟的心理去承受所有问题，也能够养成集思广益的习惯，看问题也就不会那么偏执。

（2）适应周围环境变化的能力

例如，让孩子能够自主地根据早晚温差增减衣物；自己决定出门时要带的物品；在各种公开场合能够回答成人的询问等。

（3）对突发事件的应变能力

例如，告诉孩子遇到陌生人问路时，如何防止被骗；单独与成年人交流时，怎样避免不法侵害；家中出现明火时，如何用灭火器灭火并转移易燃品等。

（4）学会取舍和谦让

孩子执拗、不轻易认输不算坏事，但是执拗到“不撞南墙不回头”，就容易出问题。这时候，就要告诉他们凡事要懂得取舍，有时候以退为进反而是一种大智慧。同时，也要告诉孩子谦让的重要性，不必事事都争个第一，只要自己尽力了，没有取得太好的成绩也不必耿耿于怀。

让自卑的孩子学会昂首阔步

小升初考试时，林林发挥失常了，没有考上理想的初中。这让他非常沮丧，没有什么信心，在初一时成绩越来越差，老师和同学都认为他是个脑子比较笨的人，林林也觉得自己不怎么聪明，对数学和英语一点儿办法都没有，索性更贪玩了。爸爸看在眼里，急在心上。思考了几天后，他想到了一个好主意。

爸爸和林林都是象棋迷，父子俩经常在晚上杀上一盘，周末的时候更是要战个痛快。爸爸的棋艺比林林高，所以很少输给儿子。但是随后的日子里，他常常不着痕迹地输给林林。看着林林兴奋的样子，他还会装作不服气地说："你的棋艺进展也太快了！下棋可是非常考验智力的，看起来你的智力也在不断提高啊，要不然怎么会渐渐超过我呢？"这种鼓励，让林林的自信心渐渐回来了。到了初二的下半学期，林林已经跻身年级的前20名了；到了中考时，他成功考上了市里的重点高中。

自卑危害极大，孩子如果不能克服自卑的性格，就无法自信地面对未来的生活。要帮助孩子克服自卑，妈妈要做的事情有很多，下面的几点建议可供妈妈借鉴：

（1）检验自己对孩子要求的标准是否合理

很多妈妈觉得自己的孩子太过平庸，因而有意无意地表现出失望。有的妈妈因孩子不够可爱、不够机灵等而屡加训斥。这样的妈妈，怎么能教出自信的孩子呢？孩子的很多认知都来自父母，尤其是妈妈。妈妈有声或无声的态度，会让敏感的孩子感受到自己是否得到妈妈的爱和尊重，进而对自己的个人价值进行评估。

任何一件事，如果孩子付出了足够的努力仍然不能成功时，妈妈都应降低其标准，不能脱离实际坚持原来的要求。比如妈妈不该要求一个跛脚的孩子成为一个篮球明星，期望中等智商的孩子成为奥数金牌得主。因为这势必会影响孩子的自信。

（2）要学会尊重孩子

有的妈妈觉得自己给孩子足够的宠爱就够了，作为孩子的长辈和监护人，给孩子尊重就没有必要了。虽然孩子知道妈妈能够为自己付出一切，但是一旦觉察到妈妈的不尊重、不信任，依然会影响自我认知，慢慢滋生出自卑。妈妈不相信孩子能力的表现很多时候是很微妙的，例如孩子与客人谈话时，妈妈在一旁局促不安，三番五次插嘴解释孩子的话等，会让孩子怀疑自己说了什么傻话、错话，很可能不敢再独自与客人谈话了。尊重孩子的表现包括对孩子讲过的话负责，对孩子的优点和缺点做出公正的评述，对孩子一些浅显乃至幼稚的话不歧视等。

对犯错的孩子进行惩罚乃至适度体罚，有些时候是有必要的，但是绝对不可以当着别人的面惩罚孩子，因为这会对孩子的自尊心造成巨大伤害。

（3）不要让孩子过度地自我批评

让孩子自我批评，是他们健康成长的必要手段。人不可能不犯错，犯错后能够自我批评才会吸取教训、获得成长。但是，孩子毕竟处在各种性格和观念形成的关键时期，过度地自我批评会让他们在头脑中将一些错误固化，极有可能形成自卑观念。所以，妈妈一定不能让孩子没完没了地自我批评，以免演变为自暴自弃的习惯。

（4）帮助孩子发挥自己的特长

人都是有优点也有缺点的，自卑的孩子往往只看到自己的缺点，这就需要妈妈帮助孩子认识自己的优点，发挥自己的特长，当孩子沮丧时巧妙地利用他们的特长来鼓励他们，提升他们的信心。

（5）让孩子树立“我做得到”的信念

一个孩子要想成才，必须自信。在平时，妈妈要经常提醒孩子：“加油，你可以做到！”孩子丧失信心时，要告诉他：“谁都有失误的时候！这次失败不过是小小的失误，只要你积极改进，下次一定可以成功，千万不要丧失信心！”

妈妈可以告诉孩子，当自信心受到打击时，可以在早晨起床后对着镜子大喊三声：“我做得到！”这种简单的心理暗示能够在一定程度上恢复孩子的信心，让孩子产生一种向上的意念。

（6）别让孩子成为悲观主义者

悲观主义者对社会和人生都持有悲观的态度，无法认识自己真正的能力与潜力。一个心态悲观的孩子一旦学习中相信自己脑子笨、学不好，就很难再取得好成绩，而且还会越来越悲观，形成恶性循环。

因此，妈妈必须教孩子摒弃悲观，培养积极心态，让孩子每时每刻都在内心暗示自己：“你比你想象的要好！”妈妈也应当告诉孩子，每一个儿童的智力水平相差无几，不用低估自己的智力、高估他人的智力，更没有必要以不够聪明为理由放弃努力，形成悲观的心态。

总的来说，孩子自卑的原因很多、危害很大，妈妈有责任、有义务提振孩子的信心。孩子的自卑和悲观往往是一时的，只要妈妈和孩子一起努力，就能够克服。

面对失败，鼓励孩子再来一次

人生之路不总是平坦的，常常会遇到大大小小的坎坷。对于孩子来说，过于一帆风顺并不是好事，会让他们丧失警惕心理和“抗击打”能力，面对挫折和失败时不知所措，甚至在被击倒后一蹶不振。只有经历过一些逆境，才能磨炼他们的毅力和意志，让他们成长的根基更加坚实。所以，妈妈必须在孩子遇到一些挫折和失败时，告诉孩子：不必抱怨，不要逃避，鼓起勇气再来一次吧！

科学家做过一次这样的实验：他们把一条梭鱼放在有许多小鱼的大鱼缸里，鱼缸中间放一块透明的玻璃板，将梭鱼和小鱼隔开。梭鱼饿了，就朝着小鱼扑过去，每次都一头撞上玻璃板。慢慢地，梭鱼撞击的频率和力度越来越小，最后它绝望了，放弃了努力。这时，科学家取走了鱼缸里的玻璃板，梭鱼再饿也不会朝小鱼的方向冲击了。更令科学家们意外的是，即使有小鱼冒失地游到梭鱼附近，它也不再张嘴。最后，这条梭鱼竟然在食物丰富的鱼缸里饿死了。

梭鱼的捕鱼本领并没有退化，但是无数次的碰壁让它丧失了继续尝试的勇气，甚至开始质疑自己的能力，直至彻底绝望。人类比梭鱼的智力不知高多少倍，但很多时候也像这条梭鱼一样，由于一次或几次碰壁、失败就彻底丧失了尝试的勇气，也因此失去了改变人生的机遇。

想必每个妈妈都不想让孩子变成“鱼缸中的梭鱼”，因此妈妈们必须要让孩子明白这样一个道理：我们付出努力做某件事，有可能成功，但也有可能失败。成功固然值得欣喜，但是失败也不要过分沮丧，更不要丧失再来一次的勇气。成功之路往往不是一帆风顺的，爱迪生发明电灯时，为了找到合适的灯丝，试验了上千种材料，也就是说遭受了上千次的失败才成功，他遭到的打击有多大我们可以想象。所以，与这些伟大人物遭受的失败相比，我们的小小挫折算得了什么呢？

当然，孩子毕竟还小，内心是敏感而脆弱的，并不能与历史上的伟人相提并论。所以，在他们遇到困难或失败时，不能让他们自己扛下来，默默舔舐伤口，因为这样可能会对他们的人格造成不良影响。作为妈妈，应该清楚这个时候的孩子是极需情感安慰的。在孩子遇到失败时，妈妈依然要送上自己的喝彩与掌声，哪怕只是一句简单的表扬、一个关切的眼神，都会让孩子获得勇气，觉得不是自己一个人在战斗。鼓励孩子时，并不用讲多少大道理，不妨简单地说：“这样的成绩已经很不错了，妈妈相信你下次肯定能赶上来的。”“没关系，想一想这次是哪里出了问题，妈妈相信再来一次你肯定会成功的。”如果孩子产生畏难心理甚至对失败产生恐惧，你应该说：“有妈妈跟你站在一起，你还怕什么？大胆地再来一次！”

有一点值得注意，那就是孩子心智尚不成熟，有时候在遇到挫折后会无理取闹，听不进去任何道理。正如一个家长说的：“我4岁的儿子最喜欢搭积木，但他非常缺乏耐心，一旦积木倒了，就会大声哭闹，勉强再来一次就变得更加毛手毛脚，当快要搭成的积木再次倒塌，他就又大发脾气，把积木乱摔一气。”面对这类孩子，妈妈不能根据孩子的表面行为轻率做出判断，而是要静下心来揣度孩子的深层次需求。妈妈要知道，孩子都想尝到成功的喜悦，但是他们缺乏经验，所以会在挫折面前变得不知所措、乱发脾气。妈妈不妨给予适度的赞美，告诉孩子：“你看，这座高楼搭得多么漂亮啊，虽然只差一点没有完成让人遗憾，但是妈妈相信你下次一定会搭出更漂亮的。再来一次吧！”

美国儿童心理学家提出的“3C法”可以为妈妈帮助孩子走出心理困境提供借鉴。所谓的“3C”，是三个英文单词的缩写：Control（调整）、Challenge（挑战）和Commitment（承诺）。

“调整”，是指在孩子遇到挫折时，帮他们进行心理上、情绪上的调整，最重要的是让他们认识到“困难并不等于绝境”。心理学家给出了一个调整的例子：孩子数学没有考好，妈妈可以这样调整他的心态：“你数学没考好，妈妈知道你心里不好受，但其他科目你考得都不错啊！”

“挑战”，是指给孩子制造一个心理挑战，使他们能够在沮丧中迅速振作，积极准备迎接下一次挑战。例如，对于上面那个数学没考好的孩子，妈妈可以这样“挑战”他：“妈妈知道你是追求上进的孩子，你不会因为这一次考试就退缩了吧？妈妈相信你是不怕挑战的人，下次你的数学一定能考好。”

“承诺”，指妈妈对孩子做出承诺，让孩子找到继续努力的目标和意义。例如，同样是这个孩子，妈妈可以告诉他：“妈妈一直以你为荣，虽然这次数学考试失利了，但是妈妈知道你是认真考了的，妈妈还是为你感到骄傲。下次数学考试如果你能考好，妈妈就带你去你最想去的城市旅游，怎么样？”

孩子那么霸道是有原因的

现在很多的孩子都是“小皇帝”“小公主”。家人对他们的百依百顺，与同龄人少有的交往经历，使他们自然而然地养成了自我、霸道、不懂分享的性格。这样的性格会阻碍孩子的健康成长，对他们的人际关系产生负面影响。所以，培养孩子与人分享的品质，是妈妈必须重视的问题。

5岁的子轩在楼下小花园里玩，看到邻居家4岁的子涵骑着一辆可爱的三轮脚踏车。他也很想骑一下，于是扔下自己的小铲子，挡在子涵面前。

“给我骑一下。”子轩用命令的语气说。

“我不，这是我的。”子涵虽然是个女孩子，年龄也比子轩小，但是一点儿都不服软。

“我就要骑！”

“就不给你骑！”

子轩就去抓三轮车的车把，还想把子涵挤下车，子涵“哇”的一声哭了起来。正在旁边聊天的两人的妈妈赶紧走了过来。子轩的妈妈训斥孩子：“你这孩子怎么这样，怎么能抢妹妹的玩具?”子涵的妈妈也对女儿说:“让哥哥骑一下你的三轮车怎么了,你都骑了大半天了!”

这时,子轩的妈妈对子涵说:“涵涵,你要不要玩轩轩的小铲子?堆沙子城堡可好用了,让他骑一会儿你的三轮车吧。”子涵看了一眼小铲子,最终点了点头,开心地下了车,拿起铲子去堆城堡了,子轩也终于骑上了三轮车。

两个孩子为了玩具争起来,这种场面很常见,原因就是他们对玩具都有占有欲,根本没有分享心理。妈妈作为有权利的“仲裁者”,也不能蛮横地处理孩子的争端,而是要在尊重孩子对玩具的所有权的前提下因势利导,平息争端。如果强制孩子“自我牺牲”,将玩具从自家孩子的手里抢过来让给其他孩子,不仅自己孩子的感情会受到伤害,而且妈妈的行为也是不尊重他人权利的错误示范。妈妈要首先肯定孩子对玩具的所有权,给孩子选择的权利,而且不能让孩子白白放弃玩具,应该给其相应的补偿,这样才不会让孩子产生排斥心理,紧握玩具不放。

分享是种美德,尤其对于孩子来说,甘愿将自己的东西分享给他人,是一个进步。所以,妈妈必须及时对孩子进行适当的肯定,让孩子意识到分享是一件值得赞美的事情,这样他的分享意识才会得到强化。

东东不是吝啬的小朋友,朋友来家里玩他总会拿出自己的玩具。但是有一次邻居小朋友过来玩时,他们却闹得不欢而散。怎么回事呢?原来,邻居家的小胖想玩东东的“西游记”主题玩偶,东东不肯,他们就吵起来了。那一套玩偶十分精美,包括孙悟空、猪八戒、沙僧、唐僧和白龙马。这套玩偶是东东的爸爸参加某个电视节目时获得的奖品，市面上根本买不到。东东总是小心翼翼地将五个玩偶放在枕边陪自己睡觉，从来不舍得给别人玩，这次小胖吵着要玩，惹恼了东东，于是他再也不邀请小朋友来家里了。

妈妈看在眼里，觉得这样不利于孩子的性格发展，于是找东东谈话。她问东东："你为什么不邀请小胖他们来玩了？"东东气哼哼地说："小胖手那么脏，非要玩我的孙悟空，我不想让他来了。"妈妈说："那你以后都不想跟小胖玩了？"东东犹豫一会儿才说："不是，我想跟他玩，但是不想他弄脏我的孙悟空。"妈妈说："这样吧，妈妈帮你把这几个玩偶放到柜子里，你叫他们来玩别的玩具，好不好？"东东点点头，赶紧跑出去叫来了小胖和其他小伙伴。小胖早就忘了上次的不愉快，他们玩得非常开心。

很多人都有一些格外珍惜的私人物品，不愿意与他人分享，更何况孩子。对于孩子倾注了特殊感情的玩具或其他物品，妈妈应该特别注意，既要让孩子学会分享，也要照顾到孩子的感受，尊重孩子的想法。如果因为害怕别人嘲笑自己宠坏孩子，觉得孩子不肯分享是给自己丢脸，从而强迫孩子与别人分享一切，很可能产生负面影响，孩子会越来越不愿意分享。

这是一位母亲分享的一件让她哭笑不得的事情：她3岁的儿子睡觉时，她去察看情况，却发现儿子在床上蜷成一团，用被子紧紧裹着全身。她觉得这样睡太累了，于是去扯孩子的被子，结果发现他怀里鼓鼓的，仿佛抱着什么东西。这时，她听到孩子得意的窃笑声，原来小家伙没睡着。她一掀被子，发现儿子把一个红气球藏在里面。她很奇怪："你把气球放在被子里干什么？不怕爆了吗？”儿子却一脸得意：“妈妈，小声点儿，别让姐姐听到了。”她这才想起来，姐弟俩曾在下午争过这只气球，当时儿子自己的气球坏了，就想抢姐姐的，她就把气球“判”给了姐姐。没想到，气球又落入弟弟手里，他为了防止姐姐看到，甚至使出这样的“心机”，妈妈不由得担心孩子会越来越自私。

很多妈妈没有深入考虑过这个问题：自己的孩子为什么这么“自私”，很多东西都不想与别人分享？是不是只有今天的孩子才这么自私、小气、占有欲强？

事实上，每一个孩子都有着占有欲，在他们眼里，只要自己能够把握在手中的东西都是自己的，这并不是自私或被宠坏了的表现，可以说是一种与生俱来的本能。

对于儿童来说，占有的东西越多，就能占据更有利的地位，得到更多的安全感和归属感。但是，人毕竟是需要互相依存的高度社会化的动物。所以，分享也成了必不可少的品质。遇到两个孩子争夺一件玩具之类的情况时，诸如“两个人轮流玩好不好”之类的劝解多数时候是没有效果的，而痛斥孩子“你怎么这么自私，不是个好孩子”，结果往往会更糟。当然，顺其自然更是一个要不得的选项，会助长孩子的霸道、自私，使其长大之后难以合群。

对妈妈来说，必须让孩子逐步树立与他人分享的概念，但是树立的过程不可“一刀切”，而是要阶段性地逐渐引导，让孩子一步步变得豁达、大度、乐于分享。

批评孩子这件事，可不简单

对于孩子来说，赞美和表扬是他们继续前进的动力，但是一味表扬，他们就容易飘飘然。尤其是在犯了错误之后，妈妈如果依然不肯批评，孩子的错误就会越来越严重，直至产生不可挽回的恶果。所以，该批评的时候必须批评。但是，很多妈妈却狠不下心来批评孩子，认为批评会让他们幼稚的心灵遭到冲击，例如当孩子做了错事时，刚要批评，一看到孩子那委屈乃至惊恐的表情，就把批评抛诸脑后了。长此以往，孩子会觉得自己无论怎么恣意妄为，都不会遭到批评，性格就会越来越恶劣。

国外心理学家早已证实：生活在赞扬之中、没有经受过批评的孩子，最容易成为“老虎屁股摸不得”的小霸王，是非不分。而这种在幼年时代就不能接受批评的孩子，长大后会更加抗拒批评，甚至产生一些心理障碍，完全活在自己的世界中，将一切批评的声音视作耳旁风。这样的人，是难以适应现代社会的，其事业也很难成功。

无法接受批评的孩子，除了小时候受到家长过分溺爱的孩子之外，还包括一些太过出色的孩子，也就是人们通常所说的“别人家的孩子”。这些“别人家的孩子”拥有出众的天赋，往往成绩出色、大脑灵活，他们的杰出表现让家长、老师或同学忽视了他们性格中的缺陷，对他们表示由衷的赞美和羡慕。这些孩子生活在赞美之中，找不到自我反思的契机，很可能在诸多荣誉面前得意忘形，迷失了自己，养成自以为是、唯我独尊、盛气凌人的性格。这些缺陷型的性格会影响他们的学习或工作，一旦某些方面做得不够理想，他们从未倾听过的批评的声音就会迎面而来。这时候，这些从小被赞美宠坏的人会百般抵赖，或者无法承受批评，像泄了气的皮球一般失去所有热情，他们的天赋和智慧都可能因此白白荒废。

所以，当妈妈幸运地养出了一个让别人家羡慕不已的孩子时，不能让自满冲昏头脑，也不能被孩子的“光环”蒙蔽双眼，而是要时刻牢记“虚心使人进步，骄傲使人落后”的箴言，善于发现孩子的缺点和不足，让孩子不断克服缺点，继续前进，取得更加优异的成绩。

小学五年级的贤贤，从小就特别聪明，成绩在全年级始终名列前茅。老师和同学们的赞美话语和敬佩眼神，让贤贤非常享受，她也变得越来越自负。对于那些成绩差的同学，她往往表现出一副“清高”的样子，不愿跟他们过多交流，甚至连各科老师的话她都不太在意，因为她觉得自己仅靠自学就能取得好成绩，老师们没什么了不起的。在家里，贤贤觉得自己俨然是个大人了，爸爸妈妈的话都是老调重弹，她越来越不放在心上。唯一让贤贤有几分敬重的，是德高望重的班主任朱老师。朱老师已经快到退休的年纪了，是市里的高级教师，连校长都对他十分尊敬。朱老师对贤贤也不像其他老师那样以夸奖为主，让贤贤觉得他与众不同。

朱老师是教语文的。这一天，贤贤在一篇周记中表达出对同学的轻视心理，还写了自己与数学老师的争执：数学老师批评她点错小数点丢了一分，不够细心，贤贤却认为自己虽然丢了一分，但依然是第一名，不应该得到批评。

朱老师看出贤贤的性格在向不好的方向发展，认为自己有责任拉这个聪明的孩子一把，于是在贤贤的周记本上写道："人们对于毫不在意的人，不会去批评。因为批评往往换来怨恨，而能够冒着被你怨恨的风险批评你的人，是真正希望你进步的人。你的成绩很好，但是你画画比不上肖琳，跑步不如张慧慧，弹琴比不上赵芝芝……人人都有优点和缺点，你为什么不能接受批评呢？"

贤贤深受触动，她的性格慢慢转化，跟同学和老师的关系也好起来了。

多数批评指向的都是一个人的缺点，坦率地接受批评，就是看到了自己的缺点，有利于改正。人都是两眼看着他人的缺点，对于自己的缺点却容易忽视，这时就需要他人的监督。古人云"不识庐山真面目，只缘身在此山中"，人评价自己往往会出现偏差，只有通过他人的批评建议，才能更清楚地审视自己，发现自己的缺点和不足并加以改正。

对于妈妈来说，批评孩子是一个"技术活儿"。因为孩子仿佛是一个娇嫩的花蕾，他们平常都是沉浸在赞美的和风细雨中，一旦经受批评的风暴，很容易就会一蹶不振。批评得多了，还会让孩子误以为自己一无是处，没人喜欢自己，产生很多偏激的想法。所以，妈妈批评孩子，千万不能用打击孩子的自尊心的方式，以为这样会让孩子印象深刻。其实，这样做不仅起不到让孩子改正的作用，反而可能让他们自暴自弃。批评孩子的错误时，一定要就事论事，不要总翻旧账，否则会让孩子产生在父母面前永远无法翻身的无力感，也让批评的效果大打折扣。此外，批评需要严肃，但是不能声色俱厉，因为如果孩子处在恐惧中，就无法注意你的言辞，不利于改正错误。

现实中这样的情况很常见：孩子在学校做错事，遭到老师的批评，回到家中，父母又是一顿批评。这样的“夹击”是很多孩子难以承受的。对于妈妈来说，孩子既然已经遭到批评了，对自己的错误有了认识，就无须再次指责，而应当引导孩子冷静地想一想该如何改正。

彤彤学习很好，尤其是数学，总是考满分。一次期中考试，她的后桌用手指捅了捅她的背，小声说让她身子往旁边侧一侧，好偷看她的试卷。彤彤觉得这样不好，于是微微扭头说：“不行。”这时，老师看到了，认为她在和后桌的同学串通作弊，大声斥责了她们一句：“你们两个干什么？”彤彤觉得很委屈，眼泪在眼窝里打转，很快交了卷子回家了。

到了家里，她越想越不好受，就跟妈妈哭诉起来。妈妈帮彤彤擦了擦眼泪，问清楚了事情的原委，很快跟老师说明了情况。第二天，彤彤到了学校，老师已经对后桌同学进行了批评教育，两人一起诚恳地向彤彤道了歉。

孩子能否接受批评并改正，父母起着相当重要的作用。妈妈作为孩子的第一任老师，必须掌握正确批评孩子的技巧，让孩子坦然接受批评、不断进步。

【妈妈有话说】

健全人格是孩子一生发展的坚实基础，能让他们一生都无惧外部挑战，为国家和社会贡献自己的力量。拥有健全人格的孩子具有以下优势：

(1) 能够尊重过往、立足现实、面向未来

有着健全人格的孩子能够以开放的态度获取信息和知识，把握时代和生活的脉搏，追求正确的目标，用乐观积极的态度面对未来。

(2) 具备较强的适应能力与应变能力

适应能力与应变能力是一个人与时俱进的必备能力，如果无法跟上时代的节奏，无法在时代的大潮中创造属于自己的价值，就会被时代抛弃。而有了适应能力与应变能力，孩子在成长过程中就不会被突发事件所阻挡、迷惑。

(3) 能够突破“小我”，成就“大我”

拥有健全人格的孩子，看事情的关注点不会局限于个人，而是会扩大到家庭、社会乃至全世界。这样开阔的眼界，会让他们拥有较强的爱心和同情心。

(4) 理智不盲从，思想较独立

这一类孩子有较强的判断能力和鉴别能力，分析问题时不容易感情用事，能接受不同观点，正视他人的建议。

第四章

好妈妈独立教育课——让孩子做自己生活的主人

英国诗人艾略特曾经说过：“天上从不会掉下玫瑰，想要更多的玫瑰必须自己种植。”从这句话中我们不难看出，独立是每个人一生必须学会的事，并且独立意识需从小培养。直白地说，独立就是自己的事情自己做。妈妈要教育孩子从小学会自己安排自己的生活，想要获得的一切要靠自己的双手去获得。

学会放手，让孩子“当家做主”

我们看到，现如今有很多孩子独立能力特别差，生活中的一切都需要父母来搞定，做什么事情都要父母督促。这些不良习惯带来的不利影响在进入小学后变得更为突出。比如，早上不能自己起床，需要父母三喊四催；吃饭的时候连盛饭这种小事都需要父母代劳，并且一边吃一边玩儿；自制力差，上课注意力不集中，不能自觉完成作业，需要父母督促。这样的孩子常常让妈妈非常头疼，管吧，事无巨细，都得操心；不管吧，孩子会变得更糟糕。

为什么孩子们会变成这样，什么事情都做不好？究其原因，主要是从小照顾得太过了，妈妈包办的事太多了，孩子理所应当地认为，家长什么都应该为自己做，自己用不着去操心。妈妈要想让孩子自立，最好的方法是，把孩子当作一个独立的个体来看待，妈妈应该充分相信，孩子没有你想的那么娇气。

笑语的爸爸妈妈平日里工作很忙，没时间好好照顾笑语，所以就把她送到了外婆家，只在周末的时候才把她接回来。

外婆对笑语疼爱有加，不愿意让她受一点累，每天都会把她生活中的所有琐事帮忙做好，就连吃个橘子，外婆也会先把皮剥好。

久而久之，笑语变得特别依赖外婆，什么事情都不自己做，什么决定都需要别人帮忙做，自信心缺失，遇到一点儿挫折就束手无策。

渐渐地，笑语的妈妈发现了笑语的变化，她觉得这样下去孩子的问题会越来越严重，她宁可自己每个月挣的少一点，也不能毁了孩子。于是，她和孩子爸爸商量，还是把笑语接回来自己照顾。

从孩子回来的那天开始，笑语的妈妈便有意识地锻炼笑语的自主能力。首先，让她学会自己的事情自己做。比如自己拿碗筷，自己吃饭，自己穿衣服，自己洗澡，自己洗袜子。其次，让她自己做决定。出去玩儿的时候想穿哪件衣服，到了游乐园想玩儿哪个项目，到了书店里想买哪本书等等，都由笑语自己决定，妈妈不做过多干涉。

经过妈妈对笑语半年多的锻炼，笑语的改变大家有目共睹，连幼儿园老师都说，现在的笑语和从前判若两人。以前的笑语在学校里一点也不开心，经常哭哭啼啼想回家，下课的时候，老师问她想玩儿什么，她都常常说“不知道”。现在的她，脸上常挂着明媚的笑容，有自己的主见，不再是绝对听话的“提线木偶”了。

有些妈妈特别细心，事事想得周到，不管干什么，都事先替孩子办好、决定好，总觉得孩子还小，事事需要别人代劳。殊不知，这样反而会害了孩子，让他们变成没有动手能力、没有主见、胆小怕事的人。

人的幸福与环境是密切相关的，但如果一个人的幸福完全依赖于环境与他人的关系，这个人怎么可能会过得好呢？众所周知，我们身处其中的环境不可能围绕着某一个人运转，外界环境不会格外眷顾任何一个人，让他事事顺利、处处顺心。所以，过于依赖外界，就很容易失望。因此妈妈应从小培养孩子的独立意识，让孩子在情感与行为上都能自立。

有一位妈妈直到36岁才生下了一个孩子，这个孩子简直被她奉为珍宝。为了让女儿能得到妥善的照顾，她特地辞掉了工作，还请了一位经验丰富的保姆照顾女儿的起居。每天两个大人就是围绕孩子转，只要女儿哭一声，妈妈和保姆就会来到她的小床前看看她是不是哪里不舒服，并且耐心地哄她。渐渐地，女儿养成了习惯，只要床边没有人围绕她，她就会发很大的脾气，使劲儿哭，使劲儿踢腿，甚至小脸都哭得发紫了。等到床边出现了大人关切的面容，女儿便不闹了，其实她没有任何不舒服，就是需要大家无时无刻都紧张她。随着女儿慢慢长大，她的脾气也是不断渐长，她很少自己玩儿，每当家里人不围着她转了，她就大发雷霆。妈妈不禁困惑了，难道自己把孩子照顾得还不够好吗？为什么她这么爱哭爱闹呢？

妈妈希望女儿成为世界上最幸福的孩子，却没想到正是自己破坏了女儿成为真正幸福的人的基础。

这位妈妈为女儿精心营造了一个被关怀所笼罩的世界，但女儿在这个世界里却得不到任何成长。女儿被困在由爱织成的牢笼中，她的喜怒哀乐全都依赖于家人的反应。有人关注她，她就开心；没人关注她，她就大闹。她不会自娱自乐，不知道使自己愉快起来的方法，不会观察与认识这个世界。

幼儿总是希望时刻得到妈妈的关怀，为了达到目的，他们用哭闹的方式来引起妈妈的关注。听着孩子的哭声，很难有父母会无动于衷，然而真正有智慧的妈妈懂得：一味迁就孩子不是真的为了孩子好。妈妈应该让孩子明白，父母不能为孩子做一切事，也不可能时时刻刻关注孩子，每个人都有自己的时间，每个人都有自己的事情要做，自己的幸福不能依靠别人得到，它产生于自立的活动中。

其实孩子并不像我们想象的那样弱小，他们学习能力很强，可以学会做很多事情，只是很多时候妈妈太溺爱孩子了，剥夺了他们自己动手的机会。事实证明，父母包办、代替越多，孩子的能力越低。

应该大胆地放手让孩子去实践，给孩子积累经验的机会。在不断的实践中，孩子的经验会越来越丰富，能力自然也越来越强。

4岁的子睿看到妈妈正在擦玻璃，他也跃跃欲试，说："妈妈，我来帮你。""不行，你干不了，玻璃会被你越擦越花的。""不会的，我会学着妈妈的样子擦，就让我试试嘛。"说着子睿拿起了盆里的布。结果妈妈一下子抓住了他的手，说："你不要帮倒忙了，去玩你的小汽车，不要逼妈妈发脾气。"子睿只好非常扫兴地离开了。

孩子们一降生到这个世上，就充满了强烈的参与欲望，他们渴望像大人一样做很多事情，并得到鼓励，这是孩子寻求自立的重要过程。这种欲望非常可贵，正是学习的动力，妈妈千万不要扼杀。

故事中的子睿愿意和妈妈一起干活，这是好事，妈妈不应该拒绝，应该鼓励他。就算孩子擦得不是特别干净也没关系，如果可以提高孩子的动手能力，培养孩子的独立意识，一切都是值得的。只要妈妈耐心引导，积极鼓励，相信孩子一定可以越做越好。

培养孩子的独立自主能力，宜早不宜晚，最好在孩子一出生时就开始去做，并持续到他们成人为止。当妈妈认识到培养孩子独立能力的重要性之后，可以尝试从以下几点来具体操作：

（1）要让孩子知道自己是一个独立的个体

带孩子参加社交活动时，一定要将孩子介绍给客人，使孩子感受到自己是独立的个体。如果客人问的问题是关于孩子的，而且孩子都知道，给孩子回答的机会。这样有利于孩子产生自立的意识。

（2）要让孩子独立思考

不要时刻都把答案准备好。比如，可以给出一部分答案，然后引导着孩子去思考，进而得出完整的答案；也可以多向孩子提问，甚至可以表示自己遇到了难题，希望孩子可以帮帮自己。这可以使孩子在不知不觉之中，自然而然地养成独立思考的能力。孩子只有爱思考，才会变得有主见。

而且还要让孩子多表达。即使你已经猜到孩子想做什么了，也不要急着说出来，不要替孩子表达。“你是想……？”“你是要……？”“你去……？”等句式，要尽量少表达。你如果都说出来了，孩子自然不愿意思考了，每天只要说“是”“好”就可以了。

（3）给予孩子工作或角色

要想让孩子不那么依赖大人，妈妈可以给孩子安排一点工作，让他承担一定的责任。如果他能完成，要给予鼓励，如果没做好，也别责备孩子，耐心地教，争取让他下一次做好。即使孩子再小，也是有自尊心的，会因责任感而激发出不靠他人而是自己解决问题的欲望。

（4）让孩子自己解决问题

当孩子遇到困难时，如果困难不是很大，妈妈不必急着帮孩子解决，可以引导孩子，让他自己动手。比如，孩子想喝酸奶，让妈妈帮忙插吸管。妈妈可以教孩子吸管怎么用，哪一头是可以插进盒子里的，并让孩子自己试一试。如果孩子成功了，妈妈拍手鼓励，孩子也会非常兴奋的。

（5）有计划有准备地将孩子交给他人照料一段时间

相信很多妈妈都注意到这种情况：孩子在自己家中非常任性，让做什么偏不做什么，可是如果去亲戚家做客，就会变得很乖巧。这是因为孩子不敢像使唤父母一样使唤别人，而且离开熟悉的环境，到了一个新环境，为了尽快适应，他们不得不动手做一些事情。有时为了达成自己的要求，还得费心去说明或是说服。这对培养孩子的独立性非常有用。妈妈不妨有计划有准备地把孩子交给他人照料一些时日，来提高孩子的自立能力。

但妈妈也要明白，习惯的形成不是一朝一夕的事，妈妈不能操之过急，要做个有心人，既然决定开始，那就坚持下去。

谈谈让孩子做家务这点事

有一次思琪的妈妈正在包饺子，8 岁的思琪觉得很有意思，她站在旁边也很想试试，于是她对妈妈说：“我来帮您擀皮吧。”没想到妈妈并未夸奖女儿乖巧懂事，而是说：“你别瞎捣乱了，今天午饭本来就晚了，上一边自己玩去！”思琪的心情一下子变得低落起来，默默走开了。

放暑假的时候，思琪到姑姑家去住了几天。某一天姑姑家也包饺子，姑姑的女儿梦怡负责擀皮，她发现梦怡擀得很好，看起来厉害极了。姑姑问思琪是否也想试一试，思琪赶忙点头。于是，思琪和梦怡一人一个擀面杖负责擀皮，姑姑负责包，三个人分工合作，很快就包好了饺子。那一天，思琪觉得这顿饱含着自己劳动成果的饭香极了。

著名教育家苏霍姆林斯基曾语重心长地告诫父母们，他说：“不要因为想保护孩子而不让他们劳动，也不要担心孩子的手会磨出茧子。要让孩子明白，面包的获得并不容易。这种劳动对孩子而言是一种欢乐，通过它，孩子能够认识世界，并能更好地了解自己。”

要想让孩子劳动，做家务是最简单的方法了。家长应鼓励孩子多做家务。

做家务的时候，可以让孩子从和自己相关的事情做起，比如洗自己的袜子、手绢，再扩展到为整个家庭服务。让孩子从小学着为家中尽一份心力，便可培养出责任感，孩子也会对这个家更有感情。如果孩子一开始不愿意做，可以让孩子明白，家务本就是家庭成员的共同责任，收拾自己的东西更是责无旁贷。

孩子做家务时如果没做好，例如，洗碗时不小心把碗打破了，下次他就会注意吸取教训，慢慢地会越做越好。如果孩子做好了，他就会获得自信心和成就感。

在做家务的过程中，孩子提高了动手能力，懂得了承担责任，学会了独立思考，获得了劳动的快乐，妈妈们何乐而不为呢？

做家务有这么多好处，可是在现实生活中，爱做家务并坚持做家务的孩子却并不多。为什么孩子不喜欢做家务？可能是妈妈的教育方法有问题。

5 岁的晚晴正在卫生间里洗自己的袜子。

妈妈看见后，高声说："天哪！你哪里是在洗袜子，分明是在捣乱，你看弄得到处都是洗衣液的泡沫和水渍！"妈妈一边说，一边赶忙把水龙头拧紧了。

晚晴噘起了嘴，她本来以为自己动手把袜子洗好会得到表扬的，没想到反而被批评了。

"怎么，说你还不高兴了？弄了这么多洗衣液，浪费了这么多水，袜子还是没洗干净，卫生间倒是没有下脚的地方了，真能给我找事，赶紧出去吧！别在这儿添乱。”

“哼，不洗就不洗！”晚晴说着把袜子扔进了盆里，生气地回自己房间去了。

虽然做家务的习惯应从小培养，但是家长也应该明白，孩子的能力有限，跟做惯了家务的妈妈相比，自然有许多不完美之处。要懂得欣赏宝宝用心和认真做家务的过程，而不要只看结果不够理想就急着批评孩子。

家长在引导孩子做家务的时候，要选择适合孩子的、简单易学又不易伤到孩子的家务，可以参考以下几种方式：

（1）扫地、擦桌子

扫地、擦桌子是比较简单的家务，孩子们基本都能学会，给孩子准备好抹布和扫把，让孩子试着去做。父母可以多示范几次，以便孩子可以做得更好。

（2）晒、收、叠衣服

若担心孩子洗衣服洗不干净，可以先教孩子晾衣服；衣服干了之后，可以让孩子帮忙收取；收好时，还可以教孩子学习折叠衣服。

（3）择菜、洗菜

妈妈择菜时，可以顺便教一下孩子，从择菜到洗菜，让孩子知道所吃的菜肴需要经过哪些步骤才能成为食材，从学习中教导孩子做家务。

（4）洗米、煮饭

煮饭的时候，让孩子参与进来，教给孩子舀米，告诉他们煮粥和煮饭分别需要多少米。然后教孩子洗米，洗米后的水，可以让孩子拿去浇花等，让孩子既学会做家务，又懂得节约。

在引导孩子做家务或给孩子做示范的时候，妈妈应该尽量多做动作、少说话。因为如果妈妈说的太多，孩子要时常盯着你的嘴，可能就会漏掉你做的示范。你示范一遍过后就可以让你的孩子尝试一下了，这时候你可以在旁边指导他。

另外还有一部分孩子，每天做的家务不少，然而一点也没有体会到快乐。

尚尚从小就被妈妈培养做家务的能力。每次吃完饭，妈妈就会催促："赶紧把碗洗了！"尚尚并非不愿意洗碗，只是觉得妈妈每次态度都不好，好像自己不洗碗就大逆不道似的，这让他很郁闷。除了洗碗，还要打扫厨房，周末时家务会更多。要是哪一次尚尚说不想做，妈妈便会说："好啊，那这个星期的零用钱你也别要了！"于是，尚尚只好不情不愿地去干家务。有一次周末，尚尚的同学来找他，原来快到六一儿童节了，他们一帮小学生有一个节目需要排练。可是，尚尚还没把那天他要做的家务做完，妈妈不允许他出门，同学们只好在楼下等他。等他终于出来了，也完全没有了愉快的心情。

让孩子做家务要注意以下几点。第一，妈妈态度要温和，不能以家长权威命令孩子，让孩子觉得做家务是一种负担。第二，孩子做好一件家务事，妈妈要及时夸赞孩子，或是给一些小奖励，让孩子获得成就感，但不能让孩子以做家务为条件换取奖励或报酬。第三，妈妈分配的家务要适量，孩子毕竟还小，需要学习和玩耍，不能让家务事把孩子的时间都占了，这样孩子只能厌恶做家务。第四，要让孩子明白做家务是每个家庭成员的责任，并不只是妈妈的事情，不要以为做了一点点事就是帮妈妈的忙了。

总之，家长要用妥善的方法让孩子喜欢上做家务。不要总说孩子小，等长大了再做也不迟，因为如果孩子从小就没做过家务，长大了也不可能主动去做。

让孩子拥有独立成长的空间

空间是一个看不见、摸不着的概念，但却是每个人都需要。一定的、属于自己的空间，能让我们获得自由，得到短暂的放松。

不要以为孩子就不需要有一个自己可以支配的空间。如果孩子无时无刻不和妈妈在一起，妈妈为他支配和安排好一切，他们只需要照做的话，那么孩子永远都不会有自主性和独立性。

博文今年7岁了，妈妈说他可以拥有自己的房间了，博文高兴极了，因为这意味着从此他便可以拥有一个独立的空间。但是自从拥有了自己的房间，妈妈的要求就变得更加严格，放学回家不准看动画片，不准玩玩具，要先写作业，写完作业后，妈妈还会另外布置习题。而且每次博文做作业的时候，妈妈都特别不放心，总怕他偷偷玩，所以每过十几分钟就要进来看一眼。博文觉得妈妈一点也不信任自己，心里很不高兴，而且自己还是没有一点自由，可他也没办法，只能默默忍受。

有条件的父母会在孩子很小的时候，就为他准备一个自己的小房间，而且房间往往还布置得特别漂亮。父母的初衷是好的，希望孩子可以在房间里安心地玩乐，安心地做作业。但是很多时候，这个独立的房间只是形式上的。有些妈妈不信任孩子，还是想时时刻刻掌控孩子，这样的房间即使布置得再豪华，对于孩子来说也不过是华丽的牢笼罢了。

有一位妈妈就很明智，她不仅给了孩子属于自己的房间，每天还给孩子一段可以自己任意支配的时间。在这段时间里，孩子想做什么妈妈都不干涉，他可以搭积木，可以画画，可以看故事书。当然，孩子也有可能瞎忙一场，什么也没干成。不过，这并没有什么关系，孩子慢慢懂得了时间的宝贵，学会了合理安排自己的时间并制订计划。

每一个孩子都是一个独立的个体，他们有自己的观念和判断。有时他们会因为生活经验缺乏而犯一些错误，但这些错误可以让孩子吸取教训，积累经验，从而不断进步。所以妈妈们不必大惊小怪，也不必因此而不让孩子去尝试。给孩子自由发展的空间，这可以让他们积累实践经验，这样将来在他们需要自己做选择的时候，不至于一脸茫然、不知所措。

大部分妈妈都非常爱孩子，但有时候这种爱却会让孩子窒息。她们不给孩子独立的空间，限制孩子的自由活动，她们操碎了心，对孩子寄予厚望，她们常常按自己的思维模式想当然地教育孩子，规范孩子的行为，认为这样就能教育好孩子。然而这往往适得其反，不但没有让孩子变得更优秀，亲子关系还出现了裂痕。

父母对孩子所做的一切无非是希望孩子成长为一个优秀的大人，将来能在社会上闯出一片属于自己的天地。但究竟什么样的孩子才能适应日渐激烈的社会竞争呢？是在父母全方位的保护下长大的胆小怯懦、毫无主见、毫无个性的孩子吗？显然不是。相信这个道理不用我说，每一位妈妈都明白，只是真正做起来时却又狠不下心、放不开手，一点自由的空间都吝啬给孩子。

美国心理学家戴尔说过："孩子需要一些空间去成长，去证明自己的能力，去学会应对危险。不要代替孩子去做他能承担的事情。如果父母包办太多，就等于剥夺了孩子提升自己能力的机会，也剥夺了他们的自立与自信。"

妈妈们应该时刻提醒自己：孩子是一个独立的个体，父母应该允许孩子去探索、去尝试，而不是把孩子变成一只没有自由的"笼中鸟"。父母必须给孩子一个真正意义上的独立成长的空间，在这里，孩子可以自由支配自己的时间，可以做他们自己感兴趣的事，只有这样，孩子才会觉得自己是自己的主人。

当然，给孩子一个独立成长的空间，并不是说就对孩子放手不管了，这种自由要建立在了解孩子能力的基础上。如果孩子确实遇到了一些解决不了的难题，妈妈要进行指导和点拨，或是向孩子传授经验，或是与孩子一起讨论解决方法。

植物的生长需要一定的空间，动物的生存也需要一定的空间，更何况是孩子的成长。所以，妈妈们，适当放手，给孩子一个独立成长的空间，才是真的为孩子好！

不要让孩子成为没有思想的机器人

相信很多妈妈都明白这个道理：一个缺乏独立意识、没有主见的孩子，是很难应付生活中的风风雨雨的。

培养孩子的独立能力对孩子的成长非常重要，妈妈们千万不可以掉以轻心，生活中不要大包大揽，应让孩子从小就养成自己拿主意的习惯，并且学会自己照顾自己。

何小姐是一家大公司的高管，同时她也是一位与众不同的母亲。何小姐结婚多年都没有怀孕，为了能够孕育一个孩子，她到过各地求医问药，终于在35岁那年当上了母亲。怀孕期间，胎儿怀得也不安稳，何小姐经常出入医院，每日过得提心吊胆。最后，终于熬到儿子降生了，可是这个孩子却体弱多病，经常生病住院。好几个月大了，却比新生儿大不了多少，经常昼夜啼哭，让人操碎了心。连何小姐的母亲都失去信心了，她觉得这个孩子养不活了！可何小姐不肯轻言放弃，她毅然决然地辞了职，全身心地抚养孩子。白天还好说，难的是晚上，孩子一生病晚上就不肯睡，一直哭，何小姐经常彻夜不眠地抱着孩子在屋子里来回踱步。

后来，病弱的儿子终于转危为安了，可由于这个孩子前期的成长之路太波折，何小姐仍然整天紧张兮兮。她事事亲力亲为，生怕儿子受一点累、吃一点苦，恨不得把孩子再放回肚子里护着。在何小姐这样的全方位照顾下，儿子变得非常脆弱和黏人，遇到一点不如意的事就会不开心很久，也不喜欢和同学们一块儿玩耍，每天闷在家里。看着这样的儿子，何小姐很快就认识到自己是关心则乱了。理智告诉她，要想让孩子成为一个优秀的人，自己就不能包办孩子的一切。

想想自己之所以能够事业成功，勇敢地面对生活的风雨，正是源于父母从小对自己的锻炼。小时候，她的父母对她的管束极少，他们放任她自由自在地长大。当意识到自己从前的教育出现了严重问题的时候，何小姐立刻着手改变。

何小姐认为判断一个人是否优秀，更重要的在于性格，而不仅仅在于学习成绩。而在培养性格时培养孩子的独立意识和生存能力是至关重要的。所以，何小姐和丈夫商量好，从现在起，着手培养孩子的独立意识，给他成长的空间，绝对不能再像从前一样替孩子把一切都安排好。此后，她常常对儿子这么说："学习是为你自己学的，为什么要父母督促你呢？自己的事情自己做，父母无法替代你活在这个世界上。为自己负责是一个男人最起码的责任。"

孩子上幼儿园中班之后，何小姐又重新走入了职场。耽误了这几年的时间，想要达到当年的高度是不容易的，所以她整天忙得不可开交，而何小姐的丈夫是大学老师，那段时间他忙着考博，没有人能腾出时间来接儿子放学。于是，何小姐耐心地教儿子认路，了解交通规则，告诉他路上要注意的问题。此后，每天下午五点儿子都是自己回家，然后自己主动做作业。一些力所能及的小事，也都是儿子自己做。

儿子上小学之后，何小姐除了第一天陪他去报到，此后就没有再接送过孩子。她对儿子说：“虽然去小学的路比幼儿园的要长，但是现在你已经认识去学校的路了，从此以后爸爸妈妈就不管接送了，一是因为爸爸妈妈都有自己的工作要忙，二是你已经长大了，你自己是可以做到的。”何小姐说到做到，哪怕是刮风下雨，她都坚持让儿子独自回家。

儿子此后只能自己解决遇到的难题，在一次下大雨却没带伞，只能等雨停了才回家的经历之后，儿子每天晚上都会查好天气，如果有雨就会记得带伞，同时还提醒爸爸妈妈带伞。儿子做功课也很主动，从来不用父母催促。在学业上，何小姐没有给儿子很大压力，她说：“我不要求你次次都考第一名，只要你尽力而为就可以了。但在回答问题的时候，我希望你可以另辟蹊径，千万不要人云亦云。”

在何小姐的眼中，儿子是这样一个人：说起学习成绩，儿子只能算是中上等，但他人缘很好，在同学中间也很有影响力。而且他很坚强，百折不挠。儿子的发展符合何小姐的预期，她认为这一切都得归功于对孩子的独立性的培养。

有一次，儿子过生日的时候，总结过去一年的成长，他一本正经地对何小姐说：“妈妈，你知道吗？我曾经很多次遇到困难的时候偷偷哭泣。”何小姐听了有些惊讶：“那现呢？”儿子轻松地笑了：“现在当然不会了，不然我也不能这么坦然地告诉你。”这次对话对何小姐有些触动，她开始再次反省起自己的教育方法来：是不是过于理性了？是不是有失偏颇？正当她陷入自责时，儿子在校园演讲比赛中获了奖。儿子演讲的主题是关于“母爱”的，儿子在演讲稿中写道：“我年幼时身体羸弱，妈妈为了更好地照顾我，忍痛放弃了自己的事业，如今妈妈为了能让我接受更好的教育又重新开始打拼，我觉得我的妈妈是这世上最坚强的妈妈。”何小姐看完儿子的演讲稿，眼睛湿润了，但心里却感觉甜美如蜜。

培养孩子的独立意识非常重要，但具体操作的时候，可能有些妈妈还是有些无从下手，下面这几条建议，相信对妈妈们会有帮助。

（1）尊重孩子是首要前提

首先，妈妈们要把孩子当作一个独立的人来看，如果你足够尊重孩子，就不会想要掌握孩子的一切，一点自由的空间都不肯给孩子。

（2）让孩子参与家庭事务，承担一部分家庭责任

养育孩子不要事事亲力亲为，不要因为孩子小、能力弱，就剥夺了孩子去做去尝试的权利。培养孩子的独立能力可以从很多小事做起，如让孩子自己收拾书包、整理房间等，让孩子参与家庭事务，承担一部分家庭责任。

（3）打造民主的家庭气氛

孩子都渴望能像父母那样处理自己的事务，管理好自己，为家庭出一份力。所以，有关家庭的一些事情，可以试着和孩子共同商定，听一听孩子的建议，而不是只听父母安排，孩子

执行。打造民主的家庭气氛有利于孩子独立性的培养。

（4）支持孩子正当的活动

孩子可以按自己的意愿布置自己的房间。孩子和同学一起参加比赛、参加科技小组等，父母要予以支持。父母怀疑孩子的能力，禁止或限制孩子参加课外活动，都会打击孩子独立活动的积极性。

教育孩子为自己的行为负责

我们平时经常会看到，一个孩子不小心摔倒了、磕疼了，于是大哭起来，这时候妈妈赶忙抱起孩子不断安慰说："好了，宝宝不哭了，是这块地让我们磕疼了吗？真可恶，妈妈帮你打它。"然后，妈妈真的会用手使劲儿拍打几下地面，这时候孩子一般就会止住哭泣。

可是这样做，等于把孩子摔倒的责任推卸给外界，而没有告诉孩子，他摔跤是因为他自己不小心，还没学会稳步走呢，就老想跑。在这样的教育模式下成长起来的孩子容易丧失对自己的责任感。一个人如果对自己不负责任，又怎么能指望他对别人、对社会、对国家负责任呢？

这些年关于一些中学生受到一些挫折就自杀的例子屡见不鲜：有因为没日没夜地打游戏遭到家人批评而选择结束自己的生命的；也有因为一直担任班干部，后来突然被撤掉，受不了同学的议论，而选择自杀的。

人们不禁问，现在的孩子是怎么了，他们为何这样漠视自己的生命，对自己如此不负责任？其实孩子如此，家长难辞其咎，正是因为我们没有注重从小对孩子进行责任心教育，致使孩子责任意识淡薄，才如此不珍惜自己的生命。由此可见，培养孩子的责任意识是非常必要的。

一个人如果能对自己负责，对自己的行为负责，那他什么事情都能办好。通过各类研究数据，以及家长、老师的反馈，我们得出这样一个结论：现在的少年儿童大都缺乏责任意识。玩儿完玩具后不收拾，一旦妈妈说让自己把玩具收拾好，就又哭又闹；看到别人需要帮忙，一脸冷漠，事不关己，高高挂起；对于老师交待的任务，敷衍了事、心生抱怨；做了错事死不承认，千方百计地推卸责任等等。这样的现象随处可见，这些都是缺乏责任意识的具体体现。

雪纯是一名高中生，最近她很苦恼，因为他们就要分文理科了，可她不知道自己擅长什么，不知道应该怎么选。总体来说，她的三大主科成绩还比较稳定，尤其语文成绩最好，如果选文科，她讨厌背诵历史、地理、政治；如果选理科，她的物理是个弱项。

她觉得这简直太难了，于是回到家对父母说："你们帮我选吧，我不知道怎么办，总之我都听你们安排。"

雪纯的妈妈听女儿这么说很高兴，她说："还是我女儿懂事，咱们的邻居你毛阿姨家的儿子就很不听话，最近正跟家里闹不愉快呢。你毛阿姨让他学理科，他非要学文科。小孩子家懂什么，学理科才更有前途，更好就业啊！"

于是，在父母的安排下，雪纯学了理科。

未分文理之前，雪纯的总体成绩还是不错的，可是进入理科班之后，她的学习越发吃力，物理和化学成绩每次都给她拉分。到最后，雪纯不但没有按照妈妈的预期考上重点大学，连一个本科二批院校都没有考上。

看到成绩后，一家人都很犯愁。

妈妈说：“早知道这样，应该让你学文科啊，比起理科你更擅长文科，女孩子学理科真的是拼不过男孩子啊！”

雪纯在家里大发脾气，她说：“都是你让我学理科的，现在这样也不赖我。”

妈妈说：“意见是我们的，可学习是你自己的事啊！你不好好学习，经常看课外书，现在考不好倒全部是我们的责任了？”

雪纯的爸爸说：“你毛阿姨家的孩子，当初就是自己坚持非要学文科的，现在都考上重点大学了。因为是自己做的选择，所以他的责任感就强，学习的动力也就大。说来说去，当初我们应该让你自己做这个选择啊！”

有的孩子完全听从父母，家长让怎么做他们就怎么做。若哪件事情没有做好，家长批评他时，他就推说“不是你让我这么做的吗？”，以此来堵家长的嘴。长此以往，孩子会变得越发不负责任。所以妈妈应该试着让孩子自己拿主意，自己对自己的事情负责，以此来培养孩子的责任心。妈妈们不要再因为孩子处处听话、事事顺从而沾沾自喜了，这很可能会害了孩子。

我曾经从杂志上看到过一则报道，说美国的一个小学生因为损坏校车而有一周的时间被禁止搭乘校车，这是学校对他的处罚。于是这个小学生每天只好走着去上学。人们问他的妈妈：“为什么你不开车送一下孩子，这么远的路就让他走着去吗？”孩子的妈妈坚决地说：“不，他应该对自己的行为负责！”这位妈妈的教育方式简直让我想为她竖大拇指，她一定会教育出一个为自己的行为负责的好孩子。

美国前总统里根小时候踢球，踢坏了别人家的窗户玻璃，别人要求赔偿一笔数目不小的费用，里根的父亲帮忙垫付了，但是要求他偿还。于是里根努力工作了很长时间，终于把这笔钱还给了他的父亲。他父亲这样做也是为了让他从小学会承担责任。

妈妈们不要动不动就心疼孩子，不要总是为孩子做好所有事情，有些事情是孩子一路走来必须要承担的，现在不承担，以后可能会承担得更多。

我的一位同事把孩子养得特别娇，孩子已经上四年级了，还经常到了学校又发现把资料、书本之类的落在家里，同事每次都不厌其烦地去给孩子送，并且一句也舍不得责备孩子。有一次，孩子期末考试，居然忘了带笔袋，开考前给她打电话让送过去，同事只好请假，偏偏那天公司特别忙，领导为此特别不高兴。还有一次，同事的儿子在学校和同学打架，老师就把双方家长请过去了，想好好教育一下两个孩子。同事一看有人敢打自己的孩子，当时就急了，到了学校不依不饶，又怪对方家长没有教育好孩子，又怪老师没看住孩子，弄得场面很难堪。其实那次和同学闹矛盾，主要责任在同事孩子身上，所以这个孩子被记了过，可是回去之后，同事一句都没有责备孩子，在她眼里自己的孩子永远没错。在同事毫无原则的溺爱之下，她的儿子变本加厉，性格不羁，缺少责任感，漠视校规校纪，最后被学校开除了。

一个好妈妈，如果想要自己的孩子有个好的未来，请从小培养孩子的责任心，让孩子懂得为自己的过失负责。

有的妈妈抱怨自己的孩子没有责任感，殊不知孩子的责任感正是父母亲手抹杀的。其实，每个人都有一种积极向上的责任心，所以当孩子想要自己穿衣服，想要自己洗脸洗手，想要自己收拾书包的时候，父母就不要代劳了，而是应该支持他、鼓励他，让他为自己的生活负责。

当妈妈让孩子做一些力所能及的事情的时候，孩子就会明白“自己动手，丰衣足食”的道理，明白很多事情注定要亲自去做；当孩子为自己的过失负责时，孩子就会明白“自食其果”，明白必须要对自己的过失负责，以后才会少犯错。

【妈妈有话说】

妈妈对孩子进行独立自主性的培养，具体操作可参考如下：

（1）正确地认识和理解孩子

妈妈要了解孩子在各个年龄阶段所具备的各种能力，以免交给孩子的任务孩子没有能力完成。知道在某个年龄段孩子可以做什么了，就可以放手让孩子去做。另外，孩子们都是与众不同的个体，你还要了解你的孩子有什么特别的地方，特别之处需要特别对待。

（2）给予孩子充分的活动自由

孩子在独立活动中才能产生独立自主性，因为在独立活动中孩子需要独立思考和独立解决问题，所以妈妈一定要给孩子提供这样的机会。

（3）与孩子建立亲密的亲子关系

让孩子充分感受到你对他的爱，亲子关系亲密了，孩子才会有安全感，而独立自主性的培养，需要以孩子的信任感和安全感为基础。

（4）循序渐进，不随便批评

独立自主性的培养不是一朝一夕的事，需要一个循序渐进的过程，切不可操之过急，也不能对孩子的发展提出过高的、不合理的要求。孩子一时没有达到你的要求，也是正常现象，妈妈要有耐心，不要肆意批评。

第五章

好妈妈学习理念培养课——让学习变得轻松起来

孩子不爱学习是让很多妈妈都头疼的问题，如何让孩子的学习变得轻松起来是妈妈们迫切想要知道的。其实，每个孩子都有求知欲，没有谁生下来就自甘堕落，只要方法得宜，不愁孩子不愿意去学习。妈妈只要从小培养孩子的学习兴趣，提升孩子的学习能力，让孩子掌握科学的学习方法，并为孩子创造好的学习环境，孩子一定能达到理想的学习状态。

兴趣才是最好的老师

学习兴趣是最好的老师，有了兴趣孩子才会主动学习，遇到问题才不会轻言放弃，而如果孩子没有学习兴趣，请再好的家教，买再多的练习资料都不管用。

因此，要想让孩子转变学习态度，首先是培养兴趣，不能本末倒置。妈妈们在培养孩子学习兴趣的过程中，心要细，气要顺，手要慢，要和孩子好好配合。

兴趣转移是培养孩子学习兴趣的一种不错的方式。有的孩子喜欢玩游戏，可以打得废寝忘食；有的孩子喜欢看小说，家长不让看，孩子偷偷摸摸也要看；有的孩子喜欢踢足球，可以在操场上肆意挥洒汗水，不怕累、不怕热，受伤了也在所不惜……这么耗费体力和脑力的活动，孩子们为什么会乐此不疲呢？就是因为有浓厚的兴趣做支撑。如果将这种热情转嫁到学习上，那何愁学习不好啊！

可是，与玩比起来，学习终究是有些枯燥的，有些孩子就是对学习毫无兴趣，妈妈一筹莫展，孩子也烦恼极了。其实妈妈们大可不必如此紧张，学习的兴趣完全可以慢慢培养起来。

就从孩子感兴趣的地方入手，比如体育运动、棋类活动、唱歌跳舞、绘画表演等。常言道："磨刀不误砍柴工。"花点儿时间培养兴趣，可比孩子没有兴趣还逼着他硬学要有效率多了。

从这个角度来说，如果发现孩子对除了学习以外的某些事情产生了兴趣，家长千万不可直接扼杀，而要正确引导，将孩子的兴趣引导到学习上来。只要有了兴趣，孩子花费同样的时间与精力，付出同样的劳累与努力，就能在学习上取得与娱乐同样的效果——感到兴奋，产生成就感。

如果妈妈细心培养了，孩子对学习还是始终提不起兴趣，那么有可能是孩子过早地进入紧张学习的状态中，造成了提前兴奋，从而抑制了兴奋的持续产生，之后，便是无聊、厌倦的情绪汹涌而来。这种情况下，纵使孩子主观上想努力，客观上也提不起兴致。这时候，妈妈就要适当给孩子减减压了，不要再把成绩作为评判孩子的唯一标准。当孩子的身心轻松了之后，说不定他可以在学习中找到与其他活动中相同的兴趣，那么兴趣自然而然就被引导到学习中来了。

浩轩是个非常贪玩的孩子，是个小电视迷，说起电视剧头头是道，一提起学习就头疼。为此浩轩妈妈没少着急上火，但就是无法改变浩轩对待学习的态度。

后来某天，浩轩妈妈从杂志上看到一种"提问激发兴趣"的办法。于是，浩轩妈妈想能不能利用浩轩对电视剧的兴趣，通过巧妙地提问题，激发他对古典名著的兴趣呢。于是妈妈便开始行动起来。

电视上正热播《新水浒传》，浩轩每天都看得津津有味，爸爸妈妈也陪他一起看。一集结束之后，爸爸妈妈开始有意讨论剧情，并且有意谈到电视中没有的内容。妈妈问浩轩：“《水浒传》里面有多少好汉?”浩轩脱口而出：“一百零八将!”妈妈接着问：“那你知道及时雨是谁吗?”浩轩胸有成竹地说：“我当然知道，宋江啊!”妈妈又问：“那你知道林冲的绰号是什么吗?”浩轩喜滋滋地说：“豹子头!”“那你知道他有什么主要事迹吗?”浩轩挠挠头，不说话了。这时候爸爸开始回答：“这个我知道!‘豹子头误入白虎堂’是因为林冲遭高俅陷害，被骗进了军机要地白虎堂，高俅还要以林冲带刀私闯白虎堂治他的罪。‘林冲棒打洪教头’是讲柴进庄里有一个被称为洪教头的武师，很瞧不起林冲，想和林冲比试一番。林冲几番谦让，洪教头却越发嚣张，林冲只得使出真本事，将他打倒在地。”妈妈又补充道：“还有‘林教头风雪山神庙’讲的是林冲被刺配后，负责看守草料场。高俅派人过去要把林冲赶尽杀绝，被林冲识破，林冲一怒之下杀死了要害他的人。之后，林冲雪夜上了梁山。”听到爸爸妈妈的讨论，浩轩一头雾水，问：“爸爸妈妈，你们怎么知道这么多?”妈妈说：“这不都是书上的内容吗？你整天看电视都不知道吗?”浩轩被妈妈说得无地自容。

几次之后，爸爸妈妈发现浩轩不像之前那样热衷于看电视了，而是会分出一部分时间在自己的房间里看书。就这样，在爸爸妈妈的引导下，浩轩看完了《水浒传》，他也可以和爸爸妈妈头头是道地讨论了，这种感觉非常棒。他还不满足于此，之后又看起了其他古典名著。

浩轩的妈妈是一位睿智的家长，当她发现孩子在兴趣上有失偏颇，便以电视剧为契机，利用孩子好奇心强、好面子的特点，巧妙地设计问题，成功将孩子的兴趣转移到了书籍上。

就孩子的学习而言，兴趣激发应该永远排在第一位。想要激发孩子的学习兴趣，让孩子爱上学习，妈妈要站在孩子的立场上，陪伴孩子，引导孩子努力学习，而不要一味指责，施加高压，只有这样，妈妈才能成为孩子的良师益友。

孩子上课老走神，怎么办

孩子上课老走神，是很多家长从老师那里收到的反馈。

小斌的妈妈最近很苦恼。小斌升入初中以后整体成绩还算不错，在班上一直保持前五名，可自从升入初二以后就有些吃力了，而且老师说他上课老走神，有时候老师把他叫起来回答问题，他都不知道老师在问什么。由于小斌总是这样不在状态，所以成绩很快就下降到班里的第16名了。妈妈问小斌为什么频频走神，小斌说有时候题目有些听不懂，就很容易走神，还有时候是因为上课犯困。妈妈劝小斌晚上早点儿睡，小斌说作业太多了做不完，越拖积压越多就更不好办了。

小斌的妈妈很想帮孩子改变这种状态，却又不知道从何下手。

阿远的妈妈最近也很犯愁。她的儿子阿远是个聪明的孩子，从小到大一直都是三好学生，而且知道用功，也懂得总结学习方法。可是从寒假阿远去姑姑家住了一段时间之后，一切就改变了。在姑姑家，阿远天天跟着表弟一起打游戏，玩得不亦乐乎。回到家里之后，爸爸妈妈白天都去上班，阿远自己在家也是靠玩游戏打发时间。妈妈看到了阿远的变化，对他说："妈妈并非不肯让你娱乐，但这一切都要以不耽误学习为前提。"孩子满口答应，说只是假期玩一玩，开学了就会收心了。可是这说起来容易，做起来却难。开学之后，阿远在课堂上满脑子想的依然都是游戏、升级，因此经常走神，成绩迅速就下降了。眼看着孩子还有半学期就要升初三了，阿远妈妈真是急得如热锅上的蚂蚁。

这些年，很多妈妈都因为孩子上课注意力不集中而困扰。孩子上课爱走神的原因有很多，不仅包括主观的也包括客观的。家长还是要先找到原因，这样才能对症下药。

孩子上课易走神的客观原因主要有：第一，孩子长时间学习导致心理疲劳。这是孩子长期学习压力大，承担的学习负担过重导致的。在这种状态下，孩子会精力不足，记忆力下降，反应迟钝，注意力难以集中，甚至产生厌烦学习的情绪。第二，被上课前或者上课时的突发事件影响了，造成情绪波动。无关刺激经常会引起孩子的注意，比如老师奇特的服装、新发型、教室外面传来的声音等。第三，老师和孩子之间产生了不愉快。孩子对老师产生抵触情绪，从而不能集中注意力。另外还有，老师的课程冗长枯燥、缺乏节奏感等。

但是，孩子上课容易走神、不能集中注意力可不光是客观原因导致的，孩子自身也存在一些问题：例如，孩子缺乏定力，一点点的外界刺激都可能吸引他的注意力；意志力薄弱，课堂讲述的内容难度稍有增加，便轻言放弃；由于一段时间的学习不努力，导致课业落下，知识储备不足而导致上课走神；心理素质差，快要考试了就焦虑不安、紧张激动；一次考试成绩不佳就悲观失望，甚至产生厌学的情绪。

妈妈应该认真地分析孩子属于哪种情况，找出问题的症结所在，具体原因具体分析，针对不同的情况，对症下药，才可能收到良好的效果。

(1) 帮助孩子减轻心理压力

对由于学习导致心理疲劳引起的注意力不集中，最主要的方法是帮助孩子减轻心理压力。课业负担重容易引起孩子的心理压力，在相同的学习课程的压力下，有些孩子会感到厌倦、疲劳，注意力涣散，可有些孩子仍然精力充沛，状态极佳。这说明不同孩子的抗压能力或抗压对策不同，因此对不同的孩子要有不同的方式。首先，妈妈要做到不要每日揪着成绩不放，不要做一个唯成绩论的家长。然后，对于心理承受能力差的孩子，妈妈还要教会他正确对待学业，不要把考试的名次看得太重，考试前不要顾虑太多，不要过于在意老师、同学等周围人对自己的评价，要学着豁达一点儿，想开一点儿，尽量地放松自己，不要自己给自己增加压力、添设障碍。要让孩子明白，因为顾虑太多、太在意别人的看法而使自己不能集中精力听课、学习，造成成绩下降，实在得不偿失。

(2) 帮助孩子学会自我心理调节

如今学生课业繁重是事实，在这种情况下，孩子只能改变和完善自己以适应环境，如果孩子自己不能做到，妈妈要帮助他。面对繁重的学习课程，如果孩子叫苦连天、沮丧发愁，妈妈要帮助孩子学会自我心理调节，要让他学会调节情绪，压力大时，妈妈可帮孩子找到自我减压的适宜方式。

(3) 帮助孩子抵制“诱惑”

孩子上课走神也可能是因为心里一直想着某些课外的娱乐

活动，比如琢磨着游戏的打法、小说的情节等。这种时候妈妈要控制孩子，适当娱乐可以，但不可以过于沉迷。另外，孩子注意力不集中除了表现在课堂上，也表现在写作业、读书上。比如，孩子做作业时分心，可能是因为受了手机的“诱惑”。这个时候，家长要以身作则，不要孩子在那里算题，家长这边玩手机玩得津津有味。可以跟孩子说，现在是学习时间，然后大人也找一本书看，或是去忙工作。这样一来，孩子就知道人人都有应该做的工作，就能静下心来，集中精力了。

玩乐与学习并非势不两立

玩是孩子的天性，是压制不住的。很多妈妈都想让孩子无时无刻不坐在书桌前学习，可孩子又不是一台插上电就能运转的机器，大人都有倦怠的时候，更何况是孩子呢！其实玩乐并不是洪水猛兽，与学习也并非势不两立。处理恰当的话，两者完全可以相辅相成。尤其是健康的娱乐内容，对孩子综合素质的培养大有裨益，可以使孩子从中培养思维能力、观察能力、合作能力等。另外，在玩的过程中，孩子特殊的才能和天赋也容易凸显出来，如果可以因势利导地加以培养和强化，就能使孩子在某些方面有所发展，成为孩子的独特技能。

英国著名数学家麦克斯韦在数学方面能取得瞩目的成就，离不开他的父亲对他天赋的发现和培养。有一次，麦克斯韦画了一幅画，他的父亲觉得很特别。这幅画是一个花瓶里面插着菊花，其特别之处在于所有的事物都是由几何图形组成的，菊花花朵是圆形，叶片是大小不一样的三角形，花瓶是梯形，而且它们的形状搭配得十分巧妙。父亲惊异于儿子对几何图形有很好的控制能力，继而不断地启发引导，麦克斯韦很快便对数学产生了兴趣，后来成为一代杰出的数学家。

玩能够启发孩子的兴趣爱好，培养孩子的主动性。所以，当孩子玩耍的时候，妈妈就让他痛痛快快地玩，同时应该给予积极、正确的引导。

章老先生最近和儿媳妇的关系有些紧张，这是由于他们在对孙子小宝的教育问题上产生了严重的分歧。小宝妈妈望子成龙，怕小宝落后于人，于是在给孩子请家教、报兴趣班的问题上本着多多益善的态度。晚上小宝放了学，要在家教的指导下做作业、算题。周末要去上英语课和钢琴课，还要学习跆拳道。在这样的压力下，小宝没有任何玩乐的时间，每天都在学习，他非常痛苦，有时候练琴都是哭着练，再含着眼泪去睡觉。章老先生觉得小宝妈妈把孩子搞得太紧张了，孩子根本受不了，这样效果也不会好。可小宝妈妈却觉得爷爷的想法过时了，现如今社会竞争如此激烈，孩子绝对不能输在起跑线上。

这样的情况愈演愈烈。许多妈妈生怕自己的孩子被别人比下去，所以也不管孩子喜欢不喜欢，就按照自己的意愿为孩子做了诸多的人生规划。于是，现在很多孩子的课余生活就被各种各样的培训班、特长班无情占据。现在的很多孩子已经没有童年了，或者说他们的童年变了味。其实，童年时代对于一个人的成长来说至关重要，很多奇思妙想的萌芽都来自宝贵的童年时光。对于一个孩子来说，吃什么、穿什么，都不如玩什么来得重要，快乐、幸福、自由才是童年的真正奥义。

刘小源被人们看作“京剧神童”，她在年仅4岁的时候就在中央电视台主办的第一届全国票友电视大赛中荣获金奖和特别奖。这个小女孩凭借一段《大雪飘》，征服了观众、征服了评委，并红遍大江南北，多次为党和国家领导人演出。

人们不禁要问，一个4岁的孩子怎么会有这么精湛的戏曲唱功和表演，她的父母是如何培养她的呢？

原来，刘小源的爸爸妈妈都是京剧票友，爸爸唱小生，妈妈唱梅派青衣。平日里，两个人经常在家里唱、念、坐、打，再加上他们时常听录音、看电视、观演出等，刘小源在家里浓厚艺术氛围的熏陶下，耳濡目染，从小就对京剧表现出独特的兴趣。刘小源爱玩好动、热爱模仿，她经常把床单披在身上，然后做出各种造型，让妈妈猜她扮演的是京剧里的哪个人物。刘小源两岁多时就会哼唱《野猪林》的唱段了，小小的她只觉得这很好玩，化上妆也很好看，所以对于登台演出也毫不怯场，觉得就跟平时玩一样。就是在玩中，刘小源学会了许多京剧唱段。

孩子的世界有其独特的规律，妈妈只有遵循这一规律，孩子才能健康成长，否则，只会适得其反。在孩子看来，一切都是游戏，刘小源最初唱京剧就是觉得自己在玩。所以妈妈应当尊重和理解孩子的世界，不能只站在成年人的角度随意安排孩子的生活，剥夺孩子玩的权利。

有的妈妈并不认同这一观点，不觉得“玩是孩子的权利”，所以处处限制和约束孩子。还有的妈妈倒是让孩子玩，但具体玩什么要根据大人的意思，妈妈觉得对学习有帮助的游戏可以“玩”，对学习没有什么好处的就不允许玩。

妈妈们应树立正确的观念，就像孩子要吃饭穿衣一样，玩对孩子来说同样是不可或缺的。孩子玩的权利不可被剥夺，因为这是孩子成长的需要，被剥夺了不利于孩子的身心健康发展。我们不妨反思一下，你的孩子是否已经沦为实现自己想法的工具？你的孩子是否已经在繁重的学习压力下失去了童心？

实际上，玩也是孩子认识和了解世界的一种重要的学习方式。孩子是以自己的方式了解和感受世界的，我们不能用成人认识世界的方式取代孩子认识世界的方式。

伟大的无产阶级革命家李大钊先生的教育理念是："要玩就玩个痛快，要学就学个踏实"。可见玩乐不应该被我们深恶痛绝，最要不得的是在学习时想娱乐，娱乐时担心学习的状态，这样学也学不好，玩也玩不好。

休闲娱乐是人的天性，也是一种自然的生理需求，没有什么不正常，孩子更是如此，任何可以娱乐玩耍的机会，他们都不想放过。可是如果妈妈剥夺了孩子娱乐的时间，强硬地打断他的游戏，强制他坐在书桌前看书、做题，他们人是坐在那儿了，可是心没收回来，一遍又一遍地憧憬玩乐时的场景，浮想联翩，自然学习不下去。等到他们可以休息了，可以去玩了，又因为学习的时候一直在走神而感到愧疚，玩的时候也会充满负罪感。这样是娱乐、学习两耽误。

长此以往，这样的孩子会变得做什么事都漫不经心，形成一种什么都无所谓的生活态度。

所以，当孩子已经学习了一段时间，妈妈不妨让孩子休息一下，让他们自己支配这段时间，让他们可以全身心投入地玩一玩，尽情享受娱乐所带来的乐趣，这样可以激发他们对生活的热情。利用娱乐的趣味性可以培养一个人的执着精神；利用竞技娱乐的竞争性，让孩子变得更有上进心，然后因势利导，将这种状态转移到学习中来。

我曾经听说过这样一对奇特的父母，他们不但不像其他父母一样整天把孩子关在屋里学习，还给孩子制定了一条硬性规定：星期天一整天都不许学习，就痛痛快快地去玩！也许有些父母会觉得，这样肯定耽误孩子学习。可他们的孩子偏偏很争气，学习一直都很好，不需要父母操心。

这对父母解释了他们这么做的原因："首先，孩子都喜欢玩，如果一个孩子连玩的权利都不再有，那太残忍了。其次，玩这件事是父母无论如何也不能完全控制的。你不见得有精力时时刻刻都盯着他，你一旦放松一点儿，他就会偷着玩，甚至躲在被窝里玩。就算你有时间一直盯着他，你可以限制他的人，你可以限制他的头脑吗？答应星期天让孩子痛痛快快玩一天，孩子就会自觉在星期六这天把功课都做好。星期天他玩够了，星期一上课的时候心里也就不会跟长了草似的了。"

有的妈妈会担心，让孩子尽情玩乐，孩子会就此沉溺其中而无法自拔。妈妈的这种担心很正常，我们让孩子玩，是为了让他们适当放松，并不是让他们没完没了地玩，从而耽误了学习。我们可以在鼓励孩子去尽兴玩乐之前，先和孩子约法三章，让他们在规定的时间中去尽情地娱乐。

一个拥有健康人格的人应该是自由的，这种自由主要体现在这个人能够按照自己的意愿支配自己的行为。这种自由在孩子身上的体现，主要就是对时间的自由支配。然而，现如今，孩子们可以自由支配的时间却越来越短。妈妈没有给孩子足够的可自由利用的时间，他们的时间都被功课和妈妈布置的其他任务占据。

可以自由支配时间同时也意味着孩子具有实现自我、用创造性的方法表达自我的机会。剥夺孩子的自由支配时间，不利于孩子健康成长和发展。据相关调查表明，有更多自由支配时间的孩子自信心更强，并且更上进，更渴望成功。

因此，妈妈们必须要转变观念了，如果真的是为孩子好，就不要过度压榨孩子的时间，而是让他们劳逸结合，发现生活的乐趣，展示自己的才华。

让孩子学会自学，你会看到周围人与他的差距

自学能力是每个人都需要的，对一个人一生的发展至关重要。培养孩子自主学习的能力是素质教育的要求，可以优化课堂教学，提高教学效率，对于孩子今后的各种学习也都十分有帮助。具有自学能力的孩子善于运用科学的学习方法，具有良好的学习习惯，能合理安排自己的时间，具有强烈的求知欲和探索欲，善于积极思考，敢于质疑问难，有上进心。

旭东的学习成绩一直处于中等偏上，现在升入初三了，他觉得自己也该收收心了，正当他决定好好努力、一鸣惊人的时候，结果在一次周末和爸爸打羽毛球时不小心把脚扭了，需要在家静养一个星期。初三的学习十分紧张，每个同学都分秒必争地学习知识，耽误一周的时间，旭东课程就落下太多了。他担心如此一来，等病好后他回到学校就跟不上大家的进度了。

旭东在床上十分心焦急，满脑子都是这些烦心事。他一咬牙，心想反正现在躺也躺不住，倒不如去看看书，说不定他可以自学。他把教材、参考书和习题集拿过来，先把教材对照着参考书好好看一遍，然后再做相关习题巩固一遍。他就用这种

方法，一门一门地看了下来。他想，听老师讲课也不过是为了做题，如果题目都会做了，就说明自学是有效果的。

结果，可能因为是自己主动想要学习的，他自学的效率居然比在学校听课还要高。在学校，学生们的水平参差不齐，老师讲课要照顾到大多数同学，所以讲的速度偏慢。而且由于大家对不同知识接受能力不一，可能会出现他已经明白的问题老师还在翻来覆去地讲，他一知半解的问题，老师反而一笔带过。自学就不一样了，他的注意力更集中，学习的主动性更强，而且可以有针对性地学习，时间的安排也更自由。他不光能把习题集中相关章节的题目都做一遍，还可以再做一遍错题。对于他实在想不明白的问题，他就记下来，通过微信向老师请教。

病好之后，学习委员问他是否需要补课，他摇摇头说："不用，我已经都自学了。"结果，到了月考的时候，他的名次不但没有下降，反而上升了。老师让他给同学们介绍经验，他说："我得感谢这次受伤，让我明白了自学原来有这么大的作用。"

由此可见，孩子拥有自学的能力在学习中是多么重要。那么妈妈应当如何着手培养孩子的自学能力呢？具体我们可以从以下几点进行：

（1）学习兴趣的培养

兴趣是开发智力、挖掘潜能的关键，是推动他们学习的一种最活跃、最有力的内部动因，有了兴趣，孩子才愿意主动学习，也就可以去自学了。关于如何让孩子对学习产生兴趣，前面的章节我们已经讲过，此处便不再赘述。孩子置身于宽松和谐的学习环境之中，创造意识和创造精神就可得到有效的培养。

（2）学习环境的优化

环境造就人，环境改变人，环境对一个人的影响极大。孩子的心理是在外界环境影响下建立起来的。所以说在一个平等、和谐的环境中，孩子才能更喜欢学习。妈妈应该为孩子创造一个宽松、民主的环境，不要逼迫、强制孩子学习，应该和孩子平等交流，多鼓励孩子，不断激发孩子的求知欲，激励孩子不断克服学习中的困难，然后引导孩子自学。

（3）赏识教育的实施

每一个孩子都渴望得到家长的夸赞，得到夸赞后，孩子会发自内心感到开心，所以说没有赏识就没有教育。妈妈平时应通过动作和微笑等体态语言来拉近和孩子之间的心理距离，让孩子足够信任自己。妈妈还要懂得保护孩子的自尊心和自信心，要及时发现孩子身上的“闪光点”，即使他们只有微小的进步，也应及时给予表扬，并引导他们利用自己的长处向积极的方面发展。这样孩子变得自信了，才能快乐地学习，才能对学习产生浓厚的兴趣，才能主动去学习，才有自学的可能。当孩子自学取得一定成果时，妈妈要及时鼓励，这样孩子才会产生成就感，才会有继续自学的动力。

（4）自学方法的指导

孩子自主学习的能力是在学习过程中慢慢培养出来的。掌握了良好的学习方法，才能更好地自学，并让自学产生事半功倍的效果。因此，妈妈应注重孩子自学方法的渗透与指导。妈妈可以参考老师的建议，结合自身的经验，帮助孩子找到科学合理又适合他的方法。

总之，有意识地培养孩子的自学能力，对于丰富孩子的知识，提高学习效率，开阔孩子的眼界，树立孩子正确的人生观、世界观，都是十分必要的，妈妈一定要引起重视。

孩子学习的潜能是无穷的

陈佩斯是当代著名的喜剧表演艺术家、小品表演艺术家，他扮演的角色，特别是小品人物，给人们带来了许多欢乐，深受人民群众的喜爱。

陈佩斯的父亲陈强是一名电影表演艺术家，和其他家长一样，他也“望子成龙”，希望儿子方方面面都可以很优秀。然而，令他失望的是，陈佩斯不爱读书，学习成绩不理想。对此，陈强多少有些失望。

然而，学习成绩不好不代表陈佩斯很笨，也不代表他一无是处。其实，陈佩斯很聪明，他特别爱动脑筋，喜欢问问题，父亲陈强经常会被儿子问住。

有时候陈强被问烦了，就对儿子说：“你怎么整天有那么多问题，你问我，我问谁去？你的心思不用在学习上，都用在这些乱七八糟的事情上了，难怪你成绩那么差！”

没想到陈佩斯回答说：“爸，我的成绩是不好，但我并不是不用功啊。”

陈强问：“是吗？那你都学什么了？”

陈佩斯不慌不忙，给爸爸表演了一段他喜欢的戏，无论是台词还是表演动作都如行云流水，模仿得惟妙惟肖。演完，陈佩斯问爸爸：“爸，怎么样？这难道不是学习吗？”

陈强这么一看，心里明白了，儿子遗传了自己的天赋，再加上他平时潜移默化的影响，使得儿子爱上了表演，看来儿子适合学戏剧啊。不过，儿子在学戏剧上有天赋，他可以加以培养，可是文化知识也不能放弃啊。

于是，陈强想到了激将法，他对陈佩斯说：“你可以学戏剧，但文化基础你也必须跟上去。否则你这么笨，哪有剧团肯要你！”

陈佩斯不服地反驳道：“我哪儿笨了？”

陈强说：“不笨吗？那怎么试卷上都是红叉，你要是真聪明，还能让这几门功课给难住？”

父亲的话激发了陈佩斯强烈的自尊心，从此以后，他开始在读书上下功夫。

1973年，陈佩斯进了八一电影制片厂京剧团。陈强语重心长地对儿子说：“你小时候学戏，虽然模仿得不错，但那都是因为觉得好玩。现在不同了，你是在工作，态度要端正。以后可能会有成千上万的人观看你的表演，你得对他们负责，你必须拿出‘狮子搏兔’的灵巧劲儿。”

陈佩斯疑惑地说：“爸，狮子是草原之王，威风得很，狮子抓一只小小的兔子，那还不容易吗？”

陈强说：“你这么想就错了。兔子虽小，但是非常灵活，狮子面对小小的兔子，也从不轻敌，还是全力以赴，你要从中吸取经验啊。即使你今后演龙套，也要像狮子那样，不能掉以轻心，这样才配当一个真正的演员。而且导演说戏只是引导一下，关键还是要靠自己去悟，不要想着依赖任何人。”

父亲的话不断激励着陈佩斯，让他不断努力，不断进步。可以说，陈佩斯能取得那么大的成就，他父亲陈强功不可没。

陈佩斯不爱学习，陈强没有一味批评，而是根据其性格、兴趣，不断激发他的潜能，激发他的上进心。他的教育方法是非常值得借鉴的。

具体说来，在开发孩子的学习潜能方面，有以下几种方式可以参考：

(1) 要让孩子有个好心情

生活中我们不难发现，心情好的时候，工作效率会更高；而心情不好的时候，工作效率往往就比较低。由此可见，在生活、工作、学习中，心情的好坏是很重要的一个影响因素。只有妈妈让孩子感觉到了满满的爱，为孩子提供了温暖和谐的环境，培养孩子丰富的感情，孩子才能快快乐乐的，才能更爱学习，学习效率更高，更容易发挥出潜能。

(2) 克服阻碍，激发潜能

其实，每个人都充满了无限的潜能，只是这些潜能因为偏见、自卑、懈怠等消极因素的影响，而没有充分发挥出来。作为妈妈，要充分关心和了解自己的孩子，一旦看出孩子有某方面的潜能，就要帮助孩子及时清除掉那些障碍，让孩子早日激发出潜能。

(3) 积极暗示

反复输送积极性的暗示给潜意识，潜意识能够接受，慢慢就会产生积极的心态。而拥有积极心态的孩子，会更乐观、更自信、更坚强，能力也往往更强。因为这样的孩子，能快速进入学习状态，对学习充满信心，整个人充满活力。所以，在生活中，妈妈应该尽可能多给孩子一些积极性的暗示，在适当的时候真诚地鼓励孩子，这有利于激发孩子的学习潜能。

（4）适当的磨炼有利于孩子的成长

经历过风雨的野花往往生命力更顽强，人也是一样，适当经历一些风雨，才能更好地成长。因此，开发孩子潜力的时候，也应该让他们经历一些磨砺。

（5）鼓励孩子积极创造

有时候，那些让人匪夷所思的想法，常常是新思维的开端，反之，那些看起来头头是道的思想却中规中矩，没有什么新意。因此，应鼓励孩子充分发挥想象力，大胆创新。当然，要让孩子做到这一点，妈妈要为孩子提供宽松的环境，只有在无拘无束的轻松环境中，才可能产生更多的奇思妙想。

传统思维的习惯和模式会制约和影响人们思维的创新。在现实生活中，人们总是喜欢以既定的思维习惯进行思考，这样，很难产生新思想和新观念。逆向思维则是反着来，有利于打破人们的思维惯性。因此，父母在教育孩子时，应鼓励孩子进行逆向思维。这有利于孩子进行积极创造，有利于发挥出孩子的潜能。

让孩子拥有一双善于发现的眼睛

一二年级时，骞骞每次考试总是考双百，妈妈非常高兴。没想到，到了三年级，骞骞遇到了麻烦：他的语文成绩怎么也提不上去了。原来，三年级开始，语文就考写作文了。按理说，骞骞是比较擅长写作文的。很多同学苦思冥想却无法下笔，因为他们根本不知道写些什么，而骞骞看了题目一眼就立刻动笔，往往能洋洋洒洒地写出一大篇。可考试成绩一下来骞骞却傻了眼：作文明明写了那么多，却连一半分数都没得到。老师写的评语是："文章缺乏深度，观察事物不仔细。"其实，骞骞的这个问题妈妈也早就发现了。骞骞在家画画时，看一眼画帖就开始埋头画起来，虽然画得很快，却完全没有抓住原画的特点。妈妈很着急，却不知道怎么帮助孩子改掉这个毛病。

骞骞是个典型的不善于观察的孩子。很多人觉得不善于观察算不了什么，但是通过骞骞的例子就可以看出，观察是孩子认识事物、掌握相关信息并内化为知识和见解的基础。孩子认识世界，就是从观察世界开始的，即使是从书本上学习知识，也需要首先通过眼睛和耳朵等感官进行观察。

很多妈妈应该还记得，孩子刚刚学会说话时，是如何兴奋地向自己汇报他观察到的一切的：“妈妈，小狗的眼睛在黑暗中会发光呀！”“妈妈，秋天来了，小树的叶子都落了。”“妈妈，电视后面原来没有藏着人啊！”……这些数不清的“发现”，在大人眼中是很可笑的，但是对于孩子来说却是宝贵的知识。对于孩子的好奇心，以及善于观察和思考的表现，妈妈要及时予以鼓励和表扬，让孩子越来越喜欢发现新事物，奠定好学、上进的基础。

随着孩子年龄的增长，他们观察事物时的目的性会不断增强，注意力也会越来越集中。这时，妈妈就要鼓励孩子进行更加细致、深入的观察，提升观察的效果。举例来说，妈妈带孩子去动物园时，可以要求孩子去仔细观察一种他比较喜欢的动物，让孩子说出它的外形、体态、动作等，考验其观察、概括和语言描述的能力。孩子描述完之后，妈妈要对孩子的观察进行评价。另外，为了激发孩子的观察兴趣，妈妈可以让孩子先做好一定的准备，尤其是知识储备，看一些相关资料，还可以制订观察计划，让孩子明确观察的对象、任务、步骤和方法，这样观察效果会更好。

对于孩子来说，养一盆花并每天观察变化，在妈妈的指导下写下细致的观察日记，会让观察过程妙趣横生，是一个常用的提升孩子观察能力的方法。

妈妈一定要牢记，观察并不是目的，让孩子在观察中积极思考，增加知识和见识，才是核心目的。

达尔文出生在医生世家，从小最大的乐趣就是观察动植物，他还会自己动手搜集标本，并附上简单的记录乃至插图。

达尔文的舅舅是一个很有见识的人，他看了达尔文的摘记，建议说："你的记录太过简单了，缺乏科学性和严谨性。当你看到一种花、一块苔藓或者一只蝴蝶时，要将自己当作画家，将它们的特征全都刻画出来。当然，不是用颜料，而是用文字。你要做到让别人一听就清楚你在描述什么。进行科学记录，你必须有着像莎士比亚那样精确叙述历史的才能和打动人心的文笔。"

达尔文觉得舅舅的话很有道理，他改变了自己做摘录的方式，准备了厚厚的记事本，此后观察时每有发现都会细致、认真地记下来，并写上自己的想法。

随后的日子里，达尔文的记事本不知换了多少本。22岁时，他跟随"贝格尔号"军舰进行了为期5年的环球航行，一路上继续进行观察和记录，为日后创作不朽的杰作《物种起源》奠定了坚实的基础。达尔文50岁时，《物种起源》问世，进化论学说推动了人类思想史上的巨大革命。

正是因为从小善于观察与思考，使得达尔文的知识越来越丰富，最终成为影响世界历史进程的伟大生物学家。妈妈也要积极培养孩子的观察能力，让其拥有一双善于观察和发现的眼睛，或许也会培养出一个未来的达尔文呢！

你还在扼杀孩子的创造力吗

4岁的蕊蕊最爱吃鱼，但是鱼肉里数不清的鱼刺总是让她很烦恼。妈妈在女儿吃鱼时也常常小心翼翼地盯着她，唯恐她被鱼刺卡到。这一天，家里又吃鱼，蕊蕊突然叹了口气，说：“妈妈，我要发明一种去除鱼刺的机器。”一般的妈妈听到孩子的这种“傻话”，总是一笑置之。但是蕊蕊的妈妈却觉得这是一个提升女儿创造力的好机会，于是她对女儿说：“蕊蕊，要发明这种机器，你就得好好学习。我们现在没有那种机器，你还能想到其他去除鱼刺的好办法吗？”

蕊蕊一听来了兴致，说出了自己的各种想法，妈妈就开始带着她做各种各样稀奇古怪的“实验”：用镊子夹出鱼刺；煮鱼前把生鱼肉剖开剔出鱼刺；把生鱼肉在醋里泡一下让鱼刺“化掉”……结果，蕊蕊虽然没有发明出“去鱼刺机”，但却让妈妈发现鱼在醋里泡一下更容易刮鱼鳞。妈妈高兴极了，连声夸蕊蕊是个“小天才”。

在这个信息化的时代，创造力就是竞争力，这一点相信很多妈妈都有所体会：某个普通的青年，由于敏锐地观察到一个商机，创造性地做出了某种商品或服务，短时间内就能获得巨额财富，一举成为名扬天下的企业家。创造力就是一种发现新问题、创造新方法的思维能力，往往体现着一个人智力的高低。一个人就算通过刻苦的学习掌握了丰富的知识，如果缺乏创造力，不能创造性地运用知识，也难以取得成功。

珂珂学习成绩不错，但是有一点让她的妈妈很担忧：她非常“爱玩”，准确地说爱做一些小手工艺品。例如她会折纸、剪纸，还会用毛线、羊毛、橡皮泥等制作出栩栩如生的小猫、小狗。按理说这是不错的才能，但是她的妈妈却觉得做这些小东西对她的学习有害无益，常常不给女儿好脸色。每当珂珂在学习之余做出一个小玩意儿给妈妈看，妈妈总是有些不耐烦地对她说：“不要整天做这些没用的事，好好学习吧！”珂珂只好“哦”一声，闷闷不乐地回房间学习。

一天，妈妈带着珂珂到珂珂的舅舅家做客，看到客厅里挂着几件很别致的毛线织的小玩意儿，令客厅增添了几分童趣。妈妈就问弟弟：“这些装饰品真好看，在哪儿买的？”

舅舅说：“我女儿做的。”原来，珂珂做小玩意儿的本领都是跟表姐学的，姐妹俩还经常通过视频交流制作经验。

妈妈很意外：“你女儿不是已经要中考了吗？让她做这些小玩意儿不是会耽误学习吗？”

舅舅回答：“哪能啊，这是高雅的爱好，孩子在学习之余用这些小玩意儿陶冶情操，可比沉迷电视、网络好多了，对学习有益无害。再说，姐姐，你这日子过糊涂了吧！中考已经过了，我这次请你们来，就是庆祝我女儿考上重点高中的。”

妈妈想起自己过去对待女儿的态度，不由得有些惭愧。回家后，她就让珂珂把做得最好的几个小玩意儿拿出来，挂到了客厅里。此后，珂珂的小创作越来越精致了，当然，她的学习没有受到任何影响。

好奇心是创造力的前提，很多孩子对万事万物都充满好奇，想把一切都弄个明白。著名教育家陶行知说："你的冷眼里有牛顿，你的讥笑中有爱迪生。"对于孩子的新奇想法，妈妈的正确态度是耐心倾听，并鼓励孩子说："真有意思，跟妈妈详细说说！"

培养孩子的创造力越早越好，但是现在的家长，往往只注重孩子的智力和学习能力，却忽视了对创造力的培养。实际上，创造力的高低与后天的培养是分不开的。妈妈如果想培养孩子的创造力，可以遵循以下方法：

（1）创造宽松、和谐的家庭氛围

为了提升孩子的创造力，妈妈必须用心为孩子创造宽松、和谐的家庭氛围。科学研究表明，人的思维能力和创造力，在专制压抑或者过度溺爱的家庭中都会遭到损害乃至扼杀。专制的家庭，孩子缺乏发言权和表达自己想法的权利，久而久之也就没有动力去思考了。而在过度溺爱孩子的家庭中，孩子怎么说父母就怎么做，也让孩子懒得去动脑筋思考，创造力也在无形中被扼杀了。只有在宽松、和谐的家庭氛围里，孩子才能想问什么问什么，父母也会尽量予以解答和帮助，让孩子的创造思维自由发挥。

（2）孩子的"为什么"要认真对待

孩子天生就有求知欲，心里面藏着无数"为什么"，仿佛想要探究出宇宙的真相。但是，由于孩子的问题太过荒唐，或者根本没有答案，或者超出了妈妈的知识范围，这个时候，有的妈妈就会采取不以为意甚至是不耐烦的态度，将孩子的求知冲动逐渐扼杀掉。所以，面对孩子无数“为什么”的轰炸，妈妈要始终保持心平气和，对孩子的每一个问题都要认真对待，不要因为孩子的问题比较幼稚而打击其积极性，而对于那些自己无法解答的问题，必须放在心上，仔细搜索资料，实在无法解答，也要向孩子说明，以免打击孩子的积极性。对于一些比较复杂的问题，妈妈可以与孩子一起寻找答案，既加深了母子关系，又呵护了孩子的求知欲。

（3）经常带孩子接触新鲜事物

妈妈要尽量带孩子去接触各种新鲜事物。家住农村，妈妈要常带孩子去城市熟悉各种建筑以及交通设施等；家住城市，妈妈要多带孩子去农村看看，认识农作物和小动物，欣赏一下田园风光等。孩子认识的东西多了，思维的宽度才会增加，在此基础上想象力也会更加宽广，新灵感、新想法就会更多。如果只是关在家里读书、画画，孩子的创造力也就无从延伸了。

（4）要引导孩子从多个角度看待问题

在生活中，妈妈要鼓励孩子从多个角度看待问题、分析事物。例如，可以让孩子开动脑筋，说一说纸到底有多少种用途，某道题是不是还有其他解法，某个历史人物是否还有史书之外的另一面等等。生活中大大小小的物品、点点滴滴的事情，都可以拿来当作启发孩子多角度思维、发散思维的工具，在潜移默化中培养孩子的创造力。

【妈妈有话说】

孩子若想更好地学习，就需要对时间进行科学的规划，妈妈可以参与进来，同孩子一起合理安排时间。具体需要注意以下几点：

(1) 根据各科成绩，合理调整时间安排

孩子在学习的过程中很难保证各科成绩好坏相同，对于较弱的科目，甚至拖后腿的科目，应该在时间安排上有所侧重，多花一些时间来学习。

(2) 在计划中留出机动安排的时间

在每天的学习计划中，应该留出机动安排的时间，不必太长，半个小时左右即可，主要用来回顾与复习。

(3) 每个学期结束后需考察本学期的学习计划

一学期结束后，根据考试成绩妈妈可以和孩子一起看一看制订的学习计划是否得到了很好的执行，对本学期的学习有没有帮助，时间安排有没有不合理之处。讨论过后，可根据讨论意见再做修改。

(4) 根据突发事件，及时调整学习计划

学习中总会出现突发状况，比如孩子生病了等，家长应立即和孩子协商讨论，共同制订出新的学习计划，将突发事件对学习进度的影响降到最低。

第六章

好妈妈社交规则普及课——让孩子人见人爱、花见花开

社交能力是孩子走向社会的必备能力，与孩子一生的发展有着密切联系。一个具有良好社交能力的孩子，不仅在学业上表现得更加优秀，也更受人欢迎。所以妈妈平时要重视培养孩子的社交能力，让孩子主动与人交往，并从交往中获得快乐。

想要孩子爱社交，先提高他的语言表达能力

200多年前，德国诞生了一位震惊世界的神童，名叫卡尔·威特。8岁时，卡尔已经熟练掌握了德语、法语、拉丁语、意大利语、希腊语和英语这6种语言。9岁时卡尔考上了大学，14岁成为世界上最年轻的博士，16岁成为柏林大学的法学教授。毫无疑问，卡尔是个天才，他的成功与他父亲出色的早期教育是分不开的。

卡尔的父亲很早就开始培养儿子的语言能力，他这样回忆："在卡尔刚刚能够辨别事物时，我就开始想方设法教他说话。举个例子，我在儿子面前举起一根手指头，他出于儿童的天性开始伸手去抓。经过一番努力，他终于抓到了，就高兴地放进嘴里吃起来。此刻我会不失时机地用缓慢而又清晰的语调不断对着他重复'手指''手指'。小卡尔就自然地将这个词语和我的手指联系在一起了，也开始渐渐明白世界上每一种东西都有自己独特的名字。这个领悟对孩子来说是极为重要的，他对世界上的一切都会产生极大的兴趣，开始如饥似渴地认识一切。"后来，人们就把卡尔父亲的这套教育孩子的方法称为

“卡尔·威特教育法”。

这套方法的核心就是尽早教育，越早越好。例如，孩子刚刚出生，就抱着孩子在屋里到处走动，让他识别屋中的物品，同时缓慢而清晰地叫出物品的名字：桌子、电灯、床……只要坚持不懈，就能让孩子较早掌握语言。

语言是孩子认识世界、获取知识、扩大眼界的工具，也是孩子与人交流、沟通的重要手段。孩子的语言表达能力如果有欠缺，就无法认识世界，也很难与他人展开健康的交流。所以，要提升孩子的社交能力，妈妈必须注重锻炼孩子的语言表达能力。我们对妈妈说的建议是：

（1）鼓励孩子多说并学会倾听

孩子刚学会说话不久，也就是三四岁时，表达越来越流畅，眼界和想象力也日益丰富起来，所以往往喜欢滔滔不绝地表达个人见解。当然，在妈妈眼中，这些见解多数是幼稚而没有意义的。但是，妈妈不能对孩子产生厌倦，甚至对孩子说“闭嘴”之类的严厉话语，那样很可能将孩子的表达欲扼杀掉。正确的做法是，以平等的朋友身份倾听，不用刻意装出兴趣，也不能表达出厌倦。孩子表达自己思想时，如果有些地方没有表达清楚，妈妈要立刻指出来，并教给孩子如何清楚地表达。当对孩子的话题感到厌倦时，可以有意识地引导他转换话题。

（2）多和孩子进行语言交流

很多妈妈觉得孩子的话没有价值，只要耐心听着就够了，不愿意与其交流，这是不对的。学习语言的目的在于应用。孩子如果不能很好地运用语言进行交流，就可能先输别人一筹。而一个孩子最合适的交流对象，无疑就是他最依赖、最亲密的妈妈。妈妈不仅要和孩子对话，还要经常选择不同的话题引导孩子多说话。为了让孩子的表达有逻辑、有条理，妈妈要做好精心准备，在和孩子进行交流时，一个小小的提示，一张彩色图片，一段精美诗文，都能引发孩子的交流兴趣，酝酿出母子间的一大段对话。

（3）善用童话世界提升孩子的思维和表达能力

一个正能量的童话故事，对孩子一生的影响是很大的。童话通俗、生动、想象丰富而夸张，是最适合孩子的故事。妈妈要多给孩子讲童话故事，一个故事最好翻来覆去地讲，让孩子最好记住。之后，就可以让孩子对自己或朋友复述这个故事，这对于孩子形成良好思维、提升表达能力大有裨益。

孩子怕生有妙招

想必很多妈妈都曾见到过甚至经历过这样的事情：在幼儿园门口，孩子哭闹着不肯进去，爸爸或妈妈有的满腔怒火地训斥，有的强装笑脸地祈求……一些孩子甚至推迟了入园的时间。孩子为何不肯进幼儿园？怕生是一个重要原因。有些孩子，在家里非常淘气，话多得不得了，但是一离开家门，就变得胆小怕生，不敢与人交谈。尤其是见到生人，连叫一声“叔叔”“阿姨”的勇气都没有。

孩子之所以如此怕生，可能是以下原因导致的：

(1) 表达能力差

有些孩子到了一定年龄，依然无法清楚地表达出自己的意思。其中智力原因较少，更多的是父母的教育出了问题，让孩子对自己的表达能力没有自信，以至于害怕遭到他人嘲笑，越来越胆小。

(2) 家庭环境影响

家庭缺乏欢乐和温暖，例如父母经常争吵等，会对孩子的性格产生多方面的影响，孩子可能会因此变得胆怯、怕生。

（3）曾经在交友方面受挫

这类孩子是比较少的，毕竟孩子并没有那么多的人生经历。但是并不能排除有些孩子在与人交流时遭到忽视乃至排斥，于是开始畏缩，不敢随便对他人敞开心扉。

（4）缺乏交际的动机

有的孩子不知道与他人交流有什么好处，由于从小习惯了只与父母交流，就认为自己玩也是不错的。还有的孩子纯粹是因为生性内向而喜欢独处。

此外，一些孩子自小就生活在“钢铁丛林”的城市中，没有与邻里来往的经历；父母怕孩子发生危险，很少带孩子出去玩；爷爷奶奶或者保姆代替了父母，造成孩子与父母间的情感缺失，使得情感饥饿的孩子不愿与父母之外的人交流……这些原因也会让孩子变得怕生。

怕生的表现除了怕见生人，还包括对接触新环境、尝试新事物的恐惧。事实上，对于孩子来说，怕生是一种本能。很多妈妈应该注意到了，孩子在几个月大时就能够辨别出家人和陌生人了，一旦陌生人出现在眼前，他们就会不知所措地哭泣或躲避，这种情形的持续时间因人而异。一般来说，两岁的孩子对这个世界有了初步的认知，社会需求开始显著提升，与别人交往的欲望会增强，尤其是与同龄小朋友交往，会让孩子非常愉快。心理学家认为，这是人类的集群本能。

两三岁的孩子初次见到成年的陌生人，会有短暂的不自在表现，但经过一段时间的相处后就会熟稔起来。但是也有一部分孩子比较特殊，他们在五六岁甚至更大一些的时候，依然会在陌生人面前局促不安，不敢说话，在陌生的环境下活动会让他们格外胆怯害羞。这种怕生就表现得不太正常，会对孩子一生的交际能力产生影响。由于过度怕生，孩子在认识世界的黄金年龄段丧失了很多学习和尝试新事物的机会，用通俗的话说就是“输在了起跑线上”，因此妈妈应当加以重视。

小樱出生时，正值父母的公司发展的关键时刻，两人就把小樱乡下的奶奶请来照顾女儿。父母早出晚归，小樱有时候整天都见不到他们一面。奶奶不会说普通话，没法跟小区里的人交流，于是整天待在家里，很少带小樱出门，小樱几乎没有跟同龄孩子交流的机会。等到小樱慢慢长大，也习惯待在家里，很少出去。父母的公司步入正轨，爸爸妈妈开始有一些富余时间和女儿交流了，却发现女儿越来越怕生，几乎到了无法离开家门的地步。妈妈清楚这种情况对女儿的成长不利，开始逐步引导小樱和别人交往。

妈妈有意识地请同事、邻居家与小樱年龄相近的小朋友来家里玩。小樱一开始表现得非常拘谨，但是没过多久，她就和邻居家的鹏鹏成了朋友，每次鹏鹏来家里，她都会拿出自己最喜欢的玩具。两人交流时，妈妈也会有意识地进行引导，纠正女儿的言行，教给她一些简单的社交策略和技巧。渐渐地，妈妈带小樱去别人家做客时，她也能很快跟小朋友玩在一起了。

妈妈开始频繁地带小樱去人多的地方玩，例如公园、商场等。一开始，小樱还会哭闹、抗拒，但是渐渐地，她发现观察其他人还是挺有趣的，也能在妈妈的鼓励下向陌生的叔叔阿姨问好了。

由于妈妈的努力，小樱对进幼儿园没有多大的抗拒情绪。每天接送女儿，妈妈都鼓励她多交朋友。回家之后，妈妈还会照例询问女儿在幼儿园发生的有趣的事。每当小樱说在幼儿园多交了一个朋友，妈妈都由衷地表现出喜悦，并鼓励她交更多的朋友。短短的时间内，小樱就成长为一个活泼开朗、人见人爱的女孩了。

小樱妈妈的做法值得妈妈们学习。针对怕生的孩子，我们提出以下几点具体建议：

（1）创造孩子与陌生人交流的机会

时常带孩子出门散步，既有利于孩子的身体健康，又能增加他们与陌生人交流的机会。在散步时，遇到熟人要停下来聊几句，让孩子学着有礼貌地打招呼。有时候，妈妈还可以与陌生人搭讪，让孩子得到更多锻炼的契机。遇到小朋友，要积极鼓励孩子跟小朋友一起玩一会儿。

（2）让孩子学着招待客人

像小樱的妈妈那样请同事、朋友到家里做客是很好的手段。有客人时，最好交给孩子一些力所能及的招待客人的任务。接待客人时，需要互相寒暄、问候、交谈以及收送礼物等，让孩子当“主角”来应酬这一切，无疑是对其交际能力的考验。孩子与同龄的客人在家里玩时，要让他们自由自在地交谈和游戏，在自由欢乐的气氛中提升交际能力，不要随便斥责他们。

（3）不要勉强孩子与陌生人交流

如果孩子实在不愿意与陌生人交流，妈妈一定不能急于求成而进行强迫，否则会适得其反。例如，家里来了客人，妈妈勉强怕生的孩子跟客人打招呼，强迫孩子为客人表演节目，甚至让孩子表演可笑动作，这对孩子敏感而脆弱的心灵是一种伤害，会让他们更抗拒与陌生人的交流。

（4）让孩子自由地选择交往对象

妈妈要让孩子清楚一点：一个人不可能受到所有人的喜欢，相对地，我们讨厌一些人也是正常的。因此，当孩子表现出对某个人的排斥时，妈妈不能为了训练孩子不怕生而勉强他与不喜欢的人交往。

别总是把孩子关在家里

在当今的社会背景下，父母出去工作，很多时候只能把孩子自己关在家里。这样就让孩子很少有与外界事物接触的机会，掌握外界信息的渠道也很单一。居住的楼房越高，孩子越“与世隔绝”。很多时候，父母忙碌了一天回来，依然不愿意带孩子出门，因为工作太累了，家务事太多，怕孩子着凉、受伤，或者怕孩子被别人欺负乃至怕孩子把衣服弄脏等等。孩子只能待在家里，靠电视、电脑、手机等媒介来认识世界，得到的信息是不全面的、碎片化的，而且缺少与同龄人交流、游戏的机会。

如果孩子缺少与他人交流的经验，会怎么样呢？我们来看一个极端的例子。

明太祖朱元璋的第四个儿子燕王朱棣，起兵推翻了自己的侄子建文帝朱允炆，自己当了皇帝。当时，朱允炆的长子已经下落不明，朱棣只找到了他的二儿子，也就是年仅 2 岁的朱文圭。朱棣没有杀死朱文圭，而是将他送到明太祖的老家南阳软禁了起来。由于担心朱文圭被别有用心的人利用来造反，他派重兵看守着软禁地，给予朱文圭锦衣玉食，但是严禁任何人和他讲话。朱文圭只能每天独自待着。直到朱棣死后，这种状况才有所改善。朱文圭虽然仍被羁押，但被允许娶妻生子了。就这样，朱文圭一直被关押了55年。他获释时，已经是一个年近花甲的老翁，却连牛马都不认识。就在得到释放的同年，朱文圭去世了。

朱文圭的事情并不是孤例，世界上有不少“狼孩”“熊孩”，他们像动物一样用四肢行走，不会讲话，十多岁时的智力仅像三四岁孩子的智力。有科学家做过这样的实验：将一个身体健康、思维活跃并且自愿接受实验的成年人关在一个空荡荡的房间内，只有一张床，房间内有充足的食物和水，有独立的卫生间，但是没有任何接触外界信息的渠道。这个人很快就开始烦躁不安，甚至产生幻觉。实验重复了多次，受试者无论男女，没有一个人能够在这个房间待足一个星期。同时，工作人员对刚刚接受完实验的人进行心理测验，发现他们无一例外地出现了注意力无法集中、部分记忆力丧失、无法完成精细动作等现象，也就是说，他们出现了短时间的智力降低的情况。长期如此，智力出现永久性降低也不是不可能。

当然，父母对孩子不会如此残酷，孩子虽然无法经常外出，但是接受外界信息的渠道还是不少的。即便如此，孩子的发展也受到一定程度的限制。尤其在童年这个智力发展速度极快的黄金年龄段内，错失与外界交流的时机造成的损失可能是终生难以弥补的。

小学四年级的茵茵，从小由奶奶带大。奶奶身体不太好，无法经常外出，所以茵茵接触同龄人的机会很少。上了小学，她有些胆小，上课不敢回答问题，跟同学也很少说话。班主任很替她担忧，就找她谈话，劝她去参加学校的交谊舞培训班。茵茵很喜欢跳舞，但她犹犹豫豫不敢去。班主任找她说了好几次，她终于鼓起勇气报名参加了。没想到，奇迹发生了！茵茵跳了半年舞之后，成了一个思维敏捷、口齿伶俐、待人接物得体大方的孩子。她还在学校里交了很多朋友，而且她的成绩不但没有因为跳舞被耽搁，反而越来越好了。

对于这种神奇的改变，我们来看看茵茵自己是怎么说的吧："从前，我有很多很好的想法，很多事情我也能做到。但是，由于我从小被关在家里，不知道怎样把心里的话说出来，让别人知道我的能力。参加了交谊舞培训班后，舞蹈老师夸我动作标准、力度好，常常让我给大家做示范，甚至当起老师的'助教'，教大家跳。同学们也非常愿意跟我一起跳，我交了很多朋友，胆量慢慢提高了，也能够积极参加学校里的其他活动了。"

可见，让茵茵改变的魔力并非交谊舞本身，而是她与外界的交流。

孩子与外界交流，尤其是与同龄人交往时，常常将他人作为评定自己行为的参照物，从中发现自己、认识自己、完善自己，并在交往中学会自尊、自爱，并最终提升自信。这一切，其实是一个由感性认识上升到理性认识的过程。孩子缺少生活经验，他们的思维还停留在根据外部世界来分析、比较、判断的形象思维阶段，如果没有近距离观察事物的特征的经验，就无法得出准确、及时的判断，但这并不是他人眼中的反应慢、笨。作为妈妈，为了让孩子获得更多的感性认识，让他们的形象思维得到发展，从而理性地认识自己和世界，就有必要经常带孩子走出家门。只有在广阔的世界里让孩子的视野变得开阔，才能让他们接收到更多的信息，促进他们一生的发展。

让孩子乐于与同学交往

一些妈妈的关注点只有孩子的成绩，至于孩子交不交朋友是无所谓的，他们甚至还会怕孩子交到坏朋友影响成绩。在另外一些妈妈眼里，孩子辨别是非的能力很差，需要自己来严格“把关”。可是这样一来，孩子的交友积极性会大打折扣，甚至会越来越孤僻。

妈妈可能没想到，孩子多交朋友，和同学们搞好关系，多数情况下会提高成绩而不是影响成绩。

小川的父亲是个沉默寡言的科技工作者，母亲也不是爱说话的人。在父母的影响下，小川也形成了不善交际的性格。他虽然成绩很好，但是同学们都觉得他阴沉沉的，就有意无意地远离他。做实验时，明明谁都知道小川是做得最好的，却都不愿意主动和他一组，往往需要老师来分配。

小川不太擅长运动。一天清晨做操时，在他左边的同学说了一句“你的腰弯得太轻了吧”，他就使劲弯下腰，没想到右边的同学又轻轻说了一声“瞧他，腰都快弯断了”，小川竟然一时间不知道该怎么做了，呆呆地站了半分钟，引得周围同学一阵窃笑。

还有一次，他看到几位同学准备到操场打篮球，也很想去，但是又不知道怎么开口，就默默跟在大家身后。这时，一位同学回头说了一句：“你怎么像个跟屁虫一样呀！”这句半开玩笑的话，刺伤了小川的自尊心，他的脚像被钉子钉在了那里，半天回不过神来，接着默默地走回了教室，这一天的课都没怎么听进去。

类似的事一件一件发生着，小川的个性也越来越孤僻。他无心学习，总是想着自己是不是哪里不对，为什么人人都讨厌自己。他成绩下滑，开始沉迷课外书，觉得只有书拿自己当朋友。越这样想，他对别人的尊重和关心就越少。他总是这样告诉自己：没人对我好，我凭什么对别人好？他的生活费有限，为了看书，竟然开始偷书店的书，直到有一天被店主抓了现行，把他的父母叫来才放他走。

这一次，父母终于意识到了问题的严重性。儿子今天能够毫无愧疚地偷书，下次就可能去偷别的东西，甚至学会溜门撬锁，那样就无法挽回了。于是他们开诚布公地找儿子长谈了一次，小川流着眼泪说了自己在学校的情况。他的爸爸是个很聪明的人，很快想到，正是孩子在学校没有朋友，才导致他出现种种问题。于是，他主动向儿子道歉，承诺以后不会只顾着工作而忽略儿子。同时，他告诉儿子，交朋友必须主动伸出手来，不要总是封闭着自己的内心。

第二天，小川的同桌忘了带早餐，小川主动分了一半给同桌，同桌很诧异，推了回来，但小川却笑着又递给他。同桌笑着说了“谢谢”，两人之间往日隔着的一层“冰墙”融化了。

晚上，爸爸买回来了当下最流行的游戏机和一款当红游戏，在儿子做完作业之后两人就一起研究起来。没过几天，父子俩就打通关了这款游戏。过了不久，小川在课间听到几个男生在讨论那款游戏中的难关，他主动插嘴说了攻克那个关卡的方法，大家吃惊极了，回家后用他的方法一试，果然全都通关了。第二天，这几位同学纷纷围到小川身边，让他再教自己几招。从此，这几个“游戏迷”和同桌就成了小川的第一批朋友。小川的性格开朗了不少，他擅长做实验和读书多、见识广的优点也慢慢得到大家的赞赏。人际关系好了，小川的成绩也慢慢恢复，并越来越优异。

小川由于在班级中的人际关系不好，所以日渐孤僻，成绩下滑，甚至出现了偷窃的迹象，这是十分危险的。但是，一旦他交到朋友，整个人的精神面貌就焕然一新了。我们不得不承认，孩子必须和同学保持友好关系。那么，想要让孩子善于与同学交往，妈妈能够做些什么呢?

（1）给孩子一个开朗的家庭氛围

孩子的性格直接影响他们的交际能力，而家庭氛围对孩子的性格有着直接的影响。所以，妈妈必须营造出轻松、和谐的家庭气氛，让孩子在家中敞开心扉。这样孩子可以变得开朗，在学校里很容易和同学打成一片，也会受到老师的喜爱。

（2）让孩子分担家务

让孩子做家务的目的，是避免他形成懒惰的性格，让他学会与他人协作完成任务。让孩子分担家务活时，必须本着民主原则进行事先讨论，充分征求孩子的意见。这样即使家务活比较繁重，孩子也能在与父母的协作中找到乐趣，并形成善于合作、乐于助人的性格，在班级中自然会受欢迎。

（3）要耐心解答孩子的问题

孩子心中有疑惑，不憋在心里而是向妈妈求教，对妈妈来说是一件好事，妈妈必须尽自己最大的努力耐心为孩子解答。这样一来，孩子就不会产生挫折感，日后也有勇气向他人开口。不仅如此，妈妈心里有困惑和烦恼时，也不必拘泥于自己的身份，可以向孩子征求意见。无论孩子给出的意见是否可行，都要表示赞扬。长此以往，孩子与他人交流的能力就会得到提升。

孩子与异性交往，妈妈不必“如临大敌”

有一个初中女孩，学习很好。她有点儿争强好胜，对班里成绩可能“威胁”到自己的同学都特别关注，尤其是一个时常与她竞争第一名的男生。这个男生不仅学习成绩好，还擅长踢足球，可以称得上是年级的“风云人物”。女孩就暗暗地与他进行学习竞赛，各门功课都想超过他，甚至还看起了她以前从来不关心的足球赛。有一次，男生踢足球扭伤了脚，女孩是学习委员，两家住得又不远，女孩就天天到他家给他补课。回家后，也会给妈妈讲这个男生的情况。

没想到，说者无心，听者有意。女儿把这个男生形容得性格开朗、爱好广泛、活泼幽默，深受女生欢迎，妈妈就认定女儿是爱上这个男生了。女儿早恋了！妈妈被自己的猜测吓了一跳。她赶紧咨询了女儿的好几位老师和同学，却并没有发现两个人早恋的迹象。妈妈依然不放心，把女儿盯得更紧了，甚至还偷看了女儿的日记，母女关系受到了不小的影响。

现在已经是21世纪，青少年与异性进行交流是非常正常的。不可否认，早恋的现象时有发生，对孩子的学习会产生较大的影响，甚至酿成了一些悲剧。缺乏自律能力、盲目追求性刺激的孩子容易早恋，但早恋的孩子毕竟还是少数。多数被老师和妈妈认为“早恋”的中学生甚至小学高年级学生，往往是被冤枉了。孩子对异性的朦胧憧憬是很正常的，善于与异性同龄人进行纯洁的交往更是一种独特优势。

善于结交异性朋友的孩子，往往有比较健康的个性，善于融入集体，一般都有良好的气质和风度，更可贵的是他们具有主动交往的意识和善于自我表现的能力，这对他们的一生都会产生积极影响。总之，善于与异性交往的孩子，都不是自我封闭的“书呆子”，能够保持与外界的良好接触，他们走上社会后的适应性也会比较强。

但是，青少年的心理毕竟尚不成熟，很多孩子缺乏自律意识，在和异性交往时就需要老师和妈妈的正确引导。家庭和学校两方面都要鼓励健康的异性交往，避免孩子对异性交往进行扭曲的理解。同时，要注重科学的性教育，让青春期孩子的心理得到健康的发展。如果妈妈不分青红皂白地反对孩子与异性交往，让孩子产生逆反心理，反而容易出现不健康的异性交往，严重的甚至可能造成孩子的心理障碍。很多“异性恐惧症”患者都是在青春期时与异性交往受挫，在成年后出现恋爱、婚姻和家庭方面的心理危机，这些心理创伤甚至可能终生无法愈合。

【妈妈有话说】

孩子的交际能力主要是后天形成的，只要加以锻炼就能得到提高。引导孩子提升交际能力，妈妈可以从这几个方面入手：

(1) 鼓励孩子加入同龄人之间的竞技类活动

一些竞技类活动如打球、下棋等，既符合孩子的好胜心，又能加深孩子之间的联动关系。一些球友、棋友，由于志趣相投，关系往往非常密切。妈妈要鼓励孩子多参加这类竞技活动，让孩子在提升体能、智力的同时多交朋友，一举两得。孩子一旦爱上某种活动，就会主动寻找对手，有共同爱好的孩子也很容易互相吸引。

(2) 节假日多带孩子走向社会、走向大自然

很多妈妈以工作忙为由，不愿意带着孩子一起旅游。也有的妈妈对游山玩水没有兴趣，觉得对孩子的学习没有帮助。事实上，旅游作为开放性的交际活动，除了看风景，还要买车票、住旅馆、进饭店、购门票，而这些简单的事都可以交给孩子去做。同时，孩子在旅游中也能认识一些新朋友。旅游既增加了孩子的见识，又增加了孩子与朋友的谈资，对提升孩子的交际能力是很有帮助的。

(3) 要有意识地让孩子购买一些小件物品

年龄较小的孩子，父母可以等在店外，让孩子自己去买一些油、盐、酱、醋，稍大时就可以让孩子独自去买一些鱼、肉、米等较大件的商品。孩子自己穿戴的袜子、手套等，也尽量让其自己购买。在商品交易中能够接触到社会各个阶层的各色各样的人，对孩子是一种特殊的考验，在丰富孩子的交际对象的同时加深其对他人的了解。

第七章

好妈妈心理辅导课——做孩子的心理辅导师

孩子的心理复杂难辨，有些孩子总是保持着积极乐观的心态，有些孩子却只能看到面前的阴影，而看不到背后的阳光。其实，消极情绪是每个人都会有的，区别在于有的人能很快化解，有的人则一直沉浸其中。但无论如何，消极情绪是有损身心健康的，妈妈应当帮助孩子正确面对所有的好与坏，让孩子摆脱心灵上的乌云。

赶走笼罩在孩子心头的抑郁阴云

王聪是两年前参加高考的，当时考试成绩不太好，只考上了专科。这件事情给他带来了沉重的打击，使他感到极度的自卑与失望，渐渐患上了严重的抑郁症，每天心神不安，垂头丧气，似乎没有什么事能调动起他的兴趣。

王聪的抑郁将他如今的学习与生活弄得一团糟。在现在的学校学习时，他一直萎靡不振，老师讲课的内容他完全听不进去，与两年前积极备战高考时相比，王聪发生了巨大的变化。

抑郁令王聪陷入了困境，可见抑郁的消极影响。那么，什么是抑郁呢？抑郁是一种消极的心理状态，外在表现多为悲观、沮丧。一项调查研究表明，大约4.7%的青少年都有不同程度的抑郁，这些青少年都有相同的特点：情绪低落，神情冷淡，做什么事都提不起兴致，哪怕对自己原本喜欢的事物也是如此；他们不愿与人接触，甚至还会故意躲避熟人；一直陷入悲观的情绪，对自己完全没有信心；而且他们还经常因为一些细小的过失或缺点沉浸在后悔、失落的情绪中。

很多因素都可能导致抑郁的形成，对于青少年来说，抑郁情绪的产生通常都有心理或精神上的诱因，比如父母感情不和、长期被父母忽视、学习成绩不理想、与其他同学产生矛盾等。遗传也是导致孩子产生抑郁的因素之一，有学者通过调查研究发现，在长期存在抑郁情绪的孩子中，有50%的孩子，其父母至少有一方存在抑郁倾向。

因为后天环境因素是导致孩子抑郁的关键原因，所以抑郁是可以通过努力战胜的。那么，妈妈应该怎样使孩子摆脱抑郁的不良心理呢？

（1）温和地对待孩子，帮助孩子打消疑虑

一般来说，当孩子犯了错或是接连失败几次时就会精神萎靡，那些经常出现抑郁情绪的孩子更是如此。如果察觉到孩子有这样的表现，妈妈一定要以平和的心态来看待孩子的错误和失败，以温和的态度对待孩子，不能一味地指责。如果孩子对参加某项活动有所抵触，妈妈不能一直催促、强迫或是吓唬他，而是应该有意识地引导他。如果孩子对某件事十分忧虑，妈妈应当从科学的角度解释，帮孩子打消疑虑。

（2）倾听孩子的想法

倾听是与人沟通的良好方式。在孩子感到紧张、不安、苦闷之时，妈妈可以耐心地倾听孩子的想法，帮助孩子纾解和释放心中的压抑。

（3）营造愉悦的气氛

在家庭生活中，妈妈要努力营造一种轻松、愉悦的氛围，可以经常讲讲笑话等。孩子在良好的环境中受到熏陶，性情自然比较乐观。

（4）多途径排解忧愁，给孩子树立榜样

妈妈自己心情抑郁时，不要对孩子发泄，也不要将苦闷埋藏在心里，要运用多种方式排解出来，比如可以听听自己喜欢的音乐，去室外活动、散步，或是跟朋友、家人倾诉等。孩子看到妈妈的做法后，遇到不高兴的事情时，就也会模仿妈妈的行为来排解不良情绪。

（5）鼓励孩子积极参与活动

与年纪相仿的小朋友一起玩耍有助于孩子排解不良情绪，能够使孩子慢慢开朗起来，所以妈妈要鼓励孩子多交朋友，积极参与集体活动，融入集体当中。

（6）与老师沟通，让老师帮助孩子树立自信

妈妈可以与老师进行沟通，让老师多关注孩子，建议老师多让孩子回答问题，并予以鼓励和表扬，帮助孩子树立自信心，克服自卑和羞怯。不过，不能让孩子知道妈妈与老师进行了沟通，因为抑郁的孩子通常更加敏感，他们知道后，会觉得自尊心受伤，反而不利于心态的调整。

抑郁会给孩子带去不良影响，阻碍孩子的健康成长，因此，妈妈应该为孩子营造一个轻松、和谐的成长环境，赶走笼罩在孩子心头的阴云。

该给你的孩子减减压了

很多人都有这样一种想法：现在的孩子吃喝不愁，衣食无忧，一直生活在家长无微不至的照顾下，因此他们是完全没有压力的。其实这种认知是错误的，如今，不但大人会感受到重重压力，就连孩子身上也背负着沉重的负担，比如父母的期待、学习的重任等。

浩辰的父母都是有一定社会地位的人，因此他们很在乎面子问题。浩辰是他们唯一的孩子，他们在浩辰身上花费了许多心血，对浩辰的要求也很高。在学习方面，他们要求浩辰每次考试必须得第一名，因为他们觉得第二名就已经是失败者了。浩辰十分听话、懂事，为了达到父母的要求，浩辰从小就将大把的时间用在学习上，周六日不是去参加补习班，就是去参加兴趣班，很少有机会跟别的孩子一起玩耍或是做自己真正喜欢的事。因此，从小学到高中，他的成绩都非常好。但是，好马也会失蹄，浩辰也不是每次都能拿到第一名，而每当他没有取得第一名的时候，父母就对他十分冷淡，认为他懒惰、没有努力，逼他在学习上投入更多时间……学习时间越来越多，可是浩辰的学习成绩不升反降，取得第一名的次数也越来越少。浩辰的心理压力越来越大，对待学习也不再充满热情，每当看到同学们取得进步，自己却一直退步时，他就会感到十分失落。但父母并没有体谅他，反而越来越严厉地批评他。浩辰终于撑不住了，他开始暴躁不安，出现了很大的情绪波动，并且一直失眠。他彻底将自己封闭了起来，再也听不进父母的话，也断绝了与同学、老师的来往。浩辰的身体和心理健康受到了严重的影响。后来，他高考时严重失利，连一所普通的大学都没能考上。

适当的压力能够让孩子奋发向上，但压力一旦过度，就会严重影响孩子的身心健康。孩子的身心并不成熟，缺少必要的知识储备和处世经验，并不能够很好地缓解自身的压力。因此感受到过大或是持续时间过长的压力时，孩子的心理就会受到严重的创伤，甚至孩子的未来也会受到不良的影响。一项研究表明：在孩子的成长过程中出现的紧张和压力，与其成年后患上高血压、心脏病甚至癌症等紧密相关。所以，妈妈一旦发现孩子有了过重或持续时间过长的压力，就要立即帮助孩子排解。

那么，妈妈应当怎样帮助孩子消除压力呢？

（1）认真倾听孩子的想法

当孩子压力过大时，可能会产生说假话、打人或是故意毁坏东西等行为；情绪波动不稳，可能更加爱哭闹、无理取闹，经常因为觉得害怕而对大人纠缠不休，睡眠质量差，做噩梦甚至梦游等；身体上会出现经常持续眨眼、挖鼻孔、咬指甲、肌肉不自觉地抽动等反应；精神再则会出现注意力不集中、记忆力下降、爱胡思乱想、言语含糊等反应。妈妈一旦发现这些情况，应当尽快了解孩子心理压力产生的原因，认真倾听孩子的想法，真诚地与孩子沟通，做到对症下药。

（2）让孩子面对压力

了解孩子压力的来源后，妈妈要予以一定的引导，帮助孩子面对压力，并将压力转变为动力。妈妈可以与孩子做情景再现、互换角色的游戏，让孩子扮演他的压力来源，妈妈则扮演孩子，给孩子展现妈妈的应对方式。这往往会给孩子留下深刻的印象，令孩子在轻松的游戏中有所感悟，学会面对压力。而且妈妈应该多鼓励孩子，提高孩子的自信心，让孩子知道：妈妈会永远在他身后支持他。孩子得到了妈妈的关爱与支持，勇气就会增强，也就能克服压力了。

（3）给孩子充足的休息和娱乐时间

倘若孩子的睡眠时间不能满足身体需要，就会觉得十分疲倦，无法集中注意力来学习，这样孩子就会产生紧张的情绪，压力也就随之而来。所以妈妈要给孩子充足的休息时间。娱乐是帮助孩子化解压力的良好方式，妈妈要尽量给孩子足够的游戏时间，让孩子处于快乐的情绪当中，压力也就减轻了。

（4）让孩子做好承受压力的思想准备

当压力来临时，倘若已经有了思想准备，那么孩子就能够很好地应对压力。思想准备做得越充足，孩子就越能承受住压力，相对而言压力的影响就减弱了。妈妈在平时可以多跟孩子讲述“压力”的话题，告诉孩子压力是生活的组成部分，人不可能完全没有压力，压力并不可怕，可以借助很多方式化解。总而言之，如果孩子事先做好承受压力的思想准备，那么压力自然就不会对孩子产生太大影响了。

（5）给孩子树立榜样

妈妈也是从孩子成长过来的，也会遇到压力。因此，妈妈可以给孩子讲述自己小时候是怎样应对压力的，然后温和、平等地与孩子交流、分享。这样一来，孩子就会知道别人也会承受压力，并很好地解决，那么，孩子克服压力的勇气和信心就会增强。

（6）让孩子亲近大自然

大自然的优美风景能让人心神愉悦，妈妈可以带着孩子走进大自然、亲近大自然。相信自然风光的陶冶能够使孩子减轻心理压力。

（7）培养孩子的坚强意志

坎坷、挫折是人生必然要经历的事情，人们肯定会因此产生不小的压力。在沉重的精神压力下，痛苦和失望是没有任何作用的，只有坚强的意志力才能抵挡住精神压力，只有那些承受得了磨难的人，才能取得最终的胜利。因此，妈妈应当培养孩子坚强的意志。

一时的成败决定不了孩子的一生

失败是孩子人生中必然会经历的事情，当孩子因困难而低落、愁闷时，妈妈应当以平和、宽容的心态来鼓励、激励孩子，帮助孩子重新找回自信，从困难中解脱出来，而不是一直抓住孩子的缺点和错误，对孩子严加指责，令孩子丧失信心。

雨凝是个努力勤奋的好孩子，可是有一次期末考试却考得很不理想，为此她整天闷闷不乐。妈妈看到了女儿的情况，便对女儿说：

“女儿，无论你将来从事什么职业，你都是我的女儿。当了企业高管也好，回老家种地也好，这一点是永远不会改变的。如果你真的去种地了，我就让你爸爸用三轮车拉着我，每天中午把热菜热饭给你送到田里。只要你拥有优秀的品德，无论怎样的工作都能有一个光明的未来。”

听了妈妈的话，雨凝的眼睛立刻流露出了光彩。她不但从情绪的低谷中走了出来，学习成绩也开始逐渐提高，而且在遇到其他困难时，雨凝也能够坚强、乐观、勇敢地面对。

“不经一番彻骨寒，怎得梅花扑鼻香”，妈妈不要一直将目光放在孩子的一次失败上，而是要理解孩子、包容孩子，给孩子以温情的鼓励，令孩子自信昂扬，有充足的意志力。

在生活中，孩子必然会遇到种种挫折和磨难，当孩子失败时，妈妈应当及时与孩子进行沟通，给孩子带去温暖，让孩子感受到妈妈的支持。

有这样一个故事：

丹丹的妈妈得知女儿考试失利时沉默了很久。

尽管妈妈跟女儿一样难过，但她知道，失败了就是失败了，没有任何借口，女儿应当勇敢地接受。

于是，她给丹丹写了一封信，并把它放在了丹丹的书桌上，然后去机场接女儿。

丹丹为考试竭尽全力准备了很久，这次考试非常重要，如果能够通过这次考试，丹丹今后的人生可能就会一片光明。但是丹丹失败了。她这一年来的所有汗水和心血都化成了泡影。

事实上，在之前的几轮考试中，丹丹一直发挥得十分出色，但在最后一轮的实际操作中却出现了失误。后来丹丹告诉妈妈，其实这次的实际操作考试是所有考题中最简单的，可实际操作的考试时间是在晚上，而她从来没有在晚上进行过练习。当时，她的脑子里一片空白，面对这样容易的题目，她却无法抬起自己的手，只能呆呆地愣在那里。

这就是她失败的原因。

对于年纪不大的丹丹来说，这是一次非常沉痛的打击，在机场看到妈妈的那一刻，她终于忍不住流下了眼泪。

尽管妈妈的心里也非常难过，但是，她表面上仍然温和地笑着。

当母女两人回到家后，丹丹回到了自己的房间，一眼就看到了妈妈写给她的那封信。信中这样写道：

致我最爱的女儿：

我们像迎接得胜归来的英雄一样欢迎你的归来，因为你并不是失败者，你已经竭尽全力。没有通过这次考试，确实令人遗憾，但是，在这次经历中，你一定得到了锻炼，有了新的感受，这远比你通过考试有意义。这次的经历将是你人生的新起点，此后你对挫折、委屈有了更强的承受能力，你会因此而奋发向上，开启你人生中另一高峰的征程。

记得你上小学时，由于爸爸的工作调动，我们让你转了学，你在转学时所遭遇的所有委屈一直鼓舞着你，让你懂得了奋发努力的重要性，可以说，这段经历是你人生路上的宝贵财富。同样地，你现在的经历也会鼓舞着你在即将开始的新生活中奋力拼搏，因为你承受了挫折，你已经懂得了应当竭力把握住机会的道理！

你的爸爸妈妈和爷爷奶奶，会永远爱着你、支持你。你温暖的家，永远是你心灵的港湾。

妈妈

2019 年 9 月 10 日

一时的成败决定不了孩子的一生，如果孩子本身是上进的，一次失利他们心里已经很不好受了，这时候父母就不要再添油加醋，用刻薄的语言批评孩子了。父母要让孩子明白你相信他，并愿意永远支持他。

别把孩子养成一个爱慕虚荣的人

周末，琳琳和妈妈一起去逛商场。当看到一家阿迪达斯专卖店的时候，女儿一头扎了进去，直奔一款鞋子走去，拿过来试了又试。妈妈说："前阵子不是刚给你买了新鞋，你怎么又试？"琳琳说："妈妈，你不懂，这可是最近流行的新款，班上好多同学都穿呢，我也不想被落下。"妈妈说："别人有的我女儿也得有，再苦不能苦孩子，你穿得体面，妈妈脸上才有光。"于是，母女俩开心地买鞋而归。

虚荣是一种不健康的心理，是扭曲了的自尊心，是人们为了得到别人的注意而表现出来的反常的社会情感和心理状态。对于孩子来说，过于虚荣，不是一件好事。当妈妈发现孩子有过强的虚荣心时，不能放任不管，应该积极引导孩子克服这一心理。当然，帮助孩子摆脱虚荣也要注意方式，不能单纯地说教或是严词命令。

克服孩子的虚荣心，妈妈可以从以下几点入手：

(1) 让孩子正确认识虚荣心，树立良好的价值观

良好的人生观和价值观是防止孩子滋生虚荣心的前提。妈妈应当帮助孩子树立良好的价值观念，让孩子养成高尚的道德情操，并用它约束自己的行为，以理性战胜虚荣，学会以自己的能力来获取人生价值。不能因为自己某方面不如别人，就产生不健康的羞耻感，进而以虚荣心来弥补这些不足。

(2) 客观地评价孩子

很多家长都不能客观地评价孩子，结果使孩子过于看高自己，误以为自己在所有方面都强过别人。孩子的这种心态会影响到他的人际关系和之后的长足发展。因此，妈妈评价孩子时，不要一味地表扬，或者对孩子的优点、进步做夸张的赞美，还要指出孩子的错误与缺点，让孩子直面缺陷，并克服不足。

(3) 注意孩子的心态变化，引导孩子理性消费

孩子的心态在不同时期会有不同表现，妈妈应当对此多加留意，避免让孩子养成与别人攀比的习惯。妈妈还要引导孩子进行理性消费，让孩子根据需求消费。为此，妈妈可以将家中的收入和支出大致告诉孩子，让孩子有一个基本的概念。倘若孩子的要求是合理的，那么妈妈可以适当地满足，最好能为孩子创造以自己的劳动换取想要的东西的机会。但这个要求不能超出妈妈的支付能力，更不能有奢侈的倾向。

妈妈应当让孩子知道，比别人拥有更多的名牌衣物，并不代表就有了更高的地位，只有通过自己的努力有所成就，才能赢得别人的尊重。

（4）让孩子体会虚荣心的危害

妈妈可以寻找恰当的时机让孩子体会虚荣心带来的危害，知道爱慕虚荣会阻碍自己的成长与进步，让自己形成嫉妒、冷酷的性格，从而自觉、主动地抵御虚荣心的入侵。

你以为小孩子就不会孤独吗

在成年人眼中，孩子一直都是天真烂漫、无忧无虑的。但其实，孩子的内心也会感到孤独。据一项大型调查的数据显示，中国各大城市的三口之家“最令人担忧的问题”是“孩子感到孤独、压力大”，这仅次于“老龄化”，占据了第二位。

一位家长称，孩子长期与爷爷、奶奶生活在一起，每天写完作业后就不知道做什么了，十分孤独。特别是周末的时候，孩子经常两天都憋在家里不出门。

另一位家长称，有一段时间，她发现孩子作业写得特别慢。了解后才知道，孩子觉得反正写完作业之后也没有人陪他一起玩，所以就没有什么动力快速完成作业。于是她给孩子报了好几个周末的兴趣班，让孩子能够有机会与同龄人交流。

这也难怪，城市里到处都是高楼大厦，它们就如同厚厚的墙壁，将孩子与外界分离开来，将孩子的活动范围限制在一个小小的区域，孩子因缺少玩伴而感受不到快乐，时间长了便觉得内心十分孤独。

有人曾在上海抽取了1600多名孩子进行调查，结果显示：

绝大部分的孩子都很喜欢与同龄人一起玩耍；47.8%的孩子由于缺少玩伴经常独自在家里玩；9.5%的父母会经常陪孩子玩游戏，节假日只有15.4%的父母会带孩子到外面玩。从调查中不难看出，我国有近50%的孩子缺少玩伴，这种情况十分令人担忧。我国青少年中产生的“伙伴危机”，将会导致孩子的成长孤独。

有一个男生由于搬进高层楼房而得了“高楼孤独症”。这个男生的新家在一幢高楼的21层，120多平方米，整体环境很好。住进新家后，男生从原来的学校转到了新家附近的学校。从原本熟悉的学习环境、生活环境离开后，男生跟着妈妈每天早出晚归。男生每天回到家后，除了吃饭、睡觉、学习以外，基本没有什么活动，只是常常独自在窗前呆呆地望着外面。慢慢地，他的性格越来越孤僻，不敢见陌生人，一直闷闷不乐，无论什么事情都提不起兴致，学习成绩也明显下滑。后来，妈妈带他去看了医生，他对着医生说出了心中的想法：没有人陪我玩。最后医生判断他得了“高楼孤独症”，生病的原因就在于高楼将他的活动范围限制在了一个狭小的区域，加上对环境陌生，邻居之间基本不往来，而且也没有同龄人与他进行沟通和交流，时间长了，他便感到孤独，由此引发了焦虑、抑郁等症状。

孤独往往会给孩子带来巨大的心理伤害，使孩子产生不健康的心理、形成不健康的人格。如果孩子不能学会与人交往，只会学习和工作，那么将来是无法在社会立足的。

因此，妈妈应当帮助孩子挣脱孤独。那么，妈妈可以采取哪些方法呢？

（1）鼓励孩子交朋友

妈妈应当努力给孩子创造交朋友的条件和机会。既要允许、鼓励孩子与左邻右舍的孩子一起玩耍，也要允许孩子将朋友们邀请到家里来，让孩子产生“主人翁”的想法，促使孩子与小伙伴有更多的交流。

（2）带孩子参与各类活动

妈妈可以经常带孩子参与学校和一些团体举办的各种活动，让孩子跟不同环境、不同人群有接触的机会。另外，妈妈还要定期跟孩子一起去公园、游乐场、景区等地游玩，让孩子感受到妈妈对自己的重视。只要坚持下去，相信孩子必然不会陷入孤独。

（3）多陪孩子聊天

妈妈每天都要和孩子交流，引导孩子诉说一天的所见所闻，让孩子觉得他是有人可以交流的。

（4）给孩子讲故事

妈妈可以每天给孩子讲一个故事，也可以让孩子给自己讲故事，或是与孩子一起编写故事，在这样的互动中，孩子很难产生独孤感。

让嫉妒这个恶魔远离孩子

小蕊和琪琪住在一个小区，从幼儿园开始她们就是很好的朋友。

平时，两个人形影不离，每天放学后一起写作业，有了好吃的、好玩的也总是与对方分享。但是最近一段时间，小蕊的妈妈察觉到小蕊似乎不喜欢琪琪了，放学不跟琪琪一起回家，作业不跟琪琪一起写，也不愿意去找琪琪玩了，琪琪来找她玩的时候，她也不怎么理睬对方。妈妈觉得十分奇怪。

某天放学后，小蕊独自回到家中，然后默默地回到自己的房间去写作业。没多久，电话铃声响了，是琪琪打来找小蕊出去玩的。

“小蕊，琪琪叫你一起去玩呢。”妈妈叫小蕊接电话。

“我不去，你就告诉她我还没写完作业。”小蕊怏怏不乐地说。

“小蕊，你这是怎么回事?”妈妈拿着电话不知道怎么办才好。

“都告诉你不去了，真是的。”小蕊不耐烦地说。

“对不起啊，琪琪，小蕊她不太舒服，今天不能跟你一起玩了，明天她再去找你玩好吗？”没办法，妈妈只能这样给琪琪回话。

挂了电话之后，妈妈来到小蕊的屋子。小蕊正在转着铅笔玩，一脸不开心的样子。

“小蕊，你怎么不跟琪琪一起去玩了，你们不是一直关系很好吗？”妈妈温和地询问女儿。

“没有呀，我就是今天心情不好，不想出去。哎呀，妈妈，你让我自己待会儿吧。”小蕊说。妈妈只好离开了。

吃晚饭时，爸爸问小蕊：“小蕊，听说琪琪被评上‘学习之星’了，你怎么没跟我们说过啊？”听到这话，小蕊把碗筷往桌子上一放，满脸不忿地说：“哼，这有什么！她能得‘学习之星’都是因为她总是拍老师马屁，不然怎么可能轮到她！我已经决定不跟她做朋友了……”

听了小蕊的话，妈妈才明白是怎么回事，小蕊因为嫉妒而不想再与琪琪一起玩耍，而且小蕊的话也让妈妈吓了一跳。原来前几天吃饭的时候，妈妈向爸爸抱怨道：“这次我们公司提拔副主任，最后提上去的竟然是新来的小张，真不知道领导是怎么想的，不管是能力还是业绩，公司里比他强的人很多，怎么偏偏提拔他呀，还不是因为他总是拍领导马屁，隔三岔五就给领导送这送那的……”

妈妈怎么也没想到，自己那一次的牢骚竟然对小蕊产生了这么大的负面影响。

嫉妒不是成年人的专属，儿童也会产生嫉妒心。造成孩子嫉妒心的原因有很多，总结起来，主要是外部环境中的消极因素和孩子心中的消极因素。例如，错误的家庭教育方式导致孩子缺少信心、斤斤计较，进而生出嫉妒之心；父母的嫉妒行为给了孩子错误的引导，使孩子产生嫉妒心理；竞争中的失利引起孩子对得胜者的嫉妒；因老师、家长表扬他人而心生嫉妒；因自己存在生理缺陷而对生理条件出众的人心生嫉妒；因自己家庭条件艰苦而对家庭条件较好的人心生嫉妒；等等。

嫉妒对于孩子来说，是戕害心灵、阻碍成长的毒药。一个心怀嫉妒的孩子往往不会受人欢迎。一个人产生嫉妒心理后，通常不想看到其他人强过自己。别人受到其他人欢迎，他难以忍受；别人在他面前被其他人表扬，他更是难以容忍。久而久之，他的人际关系就会变得很差。而且被嫉妒心蒙蔽了双眼的孩子，很容易因为外界的一点小事而受到刺激，由此产生一些负面情绪，这对孩子的身心健康非常不利。当孩子的嫉妒情绪累积到一定的地步时，就会演变成一种人格缺陷，孩子的身心就会深陷在各种各样的缺陷或不足中无法自拔，很可能犯下严重的错误。因此，一旦察觉孩子有了嫉妒之心，妈妈就应该尽力帮孩子改正，以下几个方法可供借鉴：

（1）让孩子正确认识自己

让孩子正确认识自己，是摆脱嫉妒心理的一种有效途径。许多妈妈经常会把“别人家的孩子”挂在嘴边，总是对孩子说：“某人比你强多了，你怎么就比不上他呢。”这样的话语只会让孩子的嫉妒心越来越强，导致孩子对妈妈口中的“某人”产生敌意。正确的做法是，妈妈应当对孩子多加鼓励，告诉孩子所有人都有其优势与劣势，这样就相当于为孩子披上了一层保护网，可以预防嫉妒心理的产生。随着孩子自我认知水平的提升，孩子就能够将自己摆在一个正确的位置，懂得任何人都不可能事事超越别人。

（2）提升孩子的移情能力

移情能力是指设身处地为别人着想的能力。孩子的移情能力强，就能够站在对方的角度想问题，发现对方的成功是通过努力和汗水换来的，自己的嫉妒根本毫无必要。具备移情能力在一定程度上意味着孩子的心理已经趋于成熟。

（3）帮助孩子将嫉妒心转化为前进的动力

妈妈可以尝试着帮助孩子将嫉妒心理转化为前进的动力。让孩子知道自己比不上别人不是因为对方太厉害，而是因为自己不够努力。倘若孩子不能立刻接受，妈妈可以先对孩子比较出色的方面进行鼓励，等到孩子的情绪稳定下来后，再和孩子一起寻找需要改进的地方。

（4）鼓励孩子多参与竞赛类游戏

妈妈可以鼓励孩子多参与一些竞赛类的游戏，这些游戏能够让嫉妒心强的孩子更多地体会到成功与失败交织的复杂感受。心理上的矛盾冲突多了，孩子的心理自我调适机能就会增强，嫉妒心就会慢慢减退。

（5）改善孩子原本的性格弱点

有嫉妒心理的孩子通常在性格上存在一些弱点，比如脾气暴躁、不知道感恩、太过敏感等。如果孩子性格中存在这些弱点，妈妈要多加引导，帮助孩子努力克服。性格弱点消失了，嫉妒心自然也就不容易出现了。

（6）让孩子了解嫉妒心带来的危害

妈妈要告诉孩子，嫉妒心会给自己、他人都带来严重的危害。从古至今，那些心胸狭窄、嫉妒心强的人，都没有一个完满的结局。

心理学研究表明，凡是心理上厌恶的东西，行动上就容易自觉地同其决裂。因此，如果能让孩子认清嫉妒心带来的危害，并发自内心地厌恶嫉妒心，那么孩子克服嫉妒心就不会那么困难了。

孩子没有良好的自我控制能力，情绪波动较大，很容易产生嫉妒心理。所以，妈妈一定要经常关注孩子，一旦发现孩子出现了嫉妒心理，就要及早消除。千万不能让这种负面心理损伤孩子。

【妈妈有话说】

所有的妈妈都希望孩子的心理健康，但真正实现这一点却有些困难。培养孩子的健康心理，妈妈应当注意以下几个方面：

（1）对相关的心理学常识有一定的了解

孩子所处的年龄阶段不同，心理特征也不尽相同。如果妈妈能够根据孩子在不同年龄阶段的心理特点，运用不同的教育方式，想必会取得较好的效果。

（2）以身作则，给孩子树立良好的榜样

人们常说，孩子是父母的影子，这句话是有一定道理的。从孩子出生开始，父母就是与孩子关系最密切的人。通常来说，妈妈比爸爸陪在孩子身边的时间更长，所以妈妈的言行举止会深刻影响孩子的成长。很难想象，妈妈自身心理异常，却能教育出一个品德、智力等方面都非常优秀的孩子。因此，妈妈一定要不断进行反思和提高，让自己变得更好，给孩子树立良好的榜样。

（3）倾听孩子的想法，尊重和理解孩子

妈妈最苦恼的是不了解孩子内心的真实想法。其实这一问题并不是一天产生的。妈妈如果独断专行，不能倾听孩子的想法、聆听孩子的意见，那么孩子必然不愿意再向妈妈展露自己的内心世界。因此，妈妈在处理孩子的问题时，一定要记得孩子是一个独立的个体，也需要被尊重、被理解。

（4）过宽过严都不可取

溺爱是家庭教育中十分忌讳的事情，过于宠溺孩子只会让孩子越来越骄纵，无法融入社会。过于严厉地对待孩子也是不正确的，只会将孩子越推越远，对孩子的健康成长也不利。

(5) 注重个性化教育

每个孩子都是独立的个体，因此妈妈应该注重实施个性化教育，牢记自己的孩子与别人的孩子不同。在看待孩子时，不能只看到自己孩子的缺点和别人孩子的优点，应当多看看自己孩子的优点。对孩子进行有针对性的教育，孩子的心理才会趋于平衡和健康。

好父母好家教

好妈妈不娇不惯培养完美孩子

文贤阁◎主编

江苏凤凰美术出版社

图书在版编目（CIP）数据

好妈妈不娇不惯培养完美孩子 / 文贤阁主编 . -- 南京 : 江苏凤凰美术出版社 , 2020.11

（好父母好家教）

ISBN 978-7-5580-7714-2

Ⅰ . ①好… Ⅱ . ①文… Ⅲ . ①家庭教育 Ⅳ . ① G78

中国版本图书馆 CIP 数据核字（2020）第 137993 号

责任编辑　郝旭辉
封面设计　陈玉军
责任监印　唐　虎

丛 书 名　好父母好家教
本册书名　好妈妈不娇不惯培养完美孩子
主　　编　文贤阁
出版发行　江苏凤凰美术出版社（南京市湖南路 1 号　邮编：210009）
　　　　　北京凤凰千高原文化传播有限公司
出版社网址　http://www.jsmscbs.com.cn
排版制作　文贤阁
印　　刷　阳信龙跃印务有限公司
开　　本　880mm × 1230mm　1/32
总 印 张　36
版　　次　2020 年 11 月第 1 版　2020 年 11 月第 1 次印刷
标准书号　ISBN 978-7-5580-7714-2
总 定 价　192.00 元（全 6 册）

营销部电话　025-68155790　营销部地址　南京市湖南路 1 号
江苏凤凰美术出版社图书凡印装错误可向承印厂调换

前言
preface

家庭教育，是父母对孩子的教育，亦是父母学着如何去做好家长的自我教育过程。

所有的父母都是一样的，都不是天生就懂得如何教育孩子。从小小的生命诞生，到牙牙学语、问东问西，到不听管束、开口顶撞，再到撒谎、逃学，与父母怒目而视……在教育孩子的道路上，家长都是任重而道远。

父母与孩子真的无法沟通吗？

当然不是。虽然孩子的成长中总会伴随着各种各样的问题，虽然每一个孩子都性格各异，虽然“代沟”不可避免，但孩子的成长总有相似性，而抵触、反抗等心理也都有其内在的原因。只要了解孩子的心，只要说对话，用对方法，就能消融与孩子之间的寒冰，实现温和对话，良好沟通。

父母都应该努力让自己变成好父母。

怎样才算是好父母呢？

是了解孩子的父母，是懂得倾听的父母，是会和孩子好好说话的父母，是能让孩子把话听进心里的父母，更是能教好孩子、让其健康成长的父母。

做父母不容易，做好父母更不容易，但我们必须努力去做，因为这关乎孩子的一生。

父母是孩子的第一任老师，也是能直接影响孩子一生的启蒙先生。好的父母胜过一个好的老师，只有优秀的父母才能培养出优秀的孩子。所以，父母都应该努力去成为一个好父母，去做一个懂孩子、懂沟通、懂管教的优秀父母。

本系列丛书系统地分析了孩子的心理，让父母了解孩子的内心，理解孩子的任性、刁蛮、叛逆，找到正面管教孩子的新方法。

本系列丛书收录了众多真实案例，还原生活中最常见的父母与孩子沟通问题，对症下药。

本系列丛书总结了很多实用的方法和技巧，条理清晰，简单实用，为困惑的父母指点迷津。

本系列丛书是送给天下父母的教子书籍，是帮助天下父母成为好父母的经验书籍。希望父母都能意识到家庭教育的重要性，自觉去学习，提升自己、精进自己，努力让自己成为合格和优秀的好父母。

为了孩子和孩子的未来，谨以此书献给全天下的父母。鉴于编者能力有限，若有疏漏和不足之处，望广大读者批评指正。

目录
contents

第三章 比起财富，最该传给女孩的是好习惯

第四章 好成绩是完美女孩的标配

第五章 比成绩更重要的，是孩子人格的健全

第六章 培养一个集才华与气质于一身的女孩

第一章

教养女孩，从“心”开始

从“心”出发，对女孩来一场“走心”的教育。

用爱浸润女孩的敏感心灵

女孩天生比较感性，她们情感细腻，心思敏感，遇事情绪波动大。当同龄的男孩还在对玩具枪、汽车模型心驰神往的时候，女孩已经敏感地在心里琢磨起自己与周遭人的关系。而且，当女孩身处不和谐的家庭关系中时，她的敏感性表现得尤为明显。

一般来说，在一个家庭当中，如果爸爸妈妈感情出现裂痕，双方矛盾表现激烈，家庭氛围异常紧张，女孩则会因为缺乏安全感而变得小心翼翼。另外，当父母双方像仇人一样互相攻击对方的时候，女孩不仅会心里难过，而且也会产生深深的内疚感，认为自己才是父母争吵的原因，久而久之，就会在消化痛苦的同时变得沉默、隐忍、恐惧以及讨好。当然，在吵架环境中成长的女孩会变得更加孤独、敏感，而且很难与父母建立亲密的关系。

教育指南

作为女孩的妈妈，一定要用心呵护孩子的敏感心灵，切莫觉得她们年龄幼小就懵懂无知。其实剖开女孩的内心世界，你会惊讶地发现她们心思缜密，而且多愁善感。因此，作为一个理智型的妈妈，一定要从以下几个方面着手，给孩子营造一个充满爱的环境。

（1）和孩子的爸爸一起努力，营造和谐愉悦的家庭氛围

女孩就像一朵含苞待放的花朵，在等待绽放的过程中，她敏感的内心发生着微妙的变化。身为孩子的妈妈，要想让自己的女儿在未来保持快乐自信的个性，就要用心经营自己的婚姻生活，设法建立健康、和谐的夫妻关系，和孩子的爸爸一起努力，用爱为女儿营造一个温馨和谐的家庭氛围。

孩子只有被爱滋养，才能获得充足的安全感和幸福感。当然，也只有被爱包围，她才能在心底长出信心和勇敢，从而更有勇气去成为更好的自己。

（2）从细节处着眼，让孩子感受到你的爱

有首儿歌是这样唱的："爱我你就抱抱我，爱我你就亲亲我，爱我你就陪陪我，爱我……"爱很抽象，也很简单，一个温暖的拥抱、一个炽热的亲吻、一段短暂的陪伴足以让孩子敏感的心灵获得巨大的满足。作为妈妈，如果爱孩子，那就不要只是心里想想而已，行动起来吧。在日常生活中，你有很多表达爱的机会。千万不要等到孩子的心灵干涸，你才想到用爱去浇灌。

慧慧是一个性格忧郁的小女孩，在人们的印象中，她总是一副郁郁寡欢、少言寡语的样子。妈妈对于她的表现深感忧虑，于是特意带她去学校的心理辅导室咨询了一番。根据心理老师的分析，妈妈了解到，慧慧之所以性格孤僻，不善与人交谈，很有可能与自己平时含蓄、内敛的表达方式有关。为了让

孩子的精神状态有所改变，妈妈将信将疑地采纳了老师的建议——拥抱孩子，并大声说出“我爱你”三个字。

这样的做法看似简单，但是对于妈妈来说，却是一个不小的挑战。一直以来，她对慧慧虽然心存关爱，但是从不直白地表露出来，这次她鼓足了勇气才将那三个字说出口。然而，让她意想不到的是，孩子听完她的话，竟然泪眼蒙胧地说道：“原来妈妈心里是爱我的，一直以来，我还以为你只疼爱弟弟，不关心我呢！”

上述案例中的妈妈无疑是失败的，是她“不显山不露水”的爱给了孩子一种被抛弃的感觉，所以才导致孩子严重缺乏安全感，以至于后来不敢社交，无法形成自己的交际圈。所以，妈妈们要想让孩子在以后的人生道路上变得独立、勇敢，那就给她温馨、体贴的关爱，只有让她感受到自己沐浴在爱的阳光中，她才能更加自信，才会拥有更好的社交能力。

王萍是一个4岁孩子的妈妈，她小的时候，父母常年在外打工，她被寄养在年迈的姥姥家。那个时候，周围的小朋友都有爸爸妈妈陪伴，唯独她可怜巴巴地和外婆相依为命。时间久了，她的性格变得内向起来，不再愿意和周围的小伙伴们一起玩耍。当然，也正是因为性格内向、不善言谈，让她在以后的人生中吃了不少亏。

后来，她有了自己的孩子，鉴于之前的种种经历，她在心里发誓：一定不能让女儿在缺爱的环境里长大。女儿出生后不久，她就按照早教的流程，给孩子高质量的陪伴和关爱。女儿到了两三岁，她也常常和女儿做“亲子游戏”，母女之间的互动始终围绕着“爱”展开。后来，孩子上了幼儿园，很自信地跟她说："幼儿园的小朋友都喜欢我。"这让王萍非常欣慰，她觉得自己的努力没有白费。别的小朋友的妈妈还在煞费苦心地讨好老师，以求老师关照自己的孩子，她则一脸自信地认为以孩子自己的表现，一定能博得老师的喜爱。事实证明，她的想法是对的。

在关爱中成长起来的女儿，自己也是一个小小的太阳，她通情达理、聪明可爱、积极进取、关爱同学，在学校里很受老师的欢迎。一个学期结束后，在班会上，老师特意点名表扬了她的女儿，最后老师还说，她的女儿是全班的骄傲，所有的小朋友都应该向她的女儿学习呢！

对比以上两个案例，我们可以看出，缺爱的孩子和被爱呵护的孩子究竟有多大的区别。所以，作为妈妈，一定不要吝啬你的拥抱、你的亲吻，还有你深情款款的"告白"，一句"我爱你"，可以给孩子带来很多的勇气和自信，也可以成为孩子以后幸福感和安全感的主要来源，你何乐而不为呢？

【好妈妈课堂】

女孩的心灵如同春天的嫩芽，非常娇嫩、脆弱、敏感，所以需要妈妈用爱为孩子营造一个和谐愉悦的家庭氛围。当然，在日常生活中，细心、体贴、周到的关爱也是必不可少的。

理性宠爱渴望被爱的女孩

萌萌是一个9岁的小女孩，她每天上学的时候，她的妈妈都会给她带一个剥了皮的鸡蛋，以便让她午饭的时候享用。有一天，妈妈因为一些意外情况，忘记了给孩子剥鸡蛋皮。中午吃饭的时候，萌萌竟然犯了难，不知道该怎么吃这个鸡蛋，最后只好无奈地带回了家。

由于受传统观念的影响，“穷养儿，富养女”被众多家长奉为圭臬。但这里的“富养”并不意味着家长可以无限度地给予女孩充裕的物质条件，更不代表着家长时时需要给女孩提供保姆式的服务。相对于男孩来说，女孩固然比较娇弱，独立性差一些，内心更加渴望被爱，但是这并不能成为家长溺爱女儿的理由。如果家庭里的每一位妈妈都像案例中的妈妈那样，觉得孩子小，什么也干不了，事事为孩子包办，那么孩子怎么会有独立的生活能力来应付未来生活中的种种挑战呢？

古语有云：“父母之爱子，则为之计深远。”何谓深远？就是不能打着“爱”的旗号，剥夺孩子基本的生存能力。在日常的生活中，叠被、铺床、穿衣、系鞋带等简单的活儿，妈妈们能少帮则少帮，只要是在孩子能力范围内的事，不妨让她自己来。

如果你觉得女孩生下来就该被疼爱，就该被宠成小公主，那你就大错特错了。包办式的抚养会让孩子产生依赖、滋生惰性，而且这种毛病一旦形成，她在学习上也很难独立思考，于是不动脑筋而去抄答案的现象也会紧随而至。另外，有了衣来伸手、饭来张口的生活，她就会觉得求知失去了意义。既然什么都有父母准备着，自己为什么还要傻傻地去学习、去奋斗？所以，满足孩子渴望被爱的心理没有错，想要尽力护孩子周全的疼爱之心也没有错，但是具体落实到行动中时就得保持一定的理智，切勿因为自己的过度宠爱让孩子失去了基本的生活能力。

其实，家长如果不大包大揽，孩子劳动的积极性还是很强的。只要稍加引导，孩子就很乐意去做一些自己力所能及的事情，比如缝纽扣、洗碗、买菜、洗衣服、叠被、扫地等。劳动不仅能给孩子带来成就感和幸福感，还能培养孩子为家庭尽责、为他人服务的责任感。另外，孩子在增强生活自理能力的同时，还能磨砺意志、增强做事的耐心，更能体会父母的不易。这样一举多得的好事，妈妈们为什么不选择放手让孩子去做呢？

聪明的妈妈懂得理性宠爱孩子，而愚笨的妈妈则只会一味地把孩子呵护在自己的双翼之下，白白让孩子失去成长的机会。关于溺爱的悲剧，从古至今都不少见。下面悦悦的经历就是一个生动的例证。

悦悦从小就是泡在蜜罐里长大的，直到她上幼儿园的时候，还没有养成独立进食的习惯。幼儿园老师一边喂她吃饭，一边抱怨道："这小姑娘长这么大了，还不会自己动手吃饭，真是笨呢！"后来，这话传到悦悦妈妈的耳朵里，妈妈二话不说就怒气冲冲地跑到幼儿园和老师大吵起来，她责骂老师："我的女儿这么可爱，你怎么能这么说她呢？"老师对此深表无语。后来，妈妈担心老师继续责难女儿，索性给孩子退了学，领回家自己教育了。

后来，妈妈依旧像一个无所不能的卫士一样，守护着自己的女儿，什么都替女儿操心，这就导致悦悦上了初中连系鞋带这样的小事都做不好；又由于妈妈把悦悦保护得太好了，只要学校谁敢对悦悦说个"不"字，妈妈就会立刻去找那个人的麻烦，这就导致大家都对悦悦绕道而行。久而久之，悦悦身边没有一个能说得上话的朋友，她的性格越来越孤僻。上了高中之后，因为离家远，悦悦过上了住校生活。没有了妈妈的帮助，一切都得靠自己打理，而严重缺乏生活经验的她，这也不会做，那也不会做，因此把自己的生活搞得狼狈不堪，同学们见悦悦还像一个吃奶的孩子一样，什么都不会，纷纷投来了轻视的目光。

悦悦忍受着别人的嘲讽，看着自己一团乱麻的生活，心里难过极了，她经常一个人躲在角落里默默流泪，始终不愿和别人打交道。这种自我封闭的状态持续没多久，她竟然精神上出现了问题，有的时候眼前还出现一些幻觉。学校见此情况，把悦悦劝退了。回到家中，妈妈看着神情呆滞、自言自语的悦悦，后悔莫及。

显而易见，上述案例就是不理智疼爱孩子造成的悲剧。妈妈们一定要引以为戒，避免这样的悲剧在自己和孩子身上上演。

教育指南

作为妈妈，要想让女孩健康、快乐地成长，就要让自己的爱有所保留，即把对孩子的爱“藏”起来一半，这就是理智的宠爱。

聪明的妈妈一般都懂得以以下的方式疼爱自己的女儿：

(1) 教育孩子动手做事

瑶瑶从小就特别独立，从她1岁开始，妈妈就培养她独立进食的习惯；到了3岁的时候，穿衣服、刷牙、洗手等简单的事，瑶瑶自己就能做好；从4岁开始，妈妈就让瑶瑶帮着收拾碗筷、擦拭饭桌；到了五六岁，瑶瑶承担起了家里扫地、倒垃圾的活儿。

刚开始做家务的时候，瑶瑶做得并不是很好，妈妈就耐心地教她怎么样用力才能把地板打扫干净。后来，不用妈妈要求，瑶瑶主动承担起了家里的清洁工作。瑶瑶乖巧懂事的模样受到了周围人的称赞，大家无不羡慕地对瑶瑶的妈妈说：“你真是好福气啊！有这样一个勤快体贴的女儿！”

其实，与其说瑶瑶的妈妈有福气，倒不如说她教女有方，把瑶瑶培养成了一个健康、独立、受人欢迎的优秀孩子。如果你也想要把女儿培养成令人艳羡的“别人家的孩子”，那么请不要担心孩子年龄小、能力弱，也不要怕孩子做事慢、费时间、帮倒忙，成长不是一蹴而就的，你需要给孩子一点儿动手学习的时间，这样她才能成长为一个独立自主，且有责任心的女孩。

(2) 不以孩子为中心

冉冉是妈妈在40岁高龄时才艰难生下来的孩子。作为家里的独生女，冉冉自是被所有的人宠上了天，不管有什么好吃的，大家都先尽着她，爷爷奶奶更是把她当成了小公主，事事依着她，不让她受半点委屈。有一回，爷爷生病住院了，妈妈带冉冉去医院探望。坐下后，冉冉突然要求爷爷像往常那样驮着她“骑大马”，妈妈再三跟冉冉说：“爷爷生病了，身体弱，我们应该让爷爷休息。”但冉冉依旧不依不饶，带着哭腔说：“我不管，我不管，我就想让爷爷给我骑‘大马’。”这时，妈妈才意识到孩子被娇惯坏了。

回家后，妈妈反思了很久，她意识到大家平时就是太以冉冉为中心了，以至于她到现在都不懂得体谅别人。后来，在妈妈的提议下，大家纷纷开始调整教育孩子的模式。慢慢地，冉冉任性蛮横的行为改进了不少，不再像以前那样以自我为中心了，有的时候她还会主动给爷爷奶奶削苹果，帮妈妈做家务。看着冉冉的表现，大家都露出了欣慰的笑容。

如今很多家庭都在围着孩子打转，只要孩子需要，家长一定会牺牲自己的时间和精力去成全孩子的愿望。然而，这样无私的爱并不能换来孩子的感恩，反而助长了其自私自利的心理。作为妈妈，一定要警惕这种情况的发生，平时多和家里人沟通，争取达成一致的教育理念，大家都以一颗平常心对待孩子，不让其事事搞特殊，这样才能给孩子提供一个健康成长的平台。

(3) 不要为孩子的过错推卸责任

梅梅是一个五年级小学生，也是大家避之不及的“霸王花”。她经常在班里抢别人的学习工具，还动不动就欺负弱小的同学。有一回，她不小心踩了同学一脚，头也不回地走开了，后来那个同学不服气，瞪了梅梅一眼，梅梅非但没有为之前的行为道歉，反而上去就薅那个同学的头发。

班主任把梅梅的妈妈找来谈话，妈妈非但不觉得自己的女儿有错，反而指责被踩的同学拿眼睛瞪自己的女儿。班主任表示她教育孩子的方式存在问题，谁料她竟然当着全校老师的面，大言不惭地咒骂起老师来。

在上述案例中，梅梅妈妈的教育方式实在让人大跌眼镜。她不明白，这样一味地为孩子推卸责任，其实是在害自己的孩子。孩子一旦养成嚣张跋扈、拒不认错的习惯，迟早是要为自己的行为付出沉重代价的。

【好妈妈课堂】

每一个妈妈都希望把最好的给女儿，但是护犊应该有所取舍，理性宠爱才能培养孩子生存与发展的基本能力，过分溺爱只会让孩子永远失去飞翔的本领。

不要让你的行为毁了女孩的自尊心

乐乐是个聪明活泼的孩子，好玩好动的她一刻也停不下来。有一次，家里来了客人，乐乐因为贪玩，一不小心把一瓶墨汁洒在了裤子上。妈妈叫她把裤子脱下来，换上另外一条，但是执拗的乐乐偏偏一动不动地站在那里。妈妈说了她很多次，乐乐依旧无动于衷。这时，妈妈的火气忍不住蹿上来了，她径直走到乐乐跟前，一把抱住乐乐，脱掉了她的裤子。乐乐在一旁哭喊着、挣扎着，妈妈见乐乐如此不听话，又在乐乐的屁股上打了两巴掌。家长的面子挽回了，但是乐乐却在很长一段时间都闷闷不乐，她觉得妈妈当着那么多人的面脱掉自己的裤子，而且还打了自己，实在太丢人了。也许妈妈觉得，一个小孩子光着屁股也没什么，但是她却在无意间伤害了孩子的自尊心。

古人讲“人前教子，背后教妻”，其实“人前教子”这种做法非常伤害孩子的自尊心。你在别人面前教训孩子，塑造了一个耳提面命、严格教子的好家长形象，但是孩子呢，他们的自尊心又该拿什么去维护呢？尤其是女孩子，她们的面子很薄，动不动就脸红，如果家长不顾及她们的面子，践踏其自尊，那么一定会让她们失去自强自爱的基础，当然，也会给孩子留下一辈子的心理阴影。

所以，作为家长，如果你真的爱自己的女儿，就不要像上述案例中的妈妈一样，只顾自己的面子，而不在意孩子的感受，以至于无形中伤害了孩子的自尊心。

另外，妈妈们还应该意识到，有些女孩的自尊心很强，而且非常敏感，她们常常活在别人的评价当中。当老师、同学、父母对她们充满关爱和尊重时，她们就会眉开眼笑，心生欢喜。但是当周围这些人对她们的评价都是负面的，这时，她们必然会大受打击，甚至一蹶不振。作为妈妈，为了让女儿少受不必要的伤害，一定要规避以下几种很容易摧毁孩子自尊心的言论或行为：

（1）全盘否定自己的孩子

很多妈妈总是以要求大人的高标准去严格要求孩子，孩子扫地扫不干净，就说“你不行”；孩子长得不符合大众审美，就说“你长得不好看”；孩子学习成绩没有达到100分，就说“你很差”……总而言之，孩子哪儿都不如人意。

（2）拿自己的孩子和别人家的孩子比

有些妈妈特别喜欢攀比，经常把“你看人家××，学习成绩那么好”“你瞧瞧隔壁××，人家多懂事”这样的话挂在嘴边，这对孩子的自尊无疑是一种很大的伤害。

（3）在外人面前训斥孩子

随着年龄的增长，孩子也会有自尊心，也会有被尊重的需要。如果妈妈不分时间和场合，对孩子的错误行为大加斥责，孩子很有可能因为感到“没有颜面”而失去上进心。

（4）对孩子实施语言暴力

有些妈妈说话从来不顾及孩子的感受，在生气的时候，除了口气强硬、分贝增加之外，还会配合使用一些不文明的语言挫伤孩子的自尊。比如“你可真不是个东西”“从来没见过你这么笨的”“你真蠢啊”，等等。

（5）操纵孩子的一切

有的妈妈认为，孩子就是自己的私有财产，自己想打就打，想骂就骂，就连孩子的日记或者信件，也要设法去查。

总而言之，孩子就像提线木偶一样，任由自己摆布。殊不知，这样的行为已经严重伤害了孩子的自尊。

（6）拿孩子撒气

有的妈妈在外面受了气，回来就拿孩子发火。这样做无疑是在伤害孩子的自尊，助长其自卑感，非常不利于孩子的身心健康成长。

（7）当众揭孩子的短

孩子也是有隐私的，有一些不足为外人道的丑事、囧事，如果妈妈不顾及孩子的尊严，赤裸裸地把它们摆到台面上说，一定会让孩子感到无地自容的。

从心理学角度讲，宣扬孩子的“丑事”，会让孩子产生社交恐惧感，更会滋生其自惭形秽的念头，这样很不利于孩子以后的社交。

所以，妈妈们，如果你有以上七条行为，一定要认真反思自己了。孩子的成长只有一次，请不要在孩子成长的关键时刻，给其语言伤害，从而使其面子尽失，心灵受伤。

教育指南

女孩有了自尊意识本来是一件值得高兴的事情，因为这代表着其心理已经趋于成熟，也代表着她已经获得了一种人格搭建的基础。所以，作为孩子的妈妈，不仅不可以肆意摧毁，而且要小心呵护。在培养女孩自尊的同时，妈妈们应该注意以下几点：

（1）不可有嘲讽孩子之意

“小家伙，你真差劲儿啊，这么简单的事情都搞不定！”也许这只是妈妈无心的一句戏谑之言，但是对于孩子来说却像一记重锤，会难受很久。

（2）与孩子以礼相处

怒骂、责怪、命令式的语言不仅会给孩子一种轻视之感，还会摧毁孩子的自我意念。所以明智的妈妈在与孩子交流沟通时，要使用文明、礼貌用语，让孩子感觉到自己也是受尊重的。

（3）勇敢地向孩子认错

“倩倩，妈妈真是太粗心大意了，刚刚出门没有买到你想要的积木，这个礼拜天休息的时候，妈妈一定帮你买好吗？”“小敏，真不好意思，妈妈有事在路上耽搁了，让你在这儿等了老半天，今后妈妈一定准时准点接你！”这样温暖的语言抚平了孩子内心的不满，从而间接地保护了孩子的自尊心。

（4）避免让孩子难堪

在上文，我们也提到了在众人面前揭孩子的短，会让孩子非常难堪，自尊心备受伤害。所以，为避免孩子经受这样的伤害，妈妈们一定要注意自己的言行。

（5）多多赞扬孩子的优点

妈妈不要时时盯着孩子的缺点厉声指责，要多看孩子的优点和长处，并加以表扬和鼓励，这样孩子的自尊心才能更好地建立起来。

（6）允许孩子失败

即便孩子失败了，妈妈也要淡然接受，并且一定要在理解和信任的基础上，帮助孩子总结经验教训。

【好妈妈课堂】

自尊是孩子成长路上一笔宝贵的财富。作为孩子的妈妈，应该以一种平等的姿态与孩子相处，不能动辄打骂，或者挖苦讽刺，以此损伤孩子的尊严。要知道有些孩子的尊严一旦被践踏，也许一辈子就捡不起来了。

切忌强闯女孩心里的秘密基地

每个女孩心里都有属于自己的秘密，作为妈妈，即便好奇心发作，也不能越过底线，强行闯入。如果出于对孩子健康成长的考虑，不得不“打探”，那也要首先尊重孩子的意愿。不过，对于孩子的秘密，应该做好被拒绝分享的心理准备。

晚饭后，妈妈和欢欢躺在床上闲聊。聊着聊着，就提到了欢欢的作文，妈妈说：“要想提高作文水平，就要在平时多积累、多感悟、多训练。如果你平时没有写日记的习惯，怎么能奢望自己的作文水平飞速提升呢？”

“写日记？……您是想借机打探我的隐私吧！”欢欢好像洞察到妈妈的心思一样，一脸坏笑。

“怎么会呢？你真是想多了。”妈妈极力否认。

“拜托了老妈，这都21世纪了，谁还写日记啊？您看看人家现在都在用微博、朋友圈、短视频记录自己的心情。”

“那你也可以在朋友圈记录一些事情啊，让我也欣赏欣赏你的文笔。”

“唉，说了半天，您仍然是‘醉翁之意不在酒’啊！欣赏我的文笔为虚，‘刺探’我心里的秘密才是实吧！死心吧，老妈，我才不想像你们那一代人一样，没事把自己的心事写在日记本上，等着家长‘御览’，搞不好，还会招来一顿臭骂。原本，我以为您作为一个新时代的家长，想法应该比较前卫，能尊重孩子的隐私，没想到您也很好奇我心里到底在想什么。唉，现在看来，心里话还是憋在心里最安全了，如果写出来，万一被你们发现了，还不得‘上纲上线’，不停地念叨我啊！”

妈妈原本是想借写日记之名，探听女儿的心思，谁料竟然被欢欢的一番话噎得哑口无言，她不得不在心里叫苦：现在的女孩子实在是敏感，严防死守，找不到一点儿突破口。

随着年龄的增长，女孩们会渐渐关闭自己的心扉，不再向妈妈毫无保留地分享内心的想法。这样的状况要是放在过去，妈妈或许会通过阅读日记来强行读取孩子的心思，在信息获取之后，搬出成人的条条框框来教育孩子，比如：“你这样想是不对的”“作为一个学生，你的任务不是谈恋爱，是好好学习”“妈妈翻看你的日记，其实也是为你好，是担心你学坏”……很多时候，妈妈们都是打着为孩子好的名义明目张胆地侵犯孩子的隐私。

其实，仔细想想，妈妈这样做是不对的。每个人心中都有不能说的秘密，有关于爱情的、关于亲情的、关于友情的……大人可以对此守口如瓶，那孩子为什么不可以呢？母女之间，虽然亲密无间，骨肉相连，但是毕竟有年龄的代沟。如果妈妈不尊重女儿的隐私，肆意翻看女儿的书包，偷看女儿的日记，查阅女儿的手机短信，那么就是侵犯女儿隐私，是一种不道德的行为，更是现行的法律所不允许的。

说到这里，可能有的妈妈会觉得："女儿是我生我养的，是我一把屎一把尿，辛辛苦苦拉扯大的，孩子的什么东西我没见过，一个小小的日记本有必要藏着掖着吗?"如果你抱着这样的心态横加干涉孩子的隐私，那只能说明你没有把她当成一个有独立思想的人，更加没有意识到自己这种"狗仔队"一样对孩子的私生活穷追猛打的行为会给孩子带来怎样的伤害!

在心理学家看来，有些错误的教育会给孩子的一生造成难以愈合的伤害。有些孩子因为受不到应有的尊重，会产生深深的自卑感；有些孩子因为隐私总被侵犯而心生怨恨，对他人和社会充满强烈的攻击性；有些孩子会因为得不到尊重，无法形成健康的人格。所以，作为孩子的妈妈，即便你有千千万万个关心孩子的理由，也请你收回那只查看孩子隐私的手吧！因为你的好奇心只是暂时的，但是带给孩子的心理伤害可能是一辈子的!

教育指南

女孩心里藏着秘密，说明她正在从幼稚走向成熟，开始有自己的思考能力了，而且自尊心也在增强。尤其到了十几岁，女孩的心门更是很难打开。有些心里的秘密，她们宁愿和要好的朋友分享，也不愿和自己的妈妈分享。此时，你不能带着情绪强横干涉。作为一个有礼貌、有道德感的妈妈，以下行为一定要践行到底：

(1) 获得准许令

在进入女孩的卧室之前，要先轻声敲门，得到应允之后，方可推门而入，这是对孩子起码的尊重。

（2）不可乱翻、偷看

女儿不在家时，不可擅自闯入她的房间，偷看或者乱翻她的东西。当然，紧急情况除外。

（3）懂得适时回避

当女孩换衣服或者上厕所的时候，要懂得回避，千万不能强行闯入。

（4）让孩子明白自己的权利

让孩子懂得一些法制观念不是什么坏事，即便她了解了这些隐私权之后，可能阻碍了你的“侦查”之路，但是你也有必要让她知道自己有保护自身隐私的权利。

（5）必要的时候采取挽救措施

一般情况下，孩子的隐私应该得到尊重。但是如果女孩背着大人做了一些违法乱纪的事情，家长就没必要把这些当作孩子的隐私了。及时地纠正孩子的错误行为，帮助孩子迷途知返，才是家长的明智之举。

【好妈妈课堂】

每个人心里都有一块秘密基地，外人无法触及，女孩也不例外。如果妈妈对此不以为意，强行闯入，事后还不补救，结果必定导致孩子对妈妈产生反感，从而失去信任。而双方的隔阂一旦形成，再对孩子进行有效教育就困难了。

切勿滋长女孩的“大小姐”脾气

随着年龄的增长，孩子的认知范围在不断扩大，自我意识也在不断觉醒，这个时候就会产生任性的行为。任性虽然是孩子身心发展过程中的正常反应，但也属于一种消极的品质，如果妈妈们面对女儿的任性行为无动于衷，一定会滋长其“大小姐”脾气的。而一个任性娇惯，动不动就放任自己耍小性子的女孩，一定不会受人欢迎。

薇薇是一个聪明可爱的小女孩，她平时伶牙俐齿、能说会道，很讨人喜欢。但是有的时候，她也会因为一些小任性，惹得爸爸妈妈头疼不已。

一次，薇薇很想去公园划船，但是那天爸爸正好有事，脱不开身，于是他就对薇薇说：“爸爸今天很忙，等礼拜天休息了，一定带你去，好吗?”但薇薇很执拗，不管怎么样，都要爸爸立即带她去。后来，爸爸哄了两三个小时，才把哭闹的薇薇安抚下来。

还有一次，妈妈着急要上班，但是薇薇却叫嚷着让妈妈给她梳麻花辫。妈妈眼看着快要迟到了，于是急着安抚薇薇道：“妈妈今天真的没有时间了，改天一定给你梳，梳得漂漂亮亮的，好吗？”但是薇薇依旧不依不饶，非要妈妈满足她的要求。妈妈没办法，只得让奶奶过来帮薇薇梳头，可是薇薇嫌奶奶梳得不好看，坚决不让奶奶碰，而且一边闹情绪，一边摔打东西，后来奶奶哄了好长时间，才把薇薇安抚好。

女孩子任性发脾气，是一种不良的精神状态，对此，很多妈妈倍感苦恼。其实造成孩子任性的原因有很多种，但最重要的是平时家里人太过溺爱孩子了。只要孩子哭闹着想要达到某种诉求，父母就开始左右为难。如果满足其诉求，可明明这样的诉求很不合理；如果不答应，孩子又哭又闹，实在是很烦人。最后耐不住性子的父母还是选择了妥协退让，不过，父母虽然丢了教育原则，还是会在心里默默对自己说：“下次一定好好教育这个小东西。”

然而，这样求快的解决方式只是短暂地消除了眼前的麻烦，后面会有更多的麻烦接踵而至！为什么这么说呢？因为家长的妥协退让会助长孩子的“嚣张”气焰，会让她的“大小姐”脾气变本加厉，如果下次闹起来，孩子会哭闹得更凶，而且任性的程度只会更加升级。

教育指南

孩子任性发脾气，势必会伴随一些烦躁、愤怒的情绪，这样的负面情绪一次两次可能对身体影响不大，但是如果经常爆发，就会对身心产生很不利的影响。而且这种任性哭闹的行为持续久了会强化孩子的不良个性品质。当然，更重要的是影响孩子的人际交往。所以，为了避免任性给孩子带来的种种危害，妈妈应该从以下几个方面帮助孩子改掉这个毛病：

（1）对孩子的任性行为切勿姑息

要想彻底根除孩子的任性行为，妈妈首先要让孩子学会理解他人、宽容他人，其次一定要坚守自己的底线，不能轻易让步。面对不合理的要求，不管孩子怎么哭闹，妈妈一概不允许。这样才能让孩子认识到，通过撒泼、哭闹、发脾气的方式要挟大人是行不通的，久而久之，孩子也就放弃了这种任性蛮横的行为。

（2）分析孩子任性的原因，对症下药

导致孩子任性的原因是多种多样的：有些孩子的任性是父母过度宠爱造成的，有些则是因为父母对孩子太民主，致使孩子变得固执、执拗，当然，还有一些是因为孩子缺乏与同伴交往的机会，这才导致其没有养成谦让、自制的习惯。

所以，妈妈们要想纠正孩子的任性行为，首先应冷静地分析一下孩子任性的原因，然后再对症下药，这样才能起到根治的作用。

（3）合理应对孩子的要求

任性是孩子自我意愿不受制约，一味地从心理上、行动上求得满足的一种行为。有的时候，孩子的要求和意愿比较合理，妈妈可以选择适当地延迟满足，而且在满足孩子的要求之前，要让其明白这样做的理由是什么。如果孩子的要求不合理，妈妈一定要坚持原则，不能妥协。只有这样，才能让孩子意识到什么样的要求和什么样的态度才更有利于自己愿望的实现，从而帮助孩子逐渐克服任性的毛病。

（4）对孩子的要求“冷处理”

有的时候，孩子任性起来，根本听不进去大人所讲的道理。这个时候，与其苦口婆心浪费唇舌，不如在保证其安全的前提下，任由其哭闹。这就是所谓的“冷处理”的方法。

“冷处理”的方法可以让孩子认识到自己的任性行为对于实现愿望没有丝毫的帮助，这样她才能渐渐平复情绪。当孩子头脑冷静下来的时候，妈妈再给孩子解释不能满足其愿望的理由是什么，这样才能保证你说的话不会成为孩子的耳旁风。这种“冷处理”的方式如果使用得当，对纠正孩子的任性行为非常有效。

【好妈妈课堂】

任性是女孩的一种不良心理状态。聪明的妈妈不会轻易对孩子的任性妥协让步，而是分析清楚其任性的原因，然后及时地遏制孩子的“大小姐”脾气。

警惕女孩成长路上的杀手：虚荣心

虚荣心是很常见的一种心理状态。孩子如果虚荣心强的话，就会出现盲目攀比、过分看重别人的评价、自我表现欲太强、有强烈的嫉妒心等不良的现象。当然，还有的孩子会为了满足虚荣心而经常说谎、不认真学习、情绪不稳定、缺乏意志力等。总而言之，虚荣心会导致孩子产生一系列的心理问题，从而阻碍孩子的身心健康发展。如果你的女儿也有虚荣的表现，你一定不能掉以轻心，而应当采取必要的方法加以纠正。

晨晨："妈妈，我想要个新手表。"

妈妈："妈妈之前不是给你买过了吗？怎么又要？"

晨晨："我的那款手表过时了，现在有一款新手表，功能非常强大，既能学口语，又能打电话、接视频，可方便了，我们班好几个同学都有呢。我也很想要，你就给我买一个吧……"

面对晨晨的请求，妈妈并没有过多理睬，而是继续忙着自己的事情。后来，晨晨见妈妈不理会她，无趣地走开了。

上述案例中的妈妈做得就很好，她面对孩子不合理的要求，没有一味地满足，更没有助长孩子的虚荣心，从而间接地提高了孩子对于诱惑的抵抗力。

导致孩子产生虚荣心的原因多种多样。孩子的自尊心得不到满足是诱发其产生虚荣心的一大原因。众所周知，每个孩子都有受尊重的需要，当这种正常的需要得不到满足时，孩子便以不适当的方式来取得荣誉和引起他人的注意。换句话说，虚荣心也可以理解为一种扭曲的自尊心。

虚荣心和孩子的惰性也有一定的关联。一个只想追求好成绩，却吃不得学习之苦的孩子，往往会为了所谓的荣誉而不择手段。

不良的社会风气也是孩子产生虚荣心的一大诱因，当周围的环境充斥着穿名牌、吃美味、用高档、玩刺激的攀比之风时，孩子耳濡目染，会渐渐忘却传统的勤劳朴实的美德，为了让自己有面子，逼迫父母给自己买价格高昂的用品。

教育指南

抚养孩子不是一件简单的事情，除了照顾她的吃穿用度，还得关注其心理发展是否健康。如果你的女儿一不小心沾染上了爱慕虚荣、热衷攀比的恶习，作为妈妈，不妨通过以下几种方法予以纠正：

（1）以身作则，给孩子树立一个好的榜样

要想让孩子断绝攀比之风，妈妈首先不能有虚荣心，更不能和别的家庭比金钱、奢侈用品，否则孩子也会跟着盲目追求物质享受。另外，妈妈也应该减少给孩子买东西的次数，因为买得多了，孩子就会习以为常，时间久了，还会滋长她的虚荣心理。

（2）关注孩子的心态变化，以理育人

面对孩子日渐膨胀的虚荣心，有些妈妈选择无条件地满足孩子的要求，还有些妈妈简单粗暴，先吼后打。其实，这两种办法都不理智。面对孩子的攀比心理，明智的妈妈一般都会给孩子讲道理。在谆谆教诲之中，让孩子认识到名牌和地位高低并不能画等号，要想获得别人的尊重，只有靠自己的努力。另外，妈妈还可以把家中的收入支出讲给孩子听，以此教会孩子理性消费。

（3）给孩子创造劳动获取报酬的机会

如果孩子的要求是合理的，那么妈妈不妨给孩子创造一些机会，让孩子通过自己的努力获取想要的东西。比如，让孩子扫地、洗碗、倒垃圾等，然后换取她想要的布娃娃、水彩笔等。孩子付出了劳动，获取到相应的报酬，就会明白“获得”的不易，这样可以防止其产生虚荣心。

（4）评价孩子要实事求是

作为妈妈，应该客观地夸奖孩子的优点，合理地指出孩子的缺点。如果孩子做了一些符合道德规范的行为，妈妈应该及时地给予适当的褒奖。但值得注意的是，妈妈表扬的次数不能太频繁，否则会让孩子认为这些并不是她应该做的，而一旦使其形成这样的理念，久而久之，她的虚荣心理也会日渐滋长。

【好妈妈课堂】

虚荣心是女孩成长路上的一块绊脚石。作为妈妈，不仅要以身作则，给孩子树立一个良好的榜样，而且还要采取必要的措施，将孩子的虚荣心理消灭在萌芽状态。

第二章

播种好性格，成就好人生

孩子的心灵是一块神奇的土地，给孩子心田播种一种好的性格，孩子就会收获一个好的命运。

培养孩子好性格需要遵守的几个原则

俗话说："性格决定命运。"可能有的妈妈还没意识到性格到底对孩子的影响有多大，那么我们就来读读下面这个小故事吧，读完你就会发现，不同性格的孩子对事物的看法可以说是千差万别。

一位父亲觉得自己的两个孩子的性格过于极端，一个过分乐观，一个又过分悲观。他希望想个办法让他们的性格中和一下。

一天，他给悲观的孩子买了许多又漂亮又好玩的玩具，让他尽情玩耍，又把乐观的孩子关进了一间堆满马粪的屋子里。

第二天，父亲急着跑去看两个孩子过得怎么样。令他意外的是，悲观的孩子反而在哭，父亲赶忙问："给你买了那么多新玩具，为什么你还要哭泣呢?""我怕把新玩具玩坏。"悲观的孩子流着眼泪说道。

父亲叹了口气，走进那间堆满马粪的屋子，发现乐观的孩子在这里玩得不亦乐乎，此时他正在马粪里掏着什么。

父亲不解地问："孩子，你在做什么?"

乐观的孩子神情得意地对父亲说："爸爸，我想马粪堆里会不会藏着一匹小马，我要把它掏出来。”

父亲让两个孩子洗干净身上的污秽，然后给了他们每人半瓶饮料。悲观的孩子看到饮料只剩下半瓶，心情很不好；而乐观的孩子看到饮料还有半瓶，开心地喝了起来。

读完这个故事，我们不难推断出，不同的性格会造就两个孩子迥然不同的人生。好性格能让孩子看到希望、绝处逢生、收获幸福，而不良的性格则会让孩子遇事悲观、四处碰壁、一事无成。

因此，妈妈必须充分认识到性格对于孩子的一生有重大的影响，并努力培养女孩的好性格。

教育指南

那么妈妈该如何培养女孩的好性格呢？可以遵守以下几条家庭教育原则：

（1）爱心和狠心相结合的原则

对女孩要有七分爱，但也别丢了三分严。如果对她们永远都是十分的爱，那爱就变成了溺爱。溺爱对孩子的成长有多少危害，相信不用多说，很多妈妈都是知道的。正如高尔基所说：“爱护子女，这是母鸡都会做的事。但是，会教育子女，这就是一件伟大的国家事业了。”

当然，只有教育没有爱的表达也是不行的，这会使家庭教育变成刻板的说教。合理的做法是，把感情和道理融合起来，把爱心和狠心结合起来，做到爱中有教，教中有爱。

不管是教导孩子学习，还是培养孩子的品德，都应该坚持这一原则。在她们需要妈妈关心爱护的时期，给她们充分的关爱和照顾，在她们的学习、道德品质和能力培养等方面严格要求她们，这样孩子才能更健康地成长。

（2）教育一致原则

教育上的一致性原则涉及三个方面：一是要求父母在教育子女时的态度应始终如一，不因自己情绪变动而随意改变；二是要求家庭的所有成员对孩子的教育保持一致；三是要求家庭与学校和社会各方面的教育要求相一致。

第一点是说，父母教育孩子的态度不能受自身情绪的影响。妈妈们不能在心情好时，对孩子就是宝贝长宝贝短的，无论孩子提出什么要求都答应；心情不好时，就拿孩子当出气筒，对孩子冷言冷语，甚至不闻不问。这种忽冷忽热的态度，是教育子女的大忌，会对女孩的心理造成很大的伤害，使孩子无所适从，分不清对错，非常不利于孩子的健康成长。

第二点是说，家庭成员如爷爷、奶奶、爸爸、妈妈对孩子的教育要求应一致，不然孩子就会不知道该听谁的，不知道怎么做才是对的。有的成员要求宽，有的成员要求严，就会促使孩子想办法提出某些不合理的要求，或是不按要求做事，因为她们觉得反正有人护短，便有恃无恐。长此以往，就会使家庭成员彼此间的教育影响相互抵消。为了避免这样的情况发生，妈妈必须尽量统一家庭成员的教育意见，这样，孩子才会觉得某些事情非服从不可，没有可乘之机，良好的行为习惯就会得到正面强化和巩固，而不良的行为习惯就会慢慢被改掉。

第三点是说，除了家庭教育要一致外，家庭与学校、社会对孩子的教育要求也必须一致。

只有做到以上三点，各种教育要求相配合，才可能将各种教育因素汇合成一支强大的教育力量。在这种巨大能量场的作用下，孩子才能得到良好的教育。

(3)“以孩子教育孩子”的原则

心理研究表明，孩子只有在与伙伴的共同交往、活动中，才可能真正理解各种集体生活的原则，关心他人、帮助他人，与他人分享、合作等优秀的品格才能得到更好的培养。孩子真正意义上的“去自我中心化”过程，也正是在学校中得以发展的。女孩进入小学后，都会渴望交朋友，因此她们必须学着从他人的角度考虑问题。为了培养女孩的好性格，妈妈必须为她创造良好的集体环境，让她学会与伙伴交往、相处。

具体做法有两方面：

一是妈妈可以从邻居中、亲友中帮助孩子选择一些年龄相仿、性格相近的小伙伴，使他们彼此交往。同时告诉孩子，伙伴来了要热情欢迎，并把自己的图书、玩具、零食等拿出来和伙伴分享，这样可以培养孩子团结友爱、互帮互助、热爱集体等良好品质。

二是领着孩子走出去，比如去公园，或少年宫参加一些活动，让孩子在这个过程中结交小伙伴，和小伙伴一起玩耍、一起学习，从而锻炼孩子的人际交往能力，为她们今后适应社会生活打下坚实的基础。

(4) 尊重孩子的“独立性”原则

女孩虽然需要妈妈的抚养和教导，但同时也是独立的个体，是在自我积极主动的活动中不断地积累经验而成长起来的。要想让孩子对一件事物有所认识，就必须让孩子观察它、接触它、亲自操作它，这样孩子才能思考和理解。所以，妈妈务必记住一点，不要低估自己女儿的能力，不要事事包办，而应对孩子的活动予以充分的理解和尊重，在提供安全和必要指导的前提下，给予孩子充分的自由，让孩子尽情地去尝试。孩子只有在跌爬滚打中，才能提高各种生活技能。

（5）“表率”原则

父母是孩子的第一任老师，也是孩子最早、最直接和最经常的模仿对象。孩子以父母的形象为榜样，不加区分地予以认可和接受，父母对孩子潜移默化的影响是巨大的。因而妈妈必须注意自己的一言一行，加强自我教育，为自己的女儿树立一个良好的榜样，以表率的力量教育孩子，给孩子正面的影响。

（6）“适度”原则

凡事过犹不及。妈妈在对女儿进行教育时，必须把握一定的尺度，否则就会对孩子的成长造成不利影响。对孩子的优点和缺点、进步与退步应给予正确客观的评价，给予适度的鼓励或批评指正，以利于孩子健康人格的形成。无论是表扬还是批评，都要适度。表扬过头，孩子就会沾沾自喜、骄傲自满、目空一切；批评过头，孩子就会胆怯懦弱、自卑沮丧。给孩子的自由也要把握尺度。自由太少、插手太多，孩子就会没有主心骨，没有照顾好自己的能力，过分依赖大人；自由太过、过于放任，孩子又会变得散漫、我行我素。因此，只有把握住教育孩子的“度”，才有可能使孩子的性格得到良好的发展。

【好妈妈课堂】

性格决定人的命运，性格的好坏关系着孩子整个人生的幸福。因此，妈妈们在早期一定要重视孩子的性格培养，不要等到孩子身上出现了孤僻、焦虑、逆反、反社会人格等问题的时候，才后悔莫及。

教女孩做一朵乐观的“向阳花”

女孩是娇艳欲滴的花儿，女孩是洁白无瑕的美玉。然而，有谁会欣赏那垂头丧气的花朵，又有谁会注意到那被沙石所掩盖的美玉？

一个女孩，如果整天郁郁寡欢、无精打采，那么她将毫无美感，她的一生也注定难以幸福。培养女孩，要特别注重培养其乐观的心态，让女孩的生活里充满欢乐与笑声。

一个乐观的女孩，无论面对什么样的境遇，都能笑着走下去，即使一无所有，也能坚强地重新开始。

教育指南

诚然，有的女孩天生就性格乐观，整天开开心心的，什么烦心事都不往心里搁；而有的女孩则性格敏感，心思细腻，遇事容易想太多，很容易悲观。即便如此，妈妈也不必担心，因为心理学家指出，乐观的性格是可以培养的。

（1）用乐观的心态去影响女孩

父母是孩子的一面镜子。要想培养一个乐观的女孩，妈妈首先必须有乐观的思维方式，这样才能在日常生活中给女儿正面的影响。

迪翁是美国著名的潜能开发大师，非常善于调动人们的积极性和自我潜能的开发，所以经常有人邀请他去做演讲。他的演讲富有激情，他的足迹遍布世界各地。

在演讲中，迪翁经常用这样一句话来鼓励大家："任何一个苦难与问题的背后，都有一个更大的幸福！"

在日常生活中，迪翁也经常说这句话，以至于他的女儿在很小的时候也经常嘴里嘟囔着这句话。

女儿渐渐长大了，成了一名小学生。她积极乐观，是学校垒球队的主力队员。

然而，不幸突然降临。

那天，迪翁受邀在韩国做演讲，突然收到一封来自美国的紧急电报，说他女儿出了意外，已送到医院进行紧急手术，但是她的小腿可能保不住了！

迪翁被突然来临的惨祸惊得说不出话来，他立刻中断了演讲，火速回国。当他看到病床上失去一双小腿的女儿时，心如刀绞。这个在演讲台上妙语连珠的大师，此时却连一句安慰的话都说不出来了。

这时，让他意想不到的是，女儿竟出言安慰他："别伤心，亲爱的爸爸。你不是常说，任何一个苦难与问题的背后，都有一个更大的幸福吗？说不定哪一天，我就能得到一个巨大的幸福。"

迪翁听了，又是欣慰又是痛心："可是，你的脚……"

女儿非常懂事地说："没有了双脚固然糟糕，可我还有双手可以用啊！"

迪翁没想到女儿如此乐观坚强，内心百感交集。

女儿出院后，装上了假肢。但她不能跑步了，只能慢慢走路。虽然没有了双脚，但女儿依然不想放弃她热爱的垒球。为此，她付出了巨大的努力，不断练习。两年后，女儿竟然再度入选学校的垒球队，并成为该队有史以来最厉害的全垒打王！

确实，孩子在成长过程中，一直在观察父母。如果父母在处理自身问题和家庭问题时态度乐观，那么孩子通过学习也会逐渐养成乐观的性格。因此，妈妈要身体力行，营造出一个乐观而温馨的家庭环境，让女孩养成乐观积极的性格，更好地成长。

（2）用柔和的态度与女孩相处

在和女孩说话时，语气要柔和，如果妈妈经常疾言厉色地指责女孩，那么女孩就会对妈妈产生恐惧，并且心情时常处于紧张的状态。

要想让女孩拥有积极乐观的情绪，妈妈就要尊重女孩的想法，教育孩子的话要有道理，让孩子能够认同。

当女孩遇到困难而心情沮丧的时候，妈妈应教会孩子换个角度面对挫折，帮助她克服困难，并克服羞怯、抑郁等悲观因素。当女孩对自己不自信的时候，妈妈要多给予女孩赏识和鼓励，多给予笑声和温暖。

（3）让女孩体验到成功的快乐

在生活中，鼓励女孩去完成她能做到的事，让女孩体验成功的快乐。完成任务的满足感和自豪感，会让女孩产生前所未有的愉悦情绪。

比如，当女孩第一次学会写自己名字的时候，她体验到的是真正的快乐，因为她刚刚完成了一件对于她来说了不起的事情。尽管她写得歪歪扭扭，妈妈也要给予鼓励，让她体会获得成功的快乐，获得力量和信心，获得自我的肯定。

（4）挫折教育不可少

现在都流行娇养女孩，所以女孩子多是像小公主一样长大，没有经历过风雨，什么问题都靠父母解决，意识不到挫折的存在，更谈不上能正确地面对挫折了。

没有经历过风雨的女孩，脆弱得不堪一击，长大后什么挫折也禁不起，而父母不可能永远保护女儿。如果妈妈在女儿幼年时期对她进行积极的挫折教育，帮助她理顺受挫折的情绪，她的心胸就会变得更开阔，既能容得下好的事情，又能容得下不好的事情。将来，这样的女孩如果遭遇人生危机，她就能用乐观的心态去面对，不至于抑郁悲观，甚至精神崩溃。

【好妈妈课堂】

乐观对于女孩来说是一笔无比宝贵的财富。作为孩子的妈妈，应该想方设法培养女儿的乐观心态，这样孩子在面对压力和挫折的时候才能从容不迫、理智应对，在面对逆境的时候才能积极进取、重整旗鼓。

培养女孩勇敢的性格

贺龙一生勇猛无敌，在教育子女方面，也特别注意培养孩子勇敢的品质。

贺龙的小女儿想报名参加少年宫摩托车训练班，妈妈知道后觉得这太危险了，坚决不同意。但贺龙却非常支持女儿参加，他说："摩托车运动是勇敢者的运动，让女儿去锻炼锻炼有什么不好！我看比把她关在屋子里强得多。"女儿听了爸爸的话，更加坚定了参加摩托车训练班的决心，她立志要成为一个勇敢的人。

贺龙对孩子的教育，有效地清除了孩子身上怯懦的弱点，培养了孩子勇敢的品格，因此，他的孩子拥有坚忍不拔、顽强勇敢的精神。

勇敢，是孩子成长路上的必修课。一个勇敢的孩子，才能够直面挫折和挑战，迎来成功。然而在现实的生活中，很多孩子尤其是女孩子非常胆小，在人际交往和困难面前缺乏必要的勇气。

其实，孩子很小的时候并不知道什么是害怕，只是在妈妈错误的教育理念下才形成了胆怯的性格。许多妈妈觉得孩子年幼，能力有限，总怕孩子处理事情时受到伤害，所以对孩子过分保护与溺爱，任何事情都替孩子包办，结果使孩子缺乏锻炼的机会，胆子越来越小。而这对孩子的长足发展是极为不利的。

教育指南

妈妈想要给女儿创造一个美好的未来，必须从孩子年幼时就培养她勇敢的品格。

(1) 鼓励孩子多与外界接触

妈妈要让孩子多与周围的人接触、交往，尤其是鼓励孩子多和充满勇气的小伙伴一起玩耍，跟着小伙伴们做一些平时不敢做的事情，这样胆识就会慢慢地得到锻炼。

(2) 让孩子多参加户外活动

多让孩子参加一些勇敢的孩子喜欢的户外活动，比如滑雪、滑冰、爬山、游泳等。鼓励孩子在这些活动中克服怯懦，勇敢地战胜自己。孩子和同龄人在竞技中，既能学会自我保护，又能获得胜利的喜悦，勇气也自然而然得到了培养。

(3) 让孩子多向英雄学习

多给孩子讲名人故事，让孩子在故事中体会名人的勇敢精神。妈妈要多对勇敢人物表示赞叹和钦佩，通过名人的号召力量，引导女儿学做一个勇敢的人。

(4) 给孩子树立好榜样

父母是孩子最好的榜样，要想孩子不胆小怕事，妈妈自己首先要勇敢。生活中，不要经常把“害怕”之类的词汇挂在嘴边，这会让孩子没有安全感。遇到难题的时候，妈妈要勇敢地克服，孩子看在眼里，才会记在心里。

【好妈妈课堂】

温室里培养不出经得起风雨的花朵。作为家长，应该让孩子多到外面的世界历练，这样孩子的性格才能变得坚强勇敢，将来才能更好地适应竞争激烈的现代社会。

培养独立女孩的几个关键点

现如今，缺乏独立性、生活自理能力差的女孩子越来越多，她们事事依赖父母，事事需要父母帮忙拿主意。可能有些妈妈觉得培养孩子的生活自理能力只是无关紧要的事，等孩子长大了自然就会了，只要孩子学习好就可以了。如果妈妈这么想就大错特错了，因为孩子能否照顾好自己的生活，关系着孩子的性格和心态，更关系着孩子未来的长足发展。具备生活自理能力的女孩子，独立性很强，适应能力也强，什么事情都难不住她，到了哪里都能很快进入生活状态，在性格上也更自信洒脱、有主见。而缺乏独立性的女孩子，会做的事寥寥无几，在生活中总会遇到很多困难，长此以往，还会逐步滋长自卑心理，以致在学习和工作中也觉得自己处处不如人。

北京市某小学对不同年级的住校学生提出了相应要求，目的是培养他们的独立自主能力。

对一年级学生的要求是：能听懂老师的要求，并能不依靠他人的帮助完成作业。做完作业能自行检查，有不对的地方及时改正。学会最基本的内务整理，衣物能够按时更换，可自行打水洗漱，并按时入睡。自觉遵守校规校纪。

对二年级学生的要求是：在独立完成作业的基础上还要能够有效利用时间，期中、期末考试之前会复习功课。要讲卫生，爱护生活用品，并将生活用品摆放整齐。自觉遵守校规校纪，与同学友好相处，如果和同学发生矛盾，自己学着解决。做错事有内疚感。始终精神昂扬、充满自信。

对三年级学生的要求是：能抓紧时间自觉独立完成作业。会合理规划课外学习的时间，发挥自己的特长。考试之前能进行有效的复习。内务整理合格，讲究个人卫生。自觉遵守校规校纪，控制自己的言行，学会与人和睦相处。做错事应感到自责。在群体中要有主人翁意识。

学校每学年都会对学生是否很好地完成了学校的要求进行一次“成果验收”，测评结果分为“优秀”“合格”两种。主要是通过学生平日里的表现、评比，以班主任以及生活老师等人的评价为依据，期末给优秀的孩子们发证书。就这样帮助学生们规范自己的言行，使之成为独立自主的住校生。

妈妈们从中应该能悟出些什么了，这些一、二、三年级的孩子竟然可以独立完成这么多事情，所以，千万别低估了孩子的能力。

其实，孩子从小就具有独立的意识。孩子从蹒跚学步起就想挣脱成人的怀抱，尽管跌跌撞撞，也想自己走；到了两三岁，随着自我意识的萌生，独立的愿望更加强烈。如果从这时开始，妈妈顺应孩子渴望独立的愿望，因势利导，放手锻炼孩子，并从旁支持与协助，孩子的独立性就能得到很好的培养。反之，妈妈前怕狼后怕虎，又担心孩子受苦，又担心孩子受累，处处替孩子包办，孩子的独立愿望就会渐渐消失，形成依赖心理，严重者将来可能难以立足社会。所以，妈妈必须重视培养孩子的独立性。

教育指南

培养女孩的独立自主意识，妈妈们可以从以下几点去做：

（1）不要干涉和包办

妈妈教完女儿一件事之后，当女儿真正动手实施的时候，妈妈千万不可指手画脚，不能怕她做不好而干脆自己上手。因为任何形式的干涉都会引起孩子的反感，使孩子失去积极性，甚至直接放弃。直接包办更是不可以。

（2）与女孩合作

与女孩合作完成一件任务是培养她独立性的好方法。比如，可以把一项工作分成两个部分，孩子负责一部分，妈妈负责一部分。这种做法一方面可以提高事情成功的概率，一方面妈妈和孩子一起做，可以提高孩子的积极性，同时，还可以培养孩子的合作理念。

（3）给女孩独立创造有利的条件

女孩年纪小的时候能力有限，有些事情确实做不好，妈妈可以想办法做一些调整，降低事情的难度，让事情变得适合孩子独立完成。比如女孩够不到洗手池，可以在洗手池前放一个小凳子，这样孩子就能自己洗手洗脸了，而不是每次都由妈妈代劳；再比如让女孩洗自己的手绢，与其看孩子把洗衣液倒得到处都是，搞得卫生间到处都是泡沫，不如帮孩子往盆里倒好水，放好适量洗衣液，再让她洗手绢。

（4）给孩子一些时间

不要在女孩做事的时候一再催促，使其仓促了事。只要条件允许，当女孩独立做某事的时候，就留给她充足的时间。比如，冬天要出去玩，可以让孩子自己穿外套、拉拉链、戴帽子、戴手套，虽然孩子自己做肯定比妈妈上手要慢得多，但妈妈还是要静静地站在一边等待。当孩子做到了，要给孩子鼓励。不久，你就会发现孩子能够自己做这些事了，而且速度也加快了。

以上几种科学的方法都可以帮助女孩培养独立性、自主性。不过，妈妈们在使用这些方法的时候，还要注意以下两方面的内容。

一是自立要量力而为。自立虽然重要，但也要量力而行，妈妈安排的任务得符合孩子的能力，如果要求一个上幼儿园的女孩会烧水、烧饭、洗菜，显然是不合适的。

所以妈妈们不妨给自己的孩子做一个“成长自立”计划，也就是说，根据女孩的年龄循序渐进地培养其自立能力。如6~10岁的女孩应该学会扫地、拖地、洗碗、整理床铺、洗小件衣物等事情；11~14岁的女孩可以协助妈妈烧水、洗菜、蒸饭等，可独自整理房间等；15岁以上的女孩就可以烧煮简单的家常菜、洗自己的衣物等。

二是关注情感自立。自立不仅仅指拥有生活的技能，还包括情感上的自立。

现在大多数家庭只有一个孩子，家庭成员对孩子如众星捧月，女孩子更是养得娇贵，因此对大人的依赖性特别强，情感也比较脆弱。让女孩在情感上自立起来非常重要，情感自立之后，孩子自然会选择独立自主地去生活。

妈妈在日常生活中就可以培养女孩独立思考的能力。和孩子讨论问题的时候，可以经常问孩子：“你觉得呢？”同时，鼓励孩子说“我认为……”。当孩子遇到难题的时候，别急着帮忙解决，可以对孩子说：“你自己先想想办法。”从思想上培养女孩的自立，也是在培养她的自立能力，而很多妈妈却忽略了这一点。另外，看一个女孩在情感上独立与否，主要看她在妈妈不在家的情形下是非常恐慌地哭鼻子，还是能够安排好自己的生活。如果孩子在情感上还不够独立，家长的责任是为女孩创造各种独立做事的条件，激发她的主观能动性，而不是帮孩子把所有事情都做了。久而久之，孩子自然能够成为一个自立的人。

【好妈妈课堂】

人成长的过程，也是不断提高自立能力的过程。一个拥有自立能力的人，才能更好地适应环境，妥善地照顾自己。一个拥有独立思想的人，才能够在遇到问题或是面临人生选择的时候，有自己的想法，按照自己的意愿行事。一个真正自立的人，才是一个强大的人。所以，妈妈在教育女儿时，绝对不能在培养她的自立性方面掉以轻心。

帮助女孩打破扭捏、害羞的魔咒

孩子腼腆、害羞是个很普遍的问题，国外的儿童心理学家曾在多所小学进行调查，结果显示：5个小学生中就有2个孩子爱害羞，其中容易害羞的多为女孩子。

在大部分人的印象里，女孩子的确更易害羞，这是一个不争的事实，想必很多妈妈对此也是心知肚明。经常有妈妈抱怨："我女儿太腼腆了，明明唱歌很好听，可让她在亲朋好友面前表演一下，她就是不肯，总是低着头，羞红了脸。""我女儿就更害羞了，别说表演才艺了，每当家里有客人造访，她会立马躲到我背后，把脸藏起来，一句话也不肯说。""老师总是反映我女儿在幼儿园从不主动表现自己，回答问题时声音像蚊子哼哼似的，从不主动找小朋友说话。我问她为什么，她总是说不好意思。你说，这有什么不好意思的？她在家里不是这样的啊！"

女孩们为何这么容易害羞呢？

女孩过于腼腆，除了先天的生理因素外，和妈妈的教导方式也有很大的关系。如果孩子总是容易害羞，可能是妈妈在教育过程中犯了以下两个错误：

（1）给孩子“贴标签”

每次去别人家做客之前，小雨的妈妈总会提前告诫小雨一番：“一会儿见到叔叔阿姨、爷爷奶奶要主动问好，别人问什么问题要好好地回答，不要扭扭捏捏的……”但多数情况下，妈妈说了也是白说，小雨见到外人仍然不肯说话，甚至直接把脸扭向一边，根本不看人家。这时，妈妈往往会觉得孩子一点儿都不给自己长脸，便会用“这孩子一向脸皮薄”这样的话敷衍过去，以挽回在熟人面前丢失的面子。

相信在生活中，像事例中的妈妈这样的家长很常见，她们常常在熟人面前解释说：“我们家孩子太害羞了。”殊不知，这种当着孩子的面说孩子害羞的行为是十分不妥的，这就相当于给孩子贴上了一个“害羞”的标签。当孩子的内心深处接受了“我就是害羞的性格”这种事实之后，就不会想着去改变了，以后她还会利用自己的这个特性来逃避不喜欢的人。这时，害羞就成了小女孩一种有意识的行为。

（2）不体贴反指责

颖儿是个脸皮很薄的孩子，每次有人一逗她，她就立马涨红了脸，一句话也说不出来，别人逗得厉害了，她甚至会哭着跑开。妈妈每次带颖儿出门遇到这种情况都很气恼，回家后都少不了批评颖儿一顿：“这么大个孩子了，怎么这么不禁逗？长着嘴是干吗使的，怎么连句完整的话都说不出来？”后来，见颖儿仍旧不思悔改，如无必要，妈妈就不带颖儿出门了。

事例中颖儿之所以会这么内向，与妈妈的少鼓励、多指责有很大关系。

害羞的女孩一般都不太自信，妈妈一味地批评只会让她的自信心更受打击。一个自信心总是被打击的女孩，又如何能活泼起来呢？

此外，事例中的妈妈为了避免尴尬、保全自己的面子而尽量不再带孩子出门的做法更是不可取。孩子不出门，没有与人接触的机会，在待人接物上只会变得更加不自然。

教育指南

腼腆、害羞是很多女孩子的通病。对此，妈妈们不要太过着急上火。只要面对孩子的害羞行为，不犯“贴标签”和“不体贴反指责”的错误，而是循循善诱、积极鼓励，并增加孩子锻炼的机会，小公主自然会变得越来越落落大方。

在教导女孩不再害羞的时候，妈妈们可以具体采取以下几种方法：

（1）多给孩子做客的机会

要想让女孩子告别害羞、告别腼腆，就必须让她多与人接触，多锻炼。而做客就是锻炼孩子大大方方待人接物的最直接、最有效的一种方式。

为了减少女孩见到生人的心理压力，做客前妈妈可以先耐心向女儿介绍一下造访的对象，让孩子有所了解、心中有底；其次还要帮助女儿树立一定的信心。比如，妈妈可以这样说：“还记得妈妈的好朋友白阿姨吗？她可喜欢你了。这么久没见，她说她都想你了。几个月前她生了一位小弟弟，可爱极了，想不想过去看一看？”类似这样的话，可以帮助孩子消除陌生感，树立信心。

（2）让孩子把客人请进门

妈妈可经常请亲戚朋友到家中做客，给女儿创造当小主人的机会。客人来之前，妈妈可以先给女儿打打气，比如，妈妈可以这样说："一会儿你小珍阿姨和李叔叔要来咱们家做客，你想不想当一回小主人？就像咱们去别人家做客，人家招呼咱们一样。"如果孩子有了一些兴趣，妈妈可以教给孩子接待客人都需要做些什么：向客人问好，把客人请进来，为客人递茶水，陪客人聊天等，让孩子按照步骤来做。当然这时孩子也有可能还是对自己不自信，妈妈也别急于求成，慢慢来。

此外，妈妈还要注意一点，在孩子做好上一步的前提下再提高要求，不要强迫孩子做她不能胜任的事。等孩子习惯了上一步的事，可自然过渡到下一步。

此外，在客人走了之后，如果孩子有了一些进步，妈妈一定要抓住时机对孩子的表现进行表扬。

妈妈为了让害羞的女儿小可得到锻炼，跟女儿说好，一会儿舅舅、舅妈来家里做客的时候，让小可帮助妈妈一起接待，并教给小可具体需要做什么。

过了一会儿，客人到访了，妈妈打开门，把客人请进来，小可主动和舅舅、舅妈打了招呼。妈妈又沏好两杯茶，让小可端给客人，小可有点儿紧张，妈妈和颜悦色地鼓励她，小可终于鼓起勇气把茶端给了客人。之后，虽然小可还是不怎么说话，但比起以前进步了许多。

客人走了之后，妈妈对小可说："宝贝，你今天真棒。刚刚你舅妈夸你大方有礼貌，真是爸爸妈妈的好孩子。"此时，小可还在为刚刚自己的害羞表现而惴惴不安，听了妈妈的话，她心里的阴云终于散了。妈妈接着说："你那天不是看上了一个新书包吗？妈妈决定明天买给你，作为你今天优异表现的奖励。"小可高兴地抱住妈妈亲了一口，说道："妈妈你真好，我下次一定会努力做得更好。"

在客人离开之后，妈妈千万不要吝啬自己的表扬。哪怕女儿的表现没有达到你的要求，也要表扬她进步的地方。妈妈的笑容、妈妈的表扬，不仅是对孩子的认可和鼓励，更能促使孩子向着更好的方向发展。

（3）提高孩子的自我评价

害羞、内敛的女孩往往自我感觉不会太好，她们总觉得自己处处不如别人，在社会活动中有一种"被抛弃"的感觉。这时候，就需要妈妈帮助孩子发现自己的长处。

陆瑶今年已经9岁了，可她腼腆害羞，不爱交际，连一个要好的朋友也没有，这让她的妈妈一直隐隐担心。但细心的妈妈发现，陆瑶虽然没什么同龄的朋友，但她对年龄比她小的孩子却很热情，而且满怀爱心。

于是，妈妈想，不如想办法帮女儿创造一个可以让她如鱼得水的环境。正好陆瑶妈妈朋友的女儿正在学拼音，遇到了很多困难。两家住得也不远，陆瑶妈妈就让朋友周末把小孩带过来，让女儿帮着妹妹学拼音。陆瑶的学习成绩一直名列前茅，这项工作她完全可以胜任。

果然，女儿很喜欢这个新工作，她特别有耐心地教导妹妹。很快，妹妹就熟练掌握了拼音的用法。

邻居听说陆瑶这么厉害，慕名而来，也想让陆瑶辅导一下自家儿子的数学。陆瑶欣然接受了。

“事业”的成功以及周围小孩子们的“崇敬”，让陆瑶的自信心大涨。渐渐地，妈妈发现陆瑶变得爱说爱笑了，再也不像之前那样害羞了。

每个女孩都有优点，妈妈要善于发现孩子的优点，并让孩子把优点发扬光大。当孩子对自己的能力充满信心时，自然就不会再畏缩扭捏了。

【好妈妈课堂】

性格活泼开朗的女孩，会对自己的能力充满信心，并且很容易和身边的人友好相处，她也因此会受到很多人的欢迎。所以作为孩子的妈妈，如果发现自己的女儿性格比较内向，一直活在自己的小世界里，待人接物扭捏不自然，那么一定要及早重视。

培植一颗性格幽默的“开心果”

幽默感是人与人之间交往的润滑剂，通过幽默的表达，紧张的情绪得以舒缓，快乐的气氛随之而来。

对于孩子来说也一样，有幽默感的女孩，更容易获得好人缘，毕竟没有人会讨厌一个能让自己开心的人。

教育指南

妈妈们在了解了幽默感对于孩子人际交往的重要性之后，就应该学着引导女孩形成风趣幽默的性格。那么具体应该怎么做呢？

（1）在生活中处处渗透幽默

妈妈要有意识地运用幽默的方法去培养女孩，在日常生活中处处渗透幽默。这样的教育方式不仅可以培养女孩的幽默感，还有利于保护她的自尊心，教育效果非常好。

想要运用幽默的方法培养孩子，就要尽量避免生硬的命令，多使用幽默式的语言。幽默式的语言会让女孩心情更愉悦，更愿意听从你的教导。

比如，孩子们都很喜欢玩玩具，一玩能玩很长时间，可是玩完后却不愿意去收拾整理玩具。这时候，很多妈妈可能会这样说："看你把玩具摆了这么一摊，玩完就不管了吗？赶紧收拾起来！要不然下次就别玩！"这时候，女孩往往比较反感，还是不愿意收拾。妈妈其实可以换一种幽默的语言，比如说："玩了这么长时间，你肯定累了吧？那这些玩具陪你玩了这么久，肯定也累了。你把它们送回家吧，让它们好好休息一下，这样明天才好继续陪你玩啊。"相信这时候孩子一定能感同身受，愿意主动地收拾好玩具。

（2）多讲幽默故事

在家庭生活中，妈妈可以经常给女儿讲一些幽默故事，让女儿多受一些熏陶，女儿的幽默感自然会越来越好。

阿菁的妈妈很注重培养女儿的幽默感。有一天，她给女儿讲了这样一个故事：

从前有一位贵妇人，虽然已经年过半百，但仍然非常爱漂亮，每天都要把很多时间用在打扮上。但是，毕竟岁月不饶人，再精致的妆容也掩盖不住她的真实年龄。

有一次，这位贵妇人遇到了大名鼎鼎的剧作家萧伯纳，她兴奋地让萧伯纳猜她的年龄。

萧伯纳端详了她一阵，认真地说："看您洁白的牙齿，只有18岁；看您这头茂密的卷发，也就19岁；再看您纤细的腰和涂满胭脂的脸庞，不会超过14岁吧！"

贵妇人听了萧伯纳的话，简直心花怒放，她激动地问道："亲爱的萧伯纳先生，那么我到底像多少岁啊？"

萧伯纳说："猜您多少岁，那还不简单，只要把刚才三个数字加起来就行了。18加19，再加上14，您应该是51岁！"

听了萧伯纳幽默的话语，众人大笑不止。

阿菁听了妈妈讲的这个故事，觉得非常有意思。有一次，家里来了一位漂亮的阿姨。阿菁对阿姨说："阿姨，您可真是年轻漂亮啊！"阿姨问："是吗？那你猜猜阿姨多少岁？"阿菁眼珠一转，幽默地说："我光看您的背影啊，觉得您好像我的姐姐；我再一看您微笑的脸庞，觉得就像我们班上的女同学。"几句话把阿姨说得开心极了。

事实确实如此，女孩听多了幽默故事，就会不自觉地吸收、模仿幽默故事中的精髓，慢慢就会变得幽默起来。

值得注意的是，妈妈给孩子讲的幽默故事要符合女孩的年龄。有的故事对于妈妈来说的确很好笑，可是孩子理解不了其中的深意，自然没有什么教育效果；有的时候孩子觉得很搞笑的故事，可能妈妈觉得很幼稚，即便如此，妈妈也要陪孩子一起笑。

(3) 让孩子多学习幽默词汇

六七岁的女孩语言能力加强，渐渐明白许多词语有多种不同的含义，她们有时为了好玩会跟他人讲一些有双重含义的词语。

十几岁的女孩对语言的驾驭能力更强，她们喜欢用双关的语言和笑话来表达对他人正面或负面的情感，用这样的方式和朋友开玩笑。

因此，孩子们要想有幽默的表达，需要丰富的词汇来帮忙。如果词汇贫乏，语言的表现能力就不佳，无法达到良好的幽默效果。妈妈平时可以多让女儿看看书，丰富她们的词汇，还可以考孩子一些脑筋急转弯等，训练孩子思维的敏捷性。

（4）注意幽默的高雅性

幽默应是高雅的幽默、善意的幽默，用幽默来欺侮和侵犯他人的行为是不可取的，妈妈要帮助女孩区别敌意和非敌意的幽默。

妈妈应该让孩子明白，有的幽默是可以伤人的。别人的长相、身材、生理缺陷等是不能用来做幽默材料的。如果妈妈发现孩子在无意中开了这样的玩笑，要及时制止，然后郑重其事地与孩子讨论，告诉孩子尊重他人的重要性。

妈妈在培养女孩幽默感的同时，不可忽略孩子的个性特点。个性活泼和个性内敛的孩子幽默感的表现形式肯定会有所不同，有的比较外露，有的比较含蓄。幽默来自人丰富的内涵，见得多了，懂得多了，谈吐自然不凡。妈妈不要操之过急，要耐心丰富女孩的内心世界。真正的幽默是自然散发出来的，不是刻意表现出来的，千万不要为了幽默而幽默。

【好妈妈课堂】

俗话说：好看的皮囊千篇一律，有趣的灵魂万里挑一。如果妈妈能把自己的女儿培养成一个风趣幽默、自带笑点的人，那么这样的性格特征一定对她以后的人生大有助益。

第三章

比起财富，最该传给女孩的是好习惯

良好的习惯不是一日之功，一旦养成，会使孩子受益无穷。

让女孩知道“节俭是美德之母”

勤俭节约是中华民族的传统美德。虽然在物质条件丰富的现代社会没有必要刻意让女孩过苦日子，但是也必须对孩子进行勤俭节约教育，让她懂得“金钱来之不易”“节俭是美德之母”，从而远离奢侈、虚荣，走上健康的成长之路。

非法校园贷的悲剧想必很多妈妈都有所耳闻，一些还没有经济能力的女大学生，为了满足自己的奢侈欲望，找非法校园贷借钱。钱很快挥霍完了，“利滚利”的高额贷款却成了她们的噩梦，她们的父母也被频繁催债。一些女大学生不得不出卖尊严还贷，甚至为了躲债选择轻生。如果这些女孩能够养成节俭的美德，不去虚荣地追求超出自己经济能力的名牌包、高价衣服和手机等，这些人生悲剧就不会发生。

所以，妈妈不要再为了“富养”女儿而满足孩子的一切需求了，应当让她在衣食无忧的同时，也养成节俭的习惯。

教育指南

培养女孩的节俭美德，妈妈可以从以下几方面入手：

(1) 让女孩树立正确的金钱观

一些女孩并不清楚父母挣钱的艰辛，觉得钱来得很容易，只要向父母张口要就行了。因此，她们花起钱来大手大脚，毫不心疼。而父母呢，只要孩子开心，他们再苦再累也毫无怨言，于是省吃俭用、起早贪黑地多挣钱来满足孩子的需求。但是，一旦女孩养成了奢侈的习惯，欲望就成了无底洞，很容易超出父母的能力极限。这时候再告诉女儿家里没钱了，她怎么肯轻易罢休呢？所以，妈妈要尽早让女孩知道钱是来之不易的，是父母付出辛勤的劳动换来的。此外，还要告诉她金钱不是万能的，它无法买到精神和道德、健康和友谊等。

当然，正确的金钱观不是让女孩忽视金钱的重要性，而是让她知道只有用诚实的劳动换来的金钱才是最可贵的，花起来也最安心。而靠歪门邪道挣来的钱，往往伴随着无数隐患。

(2) 让女孩花钱有节制

给女孩一些零用钱是很有必要的，以供她在乘坐公交等临时需要的情况下使用。但是，很多不懂得节制的孩子会将这些钱随意花掉，例如买一些完全不需要的东西，造成浪费。因此，妈妈可以教育女儿，在买某一件东西前先自问：这件东西是非买不可的吗？如果答案是否定的，那就不要买了，以免在真正需要用钱时束手无策。

(3) 节俭要从点滴做起

节俭不是靠讲道理就能实现的，要让女孩从生活中的点滴小事做起，让节俭成为一种习惯。妈妈可以细致观察女孩的一言一行，督促她珍惜粮食、爱护衣物和玩具等。

（4）妈妈要以身作则

妈妈是女儿的榜样。很多女孩从小就喜欢模仿妈妈的一言一行。所以，妈妈能以身作则，厉行节俭，就能够让女儿在潜移默化中得到熏陶，养成节俭的习惯。

（5）要注意对女孩进行艰苦朴素思想的教育

现在生活好了，一些妈妈就觉得艰苦朴素是落伍的思想，用不着再宣扬了。其实，“历览前贤国与家，成由勤俭败由奢”。在过去的百余年间，整个中国曾长期陷入贫穷、落后的深渊里，经过了无数先辈艰苦卓绝的奋斗才逐渐走上富裕之路。如果整个社会就此忽略了艰苦朴素思想的重要性，就无法避免走上“成由勤俭败由奢”的历史循环。所以，即使家里富有，妈妈也要教育女孩不要追求所谓的高档、名牌，而是要追求精神上的富足，这样才能在身心两方面都健康成长。

（6）故意“装穷”

一对年轻夫妇有着丰厚的收入，所以生活中他们的吃穿用度都追求高档、名牌。但是，在他们的女儿出生前不久，夫妻俩进行了一次彻夜长谈，决定“装穷”。

他们不再购置名牌衣物，家里的高档电器全卖掉了，饮食方面也只追求营养、健康。女儿出生并渐渐长大，家里再也没有过去的奢侈迹象。他们凡事都尽量让孩子自己动手，还常常告诉女儿：“爸爸妈妈工作都非常辛苦，你一定要珍惜每一粒粮食，当一个节俭的好孩子。”

夫妻俩的苦心没有白费，他们的女儿从小就养成了勤俭节约的好习惯，不乱花钱，甚至还“监督”爸爸妈妈不能浪费。家里的纸箱子、饮料瓶，她会小心翼翼地放进储物间，攒到一定数量后，就会催促着妈妈卖掉。看到女儿那副“小鬼当家”的认真模样，夫妻俩心里美滋滋的。

“由俭入奢易，由奢入俭难。”如果女孩从小衣来伸手、饭来张口，由着自己的性子乱花钱，以后妈妈想要改变孩子奢侈浪费的习惯就很难了。我们举一个极端些的例子，如果家庭出现了变故，无法供孩子挥霍下去，她能够理解和接受吗？相信是非常困难的。所以，不如让孩子从小养成节俭的习惯，使其对金钱倍加珍惜。当然，让孩子节俭，并不等于让她过“苦行僧”般的生活，而是在满足衣食住行等基本需求之外，不过度消费。

【好妈妈课堂】

爱默生说：“节俭是你一生中食用不完的美丽宴席。”在当今，如何面对物质生活的强烈诱惑，如何帮助女孩养成勤俭节约的习惯，是每个妈妈面临的一个重要课题。

帮助女孩养成惜时如金的好习惯

凡尔纳是享誉世界的法国科幻作家，被誉为“科幻小说之父”。他的名著《海底两万里》《从地球到月球》《八十天环游世界》等，都是孩子成长必读的科普名著。凡尔纳一生共创作了六十四部长篇科幻小说，两卷中短篇小说集，总字数达七八百万，还写了上万册的笔记，真是令人难以置信！

凡尔纳是一位不知疲倦的作家，他非常珍惜时间，通常会在早上五点钟就起床，写作到晚上八点才停止。其间，只有在吃饭时才会休息一下，此外很少休息。而吃饭时所谓的休息，往往是这样的场景：妻子把饭送过去，他搓搓写得酸麻的手，拿起刀叉飞快地吃完饭，抹抹嘴之后又开始工作。

有时候，看他这么拼命，妻子会心疼地劝他：“你写了这么多书，名气已经很大了，我们又不缺钱，你慢点写吧。”凡尔纳总是笑笑回答：“莎士比亚说：‘放弃时间的人，时间也放弃他。’我可不想被时间放弃。”

由此可以看出，凡尔纳之所以取得如此大的成就，就是因为他珍惜时间。妈妈们应该熟悉鲁迅先生的一句名言：“我只是把别人喝咖啡的工夫用在了工作上罢了。”爱因斯坦也说过：“人与人之间最大的区别就在于如何利用时间。”这些功成名就的人，都有珍惜时间的好习惯，因为他们都很清楚，珍惜时间就是珍惜生命。

时间是最公平的，无论一个人是什么身份，一天都只有二十四个小时。但是，善于经营时间的人，却能让自己的一分钟等于别人的两分钟，也就是把一分钟变成了两分钟，一小时变成了两小时，一天变成了两天，一年变成了两年……这样的人，怎么会不成功呢？

而在现实生活中，这样的人是很少的。很多人无论干什么事，总是缺乏时间观念，拖拖拉拉，本来一个小时能完成的事偏要拖到三个小时，这样无异于浪费生命。何况，现代社会是一个竞争激烈的社会，你浪费一分钟，可能就比别人落后一万步。

妈妈应当培养女孩的时间观念，帮助她合理安排自己的时间，养成珍惜时间的好习惯，这对孩子的一生是大有裨益的。

教育指南

培养女孩的时间观念，让其懂得珍惜时间，善于利用时间，这需要妈妈和孩子一起努力。妈妈可以运用如下方法：

（1）让女孩明白珍惜时间的重要性

女孩还小，在她的意识里时间仿佛是没有尽头的，因此，“珍惜时间就是珍惜生命”对她而言往往只是一句空洞的口号。但是，并不能说喊口号就是毫无作用的，实际上女孩的思想仍然会受到影响。妈妈要多给孩子讲一些古今中外名人珍惜时间的故事，也可以在女孩的卧室里贴上相关的名言警句。

（2）合理安排女孩的作息时间

合理安排且严格执行作息习惯，非常有利于培养孩子的时间观念。妈妈要和女儿一起制定作息时间表，这张表必须非常具体：几点钟起床，洗漱打扮用多少分钟，几点之前吃完早餐，放学后应该干些什么，几点钟准时熄灯睡觉，等等。孩子一开始可能会觉得新鲜，严格执行一段时间后难免会懈怠，这时候妈妈就要起到监督作用，督促女孩严格按照作息时间表来安排要完成的任务。长此以往，孩子对时间有了一个明确的认识，时间观念就会慢慢形成了。

女孩最重要的任务还是学习，所以妈妈必须严格规定她的学习时间，尤其是做作业的时间。中小学生的作业有多有少，周末要比平时多一些。妈妈必须与女儿商量好做作业的时间，让其准时开始学习。这样给她一定的紧迫感，能让女孩集中注意力，有助于学习效率的提升。

（3）指导女孩按事情的轻重缓急安排顺序

女孩每天要做的事情，重要程度和紧迫程度是不同的，而她自己很多时候并不能准确判断轻重缓急。这时候，妈妈就要指导她如何给这些事情排序，保证她能够将重要的事情完成，让生活和学习都能够井井有条。

（4）让女孩改掉拖拉的习惯

很多女孩做事比较拖拉，妈妈如果太过性急，冲她嚷嚷甚至打骂，而不是指导她如何合理利用和安排时间，就会让孩子无所适从，自尊心也会受到严重伤害。面对母亲简单、粗暴的方式，她或许会采取不理不睬的态度，甚至干脆自暴自弃，故意拖延时间来表示对父母的反抗。

所以，妈妈不妨用正面鼓励的方法来改变女孩拖拉的习惯。例如对女孩说“这件事你如果加快一点儿速度，肯定做得更好”“太好了，这件事不用妈妈提醒你竟然做好了，但是如果再加快一点儿速度，我们就有时间去逛公园了”。孩子为了得到表扬，也为了不让妈妈失望，会下意识地提醒自己珍惜时间。

(5) 教会女孩节约时间的相关技能

妈妈可以教给女儿一些有用的小技能，例如怎样迅速穿好衣服、叠好被子，怎样快速洗漱，如何放置玩具和学习用品，以保障取用方便等。对于动手能力较差的女孩，妈妈还要进行针对性训练，提高她的动手能力，帮她节约时间。

【好妈妈课堂】

“一寸光阴一寸金，寸金难买寸光阴。”对于一个妈妈来说，帮助女孩树立珍惜时间的观念，养成良好的作息习惯，让孩子改掉拖拉的习惯，是其基本的责任。

让女孩懂点儿“钱”规则

刚上初中的雯雯，由于学校离家只有三公里远，所以每天骑自行车上下学。这一天，雯雯突然对妈妈说：“妈妈，我的同学都骑电动车，而且一辆电动车才三千多块，你也给我买一辆吧，我的自行车看起来真的太土了。”听完雯雯的话，妈妈知道有必要对女儿进行一下理财教育了。于是，她答应考虑考虑，并找借口将女儿送到了丈夫工作的饭店的后厨。在那里，雯雯看到爸爸在嘈杂的环境中不停地忙活，累得满头大汗。用餐高峰期过后，爸爸累得一下瘫在椅子上，没休息多大会儿，又要开始工作了。雯雯这才知道，为什么爸爸回到家时常常像连门都推不动一样，原来他的工作强度这么大。妈妈的工作虽然不用耗费这么大的体力，不也是常常到半夜还奋战在电脑前吗？

这天晚上，雯雯和爸爸一起回到家里，妈妈问她：“爸爸的工作辛苦吗？”雯雯没说话，只是点点头，一副若有所思的样子。妈妈又说：“爸爸妈妈辛辛苦苦工作一个月，挣来的钱还了房贷，也就只够一家人的吃穿花费了。你上学只有三公里，骑自行车也就十五分钟，根本没有必要骑电动车。”雯雯说：“妈妈，我知道了，我不想要电动车了。”

孩子对父母工作的辛苦没有真切的感受，所以总有些“钱是大风刮来的”错觉，无法明白金钱来之不易。因此，对女孩进行一些理财方面的教育是非常有必要的。

当今时代，觉得对孩子提钱会让孩子变得市侩、庸俗，已经是一种落后的认识。事实上，满足女孩对钱的了解，培养其理财能力已经成为妈妈义不容辞的责任。培养女孩理财能力的最简单有效的手段，莫过于让她学会储蓄。在中国的家庭里，小时候没有存钱罐的孩子不多吧？不要让孩子把存钱罐当作一个摆设或者一个玩具，而是要鼓励女孩将零钱存进去，初步养成储蓄的习惯。

根据儿童教育专家的建议，妈妈可以给女孩准备三个存钱罐：第一个存放用于日常开销的钱，例如买学习用具等必需品的钱；第二个用于短期储蓄，例如鼓励女儿为了买一条心爱的裙子“储备资金”；第三个罐子里的钱不要轻易动用，而是让孩子长期存下来，达到一定数额后，就陪着她到银行去存钱。有一点妈妈务必注意，那就是必须以女儿的名义在银行开一个户头。当女儿在存折上见到自己的名字，或者拥有一张属于自己的银行卡时，会真切地感受到自己长大了，变得重要起来了。而且，这样做还有一个好处，可以让孩子清楚地感受到积少成多的道理，让她体会到金钱来之不易，形成健康的金钱观念。

对于女孩来说，短期储蓄是一个比较重要的理财方案，因为她们存钱的耐心比较差。对于六七岁的孩子来说，她们的耐心最多只能持续 3 个星期，再长一些就会感到灰心。到了 10 岁左右，孩子才能为更长远一些的目标存钱，但是时间也不宜过长。因此，当女儿发现一件自己喜欢的、不算太贵的东西，例如一个可爱的洋娃娃时，妈妈不要急着给她买，而是要不失时机地让女儿自己开始存钱。最好跟女儿一起制订一个明确的计划：每周存多少钱，多久能买到洋娃娃。女儿会主动攒起自己的零花钱，得到洋娃娃时，会比父母轻而易举买给自己的更加珍惜，过程中又学习了积少成多的道理，一举两得。

教育指南

教女孩储蓄，妈妈可以这样做：

（1）让孩子知道储蓄优先

如果总是将储蓄的事延后，最后很可能会出现无钱可存的情况。所以，妈妈要告诉女儿，决定好将钱用在哪些事情上之前，最好先把钱存起来，以免临时起意花到别的地方。

（2）特定的目标要设定好期限

如果女儿想买一套珍藏版的图书，可以建议她写在便利贴上，然后把便利贴贴在冰箱或卧室门上，并写上想在什么时候买到，让她时时看到自己的目标，努力攒钱。

（3）一起决定应该存多少钱

妈妈可以和女儿一起根据她的正常花销，算出每天可以省下多少钱，好存下相应的金额。如果她有想买的东西，就可以根据那件东西的价格确定存钱的金额。

【好妈妈课堂】

在女孩的童年时期，妈妈有意识地帮助她树立金钱观念，并帮助其养成科学合理的理财习惯非常重要，这会让孩子受益终身。

给女孩传递“懒”招损、“勤”受益的理念

我国著名的生命科学家陈章良教授，出生在福建省的一个贫穷农民家庭。他9岁才开始上小学，26岁就获得博士学位，28岁被北京大学破格晋升为教授，30岁时获得联合国教科文组织颁发的“国际杰出青年科学家奖”。有人问他：“作为一个农民的儿子，你是如何迅速获得这么多成就的？”陈章良教授回答说：“这离不开父母对我的教育。父母培养了我吃苦耐劳的精神，让我终身受用不尽。”

由于家境贫寒，陈章良教授从小就开始帮家里干活儿，一直到9岁才上小学，此前没有接受过任何学前教育。在很多人看来，这无异于浪费了学习的大好时光。但是，陈章良教授却不这么认为，他说：“我从5岁开始就帮家里干活儿，爸爸告诉我：‘不要坐在家里等着天上掉下饼来。’遇到困难时，他又告诉我要靠自己解决，不能乞求别人帮我脱离困境。学前四年的劳动，让我在大自然的熏陶下不断成长。正因为我从小吃苦耐劳，人非常勤快，所以从小学到大学始终担任班干部，这在无形中锻炼了我的组织能力，提升了我的自尊心和自信心。”

有句名言说："哪里有勤奋，哪里就有成功。"古今中外无数杰出人物，都是在苦难中辛勤奋斗，最终才能脱颖而出，取得杰出的成就。妈妈一定要告诉自己的女儿：幸福的人生、美好的生活，都要靠自己的双手去创造。人只有劳动和勤奋，才能体现出自己的价值。好逸恶劳的人，即使父母留下金山银山，也有坐吃山空的一天。

教育指南

很多妈妈将自己的女儿视作"掌上明珠"，以至于到了"捧在手上怕掉了，含在嘴里怕化了"的地步，不想让她吃一点儿苦、受一点儿累。这样养大的女孩，只怕长大后要多吃苦头了，因为妈妈无法永远陪在她的身边。所以，妈妈何不现在适当放手，让女孩变得勤劳一点儿呢？我们建议妈妈从以下几个方面入手，培养女孩勤劳的品质：

（1）让女孩学会自己的事情自己做

女孩的各种事务，妈妈要尽量交给她自己完成，并在旁边给予指导。孩子自己完成了一项事务，能够从中得到成功的喜悦，体会劳动的愉快，这是妈妈无法赠予的。

（2）让女孩多参加一些有意义的活动

一些适合女儿年龄特点的公益活动，必须积极带她去参加。例如植树、到敬老院当义工等，既能让她得到勤快劳动的体验，还能培养她关心集体、关心他人的品格，并使她获得帮助他人的乐趣。

（3）培养女孩的动手能力

动手能力差的孩子很容易在跟同龄人的交往中格格不入，变得沮丧。妈妈要在女孩很小的时候就刻意培养其勤于动手的能力，通过游戏、家务、手工制作等提高她的动手和动脑能力，让孩子在实践中获得成长。

（4）让女孩体验挫折教育

女孩小时候的抗挫折能力直接影响着她长大后的个性。只有从小体验挫折和失败的滋味，孩子才不会在猝然遇到挫折时崩溃。同时，挫折教育可以让女孩幼小的心灵深刻体会到并不是她想要什么就能得到什么，从而产生为了得到一些东西就必须辛勤付出相应努力的意识。

【好妈妈课堂】

勤劳是一种优秀品德，也是生存的重要条件。作为妈妈，应该积极地培养女儿的勤劳意识，教会她一些必要的劳动技能，这样她将来走上社会才能过上有尊严的独立生活。

助力女孩开启自我情绪的调节机制

现在的许多女孩都不懂得控制自己的情绪，比如动不动就大哭大闹，一不顺心就发脾气、摔东西，将自己关到房间生闷气，小小年纪就开始抑郁、焦虑。没有成人进行疏导，孩子很可能深陷负面情绪无法自拔，这样无疑会让她损失人生中很多稍纵即逝的机会，遭受一些不必要的挫折。为此，妈妈必须帮助女孩养成自我情绪调节的习惯。

楚虹是一个16岁的女中学生，她性情害羞，尤其害怕和男生交流。不管什么样的场合，只要有男生出现，她就会非常紧张，甚至感到恐惧。

这种心理从何而来？原来，在3年前，楚虹正在专心听课，无意中看到她左前方的一个男生正手托着头看向她这边，一脸不高兴的样子。楚虹和这位男同学并没有太多交往，但她却认定这个男同学是在生自己的气。此后上课时，楚虹总是有意多看他几眼，结果又有几次发现他手托着头、耷拉着脸看向她这里。只要看到那个男同学的动作和表情，楚虹就觉得害怕，开始浑身不自在，苦苦思索自己什么地方得罪了他。她不敢主动去问，只好自己在心里胡思乱想，有时候觉得自己这种想法非常可笑，但又完全无法消除。这种莫名其妙的恐惧后来发展成了心病，让楚虹变得格外害羞，尤其是不敢与男生共处。

和楚虹相比，15 岁的兰沁“症状”似乎更加严重：她不敢跟别人对视，否则会惊恐万分。事情的起因是这样的：两年前，兰沁的视力迅速下降，不得已去配了一副眼镜。由于女孩子的爱美心理，她迟迟不愿戴上眼镜。这天正在上课，兰沁突然发现自己看不清老师写在黑板上的字，于是低下头从书包中取出眼镜戴上了。谁知就在那一刻，老师正好转身，无意中和她对视了一下。就在和老师目光交汇的一刻，兰沁感到一阵莫名的恐惧，她连忙低下头，但心始终怦怦直跳，过了半天才渐渐平复下来。

从那时起，她就再也不敢和这位老师对视了。不仅如此，她还开始回避所有人的目光，就连电视、电影中人物的眼睛她都不敢直视。回想起过去与别人目光相接的情景，她感到心惊肉跳。为了不与他人对视，她连走路、吃饭都低着头，也不敢到人多的地方去。一旦不小心看到别人的眼睛，她就无法自制地浑身发抖。为此她痛苦不已，不想去上学，甚至觉得干脆当个盲人算了。

对于一个人来说，童年时期形成健康的情绪是极为重要的，这直接影响着他个性的形成，关系着他一生的成长。楚虹和兰沁，都因为一件无关紧要的小事形成了严重的心理问题。如果她们能够控制并调节自己的情绪，就不会产生那样的结果。

教育指南

调节情绪对于女孩来说非常重要，能让她们做事时集中注意力，提高心理承受能力，与同龄人相处更加融洽。所以，妈妈必须注意培养女孩的情绪调节能力。

(1) 让女孩自我认同

女孩只有积极自我认同，才能自由、开放地感受和表达自己的情绪。这就要求妈妈给予孩子认同感，给她营造安全、温馨、平和的家庭环境。

(2) 让女孩学会表达情绪

女孩生性比较含蓄，如果不能正确认识和表达自己的各种情绪，那么不良情绪就会郁积在心里，最终导致心理问题。所以，妈妈在和女孩对话时要教她正确认识情绪，并将自己的真实感受表达出来。为此，妈妈也要以身作则，告诉女孩"妈妈觉得很高兴""我伤心极了""这件事让我非常紧张"……女孩通过妈妈的话，会认识到人的情绪是多种多样的。同时还可以问问女孩"你感觉怎么样""你看起来很难过，告诉妈妈发生了什么"，这些话有助于女孩表达自己的情绪，也能让她发现产生这种情绪的原因。

(3) 让女孩学会体会他人的情绪

妈妈要多与女孩交流情绪，让女孩知道，积极的情绪能让自己和他人都感到快乐，消极的情绪却会给自己和他人带来痛苦，只有懂得体会他人的情绪，才会使自己成为一个受欢迎的人。妈妈可以通过讲故事乃至角色扮演的方式，和女孩讨论主人公的情绪和感受，这有助于孩子正确设想他人的情绪。

（4）让女孩保持乐观

积极、乐观的情绪能产生向上的力量，激发出人体潜能，使人的体力和精力都处于旺盛的状态，心理也会保持健康。而消极、悲观的情绪却会让人意志消沉，做什么事都缺乏动力和斗志，对身心的健康发展极为不利。所以，妈妈必须教女孩时刻保持乐观的情绪，用积极向上的态度对待生活。为此，妈妈要以身作则，时刻乐观向上，同时也要相信自己的女儿，保持对她的鼓励和支持，使她不被一些不易克服的困难吓倒。

（5）让女孩学会宣泄不良情绪

人难免有不良情绪，如果时刻沉浸其中，身心都会受到损害。所以，要采取一些合理的措施宣泄不良情绪。当然，宣泄并不意味着发脾气。妈妈可以告诉女孩，愤怒到无法自制的程度时，不妨进行一些体力活动，如到外面去跑一圈，不良情绪就能够得到很好地释放。

【好妈妈课堂】

情绪无所谓对错，只看表现的方式是否被社会所接受。为了让女儿更好地适应社会，妈妈要学会接纳孩子情绪表达的多面性，并且帮助孩子认识情绪，接纳情绪，进而将孩子的消极情绪转化为积极的情绪。孩子养成了自我情绪调节的习惯，才能更好地把控以后的人生。

舒筋动骨，帮助女孩锻炼健康体魄

现在，人们生活条件越来越好，很多妈妈却发现孩子的体质不如从前了。一些女孩借口怕热、怕风不出家门，只想在家看电视、上网，肥胖现象在她们当中越来越普遍。这就是缺乏锻炼的后果。

经常进行体育锻炼对女孩的生长发育大有好处，不仅可以使孩子拥有健康的体魄，还能够让孩子在学习上更有劲头，学习效率也更高。此外，体育锻炼也可以磨炼女孩的意志，使她们保持积极乐观的心态，在面临挫折时更加坚强。妈妈如果希望自己的女儿能在日后激烈的社会竞争中胜出，不被淘汰，就要从现在开始督促她加强体育锻炼，培养她热爱运动的好习惯。

高二分班之后，菁菁立刻成了同学们注意的焦点。她高高的个子、苗条健美的身材和活泼开朗的性格，很快博得同学们的喜爱。一些为了减肥“事业”不断拼搏的女孩找菁菁请教，问她保持身材的秘诀，却得知她根本没有节食，也没吃过减肥药，她的秘诀就是坚持锻炼。

菁菁七个月大时，妈妈就带她去儿童游泳馆游泳，她天生喜欢水，每次游泳都很开心。菁菁的爸爸妈妈都热爱运动，尤其喜欢乒乓球。他们打球时，也常常带着菁菁。等到菁菁比球台高一点儿时，妈妈就开始教她打球。虽然没有强迫她，也没有对她进行过多的指导，但是四五岁时她就打得有模有样了。6岁时，菁菁在体育馆看了一次精彩的体操表演，又爱上了体操。妈妈觉得这项运动对女儿塑造形体非常有帮助，于是积极鼓励她学习，周末时还带她去上体操课。菁菁学得很认真，还参与了一次青少年体操比赛，虽然没有取得名次，但是爸爸妈妈还是给她录了像，一家人经常在一起欣赏女儿的精彩表现，还发给远方的奶奶看。

虽然菁菁没有成为职业运动员的天赋，但她对体育锻炼的热爱始终不减，这也让她始终身体健康、精力旺盛。偶尔出现学习成绩不理想的状况，她也不会垂头丧气，而是依然保持着对自己的信心。

教育指南

养成爱运动的习惯，会让孩子一生受益无穷。妈妈们还犹豫什么呢？赶紧从以下几点入手，培养女儿爱运动的好习惯吧：

（1）培养女孩对体育运动的浓厚兴趣

很多女孩对运动的兴趣不高，但是一旦对某种运动真正产生兴趣，就会积极参与。所以，妈妈必须注意培养女儿对运动的兴趣，可以与她一起看某项运动的比赛视频，做一些与运动相关的小游戏等，逐步让女孩真正参与到一项运动之中。孩子在其中得到了乐趣，就会逐渐养成热爱运动的习惯。

（2）教会女孩正确锻炼身体的方法与技巧

孩子的身体尚未发育成熟，运动时较易受伤，妈妈必须提前掌握预防措施，教给孩子科学的锻炼方法与技巧。锻炼方法科学也可以起到良好的锻炼效果。

（3）根据女孩的特点来制订运动计划

有的妈妈听说某项剧烈运动对女孩好，就盲目从众，强迫女儿参加，很可能对女孩造成伤害。妈妈要根据孩子的体质来制订相应的运动计划，如果孩子年龄较小，身体素质也不太强，就要让她多参加一些相对缓和的运动。

（4）让女孩认识到只有坚持锻炼，才能有所收获

一时的运动，通常起不到立竿见影的效果。妈妈应该让女孩认识到这一点。此外，妈妈帮女孩制订了运动计划后，还要监督她持之以恒地执行，不能让她“三天打鱼，两天晒网”。

【好妈妈课堂】

健康的体魄是人类生存的基础，有了健康，才可以拥有一切，而失去健康，就意味着失去一切。妈妈应该使用各种科学合理的方法帮助女孩养成锻炼身体的习惯。

培养一名人见人爱的清洁“小卫士”

生活卫生习惯对女孩身体健康的影响是非常大的。有了良好的卫生习惯，会提升孩子的抵抗力，让她远离疾病的威胁。同时，从小养成的习惯对女孩的一生有着深远的影响，妈妈一定要重视起来。

“不干不净，吃了没病”，现在还秉持这种思想的人已经很少了，妈妈要培养孩子的是饭前便后洗手、早晚刷牙、不随地吐痰、生活用品整洁干净等好习惯。而培养这些习惯，就必须从日常生活的点滴做起。妈妈是女孩的第一任老师，必须在孩子刚刚懂事的时候就给她灌输卫生的知识与概念，例如什么是脏的、不能吃的，不要吃手，不要挖鼻孔、抠耳朵等，还要定期修剪孩子的指甲。孩子到了一定年龄，就要让她自己洗脸、洗手、刷牙。此外，让孩子早睡早起、坚持锻炼、爱护公共场所的卫生也是必不可少的卫生习惯。

教育指南

培养女孩的卫生习惯，妈妈可以从以下几个方面做起：

(1) 让女孩理解讲卫生的重要性

真正的卫生习惯，必须让女孩真正理解并接受才能形成。如果只是为了完成妈妈或老师的要求才去做，那么一旦监督松懈，她还会抛诸脑后，并不算形成习惯。因此，妈妈要常常给女儿讲一下不讲卫生的害处。

6岁的多多不喜欢妈妈给她剪指甲，因此她的指甲总是很长。再加上她爱跑出去到处玩，指甲里总是存着泥垢。妈妈为了让她剪指甲煞费苦心，终于想到了一个好办法。她找来了一台显微镜，告诉多多要陪她做个实验。多多很兴奋地答应了，于是妈妈在她的指甲中取出了一点儿泥垢，放在玻璃片上，加了一滴水，然后让多多看。多多看了一眼，惊叫了一声，原来很多细菌正在水里游动呢。妈妈告诉她，那就是藏在她指甲里的细菌。如果她不肯剪指甲，这些细菌就会藏在指甲里，当她用手抓着东西吃时，这些细菌就会跑到她的肚子里，带来各种疾病。这次实验给多多留下了深刻的印象，从此妈妈给她剪指甲时她再也不抗拒了，而且还学会了自己剪指甲。

(2) 保持衣服的干净整洁

很多女孩早早就学会了自己穿衣服，这是养成她自理能力的开端。但是，一些女孩不注意保持衣服的干净卫生，这也是需要妈妈培养和教育的。

小一点儿的女孩喜欢在地上爬来爬去，这时非要让她保持衣服的干净整洁是不现实的，只能靠妈妈帮她勤洗勤换了。但是还有一些女孩都上了幼儿园甚至小学了，还是喜欢和同学打闹，甚至在草坪上滚来滚去，早上刚穿上干净衣服，看起来像一个“小公主”，到了放学时就变成“小泥鳅”了。所以，妈妈除了要督促女儿勤换衣服之外，还要让她懂得保持衣服的整洁，告诉她干净整洁的衣服不仅让自己穿着舒服，别人看着也舒服。当然，只劝说是没用的，妈妈也要当女儿的榜样，时刻让自己的衣服保持干净整洁。否则，自己不修边幅，劝女儿穿得干净又有什么说服力呢？

内衣、内裤是最需要保持清洁的，妈妈一定要记得经常帮孩子换洗，最好给女孩准备几块换洗的手帕。另外，妈妈还要让女孩学习自己洗内衣裤、手帕、袜子之类，这对她养成管理个人卫生的习惯很有帮助。

(3) 学会日常清洁

女孩的一些日常的清洁工作，要尽早交给她独立完成，例如洗手、洗脸、洗头、洗脚、洗澡、剪指甲等，这些清洁工作对孩子的健康都是至关重要的。

①必须勤洗手。年幼的孩子认识世界的一个重要方式，就是伸手去摸，所以妈妈不必阻拦，这是一个必要的过程。但是，由于孩子的小手到处乱摸，不可避免地会粘上各种各样的污物和细菌。科学研究发现，一只没洗过的手上往往藏着数十万个细菌，而一克指甲垢里藏着的细菌和虫卵更是达到数十亿之多。妈妈的工作就是帮女孩勤洗手、勤剪指甲，到了一定年龄就要督促孩子自己多洗手，尤其是在饭前和便后必须洗手。孩子的手比较娇嫩，最好用温水来洗，妈妈要提前准备好刺激性较低的肥皂，让孩子用肥皂来洗手会更干净。

②注意清洁皮肤。皮肤是人体最大的器官，有着保护机体、调节体温、感受刺激和排泄废物等重要功能，其中排泄汗液对人体健康起着关键作用。汗液中包含着水分、无机盐和代

谢产物，如果不注意清洁皮肤，这些物质就会堵塞毛孔，使汗液无法顺利排出，影响身体健康。所以，妈妈最好保证女儿每天都洗脸、洗手，夏天最好每天洗澡，秋冬时可以适当选择几天或一周洗一次澡。洗头和洗澡时，妈妈不要让水进入孩子的耳朵和眼睛里。

③保护牙齿。早晚刷牙、饭后漱口的习惯要从小养成。一般孩子长到三四岁时，就要开始刷牙了。妈妈教女孩刷牙要顺着牙缝上下刷，注意清洁牙齿内侧和舌头。如果有些妈妈觉得孩子的乳牙反正是要换的，清不清洁无所谓，那就大错特错了。如果不保护好孩子的乳牙，一旦出现龋齿，就会影响孩子对食物的吸收和消化，还会影响到孩子恒齿的健康。所以，妈妈务必要注意对孩子乳牙的保护，除了让孩子早晚刷牙、饭后漱口之外，睡觉前不要让孩子吃糖果、饼干等，平常也要尽量减少孩子的甜食供应。

④保护鼻道。挖鼻孔是很多人的坏习惯，既不雅观又不卫生，对鼻道的损伤也很大。所以妈妈必须让女孩注意保护鼻道，避免她形成挖鼻孔的习惯。很多人习惯用嘴呼吸，这是很不好的，妈妈要教孩子养成用鼻子呼吸的习惯。空气经过鼻道的过滤会变得洁净、温暖和湿润，对呼吸道和肺都能起到保护作用，让人少生疾病。

（4）保持书包卫生

很多小姑娘外表看起来干净漂亮，一打开她的书包，却是乱七八糟的，什么都有：书、本子、笔、橡皮，还有出于好奇放进来的石头、玩具，甚至包括家长放进来的零食、点心。这么多东西胡乱放在一起，很容易滋生细菌。妈妈一定要注意孩子书包的清洁，除了书、本、文具外，尽量不要在里面放其他东西，尤其是食物和玩具。书包用了一段时间后，要进行清洗。

【好妈妈课堂】

良好的个人卫生形象不仅能够使女孩受到他人的尊重和欢迎，而且也能防止细菌入侵身体，保护孩子的身体健康。所以，妈妈要教会孩子基本的生活自理能力，让其养成讲卫生的好习惯。

告诉女孩，你有礼貌的样子真的很美

星期天，隔壁的张阿姨来家里做客，妈妈赶紧对正在看电视的乔乔说："乔乔，叫张阿姨。"没想到，乔乔冷漠地扭过头来看了张阿姨一眼，又回头看电视去了。妈妈非常尴尬，连声对张阿姨说："这孩子，一会儿我就教训她。"张阿姨嘴上说"不必"，但是脸色明显很不高兴。

孩子没有礼貌，很多妈妈只是觉得脸上无光，却不去思考孩子变成这样的原因。其实很多时候，孩子没有礼貌是因为妈妈的教育出了问题。妈妈一味地宠溺孩子，而不注重对孩子的礼仪教育，导致孩子不把礼貌放在心上，逐渐养成了以自我为中心、做事不考虑他人也不考虑后果的习惯。长此以往，必然对孩子的人际关系和未来的发展产生不利的影响。

教育指南

礼仪是一个人重要的"名片"，一个举止优雅、彬彬有礼的人，很容易就能交到朋友，也容易立足于社会。因此，妈妈必须从小就重视培养女孩文明礼貌的习惯。

(1) 重视对女孩的礼貌教育

培养孩子讲礼貌的习惯说起来容易做起来难，因为女孩从小娇生惯养，妈妈又容易陷入“学习好则百好”的怪圈，孩子的礼貌问题自然被远远地抛在了后面。还有的妈妈一味“护短”，觉得女儿现在还这么小，讲不讲礼貌影响不大，等她长大了自然就懂礼貌了。这种想法更是要不得的，如果小时候不重视礼貌教育，等她长大后社会就会替你“教训”她了。孩子是未来社会的主角，她们的思想道德、文化素质决定着未来的社会风貌，也影响着孩子未来的发展，妈妈必须重视礼貌教育，不然日后追悔莫及。

(2) 给女孩做个好榜样

女孩是妈妈的影子，从小就喜欢模仿妈妈。所以，当女孩露出不讲礼貌的迹象时，妈妈可以反思一下是否自己在礼仪方面也出了一些问题。为了给孩子树立好的榜样，妈妈的一言一行都要谨慎、讲究，不能有违礼仪。有了妈妈的示范作用，孩子遇到类似的情形就会“有样学样”，逐渐成为一个讲礼貌的孩子。

(3) 掌握一定的技巧

培养孩子讲礼貌的行为习惯，不是一朝一夕就能实现的。孩子的人生阅历较少，无法让一些礼仪在实践中得到运用。所以，妈妈要时刻注意，抓住机会就给女孩上一堂礼貌教育课。日积月累，她就能变成一个有礼貌的人。

①温和、耐心地讲解。每个孩子都有自己的个性，也会渐渐滋生一些叛逆心理。因此，让女孩学习礼貌，不能使用强迫

手段。例如，本文开头的案例，如果妈妈强行拉着乔乔让她向张阿姨打招呼，孩子就算这次照做了，下次会更加抗拒，更难变得有礼貌了。乔乔不肯打招呼，未必是因为没礼貌，可能是害羞，也可能是沉浸在电视节目中没有反应过来。所以，妈妈教育孩子时不能不分青红皂白就批评一顿，而是要心平气和地与孩子讲道理。例如，可以对孩子说："如果别人来我们家时你不讲礼貌，你去别人家时人家也不会热情而礼貌地接待你。"让孩子换位思考，设身处地地想一想，孩子就容易理解你的话。

②在游戏中培养。孩子天生好动、爱玩，在游戏中思维是最活跃的，对一些道理也容易信服和接受。因此，妈妈可以在与孩子做一些游戏时教她学习礼貌。例如，与她玩过家家的游戏时，让她多说"请""谢谢""对不起""没关系"等礼貌用语，让她在潜移默化中掌握这些礼貌用语的情境。

③避免"代劳"式教育。很多妈妈带女儿出门，碰到熟人立刻就会对孩子说，快叫"叔叔""阿姨""爷爷"等，这就是"代劳"式的教育方式。"代劳"式教育，会让孩子产生妈妈在安排自己的一切的感觉，在"受人摆布"的窘迫心理下，孩子很难感受到与人交往的乐趣。

妈妈如果太过注重自己的权威，也可能让女孩见人时觉得紧张，唯恐自己说错话而不敢跟人打招呼。妈妈这时候如果再利用家长的权威强迫女儿在人前"嘴巴甜一点儿""能说会道一点儿"，就可能让孩子产生心理问题，更加缺乏与人交往的能力。

有位幼儿园老师这样讲述自己的一次经历：这一天，她到一个学生家去家访。那个学生是一个4岁的女孩，名叫妍妍，老师去时，妍妍正坐在屋内的垫子上摆弄玩具。

妈妈请老师坐下，两人开始谈话。没多大会儿，突然传来妍妍奶声奶气的声音："我要喝水！"

妈妈立刻回应："好。"站起来就要去取水，但老师拦下了她，妈妈心领神会，继续两人的交谈。

"我要喝水！"妍妍的声音高了八度，但妈妈和老师依然像没听见一样继续谈话，没人回应她。

"我要喝水！"妍妍看了妈妈一眼，大声嚷嚷起来。当然，两人依然无动于衷。

终于，妍妍坐不住了，一骨碌爬起来走到妈妈身边，摇着妈妈的手臂说："妈妈，我要喝水。"

这时，老师不等妈妈开口就蹲在妍妍身边说："妍妍渴了，想让妈妈给你倒水，是吗？""嗯！"妍妍用力点点头。

"老师记得跟大家讲过，让别人帮忙时应该怎么说呢？"

妍妍一脸恍然大悟的神情。只见她放开妈妈的胳膊，用礼貌的语气说："妈妈，我渴了，请给我倒一杯水吧。"

妈妈看到女儿这么有礼貌，高兴极了，连忙给女儿倒了一杯凉白开。妍妍接过杯子，甜甜地说了一句："谢谢！"妈妈和老师都笑了。

如果女孩有所要求，妈妈都是立刻满足，就会让她忽视礼貌的重要性。所以，妈妈一定要坚持只满足她有礼貌的要求，这样会让孩子自然而然地养成懂礼貌的习惯。

【好妈妈课堂】

一座城市，因文明而美丽；一个孩子，因礼貌而优雅。作为妈妈，有责任也有义务把女孩培养成一个讲文明、懂礼貌的美丽天使。

第四章

好成绩是完美女孩的标配

成绩虽然不是衡量孩子优秀与否的唯一标志，但它代表着孩子的学习能力。

聪明的妈妈会让女孩的兴趣为学业加分

几乎每一个女孩都有好奇心。大自然中的一花一草、飞鸟虫鱼，都是孩子感兴趣的，她们会花费很多的时间和精力去观察它们，而丝毫不觉得疲惫。

不过，要是让她们花很长时间去写几页生字，或是做些练习题，那肯定没那么容易。如果没有妈妈监督，多数女孩会分心，无法长时间把注意力集中在学习上。

为什么孩子不需要督促就能花很长时间去观察花鸟虫鱼，而无法自觉长时间去学习呢？根本原因就是“兴趣”。

不过，孩子的这些兴趣在有些妈妈看来是无用的，她们认为孩子用半天时间去观察毛毛虫或蚂蚁是在浪费时间，因为对学习没有任何帮助。

事实上，兴趣和学习是可以相互融合的，关键在于妈妈能否有效地引导，让兴趣帮助孩子学习，让孩子在兴趣中获得新知识，进而为学业加分。

朵朵5岁的时候经常到自家的菜园里玩耍。一天雨后，她在一片菜叶上发现了一只小动物，她马上捧在手心里拿给妈妈看。她问妈妈："妈妈，你看我发现了什么？"妈妈笑了笑，说："哇！是一只蜗牛。"然后妈妈就引导朵朵观察蜗牛的外形，并告诉朵朵，它坚硬的外壳能够保护自己。当朵朵观察了一会儿后，妈妈告诉朵朵，蜗牛该回家了。

后来，妈妈经常让朵朵去菜园观察蜗牛以及其他小动物，并让她向自己描述它们的样子，比如长了几条腿，眼睛大不大，等等。

有一天，朵朵惊喜地问妈妈："妈妈，我发现蜗牛在下雨后会出来很多，你知道这是为什么吗？"

妈妈对于朵朵的发现十分高兴，她对朵朵说："那是因为蜗牛喜欢湿润的环境。"

因为妈妈的引导和鼓励，朵朵逐渐养成了认真观察、整理和记录的习惯。在之后的学习中，朵朵一直有着很强的学习主动性，尤其是对生物学科。大学时，朵朵选择了动物科学专业，她将自己的兴趣与学业完美地融合在一起，毕业后也一直从事着自己喜欢的工作。

通过上述案例可知，朵朵的妈妈对女儿的兴趣进行了有目的的引导，让女儿不知不觉间养成了良好的观察和记录习惯，这些都有利于其日后的学习。

"兴趣是学习和求知最大的动力"，关注女孩的兴趣点，是聪明的妈妈首先要做的。"引导是教育和培养孩子的最好方法"，聪明的妈妈更不会逼迫孩子学习，只会合理地引导，激发她们学习的主动性。

一些妈妈总会自己给孩子划分"有用兴趣"和"没用兴趣"，但是，什么是"有用兴趣"，什么又是"没用兴趣"，其实并没有明确的标准。当一些妈妈试图将女孩的“没用兴趣”删除时，其实也相当于扼杀了她们的一部分求知欲。要知道，求知欲对于一个孩子来说是异常宝贵的，只要妈妈适当地引导，就能影响孩子的学习观和人生观。

所以，妈妈们应该意识到，没有绝对的“有用兴趣”和“没用兴趣”，只要女孩在某方面有兴趣，就应该调动她们在这方面的积极性，将其引向知识的殿堂，培养其良好的求知习惯。

教育指南

在女孩的学习上，培养学习兴趣是最关键的，没有兴趣，学习就会变得枯燥。那么，作为妈妈，应该如何激发女儿的学习兴趣呢？

(1) 重视女儿的好奇心

有些妈妈对女儿的好奇心往往采取敷衍的态度，比如，女儿和妈妈过马路时，女儿看到马路对面的绿灯亮了，许多车辆都停下了，就问妈妈为什么指示灯用的是红色、绿色和黄色，而不是其他颜色。妈妈知道这和人的视觉可以感受的光谱有关，但觉得和孩子解释起来太麻烦，就敷衍地说：“没有为什么，就这样规定的，你记住就行了。”

另外，有些妈妈对女儿的问题干脆置之不理，比如，女儿在功课上遇到了一个难题，她拿着书本来问妈妈，妈妈也许正在忙自己的事情，于是看都没看就对孩子说：“没看见我正忙着吗？自己琢磨去！”

可以看到，上面两种妈妈的态度直接把孩子的求知欲给扼杀了，长此以往，孩子就会对提问失去兴趣。所以，想要留住孩子的求知欲，想要孩子爱思考、爱发问，就不能忽视孩子的每一个问题，要重视孩子的好奇心，更要耐心地给孩子答疑解惑。

（2）帮孩子积累知识

当发现女儿对某方面的知识有兴趣时，妈妈要及时重视起来。比如，女儿突然提出了一个生物问题，或者最近一段时间特别喜欢看生物书籍，那么就说明女儿对生物知识产生了兴趣。此时，妈妈就要因势利导，帮助女儿积累这方面的知识。妈妈可以带女儿去森林中走一走，结合书籍研究一下昆虫的习性或花草的特征，也可以找一些关于生物知识的纪录片，和孩子一起观看。

（3）布置学习任务

一些女孩在学习上没有主动性，这就需要妈妈去诱导。

妈妈可以针对女儿的课业，单独为她布置一些趣味性的学习任务，以激发孩子的学习兴趣，让孩子乐于去观察、思考和求证。比如，生物课讲到了标本制作，妈妈就可以给女儿布置这样一个任务：去森林公园，收集几种不同植物的叶子，弄清楚每种叶子的品种、名称，然后做成标本。在具体操作的过程中，妈妈可以在一旁陪伴，但不要插手。如果孩子对植物的名称不了解，妈妈可以引导其去图书馆查证，让孩子真正体验到学习和探寻的乐趣。

（4）恰当运用竞赛方法

当孩子对学习提不起热情时，妈妈可以采取竞赛的方法，激发孩子的求胜心，让孩子集中精力投入学习。比如，女儿有一套数学试题需要完成，但她怎么都不愿意写，即使妈妈在一旁督促，她也三心二意，边玩边做，难以集中精力。针对这种情况，妈妈可以找来女儿的同学，组织一场竞赛，并给予赢的人一定的奖励。妈妈还可以和爸爸一起组织家庭知识竞赛，让女儿积极地投入到学习的氛围中。

（5）营造生动的学习环境

想要女孩有兴趣地学，那么学习内容就不能太枯燥，由此来看，妈妈要学会为孩子营造生动的学习环境。

比如，一些女孩不喜欢应用题，看见数字就摇头，妈妈可以带女儿去买菜，让女儿来帮忙算账，这样就能激发女儿对算术的兴趣。再比如，一些女孩一遇到作文就犯难，不知道该写些什么，妈妈可以带女儿多出去走走，看看四季美景，看看多种多样的生物，看看生活的日常百态，让女儿尝试写一些随笔，这样女儿再写作文时就有话可说了。

【好妈妈课堂】

兴趣是孩子最好的老师，妈妈不应该忽视女孩的原始好奇心和兴趣点，更不应该对兴趣做“有用”和“无用”之分。妈妈应该激发和保护孩子的兴趣，激励孩子的求知欲，促使孩子形成良好的求知习惯，让兴趣为学习加分。

帮助女孩养成认真学习的习惯

良好的学习习惯可以帮助孩子提高成绩，更重要的是，习惯一旦养成，将使孩子受益一生。

下面是一位妈妈的叙述：

我的女儿在上小学一二年级的时候，因为课业不多，所以每天放学后没多久就能完成作业。那时，我并没有太在意女儿的作业情况，直到有一天女儿的班主任找到我，说我女儿的作业虽然每天都完成了，但是质量不是很好。

老师的话让我突然意识到对女儿学业的疏忽。之后，我认真检查了女儿近一个月的作业，发现正如老师所说，女儿写作业很马虎。汉字拼写歪歪扭扭，明显是写得快造成的。算术题也有错误，可那都是最简单的算术，可想而知，女儿并没有认真计算。

针对女儿的情况，我向她提出了两个要求：一是不要赶时间，要慢慢写、慢慢算；二是写完要检查一遍，确保工整和准确。

刚开始女儿内心很抵触，不愿意配合。我在一旁耐心地说服她，和她一起研究字该怎么写，一起检查她的算术题，分析她的错误。女儿说，其实有些题她会做，但还是算错了，说到底还是不够细心。

几次下来，在作业上，女儿不再求快，能够认真地去完成作业，写完也会自觉检查一遍。现在，检查作业已经成为女儿的一个良好学习习惯。

女儿升入高年级之后，学习内容变难了，根据这个情况，我又给女儿提出了一个新的要求，即课后复习。在复习上我要求女儿做到：明确今天学习的具体内容，总结要点和难点，随后默记。

刚开始，女儿觉得复习很花时间，只有我在旁监督才能完成。一段时间下来，女儿的成绩明显得到了提升，由此女儿也意识到了复习的益处。

现在，即使没有我的监督，女儿也能主动复习各科功课。遇到不理解的问题，女儿会请教我，或标记出来，去学校请教老师。

通过女儿的学习，我发现培养学习习惯是非常重要的，尤其是在小学阶段，这是为孩子打好学习基础和端正学习态度的重要阶段，对于学习习惯的培养更加不能忽视。

培养孩子认真学习的习惯是每一位妈妈义不容辞的责任，以上案例中的母亲就给大家做了一个很好的示范。如果你的女儿在学习上也有粗心等毛病，那么不妨从案例中学习一二，及早帮助她纠正不良的学习习惯。

教育指南

该怎样培养女孩认真学习的习惯呢？以下是一些具体的方

法和建议：

（1）认真回答孩子的提问

在学习上，妈妈不能对女儿放任不管，尤其当孩子遇到问题请教妈妈时，妈妈不能以“我很忙”“我也不会”等为由敷衍孩子。

妈妈要看到，孩子能够提出问题，说明她有求知的欲望，妈妈应该加以重视和鼓励，想方设法为孩子解决问题。

（2）让孩子勤于思考

学习不是一个被动接受的过程，需要孩子在理解的基础上认真思考，并能加以运用和创新，所以妈妈要有意识地培养女儿思考的习惯。只有善于思考，才能有所发现，有所收获。

（3）纠正孩子马虎粗心的毛病

有些妈妈觉得女儿还小，难免会马虎粗心一些，所以不予重视。但如果不从小就纠正孩子粗心的毛病，那么孩子就会渐渐形成不好的学习习惯，以后再想纠正就困难了。

纠正女孩的马虎粗心，妈妈们可以从以下三点入手：

①要求孩子在思想上重视。仔细检查女儿的作业，你会发现，孩子经常会出现这样低级的错误：原本计算正确的答案，等誊写到作业本上就变成错误的了；原本非常简单的加减运算，因为对位不齐，导致答案错得离谱；原本题目里已知的是等腰三角形，结果她偏偏看成了等边三角形……

总之，一个写作业马马虎虎的孩子，必然很容易出错，很容易丢分。妈妈应该让女孩正视粗心带来的危害。只有让她在“战略”上高度重视，才能使其在“战术”上做出及时的调整。

②教女孩合理调节紧张感。在学习上保持一定的紧张感是必要的。所谓保持学习紧张感，就是要求孩子注意力集中，认真听课、做题、思考。不过，也不能让孩子的精神过于紧张，紧张过度，反而会造成注意力难以集中、思维混乱等现象，久而久之，会让孩子丧失自信心。

妈妈要教女儿合理调节紧张感，对待学习既不松懈又不焦虑。当成绩出现变动或考试发挥失常时，要劝慰她保持平常心，不因一时的失意而沮丧，保持自信，继续努力，争取好成绩。

③在细节上严格要求。对待女儿的粗心问题，妈妈可以在细节上严格要求，比如，妈妈可以培养她课前预习、课后复习的学习习惯，培养她每天检查作业的习惯，教她整理错题集，和孩子一起对错题集进行分析，统计其中哪些题是因粗心做错的，哪些不是，由此让孩子认识到粗心的后果，而这有利于孩子自觉改正。

【好妈妈课堂】

好的成绩离不开好的学习习惯。认认真真、一丝不苟的学习习惯能够帮助女孩减少作业的错误率，提高学习的效率，增强学习的信心，所以妈妈们一定要帮助孩子养成这种好习惯。

警惕“劳模”孩子的学习疲劳期

学习，不能是单方面的知识灌输，要寓教于乐，让孩子体验到学习的乐趣。只有当孩子真正喜欢学习，并能从中获得知识和启迪，懂得学习的意义时，学习才有其价值。

妈妈们要明确这一点，在女孩学习疲惫时，不去勉强孩子学习，而是分析原因，对症下药，让孩子重新找回学习的热情。

张敏是一名高二学生，一直以来学习成绩都不错，从来不用妈妈操心。

但是最近一个月，妈妈突然发现女儿的学习状态不如以前了。之前，张敏吃过晚饭后，就会回房间看书、做题，有时一看就是几个小时。但现在女儿不仅食欲下降，精神也不佳，简单吃过晚饭后就坐在沙发上看电视。妈妈看见几次后，就督促女儿回屋学习，但就算回了房间，张敏也无心学习，桌上放着的数学卷子，她根本做不下去，经常看着题目发呆。

张敏的班主任也向张敏的妈妈反映说，张敏上课无精打采，心不在焉。妈妈就女儿的问题，与女儿谈了谈。张敏说她觉得累，不想碰书，也不想做题。妈妈很忧虑，想着女儿马上就要高三了，学习任务会更重，她这种状态怎么行？

后来，张敏的妈妈就女儿的问题请教了心理医生，医生说张敏的情况属于学习疲劳的表现，需要进行调节。在心理医生的建议下，妈妈对张敏的学习和生活做了调整，让张敏渐渐摆脱了学习疲劳期。

学习疲劳是指因长时间从事学习活动而导致的身心倦怠，如学习兴趣减弱、学习效率下降、身体感到不适等。

研究发现，长时间紧张学习后，大多数孩子都会出现学习疲劳的现象。

学习疲劳分为学习生理疲劳和学习心理疲劳两类。学习生理疲劳与大脑皮层（调节或控制躯体运动的最高级中枢）的内抑制有关。大脑皮层的活动有兴奋和抑制两种，一般情况下兴奋和抑制同时存在，又相互抑制、相互转换。长时间持续学习会导致大脑皮层的细胞产生强烈兴奋，消耗大量能量，造成兴奋性降低而转入抑制状态，由此就会出现学习疲劳症状。学习生理疲劳的表现有：视力下降、食欲减退、面色苍白、血压升高、失眠等。

学习心理疲劳没有生理疲劳来得迅速，它与心理动机与情绪因素等有关。如果孩子的学习动机十分强烈，学习态度十分积极，那么她就能长时间且持续地保持学习状态，不会出现疲劳现象。如果学习动机不强，兴趣不大，那么学习时间稍微过长就会感到疲劳。

因为孩子的身体状况和心理状况不尽相同，所以学习疲劳的出现也因人而异。作为妈妈，当发现自己的女儿可能或已经出现学习疲劳症状后，就应该予以重视，及时了解孩子的生理和心理特点，有针对性地调整孩子的学习疲劳症状。

教育指南

妈妈们可以从以下几方面来帮女儿调节学习疲劳：

(1) 注意让孩子劳逸结合

妈妈要注意调整好孩子学习和休息的时间，不能让女儿一直玩或者一直学。当孩子学习了一两个小时，妈妈应该让她休息一下，离开学习的环境，暂时忘掉书本和习题，放松心情。

(2) 不要给孩子施加太大压力

“望女成凤”是妈妈的普遍心理，但不能因此就给孩子施加难以承受的压力。给女儿制定学习目标时，妈妈一定要正确评估孩子的成绩，不要制定孩子完成不了的目标。对待孩子的考试成绩，要做纵向比较，即拿现在的成绩和之前比，而不是与其他学习好的孩子比。

(3) 少批评，多鼓励

在学习上，妈妈要采取少批评、多鼓励的态度。只要女孩有了一点儿进步，就应该予以表扬。当孩子没考好时，不要一味指责，更不要骂孩子笨，那样会使孩子丧失学习的信心。应适当地鼓励孩子，让孩子摆脱考试失败的阴影，再接再厉。

当妈妈常常鼓励女孩、表扬女孩时，孩子就会体会到快乐的情绪，会愿意学习、喜欢学习，由此就能减轻或消除心理上的疲劳症状。

【好妈妈课堂】

学习成绩固然重要，但是与孩子的身心健康相比，又显得微不足道。作为家长，要知道学习是一个日积月累、循序渐进的过程，切不可抱着“闪电战”的想法把孩子逼入学习疲惫的低谷。如果你的女儿已经是一位学习“劳模”，又深受学习疲惫的折磨，那么就拿出教孩子学说话、学走路的耐心，帮助她及早调整吧。

培养女孩独立学习的能力是妈妈的必修课

在学习上，很多女孩都存在这样一个问题——太依赖妈妈。比如，妈妈让写作业，刚翻开书本，就对妈妈说：“我不会，妈妈教教我怎么做吧！”又比如，妈妈让写作业，妈妈刚要走开，孩子就说：“妈妈，你得看着我写作业。”

孩子太依赖父母，不能独立学习，这是一个值得妈妈注意的问题。有些女孩不是不会做，而是不愿意思考，妈妈如果每次都帮孩子思考，那么孩子就会养成依赖的毛病，变得不爱思考，不会思考，这对于学习来说是非常不利的。

教育指南

妈妈想让女儿学习有效率，成绩有提升，就需要帮女儿养成独立自主的学习习惯和能力。具体来看，妈妈可以从以下几点来引导女儿：

（1）让孩子自己想办法解决作业问题

许多妈妈对女儿过分溺爱，在生活上几乎有求必应，其实这种教育孩子的方式是不正确的。同理，在学习上妈妈帮孩子解决作业问题，以为是在帮孩子，但从长远角度来看，并不能帮到孩子。

小雪上小学四年级，学习成绩一直不错，不过在最近的一次考试中考得并不好，尤其是数学，很多题都做了一半，并没有解出答案。

小雪的数学老师找到小雪，问她说："你的数学基础挺好的，以前都能考八九十分，为什么这次才考了六十多分？"

小雪低着头不说话。

数学老师又说："我看了你的试卷，发现你很多题都解了一半，怎么没有做完，是时间不够用吗？"

小雪摇摇头，说："有时间，只是我不会往下解了。其实这些题型我都见过，妈妈也给我讲过，但我忘记具体怎么做了。"

数学老师继续问道："妈妈经常给你讲题吗？"

小雪说："是的，只要有不会的题，我就会问妈妈，妈妈都能帮我解出来。"

"那妈妈讲题时你是真明白怎么做了吗？"

"嗯，当时妈妈说的每一个步骤我都明白，但没想到现在遇到同类型的题，我竟然想不起来了。"

"小雪，老师希望你下次再遇到不会的题的时候，能够自己动脑好好想想。如果你自己能解出来，那么再遇到同类型的题，你就不会想不起怎么解啦！"

通过上面的案例可知，妈妈一味地帮孩子解题也是有弊端的，只有让孩子学会自己解决难题，孩子才能印象深刻。

在学习上，妈妈一定要学会拒绝女儿。当孩子让妈妈陪着做作业或者解决不会做的算术题时，妈妈可以说："你要学会自己做作业，妈妈也有自己的事情要做。如果你遇到不会的问题，就翻翻书，看一看有没有类似的题，如果没有，就留着第二天去请教老师。”

(2) 让孩子自行检查作业

许多妈妈都会习惯性地帮女儿检查作业，女儿也习惯了写完作业让妈妈检查，其实，如果想要培养孩子学习的独立能力，就应该尝试让她自己去检查作业。在自己检查作业的过程中，孩子会发现问题，注意到自己在某方面的疏忽，这样下次就能避免这些问题。如果总是妈妈帮孩子检查作业，孩子就会产生依赖心理，永远意识不到自己的错误。

娜娜是家里的独生女，从小备受宠爱。在学习上，妈妈对她盯得很紧，每天放学后，娜娜只有写完作业才能看电视或上网。妈妈对待娜娜的作业也很尽心，每天都会亲自检查，帮助修改，并叮嘱娜娜下次要注意这些问题。

不过，后来娜娜的妈妈发现，娜娜做作业越来越马虎，作业中出现的很多问题都是以前出现过的，这说明娜娜对妈妈指出的错误并没有上心。娜娜的妈妈对此一筹莫展，她觉得自己对娜娜的学习已经很用心了。

后来老师建议娜娜的妈妈让娜娜自己检查作业，如果检查不出问题，妈妈可以在一旁配合。总之，要慢慢培养娜娜自主检查作业的习惯，这样她就能对自己的错误加以重视了。

娜娜的妈妈听从了老师的建议。一段时间后，她发现娜娜作业的错误明显减少了许多。

分析案例可知，娜娜之前的作业之所以做得越来越马虎，与妈妈习惯性为她检查作业的行为有一定关系。娜娜知道妈妈会帮忙检查作业，所以就没有认真去做。当妈妈提出问题时，也没有意识到错误的严重性，所以导致一错再错。

如果一直以来都是妈妈帮女儿检查作业，那么突然让她自己检查作业可能使孩子心理上产生抵触，这时妈妈可以通过让孩子自己品尝后果的方式警诫孩子。

思思是个10岁的女孩，从幼儿园开始，妈妈就帮她检查作业。每天思思写完作业后，就将书本往客厅的桌子上一放，告诉妈妈去检查，然后自己就出门找朋友去玩了。

眼看思思就要上五年级了，妈妈觉得应该让她自己学会检查作业了，于是告诉思思说："从明天开始，你自己检查作业。"思思听后表示拒绝。

第二天，思思写完数学模拟卷又跑出去玩了，妈妈这次没有帮她检查。

第三天放学后，思思闷闷不乐地回到家，质问妈妈："昨天的数学试卷你怎么没有帮我检查，错了几道题，我被老师训斥了。"

妈妈说："我已经说了，以后你自己检查作业，你不检查，就只能是这个后果。"

自此以后，思思开始自己检查作业了，只有遇到非常难的问题时才请教妈妈。

让孩子自己检查作业的目的，是让她意识到写作业要认真，不能马虎，要学会总结错误。当女孩能够独立完成检查作业的任务时，也就养成了认真做作业的良好习惯。

【好妈妈课堂】

独立学习是促使孩子更快成长的良好习惯，更是孩子取得优异成绩的必要前提。包办孩子的学习只能让孩子能力尽失。聪明的妈妈应该意识到让女孩独立学习的益处，尽早帮助她培养独立学习的能力。

孩子的好成绩是“问”出来的

在学习上，孩子不仅要会“学”，还要会“思”、会“问”。只知道啃知识，而不思考，是难以对知识有深刻理解的。只有勤于思考，才能发现问题，提出问题。当女孩能够自己提出问题时，说明她有了学习的主动性，妈妈应该为此感到高兴，并加以鼓励。

有些妈妈很烦孩子问问题，尤其是四五岁孩子的问题，因为这些问题要么很幼稚，妈妈不愿意回答；要么很古怪，妈妈也不知道明确的答案，无从回答。

然而，四五岁的孩子正处于思想启蒙的阶段，对外界有着强烈的好奇心，如果此时妈妈不能满足孩子的这种知识需求，就会扼杀孩子的求知欲。

问题能激发孩子思考，思考又能激发创新，培养女孩好“问”、好“思”的习惯对于其一生的发展都是有益的。

爱迪生是美国著名的发明家，从小到大，他都非常喜欢问“为什么”。当别人给不了他答案的时候，他就自己寻找答案，虽然有些问题至今没有找到答案，但找到答案的也很多，而且造福了很多人。

有一天，爱迪生偶遇了一个许久未联系的老朋友，他看到朋友的手指有一个关节肿得很厉害。于是，爱迪生关心地问：“你的手指怎么肿得这么厉害？”

朋友回答说：“我也不知道原因。”

“你没去看医生吗？”

“看了，而且不止一个，但医生们也没有说出一个准确的原因，有几个怀疑是痛风症。”

“痛风症是什么病？”

“是一种关节病，大致意思是尿酸淤积在骨节里了。”

“那怎么不将尿酸取出来？”

“医生们说现在没有一种方法能将尿酸取出来。”

“没有方法，怎么会这样？”

“因为尿酸不能溶解。”

“我不信，我要自己证明一下。”

与朋友分开后，爱迪生就来到了实验室，着手试验尿酸是否真的不能被溶解。他将很多支试管排成一列，每支试管里都倒入少量的、不同的化学试剂。然后，他将尿酸结晶颗粒分别放入试管里。静置了几天后，爱迪生发现有两支试管里的尿酸已经溶解了。就这样，一项新的发明问世了，痛风症也因此有了有效的治疗方法。

爱迪生的求知精神值得每一个孩子学习。在学习上，就需要有这种思考和质疑的精神，因为怀疑，而主动求证，因为善思，而有所获得。

教育指南

在日常学习中，妈妈要注意尊重女儿的好奇心和求知欲，要正视孩子的问题，鼓励孩子发问。具体来说，妈妈要这样去做：

（1）站在孩子的角度想问题

当妈妈们对女儿的问题感到厌烦时，不妨站在孩子的角度来想这些问题，当我们变成孩子，我们就能理解孩子的困惑。

妈妈们要知道，大人们已经习以为常的问题，以及觉得十分幼稚的问题，对于孩子来说，都是陌生的问题。所以，对于孩子的提问，不要压制和打击，要耐心地回答，即使女儿的问题层出不穷，也不要对她厌烦。

（2）尽量给孩子一个正确的答案

对于女孩的问题，妈妈应该尽最大努力给出正确的答案。如果孩子的问题太难，妈妈可以带孩子一起去翻书、上网查找答案。要谨记，千万不能给孩子错误答案，这样会影响孩子的认知。

对于模棱两可的问题，或者不适合孩子的年龄知道的事，妈妈可以采取回避的态度，比如可以这样说："关于这个问题，等你长到妈妈这么高的时候，妈妈再告诉你。"

（3）引导和鼓励孩子问问题

当女孩提出某个问题后，妈妈可以根据问题的性质，对孩子予以恰当的称赞和表扬，这样能够激发她发问的热情，起到鼓励的作用。比如，妈妈可以说"你能想到这个问题真是太棒了，我都没想到""你提的问题真好"，等等。

（4）理解孩子的探索行为

有些妈妈抱怨女儿在家喜欢拆东西，小到玩具，大到日常用品，都被她偷偷地拆开了。其实，孩子这种拆东西的举动属于一种探索行为，是好奇心和求知欲的具体体现。

在拆东西这件事情上，妈妈不用完全制止和斥责孩子，对于玩具，妈妈应该允许孩子的拆卸行为。对于一些贵重用品，妈妈可以收纳起来，避免孩子拿到。

【好妈妈课堂】

爱因斯坦说过：“提出一个问题，往往比解决一个问题更重要。”在女孩学习的过程中，妈妈一定要引导她多问几个为什么，这样可以帮助孩子全方位地汲取知识的养分，更好地提高学习成绩。

帮孩子制订高效、可行的学习计划

关于孩子的学习，很多妈妈忧心的一点是：孩子的成绩很长一段时间都没有进步。

为什么孩子的学习容易止步不前呢？为什么明明孩子每天都在用功学习，但就是没有成效呢？为什么有些孩子就能循序渐进地进步呢？

关键在于计划。

任何事情想要做好，都需要计划。有了计划，才能目标明确。一个好妈妈，应该针对女儿的学习情况，帮她制订有效的学习计划。

所谓有效的学习计划，是指孩子能接受的、切实可行的学习计划。也就是说，学习计划虽然是由妈妈来制订，但要征求孩子的意见，要和孩子商量着制订。同时，计划要符合孩子的实际情况，不能制订得太高，使孩子难以完成，也不能过低，使孩子失去积极性。

教育指南

妈妈在帮女孩制订学习计划时，需要注意以下几点：

（1）重视短期目标和计划

短期目标是相对于长期目标而言的，是指在短期内比较容易实现的目标。短期目标和长期目标是相辅相成的关系，短期目标是为长期目标服务的，只有短期目标规划好，长期目标才有可能实现。比如，如果上初一的女儿的目标是考上重点高中，那么妈妈就可以帮孩子制订六个短期计划，一学期一个，逐步提高成绩，最终达到重点高中的录取分数线。

短期目标的优点在于便于操作，比起遥远的长期目标，短期目标更能鼓舞孩子的斗志。

有这样一个心理实验：

一些学生被分成三组，分别由三位老师带领进行远行训练。

第一组学生不知道具体要走多远，只被告知要跟着老师走；

第二组学生知道此次远足的具体距离；

第三组学生知道具体距离，而且每走一公里就能看到一个告示牌，可以清楚地知道自己走了多远。

实验结果为：第一组学生因为看不到目的地，所以越走越灰心，都没有走到终点；第二组学生知道具体距离后，开始并没有任何抱怨，很踏实地走，但走了一段时间后，因为不知道走了多远，所以有近一半的学生绝望了，没有走完全程；第三组学生因为能够看到告示牌，每次只想着走一公里，所以都坚持走到了终点。

上述心理实验说明，有目标比没有目标更容易让人坚持下去，而短期目标比长期目标更能让人坚持下去。推及到孩子的学习，短期目标也比长期目标更为适宜，所以，妈妈要重视采用短期学习计划。

（2）适当调整计划

制订了短期学习计划后，妈妈也不能松懈。女孩在学习过程中总会遇到各种各样的问题，根据具体情况，妈妈可以适当调整计划，让孩子容易完成。

西西的学习成绩一直很差，妈妈为了激励她，给她制订了一个月计划。计划内容是“在每月的模拟考试中，都要争取超过一位同学”。

前几个月，西西很好地完成了妈妈的计划，但接下来的一个月，西西的学习状态不佳，上课经常走神。和西西成绩差不多的几个同学看上去都非常努力，但西西就是打不起精神。最终，月考成绩出来了，西西不仅没有完成每月计划，还一下子滑到了倒数第一。

当西西将成绩单拿给妈妈看时，心里害怕极了，唯恐被妈妈责骂。不过，妈妈并没有责骂她，反而安慰她说：“没关系，我们重新努力，你现在是倒数第一，按照每月计划，你下次只要超过一个人就行了，这是不是很容易实现?”

西西很感谢妈妈的理解，学习更加努力了，在下一次的月考中，她连超三个人，超额完成了每月计划。西西的妈妈相信，用不了多久，西西就能恢复到以前的成绩。

（3）为孩子找一个竞争对象

无论是成人还是孩子都有竞争心理，如果能在学习上充分激发孩子的竞争欲望，那么对于提高孩子的学习成绩会大有帮助。

妈妈在帮助女孩制订学习计划的时候，可以为她找一个或两个竞争对手，竞争对手可以是和孩子成绩差不多的同学，也可以是比孩子成绩好一些的同学。当孩子有了竞争对手后，学习就会更加有动力。但要注意，竞争对手不要选和孩子成绩相差太多的，这样会让孩子感到有压力，从而产生相反的效果。

紫彤在学习上一直没有动力，她的妈妈研究了她的成绩，又看了看排在她上面的两个同学的成绩，觉得可以通过给她安排竞争对手的方式来激发她的进取心。

一天，紫彤的妈妈旁敲侧击地提到了女儿的两位同学，并表示希望女儿能将他们当作学习对手，争取在下一次考试中超过这两个人。

紫彤接受了这项挑战，随后投入到了紧张的学习中。

仅仅两周，紫彤的妈妈就惊喜地发现女儿的成绩有了一些提高，连老师都夸赞紫彤进步快。

之后的考试中，虽然紫彤只超过了一个人，但学习的热情依然在，她主动和妈妈表决心：“下次我一定超过XXX。”妈妈对此很欣慰。

（4）有针对性地制订计划

妈妈要结合女儿的各科情况制订相应的学习计划。如果孩子某几科成绩差不多，这几科就可以共同使用一个学习计划；对于成绩特别不好的一科或两科，要单独制订学习计划。

每次考试，小柔的数学、英语成绩都七十多分，只有语文勉强及格。妈妈发现小柔的作文写得不好，针对这个情况，妈妈给小柔制订了一个写作训练计划。

关于数学、英语和其他几科，妈妈对小柔的要求是：每次进步几分。这对于小柔来说比较容易完成，而且没有太大压力。

自从制订了两个不同的学习计划，小柔的成绩一直在提升。写作训练计划完全没有影响小柔的数学和英语等科，而且使小柔的写作水平越来越好，仅仅半年时间，小柔的语文成绩就提升到了七十多分。

一年后，小柔的妈妈见女儿的写作已经没有问题，就废除了写作训练计划。根据小柔的学习成绩，小柔的妈妈又制订了两个明确的计划。

(5) 对计划的完成度进行检查

制订了计划之后，妈妈还要及时检查女孩计划的完成度和效果。如果她在执行计划的过程中遇到了困难，可能说明计划本身有问题，这就需要妈妈进行反思和修订。

新月的妈妈就英语学习给新月制订了一个每周计划，即让新月每周背熟三十个单词。新月对计划没有异议，每天认真地按照要求记单词。妈妈经常能看见新月嘴里念念有词，为此很满意。

一周后，妈妈检查新月背诵单词的情况，新月快速地将三十个单词背了出来，而且发音准确，拼写也无误。看到成果后，妈妈对自己的计划很满意，这个计划就继续进行了下去。三个月后，英语模拟考试成绩出来了，新月的妈妈诧异了，有些新月背诵过的单词，她居然答错了。

后来新月妈妈才找到原因，原来女儿为了完成三十个单词的任务量只是死记硬背，根本没有弄明白单词的意义和用法。鉴于此，妈妈与女儿进行了沟通，重新制订了一个女儿表示能很好地完成的每周计划。

（6）监督孩子完成计划

女孩在执行学习计划的过程中容易出现拖延或半途而废的情况。对此，妈妈首先要检查计划，如果计划没有问题，那么就要从孩子身上找原因。

女孩不愿意完成计划，可能有两方面原因：一是本身懒惰，这就需要妈妈进行严格的监督，督促其完成；二是计划效果不明显，孩子失去了信心。这种情况妈妈需要耐心劝导孩子，让其明白成绩的提高并非一朝一夕就能实现，需要长久地坚持下去才能看到成效。

【好妈妈课堂】

妈妈要根据女儿学习的具体情况，为她制订高效、可行的学习计划，并对计划的实施进行监督，及时发现计划的漏洞，完善计划，解决孩子在计划执行过程中的问题，帮助孩子一步步提高学习成绩。

孩子偏科严重，怎么破？

石女士的女儿苏苏今年上八年级，对于女儿的学业，石女士一直很担心，因为女儿存在严重的偏科现象。苏苏从小不喜欢数学，小学时数学成绩就比其他科目低一些，到了初中后，数学成绩更差了，苏苏自己也渐渐对数学失去了兴趣，根本不爱做数学题。苏苏最喜欢语文，她的语文成绩班里第一，作文经常被老师当作范文阅读。所以，自习课等业余时间，苏苏都爱看语文辅导书或课外书，而几乎不看与数学相关的书籍。

面对女儿的偏科现象，石女士多次想给女儿报数学班，但苏苏不愿意上，她说一想到应用题和各种公式就头疼。石女士也不知道该怎么办才好。

偏科是中小学生中很普遍也很正常的一种现象。孩子偏科有内在和外在两方面的原因。从先天素质来看，感性的孩子大多喜欢文学艺术，而理性的孩子大多喜欢数字算式。从学校教育来看，也许有的孩子会因为对某学科的老师感到亲切而喜欢他/她的课。再者，偏科也可能与各科老师的教学方法有关。另外，家庭环境也可能影响孩子的喜好。

偏科虽然构不成较大的危害，但对女孩的学习和发展却是相当不利的。

首先，偏科明显会拉低孩子的整体成绩。如果孩子的多门学科成绩都不错，唯独一科的成绩惨不忍睹，那么就会给整体成绩拖后腿。而无论是中考还是高考，都是看总分的，为了确保总分，必须全面抓各科成绩。

其次，偏科也会间接影响其他科目的学习。人的知识结构有科学的构成成分，各成分之间相互影响，相互促进。比如，数学思维直接影响着人的分析力，数学学得好，分析力就好，而分析力对其他科目的学习也非常重要。

所以，为了女孩更好地发展，妈妈一定要重视她的偏科问题。

教育指南

下面是纠正偏科的几点建议：

（1）开发强项

在偏科问题上，很多妈妈习惯于关心女孩的弱项而忽视她的强项，其实，孩子的强项也应该引起足够的重视。

一般来看，孩子的强项从很小的时候就有所表现，比如四五岁的女孩特别喜欢古诗，而且背得很流畅，那么她很可能有文学天赋。聪明的妈妈应该在女儿很小的时候就为她提供一个丰富多彩的环境，找到孩子的兴趣，发现孩子的强项，然后加以鼓励和开发。

（2）克服弱项

弱项对于女孩来说比较难以克服，妈妈要及早发现孩子学习中的弱项，多关心孩子，帮助孩子解决难题。比如，女儿从三四年级开始就在数学上出现解题困难等现象，妈妈要想方设法帮助孩子，不要等到女儿对数学厌烦时再采取措施。

（3）坚持全面发展

在对女孩的教育上，妈妈要坚持“德、智、体、美、劳”全面发展的原则。全面发展是现代教育的要求，妈妈要引导女孩平衡各科成绩，主动发挥强项，弥补弱项，不要认为某些科目不重要，更不要给孩子灌输相关的思想。

【好妈妈课堂】

对于女孩在学习上存在的偏科问题，妈妈必须予以重视。对于成绩好的学科，妈妈要鼓励，将孩子的强项发挥到极致；对于成绩差的学科，妈妈要引导孩子努力改善，不要让它成为孩子的短板，进而影响总成绩。

帮助孩子进入“专注学习”的状态

我国古代著名思想家荀子指出：“目不能两视而明，耳不能两听而聪。”这句话告诉我们要做成一件事情，一定不能让自己的注意力涣散。而电视剧《士兵突击》中的经典形象许三多正是因为有一如既往的专注和执着精神，才让自己从一个“不合格”的农民兵蜕变成训练有素的突击战士。

从古至今，不管是荀子，还是许三多，他们都在用自己的言行告诉我们一个简单但又特别重要的道理：专一、忘我的精神是获得成功的必要条件。因此，作为妈妈都应该有培养孩子专注力的意识。

孟子在《奕秋》中为我们讲述了两个徒弟学下棋的故事。

奕秋是全国鼎鼎有名的下棋高手。有一天，他接收了两个慕名而来，且一心想拜师学艺的青年人做徒弟。

这两个青年人虽然对下棋很感兴趣，但是他们学习时的专心程度却大不相同。其中一个青年人在听奕秋讲解下棋的招数和技艺时，目不转睛，并且精神高度集中，生怕漏掉其中一句重要的话。这个青年人凭借着高度的专注力，学得了很扎实的专业知识，他后来成了一名了不起的棋手。反观另外一个青年人，经常在奕秋授课的时候三心二意，思想偷偷地开小差。当奕秋在讲下棋的时候，他已经神游到弯弓射天鹅的事情上了。奕秋所讲的走棋攻略他一知半解，但是对于如何拿弓、搭箭、瞄准、放箭，他却思考得非常投入。最后的结果可想而知，他的棋艺远远落在了和他一同前来拜师求艺的同伴之后。

这个故事告诉人们：一个人的学习成绩和其所投入的专注力有很大的关系。在学习过程中，如果你一心两用、三心二意，那么一定不会有丰硕的收获。

另外，有这样一则实验，也证明了这个理论的正确性。在实验中，被试者如果精神高度集中，那么他只需把一篇课文诵读 9 遍就能熟练背诵。但是如果他的注意力不集中，竟然需要读 100 遍才能记住同样的一篇课文。由此可见，一个人学习效率的高低与其专注力有直接的关系。正如专家所言：“哪里有注意，哪里才会有思考和记忆。”

另外，大量的实验和教学实践也表明，学习成绩优异的孩子都有一个共同的特征：他们自我约束能力良好，听课阅读时能保持注意力集中，有的时候即便老师讲得不那么生动，他们也能让自己的思维跟着老师的节奏。但是反观另外一类学习成绩差的人，他们上课的小动作多得数不胜数。在老师认真讲课的时候，他们有的交头接耳、窃窃私语，有的目视远方、神情呆滞，还有的抠耳朵、挖鼻孔、玩转笔。这种注意力涣散且态度不端正的孩子，怎么能把成绩搞上去呢？

教育指南

妈妈们要想让自己的女儿把学习成绩提上去，首先就要提高她们的专注力。只有帮助她们进入“专注学习”的状态，她们听课和学习的效率才能有所提升，进而其分数也会跟着上涨。

另外，妈妈们应该知道，孩子注意力的好坏并不是先天遗传的，而是靠后天的学习培养和训练得来的。大家如果想要提升孩子对学习的专注力，不妨通过以下几种办法加以训练：

（1）营造一个安静的学习氛围

为了避免孩子在学习的过程中注意力被其他东西所吸引，妈妈一定不要打开电视或者收音机。另外，为了最大程度地降低其他噪音对孩子的影响，妈妈可以在孩子写作业的时候，把家里的窗户关上。

当然，除此之外，妈妈还应该把孩子书桌周围的图画、照片、零食、玩具等全部收起来，以免让这些与学习无关的东西吸引孩子的注意力。最后，当一切准备妥当之后，妈妈们应该轻声退出，中途若是没有什么要紧的事情，切不可过去和孩子随意搭话。要知道，你的一句闲话很有可能会让正在写作业的孩子浮想联翩，从而无心学习。

（2）通过运动来增强孩子的注意力

有的时候，孩子注意力不集中主要是由于其大脑皮层兴奋不起来的缘故。那么，如何才能让孩子的大脑处于兴奋状态呢？妈妈们不妨带着女孩一起做运动，比如打乒乓球、羽毛球，跳皮筋，丢沙包等。当然，如果条件允许，带着孩子跳蹦床、走平衡木也未尝不可。

（3）和孩子一起玩数字游戏

一个聪明的妈妈为了训练女儿的注意力，就想出了和孩子玩一个数字游戏的方法。她先给出孩子一组七位数字，让孩子来重复它，当孩子把这七位数字记得滚瓜烂熟时，妈妈又把七位数升到八位。后来随着时间的推移，她给孩子的数字位数逐步递增，最后升到了十二位。

在每天十分钟，为期一个月的数字游戏里，女儿感到乐趣无穷，而且最重要的是，游戏结束时，她的注意力和记忆力有了显著的提升。

（4）保障孩子充足的睡眠

专家表明，睡眠不足的确会使人专注力下降、反应变慢。如果妈妈不能保障女孩有充足的睡眠，那么孩子的大脑机能就无法得到恢复，这样她学习的时候就会出现精神困顿、注意力涣散等不良现象。所以，为了让孩子尽快进入专注学习的模式，妈妈们应该保障孩子每天有八九小时的睡眠时间。

【好妈妈课堂】

一位著名学者曾经说过："注意力是学习的窗口，没有它，知识的阳光就照射不进来。"因此，妈妈要想让女儿有一个好成绩，就需要从学习环境、游戏训练、休息睡眠等各方面着手，帮助孩子真正进入专注学习的状态。

第五章

比成绩更重要的，是孩子人格的健全

人格修养决定孩子的一生，拥有健全人格的女孩更受人欢迎。

培养一个知感恩、行孝道的贴身小棉袄

依娜的父母开了一间小卖部，依娜经常到店里帮忙。这天，依娜看上了一个玩具娃娃，但是她没钱去买，她想了半天，最终写了一张账单，放在了妈妈的枕头旁。这张账单是这样写的：扫地1元，擦桌子1元，刷碗1元，最近很听话5元。总共8元。第二天早晨醒来的时候，依娜在自己的枕头旁发现了8元钱和另一张账单：妈妈怀胎十月，忍痛生下依娜0元，妈妈每天为依娜做饭0元，在依娜发高烧时妈妈半夜起来送她去医院0元，这些年来辛苦抚养依娜0元。总之，妈妈为依娜付出所有，得到0元。依娜看完账单后，觉得十分羞愧，于是将这8元钱又还给了妈妈。

在依娜的故事中，我们不仅看到了依娜的纯真与懂事，更感受到了母亲的伟大与辛苦。在依娜向妈妈索取报酬时，她其实没有意识到妈妈的不易。但当她看到妈妈列出的账单时，她猛然意识到了妈妈的辛劳与不求回报，发现与妈妈对自己的养育相比，自己做的这一点点家务实在是微不足道，于是将钱还给了妈妈。

事实上，我们的生活中经常可以见到类似的事情。许多女孩在帮妈妈做了家务后，都会索要报酬，因为她们觉得自己做了这么多就应该从妈妈那里得到回报，也没有意识到妈妈的辛苦。等她们长大了，有了自己的孩子时，就会明白，向妈妈索取回报，是一件很幼稚的事情。

母爱似海，母亲的爱是值得用一生去报答的。相信世界上没有人会质疑母爱的无私与伟大，母亲将自己的所有奉献给了儿女，没有想过获取回报。但是，能够意识到母亲付出的孩子很少，能够对母亲怀有一颗感恩之心的更是屈指可数。更多的孩子则是心安理得地接受父母的付出，从来没想过感激或回报。正因为如此，妈妈更应当让孩子了解“爱”的含义，学会感恩。

教育指南

感恩不仅仅是一份应尽的义务，更是一个人的重要品德。妈妈可以这样培养女孩的感恩之心。

（1）让女孩懂得感谢父母

羊有跪乳之恩，鸦有反哺之义。羊羔与小乌鸦尚且知道感激母亲，人难道连动物都比不上吗？一个不懂得感恩父母、连父母都不爱的人，又怎么可能对家庭、事业、社会充满爱意呢？因此，妈妈应当让女孩明白，父母对孩子的爱是无私的，是独一无二的，哪怕只是简单的衣食与质朴的关怀，也充满了父母对孩子的爱。女孩对这份爱有了清晰的认知后，才会懂得珍惜当前拥有的，理解并感恩父母。

（2）让女孩知道父母的辛劳

现在，许多孩子完全不了解父母的工作情况，不知道金钱来之不易，只知道向父母索取钱财满足自己的欲望，觉得父母让自己吃好、穿好、用好是理所当然的。有这种思想的女孩是不可能真心孝顺父母的。因此，妈妈应当将父母的工作情况等大致告诉孩子，让孩子对父母的工作有具体的认识，知道父母的辛劳。这样一来，女孩就会逐渐学会珍惜自己的生活，也能够真心地感激父母、孝顺父母。

（3）从小事上培养女孩的习惯

妈妈应当在女孩品德的形成过程中对其进行具体、详细的指导，让女孩养成好的习惯。比如，让女孩使用礼貌用语；做一些力所能及的家务劳动，感受父母的辛劳；将父母的生日放在心上；如果父母身体不舒服，要让女孩参与部分照顾工作；让女孩给辛勤工作一天的父母捶捶背、揉揉腿；等等。这些良好的习惯会让女孩对父母的爱慢慢渗入心中。

（4）让女孩学会关爱他人

关爱他人是女孩应当具备的品质，不仅能使女孩获得他人的关爱和帮助，也能促使女孩收获更大的成功。妈妈要教育女孩多关爱他人。

（5）教育女孩懂得感谢他人

在这个世界上，没有人必须要为别人付出，可人们的生存与发展却不可能离开别人的帮助。不管是父母的养育之恩，师长的谆谆教导，还是同学或朋友的殷切关怀，甚至只是陌生人的一次帮助，都是不求回报却给了自己巨大帮助的，应当予以感激。只有让女孩知道别人对自己的付出只是出于善意，这样她才会心生感激，知道关心他人。

（6）及时巩固，以身作则

妈妈要对女孩每次感激、孝顺的行为予以鼓励和表扬，这样会让女孩有充足的动力持续这种良好的行为；如果女孩出现了不良行为，妈妈也应当立即进行纠正，让女孩知道什么样的言行是正确的，什么样的言行是错误的。另外，妈妈自己也应当知感恩、行孝道，给女孩正面的影响。

（7）尊敬长辈，关爱老人

尊老，本身就是一种感恩，它展现了一个人的品格。妈妈应当给女孩灌输尊老的意识，让女孩在细节处也不忘关爱老人。在生活中，妈妈应当从小事入手，培养女孩尊敬长辈、关爱老人的品格。如让女孩帮老人做一些力所能及的事，与老人说话时要注意礼貌用语，当老人生病时要勤加关心，并时时慰问等。

【好妈妈课堂】

在物欲横流的今天，让女孩学会感恩和孝顺，有助于其好的品格的形成，同时也让孩子的一生受益无穷。妈妈要以身作则，从小事入手，培养孩子的这种好习惯。

诚实守信是女孩健全人格的必备素质

这天早上，妈妈急急忙忙地帮玲玲收拾书包，催促玲玲赶紧吃早饭，好赶去幼儿园。在她们马上就要出发时，妈妈再次检查了一下书包中的物品，觉得已经带全了，就拉着玲玲准备出发。

“妈妈，”玲玲忽然打开书包看了看，说，“我要把那些花朵卡片都带上。”

“不行，”妈妈重新拉好书包，“去幼儿园干吗带那么多卡片？赶紧走吧，一会儿该迟到了。”

听到妈妈的话，玲玲顿时哭了起来，她一下子就将书包扔到了旁边，放在书包侧兜里的两个苹果被震了出来，骨碌碌地滚到了墙边。玲玲的行为可把妈妈气坏了——每天从早到晚，自己都为了玲玲忙个不停，可她怎么能这样任性呢？于是，妈妈拉过玲玲就在她的屁股上打了一巴掌，这下子玲玲哭得更凶了。那套花朵卡片最终还是被留在了家里，在妈妈的强迫下，玲玲只能哭着去了幼儿园。

说起花朵卡片，那是玲玲的小姨出国游玩时给玲玲带回来的，一套总共50张，每张都非常漂亮。平时，玲玲都是将这套卡片收在一个小纸箱里，宝贝得不行，谁都不让碰。

第二天早上，妈妈给玲玲检查书包时发现，玲玲又将这套花朵卡片放在了书包里。妈妈想了想，便偷偷拿出了那些卡片，把它们放回了纸箱，然后在原本放卡片的地方，塞入了一盒牛奶。玲玲什么也不知道，背着小书包高高兴兴地出了门。

当天晚上，妈妈去接玲玲，发现玲玲一脸不高兴的样子。回家之后，妈妈问玲玲为什么不高兴，玲玲终于忍不住哭了起来。

“我要带花朵卡片去幼儿园，你不让我带！”玲玲哭着说，“我明明已经装到书包里了，可你却偷偷拿了出来。”

“不让你带，是怕你不小心弄丢或者被其他小朋友弄坏啊！”妈妈觉得小孩子的想法真是难以理解，“你就因为这个才不高兴啊？”

玲玲哭得更惨了：“我都已经答应朋友要把花朵卡片带给她看了。我已经两次没带了，她说我不讲信用，再也不跟我玩了。”

妈妈这才发现，由于自己的自以为是，孩子已经在小伙伴面前丧失了信用。虽然孩子年龄不大，但她已经有了自己的交际圈子，在这个圈子中，每个小朋友都有独立的人格和尊严。玲玲的两次失信行为，肯定会让对方对玲玲产生误解，而玲玲觉得自己丢失了信用也失去了朋友，当然会十分难过。

妈妈心中暗暗责怪自己：原本玲玲已经融入了幼儿园这个小集体当中，可由于自己的过失，玲玲又从这个小集体中离析了出来。

"别哭了玲玲，这件事情是妈妈的错。"妈妈对玲玲说，"明天早上去幼儿园时，妈妈帮你向朋友解释，还要把花朵卡片带给她看。"

玲玲这才慢慢停止了哭泣。

第二天，妈妈果然向玲玲的好朋友解释了这件事，还告诉对方，玲玲是个诚实守信的孩子，只是因为妈妈的阻拦才会失信。玲玲看着好朋友，一副"我很守信用"的骄傲表情。

如今，玲玲已经上了高中，可这件事带给她的影响却一直没有消失，她一直诚信做人，大家都很信任她。

诚实守信是一个人最基本、最重要的素质。如果失去了诚实守信的品质，那么这个人的人格就是不健全的，他也就不值得别人与之交往，对于孩子而言当然也是如此。但是，如今许多家长都只关注孩子智力的开发，而忽视了诚实守信这一素质的培养，最终导致了不良的后果。因此，妈妈一定要重视培养孩子诚实守信的素质。

教育指南

怎样才能培养孩子诚实守信的素质呢？我们建议妈妈这样做：

（1）答应孩子某事时，一定要考虑自己是否能够实现诺言

在生活中，孩子会提出各种各样的请求，妈妈很可能会出于疼爱心理而答应下来。但是如果答应了却没有做到，就会给孩子带来不良影响。因此，如果不能实现许下的诺言，妈妈就不要胡乱答应下来。正确的做法是，如果无法实现孩子提出的要求，妈妈可以耐心地对孩子解释，取得孩子的体谅。妈妈的这种行为也是在教导孩子应当怎样处理同类问题。

（2）要掌握好许诺的尺度和底线，不能无条件地满足孩子的要求

有时候，孩子会提出一些不合理的甚至过分的要求，如果这些要求得不到满足还会哭闹不止。此时，妈妈千万不要答应孩子的要求，否则，孩子就会认为无论怎样的要求，只要自己哭闹，妈妈就会无条件满足，进而变得越来越任性，许诺也就成了溺爱、纵容孩子的毒药。妈妈应当掌握好许诺的尺度和底线，当孩子无理取闹时，妈妈可以任由她哭闹，等她知道即使哭闹也无济于事时，就会觉得无趣，态度也会有所转变。这时，妈妈再跟她分析其中的道理，孩子也就能听得进去了。

（3）若无法兑现诺言，要积极应对

有时，由于一些突发情况，妈妈无法兑现对孩子的诺言，此时，妈妈不能逼迫孩子接受诺言无法兑现的结果，而是要耐心地对孩子解释原因，主动对孩子道歉，并尽快寻找恰当的时机兑现这一未能实现的诺言。这样，如果孩子遇到同样的问题，也知道该怎样处理。

（4）对孩子学习上的诚信严加把控

孩子入学后，会接触到许多新鲜事物，如作业、考试等，而这些都是学习上的重要事项。妈妈应当要求孩子按时完成作业、考试不作弊、不涂改成绩单等，这既对孩子的学习有所帮助，又是诚信教育的延伸和发展。如果孩子在学习上不讲究诚信，妈妈应当予以批评；如果孩子屡教不改，妈妈应当毫不留情地严加处罚。

（5）及时表扬和鼓励孩子讲诚信的言行

表扬和鼓励是良好的动力，能激励孩子一直诚实守信。因

此，当妈妈发现孩子有讲诚信的言行时，应当及时予以表扬和鼓励。

（6）关注和尊重孩子之间的约定

孩子之间的约定同样重要，妈妈应当尊重。例如，妈妈本打算周末带女儿去爷爷奶奶家，但是此前女儿已经和小伙伴约好了去别人家玩，这时，妈妈就应当尊重孩子之间的约定，不能强迫女儿按照自己的安排而对他人爽约。不过，如果孩子与妈妈的约定在先，与小伙伴的约定在后，妈妈就要让孩子按照与自己的约定行事，并且让其向小伙伴解释清楚。

（7）不要逼孩子许下不可能实现的诺言

逼孩子许下不可能实现的诺言会对孩子的心理健康产生负面影响：一方面会让孩子学会用“空头支票”取悦他人，另一方面会减弱诺言在孩子心中的重要性与威严。

【好妈妈课堂】

言而无信、言行不一是孩子人格的一大缺失。为了避免这种情况的出现，妈妈们应该从女儿的幼年时期就开始培养她说话算话的习惯，铸造孩子诚实守信的美好品质。

善良的女孩，走到哪里都发光

对于孩子而言，善良格外重要。如果没有善良，孩子的内心就会像一条毒蛇，令人憎恶；而拥有善良的孩子，就会像宝石一样美丽动人。所以，妈妈应当从小就在孩子的心里播下善良的种子，让孩子拥有善良的品质，这样孩子长大后才可能保持善良的心灵。

某天，刚刚卸下联合国秘书长职务的科菲·安南在得克萨斯州的一座庄园里举办了一场慈善晚宴，许多富商和社会名流都应邀前来参加晚宴。

在宴会正式开始前，一个名叫露西的小女孩拿着自己所有的积蓄也来到了这座庄园，想要参加这场慈善晚宴。可想而知，小露西被保安拦在了门外。

面对保安的阻拦，小露西没有惊慌，没有挫败，而是这样问道："叔叔，慈善的不仅是钱，还有心，对吗？"听到这句话，保安愣住了。还没等保安说什么，小露西又说道："我知道被邀请的都是有钱人，而且他们会捐出很多钱。虽然我不像他们那样有钱，但我把自己所有的钱都带来了。如果我不能进去的话，那么请把这个带进去，好吗？”小露西举起装着自己全部积蓄的存钱罐，将它递给了保安。

保安迟疑了，他不知道自己应不应该接过存钱罐。正要进场的巴菲特先生看到小女孩的行为，非常感动，便带着小露西进入了庄园。

在这天的慈善晚宴上，最引人注目的不是慈善晚宴的举办者安南，也不是慷慨捐出300万美元的巴菲特先生，而是捐出了自己全部积蓄（30美元25美分）的小露西。小露西赢得了所有人发自内心的赞美，慈善晚宴的标语也改为了：“慈善的不是钱，是心。”

小露西是如此善良与纯真！的确，爱心是无法用金钱来衡量的，与300万美元相比，30美元25美分是那么微不足道，可是这却是一位善良小女孩的所有积蓄。她将自己的所有爱心奉献了出来，没有丝毫保留！正因为如此，她才引起了人们的注意，成了那场慈善晚宴的焦点。所有人无不被小露西的善良与真诚打动。

阿莉的女儿名叫小茉莉，阿莉一直很重视对女儿的品德教育。

在小茉莉4岁的时候，阿莉送给了小茉莉一只猫，小茉莉特别喜欢它。但是亲朋好友却不赞同阿莉的行为，觉得宠物不卫生，孩子抵抗力弱，总是接触宠物对身体不好；另一方面宠物的寿命比人类短，万一有个三长两短，孩子肯定会特别伤心。但是阿莉不这么认为，在她看来，只要家长能够把握好尺度，让宠物养成良好的卫生习惯，就能够避免孩子因为宠物而生病；另外，生老病死是一种常见的自然规律，孩子迟早都会面对，早些对孩子进行这方面的教育也没什么。更重要的是，阿莉想要通过饲养宠物来培养小茉莉善良、关爱他人的品性。果然，在养了猫之后，小茉莉自觉地担负起了照料它的任务，她还会用自己认识的为数不多的几个字加上绘画，来记录小猫咪的生长状况。

某天，在阿莉和小茉莉回家的路上发生了这样一件事：

在一个道路的拐角，有个没了一条手臂的小乞丐在乞讨。当她们经过时，小乞丐抓住了小茉莉衣服的下摆，想要让小茉莉给他一些钱或吃的。小茉莉被吓了一跳，马上打掉了小乞丐的手，说道："别碰我！你这么脏，快赔我衣服！""小茉莉！"阿莉的脸色顿时阴沉了下来："你怎么说话呢？过来！"小茉莉不情不愿地来到了阿莉身边，那个小乞丐也跟着小茉莉一起来到了阿莉身边。随后，阿莉找出一些零钱给了小乞丐，接着便拉着小茉莉离开了。

回到家后，阿莉马上召开了家庭会议，对小茉莉的做法进行了严肃的批评，还告诉她说："所有人都有尊严，也都需要被别人尊重，哪怕对方只是个乞丐，你可以选择忽视他，但是你不能斥责他。"丈夫了解了事情的经过后，虽然没有在家庭会议上提出反对意见，但还是觉得阿莉有些小题大做了，而阿莉告诉丈夫说："这都是为了让孩子能拥有一颗善良的心啊。"

阿莉的善良教育是有效的，小茉莉后来确实成长为一个善良的人。她能够体谅别人，也乐于奉献自己的爱心，因此很受邻居和同学的喜欢。

苏联著名教育家苏霍姆林斯基曾说："爱的教育应当是整个教育的主题。"在孔子的教育思想体系里，"善良教育"同样占据着非常重要的位置。如“仁厚”“修身”“和为贵”“修己安人”“温良恭俭让”“躬自厚而薄责于人”“贫而乐，富而好礼”“己所不欲，勿施于人”等，都是孔子的“善良教育”，这种教育始终贯穿于孔子的思想当中。可见，拥有一颗善良的心灵多么重要。

教育指南

善良的孩子无论走到哪里，都会发出让人不可忽视的光芒。妈妈要在孩子很小的时候就着手培养她的善良品格。下面是几条建议：

(1) 为孩子树立“关心他人”的目标

有了目标才有努力的方向，妈妈应当帮孩子树立“关心他人”的目标，告诉她：“妈妈希望你成为一个善良的人。”并要求孩子尊重他人，哪怕她很疲惫、很烦躁，甚至很生气，也不能丢掉这份尊重。

(2) 给孩子创造关心他人的机会

出行时，可以选择坐公交、地铁而不是打车，让孩子见到人们对弱势群体的照顾，让孩子学会主动让座。在家时，可以和孩子聊聊她最近听说过或见到过哪些善良的行为和哪些冷漠的行为，并对这些行为进行分析与评价，这样孩子就会慢慢地关注自己是不是也经常做出善举。

另外，不要对孩子帮助别人的行为都给予物质奖励。比如饭后孩子帮妈妈擦了桌子，因为这是一个家庭成员应该做的事，因此妈妈只需要说一些感谢和鼓励的话语就可以了。而当孩子帮了别人更大的忙时，比如帮助了班里被欺负的同学，妈妈就应当对她进行奖励。

（3）扩大女孩关注的领域

一个人的眼界会限制其行动，因此妈妈应当帮助孩子扩大其关注的领域。比如，妈妈可以和孩子一起看电视新闻，并和孩子讨论一下那些生活在战乱或贫困地区的孩子所面临的挑战；鼓励孩子去关注生活中的弱势群体，看到跌倒的同学要主动上前搀扶等。

妈妈还要教会孩子真诚、友善地对待生活中遇到的每一个人。

（4）给孩子树立起良好的榜样

榜样的力量无限大，因此妈妈要给孩子树立良好的榜样。妈妈可以积极进行慈善捐款或是做志愿者等公益活动，并且最好能够带着孩子一起参加。妈妈也可以经常和孩子讨论一些两难的问题，比如，一个非常穷困的人为了给自己病重的父亲付医药费，而去偷别人家的东西，这样的行为是否可取？看看孩子是怎样回答的，并告诉孩子自己会做出怎样的选择，以及这样做的原因。

【好妈妈课堂】

善良的孩子是块闪闪发光的宝石，不但照亮了自己，而且照亮了别人。作为妈妈，应该做好孩子的榜样，以德报怨，以善待人，在孩子的内心根植下一颗善良的种子，这样才能让孩子在以后的人生中走得更加平坦。

自私自利的孩子，离不开这几方面的教育

自私自利是一种不良心理，如果孩子产生了这种心理，就会给自己的人生增添几道坎坷。如果是女孩，那么她的人生之路就更艰难了。

自私自利的孩子通常有这样的表现：一切以满足自己为主，只关注自己能否享受，很少考虑他人。

人们经过研究发现，孩子产生自私自利的心理有两个原因：

第一，每个孩子天生都有利己倾向。在心理不够成熟时，孩子通常会单纯地认定“我即世界”，这种以自我为中心的思想会在成长的过程中慢慢弱化，逐步转变为接纳他人，但是仍然会有残留。

第二，错误的教育会导致孩子自私自利心理的形成，如父母长辈的溺爱、家庭氛围差等。

这天，张欣欣拿着新玩具跟随妈妈一起到小公园玩，欣欣认识的几个小朋友也在那里。这些小朋友对欣欣手里的新玩具很感兴趣，就请欣欣借给他们玩一会儿。但是欣欣却死死地抓

住自己的玩具不放手，连碰都舍不得让其他小朋友碰一下。在争论中，一位小朋友冲动之下推了欣欣一下，欣欣马上又推了回去。最后，所有的小朋友都很不高兴。

妈妈发现了孩子们的争执后，马上带着欣欣回了家，并且对她进行了严肃的教育。当欣欣意识到自己推其他小朋友的行为不对后，妈妈又说："玩具应当与小伙伴一起分享，这样才能交到朋友，而且小伙伴有了新玩具后也会分享给你。"之后，妈妈带着欣欣又回到了小公园，欣欣向其他小朋友道了歉，并将新玩具分享给他们，于是孩子们又和好了。不久，欣欣发现一位小朋友正在玩她没见过的一件玩具，她也想玩，于是妈妈鼓励她说："你可以用自己的玩具跟对方换着玩。"欣欣顺利地玩上了那个小朋友的玩具，她的玩具也借给了对方。妈妈便借此机会再次教育她说："那位小朋友多好啊，她很大方地把玩具借给了你。你有了玩具也应该跟大家一起分享，这样大家都会觉得高兴，你也会交到更多的朋友。欣欣愿意不愿意向这位小朋友学习呀？"欣欣痛快地回答说："愿意。"

两岁之前，孩子通常会愿意与别人一起分享自己的东西，但是两岁之后，孩子有了自我意识，就会产生自私自利的心理。这时，妈妈应当给孩子以正确的引导，使孩子产生良好的观念。慢慢地，孩子的这种不良心理就会被纠正过来。

某地区发生了一场突发性的灾难，网络上关于这场灾难的照片数不胜数，其中一张照片吸引了妈妈的注意。照片的背景是一片废墟，一个年轻的女子站在一座倒塌的房子前面，她的身边站着一个8岁左右的小男孩和一个5岁左右的小女孩，小男孩低垂着头，小女孩则紧紧抓着女子的衣角，眼睛看向镜头，眼神中充满惊慌和恐惧。妈妈被照片中的人物深深打动了，同时觉得这是一次教育孩子的好机会，便将这张照片拿给女儿看。

妈妈告诉女儿说："我们家里的东西太多了，可是他们现在却什么也没有。我们应该将自己的一些东西分享给他们。"说着，妈妈找出两个大纸箱，把一些耐腐的食物和不常穿的衣物放在了里面。女儿也从房间里拿来了她想分享给这家人的东西——她最喜欢的玩偶。女儿紧紧地抱了抱玩偶，然后不舍地将它放在了纸箱里。妈妈说："你那么喜欢它，可以把它留下来。"但女儿却认真地告诉妈妈："玩偶让我感到了快乐，妈妈，它肯定也会让那个小女孩觉得快乐的。"

妈妈知道，她已经不用再教育女儿慷慨与分享了，她为女儿感到骄傲，她觉得自己甚至从女儿身上受到了教育。是的，将自己不需要的东西分享给别人很容易，而将自己最喜爱的东西分享给别人却很难，但女儿却做到了。

慷慨大方的女性更容易受到大家的喜爱，她们的内心是快乐的，是富足的。因此，妈妈一定要培养女孩慷慨大方的品格。

教育指南

在生活中，以自我为中心的女孩并不少见，她们的独占意识特别强，很难有良好的人际关系。因此，当妈妈发现自己的女儿存在自私心理时，要及时帮助孩子纠正，并加强孩子的分享意识。下面几点建议应当对妈妈有所帮助：

(1) 少让女孩"吃独食"

溺爱是导致孩子自私自利的一大原因。出于对孩子的爱，妈妈可能会将好吃的、好玩的全都留给孩子，有时孩子想分享给妈妈什么东西，妈妈却说："你自己吃吧，我不爱吃。"久而久之，孩子的独享意识就会越来越强，她就会理所当然地认为好吃的、好玩的都属于自己。因此，妈妈要少让孩子"吃独食"。

妈妈尽量不要给孩子特殊待遇，不要满足孩子的无理要求，而是要让她知道自己与别人没什么区别，别人不会给她任何优待，这样可以降低孩子产生自私自利心理的概率。

（2）让孩子养成正确的物质观念

过于看重物质也是导致孩子自私自利的原因，妈妈应当弱化物质的影响。比如，不要当着孩子的面表达出对生活条件好的家庭的羡慕，有好吃的要分给每个家庭成员等。孩子一旦树立了正确的物质观念，就不会轻易产生自私自利的心理了。

（3）让孩子懂得与他人分享的含义

分享是关心他人的体现。能够与他人分享，他人就会同样记挂着自己，这样有来有往，大家都会感到温暖和快乐。在部分孩子的思想中，分享就等于失去，因此她们不愿意跟其他人分享。妈妈应该理解这种想法，并让孩子明白，分享并不意味着失去，而是一种互利，自己损失的那部分会变换一种形式回到自己身边。

（4）及时纠正孩子的自私行为

自私自利并不是一瞬间出现的，而是由轻到重地发生。如果妈妈能够在孩子刚出现自私自利的心理时，就及时纠正孩子的自私行为，那么孩子的自私心就不会滋长起来。

【好妈妈课堂】

自私自利是一大人格缺陷，作为妈妈一定要重视这个问题，如果你的女儿也有这方面的倾向，那么不妨通过以上几种方法帮助她加以调整。

别让孩子嘲笑他人

最近，依诺家隔壁搬来了新邻居。邻居家也有一个小朋友，跟依诺同龄，两个孩子很快就玩在了一起。依诺口齿伶俐，小小年纪就能很顺畅地表达出自己的想法，吐字也很清晰，而隔壁的小朋友吐字不太清晰，说话还有些结巴。可能是出于这份比隔壁小朋友厉害的优越感，依诺回到家后就会带着嘲笑的语气跟妈妈模仿隔壁的小朋友说话："妈……妈妈，我回……来了。""妈……妈妈，咱们晚上吃……吃……什么呀？"然后还露出得意的神色。

依诺在学校也经常这样说话，现在她班里的同学都知道她家隔壁新搬来一个说话有些结巴的小邻居了。

模仿是儿童的天性。孩子模仿别人的行为，一般来说有两个原因：一是觉得有趣，二是出于嘲笑的心理。

那么，孩子为什么喜欢嘲笑别人呢？

（1）以嘲笑别人取乐

有些孩子并不是真的出于恶意才嘲笑别人，而只是觉得好玩。这些孩子觉得，嘲笑他人会引起其他孩子的关注，被嘲笑者或窘迫或气愤的反应也很有趣。总之，这种行为会让她们产生自己很聪明、很神气的感觉。

（2）让自己占上风

孩子到了一定的年龄段，交友的想法会变得稍微复杂起来，她们更愿意和在外貌、行为等方面与自己相似的孩子玩。对于那些不符合交友条件的孩子，嘲笑可以将他们赶出自己的团体。而且有了竞争意识后，结成团体的孩子与其他孩子之间总想分出个高下，嘲笑则是最直接表示自己占了上风的方式。

（3）对孩子进行不恰当的表扬

有些妈妈总是对自己的女儿进行过度表扬，或者在表扬自己孩子时贬低其他孩子，这样一来孩子就会自鸣得意，觉得没人能比得上自己，从而嘲笑其他小朋友。另外，倘若孩子从未或极少得到表扬，孩子就会不自信，而过于不自信也会使孩子喜欢嘲笑别人。调查显示，不自信的孩子通常无法很好地接纳自己、尊重自己，所以可能会带着一种厌恶、挑剔的眼光去看待别人，并通过嘲笑对方获得自我满足，实现心理平衡。

（4）家长和环境的负面影响

家长的不良行为和周围的不良环境都可能对孩子造成负面影响。比如，妈妈总是跟别人议论楼下的孩子看起来呆呆的，一副笨手笨脚的样子，孩子如果听到这些话，有可能会记住，当她遇到楼下的孩子时，就可能会用嘲笑的语气说："你是个笨蛋，我才不想和你玩！"

（5）语言能力的逐渐增强

随着年龄的增长，孩子的语言能力逐渐增强，她们不仅可以表达出较为复杂的思想，还会将自己的想法附加到语言中。比如，对于一个较胖的女孩，年龄较小的孩子形容她时可能会用“有些胖”“超重了”一类的词，而年龄较大的孩子就可能会附加一个观念上去，用“傻胖妞”“小胖妞”之类的词来形容。

教育指南

妈妈一旦发现女儿有嘲笑别人的行为，就应分析其中的缘由，采用正确的方法教育、引导孩子，尽快纠正其这一错误的心理，千万不能漠不关心。那么，妈妈要怎样帮助女儿消除嘲笑的心理呢？

（1）培养孩子的同情心，让她懂得尊重

要想获得尊重，就需要先尊重别人。依靠贬低和嘲笑是不可能获得健康的人际关系的。因此，妈妈要培养女儿的同情心，让女儿意识到尊重他人的重要性，学会尊重他人、关爱他人。具备了这样的素养，孩子也就不会再去嘲笑别人了。

（2）不要纵容女孩的嘲笑

当孩子有嘲笑他人的表现时，如果妈妈也跟孩子一起嘲笑，那么孩子就会觉得这样的行为没什么问题，以后还会继续这样做。而如果此时妈妈能够严肃起来，孩子就会意识到，自己的行为有问题，进而慢慢改正。

总之，面对孩子的嘲笑行为，妈妈一定要及时制止，而且在必要的时候还要予以惩罚。

很多孩子可能会不自觉地说出嘲笑的话语，她们可能是无心的，也可能是故意的。妈妈应当对此加以区分。如果孩子的嘲笑不是故意的，只是道听途说，甚至连这些话是什么意思都不知道，那么妈妈应当以教育为主，告诉孩子这样的行为是不可取的。但是，如果孩子是故意嘲笑他人，妈妈就要进行惩罚，如让孩子去道歉，并且一星期内不能看动画片等，让其为此付出代价，从中得到教训。

(3) 教导孩子用正确的态度对待存在生理缺陷的人

妈妈应当耐心地向孩子解释生理缺陷形成的原因，并且告诉孩子生理缺陷会给生活、工作、学习带来很大的不便。教导孩子要多站在对方的立场上思考问题，从而让孩子对这些存在生理缺陷的人产生同情。此外，妈妈也可以讲一些具有典型性的社会事例，让孩子了解到，很多人虽然存在着生理上的缺陷，但是他们拥有面对困难的勇气、顽强奋斗的决心，在人格上他们没有任何缺陷，是与健康人平等的，甚至比许多健康人还要高大，值得人们尊敬。

同时，妈妈还要鼓励、指导孩子主动接近、积极帮助存在生理缺陷的小伙伴，让孩子真诚地邀请他们一起玩适合的游戏，学会体谅这些小伙伴。

总之，妈妈应当将说服教育、榜样教育和具体方法的指导相结合，教导孩子以正确的态度、平等的观念来对待别人。这样一来，孩子不仅能够正确对待存在生理缺陷的人，还会养成富有同情心、乐于助人、关心他人、懂得尊重的好品格。

【好妈妈课堂】

嘲笑别人既是一种不尊重他人的表现，同时又暴露了自己的人格缺陷。作为妈妈一定要杜绝孩子的这种行为，如果孩子有这方面的不良倾向，一定要采取相应的措施加以制止。

当心孩子走进斤斤计较的泥沼

一位老太太和她的丈夫几十年来一直幸福地生活在一起，在他们的金婚纪念日，老太太说出了他们婚姻幸福的秘诀：“在我和丈夫结婚那天，为了婚姻的幸福，我列出了丈夫身上的10条问题，并向自己承诺，以后每次我们由于这10条问题中的任何一条而产生冲突时，我都可以原谅他。”接着有人问道：“您当时列出了哪10条问题呢？”老太太回答说：“实话告诉你们吧，其实我一直没有具体地列出这10条问题。每次丈夫犯错惹我生气时，我都立即提醒自己：他犯的是我可以原谅的那10条问题中的一条。”

斤斤计较会让人变得越来越小气，活得越来越累，而且人们也不愿意与斤斤计较的人打交道。而宽容则会让人心胸开阔，赢得他人的喜爱。

一本书中曾这样写道：“我们的心就像是一个容器，里面的爱越来越多，仇恨就会越来越少，只有不断地以爱来填充心灵，以关怀来滋养胸襟，仇恨才会逐渐消弭。”宽容是一种好品格。妈妈要让女孩学会宽容，让宽容成为她人生路上最亮丽的那道风景。

教育指南

集体生活是每个孩子都必须经历的，孩子会在集体生活中认识许多伙伴。她们经常在一起学习、生活、玩乐，享受缤纷多彩的童年。但是，孩子之间难免会发生一些摩擦，可能会因为某一件小事而和朋友产生矛盾、发生争吵，甚至分道扬镳。要想减少甚至避免这些不愉快的产生，妈妈就应当培养女儿的广阔胸襟，让女儿学会宽容。那么，妈妈怎样才能让女儿懂得宽容呢？

(1) 纠正孩子的偏激看法

大部分孩子在对妈妈讲述周围发生的事情时，都会有意无意地对别人进行评价，例如，“小A特别不讲卫生，吃饭前都不洗手”“小B总是在班里调皮捣蛋，老师经常批评他”“小C学习可差了，每次作业都错很多”……如果发现孩子的评价偏激，总是关注别人的缺点，妈妈应当告诉孩子：所有人都有缺点和优点。“小A吃饭不洗手是不好，但每次班里大扫除的时候她都很积极”“小B在班里捣乱是不对，但是他对每个小朋友都很友善，也乐于帮助别人”“小C学习成绩不好当然需要努力，但是她很爱干净，总是把自己的座位收拾得整整齐齐”……

另外，妈妈自己不要对人或事有所偏见，更不要在孩子面前表现出偏激的想法，或是评判、批评别的小朋友的缺点，听了妈妈的这些评价，就会潜移默化地受到影响，也对人或事有偏激的看法，过于挑剔其他小朋友。

（2）教育孩子将心比心

不管是成年人还是孩子，都喜欢站在自己的角度看待问题，也就无法理解他人的想法，不能宽容他人。所以，妈妈在教育孩子时应当让孩子学会换位思考，而不是站在自己的角度随意评判他人。

小南的同学杨帆家境贫穷，平时穿的衣服很破旧，从来不去小卖部买零食，甚至不喜欢跟其他小朋友一起玩，为此，小南经常笑话她。

刚开始听小南说起杨帆的事时，妈妈也感到非常奇怪：这个孩子为什么这么孤僻呢？后来，妈妈偶然从别人那里听说了杨帆的情况：家境不太好，有一个不到1岁的弟弟，而且家人重男轻女，所以杨帆不仅没有零花钱，每天放学回家还要干很多活儿并照顾弟弟。小南的妈妈很心疼杨帆，决定借这件事教育小南。

过了几天，小南又说起杨帆的事情了。妈妈没有说什么，只是告诉小南吃完饭带她出去玩。听到要出去玩，小南高兴极了，吃饭的速度都快了几分。

但令小南意外的是，妈妈没有带自己去公园，而是去了杨帆家。杨帆家很小，但东西不少，看起来有些凌乱，与小南的房间相比，杨帆的房间要简陋许多，甚至都称不上房间，而且小南还看到杨帆在给弟弟洗尿布……

妈妈问小南："假如你是杨帆，你会怎么做呢？"小南意识到自己一直以来误解杨帆了，羞愧地低下了头。

后来，小南和杨帆成了好朋友，她再也没有笑话过杨帆。每次妈妈做好吃的，小南都会让妈妈多做一些带给杨帆。

看着小南的变化，妈妈感到非常高兴。

(3) 教育孩子关心他人

有些妈妈总是埋怨女儿对人冷漠，不懂得关心他人，觉得女儿太过自私，但妈妈是否反思过，女儿变成这样，不正是自己教育的结果吗?

想要改变女儿对人的态度，让女儿知道关心他人，妈妈应当对女儿进行相关的教育。妈妈要让女儿知道，当别的小朋友做错了事、待人无礼时，如果女儿能够以关爱和宽容相待，那么就能够得到其他小朋友的信任与支持，能够收获其他小朋友的善意。

(4) 营造温暖的家庭氛围

宽容是一种十分宝贵的感情，要想让女儿培养出这种感情，妈妈除了要做好榜样之外，还应当为女儿营造温暖的家庭氛围，比如养些花草或是宠物，让家中充满生机；大人之间发生争执时，尽量和平解决，即使爆发争吵也要避开孩子等。如果孩子能够在宽容和睦、温暖融洽的家庭氛围中成长，那么孩子自然就会具有宽容的美好品质。

(5) 让孩子不要以自我为中心

以自我为中心是现在许多孩子的通病，她们总会首先想到自己，对别人的情况漠不关心。当别人犯了错时，她们完全没有宽容之心，而是抓住对方的错误不放。毋庸置疑，所有人都会讨厌这样的孩子。

虽然很多妈妈已经认识到这种行为不正确，但只是制止了这些行为，而没有做进一步的教育，没有让孩子意识到这些行为会伤害到别人。时间长了，孩子就会越来越以自己为中心。

妈妈应当让孩子看到以自我为中心的危害，帮助孩子克服这种负面心理，培养起宽容的心态。

【好妈妈课堂】

宽厚、谦让是一种优秀品质，也是我国的传统美德。拥有宽容品格的女孩子不仅能很好地处理人际关系，而且可以为自己将来的成功和幸福奠定基础。所以妈妈应该注重孩子这方面的人格培养。

第六章

培养一个集才华与气质于一身的女孩

挖掘女孩的艺术潜能，培养女孩的艺术气质，把孩子打造成一个集书卷气与艺术气息于一体的完美女孩。

孩子的艺术潜能切勿简单定位

每个妈妈都是望女成凤的，所以在女儿很小的时候，妈妈就将她送去各种各样的兴趣班。但是，妈妈真的清楚女儿真正的兴趣所在吗？不一定。妈妈可能只是看到女儿在唱唱跳跳，就简单地认为她对唱歌、跳舞感兴趣，但其实这是非常不准确的。

在孩子的成长过程中，尤其是成长的初期，她可能会对很多方面产生兴趣，因为孩子就是通过这些“艺术”来认识世界、把握世界的，这也是她表达自我的一种形式，而且大多数孩子不会对某方面产生特别强烈的艺术倾向。所以，过早就简单地认定孩子的艺术潜能在哪个方向，并着重在这个方向进行培养，忽视其他方向，往往会造成孩子艺术潜能的发展失衡。

因此，妈妈应当仔细观察女儿对哪方面最感兴趣，准确地找出女儿的艺术敏感点，随后再营造相应的环境，给女儿的艺术潜能提供向现实转化的条件。

教育指南

每个孩子都拥有自己的艺术潜能，只是很多都没有被人察觉。那么，怎样发展女孩的艺术潜能才恰当呢？以下是给妈妈的一些建议：

（1）发展艺术潜能不等同于技能、技巧的训练

很多妈妈都想培养女儿的某项艺术才能，或是艺术气质，所以盲目地让女儿进行技能、技巧的训练，希望能借由这些艺术方面的刺激，挖掘出女儿的艺术潜能。但这种做法并不可取，这其实是对儿童潜能的一种不信任。著名思想家艾瑞克·弗洛姆曾说："像艺术天赋这类更为特殊的潜能，就如同一把种子，倘若给予适宜的发展条件，这些种子就能够很好地成长，并逐渐展现出来；但倘若缺少条件，这些种子就会走向死亡。而在所有条件中，对孩子的生活十分重要的人能够给予孩子的这些潜能充分的信任，是最重要的条件。"所以，妈妈千万不要盲目地认为，只要运用某些教材或器具，就能促使女儿的艺术潜能发展起来。与其相信一些不知所谓的发展方案，不如为孩子发展艺术潜提供适宜的环境。

（2）审美体验促进艺术潜能的发展

有些妈妈过于追求成果，如要求女儿会跳几段舞，会吹几首曲子，考过几级等。追求成果并没有错，但是如果只关注成果，而不在乎孩子的兴趣发展和审美体验，就可能消磨掉孩子的艺术潜能，让孩子逐渐失去兴趣，最终半途而废。

想要让孩子的艺术潜能得到长远的发展，让其进行审美体验是十分重要的。妈妈可以有意识地营造良好的环境，或

让孩子置身于大自然中，感受自然界里各种美的要素。有了生动的审美体验，孩子潜藏的艺术潜能就会自然而然地流露出来。

总之，妈妈在发展孩子艺术潜能时要谨慎处理，不能盲目行动，避免孩子的艺术幼苗没有机会生长便已经凋谢。

（3）重视孩子的艺术潜能

著名画家毕加索在数学方面学得十分吃力，这令他的父亲十分担忧；大科学家爱因斯坦在数学、文学方面都能取得不错的成绩，但是每当碰到历史和外语课时，就完全没有心思学习；瑞士的心理学家荣格觉得学校太过无聊，与其一直进行枯燥的学习，还不如去玩耍和画画，他还这样写道："我觉得数学课很可怕……另外，我也非常讨厌体操课。我十分厌烦因为要学习一无是处的杂技体操而来到学校。"这类例子屡见不鲜。

即使是闻名世界的"大师"和"天才"，也不可能在方方面面都超过别人。有些女孩也许天生就在某方面"缺了根弦"，甚至身有残疾，倘若她不能让自己的特长或兴趣得到充分的发展，不能有所成就，那么她就可能因此而自卑、萎靡，永远无法融入社会生活；但倘若她能让自己的特长得到发展，并取得一定的成功，那么她就会拥有自信。因此，妈妈应当重视女儿的艺术潜能，找准女儿的艺术定位。

有一个英国小女孩，上课时注意力不集中，总是坐立不安，即使强制她坐在课桌前，她也不停地摆弄各种东西和东张西望。学校告知她父母说："您的孩子上课时根本坐不住，这给我们的教学带来很大的不便，我们怀疑她有多动症，并且认为她有学习障碍，我们向您建议带她去看看医生！”

当天，妈妈就带着她去看专治多动症的医生。她被领到椅子上坐了下来，医生告诉她坐着不要动，她把双手压在屁股底下，耐住性子坐了十几分钟。这段时间，医生向妈妈询问了她在学校的表现。接着，医生对她说：“小姑娘，你的妈妈和我说了你的所有事情，现在我要和她谈谈，你在这儿等一会儿，好吗？”

医生临出门的时候，拧开了桌上的录音机，录音机里播放着轻音乐。等医生和母亲一离开房间，她就迫不及待地从椅子上站了起来，和着音乐移动着脚步，晃动着身体，她觉得无比畅快。

医生和母亲在外面观察了十几分钟，医生对她母亲说：“夫人，您的孩子没有病，她是个天才，您应该送她去舞蹈学校。”

妈妈接受了医生的建议，送她去了舞蹈学校。后来，她考上了皇家芭蕾舞学校，接着成了一名独舞演员并在皇家芭蕾舞团表现出众，为无数观众带来了美的愉悦。最后，小女孩通过努力成为英国知名的舞蹈家，她的名字叫吉莉安·莱尼，享誉世界的歌舞剧《猫》《歌剧魅影》都是出自她的编舞。

所有的孩子都是某方面的天才，都有无限的潜能等待妈妈去探究。妈妈应当善于发现，对女儿的艺术潜能予以重视，这样才可能充分地发挥出孩子的艺术潜能。

【好妈妈课堂】

孩子的艺术潜能不能简单定位，所以妈妈们在挖掘女儿的艺术潜能时，不要盲目跟风，更不要把发展艺术潜能同化为技能或技巧的训练。

孩子音乐素养的培养指南

随着时代的发展，许多妈妈的观念已经有了变化，正确的音乐教育观念已经扎根在许多妈妈的脑海中：“前两天，我给女儿报了钢琴班和声乐班，而且只要有空，我就会带她去听听音乐会。我倒没有想着非得让她成为什么歌唱家、钢琴家，只是觉得在女儿的成长过程中如果能有艺术的熏陶，一定会有好处。”“我让女儿学古筝，不是为了让她跟别的孩子比，而是想要塑造她的气质，让她具备一定的艺术修养。”……

以上这些想法都是科学、合理的。

作为一种传递心灵感受的语言，音乐不仅能够陶冶女孩的情操，还能够帮助女孩提升文化修养。正是由于从小就受到了音乐的熏陶，很多女孩才会拥有一种与众不同的灵动气质。

不过，在对孩子进行音乐教育之前，很多妈妈都表现出一定的烦恼和顾虑：

“我想尽早让女儿接触一些乐器，但是又怕孩子没有兴趣，或者没有这方面的天赋。”

“这么多的乐器，也不知道女儿喜欢哪种，哪种最适合她学习。”

“这钢琴是我花了大价钱买的，起初女儿觉得新鲜，还兴冲冲地去学、去练。可是大量的练习太过枯燥，孩子的兴趣很快就被消磨掉了，不愿意再练习。”

……

妈妈会产生这些困惑非常正常。这也是培养女孩的音乐素养时最常见的问题。

教育指南

那么，妈妈应当怎样解决女孩在学习音乐中遇到的棘手问题呢？以下几点建议希望能对妈妈有所帮助：

（1）让自己树立正确的意识：学音乐不必一定要有音乐天赋

通常来讲，在音乐上有较强天赋的孩子会有下面一些特征：

对与音乐相关的活动感兴趣，喜欢唱歌、听音乐；

能够很快记住曲调，并且顺利、正确地唱出或演奏出这个曲调；

学习与音乐相关的知识的速度较快；

会试着将生活中的各种物品当作乐器来演奏；

会哼唱自己创作的简单曲调。

虽然有天赋的孩子更容易学习音乐，但这并不意味着缺少天赋的孩子就必须放弃学习音乐。妈妈要明确，让女儿学习音乐的目的是让孩子体会到音乐带来的快乐，让孩子受到艺术的熏陶。

（2）引导、陪伴孩子学习音乐

倘若在女孩6岁以前妈妈能够在音乐上对孩子进行适当的引导，那么也会对孩子日后的音乐学习有所帮助。

例如，为了培养女儿的音乐素养，一位妈妈做了下面这些努力：

我常常给她听一些音乐。比如，早上起床时，我会给女儿放一些轻松有活力的音乐；中午吃饭时，我会播放一些缓慢、抒情的音乐；每晚入睡前，则会播放一些轻柔、安静的音乐；在给女儿讲故事的时候，我会伴着一些和故事融合的音乐去讲，让故事更有感染力。

女儿有兴致时，我还鼓励她跟着音乐的节奏打拍子、做动作等。

这位妈妈的做法很值得借鉴。如果孩子一直生活在飘扬着优美音乐的环境里，那么她对音乐的感知能力一定会有很大提升。

（3）为孩子选择适合的乐器

小孩子学东西总没有定性，经常是三分钟热度。因此想要让孩子坚持下去，选择恰当的乐器很重要。下面的建议供妈妈们参考。

一是不到3岁的孩子还没有足够的肺活量，学习吹奏类的乐器会比较困难，因此最好不要让这一年龄段的女孩学习这类乐器。

二是键盘乐器（如钢琴、电子琴、手风琴等）的学习可以从四五岁开始，而想要学习弦乐器（如古筝、古琴、吉他、提琴等）则适合从5岁半之后开始。一般来说，孩子学习键盘乐器一年后会对基本音准和节奏有一定的把握，此时再转学弦乐器就能更好地入手了。

有一点需要注意：在为女儿挑选乐器时，妈妈一定要以孩子的想法、兴趣为前提。兴趣是孩子学习的最大动力，如果妈妈违背了孩子的意愿，将自己的想法强加到她身上，那么只会让孩子产生抵触情绪，不愿意去学习。

所以，帮女孩挑选乐器的正确做法是：妈妈进行引导，孩子做出决定。

文馨很小的时候，妈妈就想让她学习一项乐器。因此，妈妈经常引导文馨注意这方面的东西：“快看，电视上那个弹钢琴的小哥哥好厉害呀！他的手指怎么会这么灵活呢？”“那个拉小提琴的小姐姐也很棒呀！她演奏的乐曲真好听！”……

妈妈还经常带文馨去艺术学校、乐器行，让文馨接触各种乐器，让她知道乐器是什么样子、会发出怎样的声音……很快，文馨就迷上了钢琴。

(4) 延迟满足，让孩子珍惜学习的机会

经常会有妈妈这样抱怨：“之前给女儿买了古筝，她弹了几天觉得练习太无聊就不弹了。前几天，她又想学钢琴，我觉得钢琴也很好，没多久就给她买了，可她刚学了几天又不想学了。这孩子怎么就不能坚持下去呢！”

事实上，孩子之所以没有坚持的耐心，除了自身性格之外，还可能与妈妈轻易满足她的愿望有关。

研究表明，孩子的愿望越是容易得到满足，孩子就越是不知道珍惜。所以，妈妈可以适当延迟满足孩子购买乐器的愿望，这样孩子就会更加珍惜学习的机会。

【好妈妈课堂】

音乐能赋予女孩灵动的气质，所以妈妈可以从小培养女儿的音乐爱好，这对孩子的身心发育、智力发育都是有好处的。不过，培养的同时也要注意一定的方式方法，否则达不到预期的效果。

让女孩学习舞蹈是培养气质最好的开始

穿着轻飘飘的裙子，戴着可爱的头饰，和小朋友们一起在灯光闪烁的舞台上翩翩起舞……想必这种情景是很多女孩想要体验或者已经体验过的。现在，很多妈妈都知道让女儿学跳舞好处多多，于是纷纷给女儿报舞蹈班。实际上，她们未必是想让女儿当舞蹈演员，多数是想借舞蹈塑造女儿的形体和气质。但是，也有一些妈妈被一些“小道消息”吓得不敢送女儿去学舞蹈，例如有人说学舞蹈会让女孩变成“八字脚”，个子长不高，造成骨骼变形，从而影响发育，等等。这些消息说得有鼻子有眼的，虽然来源不明，但也足以让一些爱女心切的妈妈胆战心惊了。

事实上，学舞蹈的女孩那么多，哪个变成“八字脚”或者发育不良了？这些都是没有必要的担忧。只要女儿有兴趣，妈妈可以放心大胆地送她去学舞蹈。那些能歌善舞的女孩子，往往不仅有着健美的身材、优雅的气质，而且与人交流时落落大方，充满着自信。可以说，舞蹈对塑造女孩子的外在形体和内在品质起到了举足轻重的作用。

具体来看，舞蹈带给女孩的好处主要有以下几点：

（1）形体优美

舞蹈训练中挺胸、抬头、收腹等动作能让女孩站得更直，形体更加优美，同时还能矫正驼背、端肩等形体问题。

（2）动作协调

舞蹈是需要全身各部位协调配合的艺术。舞蹈训练中的各种高难度动作可以提高孩子动作的协调性。同时，女孩时常跟着优美的音乐做动作，能够使自己的一举一动具有节奏感，看起来协调而优雅。

（3）增强肢体灵活性、柔韧性

舞蹈训练中女孩经常做压腿、下腰等动作，能够增强肢体的灵活性和柔韧性，使其身体素质变得更好。

（4）培养审美情感

舞蹈是一种优雅的艺术，通过与音乐、动作、表情的结合，表达着人类的情感。表演舞蹈能让女孩受到艺术的熏陶，审美能力大大提升。

（5）培养自信

学习舞蹈的女孩有很多登台表演的机会，一开始难免会羞涩、怯场，但是有了克服羞涩心理完成表演的经历，孩子的心理素质就会得到提升，慢慢培养出自信，日后在其他公共场合也不会怯场了。

形体优美、富有审美情趣、自信不怯场……一个孩子具有这些优点，在其他人眼里无疑是一个富有魅力的人。所以当表露出杰出的舞蹈才华或者对舞蹈具有浓厚的兴趣时，妈妈要积极地引导和支持孩子去学习舞蹈。

教育指南

让女孩学习舞蹈是培养其气质最好的开始。妈妈如果希望自己的女儿将来成长为一个多才多艺、具有魅力的女性，就要在孩子小的时候培养她的舞蹈气质。

（1）发现并培养女孩的舞蹈天赋

5~12 岁是孩子身体发育的关键时期，此时送女孩学习舞蹈，有助于她的健康发育。而在一般情况下，女孩的舞蹈天赋在 1~4 岁就有了一定的表现：

①对电视上的舞蹈节目很感兴趣，能够伴随着音乐的节拍做出一致的动作或模仿出舞蹈演员的动作；

②肢体动作协调、轻盈、优美，走动、奔跑、跳跃时灵活且有节奏，能利用手与手臂的结合做出很多动作；

③愿意与其他小朋友一起在人前表演；

④能自己创编一些简单的舞蹈动作。

当然，女孩是否有舞蹈天赋并不能完全用以上表现来判断，还需要进行细致的考察。需要注意的一点是，只要女孩有学习舞蹈的兴趣，那么不管能否看得出天赋，妈妈都尽可能满足她的愿望。

妈妈可以在日常生活中培养孩子的舞蹈兴趣，比如让她通过电视或去现场看歌舞表演，鼓励她学习一些动作简单、容易掌握的儿童舞等，当她感受到舞蹈之美，体会到表演成功的乐趣时，自然而然会对舞蹈产生兴趣。

需要注意的是，倘若妈妈想让女儿进行专业的舞蹈训练，而女儿又有兴趣时，妈妈一定要看她的身体条件是否合适和允许。如果孩子的身体比例或肢体协调性不算太好，依然可以将舞蹈当作爱好，但选择专业之路就会倍加艰辛。

（2）延迟满足孩子学习舞蹈的心愿

延迟满足是指在实现孩子的心愿时故意推延，让其学会等待和忍耐，从而提升其自我控制能力。学习舞蹈是一个漫长而艰辛的过程，孩子要忍受压腿的痛苦，要无数次重复同样的动作，过程可以说是枯燥、乏味的。所以，在学习过程中因怕疼、怕累而半途而废的女孩不在少数。因此，当孩子提出学习舞蹈的要求时，妈妈可以适当延迟满足，让她觉得学习的机会来之不易，这样在遇到困难和挫折时，她能够增加一些勇气和坚持，最终学有所成。

刚上小学的小荻突然迷上了舞蹈，天天缠着妈妈要去学舞蹈。妈妈很清楚学舞蹈的好处，但是也知道学舞蹈的辛苦，害怕女儿学了几天就打退堂鼓。于是她故意骗小荻，说不愿意让她去学，因为她吃不了那个苦，去报舞蹈班只是浪费钱。

小荻听了妈妈的话，果然犹豫了，但是她思考了一会儿之后，坚决地对妈妈说："妈妈，我不怕苦，我一定会坚持学的！"可妈妈还是故意将小荻晾在一边。为了不让女儿学舞的兴趣受到打击，她又故意时常带小荻去看其他小朋友跳舞，常常夸这个小朋友跳得好，那个小朋友动作漂亮。小荻也会不失时机地对妈妈说："我能跳得更好！"如果妈妈表示不相信，她还会现场跳上一段，真的很不错，妈妈心里乐开了花，但嘴上依然不松口。

小荻为了让妈妈相信自己，自学得更卖力了，而且一看到妈妈心情不错，就赶紧提出学舞蹈的要求。过了一段时间，妈妈觉得时机成熟了，装出很勉强的样子将小荻送到了舞蹈班，并和她约定不能半途而废。去舞蹈班的路上，小荻一直欢呼雀跃，虽然第一天学习让她腿都酸了，但她咬紧牙关不喊累。之后的学习中，小荻非常努力，也非常坚韧，很多一起学习的女孩子都退缩了，小荻却一路坚持了下来。

(3) 当孩子取得一定的成绩时，妈妈要及时鼓励

妈妈总是认为自己的女儿非常出色，所以送她学舞蹈后会很迫切地想看到成绩，例如让女儿迅速学会一段优美的舞蹈。但是，孩子一开始学习的往往是一些基础动作，这时候如果妈妈表现出失望，就会打击孩子的积极性。因此，当女儿掌握了一些基础动作，能够跳简单的舞蹈时，妈妈必须及时给予鼓励和肯定，培养女儿的自信，让她产生坚持学习的动力。

(4) 必须让孩子坚持到底，不能放弃

一位妈妈曾这样描述自己送女儿学舞蹈的曲折经历：

我的女儿体形偏胖，所以在考虑让她学习什么特长时，我首先排除了舞蹈。她的嗓音有点儿哑，我也没让她学声乐。在咨询了相关老师，并征求了女儿的意见之后，我让她学了画画。

半年的时间里，女儿没有学出什么门道，我有点儿怀疑是不是选错了。就在我萌生这样的想法后不久，女儿哭哭啼啼地找到我，说她不想学画画了，想学舞蹈。

我想了想，女儿有一定的舞蹈天赋，虽然胖了点儿，所幸腿不算短，而且体重是可以减的。于是，我爽快地答应了她的要求，把她送到了舞蹈班。不过，我也提前跟她说了，学习舞蹈是非常辛苦的，她不能再退缩了。女儿答应了。

但令我意外的是，改学舞蹈不到三个月，女儿又哭丧着脸找到我说："妈妈，我太胖了，不适合学舞蹈，老师说我的腰太硬了，都弯不下去。"

这是一个很充分的理由，但是我却不能再让她"得逞"了。我送女儿上特长班，没有想过让她成为画家或舞蹈家，不过是想培养她的爱好，提升她的艺术修养而已。只因为我不够

坚决，同意了她的第一次退缩，她却将退缩视为理所当然了。这一次，我该让她学会直面困难、挑战自我了。

打定主意之后，我坚决拒绝了她的要求，并且开始有意识地陪她练习。我给她制订了严格的练习计划，每天晚饭前都会陪她练上一段时间，很快取得了一定的成绩，一些较难的动作都被我们克服了。女儿有了成就感，再加上我的陪伴和鼓励，她再也没有表示过退缩。

学习舞蹈是很苦的，小孩子的定力和吃苦的能力都不强，学舞蹈一段时间后产生退缩心理是难免的。但是，一旦她的退缩成为习惯，日后就很难做到坚持不懈，无法在磨炼前有所坚持，并最终取得成就。所以，妈妈一定不能由于心疼女儿就让她半途而废，那样不利于孩子意志力的养成，对她的一生都是有害的。

【好妈妈课堂】

舞蹈虽然能给女孩的形象气质加分，但是真正学起来并不是一件简单容易的事情，妈妈们一定要认识到这一点，学会延迟满足她学舞蹈的心愿。另外，在必要的时候还应该给孩子鼓励。

帮助女孩搭建体悟美感的绘画舞台

在为女儿选择特长班时，很多妈妈会想到绘画。的确，画画能够锻炼孩子的抽象思维，提升孩子的记忆力、观察能力和独立思考能力。同时，孩子在学习绘画时，能够提升自己的审美情趣和修养，也能够提升心理素质。

小珊迪不到 4 岁就开始学绘画了，她的妈妈对此非常骄傲，因为她发现女儿学了绘画之后，逐渐养成了细致观察世界的好习惯。花儿开了、燕子飞回来了、树叶落了……珊迪总能第一个发现，并画进自己的作品里。随着画技的日益提升，珊迪的审美能力也在不断提高，已经能够自己搭配衣服了。有时候，她还会对妈妈的着装进行“评判”：“妈妈，你应该穿红色的 T 恤，这件 T 恤跟你的裙子颜色不搭。”

为了创作美丽的画，女儿开始观察美、体悟美、展现美……妈妈有什么理由不让对绘画有兴趣的女儿去学习呢？

教育指南

孩子的绘画兴趣有先天的成分，但也受到父母的深刻影响。对于妈妈来说，要想培养女儿的绘画兴趣，需要做到以下几点：

(1) 不管孩子画得如何，都请多鼓励

孩子到了三四岁时，独立意识已经很强了，多数喜欢四处乱涂乱画，其中女孩的“涂鸦”意愿会比男孩更强烈。这时，妈妈对待孩子绘画的态度，将直接影响她的绘画兴趣。

刚上大班的王丽很喜欢画画。这一天，妈妈来接她回家，王丽迫不及待地将自己画的一幅水彩画递给妈妈，一脸期待地看着妈妈的脸。妈妈美滋滋地欣赏起女儿的“大作”，但是，她颠过来、倒过去地看，始终看不出女儿画的是什么，过了半天才犹豫着说：“丽丽啊，你画的这只卧着的狗很不错啊。”没想到，王丽“扑哧”一声笑了，捂着小嘴对妈妈说：“什么呀！我画的是一匹奔跑的马。”

妈妈又仔细看了一下，终于看出这是一匹马，不由得连声夸奖：“是马，是马，画得真有特点！你看这独特的线条，多有毕加索的风范。”王丽虽然不知道毕加索是谁，但是听到妈妈夸自己，还是眉开眼笑地跟着妈妈回家了。妈妈夸她不是敷衍，而是由衷地觉得她画得好，还把这幅画投到一家报社参加了少儿绘画比赛，竟然得了一等奖，评委都称赞这幅画线条大胆、有创意。此后，王丽的绘画兴趣更浓了。

王丽的妈妈信任孩子、理解孩子，并对孩子的作品进行了由衷的赞赏，这是孩子不断进步的强大动力。这一点，值得所有妈妈学习。

(2) 因势利导地诱导孩子，提升其绘画水平

孩子刚学绘画，对绘画的理解还较为片面、单调。这时，妈妈要学会因势利导，让她画出更丰富、更逼真的画，这样有

助于提升孩子的想象力和绘画水平。

比如，一个女孩子画了一大一小两个圆圈，又添上一条“尾巴”，妈妈问她：“你画的是什么？”女儿回答：“小猫。”妈妈可以这样顺势诱导她：

妈妈：哦，真像一只小猫。小猫除了有一条长尾巴之外，还长着什么呢？

女儿：还长着眼睛、嘴巴、耳朵。

妈妈：真聪明，画上吧。对了，小猫的嘴巴旁边还有长长的……

女儿：胡子！

妈妈：画得太好了，你知道小猫最擅长抓什么吗？

女儿：抓老鼠。

妈妈：那就画一只老鼠吧。勇敢的小猫正在哪里追偷米的老鼠呢？

女儿：在院子里。我来画一个漂亮的院子吧。

妈妈：画得太棒了。你要不要给这幅画起个名字呢？

女儿：就叫《猫和老鼠》吧。

妈妈：这么漂亮的画，一定要找个好地方贴起来。你说贴哪里好呢？

女儿：贴在门上。

妈妈：太好了！爸爸一回家就看到了，肯定会夸你是个聪明的孩子的。

（3）带孩子接触大自然，引导她多观察、多感悟

广阔的大自然蕴藏着无数美景，能够给孩子提供无尽的灵感。妈妈要多带孩子走进大自然，和她一起寻找和观察各种美

丽的东西。山水草原、名胜古迹、园林美景、飞禽走兽，都是孩子绘画的绝佳素材。

但是，泛泛地欣赏是远远不够的，妈妈必须培养女儿细致观察的能力。例如，带她去动物园时，让她仔细观察熊猫的皮毛、条纹、眼睛的特点、尾巴的长度、牙齿的情况，等等。这样，女儿画出的作品才能够更逼真。

【好妈妈课堂】

如何培养女孩的绘画兴趣是很多家庭重点考虑的问题。要想培养女孩这方面的能力，其实并不是一件难事，妈妈们在平时多给女儿一些鼓励和引导，有时间多带女儿出去观察观察大自然，这对培养孩子的绘画兴趣有极大的帮助。

培养女孩正确的审美观

孩子到了两三岁左右，对自我和环境的审美逐渐萌芽。特别是女孩子，她们会对自己的穿衣打扮产生浓厚的兴趣。常常听到妈妈们这样抱怨："我们家的小姑娘才两岁多，每天穿什么衣服都要自己决定，如果给她穿的衣服她不喜欢，她就不肯出门。""我家闺女总是偷穿我的高跟鞋，有时候还偷擦我的口红。"……

正如这些妈妈所描述的这样，女孩到了一定的年龄就会对美产生很多想法，比如有的女孩开始对公主裙感兴趣，有的喜欢漂亮的发卡，有的不再让妈妈给剪短发，有的会特别喜欢某种颜色等。如果妈妈发现自己的小公主有追求美丽的倾向，那么就要恭喜你了：孩子到了审美敏感期！

从心理学角度来说，从审美敏感期开始，女孩终其一生都会处在一种对美的追求之中，而妈妈的态度将会在很大程度上影响女孩的审美观。在女孩探索美丽的初期，如果妈妈觉得女孩爱美不好，经常粗暴地干涉、阻止、限制，孩子的审美能力就会遭到破坏，发展就会停滞；如果妈妈在孩子审美观萌芽的时候给予正确的引导、鼓励，孩子就可能成长为审美能力极高的美丽女孩。

豆豆今年3岁了，她突然变得很爱美，喜欢穿五颜六色的花裙子。每天早上她都自己打开柜子挑裙子穿。

转眼间，夏去秋来。一场秋雨过后，天气转凉。这天早上，豆豆想穿一条纱裙，妈妈说："不可以，今天外面有点儿冷，你穿这件衣服出去会感冒的，换一件吧。"豆豆说什么也不同意。眼看就要到上幼儿园的时间了，妈妈想强制给女儿换上裤子，可女儿竟然大哭起来，就是不肯穿。妈妈气得把豆豆拉过来，在她屁股上打了两巴掌，并对她说："小小年纪就知道臭美，长大了还得了，赶紧把裤子和外套穿上，再哭我就把你的裙子都扔掉！"

豆豆见妈妈发了这么大火，吓坏了，哭着自己穿裤子。

豆豆的妈妈这才松了一口气，她认为，孩子小小年纪应该把心思都放在学习上，太过在意外表不是一个好现象，将来多半会爱慕虚荣，不学好。

可能是那次妈妈的恐吓让豆豆一直心有余悸，从此以后，每天早上妈妈让她穿什么她就穿什么。甚至到了夏天，她也不再主动要求妈妈给买花裙子了。

爱美是女孩的天性，妈妈不必硬要阻止。但有些妈妈不明白这一点，她们甚至会给女儿灌输这样的思想："爱美的女孩没出息，长大了只会变成一个爱慕虚荣的花瓶，甚至会成为坏女人。"当女孩有时为了追求美丽而做出一些错误的行为时，妈妈的确应该好好教育，但不能女孩一爱美，妈妈就如遇见洪水猛兽，给女儿灌输错误的思想，这就矫枉过正了。谁说爱漂亮的女孩就一定人品不好？谁规定爱打扮的女孩就不能拥有才华？妈妈的这些错误思想根本禁不起推敲。妈妈粗暴地阻碍女儿追求美，有可能因此而毁掉了一个未来的设计师、摄影师或杂志主编。

因此，当“小公主”表现出强烈的爱美倾向时，妈妈必须理智一点儿，以客观的态度，细心观察孩子的内在需求和个性特质。只有妈妈理解孩子、尊重孩子，用爱来包容孩子，孩子才能成长为一个人格健全、美丽大方的阳光女孩。

教育指南

女孩拥有一双发现美的眼睛，将会使她一生受益。妈妈应该重视对女孩审美观的培养，这会让女孩更美丽、更有个性。

对女孩审美观念的培养，给妈妈以下几点建议：

（1）引导孩子树立正确的审美观

姗姗家里条件很不好，可她却非常爱美。当她看到班里的女孩穿着名牌的衣服、鞋子的时候羡慕极了。每次妈妈来接她放学，她都问妈妈：“妈妈，你看她那个牌子的衣服好不好看?”妈妈觉得女儿这样一味追求名牌不是个好现象。

妈妈没有钱给女儿买那些名牌的衣服，可这不代表她不爱女儿。妈妈买了各种颜色的毛线，决定亲自为女儿织一件毛衣。妈妈心灵手巧，精心设计，在毛衣上钩织出了富有儿童情趣的图案。妈妈织的这件毛衣竟然比商场里卖的还好看，姗姗喜欢极了。妈妈这时候及时对女儿进行教导：“咱们家条件有限，妈妈的确没有能力为你买那些大牌的衣服，但是在现有条件的基础上，妈妈愿意给你最好的。只要有一颗发现美的眼睛，自己亲手做的衣服也可以很美很美，不是只有一味穿名牌才美丽。”

第二天，姗姗穿上妈妈为她量身定做的衣服去上学，很多人都夸她的衣服好看，姗姗觉得开心极了，并为妈妈感到骄傲。

此后，妈妈又为姗姗织出了小手套、小帽子，都受到了大家的一致好评，从此姗姗再也不盯着别人身上的名牌衣服了。

孩子的年纪尚小，常会产生一些不正确的审美观，这是孩子分辨能力低造成的。对于女儿错误的审美观，妈妈不要粗暴地呵斥或严厉地制止，应运用一些正确的教育方法适当地去引导，将孩子的视线转移到正确的审美上来。

(2) 让孩子亲自动手，体验创造美的过程

阿妍就要过生日了，她问妈妈："妈妈，你要送我什么礼物啊?"妈妈说："我们来一起动手，做一件世界上最美丽的衣服吧！你来设计款式和颜色，妈妈来选布料，然后我们一起做，相信这一定会是一件令你难忘的生日礼物。"

阿妍兴奋极了，立刻在纸上涂涂画画起来，每天都在考虑衣服的样式。才过了三天，阿妍就设计好了自己喜欢的衣服样式：一条浅紫色的纱裙，上面带有自己最喜欢的丁香花的图案，腰部位置还画了一排小扣子。妈妈看后，很喜欢女儿的设计，就带着女儿去市场购买了制作裙子的相关材料。

然后，母女俩开始动工了，妈妈负责复杂的工序，女儿在一旁打下手。一周后，这件阿妍亲自设计的裙子做好了。阿妍迫不及待地将裙子穿在身上，裙子果然非常美丽，阿妍高兴得欢呼雀跃，爸爸、爷爷和奶奶都夸这件裙子是阿妍的衣服里最特别、最好看的。阿妍也开始对自己的审美观越来越自信了，

她甚至告诉爸爸妈妈，等她长大了，要做一名服装设计师。

妈妈平时要积极引导和鼓励女孩通过实践去创造美、体验美，培养和加强孩子的审美意识。这对她未来的发展是很有好处的。

【好妈妈课堂】

一个相信自己眼光、拥有个性的女孩肯定是一位富有魅力的女孩。作为妈妈要重视对女儿审美观念的培养，对孩子的审美进行正确的引导，这样才能培养出一个有个性、有眼光的完美女孩。

浸润书香的女孩最有魅力

高尔基说："书是人类进步的阶梯。"书中汇集了前人的智慧和经验。读的书越多，孩子明白的道理越多，眼界越开阔，思维越敏锐，心胸越开阔，心智越成熟。所以说，妈妈培养女儿良好的阅读习惯，会让孩子终身受益。

为了让女孩养成读书的习惯，妈妈应当下功夫指导她阅读的方法和技巧。当孩子感受到阅读的魅力之后，自然会爱上阅读。

万斯同是清朝初期著名的学者、史学家，参与编撰了我国的重要史书《明史》，还屡开讲席，启发、指导了很多人，被众多学者尊称为"万先生"。就是这样一位大学者，也不是生来就爱读书的。

万斯同小时候非常贪玩，不喜欢读书，因此他有一次在宾客们面前丢了面子，客人们批评了他几句，他恼羞成怒，竟然一气之下掀翻了宾客们的桌子。万斯同的父亲很生气，就将他关到了书房里。

万斯同起初非常不服气，看到这么多书，他觉得很厌恶，后来在书房中无事可做，他只好去翻阅这些书籍，后来竟然从《茶经》中受到启发，从此开始用心读书。

转眼一年多过去了，万斯同在书房中读了很多书，他逐渐明白了父亲的用意。父亲看到儿子“改邪归正”，也原谅了儿子。

万斯同经过长年累月的勤学苦读，终于成为一位知识渊博、通晓历史的著名学者，并被推荐编修《二十四史》之《明史》。

培养女孩爱读书的习惯，是妈妈给予孩子最好的礼物。让孩子爱上阅读，既能培养她的求知欲和健康人格，又能为她提供一种快乐的生活方式。

教育指南

如果孩子就是不爱读书，妈妈就要帮她纠正这种不良习惯。具体如何纠正呢？可从以下几方面入手：

（1）妈妈首先要爱阅读

言传身教的力量是很大的，如果妈妈有良好的阅读习惯，就会对孩子会产生潜移默化的影响。她会好奇书里到底有什么好东西，会不自觉地模仿家长。如果妈妈自己都讨厌读书，就别奢望孩子会喜欢读书。如果你强迫孩子读，孩子还会以“你都不读书”来堵你的嘴。

（2）让孩子体验阅读的魅力

虽然现代网络让我们的生活变得更加便捷、更加丰富，但书籍中的文字所蕴藏的深沉魅力却是网络无法比拟的。当孩子静下心来阅读，以平和的心态在字里行间徜徉，就会发现自己走入了一个充满魅力的迷人世界，那里会令孩子流连忘返、受益无穷。

(3) 和孩子一起制订阅读计划

当孩子认识的字越来越多，妈妈就需要有意识地指导孩子阅读。在引导的过程中，妈妈可以先全面了解一下孩子的阅读兴趣，选择孩子感兴趣的书籍，让孩子对阅读有个好的印象。再根据孩子的年龄、特点，慢慢制订阅读计划。

妈妈给女儿选书，一定要注意选择的书要符合孩子的年龄。处在不同年龄阶段的孩子，对书的阅读能力是不一样的。书的内容过难，女儿理解不了，就会想要放弃；书的内容太简单，吸引力就不大，女儿心里不重视。像两三岁的女孩，最好是提供图片多的画册。例如，教孩子认识动植物的画册等，要选择那些画面构图松散一些的，不要找看起来密密麻麻的。五六岁的女孩，可以给她挑选一些有故事情节的画册，比如说英雄故事、名人故事等。

(4) 让孩子带着问题去读书

孩子有能力阅读后，妈妈不要做甩手掌柜，应先抽出时间看看孩子要看的书，提出一些问题，让孩子带着这些问题去阅读。等到孩子读完之后，检验一下她是否找到了这些问题的答案，也可以和孩子一起探讨答案。这样做不但避免了孩子囫囵吞枣、敷衍了事，还可以激发孩子读书的兴趣，增加孩子阅读的动力。

(5) 给孩子选择健康的好书

给孩子选择的书要内容积极、主题鲜明，这样才能帮孩子开启智慧，学习道理。一些带有消极、落后思想或者内容庸俗的书，对孩子身心的健康成长极为不利，妈妈一定要帮孩子过滤掉。如果是孩子自行看的，则要和孩子讲明道理，使之放弃阅读。

【好妈妈课堂】

阅读能使孩子汲取人类智慧的精华，丰富孩子的精神世界。作为家长，要学会培养女孩的阅读兴趣，增加她的文化底蕴，提升她的文化素质和修养。

好父母好家教

如何说孩子才会听，怎么听孩子才肯说

文贤阁◎主编

江苏凤凰美术出版社

图书在版编目（CIP）数据

如何说孩了才会听，怎么听孩子才肯说 / 文贤阁主编 . -- 南京 : 江苏凤凰美术出版社 , 2020.11

（好父母好家教）

ISBN 978-7-5580-7714-2

Ⅰ . ①如… Ⅱ . ①文… Ⅲ . ①家庭教育 Ⅳ . ① G78

中国版本图书馆 CIP 数据核字（2020）第 138003 号

责任编辑　郝旭辉
封面设计　陈玉军
责任监印　唐　虎

丛 书 名　好父母好家教
本册书名　如何说孩子才会听，怎么听孩子才肯说
主　　编　文贤阁
出版发行　江苏凤凰美术出版社（南京市湖南路 1 号　邮编：210009）
　　　　　北京凤凰千高原文化传播有限公司
出版社网址　http://www.jsmscbs.com.cn
排版制作　文贤阁
印　　刷　阳信龙跃印务有限公司
开　　本　880mm × 1230mm　1/32
总 印 张　36
版　　次　2020 年 11 月第 1 版　2020 年 11 月第 1 次印刷
标准书号　ISBN 978-7-5580-7714-2
总 定 价　192.00 元（全 6 册）

营销部电话　025-68155790　营销部地址　南京市湖南路 1 号
江苏凤凰美术出版社图书凡印装错误可向承印厂调换

前言
preface

家庭教育，是父母对孩子的教育，亦是父母学着如何去做好家长的自我教育过程。

所有的父母都是一样的，都不是天生就懂得如何教育孩子。从小小的生命诞生，到牙牙学语、问东问西，到不听管束、开口顶撞，再到撒谎、逃学，与父母怒目而视……在教育孩子的道路上，家长都是任重而道远。

父母与孩子真的无法沟通吗？

当然不是。虽然孩子的成长中总会伴随着各种各样的问题，虽然每一个孩子都性格各异，虽然“代沟”不可避免，但孩子的成长总有相似性，而抵触、反抗等心理也都有其内在的原因。只要了解孩子的心，只要说对话，用对方法，就能消融与孩子之间的寒冰，实现温和对话，良好沟通。

父母都应该努力让自己变成好父母。

怎样才算是好父母呢？

是了解孩子的父母，是懂得倾听的父母，是会和孩子好好说话的父母，是能让孩子把话听进心里的父母，更是能教好孩子、让其健康成长的父母。

做父母不容易，做好父母更不容易，但我们必须努力去做，因为这关乎孩子的一生。

父母是孩子的第一任老师，也是能直接影响孩子一生的启蒙先生。好的父母胜过一个好的老师，只有优秀的父母才能培养出优秀的孩子。所以，父母都应该努力去成为一个好父母，去做一个懂孩子、懂沟通、懂管教的优秀父母。

本系列丛书系统地分析了孩子的心理，让父母了解孩子的内心，理解孩子的任性、刁蛮、叛逆，找到正面管教孩子的新方法。

本系列丛书收录了众多真实案例，还原生活中最常见的父母与孩子沟通问题，对症下药。

本系列丛书总结了很多实用的方法和技巧，条理清晰，简单实用，为困惑的父母指点迷津。

本系列丛书是送给天下父母的教子书籍，是帮助天下父母成为好父母的经验书籍。希望父母都能意识到家庭教育的重要性，自觉去学习，提升自己、精进自己，努力让自己成为合格和优秀的好父母。

为了孩子和孩子的未来，谨以此书献给全天下的父母。鉴于编者能力有限，若有疏漏和不足之处，望广大读者批评指正。

目录

contents

第八章 倾听有技巧，孩子乐意说

第一章

蹲下来和“小大人”说知己话

不要做高高在上的父母，要学会蹲下来和孩子面对面、平等地交流，就像朋友一样。

向孩子敞开心扉，说一说心里话

父母和孩子进行良好沟通的首要前提是得到孩子的认同。想要让孩子真正从内心认同我们，我们就要向孩子敞开心扉，这是最重要的一点。可让人遗憾的是，中国的大多数父母很少或者根本不会在孩子面前展现自己的内心世界，却希望孩子向自己袒露一切。很明显，父母和孩子之间的关系是不平等的。父母和孩子的沟通之所以存在障碍，就是因为存在这样的不平等关系。

事实上，父母向孩子敞开心扉，是对孩子尊重和信赖的表现。

在成为父母这个角色之前，父母首先是人。只要是人，就会出现困惑和烦恼，也可能犯错，心情也并不都是晴天，沮丧、惊慌等负面情绪总会出现。每个父母都不完美，所以，在孩子面前，不用展示完美，把自己的真实情绪展现出来，让孩子知道，原来父母和他一样也是有情绪的。这样做不仅能让孩子更加亲近父母，亲子关系更融洽、亲密，更重要的是给孩子传递了一种坦然、放松的处世态度。

很多孩子可能会问父母："您看起来不开心，为什么呢？""您这段时间是不是很累？"当孩子这样问的时候，不要试图回避问题或者转移话题，也别有"大人的事，小孩子问什么"这样的心理。这个时候，父母更应该仔细想一想：孩子问这些问题，他想要获得怎样的互动，父母应该怎样和孩子谈一谈。往往很多父母在孩子这样问的时候，直接回道"大人的事，小孩子别多问"，或者"没什么，你不用知道"。请各位爸爸妈妈记住，千万不要这么说，这样的话一说出口，就等于推开了孩子对父母的关心——孩子从父母的话中得到的信息是"父母如何与我无关"，如此一来，就等于父母主动向孩子关闭了沟通的渠道。

赵林被公司辞退了，害怕家里人担心，一直不敢告诉他们，所以每天依然做出上班的样子。他近一周都在找工作，可惜没找到合适的，他又不想早早回家引得家人怀疑，所以每天面试结束后，他就到离家较远的一个公园一直转悠到下班时间才回家。

这天他刚回家，儿子泡泡就神秘兮兮地拉着他到了自己房间，然后问他："爸爸，我看您最近都不开心，这一周您是不是都没去上班？"

赵林特别惊讶，泡泡才4岁多，怎么会想到问自己这个问题呢？他脑子里转了很多念头，可是嘴上只是漫不经心地回答儿子："没有的事儿，爸爸每天上班很忙的。"

一听爸爸这样说，泡泡可不高兴了，他嘟着嘴推开赵林，跑出了房间。几天后，赵林慢慢发现儿子都不跟自己说话了，自己跟儿子说话他也爱搭不理，他非常纳闷儿。这天早上，他难得送泡泡去幼儿园，才从泡泡的老师那里知道原因。原来，泡泡他们学校组织了游园活动，地点正好就是赵林每天去的公园。泡泡在游园时看到了在公园闲逛的爸爸。

自从那天得到赵林敷衍的回答后，泡泡就特别难过，他跟老师说，爸爸骗了他，他以后再也不理爸爸了。

赵林知道后，又自责又苦恼，不知道该怎么重新让泡泡对他敞开心扉。

故事中，身为爸爸的赵林，潜意识里觉得自己的工作与孩子没有关系，在回答的时候就有些敷衍，也就不自觉地伤了泡泡的心。

事实上，赵林对泡泡的伤害完全可以避免。如果赵林对泡泡敞开心扉，直接告诉泡泡自己失业了，正在找工作，泡泡会理解他并会和他更加亲密，因为这是父子之间心与心的沟通。不要认为孩子什么都不懂，更不要以此为借口去忽视他们的感受。

作为父母，必须有这样的认知，即要想建立良好的亲子关系，父母和孩子都需要敞开心扉，实现心与心的交流。这里给父母几点向孩子敞开心扉的建议。

(1) 把喜怒哀乐都和孩子分享

世界上最亲密的关系之一就是父母和孩子的关系。在情感上，父母和孩子是平等的，所以，父母的喜怒哀乐等情绪，都应该坦诚地告诉孩子，与孩子分享。不要觉得与孩子分享自己的喜怒哀乐很丢人，相反，这是信任和尊重孩子的表现，而孩子也能感觉到父母对自己的尊重和信任。这样一来，孩子会更尊重父母，接纳父母，并愿意向父母敞开心扉、诉说心事。

（2）把工作状况告诉孩子

父母一定要明确告诉孩子：目前从事的是什么工作，这份工作主要是什么内容，所从事的工作对社会、国家甚至整个人类有怎样的意义等。不可否认，现在绝大多数父母都特别忙，但再忙，也要抽出时间陪孩子，与孩子说一说自己的工作细节，讲一讲工作中体会到的悲喜辛酸，谈一谈每次成功时的幸福体验。这可以增进孩子和父母之间的感情，让孩子从小就懂得做什么事情都不是一帆风顺的，都会遇到坎坷磨难，但再难，只要坚持不懈，就会有成功的时候。这对孩子来说特别重要。

有许多父母埋怨自己的孩子不懂节约，花钱没有节制，有很强的自私心理等问题。在抱怨孩子的时候，请父母们想一想，你们是否告诉过孩子所花的钱都是你们辛勤工作换来的。如果没有，就请不要抱怨孩子，而是告诉他们钱是怎么来的，一定要让孩子知道，金钱和工作是紧密相关的。一般来说，孩子六七岁后，父母就应该渐渐告诉他们，自己是怎样努力工作谋求生存的，又是怎样创造属于自己的事业的。

（3）同孩子分享自己的隐私或秘密

很多父母都有这样的心理：认为孩子太小，不懂事，很多事情没必要告诉他们，尤其不能让孩子知道自己的隐私或秘密，因为这会让自己没有面子。但是事实并非如此，孩子要是知道他和你共享隐私或秘密，反而会对你更加信任，这时你也会更容易走进孩子的内心，真正做到和孩子进行心灵深处的对话和沟通。

（4）让孩子明白你对他的期望

我们经常听到一句话，叫“望子成龙，望女成凤”，但事实上，父母不应该对孩子抱有过高的期望，期望过高，往往会对孩子造成巨大的压力和伤害。对孩子抱所期望是正常的，不过父母应该根据孩子的个性特征、兴趣特长等实际情况，对孩子抱以合理的期待。同时也要明白，告诉孩子自己对他们的具体期待，并且这种期待是从实际出发，并不过分。如果父母能切实做到这些，孩子就会从父母的期待中汲取前进的力量，然后用他们的努力换来父母的期望成真。

综上而言，父母同孩子沟通，一定要讲究方法和艺术，当然，最重要的还是要敞开心扉，以引起孩子情感上的共鸣，与孩子建立起相互信任的关系，使亲子关系更加融洽。

告诉你的孩子你爱他

对于正在成长的幼小的孩子来说，父母的爱是最宝贵的财富，也是他们心底最坚实的依靠。那些勇敢的、坚强的、以最有力的姿态自信站立的孩子，心底无不充满来自父母的温暖又厚重的爱。

已退役的世界著名足球明星贝利初入赛场时，他的父母对他产生了很大的影响。每当有比赛，贝利的父母总是坐在第一排，极为热情地做着啦啦队员，使劲儿为自己的孩子呐喊助威。最初，贝利也有胆怯的时候，每当这时，他只要抬头看看坐在第一排为自己加油的父母，便浑身充满力量。与贝利有着相似经历的还有世界著名篮球明星乔丹，他的父母对他的影响也非常大，可以说，他们就是乔丹在赛场上的精神支柱。

从上面的例子中，我们可以得出这样的结论：父母永远是孩子最坚实的支持者，也必须做孩子无条件的支持者。事实上，父母无条件的支持就代表着对孩子无条件的爱。不管孩子在某件事上是成功抑或是失败，孩子们都需要知道父母一直无条件地爱着他们，而且这份爱永远不会改变。虽然有时父母会因为孩子的某些不当行为批评孩子，有时又会对孩子的某种行为进行表扬，但是请不要怀疑父母对孩子的爱。不过，很多时候，孩子并不理解父母，造成这种现象的一个重要原因就是父母没有放下姿态，从来不直接告诉孩子自己爱他。

中考的前一晚，王太太13岁的女儿丽丽表情怪怪地问她："妈妈，如果我这次考试考砸了，你会生我的气吗？"王太太立即回答："当然不会啊。"丽丽急忙追问："为什么呢？""因为我知道我的女儿肯定能考上重点中学。"王太太说。接着，丽丽紧张地盯着妈妈的眼睛问："那如果我没考上重点中学，你在亲戚、朋友、同事、同学面前就会没面子，你会因此难过，这样你还会喜欢我吗？"

直到女儿问完这个问题，王太太才反应过来女儿到底在担心什么，紧张什么。原来女儿怕的不是考不好，而是怕自己会因为她不够优秀而生气，从而不再喜欢她。女儿自小就非常依赖自己，自己虽然也深爱着女儿，却一直对女儿要求严格，女儿只要稍微犯错，就会受到严厉训斥，久而久之，女儿就不知道自己是不是还爱她了，或者以为自己对她的爱是有条件的。

弄明白女儿忧虑的问题后，王太太抚摩着女儿的头发，温和地说："傻孩子，全天下的妈妈都深爱着自己的孩子。哪怕是那些犯了错的人，他们的妈妈也照样爱着他们啊。所以，你尽管放心考试，妈妈永远是你的后盾。其实，就算你什么都做不好，我也会一直爱你。"

听完妈妈的话，丽丽扑进妈妈的怀里，搂住妈妈的脖子说："这样我就能放心考试了。"

王太太在教育女儿的时候，忘记告诉女儿自己一直爱着她，所以丽丽直到临考前一天都是忐忑不安的。这个案例告诉各位父母，一定要认真地告诉孩子，你爱他，你的爱是无条件的，只是因为他是你的孩子，所以你爱他，而不是其他原因，这样，孩子才能更有自信，也能感觉到自己的价值。请记住，永远爱孩子，永远赏识你的孩子，不包含任何附加条件。

那么怎样做到无条件支持孩子呢？很简单，就是不要堵塞孩子的嘴巴，让他开口说出内心的渴望；微笑着倾听，并随时注意孩子的表情，然后用恰当的语言与孩子进行对话。父母与子女之间点点滴滴的亲情，以及孩子的自信，很多时候都是如此建立起来的。

做到无条件爱孩子，还要允许孩子犯错误。很多孩子在成长的过程中都会存在这样的疑虑：我做错了事，爸爸妈妈会不会因为生气，从此都不理我了？他们是不是已经对我彻底失望甚至绝望，以后都不再管我了？要是爸爸妈妈不爱我了，放弃我了，我要怎么办？这些问题都是孩子没有安全感的体现，而没有安全感的孩子往往更容易怯懦、忧郁和自卑。因此，各位父母一定要随时留意孩子的情绪变化，当孩子犯错时，不要一味地斥责，要适时地表达出自己的爱意，用爱鼓舞和激励孩子改正错误，不断前进。

不要居高临下地和孩子说话

生活中，很多父母都爱用自己的思维方式去分析孩子的行为，孩子稍有错误，便开始用高姿态教育孩子，对孩子横加指责，发出各种指令，却很少去考虑孩子内心的真实想法。尤其是当孩子的想法和自己的想法有冲突时，父母就表现出对孩子的强烈失望，之后可能完全不顾孩子的意愿和感受，强迫孩子按自己的想法行事。这种做法是不正确的。

事实表明，父母在和孩子说话时采用居高临下的姿态，结果会适得其反，孩子不仅不会听话，反而会产生逆反心理。

因此，父母需要转变说话的态度，不要总是以教训和责备的口吻同孩子交谈，更不要总是把作为长辈的面子放在前面，而应当放低姿态，站在和孩子一样的高度，以对待朋友的态度和孩子交流。这样孩子才能感受到平等，觉得受到尊重，愿意和父母建立友好的关系，并主动向父母敞开心扉。只有父母了解孩子的想法，才能对症下药，采取适当的教育手段，使孩子接受自己的意见。

一天，邓艳接到儿子班主任的一个电话，说儿子因为在学校和同学打架被留了下来，需要家长去学校领人。邓艳一听，当时就怒气冲天，决定要狠狠地教训儿子一顿。

可是在去学校的路上，邓艳突然有了一个想法：我将儿子打一顿，数落一顿，难道就能保证有效果，使他以后都不再打架了吗？这不太可能。这个念头出现后，直到见了儿子，邓艳都克制着自己，没发作，最后平静地把儿子带回了家。

回家后，邓艳先是耐心地给儿子的伤口贴上创可贴，然后给儿子做了他喜欢的菜，儿子一直没等来她的发作。等到吃完饭，邓艳才看着儿子，说出了自己对他的担心，说自己接到老师的电话后就希望他能早些回家。儿子听着妈妈真挚的话，慢慢哽咽了，随后大哭着扑倒在妈妈的怀里，直说自己做错了，以后都不和同学打架，不让妈妈担心了。

听到儿子的承诺，邓艳会心地笑了。

邓艳在思考之后，没有对孩子进行责罚，只是说出了自己的担心，这让孩子感受到妈妈对自己的尊重和自己与妈妈之间在地位上的平等，所以他对妈妈做出了承诺。

“蹲下来”和孩子说话，不居高临下，这能有效增强孩子的独立意识。

父母要学会耐心倾听孩子的想法，无论这些想法听起来有多幼稚，都要让孩子尽情倾诉。倾听的同时，也要多引导性地问一些为什么，以便更深入地了解孩子，如“你为什么会产生这种想法呢”“你为什么会觉得自己的想法很有道理呀”“你为什么不赞同爸爸妈妈的观点”，等等。

父母只要做到倾听和引导，和孩子的沟通就会越来越多，越来越顺畅，对孩子的教育也会越来越容易，同时与孩子的关系也会得到改善，家庭氛围会越来越和睦。

可是有时候，虽然一些父母很愿意用尊重、平等的态度与孩子沟通，却苦于没有恰当的方法。下面是一些教育专家的意见，不妨拿来参考：

（1）不要使用过激的语言

父母与子女交流时，千万不要使用过激的语言，否则会伤害孩子的心灵，引起孩子的叛逆。如果父母的情绪很激动，不妨先冷静一段时间，等情绪平静下来再与孩子沟通。

（2）跟孩子说话要简单直接

有些父母对孩子真的是苦口婆心，一心想要教育好孩子，可很多时候效果并不理想。在和孩子沟通的时候，父母可能自我感觉已经做到了平等，因为他们常用自己儿时的事来激励、督促孩子——只要和孩子交流，必然扯到自己的童年，然后就是一大串的会议式说教，这其实是父母的独白，而非真正的交流。孩子一开始还会听一下，越到后面越会抗拒这种独白。所以，父母与孩子说话，应该简单直接，不要总拿自己的童年经历说事。

（3）语言一定要发自真心

父母和孩子交流时，态度要和善，语言要真诚，千万不能脱离实际。

（4）让孩子参与家庭事务

让孩子参与家庭事务，允许孩子提出自己的意见，不管最后是否采纳孩子的意见，至少让孩子感受到了来自父母的尊重，体会到自己是家庭的一员，是家中不可缺少的一份子。

不要试图扮演“好父母”的角色

很多人在成为父母后，总会不自觉地摆出长者的派头，试图扮演“好父母”的角色。这些父母总认为自己一定要有“父母的模样”，所以凡事都表现得有主见、有把握，没有烦恼，更没有缺点，但是他们却忘了自己只是一个普通人，从本质上来说，和孩子并没有不同。因此，他们总是将曾经作为“凡人”的经历藏起来，不敢告诉孩子曾经的自己是多么怯弱，想法有多么不成熟。

忘了自己也是普通人，这是父母们有可能犯下的严重错误之一。

无论何时，无论自己是怎样的感觉，都把真实率性和自己的需要抛到一边，对孩子无条件接受和容忍，并做出随时为孩子牺牲的心理，试图扮演一个好父母的角色。父母们这样做的后果就是做出虚假的行动以及虚假地接受孩子的要求。下面就是一位妈妈对孩子做出的虚假接受。

一位3岁孩子的母亲总是因为孩子对她的依赖感到心烦，因为她想有更多的时间做自己的事。比如，她刚买来一本喜欢的新书，她希望用更多的时间去读书而不是陪孩子。但是，她又认为自己应该始终如一地扮演“好妈妈”的角色，她担心遵循自己内心的想法就不再是一位“好妈妈”。因此，她尽量表现出“接受”的样子，尽量遵循着宽容原则，强制自己去照顾孩子，而不是让孩子独立。这位母亲行为上表现得似乎很爱陪伴孩子，可她心里一点儿都不乐意。与此同时，因为需求长时间得不到满足，她总感到心烦意乱和失落。

上面这位母亲的做法，其实已经在不知不觉中影响了孩子：父母的假接受，不仅会对自己造成负面影响，也会对孩子产生消极影响。再小的孩子也能敏感地感受到父母的态度。每个人内心的真实想法基本都会通过微表情表现出来。虽然孩子不懂得什么是微表情，但是只要看到父母紧绷着脸、听着父母不耐烦的语调，他们就会觉察出父母内心的烦恼和怒气。当察觉到父母最真实的内心时，孩子会备感困惑，因为父母的表情和行为传递出来的信息和他们说出来的话是相互矛盾的。一旦出现这种“混合信息”，敏感的孩子可能会认为父母不再喜欢他。这时孩子会感到非常别扭，不知道如何选择，他们明显感觉到不愉快，却不知道怎么表达，于是只能茫然。

总是感到茫然会严重影响孩子的心理健康。面对“混合信息”，孩子会经常性地感受到左右为难，这就导致他们经常接受“考验”，然后被动地承受着选择的负担和焦虑，时间一长，孩子就会缺乏安全感。从长远来看，假接受会带来严重的副作用，即父母和孩子之间的亲子关系会遭受伤害。多次收到“混合信息”，孩子会怀疑父母的诚实度，他们从自我经验中得出：父母都是想一套，说一套，做一套。当孩子有了这样的认知后，也就慢慢不再相信父母了。

常有一些孩子向小伙伴夸耀："我的爸爸妈妈都是了不起的人，他们不像爸爸妈妈，更像我的朋友。他们真酷，他们会犯错，也会像其他人一样有些小毛病，可是我就是喜欢他们。""我爸爸妈妈不伪装。"孩子的这些话代表了什么？很明显，他们喜欢这样真实的父母。事实上，在知道父母也会犯错时，孩子内心深处会油然升起对父母的钟爱之情，这也是亲子关系融洽的一个原因。错误可以使父母与子女的关系更加亲密，促使父母与孩子成为朋友。与争取完美的过程相比，在犯错误的过程中更容易产生友情。所以，不要试图扮演一个"好父母"的角色，要做真实的父母。

请大方地去向孩子认错

生活中经常能见到这样的父母，分明是自己的错，却冤枉或者迁怒孩子，有的还误导孩子。这种做法其实违背了做人的基本原则，更是教育孩子的大忌。次数一多，父母必然失去在孩子心中的地位，更别说教育孩子了。

在家庭教育中，父母若是从不在孩子面前承认自己的过失或缺点，孩子便会形成爸爸妈妈“总说自己正确但其实总是出错”的概念，时间久了，父母对孩子的正确教诲也会被孩子抛到脑后。当然，假如父母对孩子做错了事，能立即郑重地向孩子道歉，孩子也就不会感到承认错误是可耻的，无形中也就提高了分辨是非的能力。

古今中外，有很多敢于向孩子承认错误的父母，下面就来看一看卡哈的故事：

西班牙著名神经组织学家卡哈年少时很聪明也很调皮，他在 13 岁的时候就用所学知识造了一门“真”的大炮。炮弹发射后伤了邻居家的孩子，这可闯了大祸，卡哈受到了罚款和拘留的惩罚。当他走出拘留所后，被身为外科医生且通过刻苦自修成为萨拉大学应用解剖学教授的父亲大骂了一顿。父亲还责令他停止学业，去学修补鞋子。一段时间后，父亲越来越感到自己对卡哈的处罚过于严厉。所以，在事情过去一年后，父亲亲自去修鞋铺把卡哈接了回来，搂着卡哈深情地说："孩子，我不应该因为你闯了一次祸便中断你的学业，对不起，我做得很不对。从今天起，你就在我身边学习吧，你一定会大有作为的！"

卡哈感受到了父亲真诚的歉意，且经过一年的工作锻炼，他也认识到了自己的错误，于是高兴地答应了。回到父亲身边以后，他便潜心学习骨骼学。多年后，卡哈终于成为举世瞩目的神经组织学家，并于1906年荣获了诺贝尔生物学和医学奖。

在我国，也有很多有识之士勇于向孩子道歉，比如著名诗人、民主战士闻一多。

有一次，闻一多因为心烦，一时失手打了还不懂事的小女儿，在外屋的次子看到父亲的不当举动，推门进来，指出父亲不该打小妹，且郑重其事地说："你自己就是搞民主运动的，每天讲民主，怎么在家里就动手打人呢？"

闻一多愣了一下，静坐沉思了一会儿后，来到女儿面前，郑重地说："我错了，不该打你，我小时候父母就是用这样的方法管教我的，所以我也用了同样的办法来对待你。希望你记住，以后不要再用这样的方法管教你的孩子。"

这样的道歉，无疑会提高父亲在孩子心中的地位，使父亲的形象显得特别高大！

父母犯错后，应当大方地向孩子承认自己的错误，并向孩子"道歉"，这对父母和孩子来说都是有益的。那么，父母在认错时需要注意哪些事项呢?

（1）表明决心

父母要和孩子进行深入交流，勇敢承认自己做错了事，更为重要的是，一定要向孩子表明改正错误的决心，让孩子切实感受到自己的痛悔之情和改过之意。

（2）真诚接受孩子的批评

有的孩子在父母承认错误时会说一些怨恨的话或者批评父母，这时候，父母千万不要责备孩子，要真诚地接受孩子的批评。孩子看到父母真心认错，就会原谅父母。

（3）请孩子监督

在持续改正错误的过程中，父母可以诚恳地请孩子做自己的监督人。这一点特别重要，因为这可以让孩子意识到自己承担的责任，使孩子更快地成长起来。

不要急于给孩子扣上“不听话”的帽子

一位年轻妈妈站在跷跷板旁边，第三次对5岁的儿子说：“牧歌，别玩了，我们该回家了!”牧歌就像没听到一样，继续和小伙伴玩着“你低我高”的游戏。妈妈有些生气了，走过去，不轻不重地拍着儿子肩膀：“你怎么这么不听话，没听见我叫你吗?”“你才叫了三次嘛。”牧歌显得有些无辜。

家里、幼儿园、游乐场经常出现上面的情形，妈妈总是很疑惑：“孩子怎么总是对我的话充耳不闻呢?”之后各种想法充斥脑海，越想越生气，认为孩子这样漠视自己的指令会有非常恶劣的影响，如果放任不管，继续纵容，孩子将来可能会变得狂妄自大、目中无人。该怎么解决这个问题呢?

遇到这种情况，父母不要急着给孩子扣上“不听话”的帽子，而要静下心来多跟孩子沟通，通过恰当的方式解决孩子的问题。

具体来说，父母要做到以下几点：

(1) 肯定和鼓励孩子

每个孩子都渴望得到他人的肯定和理解，希望自己能受到公正的评价。对成长中的孩子来说，只有对他们多肯定和鼓励，他们才会更自信、更乐观，这样也才能建立起真正和谐的教育环境。

（2）以正面管教为主，多种方法并用

严禁体罚和变相体罚孩子，避免给他们留下心理阴影。父母应该做的是晓之以理，动之以情，孩子只有在积极的情绪状态中才能不断进步。要知道，父母对孩子的嘉许、认可、鼓励、包容，才是孩子成长路上最好的催化剂。

（3）用爱培养出爱

父母对孩子的羞辱、指责、嘲讽，都是对孩子的否定。我们常听人说“打是疼，骂是爱”“爱他才会打他”。不管这些话说得有多好听，也不管说这些话的父母是有多爱孩子，多替孩子着想，他们不知道，就在他们对孩子打骂的那一刻，爱可能已经转化成了憎恨。爱和恨犹如纸的正反面，它们的转换就在一瞬间。天下多的是望子成龙、望女成凤的父母，可是在管教孩子的过程中，很可能出现因为对父母的真心并不理解，孩子反而站在了父母的对立面，父母接收到孩子传来的抵触，于是变得怒气冲天，这时，对孩子的爱早就变成了“恨铁不成钢”。由爱转恨，就从父母否定孩子的那一瞬间开始。

很多父母抱怨孩子和自己不亲，不愿意和自己说话，更别说向自己吐露知心话，但父母们有没有想过，造成这种情况的正是自己呢？在孩子愿意向父母倾诉时，很多父母是怎么做的呢？心不在焉、不理不睬，甚至采取交易式沟通法。这种做法是对孩子自尊心的严重伤害，同时也将孩子和父母之间沟通的桥梁切断了，以致亲子关系渐渐紧张、疏远。在亲子关系还和谐的时候，父母就应该采用开放式、鼓励性的沟通，对孩子的不良情绪予以接纳，并传达出对孩子的信任。当父母这样做以后，相应的，孩子对父母的态度也会慢慢转变、改善，直到“不理不睬”完全消失。

请理解孩子的撒娇

妞妞上幼儿园了，但是每次去幼儿园她都不愿意自己走路，总是提出让妈妈背她，如果妈妈不答应，她就哭哭啼啼地找来很多理由，如：“妈妈，我脚疼，你背我走吧。”“妈妈，我太累啦，脚没力气了，我要你背我。”“妈妈，我知道你上班很累，咱们打车去学校吧。”妞妞家离学校特别近，步行都不到十分钟，每次听到妞妞这样撒娇耍赖，妈妈都觉得她太缠人、太爱撒娇了。

晚上睡觉前，妈妈给妞妞讲完故事，该熄灯睡觉了，妞妞却不干，妈妈一离开，她就开始嚷嚷着怕黑、要喝水等，然后没过一会儿又叫嚷着要妈妈陪。妈妈轻声地告诉妞妞：“妞妞上了幼儿园，就是大孩子了，大孩子睡觉的时候怎么能一直让妈妈陪呢？”一听妈妈这样说，妞妞委屈极了，眼泪涌出眼眶，眼看着就要掉下来，她可怜巴巴地回答妈妈：“可是爸爸都是大人了，睡觉都还要妈妈陪呢！”妈妈听完妞妞的话，真是又好气，又好笑，又心疼。

父母关爱孩子是由天然的亲子关系决定的，做父母的总是怕没有保护好孩子，怕让孩子受一点点苦，如此一来，在孩子的教育上自然就放不开手脚。事实上，父母对孩子过于保护只会让孩子产生极大的依赖，对培养孩子的独立性很不利。尽管父母对孩子很重视，但很多时候却忽视了孩子早期的依恋。孩子常常撒娇，并夸张地诉苦，很大程度上是因为妈妈没有满足孩子早期对妈妈的依恋。

在对待孩子爱撒娇这件事上，家长们的看法主要分为两种：一种是孩子就是爱撒娇，这是一件再正常不过的事情；一种则认为孩子过度撒娇是任性的表现，是无理取闹。

从孩子的生长发育过程来看，从还是胎儿开始，孩子就有了情感需求，出生后对情感的渴望比在妈妈的肚子里时还要强烈。他们对“爱”的理解非常敏感，他们内心深处渴望得到来自身边人的爱和关心，特别是来自最喜欢的人（比如妈妈）的爱和关心。孩子的“小气、撒娇”正是一种变相的试探方式，试探“指定人（如妈妈）”对自己的关爱程度。

心理学家专门针对儿童的这一心理进行了实验分析，并得出结论：父母要根据孩子具体的情况来正确处理撒娇的现象。

在什么情况下孩子容易撒娇，父母一定要做到心中有数。一般而言，婴幼儿会在每天午饭后以及晚上要睡觉的时候撒娇；孩子在生病、身体不舒服的时候，比较容易撒娇；孩子身处陌生环境的时候，会因为不熟悉环境导致心理不愉快而撒娇；来自外界的干扰破坏了孩子的生活习惯，也会导致孩子撒娇。另外，当孩子情绪低落、心情不舒畅时，也比较容易撒娇。

父母要分清孩子撒娇的原因。如果孩子撒娇是为了满足情感需求，父母就不能置之不理，否则孩子的情感发展必然会受到不利影响，他会觉得父母不爱他或者不需要他，因此心灵受到伤害，甚至形成自卑、孤僻等不良性格。如果孩子是故意发脾气撒娇，父母一定不能百般迁就，听之任之，否则孩子会敏锐地抓住并利用父母的这个弱点，经常用“爱的武器”来给父母施加压力，以达到自己的目的。长此以往，孩子就会养成任性、霸道的性格，变成一个以自我为中心的人。

父母应该理解孩子的撒娇行为，在孩子撒娇时，多通过沟通交流的方式分析孩子撒娇的根源，予以理解，并给予安抚。

儿童的情感发展属于动态过程。只有正确对待孩子的情感需求，才能将孩子培养成具有高情商的人，这关系到孩子未来一生的发展，所以至关重要。

（1）了解孩子的情感世界

对于孩子的情感世界和情感变化，家长要根据孩子的性格和言行举止的变化去体会和了解。每个孩子都有其独有的表达自己情绪的方式，比如有的孩子想表达自己的不满和需要，会以闯祸或吵闹等方式来体现，而有的孩子不开心了，就会以沉默来表达，有的孩子为了引起父母的重视，甚至会采用自伤的手段，因此，了解孩子这些举动的动机就很重要了。

（2）关心和尊重孩子

父母应该正确对待孩子要求自己共同参与活动的要求，要适当表达自己对孩子的关心和尊重。很多时候，孩子可能玩着玩着就要求父母参与当前的游戏、活动，这时父母千万不要漠不关心、不理不睬，甚至直接拒绝或者开口训斥，而是应该尽可能放下手中的事情，专心陪伴孩子玩一段时间。假如手头确实有不能丢开的事，在答应孩子的时候，同时告诉他自己只能陪他玩几分钟，并做出解释，孩子对此是能理解并接受的。切忌以成人心态去要求孩子和将自己的行为习惯强加给孩子。

（3）教孩子“自己想办法”

生活中，当孩子遇到难题的时候，父母别急着直接告诉孩子解决办法，而是要加以引导，让孩子自己思考解决问题的方法。比如：孩子要喝水，却不知道水是冷是热，这时孩子可能不知道该怎么确定水的冷热，所以不敢喝。这个时候，父母不要直接告诉他水究竟是冷还是热，而是要引导他想办法：“开动脑筋，看看你怎么去知道水是冷的还热的。”同时要提醒孩子，不管杯子里的水是冷是热，都要注意别被烫着。在大人的启发下，孩子往往能想出许多办法：垫上毛巾摸一下；用小勺子舀一点试试；把手放在杯口感觉有没有热气。时间一久，孩子自然会养成独立思考的习惯，未来遇到类似的困难，就算没有大人在身边，他也会想方设法安全地解决问题，不会不知所措。

（4）责罚孩子时对事不对人

因为孩子毕竟还小，所以难免做错事情，作为父母，也就不免会对孩子进行责罚。这时，父母一定要牢牢记住，责罚对事不对人。这就在告诉孩子，虽然他做了错事，但这并不意味着自己就是个坏孩子，以后改正就好了。面对孩子的撒娇，父母要告诉他：“爸爸妈妈爱你，可是孩子，你总有一天会长大，需要自己承担责任。”这也是对父母自身的提醒，要帮助孩子分清对错，而不仅仅是责罚他。父母总是以这样的方式来对待孩子的错误，当孩子再次出现错误时，就会更容易在孩子面前保持冷静。

（5）不要将自己的想法强加给孩子

孩子虽然年龄小，但依然是独立的人，父母只是孩子成长过程中的引导者和组织者。每当孩子在生活中遇到困难和疑惑时，父母不要将自己的想法强加给孩子，而是应该对孩子加以引导，让他自己得出结论。孩子需要拥有选择权，需要学会成为自己的主人。

事实上，孩子的情感世界丰富多彩，在对孩子进行情感教育时，父母一定不能千篇一律。父母在孩子的教育上要把握分寸，在适时协助孩子克服缺点的同时，又不能伤害孩子的自尊心。只有为孩子营造一个良好的情感氛围，孩子才能有一个美好的明天。

填平与孩子的“代沟”

随着孩子年龄的增长，很多父母都觉得和孩子沟通越来越困难。一是父母和孩子说话，孩子不愿意听；二是父母和孩子聊不到一起去。父母说的，孩子不接受；孩子说的，父母不理解。

父母和孩子沟通困难，是父母的问题还是孩子的问题呢？

其实，父母和孩子都没有问题，真正的问题是两代人的“代沟”。

“代沟”一词是由美国女性人类学家 M. 米德首次提出的，其字面意思就是父母和孩子之间的“世代隔阂”，主要指心理上的隔阂。

具体来看，父母和孩子的代沟表现在思想、价值观、生活态度等多方面。一般来说，年长的一代思想守旧，对于新兴事物不感兴趣或接受慢，而年轻一代思想开放，接受新事物较快，所以在交流上就会出现障碍。

父母如果不能意识到与子女的这种交流障碍，就容易陷入倚老卖老的教育误区。比如，很多父母在管教孩子时，动不动就以长者的口吻训斥孩子，命令孩子可以做什么或不可以做什么。而孩子也许并不能真正接受你的思想，所以就出现了忤逆和反抗。

其实，现在很多父母已经意识到了“代沟”这个问题，也有很大一部分父母能够自觉去学习新事物，包容与理解孩子的想法、观念和做法，消除隐形“代沟”，真正实现了亲子沟通无障碍。

小月是个中学生，在学习上一直比较主动，在父母眼里，她一直是一个听话的好孩子。

初二时，小月喜欢上了TFBOYS，经常盯着手机看他们的视频，戴着耳机哼他们的歌。不仅如此，小月的卧室墙上还贴满了三个男孩的各种海报。

自从喜欢上TFBOYS后，小月就关注着他们的一举一动，每天完全是“中毒”状态。

小月的父母看到女儿追星的狂热，特别担心会影响她学习，于是有一天，小月的爸爸对小月说：“三个小男孩，有什么值得喜欢的?”

听爸爸这么一说，小月就不高兴了，说：“你根本就不了解他们，凭什么说不值得喜欢!”

然后，小月就走开了，再也不愿意和父亲谈TFBOYS的话题。

小月的爸爸和妈妈分析了这件事，小月妈妈也觉得小月爸爸有些霸道了，小月妈妈觉得应该先了解一下女儿喜欢的东西，然后再进行劝说。

于是，小月妈妈也变成了“追星族”，看“三小只”的视频，听他们唱的歌曲，还关注他们参加的活动，尤其是一名成员在联合国的英文演讲，令小月妈妈对所谓的偶像有了新的认识。

小月妈妈变成TFBOYS的迷妹后，和女儿越来越有话聊，她和女儿谈他们的才华，谈他们的努力，小月都深有同感。在说到英文演讲那件事时，小月说自己也受到了积极的影响，她说她要向偶像看齐，好好学习，精进英语，小月妈妈至此放下心来。

小月妈妈后来也发现，女儿的学习并没有因为追星而受到太大影响，而且在一定意义上，偶像的精神力量也激励着女儿变得更好。于是小月妈妈和小月爸爸说："就随女儿去吧！我们以前不也有所谓的'偶像'，只要偶像的影响是积极的，我们就不应该强加干涉。"

小月爸爸最后也理解了，他们还带女儿去看了 TFBOYS 的演唱会，让女儿大为感动。

案例中，小月爸爸因不了解 TFBOYS，所以轻易就否定了小月对偶像的喜欢，很明显，这样做只会造成父女二人的矛盾，而无益于沟通和解决问题。反之，小月妈妈在同样的情况下，选择去了解女儿喜欢的东西来消除交流障碍，最终真正理解了女儿，母女之间也实现了真正的"无代沟"交谈。

由此来看，消除代沟的关键就是父母要转变观念，不要认为自己的想法总是对的，更不要轻易否定孩子的想法。对于孩子热衷的事物，父母要在了解的基础上进行说教，如果发现孩子喜欢的东西是合理的，父母就不要过分干涉。在家庭中，父母和子女是平等的关系，父母要学会尊重孩子，包括孩子的兴趣和思想。

父母要认识到，"代沟"是正常现象，因为时代一直在发展，总会出现父母不了解的事物。不过，当"代沟"出现后，父母也不能放任不管，这样不利于与孩子沟通。正确的做法是，父母要努力去填平和孩子间的"代沟"，了解孩子的所思所想，关注孩子的行为，以打造最亲密的亲子关系。

【父母可以对孩子说的 7 句话】

1. 我爱你。

2. 宝贝，你什么都可以对妈妈说。

3. 我理解你的感受。

4. 你想做什么？可以告诉我吗？

5. 宝贝，我很难过，因为我又看见你将垃圾扔在了地板上。

6. 我知道我误解了你，你能原谅我吗？

7. 我相信你。

第二章

说话有方法，孩子乐意听

亲子沟通要掌握方法和技巧，只有方法得当，沟通才能顺畅。

亲子沟通的注意事项

父母与孩子之间能否保持良好的关系，运用沟通技巧进行有效沟通非常关键。良好的沟通不仅会使家庭氛围和谐，也能让父母在教育孩子时轻松许多。但是，有相当一部分父母觉得，与孩子沟通是一件比较困难的事情，或父母已经尽力尝试去和孩子沟通了，但仍未能与孩子保持融洽的关系。

邓欣今年5岁，是一个活泼、开朗的小女孩，父母对她宠爱有加。可是，邓欣的妈妈却常常因为无法与女儿进行有效沟通而烦恼不已，每次妈妈想跟邓欣说些什么，才说了两句话，邓欣就转身离开了。

有一次，邓欣在搭积木，她将积木摆了满满一地，拿起一块觉得不合适就往旁边一扔，很多积木都混到了别的玩具里。

妈妈看不过去，便将那些小积木块从玩具堆里一个一个地找出来，然后对邓欣说：“这样乱扔玩具可不是好习惯，而且……”

妈妈的话刚开个头，邓欣就不耐烦地说：“知道了。”然后就扔下一地的积木跑开了。

邓欣的妈妈只能默默地把玩具收拾好，她不知道自己应该怎样说，邓欣才能听进去。

事实上，与孩子进行沟通，不能完全按照大人之间沟通的方式进行，父母应当学习与孩子进行有效沟通的方式，掌握巧妙的沟通技巧，才能与孩子进行有效的沟通。

在与孩子沟通交流时，父母需要做到以下几点：

（1）关注孩子的表情

孩子的表情会直接反映出他的想法，因此在与孩子说话时，父母应当注意孩子的表情，及时调整说话的方式、力度等，适时地对孩子的问题予以帮助和辅导。孩子觉得自己被父母重视了，也就愿意与父母沟通了。

（2）语气要柔和

批评、命令、警告等强硬的语气会拉远孩子与父母的距离，因此，在和孩子说话时，父母应当少用强硬的语气，多用柔和的语气，这样一来，沟通的气氛就会放松下来，孩子就会更愿意说出自己的想法。

（3）使用简单的短句

孩子的逻辑思维还不够成熟，无法理解结构过于复杂、内容过于丰富的语句。因此要想让孩子认真听父母的话，就要保证孩子能够理解父母的话。想要做到这一点，父母就需要让自己的语言简单一些，使用简单的句子，最好能把自己说的话重复几遍，确保孩子能够听懂。但需要注意的是，只要孩子听懂了，就不要再重复了，否则孩子就会产生厌烦的情绪。

（4）语调要有起伏

在不打扰别人的前提下，父母在和孩子说话时，可以让自己的语调有一些高低起伏的变化，这样孩子会更容易集中注意力来倾听。

（5）话语内容尽量具体

父母话语的内容应当尽量具体，而且最好是最近发生的事，否则孩子就会丧失交流的兴趣，不由自主地走神。

（6）善于发现孩子的优点

父母应当善于发现孩子的优点，并适时予以鼓励和表扬。要知道，鼓励、表扬比批评、惩罚更有效，而且也不会导致亲子关系紧张。

（7）能够将心比心

父母应当学会换位思考，多站在孩子的角度看问题，这会让父母更容易了解孩子的内心世界，沟通就会更加有效。

巧妙批评犯错的孩子

孩子难免会犯错，当孩子犯错时，为了教育孩子，帮助孩子纠正错误，许多父母都只是粗暴地批评孩子，甚至打孩子，完全不与孩子沟通，不给孩子说话的机会，结果往往造成无效批评，同时也伤害了孩子的心灵。

其实，批评孩子是需要讲究技巧的。那么，在孩子犯错时，父母应当怎样正确地教育孩子呢？以下是一些可以借鉴的方法：

（1）平心静气地教育孩子

孩子犯错后，父母要保持平和的态度，平心静气地教育孩子，千万不能大吼大骂，这种做法能够让良好的亲子关系一直维持下去，也能达到教育孩子的目的。

比如，一位妈妈将自己觉得可爱的儿子的照片贴在墙上，每当这位妈妈想要对儿子发脾气的时候，就会先看看照片，这样怒气就能够得到平息，在批评教育儿子的时候，也就不会情绪失控了。

（2）低声批评

父母可以用低于日常说话的声音来批评孩子、与孩子沟通。低沉而有力的声音能够让孩子察觉到父母的严肃态度，让孩子更加集中注意力倾听父母的话。这种降低声音的处理方式，往往比大声斥责效果更好。

（3）沉默批评

沉默也是一种批评方式。孩子犯错后知道父母会批评他，并为此而提心吊胆。如果父母的行动与孩子的想法一致，那么孩子反而会产生“如释重负”的感觉，也就不再那么重视父母的批评和自己的错误了；相反，如果父母沉默地看着孩子，孩子反而会越来越紧张，觉得十分不自在，进而自觉地反省错误。

（4）启发孩子认识自己的错误

当孩子犯错后，父母不要直接指出孩子的错误，以免伤害孩子的自尊心，遭到孩子的抵触。父母可以通过事例委婉地启发孩子认识自己的错误，相信孩子能够理解父母的苦心，接受父母的批评和教育。

（5）旁敲侧击

父母可以通过旁敲侧击的方式含蓄地让孩子认识和改正自己的错误。

一天，妈妈带着彤彤到朋友家去玩。朋友家有一位跟彤彤年纪相仿的小姑娘，叫乐乐。彤彤看到乐乐的玩具，觉得很有意思，就直接拿起了玩具，什么话也没说。看到彤彤的行为后，妈妈皱了皱眉头，然后对乐乐说：“这是你的玩具哦！不和你说一句‘借我玩一下好吗’就直接拿走可不行!”听到妈妈的话，彤彤马上意识到了自己的问题，就问了乐乐一句“借我玩一下好吗”，乐乐痛快地答应了。后来，每次彤彤想要玩小伙伴的玩具时，都会先问一句“借我玩一下好吗”。

（6）教育孩子换位思考

当孩子犯错后被父母批评时，经常会将责任推到别人身上，以此来逃避父母的责备。这时，父母可以反问孩子：“如果你是你说的那个人，你要怎么辩解呢？”这样孩子就会思考：假如自己是对方，自己会说些什么。这时，大部分孩子就会发现自己的问题，同时也会反省自己推卸责任的错误。

（7）批评要适时适度

孩子通常没有很准确的时间概念，昨天发生的事可能今天就忘了，或者转眼就忘记了刚才犯下的错误。所以，孩子犯了错后，父母要及时与孩子进行沟通或是批评孩子，不能拖延，否则就无法取得良好的效果。

（8）不当众数落孩子

有其他人在场时，批评教育孩子就不能像在家里那样无所顾忌了。虽然孩子年纪还小，但也有自尊心，如果父母当众数落孩子，孩子的自尊就会受到伤害，很难真心接受批评。

孩子不听话，是因为父母不会说话

每一位父母都想让自己在孩子心中具有足够的威信，希望孩子能够听从自己发出的命令。但事实上，很多孩子偏偏不听父母的话，甚至经常对抗父母：顶嘴、哭闹、耍赖……这些孩子将父母折腾得心力交瘁、晕头转向。于是，在很多父母看来，“不听话”就是坏孩子，而孩子的不听话也成了困扰父母的一大难题。

但是，大部分孩子并不是故意要与父母对抗的。他们的调皮、任性、不听话，很大程度上是受到父母说话方式的影响。

这天，小蕊的妈妈在自己的日记中写下这样一句话：“有时候，孩子不听话只是因为父母不会说话、不会表达罢了。”小蕊的妈妈为什么会发出这样的感叹呢？这要从这天下午的一件事情说起。

“小蕊，你想去外婆家吗？外婆告诉我，她今天抱了条小狗回来，很可爱呢。”妈妈一边收拾碗筷，一边说道。

“真的吗？我想去！”小蕊一直很喜欢小狗，想养一只，可是因为白天家里没人可以照顾小狗，所以妈妈一直不让养。现在听妈妈说外婆养了一条小狗，自己可以去看，小蕊兴奋极了。

“那你先完成作业，等妈妈做完家务咱们就走。”

“好！”

小蕊痛快地答应下来，然后急急忙忙去做作业了。没过多久，小蕊就跑了出来，拽着妈妈的衣服说：“妈妈，咱们赶紧去吧，我已经写完作业了。”

“怎么这么快？”妈妈觉得有点儿不对劲，就来到小蕊的房间，打开了她的作业本。从前的作业小蕊都写得工工整整，可今天的作业却写得七扭八歪，潦草极了，妈妈心里顿时生出一股火气。

妈妈指着作业本说：“看看你的字，都要飞起来了，谁能认得出来！回去重写！”

听了妈妈的话，小蕊的一张小脸憋得通红，顿了几秒，才大声对妈妈说：“妈妈，我们之前说好了写完作业就能去外婆家，我已经写完了，现在就要过去！”

“你倒是写完了，但你写的这是什么，你自己能看懂吗？”看到小蕊这样的态度，妈妈更生气了，她把作业本往桌子上重重一摔，开始教育起小蕊来，比如，“学习时应该端正态度”“写作业时敷衍了事就相当于没做”之类的话。小蕊低着头，玩着衣角，什么话也不说。看着小蕊满脸委屈的样子，妈妈意识到，自己可能说得有些过分了。

妈妈深吸了一口气，让自己的情绪平静下来，然后蹲下来平视着小蕊，说：“小蕊，妈妈知道，你是想要早点儿写完作业好去看小狗，对不对？”

小蕊见妈妈的态度突然温和下来，觉得有些意外，她抬起头看了看妈妈，然后轻轻地“嗯”了一声。

“妈妈知道你的心情很急迫，也能够理解，但是我们是不是应该先将自己手里的事情处理好呢？不然，你玩的时候还要想着作业没写好，明天老师会不会批评自己，结果玩得一点儿都不痛快。你觉得妈妈说得对吗？”

“妈妈，您说得对，我没有好好完成作业是不对的。”小蕊似乎想通了，主动承认了错误。

“那现在妈妈陪着你重新写一遍作业好吗？”

“好，我这次会认真完成的，然后我们再去外婆家。”

“好，写完作业我们马上就去。”

起初，妈妈训斥了小蕊，还给小蕊讲了很多道理，但这没有起任何作用，反而让小蕊更加抵触。于是，妈妈将自己的情绪和态度做了调整，试着去理解、认同小蕊的想法与感受，并让小蕊知道，妈妈是能够理解她的，最终取得了良好的教育效果。

其实，孩子不听话，大部分都是父母不会说话造成的。许多父母在面对家人、客户时都能把话说得恰到好处，但面对孩子时却不会说话了。这是因为他们太爱孩子。爱之深，责之切，因此父母在面对孩子时总是容易产生急、怨、怒等不良情绪。“急”是为孩子总是犯错而感到急躁；“怨”是埋怨孩子总是不听话；“怒”是怒其不争。于是，父母在对孩子说话时就可能会口不择言，最终的结果就是，要么孩子不耐烦，要么孩子的心灵受到伤害。

父母的话对孩子的影响是强大而深远的。父母教育孩子时，一定要使用恰当的说话方式，只有父母说话恰当，孩子才会减少对抗，变得乖巧听话，朝着父母期待的方向健康成长。

不要对孩子说“我也没办法”

孩子做事往往只有“三分钟热度”，刚开始的时候可能对新鲜事物充满好奇，兴致十足，可是过了一段时间，就变得兴味索然。孩子耐力不够，与孩子的心智和经历有密切的关系。孩子年纪小，心智尚不成熟，经历的事情少，没有充足的经验，因此遇到感兴趣的事情常常凭着冲动和热情去做。而一旦遭遇挫败，就变得不知所措，或是选择放弃，寻找新的兴趣点，或是对挫败耿耿于怀，向父母寻求安慰与帮助。如果孩子选择向父母求助，那么父母一定不能对孩子说“我也没办法”“我也帮不了你”之类的话，否则就会打击孩子，对建立和谐的亲子关系也会有负面影响。

在一堂品生课上，老师给学生布置了一项作业，让学生把老师发放的一株植物带回家照顾，并写下观察记录，期末的时候进行考察，谁的观察记录写得好，谁的植物长得最漂亮，谁就能得到老师的礼物。

琳琳得到了一株水仙花。放学后，琳琳特意拉着妈妈跑到花卉市场买来了漂亮的花盆和一些肥料，然后小心地把水仙花移植到新的花盆里。之后，琳琳每天放学回家都会围着这盆水仙转圈，不是浇水就是施肥，希望它能够赶紧长大，开出漂亮的花朵来。

在琳琳无微不至的照顾下，水仙花慢慢长大了，甚至还长出了一个小小的花苞，琳琳开心极了。之后，琳琳便更加用心了。她觉得如果多施一些肥，水仙一定能长得更好，于是，她便撒了很多肥料。可是，琳琳发现给水仙增加了肥料后，它反而不那么精神了。之后的某一天，那个还没长大的花苞掉了下来。看着自己费尽心力照顾了那么久的水仙就要死掉了，琳琳非常难过，哭着去找妈妈。

“唉，怎么会快死了呢？琳琳这么用心地照顾它。”妈妈遗憾地说，“是不是因为最近几天温度变化太大了呢？我们一起去问问老师，看看老师知不知道原因，好吗？”

“可是老师肯定会批评我的，因为我快把水仙养死了。”琳琳感到非常担心。

“不会的。”妈妈说，“照顾植物本来就不简单，老师一定能理解你的。既然遇到了问题，就应该积极去找老师请教啊，老师肯定喜欢好学的小朋友。”听了妈妈的话，琳琳放下了心，第二天就去请教老师了。

面对相同的情况，很多父母可能会觉得养死了一盆植物没什么大不了的，孩子来询问怎样解决的时候，父母可能会说：“都快死了，我也没办法啊。我知道你很伤心，但是我也不可能让它再活过来啊！”实在被孩子纠缠烦了，就再去买一盆，以图清净。

孩子来向父母寻求帮助，是想要从父母这里得到解决的办法，如果父母总是给出否定答案，无法帮孩子解决问题，孩子就会更伤心，慢慢地也就不会再向父母请教问题，而且孩子可能会认为许多事情一旦陷入了困境，就无法挽回了，也就不会再继续努力。

所以，对于孩子的求助，父母千万不要总是推托，将“我也没办法”之类的话挂在嘴边，而应当积极处理孩子的问题。父母可以先对孩子的处境表示理解和同情，这样孩子起码会感到安慰，也愿意继续和父母交流自己的感受。之后，父母要尽量帮助孩子解决问题。

父母也可以与孩子一起讨论弥补的办法，这样一来，孩子就会发现，很多事情只要认真思考，就能够找到解决或弥补的途径。

总之，父母要谨记：“我也没办法”对孩子有着巨大的杀伤力，任何时候都不要轻易对孩子说这句话。父母要试着跟孩子一起面对挫折，应付困境。

寓教于乐，用讲故事来说道理

孩子犯了错，许多父母都会选择直接训斥孩子，或是讲一些孩子听不懂或听腻了的大道理。这样做真的能达到想要的效果吗？不要忘了，孩子的心智发育并不成熟。

父母虽然给孩子听讲了很多道理，但孩子下一次还是会在相同的问题上犯错，于是父母会再次讲述这些道理，然后孩子再次犯相同的错，就这样无限地循环下去。

道理当然应该讲给孩子听，孩子的错误当然也要纠正，但是父母应当选择一些容易让孩子接受的方法。比如，父母可以通过讲故事的方式来阐述道理。

讲故事是与孩子交流的良好方式，远比陪孩子看动画片强得多。因此，父母可以利用饭后、睡前或节假日等空闲时间，给孩子讲讲自己的经历，或是与孩子分享一本故事书。

尤其是对未满 12 岁的孩子，父母更应该多花一些时间来给他们讲故事。如果孩子对某个故事表现出特别的喜爱，总是反复地听，那么父母可以试着把故事“玩”出花样，比如进行角色扮演、续写故事等。这样一来，不仅可以锻炼孩子的想象力与创造力，也可以与孩子进行心灵上的交流。

阿杨刚满3岁的女儿突然不喜欢喝牛奶了，阿杨夫妻二人想了很多办法也不能说服孩子喝牛奶。有一天半夜，女儿被噩梦吓醒了，哭着来找阿杨。阿杨安慰女儿后，随口说："如果你能喝些牛奶，以后肯定就不会再做噩梦了。"听了这话以后，女儿竟然每天主动找爸爸妈妈要牛奶喝。

这件事让阿杨得到了启发：小孩子都喜欢听故事，而且总是对故事里的内容信以为真，那自己能不能编一些故事来教育女儿呢？于是，阿杨就以女儿为原型编了几个故事，把想给女儿讲的道理都编进故事，经常抽空给女儿讲，比如《懒虫王国奇遇记》（女儿不肯起床的时候）、《小邋遢的故事》（女儿不讲卫生的时候）、《害羞的小白兔》（女儿不肯见客人的时候）等。起初，女儿并没有意识到爸爸故事里的主人公就是自己，但听得多了她就反应了过来。

阿杨开始时还会担心女儿知道了自己的"小手段"之后，会觉得反感或是不好意思，但出乎意料的是，女儿欣然接受了自己的教导，改正了一些坏习惯。半年之后，女儿甚至还会反过来编小故事来说爸爸妈妈的毛病呢。

阿杨的做法是很有借鉴意义的。虽然孩子的心智还没有发育成熟，但是他们却拥有很强的感知能力。随着年龄慢慢增长，孩子会对事物有更加清晰的认知，明白哪些事情是正确的，哪些事情是错误的，一旦犯了错，会害怕父母的批评，也会厌烦父母喋喋不休的说教。如果父母在教育孩子的过程中，能够选择温和、恰当的方式，就容易被孩子接受，也能取得良好的教育效果。反之，就会使亲子之间产生距离，不利于孩子的健康成长。

沐沐是一个内向、害羞的孩子，每次家里来客人的时候，他总是躲在父母身后或是直接躲回房间，不敢面对客人。因此，爸爸批评过他好几次，甚至还打了他一回。后来，爸爸态度强硬地定下规矩：每天上学出门前，必须和爸爸打招呼；在学校，要和同学、老师问好；家里来了客人必须陪客人，客人不离开就不能回房间。

在爸爸的强迫下，沐沐渐渐成了一个懂礼貌的乖孩子，大家都夸奖他。但是，沐沐的心里一点儿也不快乐，他越来越害怕有客人上门，害怕去学校，也害怕爸爸。

后来，沐沐长大了，结了婚并有了自己的孩子，但还是对爸爸心存畏惧，每次面对爸爸，除了打招呼之外，他不愿意也不知道跟爸爸说什么。于是，只有父子两人在家的时候，气氛总是非常尴尬。沐沐虽然意识到这样不好，好几次都想打破这份尴尬，但他就像有心理障碍似的，每次看到爸爸，就无法开口了。

孩子犯错之后，父母的处理方式十分重要，如果过于严厉，孩子就会疏远父母，而如果视而不见，纵容孩子，就会导致孩子继续犯错。父母不妨用讲故事的方式，通过把道理寄寓在故事中，对孩子进行教导，这比直接指出孩子的不足，强硬地要求孩子改正好得多。而且，当孩子回想童年时，记忆中的父母总是以温和的态度对待他，用一个个生动有趣且富有教育意义的小故事来引导他，相信孩子一定会觉得十分温馨，也会温暖地对待别人。

另外，父母在给孩子讲故事的时候，也应当考虑到孩子的实际情况，对孩子的理解能力有足够的认知。有些父母会将超乎孩子理解范围的大道理藏在故事中讲述给孩子，孩子因为年龄小，没有足够的生活经验，只能产生一连串的疑问，父母也就只能忙着回答这些疑问，于是被弄得心情烦躁，道理也没有讲通。因此，父母通过故事给孩子讲述道理时，一定要记住：道理要贴近孩子的年龄和生活，符合孩子的理解力。只有这样，才能起到教育孩子的作用。

拒绝孩子要“委婉”

“不能抢别的小朋友的玩具!”“又要买新玩具?不行!”“不许动那个!”……每当孩子有不恰当的行动或提出不合理的要求时,父母常常会用简单粗暴的语言来制止或拒绝,这会给孩子造成很大的伤害。

Cindy今年2岁,对周围的一切十分好奇,急切地想要探索这个世界,尤其是厨房,因为妈妈说那里不安全,一直不让Cindy靠近,可是里面经常会传出声音,所以Cindy好奇极了。

可能小孩子都是十分喜爱冒险的,Cindy也不例外,所以只要妈妈忘了关厨房的门,Cindy就会悄悄跑进去一探究竟。但是,事情做多了总会被抓住,这次Cindy就被妈妈抓住了。

“别动!快把餐刀放下!”妈妈刚开门,就看见Cindy拿着一把餐刀,妈妈吓了一跳,赶紧大声喊道。

妈妈的呵斥把Cindy吓了一跳,她手里的餐刀也掉在了地上,Cindy不知所措地看着妈妈。妈妈赶紧把餐刀收了起来,然后严厉地对Cindy说："这里太危险了，赶紧出去！以后不许进来了！"

Cindy被妈妈这样训斥，觉得非常委屈，不由自主地流出了眼泪。

刚刚能独立探索世界的孩子有着很强的好奇心，热衷于对周围环境进行探索。倘若父母总是用简单、粗暴的语言来拒绝孩子，孩子可能就会产生挫败感，进而封闭自己。其实，无论面对哪个年龄段的孩子，都不能总是生硬、粗暴地拒绝他，直白地对他说"不"，而是要讲究方式方法。

父母可以采用委婉的方式拒绝孩子，具体来说就是，语气轻柔、声调低沉、态度和蔼地拒绝孩子的要求。

比如，在上述案例中，如果妈妈看见孩子跑到厨房时，没有大发雷霆，而是以温和而又严肃的态度引导孩子、劝告孩子，孩子就会知道自己的行为可能会造成危险，于是不再跑到厨房来。即使孩子年龄较小，听不懂太多话语，严肃但不严厉的态度也足以让他知道自己的行为有问题了，他也能够更容易接受父母的拒绝。

再比如，有些孩子总喜欢将一些玩具或小的机械拆得七零八落的，倘若父母想要对孩子的这种行为稍加限制，可以说："宝贝，妈妈知道你有强大的好奇心，这是一件好事。不过在拆掉这些玩具之前，你要考虑清楚，因为妈妈最近不会再给你买新玩具了，而旧玩具被拆坏后你自己又很难恢复，就没有玩具可玩了，你不介意吗？"如果父母能够心平气和地与孩子沟通，相信孩子也能够按照父母的意愿行事。

总之，父母在拒绝孩子时应当采取委婉的语言、温和的态度，这样才不会破坏良好的亲子关系。

【和孩子沟通时，父母不该说的 7 句话】

1. 不许那么做。
2. 不许胡说八道。
3. 不要异想天开。
4. 别提你的想法。
5. 你懂什么？
6. 好好学习，别想其他的。
7. 我说，你听着。

第三章

和孩子好好说话，小心语言伤害

孩子的心脆弱而敏感，父母无心的一句话也许已经触痛孩子。所以父母必须知道，什么该说，什么不该说。

“语言伤害”比“棍棒伤害”更甚

众所周知，打骂、体罚孩子是一种错误的教育方式，这种“棍棒教育”不仅达不到良好的教育效果，还会对孩子的身体乃至心理产生危害。

不过，调查显示，有一种伤害比“棍棒伤害”更甚，那就是“语言伤害”。语言伤害对孩子的影响是极深的，如果一个孩子长期遭受语言伤害，那么他的心理就很难保持健康，而不健全的心理也会对其性格和行为产生不利影响，即使是成年后，这种影响都不会消失，情况严重的，会直接影响到他适应社会的能力。

在家庭教育中，许多父母并没有意识到语言带来的伤害，甚至认为孩子是健忘的，不会将父母的重话放在心上。事实上，父母的想法完全是错误的，孩子的心最敏感，父母有口无心的一句话，也可能深深地伤害到孩子。一句尖锐的话，一句过分贬斥的话，都会刺伤孩子，造成心灵的伤害。

轩轩是个十几岁的大男孩，长得帅气阳光，但性格却自卑、内向，对有挑战性的事物十分回避。

轩轩的内向其实与父母有关。据轩轩回忆，他小时候听到的最多的话就是："你怎么这么笨！"5岁时，轩轩的妈妈给他报了个小提琴班，轩轩对小提琴也很感兴趣，每天跟着老师认真学习。不过学了一个学期，轩轩的进步并不大，老师和轩轩的妈妈解释说："轩轩还小，还没有很高的理解能力，所以学得慢是正常的。"

虽然轩轩的妈妈知道这个情况，但每次看轩轩练琴，她都禁不住说："你说你怎么这么笨！连这么简单的曲子都不会拉。"

每次听妈妈这样说，轩轩都很泄气。在轩轩7岁的时候，他和爸爸学滑冰，爸爸带着他滑了一圈又一圈，但他还是找不到要领。教了几次后，轩轩的爸爸就没耐心地说："你怎么这么笨！都教了这么久还学不会，你自己练吧！"

后来，在学习上，看着轩轩的成绩，父母也总是说他："你怎么这么笨，这么简单的算术题也不会做，到底长没长脑子！"

久而久之，轩轩觉得自己天生就是笨的，他每次遇到难题，就想起父母的那句话"你怎么这么笨"，瞬间就没了自信，所以总是回避问题，更不敢进行自我挑战和尝试。

从上述案例中可以看到，轩轩父母的一句"你怎么这么笨"已经对轩轩稚嫩的心灵造成了伤害。这样不经意的一句话，说一次可能不要紧，但反反复复地说，孩子就会放在心上，久而久之，就会产生自卑心理。

反观现实，有些父母说的话比轩轩的父母更过分，如"成绩这么烂，看你以后也不会有出息""就知道玩儿，你还会什么""你看看别人家的孩子，比你好多了"。

不可否认，父母的这些话可能只是一时情绪的宣泄，但这些语言的伤害对于孩子来说却是致命的，所以，父母应该学会控制自己的情绪，避免说伤害孩子的话。

那么，父母应该怎样避免对孩子的“语言伤害”呢？下面是几点建议：

（1）重视语言的伤害性

想要避免说伤害孩子的话，父母首先要对“语言伤害”有明确认知，要高度重视语言的伤害性，要明确知道哪些话孩子听了会不舒服。

（2）采用积极性语言教育孩子

在日常生活中，父母要多说鼓励孩子的话，而不要说打击孩子的话。当孩子犯了错误后，父母更要保持理智，控制好情绪，轻声细语、循循善诱地纠正孩子的错误。比如可以说：“你确实做错了，不过没关系，我相信你下次一定不会这样做了。”

要谨记，一句鼓励的话，可以让孩子自信满满、斗志昂扬；一句赞扬的话，可以让孩子心花怒放、乐观积极；一句责骂的话，会让孩子心情抑郁、心灵受伤。所以，多用积极性语言鼓励孩子吧，这样孩子就能接收到来自父母的正能量。

（3）说话之前先考虑孩子的承受能力

不同年龄阶段的孩子，其心理承受能力也不同，父母要充分考虑孩子的心理和生理特点，对不同年龄的孩子说不同的话。

（4）顾及孩子的自尊心

很多父母说话时都不顾及孩子的自尊心，比如“你看看人家，再看看你”。孩子最讨厌的就是父母拿自己和别人比较，这种比较会严重刺伤孩子的自尊心，所以，父母要避免使用这类语言。

俗话说：“良言一句三冬暖，恶语伤人六月寒。”不同的语言会产生不同的效果。在和孩子说话时，父母一定要注意语言习惯，要多用“良言”，少用“恶语”，小心“语言伤害”。

这些伤害性语言不要说

天天今年10岁，上小学四年级，提到父母，他总是一副很害怕的样子。这天，他又不小心将饭菜撒到了餐桌上，妈妈瞬间火冒三丈，指着他怒吼道："你说说你多大了，吃个饭还每天弄得到处都是，你是笨还是傻？"

天天委屈地说了一句："没有每天吧！我今天是……"

妈妈没等天天说完，继续说道："你看看，还不承认错误，这孩子管不了了！"

天天再也不敢说话了，低头听着妈妈在那儿没完没了地数落。其实，天天在家里每天都会被妈妈和爸爸各种数落，如"吃饭怎么这么慢，能不能快点儿，要迟到了。""怎么还不去洗漱，磨磨蹭蹭干什么呢？" "别碰那个东西，摔了有你好看！""几点了还不睡觉？"……

据天天统计，他爸爸妈妈这种数落性质的语言每天少则几句，多则能达到几十句，而表扬的话却少之又少。

天天很不解，为什么爸爸妈妈那么爱凶他，有些话明明可以轻声细语地对他讲，但他们除了吼就是骂。天天觉得爸爸妈妈并不爱自己，连生他都后悔了，因为妈妈有一次说了一句“真后悔生了你”。

案例中的天天觉得父母不爱他、觉得委屈是正常的，因为爸爸妈妈忽略了他的感受，在一味的怒骂中，已经深深伤害了他的心灵。

作为父母，我们一定要知道，教育孩子必须要以孩子的感受为出发点。父母更要知道，孩子就是孩子，难免存在这样那样的毛病，有些错误并不是他们故意为之，也可能是好心办坏事的结果，父母要包容孩子的错误，要正确引导孩子改正错误。无论怎样，父母都不能打骂孩子。

有些父母无法调控自己的情绪，动辄大发雷霆，然后不管不顾地责骂孩子。在盛怒之下，父母常常意识不到自己的语言已经过火了，伤害性语言就这样脱口而出。说出去的话收不回来，就算父母过后意识到话说重了，有时也会碍于面子而不愿向孩子道歉。就这样，这些话变成尖刺留在了孩子心里，父母以为孩子会忘记，事实上，孩子的内心既敏感又脆弱，很多话他们都会记在心里，而且会一想再想。

小卓是个初中生，学习成绩一般，平时喜欢和同学玩闹，但并没有做过出格的事。小卓的爸爸是个性情暴躁的人，他经常训斥小卓。

“就知道玩儿，不好好学习，以后有什么出息！”

“你看看你，站没站样，坐没坐样！”

“整天和狐朋狗友鬼混，你都快成小混混了！”

“学习怎么搞的？总是这点分，我看你就是个废物！”

……

不止爸爸，妈妈也偶尔会在小卓面前念叨：“哎！你张阿姨的儿子考进了前十，还是人家的孩子行啊！”

因为每天被爸爸妈妈训斥念叨，小卓也没了信心，有一次直接顶撞爸爸说：“我就是不行，就是个废物，别人家孩子好，你领回来吧！”说完，小卓就跑了出去，一夜没有回来。

小卓的爸妈到处寻找，最后还报了警，才在一些不良少年中找到小卓，而小卓态度强硬，不愿意回家。对此，小卓的爸妈很忧心，他们不明白儿子怎么突然变得这么叛逆，不知道怎样才能说服小卓回家，并让他远离那些不良少年。

分析上述案例就会发现，小卓的转变其实并不突然，父母长期的否定，让小卓变得不自信，觉得既然父母认为他不行，是废物，他干脆当个废物好了，这是小卓与父母的一种对抗。

通过这个案例，我们可以清楚地看到，伤害性语言对孩子的影响是潜移默化的，父母必须予以重视。据调查，中国父母最常对子女说的三句话就是：“听话”“好好学习”“没出息”。然而，父母可能不知道的是，这三句话也是孩子内心最反感、最抵触的。

除此之外，还有哪些话语会对孩子造成心理伤害呢？下面我们就来具体看一看：

“看我不揍死你！”

“你怎么这么笨！”

“滚！能滚多远就滚多远！”

“闭嘴！”

“我的脸都被你丢光了！”

“你懂什么？”

“没出息！”

“就当我没有你这个孩子！”

上述语言是父母口中出现频率较高的，也是最容易对孩子造成心理伤害的语言，父母应自觉规避这些语言，尤其是在愤怒之下，更要慎言。

贬损性、侮辱性的语言对孩子的成长是非常不利的，轻则造成自卑、怯懦、敏感，重则会让孩子心灵发生扭曲，自暴自弃，甚至做出伤害自己和危害他人的事情。

反之，激励性、赞扬性的语言会增强孩子的信心，让孩子变得积极乐观，更容易感受到幸福和爱。

所以，作为父母，不该说的话千万别轻易说出口。哪些话能说，哪些话不能说，父母心里要有数。

注意与孩子说话的方法和语气

每一个人都有自尊心，都想要受到尊重，成人如此，孩子亦如此。一些父母在日常生活中并没有考虑到孩子的自尊心，更不注意与孩子说话的语气，结果无意中就伤害了孩子。

很多父母都觉得孩子不听话，会无理取闹，但并没有去反思自已是否说了违背本意的话，是否用孩子不喜欢的语气对孩子进行了说教。

莹夏和爸爸妈妈约好周末去游乐园玩，但到了周末，天气阴沉沉的，还夹带着丝丝细雨。莹夏知道不能出门了，所以站在窗边，噘着嘴，一副不开心的表情。

莹夏的爸爸走到女儿身边，严肃地说："别想着出去玩了，马上就下雨了，还是老实在家待着吧！"

莹夏听爸爸这样一说，眼泪立即就流下来了，弄得爸爸不知所措。

这时，妈妈走过来轻轻拍着莹夏，说："宝贝，别难过，我们今天是出不去了，但下周还是可以去的，是不是？"

莹夏点点头，渐渐停止了哭泣，回到屋里去玩玩具了。

案例中，莹夏的爸爸和妈妈说话的语气截然不同，但表达的意思是一样的：今天出不去了。因为语气不同，莹夏的反应也不同。莹夏心里明白今天不能出去了，她只是感到有些可惜和难过，这时候，爸爸那样凶着说出事实，自然不能安慰到她，反而触发了她的情绪，让她变得更难过。

众所周知，父母说话的初衷并不是想让孩子伤心，也没有父母存心想让孩子下不来台，之所以说错话，就是因为不注意说话的语气和态度。

语气不同，孩子的理解就不同，话语所产生的效用自然也不同。

在一个风景优美的公园里，有许多妈妈带着孩子游玩。

一位妈妈陪着儿子在草地上踢球。小男孩踢累了，就坐下休息。他打开了一瓶水，又打开了几袋零食，津津有味地吃着。吃完后，他随手把垃圾扔在了附近的草地上，妈妈见了，马上大声训斥道："谁让你往草地上扔垃圾的，马上给我捡起来！"

小男孩刚踢完球，有些累，不想起身。妈妈又朝他吼道："你怎么还不动，我不是让你把垃圾捡起来吗！"

面对妈妈的吼叫，小男孩很生气，撇着嘴回道："我不捡。"妈妈无计可施，只能自己捡起来扔进了垃圾桶。

另一位妈妈牵着孩子的手在石板路上散步，孩子随手将吃过的香蕉皮扔在了路上，妈妈看见了，蹲下看着孩子，严肃地说："你把香蕉皮扔在路上是不对的，因为垃圾要扔到垃圾桶里。"

接着，她用手指着远处的一个垃圾桶给孩子看，继续说道：“你看到远处那个垃圾桶了吗？现在，将香蕉皮捡起来吧，我们一起扔到那个垃圾桶里去。”

孩子听了妈妈的话，捡起了香蕉皮，乖乖地扔到了垃圾桶里。

同样是要求孩子捡垃圾，前一位妈妈用的是吼叫的语气，以为可以震慑孩子，让孩子遵从，但结果事与愿违；后一位妈妈用的是温和的语气，讲明了道理，孩子真心接受，所以听从了。由此来看，在教育孩子上，选用的方法和语气是至关重要的，想要让孩子真心接受，想要让孩子认真服从，就必须注意与孩子说话的方法和语气。

那么，父母应该怎样与孩子进行良好的交谈呢？以下几种方式父母可以参考。

诱导式：耐心地诱导，使孩子愿意与父母交谈。通过话语，进一步了解孩子的心。

协商式：尊重孩子，用商量的态度与孩子说话，不要独断专行，命令孩子。

说理式：用温和的语言向孩子讲明道理，让孩子接受。比如，不希望孩子做某事时，要说明白不允许他那么做的原因，使孩子理解；当孩子犯了错误时，指出他的错处，说明危害，使孩子自觉改正。

此外，想要达到良好交谈的目的，父母还要做到以下几点：

（1）平等对待孩子

在家庭中，父母要明确孩子的独立性，平等地看待孩子，不要在孩子面前摆架子、耍权威，说一些带有命令口吻的话语。

（2）关注孩子的兴趣爱好

与孩子交谈，父母就要了解孩子关心什么话题，喜欢什么话题，不要说孩子不感兴趣的内容。只有说孩子感兴趣的话，孩子才会乐于与父母交谈。

（3）要有耐心

和孩子交流难免会存在沟通障碍，遇到孩子不理解的地方，父母要耐心地解释，帮助孩子慢慢认识。

总之，父母与孩子交谈一定要掌握方法、注意语气，必须认识到，大吼大叫是最错误的教育方式，也许能威慑一时，但却很难让孩子从内心认同。

“下命令”孩子就会听吗

亲子沟通中父母最常犯的一个错误就是：下命令。

孩子想拿一样东西，父母会严厉禁止：“不许拿。”孩子想做某件事，父母会严厉禁止：“不准做。”“不许”“不准”“不可以”，这些已经成为父母对孩子最常说的话，但父母没有意识到，这种命令的语气对教育孩子是没有益处的。

孩子生来就是独立的人，与父母更是平等的关系，总想着命令孩子，是不尊重孩子的表现，导致的直接后果就是孩子的反抗，严重者还会出现逆反心理，出现事事与父母“对着干”的现象。

除此之外，父母经常命令孩子，让孩子处于被动服从的地位，久而久之，孩子的性格就会偏于懦弱，过分依赖父母，缺乏主动性。

美国精神病学家威廉·哥德法勃就曾说过：“教育孩子最重要的，是要把孩子当成与自己平等的人，给他们以无限的关爱。”

章芬今年 16 岁，是一名高中生，一天放学后，她和几个女同学去吃饭唱歌，没有和父母说。

章芬的爸爸妈妈一直等着女儿回家，眼看时间越来越晚，两人都很着急。将近 11 点的时候，章芬回家了。刚进门，爸爸就生气地说："怎么才回来？以后不准这么晚回家，听没听到？"

章芬看到爸爸的态度，立马就顶了回去："我都这么大了，不用你管！"说完就冲进了房间，锁上了房门。

爸爸越想越生气，想找女儿继续理论，最后被妻子拦住，劝回了房间。

过了一会儿后，妈妈轻轻敲了敲女儿的房门。章芬给妈妈开了门。

妈妈看着气鼓鼓的女儿说："我和你爸爸从 8 点开始就一直站在窗边，几次看外面都没有你的身影。我们知道你长大了，有自己的事情，我们不是想干涉，只是有些担心而已。而且你还是女孩，天黑之后外面实在不安全，你也没告诉我们今天会回来这么晚，我真害怕你会在路上遇到危险。"

听妈妈这么说，章芬也消了气，和妈妈解释说："我一个同学今天过生日，所以我们几个女同学一起去吃饭，给她庆祝生日，之后又去唱歌，就回来晚了。我知道没有对你们说是我不对，刚进来时也想道歉的，但爸爸上来就那样说，听着让人很生气。"

妈妈说："嗯，你爸爸的话是有些重了，不过也是因为担心你。"

章芬说："嗯，我答应你，以后尽量早回家，如果有事一定和你们说。"

案例中的爸爸之所以没有达到劝诫女儿的目的，就是因为他倾向于“下命令”，而没有学会平等地和女儿交谈。与爸爸相比，妈妈的沟通方式就很有效，因为她既尊重了女儿，又让女儿理解了他们的心情。

平等和尊重是家庭教育中最重要的原则，而尊重最直接的体现就是不对孩子呼来喝去。只有父母不摆架子，不命令孩子，孩子才能真正感到被尊重。

其实，父母命令孩子的目的无非是想让孩子听话，但事实证明，下命令孩子也不一定会听。换言之，命令的威慑力其实并没有那么强大，孩子可能一时会被呵斥住，但内心不会屈服，难保以后能一直听从父母的话。

所以，与其命令孩子，不如学会平等地和孩子对话。

那么，父母应该怎样改正命令孩子的习惯，与孩子平等交流呢？以下方法值得参考：

(1) 用积极暗示取代直接命令

在管教孩子时，父母要尽量避免使用命令的语言，可以尝试用积极的暗示去纠正孩子的不良习惯。

美美和妈妈在院子里玩，妈妈看见美美从水沟里捡起一个洋娃娃。洋娃娃已经破烂不堪，而且脏兮兮的，闻着还很臭。妈妈当时很想说“赶快扔掉它”，但以往的经验告诉她，这样说孩子是不会听的。

于是妈妈蹲下来，看着美美手里的洋娃娃，对她说：“美美，你看这个洋娃娃好脏啊！而且味道很难闻，我们洗洗手，去屋子里找一个漂漂亮亮、干干净净的洋娃娃，好不好？”

妈妈一说完，美美就扔掉了手里的洋娃娃，然后跟着妈妈进屋了。

案例中的妈妈没有采用直接命令的方式，而是通过暗示让女儿知道这个脏兮兮的洋娃娃不能要，最后让女儿乖乖丢掉了脏娃娃。

由此可见，积极的暗示比命令更有效，商量的语气和温柔的话语更容易被孩子接受。

（2）为自己的话留下回旋的余地

父母对孩子说话时，一定要注意留下回旋的余地，而命令式的语言基本上没有回旋的余地。比如，父母想让孩子洗手吃饭，于是大声命令说："你快点儿去洗手，过来吃饭。"但孩子听见后依旧在玩，父母这时除了重复之前的话，很难再改口。

总而言之，父母要改正"下命令"的语言习惯，好好和孩子说话，偶尔，对孩子也不妨"客气"一些，让孩子感受到被尊重。

唠唠叨叨，孩子也会烦

在家庭生活中，许多父母都存在一个问题，就是唠叨：担心孩子忘记做事，就反复提醒；看不惯孩子的某些行为，就反复训斥。

可以看出，父母都希望自己的孩子是完美的，但世界上并没有完美的人存在，当然也不可能有十全十美的孩子。作为父母，不能为了苛求孩子完美，而将自己变成一个唠唠叨叨的人，这样只会使孩子厌烦，很难达到管教的目的。

段女士是一个12岁女孩的妈妈，一直对女儿事事细心。无论是女儿的生活还是学习，她都千叮咛万嘱咐。女孩现在长大了，越来越厌烦妈妈的唠叨，觉得如果妈妈能少说两句就好了。

女孩说，妈妈总是说些相同的事情。比如，每天早晨都要叮嘱她刷牙洗脸，收拾书本；每天回家都要对她讲要好好念书，不读书会怎样；一起逛街，也忘不了时刻教育她，如什么东西不好，你不要接触；等等。

总之，段女士的唠叨已经成了女儿的“紧箍咒”，现在只要段女士一开口，她的女儿就赶快躲开。对此，段女士也很发愁，她觉得女儿越来越听不进她的话，还不愿与她交谈。她不知道女儿在想什么。

其实，很多妈妈都像段女士一样，出于对儿女的关心，整天围着孩子转，怕孩子不重视自己的话，所以反复念叨。

“同样的事要说几遍才听得进去？”

“这件事我都说三遍了，你听没听见？”

“我再说一遍……”

这些话都是父母常说的，很多时候孩子对这样的话都会采取不理睬的态度，所以父母会更加生气，觉得孩子叛逆。殊不知，是父母的唠叨让孩子感到了厌烦，他们故意选择了“听不见”。

也许在很多父母看来，反复强调同一件事情，孩子就能听得进去，而实际情况却恰恰相反——越说孩子越烦，越听不进去。长此以往，孩子就会躲避父母，不愿意与父母交谈。

心理学研究表明：反复说同一件事情，会让人产生一种习惯性的模糊听觉，换言之，就是虽然耳朵在听，但根本没有听到心里去，所谓“左耳朵进，右耳朵出”就是这个意思。

所以，父母在抱怨孩子“听不进去大人说的话”的时候，不妨静下心反思一下：你是不是太唠叨了？如果你是孩子，你会不会烦？

想要了解孩子，说服孩子，除了唠叨，父母完全可以采用以下几种方式：

（1）带孩子参加有意义的活动

如果父母想给孩子讲一些大道理，可以选择带孩子去参加一些有意义的活动，而不是喋喋不休地向孩子灌输知识。通过活动来教育孩子，不仅容易让孩子接受，还能增进亲子关系。

小宇是个5岁的男孩，活泼好动。一天，小宇的爸爸发现小宇好像有些讨厌蚂蚁，当小宇看见地上有蚂蚁时，他就会用力地踩。爸爸制止了他，也说了很多“要爱惜小生物”“它们是有生命的”之类的话。但没过多久，爸爸又发现小宇在踩蚂蚁。

爸爸没有再唠唠叨叨地对小宇进行说教，而是选择上网请教网友，询问教导孩子的方法。有一个网友建议小宇的爸爸带小宇去参加生物体验课，让孩子对小生物有更直观的了解和认识。小宇的爸爸觉得这个建议很好，于是找到一个生物老师。老师决定组织一次课外活动，活动内容就是去野外观察小生物。

活动当天，很多父母都带着孩子参加了，小宇的爸爸还特意给小宇买了一个放大镜，以便孩子更好地观察。

活动中，老师对蝴蝶、蚂蚱、蚂蚁等小生物做了详细讲解，并且让孩子们自己观察它们。小宇的爸爸在整个活动过程中没有说太多的话，他让儿子和其他小朋友一起去观察小生物。只听孩子们七嘴八舌地说：

“你看那只蝴蝶，有黄、黑两种颜色呢，真漂亮！”

“你们看那只，那只好像有三种颜色。”

“这有好几只蚂蚁，它们正在搬食物，你看它们一只只排着队的样子，真有趣！”

……

小宇的爸爸发现小宇夹杂在孩子当中，正认真地观察着蚂蚁，眼中充满了笑意。小宇的爸爸相信，今天过后，小宇再也不会厌烦蚂蚁、踩蚂蚁了。

带孩子参加有意义的活动，让孩子在活动中自己意识到自己的错误，是一种非常好的教育方式。正如案例中爸爸的做法一样，与其反反复复去给孩子讲道理，不如让孩子自己去认识错误。

（2）给孩子一些选择权

很多父母喜欢给孩子下命令，然后反复督促孩子去完成，但越督促孩子越反抗。如果想让孩子尽快地完成某件事，除了一再唠叨外，父母完全可以用选择的方式进行诱导。比如：玩具堆满了客厅，妈妈想让孩子收拾好，如果妈妈对孩子说："赶快把你的玩具收拾好！"孩子可能不会动，就算他你一再催促，孩子也表现得别别扭扭，很不情愿。就算他最后收拾了，内心也不高兴，因为他是被强迫的。如果妈妈可以给孩子一些选择，比如这样说："你的玩具需要在咱们睡觉前收拾好，你看你是现在收拾呢，还是洗漱后再收拾？不过，洗漱后的时间，是讲故事的时间哦！"可以预想到，孩子一定会选择现在收拾，因为他绝对不会放弃听故事的机会。其实，无论孩子选择哪种，最终结果都是孩子会将玩具收好。

给孩子自由选择权，这样能减轻孩子的反感，也更容易收到良好的效果。

（3）巧妙地选择处罚方式

在反复强调而没有效果的情况下，父母可以采取处罚的方式，不过这里的处罚并不是指打骂孩子。处罚孩子的方式多种多样，其目的是对孩子形成警示作用。父母要学会巧妙地处罚孩子，因为如果处罚不当，孩子就会产生敌对情绪。比如，孩子写作业三心二意，父母怎么说都没用，就可以这样对孩子说："你今天不能看动画片了，因为你一直都没有写完作业。"又比如，孩子拿着画笔涂鸦，结果将桌子、椅子都弄上了颜色，父母反复强调不要画在绘画本以外的地方，但孩子怎么都不听。父母可以这样对孩子说："你将桌子和椅子涂得乱七八糟，所以必须由你来擦掉。直到你擦掉为止，我要先没收你的画笔。"

总之，父母要改掉唠叨的习惯，尤其是面对青春期的孩子，更要少言和择言，以免引起孩子的反感。

【孩子最讨厌父母说的7句话】

1. 真后悔生你。

2. 你是我生的吗？这样不争气。

3. 你是我儿子（女儿），必须听我的。

4. 别烦我，没看见我正在忙！

5. 你怎么回事？

6. 你要是有你哥哥（姐姐）的一半就好了，唉！为什么你不能像你哥哥（姐姐）那样？

7. 滚远点儿，别让我看到你！

第四章

夸孩子要“走心”，虚夸不如不夸

孩子都喜欢受到称赞，但敷衍的态度会挫伤孩子的积极性。夸奖孩子，一定要夸得具体而全面，让孩子真正感受到被看重。

夸奖孩子的点滴进步

家长“望子成龙”可以理解，但是也要给孩子一个“腾飞”的过程。一条小鲤鱼只有经过无数次拼搏、挣扎，才有可能跃过龙门，成为飞龙。这个过程漫长且充满波折，有的小鲤鱼一直能跳得很高，有的却跳得相对低一些，但是始终在进步，最终跃过龙门的到底是谁，还未可知。教子也是一样，如果家长一味盯着别人家“跳得最高的小鲤鱼”，对自己孩子的点滴进步不闻不问，那么，再勤奋的孩子也可能会因为遭到冷落而失去前进的动力。这时，家长的教育观念就要改一改了。

家长不能只盯着学习这一方面，对孩子其他方面的进步也要看在眼里，并及时进行鼓励。在家长的鼓励下，孩子身体日益健康、人格日趋健全、自信心逐渐提升，这会对他的学习产生促进作用，最终实现各方面均衡发展。

多年以前，日本儿童教育专家的一项研究曾震惊教育界：把经常受到家长夸奖的孩子和很少受到家长夸奖的孩子进行比较，前者的成才率竟然是后者的五倍！这个数值的准确性无法证实，但是夸奖的积极作用，相信很多家长都有体会。父母是对孩子影响最大的人，他们的态度直接影响着孩子的喜怒哀乐。得到父母的夸奖，孩子的自尊心和自信心就会得到满足，进而产生继续进步的动力。

多夸夸孩子，说起来容易，做起来却很难。因为在一些家长眼中，自己孩子做什么事都是错的。这往往是因为他们把目标定得太高了。就像摘果子一样，善于教育的家长，会把一个个小目标定得恰到好处，孩子踮踮脚、跳一下就能摘到，既品尝到了香甜的果实，又得到了父母的夸奖。下一次，他如果还想摘到果子，父母就要相应把果子再放高一点儿，因为孩子也在不断进步。如果家长一开始就把果子放在树顶上，孩子就算踩着梯子也够不到，只能望着果子叹气，最终失去前进的信心和动力，无法肯定自己、相信自己、超越自己，更加难以得到家长的夸奖了。

罗非垂头丧气地走在放学的路上，他的朋友、隔壁班的萨萨追了上来。萨萨看到罗非的样子觉得很奇怪，笑着问他："罗非，你怎么了？这么闷闷不乐，丢钱了？"罗非说："你怎么还笑得出来？今天期中考试成绩发布了，我数学还是没有及格，只考了55分，我妈肯定给我一顿'狂轰滥炸'。我记得你的成绩也不太好，你不怕回家挨骂啊？"萨萨说："你不是一直数学不好吗？我记得你上次考了30多分，屁股都被打肿了。这次考了55分，进步很大啊！我上次语文也考了30多分，这次我考了50分，妈妈一定会夸我有进步的，下次我肯定能及格！”

罗非只能叹口气，继续像上刑场一样往家走。他妈妈可不看什么进步不进步，只要不及格，肯定会挨骂。果不其然，他到家把试卷拿给妈妈一看，妈妈就劈头盖脸地批评起来：“这么简单的题为什么错这么多？你看看你二姨家的东东，人家跟你一般大，回回考第一。你什么时候才能争点儿气？从上了小学你数学就没及格过，这样的成绩，将来怎么考大学，怎么找工作？”类似的话罗非已经听了很多遍，都能背下来了。他虽然低着头不说话，其实心中早就不耐烦了。看妈妈没有停下来的意思，他小声地反驳了一句：“妈，我这一学期学数学非常努力，所以比上次进步了这么多。这次萨萨的语文成绩还没我数学成绩好，他妈妈还夸他有进步呢！”

妈妈看他还敢回嘴，更生气了：“考试不及格还有脸提进步？再说，你跟萨萨比什么，你怎么不跟东东比？”

罗非再也不敢说话了，只能低着头继续承受妈妈的“狂轰滥炸”。到了期末考试，罗非的数学只考了53分，依然在及格线下徘徊，而萨萨的语文已经考到了70分。

故事中，罗非的努力和自信都在妈妈的批评中遭到沉重打击。如果妈妈不改变策略，以后他的成绩就很难再有什么起色了。

父母的夸奖是孩子取得进步的一个重要因素，起着“催化剂”的作用。但是，不是每个家长都会自觉提供这个“催化剂”的。没有一个孩子是十全十美的，如果能够看到孩子的进步和闪光点，家长就会不吝赞美，而如果只盯着孩子的不足，得到的永远都是不满，自然也无法对孩子进行鼓励。成功的父母与失败的父母的区别就在于能否关注孩子的每一个细微的进步、每一个小小的闪光点，能否及时夸奖和鼓励，让孩子产生成就感和自信心。

其实，设身处地地想一想，很多家长不愿意多夸孩子还是能够理解的：自己家的孩子，无论学习、外貌、礼仪乃至精神气质，都跟别人家的孩子差了一大截。自己工作又太累、太忙，哪有心情去挖掘孩子的闪光点呢？于是慢慢成了自己当年最讨厌的人：动不动就责骂甚至体罚孩子，对孩子的进步不闻不问，眼中只有考试成绩。这样一来，如何引导孩子进步呢？

这样的家长，其实都是以自我为中心，太过在意作为家长的权威，而不愿意站在孩子的角度看问题。对于孩子来说，每一个小小的进步都是自己努力的结果，如果能得到及时的鼓励，就能够产生继续努力的动力。但是，家长的眼光根本不屑于观察这些细微的差距，或者看到了孩子的进步，却不愿意开口表扬，唯恐孩子会因此而骄傲。这些想法，都是对孩子成长的遏制。

董正是一名中学数学老师，妻子是一名护士，两人的儿子10岁了。儿子非常聪明，在数学方面很有天赋，常常能想到与众不同的解题方式，这让董正开心不已。但是儿子有一个缺点：太贪玩，不愿意学语文，也不爱做作业。因此，他的成绩在班里只是中游。为此，妻子没少责骂儿子，甚至还动过手。儿子本来就比较“皮”，这么一打，更不听话了，作业越做越差，甚至故意写得乱七八糟。妻子很无奈。这时候，董正让妻子把儿子全权交给他管理，妻子对这个“刺头儿”无计可施，自然乐于交给丈夫处理。

董正开始亲自指导儿子做作业，儿子憋着一股劲儿，想要把爸爸也气走，于是作业写得像鬼画符一样。董正不理他，儿子很诧异。第二天，儿子不再鬼画符，董正看了一眼他做完的作业，惊讶地说：“儿子，你的作业进步很大啊，比昨天整洁很多，而且错题也少了。”一丝自信在儿子眼中闪过，这没有逃过董正的眼睛。于是，董正趁热打铁地对儿子说：“我相信你明天会做得更好！”紧接着，他指出几道错题错在哪里，儿子很高兴地改正了。此后，儿子每天都在进步，董正也总能不失时机地进行鼓励、表扬。过了一个学期，儿子不仅改掉了不好好做作业的毛病，连语文成绩都提高了。

董正善于抓住孩子顽皮成性、有逆反心理的特点，不因孩子进步太小、没有达到自己心中的标准就对孩子进行全盘否定，更不去跟他“硬碰硬”，而是发现并表扬孩子的小小进步，真诚地对儿子表示：“孩子，你比昨天进步多了，继续努力，明天还会比今天更好的。”这种来自最亲近的人的理解和支持，驱散了孩子的心理阴影。他的鼓励，不仅影响了孩子的学习效果，还改变了孩子的学习态度，进而对孩子的性格产生影响。

家长们，孩子的自信离不开你的鼓励，想让他取得更大的成就，就从表扬他的点滴进步开始吧！

给孩子戴戴“高帽”

爱听表扬的话是人类的天性，孩子尤其如此。父母善于并乐于表扬孩子，会让亲子关系更亲密，孩子的自信心也会增强。那么，父母还有什么理由吝惜自己的赞美呢？与赞美产生的效用相比，几句话的成本真的是微不足道。

一天傍晚，刚上初一的小特“郑重”地在晚饭前向父母宣布：“明天我不去上学了！”他的父母吓了一跳，赶紧问他出了什么事。小特说：“我早就不想去了，老师讨厌我，同学们疏远我，上学就是活受罪。爸爸，我跟你一起去看店吧，我保证不偷懒。”爸爸不由得啼笑皆非：“臭小子，别胡说了，你现在退学就算半个文盲，我的店让你看肯定完蛋了。”原来，小特升入初中之后，渐渐发现成绩跟不上了，他又比较淘气，所以在班级里不太受欢迎。时间一长，他也不愿意与老师、同学交流了，因此产生了厌学情绪。

爸爸妈妈连哄带吓，终于让小特同意继续去上学。妈妈在公司里心神不宁，于是在午休时间请教了一个学心理学的同学，问他自己儿子的事该怎么处理。同学在电话里语气很轻松，并告诉她这个问题不难解决，“药方”他会发到她微信上。刚挂了电话，妈妈的微信就收到了同学的消息，只有一行字：“你的儿子急需表扬，连续表扬一个星期，他的“症状”就会大大改善。”

妈妈对这个奇怪的“药方”将信将疑：儿子学习成绩差，还不听话，该表扬他什么呢？她把这个疑惑告诉了同学，同学立即回复：“试试看吧。只要你细心去观察，肯定能找到他的优点的。同时，我建议你去找小特的班主任，你们一起试一试这个方法，效果会加倍。”

小特的妈妈立刻让丈夫暂时关店，到学校与儿子的班主任李老师详谈了一次（当然没让小特看到），李老师同意配合。第二天下午，李老师留下小特，说：“听说你会画画，我看你字写得也不错，耽误你几分钟帮我把班训写到黑板报上吧。”于是把拟定好的班训给了小特，让他自己设计图案。班训不长，小特在李老师的授意下把黑板报上的一首小诗擦掉，工工整整地写上班训，又在四周画上淡雅、清新的小花作为装饰。李老师非常满意，竖起了大拇指：“做得不错。”小特升入初中以来第一次觉得班主任这么可爱。回到家里，妈妈也夸他把房间收拾得很干净。第三天中午，班长和几个同学主动约他踢足球，小特大显身手，连进三球，大家才知道他足球踢得这么好，纷纷赞不绝口……

这天晚上，妈妈看到儿子满脸堆笑地回了家，开玩笑地问：“明天还去不去上学了？”小特笑着说：“去，大家还让我申请进学校的足球队呢，我们要一起练球。”渐渐地，小特在学校越来越开心，成绩也有了提高。

妈妈、老师和同学的一顶顶“高帽”，让一个厌学的孩子迅速成了好孩子。可见，对于孩子来说，赞美确实就像阳光一样，能够促使孩子形成积极的自我认知，避免出现自卑、孤僻、厌学等不良情绪。

不过，很多中国的父母在夸奖孩子方面非常“吝啬”。即使孩子再优秀，也很少对孩子进行称赞。例如，孩子考了97分，父母会问他为什么考不了满分；孩子考了满分，父母又会问满分的有几个，当得知不止一个人考满分时，父母会说：“别得意啊，又不是你一个人得到了100分！”就算只有孩子自己得了满分，父母也会说：“考一次满分没什么了不起的。”与中国的父母形成鲜明对比的是，西方的父母夸奖起孩子来非常“大方”，总是把“棒极了”“太好了”“干得漂亮”挂在嘴上。即使孩子做得一般，他们也不会吝惜自己的“高帽”。我们无法判断中西方父母这两种行为的优劣，因为吝于表扬可能会损害孩子的积极性，但正因如此才能让罕见的表扬显得弥足珍贵，产生强大促进力；总把表扬的话挂在嘴上会让表扬变得廉价，起不到多少鼓励的作用，但是孩子也因此不会轻易产生消沉的心理。不过有一点可以肯定的是，中国的家长对孩子的教育更加重视。社会竞争日益激烈，每一位中国父母都会“恨铁不成钢”，教孩子学习时仿佛在“打仗”，很难有好的情绪和心情去赞美孩子。他们的初衷当然是好的，但不一定能得到孩子的理解。在孩子眼里，无论自己多优秀，爸爸妈妈都是一副理所应当的样子，对自己的态度与平常没什么两样，孩子继续努力的积极性会大受打击。

一项调查显示：成年后总是信心满满的人往往从小就时常得到父母的赞美；而那些无论做什么事都畏首畏尾、缺乏自信的人，恰恰是从小就被父母批评、打击的人。

父母的鼓励和夸奖对于孩子的成长如此重要，可见父母们很有必要给孩子戴戴“高帽”，让他更有动力地走向未来！

夸奖孩子切忌敷衍了事

多数父母生活在巨大的压力之下，繁重的工作让他们回到家时通常疲惫不堪，对孩子的关注便因此减少，所以夸奖孩子时容易无的放矢、言不由衷。孩子内心敏感，能够看出父母的夸奖是敷衍了事，时间久了就容易对父母的夸奖产生怀疑，觉得自己或许并没有什么出色的、值得夸奖的地方，自信心受到沉重打击。

专家认为，如果父母了解了孩子做某件事的全过程，将孩子的良苦用心和努力都看在眼里，然后再有针对性地进行夸奖，孩子就会真心感到振奋。例如，赞美孩子的一篇作文时，妈妈可以这样说："妈妈注意到你为了查阅苏东坡的资料下了很大功夫，原来是将他的故事用在开头啊，这个用典非常恰当，有先声夺人的气势；中间部分略显拖沓，但将道理讲得非常透彻，这是细致观察、用心思考的结果；结尾这段太精彩了，既呼应开头，又综述前文，可以说，你这篇作文做到了'凤头、猪肚、豹尾'，是篇好文章……"这样，既看出了文章的优点，又赞赏了孩子的努力，孩子怎么能不开心呢？

4岁的小瑾让幼儿园老师非常头疼。小瑾平常还是很听话的，但是她有一个坏习惯：严重挑食。这不吃、那不吃，老师让她吃完一顿饭简直像经历了一场战争。同时，她吃饭还特别慢，像把碗里的米都数了一遍一样，她还没吃几口，其他小朋友就已经吃完跑出去玩了。如果老师要求她吃完或者快点吃，她就会抹眼泪，甚至哇哇大哭。

一天，老师突然发现小瑾吃饭不再“数米粒”了，而且零食也吃得少多了，吃饭时还会主动和小朋友们一起坐在桌子前，这在以前是不可想象的。老师很高兴，说了句“小瑾真棒”，小瑾一脸期待地看着老师，但是老师转身离开了，没有继续对她进行表扬。没过几天，小瑾的“老毛病”又犯了。老师百思不得其解，找小瑾的妈妈谈话，这才知道前几天小瑾的小姨来家里做客，小瑾立刻跟小姨做起了朋友，在小姨的鼓励下，小瑾吃饭才不挑食了。现在小姨走了，小瑾又变成老样子了，妈妈也不知道该怎么劝她。

老师劝小瑾的妈妈向自己的妹妹“取取经”，妈妈赶紧给妹妹打了电话。妹妹说自己没有用什么特殊的办法，在小瑾主动吃饭时，她就会亲亲小瑾，用很“夸张”的语气说：“哇，小瑾你太厉害了，平常你一口青菜都不吃，今天吃了一小碗！”“小瑾真棒，今天只用了15分钟就吃完饭了！”这类的表扬让小瑾很“受用”，所以那几天表现才那么好。妈妈把情况告诉了老师，两人恍然大悟，原来她们都忽视了夸奖对孩子的影响，在小瑾取得进步时，没有像她的小姨那样进行具体、真诚的夸奖。原因找到了，于是两人共同协作，深入开展“夸奖式教育”，小瑾严重挑食的习惯很快就有了改善。

很多时候，父母的夸奖之所以没有产生效果，就是因为太流于形式，仅仅是在告诉孩子“我注意到你的进步了”，并没有多少表扬的意味。事实上，父母的态度孩子是了然于心的，同时也会审视自己的行为，借父母的话来评价自己。如果父母的夸奖敷衍了事，会让夸奖的效果大打折扣，无法起到真正的作用，孩子听后的感受也会非常模糊，不知道自己具体哪一方面做得好，也就无法建立应有的自信。

那么，父母夸奖孩子时，要如何远离敷衍的弊端呢？教育专家认为必须做到以下几点：

（1）夸奖要真诚

父母要发自肺腑、真诚地去夸奖孩子，如果父母内心觉得孩子做的事没有什么值得赞扬的，那样的夸奖就完全不“走心”，会让孩子觉得兴味索然。

（2）夸奖要具体

父母要针对孩子做的事进行具体的夸奖，而不能用浮泛的“你真棒”“你好聪明”之类的话来夸奖孩子。例如，孩子主动扫了一次地，妈妈要兴高采烈地表示“我的孩子会主动分担妈妈的工作，真让我高兴”。这样，孩子能够很清楚地知道自己为什么得到表扬，也知道今后应该怎么做。

（3）夸奖要提及孩子的品格

童年是儿童品格的形成期，父母夸奖孩子时，要告诉孩子某件事的成功是他哪一种品格作用的结果，这样就能让孩子对该品格有清晰的认知，从而继续努力。

（4）夸奖要点到为止

例如，孩子这次数学成绩上升很快，妈妈最好只针对他学习数学时的用心和努力进行表扬，不要再加上一句“妈妈相信你下次语文成绩也能考得一样好”，这样会在无形中给孩子一种压力，影响这次夸奖的效果。

夸孩子要有“度”

父母夸奖孩子要把握一个“度”，不能不夸和滥夸，也不能胡夸和乱夸。否则不但达不到夸奖的效果，反而会严重影响孩子的自我评价、自我定位乃至心理健康。

小学六年级的小武乖巧懂事、学习成绩好，深得大家喜爱。但是最近一段时间，小武却总是忧心忡忡、沉默寡言，学习成绩也有所下降。这是怎么回事呢？

事情要从小武参加省里的一个小学生作文竞赛说起。这个竞赛在当地小有名气，小武的文章得了一个三等奖。虽然三等奖的获得者多达十几人，但小武的父母还是乐坏了。他们本来就经常在亲戚朋友面前夸赞小武，说他如何懂事、如何优秀，并因为别人的一句赞赏而自得不已。小武获了奖，他们就更得意了。不久，小武的爷爷过生日，小武的叔叔婶婶、姑姑姑父都来祝寿，小武的爸爸在饭桌上口若悬河：“你们都知道小武这孩子学习好，不知道他作文写得也好吧？这次他参加全省作文大赛，拿了个三等奖，听说小升初考试还能加分呢！”小武的姑姑一脸羡慕：“那小武肯定能考上市里的重点中学了。”小武的妈妈随即说道："肯定没问题，等他考上重点中学，我们一定大摆宴席，请大家来庆祝一下，你们就等信儿吧。"

听着这些夸奖，小武有些不好意思，他知道三等奖的作用被爸爸夸大了。而且，自己的成绩虽然还不错，但是有点儿偏科，数学成绩并不算太好，考上重点中学并没有十足的把握。随后的一次考试中，小武的数学成绩破天荒地降到了80分以下。这下他的爸爸妈妈可慌了，牛已经吹出去了，如果孩子考不上重点中学，那该多丢脸啊。于是，两人罕见地生气了，疾言厉色地批评了小武一番，让他务必把数学成绩升上去。这样的压力，让小武觉得很难承受，对自己也越来越没有信心了。

生活中，像小武父母这样的人肯定不在少数，他们喜欢在众人面前夸奖自己的孩子，甚至为了炫耀自己、引发他人的羡慕而夸大其词，在各种场合对孩子的优点进行夸大宣传，对孩子的缺点却始终闭口不提。孩子亲耳听到或者听说父母这些言论后，也会产生错误的自我认知，觉得人人都不如自己。孩子被这虚幻、夸大了的荣耀所迷惑，就会产生虚幻的自信，无法脚踏实地去努力。真的面对问题时，才会发现自己并不像父母口中的那样出色，这时候会不知所措、灰心丧气，严重的还会弄虚作假，以便继续维持自己的形象。假的终归有露馅儿的一天，到时候孩子的内心就会非常痛苦，一下子从自傲转为自卑，变得极为脆弱、怯懦、畏首畏尾，无法取得真正的进步。

父母夸奖孩子时必须有所节制，本着实事求是的原则，这样才能使夸奖起到作用，并促进孩子成长。父母们可以这样做：

（1）夸奖要客观公正

夸奖孩子要客观公正，既不能夸大孩子的优点，也不要掩饰孩子的缺点。否则会让孩子觉得父母虚伪，损害父母在孩子心中的形象，也可能让孩子迷失方向，养成虚荣的坏习惯。

（2）用全面和发展的眼光看待孩子

孩子是一个独立的个体，有着自己的喜怒哀乐、优点缺点、兴趣爱好、行为习惯等，如果父母夸奖孩子总是提及他的一个方面，就容易犯“一叶障目”的毛病，不利于孩子的全面发展。

孩子正处在不断发展的阶段，如果父母总是用老眼光看待他，也会让夸奖的效果打折扣。用发展的眼光看待孩子，就能不断发现他新的闪光点，也不会因为他一时表现欠佳而气急败坏、丧失对他的信心。

能够用全面和发展的眼光看待孩子，夸奖孩子时才能说到“点”上。

你真努力，你很棒

小姚是一个幼儿园的老师，她和一位名叫丽莎娜的外教是好朋友。一个周末，小姚受邀到丽莎娜家去做客。听说丽莎娜有一个6岁的女儿，小姚便买了一盒精致的拼图当礼物。刚到丽莎娜家，小姚就看到一个漂亮的金发小女孩。小姚把拼图递给小女孩，小女孩用中文说了声“谢谢”，随后拆开拼图组装起来。试了几次后，小女孩才把拼图拼好。小姚禁不住夸奖道：“你太聪明了！”这在中国是一种常见的夸奖，是父母们乐于倾听的，但丽莎娜却一脸不高兴。小女孩去了自己的房间后，丽莎娜就严肃地对小姚说：“姚，我请求你下次不要再这么夸我的女儿了。”

小姚诧异地看着她，说：“我的夸奖有什么问题吗？”丽莎娜说：“她能把拼图拼好，虽然不排除聪明的因素，但主要原因还是努力。你这样夸奖她，会让她产生虚假的自信，误以为自己的成功是靠天生的聪明换来的，而不是通过后天的努力获得的。这对她的成长是很不利的。我希望你夸奖她努力的过程。”小姚听后非常有感触。

丽莎娜的教育观念是值得借鉴的。聪明属于先天的优势，并不值得炫耀，而后天的努力、勤奋是孩子争取来的，才值得肯定。

如果父母在孩子做成一件事后总是夸奖孩子的“聪明”，忽视孩子的努力，孩子就会不自觉地将成功与自己的聪明画等号。这样，在面临众多的任务选择时，他们会放弃那些可能失败但能够从中学到新知识的任务，而选择容易成功且能使父母或他人继续称赞自己的任务。长此以往，他们就会缺乏自信和挑战的勇气。而一旦遭遇挫折，他们可能就会转而认为“我不够聪明”或者“我变得不再聪明”，逐渐丧失自信，无法健康成长。

那些总被夸“你真努力”的孩子则是另一种境况，他们遇到挫折时，不会垂头丧气、怨天尤人，而是会认为因为自己不够努力才无法成功，因此更加勤奋。

所以，父母在称赞孩子的成功时，要将赞赏的重点放在“努力”上而不是“聪明”上，要对孩子多用“鼓舞性”的赞美，努力把“你真聪明”的万能赞美性话语转变为“你真努力”的鼓舞性话语。

要夸得及时，夸得到位

人们常说：“好孩子多半是夸出来的。”父母的夸奖，就像和煦的阳光一样，让孩子情绪高涨、自信满满，自觉自愿地让自己来个“三级跳”，掌握更多的技能。但是，夸出一个出色的孩子并不是一件简单的事。父母的夸奖要想“达标”，还须下一番功夫。

只有夸得及时、夸得到位，夸奖才能获得期待的效果。比如，孩子做了一件值得夸奖的事，满心欢喜地等待父母的表扬，父母却因为一些原因暂时忽视了。等到第二天，父母想起来了，才给孩子“补上”，此时孩子的激情已经冷却，感受不到多少被表扬的喜悦了。这就是没有遵循“夸奖应及时”的原则。从细节层面来讲，孩子做了值得夸奖的事，父母只是轻描淡写地说一句“做得好”，却连孩子哪里做得好都没弄清楚，不细致也不深入，这就违背了“夸奖应到位”的原则。不及时、不到位的夸奖，也就称不上是合格的夸奖，很难激励和培养孩子的自信与进取心。

瑢瑢今年 8 岁，是一个活泼开朗的小学生。最近，学校组织了“环保志愿者”活动，小志愿者们要在课余时间跟着老师去街上打扫卫生、宣传环保。瑢瑢对这次活动没什么兴趣，但是爸爸却认为这是一个难得的锻炼孩子的机会，就大力劝女儿参加，瑢瑢只得带着几分不情愿报了名。

瑢瑢第一次参加活动是一个周末。很多小志愿者的爸爸妈妈都跟去了，队伍“浩浩荡荡”的，瑢瑢的爸爸也在其中。小志愿者们热情洋溢地参加劳动，瑢瑢被大家感染，也逐渐乐在其中了。劳动过后，大家还要发环保传单、做演讲。瑢瑢的嗓音清脆动听，已经提前被选为演讲的代表，并精心写了一篇演讲稿。在爸爸的润色下，演讲稿非常精彩，得到带队老师的连连称赞。在大家的掌声鼓励下，瑢瑢带着几分忐忑开始了自己的演讲。演讲很成功，很多路人都被吸引了，为瑢瑢加油鼓掌。

晚上回到家，爸爸眉飞色舞地对妈妈表扬瑢瑢说：“你是没看到瑢瑢今天多自信、多成功。她的演讲流畅、生动、声情并茂，赢得大家的阵阵掌声，我以前怎么不知道她这么有演讲天赋呢！下次活动你一定要去看看咱们女儿的风采。”瑢瑢听着爸爸的夸奖，既羞涩又有几分得意地笑了。

一周以后，小志愿者们开始第二次活动，瑢瑢这次非常积极，提前几天就开始准备演讲稿。爸爸出差了，所以妈妈就陪着瑢瑢去参加活动。见到女儿的表现果然跟她爸爸说的一样出色，妈妈也替女儿高兴。回到家后，由于爸爸已经热情洋溢地赞美过女儿，再加上他不在家，妈妈也就没有表扬瑢瑢。爸爸一回来就问女儿昨天的表现，妈妈简单夸奖了瑢瑢几句。当时，瑢瑢听了妈妈的话，心里想：“我的表现也没什么特别的，同学们都能做到。”

后来，她参加活动的兴致就没那么高了。爸爸妈妈研究了半天，才知道是妈妈没有及时赞赏女儿，导致了这种情况。

故事中瑢瑢的妈妈夸奖孩子时没有做到“趁热打铁”，她的表扬也不像瑢瑢的爸爸那样“到位”，让瑢瑢对参加志愿活动这个难得的锻炼机会失去了热情。可见，父母对孩子的评价和态度十分重要，能直接影响到孩子对自身和其他事物的看法。孩子某件事做得很好，父母及时给予恰到好处的评价，会引起孩子的重视，会激励孩子继续努力；而如果父母的表扬“迟到”或显得潦草、敷衍，就会让孩子觉得父母并没有重视这件事，自己做得也不够好，随之就会失去继续努力的热情和信心。

要做到及时、到位地表扬孩子，还需要父母端正自己的态度，真正重视起表扬孩子这件事。要知道，父母对孩子的赞扬是直接影响孩子的性格、自信心、进取心的大事。父母不能小看自己在无意中对孩子的只言片语的评价，也要注意与孩子交流时的表情、语气和眼神。孩子内心较为脆弱，观察却很细致，能够在一些很小的方面领会到父母对自己到底是肯定还是否定的态度。所以，父母夸奖孩子时，一定要认真，要给予及时、到位的赞美或表扬。

孩子也会“好心做错事”

很多父母教育孩子时，容易陷入“唯结果论”的误区。无论孩子动机如何，做出了怎样的努力，父母都视而不见。只有出了结果，父母才会做出评价。实际上，孩子的动机同样值得父母关注。只要孩子的动机是积极的、善意的，就值得父母嘉奖。如果只注重结果，就可能让孩子在暂时的失败面前屈服，失去再接再厉的信心和勇气。

7岁的慧慧和妈妈一起坐公交回家，车上人很多，非常拥挤。一位中年阿姨下车前故意把慧慧叫到身边，让她坐到了自己的座位上。妈妈赶紧让慧慧向阿姨道谢。

过了一会儿，一个肚子很大的年轻女士上了车，站到慧慧的身边。慧慧心想：“我的位置是阿姨让给我的，我应该让给更有需要的人。这位阿姨看起来是个孕妇，她比我更需要座位。”于是，慧慧站起来对那位女士说：“阿姨，您坐在这里吧。”那位女士看了她一眼，没有作声。慧慧接着说：“阿姨，您坐吧，您不是孕妇吗？”妈妈发现那个女青年脸色都青了，突然意识到了什么，她连忙让慧慧坐下，并对那位女士说：

“孩子不懂事，您别见怪啊。”女士勉强笑了笑，到站后立刻下车了。

看着一脸疑惑的慧慧，妈妈小声对她说：“你让座前怎么不好好看看，那个阿姨是孕妇吗？人家只是胖了一点儿而已。看年龄，应该还是个大学生呢，难怪会生气。以后不许这么多事，记住没？”

慧慧委屈地点了点头。

孩子让座本是好意，却由于认知力不强，好心做了错事。妈妈只注重结果，所以对孩子进行了批评，这样一来，孩子的善意就会受到打击，再碰见需要让座的情形可能就无动于衷了。

对待孩子好心做错事的情况，父母千万不要“一刀切”，必须认真看待，对孩子的善意进行鼓励和夸奖，对孩子的错误进行适当的指正。孩子的善意受到鼓励和赞许，他就会在随后的日子里再接再厉，继续用善意对待世界；错误得到指正，就可以避免重蹈覆辙。

【适合夸奖孩子的 7 句话】

1. 做得真好！
2. 宝贝，了不起/你真棒！
3. 你学得真快，好样的！
4. 我为你骄傲。
5. 继续做下去，你会做得越来越好。
6. 事情看起来并不容易完成，你真的出乎我的想象。
7. 看到你有了进步，我很高兴！

第五章

谆谆善诱，巧妙说服“问题孩子”

面对“问题孩子”，父母要耐心地说服和劝导，把话说进孩子心里，让孩子心服口服。

用对话代替对抗，感化叛逆的孩子

众所周知，青春期的孩子一般都比较叛逆，即使是父母，与他们的沟通也十分困难。对待青春期的孩子，父母不能心急气躁，更不能向孩子发火。如果父母态度强硬，采取“以暴治暴”的解决方法，那么孩子无疑会更加叛逆。

史菲正在读高中，她的许多行为在史妈妈看来都是不可理喻的。史妈妈认为，一个高中生就该以学业为主，不能总想其他事情。

这天，史妈妈发现女儿的头发颜色有些不对，就逼问女儿：“你是不是染头发了？”

史菲说：“这都被你看出来了，已经染得很浅了。”

史妈妈有点儿不高兴，但语气还算缓和，说：“你现在还是学生，应该把心思放在学业上。”

史菲一听就不耐烦了，说：“又是学习，我知道了。”

史妈妈还想说什么，但史菲转身离开了。之后，史妈妈在女儿的屋里又发现了眉笔、眼线笔等美妆用品。她很想说说女儿，但又怕像上次那样招她烦。

又一天，史妈妈发现女儿周末没有去补习班，而是去了某偶像的影迷见面会。史妈妈十分生气，觉得必须严厉地说一说女儿。于是，当史菲高高兴兴地回家后，史妈妈就厉声质问道："你没有去补习班？"

史菲说："妈妈，今天是XXX的影迷见面会，你也知道我很喜欢他，机会难得，我不能不去。"

史妈妈依旧严厉地说："一个学生追什么星，天天追星会耽误学习。还有，我看到你屋里有化妆品，一个学生不要那么爱美，化妆品我都收走了，你也别想着再买，我会控制你的零花钱。"

史菲本以为妈妈能够理解她，但看妈妈态度强硬，而且张嘴不离学习，所以也瞬间来了气，顶嘴说："喜欢偶像有什么错，谁说追星就一定会耽误学习？再说，爱美怎么了，我想化就化，你管不着！"说完，史菲就冲进自己的房间，咣当一声关上了房门。

史妈妈没想到女儿反应这么强烈，她觉得自己没有错，但不知该如何说女儿才肯听。

案例中，史妈妈与女儿已经形成了对抗情绪，史妈妈觉得自己没有错，一个高中生是不应该将心思放在化妆、发型和过分追星上的，但史妈妈没有找到与女儿交流的正确方法。她试图以严厉禁止来约束女儿，但史菲已经不是小孩子，她正处于青春期，很多事情父母越是明令禁止，她越是会对着干。

很多父母都有这样的体会：你不让孩子玩游戏，他偏玩；你不让孩子弄稀奇古怪的发型，他偏弄；等等。反正就是父母管得越多，孩子越嫌烦。孩子根本不想父母管太多，也不认同父母的一些想法，觉得父母固执、老套，不能理解他们。父母想要与他们聊聊，他们百般抗拒，就算勉强聊几句，也总是说不到一起去。

父母与孩子的争吵与对抗就是这样发生的，因为相互不理解，因为父母总想以自己的想法来约束孩子，而青春期的孩子对于这点是尤其难以接受的。

父母必须认识到，反叛与对抗是孩子成长过程中必有的情绪。面对孩子的叛逆，父母应该合理疏导，而不是正面对抗。对抗的后果只能是两败俱伤：父母达不到纠正孩子行为、感化孩子的目的，孩子也很难真正接受父母的意见。

想要感化叛逆的孩子，父母就要找到正确的沟通之法，用对话代替对抗。

那么，具体该怎样做呢？

（1）倾听孩子的诉说，理解孩子的想法

在沟通中，倾听是非常重要的。面对孩子出格的行为，父母不能急着责骂，也不能武断地说孩子错了，而应当先听听孩子的说法，了解孩子的内心，再对症下药，循序渐进地劝服。这样有助于消除可能产生的误会，融洽关系，增进彼此之间的信任。

（2）心平气和，与孩子平等对话

在与孩子沟通的时候，难免会遇到一些想法冲突的状况。这时候，父母千万不能动怒发火，更不能想着用家长的权威去命令孩子，一定要心平气和，放下家长的架子，与孩子平等对话。这是对孩子基本的尊重。

（3）关注优点，别紧盯缺点不放

孩子都有缺点，也都会犯错，父母不应该总是揪着孩子的错误不放，要看到孩子优秀的一面。在与孩子交流时，应多表扬孩子的优点，多激励孩子，而不能只用“你学习都学不好，还能干什么”之类的话刺激孩子。由此，孩子的对抗情绪就会自行减弱，与父母也能更加融洽地对话。

严肃纠正满口脏话的孩子

孩子的心智发展还不够成熟，对很多事不能进行正确、有效的识别，所以很容易受到环境影响，养成一些坏习惯。尤其是在当今这个信息技术高速发展的社会，电视、网络中的一些不良信息将孩子重重包围，社会上的种种不良习气也多多少少会传递到孩子的眼中、耳中，让孩子在耳濡目染之下“变坏”——说脏话就是一个典型表现。许多孩子的脏话不仅说得多，而且说得奇，甚至连大人都没听说过，更说不出口，倘若不是亲耳听到，没人敢相信这些话是由一个孩子说出来的。

说脏话是一种非常不文明的行为，一旦发现孩子说脏话，父母就应当马上让孩子改正，绝不能姑息。有些父母觉得说脏话无伤大雅，任由孩子一直说脏话，这必然会对孩子的成长产生负面影响。有些父母听见孩子说脏话后，觉得挺有意思，不但不加以阻止，反而在一旁开怀大笑。这种表现相当于鼓励孩子说脏话，会让孩子觉得父母是认可和欣赏自己的，于是更加卖力地“表演”，久而久之就养成了坏习惯，很难改正了。

父母发现孩子说脏话后，应该立场鲜明地告诉孩子自己是不支持这种行为的，如："爸爸妈妈觉得说脏话的都不是好孩子""别的小朋友都不喜欢说脏话的小朋友"等。孩子会因为害怕自己被父母或其他小朋友讨厌而改变这种行为。如果在父母耐心劝导之后，孩子仍然没能意识到说脏话的坏处，甚至产生了不满和对抗情绪，那么全家人可以一起暂时故意冷落孩子，让他知道说脏话会遭到人们的厌恶。这样一来，孩子通常就会反省自己说脏话的行为，然后逐渐改掉这个坏习惯。父母也可以用一些典型事例来教导孩子，让他们了解说脏话的坏处，或是让孩子看一些公益广告以及有正确导向的节目和书籍，看得多了孩子就知道自己说脏话的行为是很不恰当的。

一位妈妈无意间听到自己年仅5岁的儿子说脏话，她很吃惊，下定决心帮儿子尽快改掉这个坏习惯。于是，她问儿子："儿子，你爱妈妈吗?"儿子不假思索地回答说："爱!"妈妈又问："假如你发现别的小朋友骂我，你要怎么办?"儿子毫不犹豫地回答说："那我就反过去骂他的妈妈。"妈妈又说："但是你骂其他小朋友的妈妈，其他小朋友也会来骂我。"妈妈的话让儿子愣住了，他在思考怎样做才能让别人不去骂妈妈。妈妈静静地看着儿子思考，过了一会儿说道："其实，尊重是相互的，你骂其他小朋友的妈妈，其他小朋友就会来骂你的妈妈，这就相当于你在骂自己的妈妈。假如你能够改掉随口说脏话的坏习惯，那么妈妈就不会被别的小朋友骂了，明白了吗?"儿子点了点头。从此以后，那些脏话再也没有出现在儿子的口中。

对于孩子说脏话这种行为，越早纠正越好。有些孩子可能三四岁的时候就开始说脏话了，其实，这个年龄段的孩子是非观念尚未形成，根本不知道脏话是什么意思，可能只是无意间从哪里听到了这样的话，觉得好玩就模仿了。这时，父母必须立即纠正，不要觉得孩子长大了会自己改正，相反，那样只会让孩子的坏习惯根深蒂固。在现实生活中，很多父母就是因为没能及时引导教育，错过了纠正孩子的最佳时机。

某个小女孩4岁时无意间说了第一句脏话，对象是跟她同龄的一个小朋友。女孩的爸爸知道后非常生气，但他没有直接怒气冲冲地教训女儿，而是抓住这个机会来引导她。爸爸陪着女儿找到了那位小朋友，让女儿给那位小朋友道了歉。经过这次事件后，女孩再也没有说过脏话。

人们总是会对“第一次”留下深刻的印象，如果父母能够在最开始就认真教导孩子，让孩子深刻地认识到自己的问题，那么他在之后的生活中就会有意识地控制自己。

用心劝诫不讲卫生的孩子

一些家长可能觉得卫生习惯只是“细枝末节”，孩子的主要目标是学习，其他的一切都无所谓。实际上，人的清洁卫生并不是微不足道的事，而是一个人精神面貌和生活习惯的外在表现。家长让孩子拼命学习，目的无非是让他长大后有份好工作，过上好的生活。但是，如果孩子从小没有养成良好的卫生习惯，长大后就可能成为一个邋里邋遢的人，在竞争中就可能丧失很多机会，给人生之路增添很多不必要的坎坷。

有一些孩子，跟父母生活在一起时，个人卫生全都被父母“包办”了，自己既没有学会相关技能，也没有养成良好的卫生习惯。他们一旦离开父母独立生活，例如住进集体宿舍，就迅速成了“邋遢鬼”：上衣、裤子整天皱巴巴的，上面满是油渍却毫不在乎；宿舍的桌子上、地板上一片狼藉；床铺简直是个“杂货铺”，胡乱地扔着各种杂物；被子都看不出颜色了也不知道洗……想必每个父母看到自己的孩子生活在这样的环境中都会心疼，却没想过孩子变成这样自己也有很大的责任。

珺珺很不喜欢洗澡，他的理由是不喜欢洗发水和沐浴露的味道。妈妈买了其他的味道，他依然说不喜欢。妈妈无奈，说："那你就别用洗发水、沐浴露了，但是澡还是必须得洗。"于是，珺珺总是不情不愿地被妈妈"赶"进浴室，出来时头发是湿的，衣服也换成了睡衣，接着就去睡觉了。接连几次都是这样，妈妈心里起疑，在珺珺又一次从浴室出来时叫住了他，闻了闻他身上的味道，掀起他的睡衣，搓了搓他的肚皮，竟然搓下一层污垢。妈妈很生气："好啊，你个臭小子，竟然骗妈妈，是不是根本没洗，只是用水打湿了头发？"

珺珺看露馅了，开始耍赖："我就是不喜欢洗澡，妈妈你别逼我了。"说完挣脱妈妈的手，跑回了房间。

妈妈知道该给他上一堂"洗澡课"了。第二天晚上，妈妈把珺珺叫到跟前，说："珺珺，一个爱干净的人才能得到大家的亲近、喜爱。你想想，要是你不洗澡，身上整天臭烘烘的，同学还愿意跟你玩吗？"珺珺闻了闻自己，说："我不臭！"妈妈又说："这样吧，你不是一直想要XX游戏机吗？如果你连续一周都洗得干干净净，我就让你爸给你买。"

"真的？"珺珺简直不敢相信自己的耳朵。他早就想买那种游戏机，但是妈妈不同意。珺珺从小就听爸爸妈妈讲挣钱多不容易，所以只提了一次就没再提过，没想到妈妈一直记在心里。看到妈妈点了头，珺珺飞快地冲进了浴室，没到五分钟又冲了出来，告诉妈妈："我洗好了！"

没想到，妈妈叫住了他，检查了一遍，发现他头上完全没有洗发水的味道，身上洗得也不干净。她摇了摇头，说："不合格，你赶紧再好好洗一遍。"

珺珺立刻回到浴室，这一次他左搓右揉了好大一会儿，甚至还用了一点儿平常碰都不碰的洗发水。离开浴室时，他觉得自己像一块玻璃一样亮晶晶的。这次，妈妈非常满意，好好夸赞了他一番。第二天，珺珺又主动洗了一次，发现洗澡也不是那么令人讨厌的事。一周后，他终于得到了自己梦寐以求的游戏机。自此之后，珺珺对洗澡这件事有了改观，逐渐纠正了了不爱洗澡的坏习惯。

良好的卫生习惯能让孩子一生受益，家长不妨运用各种手段来激励孩子，让他改掉不良的卫生习惯。纠正孩子的过程中，家长必须持之以恒，耐心地运用示范、讲解、提示、练习等方法教导孩子，一定不要半途而废。

孩子厌学，不能光讲大道理

很多孩子会出现厌学的问题，导致这种问题的原因有很多，如果不加以矫正，后果是很严重的。但是，一些父母不懂得如何处理孩子的厌学问题，能想到的方法除了责骂，就是给孩子讲一些大道理。其实，大道理不是不能讲，只是如果一而再，再而三地重复，而不去认真分析出现问题的原因、寻找解决之道，那么起到的效果也是微乎其微的，甚至会让孩子更加厌烦。

老陈的生意越做越大，按理说正是“春风得意”的时候，但最近他却总是闷闷不乐。有一次，他约高中同桌、在中学当老师的老薛一起吃饭。两人一见面，老陈就单刀直入地说：“老薛啊，这次你一定得帮帮我，我都快愁死了！”薛老师很惊讶，连忙问：“什么事？跟我说说吧。”老陈叹口气：“还不是我儿子给闹的。”薛老师插话说：“陈筠？他不是一直成绩优秀，还被保送进了重点中学吗？你愁什么？”

“哎，以前成绩是不错，我也一直为这小子骄傲。但是，最近他学习就是不用功，老师说他上课还爱走神，回家做作业也不认真。上个星期期中考试，连班级前二十都没进。我们夫妻俩教育他很多次，他是半句都听不进去，你说我能不发愁吗？”

薛老师问：“你们怎么教育他的？”

老陈愁眉苦脸地说：“当然是说让他上课别走神，要注意听讲之类的话。我们两口子嘴皮子都快磨破了，那真是千叮咛万嘱咐。他都是初中生了，连这些道理都要我们教。更可气的是，我们说多了，他就一脸不耐烦，甚至动不动就躲进房间里，戴上耳机，甭管我们怎么说，就是不搭理。要不是我脾气好，早揍他好几顿了！”

薛老师听完，笑着问：“想听我说实话吗？”老陈点点头。薛老师说：“陈筠之所以不愿意听你们说话，是因为你们两口子净说废话。”

老陈一时语塞。薛老师说：“后天是周末，我去你家做客，你让陈筠在家待着，我去跟他谈谈。”老陈连忙应允。

第三天中午，薛老师如约而至。吃过午饭，他跟陈筠谈了一下午，才知道陈筠主要是刚上中学，没有适应老师的节奏，心里非常着急，越急就越跟不上，所以成绩才有了下滑。薛老师告诉陈筠，这并不是什么大问题，以他的水平，只要经过一段时间的适应，完全能够赶上。初中有三年的时间呢，他不必因为暂时的不适应就自暴自弃。

薛老师建议陈筠，重要的内容要勤做笔记，对可以引申出的相关知识点要进行自学；不懂的地方要及时向老师和同学请教，尽快搞懂，以免越积越多，加大学习的困难；一定要抽出时间把学过的内容复习几遍，上课前先预习，带着问题去听课。此外，薛老师还建议陈筠课下多和老师、同学交流，尽量和大家打成一片，这有利于他尽快适应。

而对老陈夫妇，薛老师也建议他们，如果陈筠真的落下太多功课，可以给他报一个同步补习班或者找一个家教，尽快让他赶上来。夫妻俩连连点头。陈筠也积极配合。

很快，陈筠的成绩就渐渐赶上来了，在初二时就跻身班级前十名了。

案例中的陈筠是个很聪明的孩子，当然知道自己应该“不走神”“专心听讲”。但是，他的父母反反复复地训斥、唠叨，讲些大而空洞的道理，反而引发了他的逆反心理。他本来可以慢慢迎头赶上，却为了跟父母较劲而开始自暴自弃。可见，孩子出现厌学情绪后，父母要耐心地与他沟通，尽量控制自己的情绪，一定不能每天说教、唠叨，那样对孩子的教育有害无益。

旁敲侧击，智慧解决“网恋”“网瘾”问题

当今时代，网络日益发达，已经成为孩子们获取知识和能力不可或缺的工具。但是，孩子接触网络越来越早、越来越频繁，却给父母制造了新的教育难题：网瘾和网恋。这两个问题，让很多父母头疼万分，也对孩子的学习和身心健康造成了严重影响。要解决这两个难题，父母一定不能操之过急，要掌握一定的技巧，旁敲侧击地帮助孩子改正。

升入高一后，爸爸给小彤买了一台笔记本电脑。国庆假期期间，小彤在QQ上认识了一个网名叫“爱情一阵风”的男网友。这个网友幽默风趣，两人又都喜欢动漫，小彤很快被他迷住了，天天聊很久。妈妈非常着急，觉得女儿陷入了网恋，但是爸爸却说：“既来之，则安之。我们越强迫她，她就越想反抗，我们只要看着她别让她贸然去见网友就行了。”

开始的时候，小彤每天都跟那个男网友聊天，对方约她见面，小彤因为学习压力比较大拒绝了。后来，两人几天才聊一次，没多久就不再联系了。爸爸问她：“怎么不跟那个网友聊天了？”小彤说：“没啥共同语言了。”这时，爸爸才告诉她，

青春期的感情很多时候是比较冲动的，只有经得住时间考验的感情才是真正值得珍惜的。小彤点点头，高中期间她认真学习，再也没有网恋。

孩子的思想还不成熟，他们陷入网恋，“堵”不是办法，因势利导才是上策。德国作家歌德在名作《少年维特之烦恼》中写道：“哪个少男不钟情，哪个少女不怀春。”青春期的少男少女，几乎不可避免地会对异性产生爱慕。而网络技术高速发展的今天，网恋也成了比较常见的恋爱方式。孩子网恋，家长不要大惊小怪，也不能横加指责，而是要尊重孩子，以朋友的身份旁敲侧击地教育孩子，让他们重新找到生活的重心。父母可以告诉孩子，他们现在的感情并不成熟，不妨深藏在心中，看能不能经受得住时间的考验。如果可以，到他们学业有成之时，这份感情会变得更加珍贵。如果不能，不妨把网恋当作一段美好的回忆。

孩子的网瘾问题也让很多父母如临大敌。为了避免孩子染上网瘾，父母必须在发现苗头时就及时和孩子沟通。只要父母真心关注孩子，这种苗头是不难发现的。这个时候帮助孩子戒网瘾是最有效的，可以采用“胡萝卜加大棒”的方式软硬兼施，既肯定网络对孩子成长的积极作用，又要让孩子弄清楚虚拟和现实之间的关系。不必拼命向孩子数落网络的不是，因为网络是把双刃剑，让孩子彻底脱离网络，无异于让他与时代脱节，是不利于孩子的健康成长的。可以和孩子协商上网的计划和时间，并根据孩子的表现进行奖惩。

一旦孩子陷入网络不可自拔，再戒除网瘾就比较困难了。很多父母会选择一些强制行为，如打骂孩子或将孩子送到饱受争议的戒网瘾学校，这样做反而会让孩子更加迷恋网络中虚拟的美好。父母要知道，孩子不管是在网络上玩游戏还是聊天，都是为了得到心理上的满足。正因为这种追求满足的愿望非常强烈，孩子才会沉溺网络，逐渐上瘾。所以，正确的处理方式是多关心孩子，多带孩子参加有意义的社会活动，多鼓励孩子和现实中的同学、朋友交往。这些都是让孩子在现实中得到快乐的方式，会降低孩子对网络的依赖。

一些孩子在现实中有着内向、自卑甚至社交障碍等问题，他们更容易染上网瘾。针对这类孩子的问题，父母如果不能帮助他们戒除“网瘾”，就要求助专业医生。

【让孩子感到内疚的7句话】

1. 你应该为自己的行为感到羞愧。
2. 你要知道你这样做妈妈和爸爸会伤心。
3. 你的好朋友不会喜欢这样的你。
4. 你那样做真的很不好，我很生气。
5. 你这次真的做错了，不是吗？
6. 你真的不应该那样做。
7. 你现在让我很头痛，我很为难，孩子！

第六章

倾听孩子说话，走进孩子内心

在家庭中，父母要学做“少说多听”的倾听者，听一听孩子的话，了解孩子的所思所想。

听听孩子的心声

有一个14岁的男孩，不止一次离家出走，他这样评价妈妈和他的关系："我已经对妈妈无话可说了，不管我对她说什么，表达什么观点，她都不能好好地理解我，并且不断地找理由反驳我，我在她面前已经彻底失去了发言权。

"有一回，我告诉妈妈我不想去上学了。我的话还没说完，妈妈就打断了我：'我和你爸爸含辛茹苦地把你养大，每天辛勤地工作，不就是为了让你好好学知识，将来能够有所作为吗？你居然说不想去上学，你对得起我们吗？'我本来打算跟妈妈谈谈心，可是她根本不理解我，也不给我解释的机会，还冲我大喊大叫。就因为这样，我就算有心事也不愿意跟妈妈说了。"

在现实生活中，这样的事例比比皆是。不少孩子在父母面前把自己包裹起来，心里有不愉快的事，宁可向同学和朋友倾诉，也不愿主动和父母说。孩子之所以会变得不愿和父母沟通，多半是父母自己造成的，因为他们一开始就没有为孩子留出足够的表达时间。

父母不给孩子发表意见的机会，会给孩子带来许多消极影响：

①影响孩子表达能力的提高，容易让孩子变得自卑。

②不尊重孩子的话语权，长此以往，会让孩子产生对抗情绪。

③如果父母不理会孩子，孩子找不到合适的倾诉对象，内心将会受到巨大的伤害。

④让孩子觉得自己得不到重视，因此隐藏自己的真实想法。父母无法了解孩子的真实想法，教育孩子的难度将大大增加。

父母不善于聆听孩子的心声，不利于孩子的健康成长。因此，父母很有必要花一些时间去倾听孩子说话，了解孩子的真实想法。只有孩子向父母敞开了心扉，父母才能走进孩子的内心世界，加深与孩子的沟通，减少隔阂，并引导孩子健康、快乐地成长。

具体来说，父母可以按照以下建议去做：

（1）给孩子倾诉的机会

英国教育家赫伯特·斯宾塞说："父母要给孩子说话的机会，仔细倾听孩子的话语。只有这样才能深入了解孩子，及时引导和纠正孩子的错误思想和行为，让孩子在成长之路上保持身心健康。"

在家庭教育中，父母要支持和鼓励孩子积极和自己交流，给孩子倾诉的机会。

班主任把小何的妈妈叫到了学校，因为最近小何上学经常迟到。

了解小何在学校的表现后，妈妈有些生气，不过她没有因此责骂孩子。这天晚上，妈妈和蔼地问小何："儿子，你每天早上都提前半个小时去学校，从家到学校用不了十分钟，为什么你还会迟到呢？可以跟妈妈说一说吗？"

小何知道班主任找妈妈到学校的事情后，一直担心回家后会挨训。可是直到睡觉，妈妈才提到这件事，而且丝毫没有责怪他的意思。于是，小何略带胆怯地说："妈妈，我最近发现在公园的假山上看日出很不错，一不小心就超过了上课的时间，您会怪我吗？"

听了儿子的解释，妈妈笑着摇了摇头，然后就让小何睡觉了。第二天早上，妈妈比平时早起了一会儿，陪着小何吃完早饭，然后和他一起登上公园的假山。看到喷薄而出的旭日和绚烂多姿的朝霞，妈妈高兴地对小何说："儿子，你真厉害，居然发现了这么好的地方，妈妈从来没看过这么美丽的日出！"

这一天，小何提前来到了学校，因为妈妈一直帮他留心着上课的时间。

晚上放学后，妈妈正在厨房准备晚饭，小何像往常一样坐在客厅的桌子前写作业。他忽然看到桌子上有一块蓝色的手表，旁边有一张纸，纸上写着："太阳公公每天都不迟到，所以我们才能看到美丽的风景。你也能像太阳公公一样，珍惜自己的时间，对不对？——爱你的妈妈。"

小何认真地将手表戴到手腕上，从此再也没有迟到过。

善于聆听孩子的心声能够产生神奇的效果。我们应该向小何妈妈学习，用耐心、鼓励、宽容对待孩子，让孩子感受到父母的温情，在幸福的环境下茁壮成长。假如小何的妈妈听说小何上学迟到之后，不分青红皂白地责备小何，不仅会伤害小何热爱美好生活的心，而且有可能在小何的心中留下阴影，对亲子交流产生不利的影响，甚至妨碍小何的健康成长。

（2）耐心听孩子诉说

当孩子倾诉时，父母要耐心地听孩子把话说完，让孩子感受到父母对他的尊重。

一天晚上，幼儿园放学了，6岁的小丽一回到家就和妈妈诉说自己的烦心事。她和同学阿花发生了小摩擦，虽然错不在她，但是老师还是当着全班同学的面批评了她。妈妈放下手中的家务活，什么都没说，坐在一旁认真地听小丽说话。没过多久，小丽就把心里的委屈和不快说完了，逐渐恢复了平静。突然，她想到了什么，兴奋地跑到楼上，拿出自己喜欢的洋娃娃说："妈妈，昨天我和邻居婷婷约好了一起玩，我去找她玩一会儿，晚饭做好了你就喊我回来。"妈妈微笑着点了点头，小丽开心地向邻居家跑去。

小丽的心情能够在短时间内从不悦转变为喜悦，主要是因为妈妈耐心聆听并做出了友好的回应。这时，妈妈就像一位智慧的天使，用认真聆听的方式将孩子的不高兴带走了。

事实上，孩子向父母倾诉往往不是为了寻求帮助，而是为了宣泄情绪。此时，父母不应该匆忙地给出建议，也不应该随意打断孩子的表达，而要耐心地倾听，在精神上给予孩子支持和安慰。

（3）用诚意去倾听孩子的心声

如果孩子主动找父母倾诉自己的心声，父母应该扮演好"倾听者"的角色，学会用语言和动作表达自己对孩子说话内容的重视。例如，当孩子讲话时，父母应该用友好的眼神望着孩子，可以适当地增加一些话，比如："发生什么事了？妈妈很想听一听。""你大胆地说吧，妈妈不会怪你的。"另外，父母还可以使用一些带有肯定语气的叹词，如"哦""嗯"等。如果父母能够做到这些，孩子就很容易感受到父母对自己的关心，也愿意在父母面前尽情地吐露心声。

该怎样做一个好的聆听者

儿子放学回家后一脸愁容，细心的妈妈发现了，立刻停下手里的工作为儿子解忧："是不是不开心啊？谁惹你生气了？"儿子抬头看了一眼妈妈，噘着小嘴欲言又止。妈妈摸了摸儿子的头说："有什么事就大胆说出来，妈妈不仅是你的长辈，也是你的好朋友。"

儿子虽有些犹豫，但还是轻声地说："是数学老师。"妈妈疑惑地问："竟然是数学老师让你不开心了，快和妈妈说说究竟是怎么回事。"儿子说："下午上数学课，老师叫我站起来回答问题，我离黑板比较远，将'7+1'看成了'1+1'，结果就算错了。老师一点儿面子都不给我留，当众指出了我的错误，害我被同学们笑了好久。我可是男子汉呀，这样多没面子！"他一边说，一边用手拍了拍自己的小胸脯，显得非常可爱。

妈妈说："原来是这样啊。你既然是男子汉，就应该大度一些啊。"听了妈妈的话，儿子想了想，表情由阴转晴，恢复了平常的调皮样子，然后说：“我明白了，男孩子不应该这么小气，我去写作业了。”然后，儿子朝自己的房间走去，没过多久又跑了回来，羞涩地对妈妈说：“谢谢妈妈听我说话。”说完，他开心地跑到了自己的房间。

许多孩子都是这样，虽然平时喜欢调皮捣蛋，但也有不开心的时候，会把烦心事憋在心里。如果妈妈愿意倾听，孩子就会将心事讲出来。当他们把心里的烦恼讲出来后，心情会立刻变好，逐渐恢复往日的健康状态。

身为孩子的父母，不仅要理解孩子的想法，还要理解孩子为什么这样想。父母不仅是孩子的第一任老师，同时也是孩子最亲密的朋友。因此，在和孩子交流时，父母不要总是以长者的身份自居，只知道滔滔不绝地教导，而是要学会做一个优秀的倾听者。在孩子遇到烦心事时，耐心倾听孩子的话，为孩子排忧解难。

那么，父母具体应该怎样做一个好的聆听者呢？以下是一些建议：

（1）以认真的态度倾听孩子说话

在倾听孩子说话时，父母应该格外重视倾听的态度，它比倾听技巧更加重要。根据心理学研究，当别人对我们说话时，我们通常能保留的信息只有四分之一。换句话说，如果我们没有认真倾听别人的话，很多信息就会因此被漏掉，倾听也就失去了效用。

举例来说，孩子放学回家后，有些家长会问：“今天在学校过得如何？”这个问题非常有意义，它能体现出家长对孩子校园生活的关心，同时也在暗示孩子，如果他愿意分享校园生活中的喜与忧，家长会感到很快乐。

但是如果家长在提这个问题时还在忙着做其他事，比如看电视、玩手机、做家务等，孩子很有可能会产生误解。从孩子的角度来看，家长提问题就是随口一说，仿佛在告诉他："我没有多少时间，你简单地告诉我校园生活怎么样就行了，我还忙着看电视……"而且，这种提问方式也会让孩子感到疑惑：为什么爸爸妈妈不愿意将自己今天的情况告诉我，却一直询问我的情况呢？由于父母的倾听态度不够好，孩子往往会说"没什么""还行吧"或者"就那样"一类的话，让父母既惊讶又气愤。

父母一心一意地关注孩子，哪怕只是短时间的关注，也会让孩子非常欣喜。因此，父母应该适当地放一放手中的工作，抽出一些时间来陪孩子坐一坐，问问孩子今天遇到了哪些趣事或者烦心事，然后全神贯注地倾听孩子讲话，好像这就是世界上最紧急、最重要的事情。如果父母这样做了，孩子就会感受到父母真诚的关心，并乐于向父母倾诉。

（2）用孩子的心去感受世界

孩子眼里的世界和成人眼里的世界是不同的，他们看到的一切都富有童趣。例如，他们会认为毛绒玩具是有生命的，小乌龟会生气，小花和小草会微笑，太阳和月亮可以对话，小白兔是可爱的小妹妹……父母在倾听孩子说话时，要学会站在孩子的角度去认识世界、感受世界，了解孩子的喜怒哀乐。这样能够充分理解孩子的想法，有利于沟通。

（3）保持放松的状态

父母在聆听孩子说话时，要尽量保持放松的状态，千万不要摆出双臂交叉一类的动作，让孩子觉得父母高高在上，心里有话不敢说。

（4）保持安静

当孩子说话时，父母要尽量保持安静，不要随意插嘴，打断孩子的思路。

（5）保持冷静

父母保持冷静是保证倾听顺利进行的一个重要条件。如果孩子讲述的内容或观点让父母不满意，或者孩子在说话时无意间冒犯了父母，父母千万不要立刻反驳、责骂孩子。如果父母实在控制不住自己的情绪，不妨做几个深呼吸，或者直接告诉孩子自己心情不太好，中断沟通，另找合适的机会继续对话。

（6）回应

父母要让孩子感受到自己一直在认真倾听，而不是他一个人自言自语。当孩子说话时，父母可以用一些简洁的词语表现自己在听或者理解他的意思，例如："嗯嗯。""我明白。""你的想法很特别。"这些话在成人眼里可能有些啰唆，但是对孩子来说意义重大，他们会觉得这是一种鼓励，从而更加愿意表达自己内心的想法。

父母也可以用表情变化来回应孩子。孩子非常希望自己的言行使大人感到吃惊，他们觉得把大人吓到可以证明自己很厉害。因此，在和孩子互动时，父母可以保持微笑，适当地表现出吃惊的样子。

（7）复述和总结

当孩子讲述完某件事之后，父母可以引用他的原话或者某些词进行复述。例如："你刚才说同桌不喜欢你，是因为你弄脏了她的衣服？"父母也可以总结孩子的话，明确孩子所表达的意思。例如："你的意思是说本周末不想参加书法课，想去参观动物园，对吗？"复述或者总结能帮助父母确定是否理解孩子的真实想法，有没有产生误解，还可以传递给孩子这样的信息：父母正在认真地听我讲话，在尝试理解我，我应该好好地和他们说说心里话。另外，复述或者总结还可以帮助孩子澄清自己的想法。很多时候，孩子说话都是带着不良情绪的，当他和父母倾诉之后，这些不良情绪可能已经宣泄得一干二净了，这时孩子就会澄清自己刚开始的想法。例如：

父亲："你昨天跟我说再也不想和小海玩了，因为他故意弄坏了你的玩具车，是不是这样？"

儿子："他总是粗心大意的，一点儿都不爱护别人的东西，我讨厌他！"

父亲："就因为他弄坏了你的玩具车，所以今天他来找你玩时，你故意拒绝了他？"

儿子："刚才我是这么想的，但是现在我认为自己做得不对。他昨天故意弄坏我的玩具车，是因为我先给他起了难听的外号。"

复述和总结的好处显而易见，如果这位父亲和儿子讲一堆大道理，孩子未必会听得进去，而且会影响亲子关系。

总之，家长要掌握正确的倾听技巧，用心聆听孩子的心声，做一个优秀的聆听者。不过父母一定要明白的一点是，倾听孩子不等于完全接受孩子的所有想法。如果发现孩子的观点或想法有误，在他们表达完之后，一定要及时纠正。

别“敷衍”地去听孩子的话

倾听孩子说话需要用心。但是很多父母都忽略了这一点，在听孩子说话时表现得心不在焉，常常用敷衍的语句回应孩子，例如：“我知道了……”“哦，我听着呢。”“你说什么？”一些父母认为，让孩子知道自己在听就够了，没必要太认真。其实这种想法大错特错，因为敷衍的话很容易令孩子伤心。

明明正在上小学三年级，他非常喜欢看故事书。一天晚上，明明和父母坐在沙发上，父母在看电视剧，而他抱着一本笑话书哈哈大笑。忽然，他读到一则非常搞笑的笑话，便对旁边的妈妈说：“妈妈，妈妈，您看看这个笑话，可有意思啦！”

妈妈看电视剧正入神，随口答道：“哦，真的吗？你自己看吧。”

“我给您讲讲这个笑话吧。”明明兴致勃勃地说。

妈妈头也没有回，漫不经心地说：“好，你说吧。”

“在一望无际的大草原上……妈妈，您有没有在听我讲故事啊？”明明感觉妈妈好像没有听他讲话，小嘴噘了起来，有几分不高兴。

"我听着呢，你继续说吧。"妈妈无奈地转头看了一眼，然后又继续看电视。

"那我重新讲一遍。在一望无际的大草原上，有两头奶牛。一天下午，一头奶牛对另一头说：'听说最近流行疯牛病，我们会不会得病呢？'另一头奶牛白了它一眼说：'你担心什么，我们不是山羊吗？'哈哈哈，妈妈，这个笑话太逗了。"明明生动地讲完了笑话，他笑得眼泪都出来了，可是妈妈依然面无表情地看着电视。

"妈妈……"明明发现妈妈听了笑话之后一点儿反应都没有，他感到有些失望。

"嗯？明明刚才在喊妈妈吗？你的笑话很好笑。"妈妈敷衍地说。

"可是我觉得您好像没有听。"明明不开心地噘着嘴。

"妈妈听了，真的听了。"

"那您告诉我，我刚才讲了什么故事？"明明问。

"好像草原……山羊什么的。"妈妈回答不上来。

"我不想再和妈妈说话了，您根本就没有认真听人家讲……"明明气愤地跑进了自己的房间。

一个有趣的笑话吸引了孩子的注意力，孩子想把快乐分享给妈妈，但是妈妈只顾看电视，没有认真听孩子说话，令孩子感到失落和伤心。在日常生活中，同类场景经常出现：当孩子说话时，有些父母表现得心不在焉，还有一些父母只顾做自己的事，对孩子说的话毫无反应。如果孩子的诉说总是得不到答复，就会觉得自己不被重视，逐渐失去说话的热情。久而久之，孩子有可能失去和父母对话的意愿，对父母关闭自己的心门。

只用耳朵听不是真正的倾听，父母要做的是用心倾听。父母必须明白，要想让孩子感受到父母的尊重，必须专心地听孩子讲话。也只有这样，才能确保孩子一直有主动说话的热情，保证亲子间关系的正常发展。

听出孩子的话外音

孩子会在说话时灵巧地隐藏自己的小心思。如果父母只是直白地去理解孩子话语的表层含义，而不做深刻地思考，就很容易误解孩子的真实意思，从而伤害孩子的心。例如，孩子放学后认真地望着你的双眼说："妈妈，明天就是周末啦！"从表面上看，这句话交代了周末即将到来的事实，其实它可能包含着孩子的某种愿望。

妈妈正在整理电脑里的工作资料，小华轻轻推开房门，走到妈妈身边说："妈妈，明天就周末啦！"

"哦，不用你说我也知道。"妈妈边修改文件边随口回答。

"妈妈，我看了天气预报，据说明天是个大晴天。"

"你怎么忽然开始关注天气预报了？以前下雨天你都不带雨衣。"

小华有些气馁，但他还是鼓足勇气说："妈妈，上个月你说过……"

妈妈眼睛直视着电脑屏幕说："上个月我跟你说什么了？没看到我现在很忙吗？"

小华感到有些失望，嘟囔着说：“哦，那就算了。”

妈妈有些生气地说：“你怎么说话吞吞吐吐的，有什么事就快说，没事就去楼下玩吧，我现在没空和你闲聊！”

“那我玩去了。”听了妈妈的话，小华闷闷不乐地跑回自己的房间，不敢再说周末去参观水族馆的事。

从上面的对话可以看出，小华的妈妈有几分严厉，小华想请妈妈带他去参观水族馆，但是又怕妈妈责备他，因此，小华没有直接表明自己的想法，而是拐弯抹角地传达自己的意思，先用“明天就周末”吸引妈妈的注意，然后用“明天是个大晴天”提醒妈妈想起之前的承诺。但是妈妈忙着工作，只理解了小华所说话语的表层含义，认为小华在打扰自己工作，还带着不满的情绪责备了小华。最后，小华既失望又伤心地跑到自己房间，将去水族馆的想法埋藏在心里。

孩子有很多想法不方便直接吐露，因此会通过试探、提醒等方式向父母暗示，希望父母理解他们的真实想法。但是父母忙着做自己的事，只读懂了孩子话语的表层含义，没想到孩子话里有话。有些脾气不好的父母还会斥责孩子，让孩子感到失望和难过，只能把真实想法隐藏起来。

如果孩子的真实意图长期得不到理解，很容易形成孤僻、自闭的性格，甚至还会影响亲子间的正常沟通，所以父母应该学会听出孩子的话外音。

下面是两个实用的技巧，有利于父母理解孩子的话外音。

（1）认真观察和思考孩子的反常表现

很多孩子在试探父母时会有一些反常的表现，比如紧张地搓手、揉衣角、眨眼睛等。父母只要仔细一些，就能抓住这些细节，轻易辨别出孩子有没有话外音。

（2）对孩子拐弯抹角的说话方式多一些耐心

倾听孩子说话很容易，但要准确理解孩子的话外音却很难。比如，孩子说："我肚子痛。"这很可能是他因为不想做某事（如上学）而编造的一个借口。再比如，孩子满怀激情地说："我们班好几位同学都有手机。"这很可能是他在试探父母的反应，或许他也想要一部手机。

所以，当孩子倾诉一些事情时，父母应当立刻让自己冷静下来，仔细想一想孩子为什么这样说，养成这种思考的习惯后，再去理解孩子的话外音就容易多了。

听懂孩子的“气话”，别误解孩子

如何教育孩子是现在很多家长都头疼的一件事。有些家长非常困惑：为了教育好自己的孩子，看了不少书，舍不得打骂他，还不断鼓励他，但就是没有好的效果，这是为什么呢？改善糟糕的亲子关系怎么就这么难？事实上，要想将孩子教育好，必须先了解孩子的真实想法，读懂孩子的内心。

孩子经常发出多种警讯，假如父母察觉晚了，很可能会误解孩子，甚至让孩子蒙受委屈。如果一味地用大人的思维模式去理解孩子，却不能真正地理解孩子的话，也会对孩子造成伤害。

超超在玩玩具车时被弟弟小可推倒在地，超超委屈地哭了。

爸爸看到这一幕，就将小可带到旁边训话：“你怎么能推哥哥呢？你看看，哥哥的胳膊都摔破了，难道你不知道这很危险吗？”

小可噘着小嘴一句话都不说。

“男孩子应该知错就改，你快去和哥哥道歉。”

“不！我才不道歉呢！”小可气冲冲地说。

“你这孩子！”爸爸有些生气，“我亲眼看到你把哥哥推倒，摔破了哥哥的胳膊，明明是你不对，为什么不去道歉？”

小可固执地喊道：“我就是不道歉！”

“你敢不道歉，小心我揍你！”爸爸抬起手，摆出打人的动作。

“打我也不道歉！”小可回答得非常干脆。

爸爸感到很奇怪：小可一直是个乖孩子，今天这是怎么了？

“爸爸真的生气了。你再不向哥哥道歉，小心挨揍！”爸爸再次威胁道。

“我就让你揍！”小可明知爸爸真要打他，仍然不肯道歉。

这时，妈妈走了过来，解释了小可不肯道歉的原因。原来小可本来在玩玩具车，超超也想玩，但是小可不给。于是，超超抢走了小可的玩具车自己玩。小可生了一会儿闷气，然后故意将哥哥推倒在地。

妈妈质问超超：“你刚才有没有抢弟弟的玩具？”

“嗯。”超超点了点头。

“身为哥哥，为什么不懂得让着弟弟？”

“他也不肯让我玩。”

妈妈转身对小可说：“虽然哥哥不对在先，抢走了属于你的玩具，但是你也不应该把他推倒。这样做非常危险，你看看，哥哥因为你把胳膊都摔破了，好几天都不能陪你玩游戏了。你们两个都有错，应该互相道歉。”妈妈就像法官一样做出了“裁定”，兄弟俩互相道歉，然后言归于好了。

孩子虽然年纪小，但是他们心中也有一把衡量是非、规范自己的尺子。如果他们觉得自己没有错，就宁可挨打也不愿意承认错误。

就像案例中的小可，他之所以固执地宁愿挨打，也不肯向哥哥道歉，就是因为觉得错在哥哥。而他也并不是真的愿意被打，只是借此告诉爸爸：他遭受了委屈，非常不高兴。小孩子思考问题比较单一，有些话他们不能用合适的语言表达出来，因而会产生一些过激的言行。这时，父母千万不要急着做出判断，应该从孩子的角度分析问题。只有这样，才能尽可能减少误会，了解孩子的真实想法，引导孩子走上正确的人生道路。

倾听的艺术在于听而不是说

晓敏今年上小学四年级，期末考试成绩公布了，妈妈到学校参加家长会。班主任称赞晓敏学习努力，又考了年级第一，可是晓敏妈妈却一脸愁容。她对班主任说："晓敏现在越来越不爱说话了，连开家长会都是我听邻居说的。以前她有什么事都愿意和我说，现在我鼓励她说她都没几句话。有时候我和她爸爸多问几句，她就觉得厌烦。她周末在自己的屋子里一待就是两天，整天也说不出几句话，我们很担心她患了什么心理病。"班主任问："她和其他人也这样吗？"晓敏妈妈说："这倒没有，她和同学非常能说，常常拿起电话就放不下，让我们羡慕不已！"

班主任说："我把晓敏喊过来，我们一起听一听孩子的心里话。"

晓敏拿着成绩单过来了，她刚开始支支吾吾地不愿意说，后来在班主任的鼓励下讲出了心里话。她很喜欢和同学聊天，不管是在学校遭受了委屈，还是学习遇到了问题，同学都会耐心地听她讲，而且同学会告诉晓敏他们也遇到过同样的问题。

可是如果晓敏把这些告诉了父母，父母就会急切地问她：“你又在学校惹什么麻烦了？”如果她解释是老师冤枉了她，父母会不屑地说：“你肯定在说谎，老师怎么可能会冤枉人？”而且父母还拿她以前犯的错误说事，一说起来就没完没了，让她更加委屈。晓敏本想得到父母的安慰，没想到却遭到训斥，所以越来越不想和父母说话了。

所有家长都想了解自己的孩子，可是总是用“我说你听”的方式教育孩子，反而对亲子沟通产生了不利影响。很多父母认为，孩子走的每一步都离不开父母的引导和教育，所以他们总是以长者的姿态对待孩子，甚至将孩子的倾诉视为叛逆行为。正因为如此，父母不能听到孩子的心声，即便引导和教育得再多，也未必是孩子真正需要的。孩子将来朝什么方向发展，这不是父母能完全决定的，应该由孩子自己选择。父母应该多倾听孩子的真心话，了解孩子的真实需求，在关键时刻提供指导。

倾听的艺术在于听而不是说，父母应该牢牢记住这个道理，多给孩子倾诉的机会，让孩子感受到父母的理解和尊重。

【让孩子感受到被倾听的7句话】

1. 你想说什么？你说我听。
2. 关于这件事，你可以再多说一些吗？
3. 别着急，慢慢说，说得仔细一些。
4. 我想我明白你的意思了，你的意思是……
5. 你非常想那么做，是吗？
6. 等等，我们找个安静的地方说可以吗？
7. 让我想一想你说的，一会儿咱们再商量，行吗？

第七章

别把孩子的话当空气，孩子也有话语权

不要以为只有我们的话才重要，孩子的话同样重要。给孩子话语权，做开明的父母。

不要以忙为借口而让孩子“闭嘴”

相信很多父母都对孩子这样说过：“我忙着呢，一会儿再说！”父母也许并不认为这样说有何不妥，可是孩子未必这样想。在孩子眼里，父母这样的态度就是不重视他的表现。长此以往，孩子就会产生一种“无论做什么事都没有意义”的错觉，因为他误以为父母的事情永远比自己的事情重要。

有的父母说：“反正是个孩子，拒绝一下也没什么关系，他玩一会儿就忘了！”可是孩子真的那么好打发吗？这样简单的一句话，确实可以让孩子闭嘴，但也会让孩子和家长变得生疏。

上学期，学校开了一门画画课，老师教大家画小鸭子、小兔子等，细心的小颖学得非常快，画得特别逼真。

一天晚上，小颖在纸上画了一只可爱的小白兔，兴致勃勃地拿给妈妈看。妈妈正在厨房里洗碗，背对着小颖说：“没看到我在忙吗？没空看你的画，让爸爸看去！”

听了妈妈的话，小颖感到一阵失落，她慢慢地退出厨房。看到在沙发上看电视的爸爸，她兴奋地跑过去，拉着爸爸的胳腆说："爸爸，你看看我画的小白兔好不好看？"

小颖心里想，爸爸一定会称赞自己画得好。没想到他看也没看，眼睛盯着电视说："嗯，画得不错……"小颖认为爸爸根本没有认真看，就拿起遥控器按下了暂停键，说："爸爸都没有看我的画，怎么知道我画得好不好呢？"

"快把遥控器给我，正精彩着呢！你这孩子真不懂事！"爸爸生气地说。

小颖沮丧地将遥控器扔到沙发上，低着头跑回了自己的房间。她将手里的画揉成一团，用力丢到垃圾桶，流下了难过的眼泪……

在日常生活中，像小颖这样的例子数不胜数。很多父母忙着工作，没有太多时间和孩子相处，有时因为加班回家比较晚，当孩子向他们寻求帮助或分享欢乐时，他们不是敷衍，就是不搭理孩子。"我忙着呢，等会儿再说！"简单的一句话，将孩子的交流诉求无情地拒绝了。如果孩子被拒绝的次数多了，就会觉得父母一直在轻视自己，甚至还会产生叛逆情绪，故意和父母对着干。

那些将"忙"作为借口的父母，其实存在一个问题：不善于倾听孩子的心声。倾听孩子说话是父母的必修课，可以让孩子健康快乐地成长。假如父母对孩子的话不屑一顾，孩子就像缺乏阳光和雨露的果树，无法结出饱满的果实。试想一下，这样的孩子怎么可能拥有美好的未来，成就非凡的事业？

那么，父母应该怎么做才能倾听孩子的心声呢？

（1）选择适当的环境

父母应该抽一些时间，找一个相对安静的地点，跟孩子聊一聊心里话。在孩子饶有兴趣地说话时，父母应该把其他事放一放，用眼睛注视着孩子，尽量不要打断，让孩子感受到父母的重视和尊重。

池子的妈妈是某公司的经理，每天事务繁忙，经常很晚才下班。一天晚上，她到家时已经 11 点了。她简单地洗漱一番，迈着疲惫的步伐准备睡觉。忽然，池子从房间里走了出来，他小声地说："妈妈……我给您看个好东西。"

妈妈已经疲惫不堪，但是看着孩子渴求的目光，还是微笑着点了点头。池子轻轻走到书柜旁，从里面拿出一张包装精美的贺卡，然后吞吞吐吐地说："今天……今天是母亲节，老师说要向妈妈问好。妈妈，您辛苦了！"

妈妈的双眼湿润了，她蹲下来将池子抱在怀中，说："谢谢宝贝儿子，妈妈爱你！"此后，无论她工作多忙、多累，下班回家后的第一件事就是和儿子聊天，倾听孩子讲述当天的事情。正因为这样，池子和她的关系无比亲密，他们一家人生活得幸福美满。

每一位父母都应该学习池子妈妈的行为，哪怕每天只和孩子聊几分钟，都能促进亲子关系的良性发展。

（2）向孩子说明缘由

有时候，父母因为手里的事忙得焦头烂额，实在没有功夫听孩子诉说。这时，父母不要冷冰冰地跟孩子说："我很忙，没空听你说！"而应该心平气和地告诉孩子："我非常想和你聊一聊，但是手里的工作非常紧急，等我完成这件事，一定好好地听你讲。"父母也可以这样说："我现在有些忙，我们约在晚饭之后再聊可以吗？”父母应该让孩子理解：父母非常重视和尊重孩子，并不是不想和孩子讲话，而是正在做的事情比较赶时间。只要耐心地向孩子说明缘由，相信孩子即使因为被拒绝感到一些失落，也是可以理解父母的难处的。

对孩子的问题不要一味敷衍

孩子对世界充满了好奇，有时候会提出一些奇怪的问题。如果这些问题父母也不知道答案，就应该诚实地告诉孩子，让他明白每个人都不是万能的，父母也一样，然后和孩子一起去寻找正确的答案。

一天，关关在读一本有关思维训练的书，书上提出一个问题：铅笔都有哪些用途？关关觉得很有趣，思索了半天，然后兴奋地跑去问妈妈这个问题。

没想到妈妈想都没想，就说："铅笔还能干吗？能写字呗。"关关说："不对，铅笔还可以做别的。书上说，它可以代替尺子用来画线，插进墙壁可以挂衣服，铅芯还可以当润滑剂，还有好多好多用途呢。你接着想想，还有什么？"妈妈说："你问的这叫什么问题呀？这些就是给你们小朋友启发思维用的，没看我正忙着吗，没空回答你，你自己想去吧。"

听妈妈这么说，关关有些失望。忽然，他脑子里又冒出了新问题："妈妈，那你说铅笔是用什么做成的？"妈妈想快点打发了孩子，便敷衍地说："外面是木头，里面的铅芯好像是石墨。”关关穷追不舍地问：“那到底是不是石墨啊？”妈妈皱着眉头说：“妈妈也记不清了，就是石墨吧。行了，你自己看书去吧。”可关关没有注意到妈妈的脸色，他继续刨根问底：“那石墨是什么东西呀？从哪儿可以获得？外面的木头和里面的铅芯是怎么做到一起去的？”

这回，妈妈被彻底问住了。妈妈不耐烦地说：“我又不是生产铅笔的，哪知道那么详细？你没看我正在做饭吗？你烦不烦啊！自己一边玩去！”

孩子之所以爱问问题，是因为他求知欲强，对周遭不了解的一切事物都想弄个明白。孩子的问题越多，提问的范围越广，越说明孩子善于观察、爱动脑筋，这是好事情。如果父母经常对孩子提的问题敷衍了事，甚至嫌孩子烦，会挫伤孩子的好奇心、探索欲，时间久了，孩子可能就不会那么爱思考了。

有时候孩子提出的问题可能确实很幼稚，甚至很可笑，有时候可能父母手头上正有事情在忙，有时候可能那些问题父母也不知道该如何回答……在这些情况下，父母常会感到无聊、不耐烦、没面子，进而会对孩子敷衍，会因回答不出孩子的问题而恼羞成怒，甚至会粗暴地制止孩子提问。

这些错误的做法，会让孩子觉得父母对自己没有耐心，不愿意和自己平等对话，从此不愿意同父母沟通，或是觉得父母非常不讲道理，只顾面子而不肯承认自己的不足，一点也不诚实，甚至从此不再信任父母。

对待孩子提的问题，父母一定要端正态度。即使孩子的问题很可笑，或是根本不着边际，也千万不要嘲笑，更不要敷衍，要认真地回答，并告诉他问题有哪些不合理的地方。

如果孩子向父母提问时，父母手头真的有比较着急的事，暂时没时间解答，父母就应该耐心地给孩子解释原因，然后告诉孩子，自己的工作或家务大约需要多久可以完成，让孩子等待一段时间。父母要注意，事情忙完了要真的兑现这个承诺，否则孩子会觉得父母是在搪塞自己。

有时父母可以不必急着马上告诉孩子答案，可以给孩子一些提示，鼓励他自己去思索、找到答案。这有利于促进孩子开发智力、掌握学习技巧。

不要专横地打断孩子的倾诉

绝大多数父母都是真心爱孩子的，可真正认为孩子有独立人格，尊重孩子所思所想的父母并不多。据相关调查显示，孩子出现心理问题，很大程度上是因为和父母缺乏沟通。孩子虽小，但他们也有人格尊严，认知世界时有自己独特的视角。他们渴望表达内心的感受，渴望发表自己的见解。父母应耐心地让孩子把话说完，做孩子忠实的听众，不要觉得孩子小题大做，更不能认为孩子说的算不上什么问题。

暑假期间，吴女士带着孩子去自驾游。车刚开起来的时候，孩子兴奋不已，对路边的植物、店铺充满好奇，指指点点，问个不停。可过了不到一个小时，孩子就渐渐不说话了，还突然嚷嚷着要下车。吴女士直接告诉孩子不可以。过了一会儿，孩子又让停车，吴女士不耐烦起来，说道："你好好坐着不行吗？停车干什么？"

"我……"

没等孩子说完，吴女士就劈头盖脸地批评起来："这是在高速上，你以为是在家里吗？你想干什么就干什么！真不听话！"

孩子见妈妈生气了，就不再说话，默默地坐了回去。没等多大会儿，孩子突然“哇”的一声，吐了出来。吴女士急忙把车停到紧急停车道上，回头看孩子，只见他眉头紧锁、脸色苍白，原来孩子晕车了。

吴女士十分自责，怪自己没有听孩子把话说完，还训斥了他。

孩子一哭闹，父母就觉得孩子不听话、无理取闹。其实很多时候孩子哭闹都是有原因的，大人却总是不给孩子诉说的机会。孩子诉说的方式有很多，比如没有安全感的时候会大声哭闹，需要人陪的时候会不停地索要玩具。

如果父母不懂得倾听孩子的诉说，总是粗暴地打断孩子，孩子会十分沮丧和心寒。我们时常能看见孩子刚要说些什么，妈妈就在一旁打断了，然后开始说自己想说的事情。

有的父母经常打断孩子的话，可能是觉得孩子的话不重要，打断了也没什么。有一次，我在路上听到一对母子的对话。孩子兴奋地对妈妈说：“妈妈，我刚才在同学家看到了一个超级神奇的玩具车，你知道是怎么组装的吗？它是……”妈妈认为孩子想让她给买那个玩具，就赶紧打断孩子说：“打住，你的玩具不少了，妈妈没有钱再给你买了。”结果，孩子整个人都蔫了，什么话也不说了。其实孩子提起玩具，未必就是想买，为什么不能听他说完呢？即便他真的想要买，也不妨等他说完再决定要不要买。

还有的父母对孩子遇到的问题总是不重视。比如，孩子在学校里与同学关系不融洽，有的父母会觉得都是一帮什么也不懂的小孩子，不会有什么问题。殊不知，学校也是一个小社会，孩子之间的交往可能没有家长想得那么简单，孩子也不是只要吃饱穿暖就什么烦恼也没有。如果孩子在学校里过得不开心，父母又不重视，时间久了，孩子就会变得很压抑，甚至会出现心理问题。所以，在孩子跟自己倾诉的时候，父母应多上点心，不要等到孩子什么都不肯和自己说时，再去抱怨孩子。

允许孩子“插嘴”

生活中，不少家长都有这样一个错误的认知，那就是孩子还小，什么都不懂，说不出有价值的话来。所以父母常常不给孩子发言的机会。当孩子勇敢地站出来发表意见时，父母会觉得孩子是在添乱，往往用一句“别插嘴，你根本不懂，一边玩去”就把孩子打发了。

俗话说“人小鬼大”，孩子未必什么都不懂，有时候孩子甚至可能比大人还要聪明、仔细。比如：父母因为工作忙忘了爷爷奶奶的生日，孩子有可能会提醒；大人出门的时候忘了带什么东西，孩子可能会记得。

妈妈翻箱倒柜要找一件东西，但找遍了房间也没有找到，因为急着用，妈妈心急如焚。

儿子一楠问：“妈妈，你在找什么？”

妈妈没好气地说：“跟你说了也没用，你又不知道在哪里？”

一楠说：“反正你也找不到，就告诉我呗，说不定我就知道呢。”

妈妈说："就是那本《博物》杂志。"

一楠马上说道："不是让小姨拿走了吗？"

妈妈一拍脑门说："哦，对啊，我完全忘了这茬！"

当家里要讨论什么事情的时候，不妨也让孩子发表一下自己的意见，说不定会有意外的收获。而且这也是培养孩子独立分析问题、解决问题的能力的最好时机。

小雅的家里要添置一套藤编桌椅，爸爸妈妈带着她一起去逛家具城。店里有许多不同颜色、不同款式的藤编桌椅可供选择，爸爸妈妈也有点挑花了眼。这时候爸爸妈妈便问小雅有什么意见。小雅喜欢一套白色的。爸爸妈妈左看右看，觉得这套白色的单看的确很好看，但是跟家里客厅的装修风格不搭，而且放在客厅不够大气，倒适合放在卧室。于是爸爸妈妈把这些理由详细地和小雅说了，并让小雅按照自家客厅的风格再选一套。这次小雅选了一套原木色的，爸爸妈妈都觉得非常合适，就决定听小雅的了。

小雅父母的做法可以让孩子增加知识，学会生活，增强自信。

如果是跟孩子自身有关的问题的讨论，那么更应该让孩子参与了。例如，每月该给孩子多少零花钱，孩子犯了错误应该怎样处置等，因为这里面有孩子自己的意见，一般来说他会自觉遵守。

让孩子参与家庭问题的讨论，帮忙解决一些家庭问题，对孩子来说是好事情，家长应该给孩子这样的机会，让孩子从中增长见识，提高独立思考的能力，培养责任感。

“顶嘴”并不是无缘无故的

小辉是个6岁的男孩，嘴巴非常厉害，大人都常常说不过他。

有一天下午，小辉到邻居小旭家里去玩，直到晚饭时也没回来。爸爸就到邻居家找他，可他当时玩得正在兴头上，不肯回家。爸爸劝了几句就失去了耐心，强行把他拉回了家。一路上，小辉大哭不止，问爸爸：“为什么我每次都要听你的，你却一次都不肯听我的？凭什么你说的就是对的，我说的就都不对！”这些话问得爸爸都不知道该怎么回答。

随着孩子逐渐长大，他们有了自己的思想，不再像小时候那么服管了，与父母顶嘴的现象常有发生。孩子们为什么会频频喊“不”呢？家长们不妨试着站在孩子的角度想一想原因。

一般来说，孩子顶撞父母大致有以下几种原因：

(1) 父母一意孤行，不理会孩子的意愿

比如孩子正玩在兴头上，父母让他立即停下来去做作业；孩子不喜欢拉小提琴，父母硬逼着他苦苦练习等。父母不在乎孩子的意愿，孩子自然会反抗。

（2）家庭氛围不民主

有些父母一味在孩子面前树立家长的威严，不允许孩子说出半个“不”字。然而随着孩子长大，孩子逐渐表现出独立性，父母如果干涉太多，孩子就会心生不满，就容易与父母顶嘴。

（3）父母平时对孩子溺爱

父母如果对孩子溺爱，孩子就会变得很任性，没有规矩，不懂礼貌，天不怕地不怕，心中不尊重长辈，自然就会随意顶嘴。父母如果不能及时纠正孩子的这种行为，孩子总有一天会自食恶果。

（4）父母平时不注意自己的言行

父母平时在家中不注意自己的言行，因为一些小事与家人吵架，和自己的父母顶嘴，这会对孩子产生潜移默化的不良影响。

孩子顶嘴是一种常见的现象。面对爱顶嘴的孩子，父母具体应该怎么办呢？

（1）认真分析孩子顶嘴的原因

一旦发现孩子爱顶嘴了，父母首先应该寻找原因，不要轻易责备孩子。不讲方式、不分场合地斥责孩子是一些父母的通病。有些批评听起来十分刺耳，而且不完全正确，这会很伤孩子的自尊心，使孩子埋怨父母。所以批评孩子前先要弄清缘由，批评孩子也要有道理，把话说到点子上，而且批评时，要注意语气和场合，这样孩子才会心甘情愿地接受。如果孩子有什么困扰，父母要真心帮助他们解决。这样，孩子就没有理由再与父母顶嘴了。

（2）保持平和的态度，控制自己的情绪

处理孩子顶嘴的问题，父母必须保持平和的态度，控制好自己的情绪。

比如，你让孩子把玩完的玩具收拾好，孩子说“我有权决定什么时候收拾玩具”，妈妈可以先停止说话。等双方都冷静下来之后，妈妈再和孩子说：“把玩完的玩具收起来就像吃完饭菜以后收拾碗盘一样，这是个好习惯，妈妈希望你立即收拾玩具，你觉得这是没有道理的吗？那么你希望什么时候收拾玩具呢？”记住：在你平静下来之前，别说太多话，不然只能徒增争吵。

（3）多与孩子沟通，站在孩子的角度想问题

父母同子女之间的关系是通过对话形成的。孩子顶嘴时，父母一定要认真倾听孩子的话，用平等的态度与孩子对话，学会换位思考，站在孩子的角度去想问题，使孩子感受到父母的关爱、开明和智慧，这样孩子也就不愿意去顶嘴了，而愿意接受父母的意见。

给孩子辩解的机会

孩子犯了错，父母不要急于责骂孩子，要先听一听孩子的说法，给孩子辩解的机会。

晨晨上小学二年级，是个调皮的男孩。

一天，晨晨的父母接到晨晨班主任的电话，让他们去一趟学校。晨晨的父母到学校后，才知道晨晨居然和另一个小男孩打架了。

爸爸当时很生气，指着晨晨就大声斥责道：“你怎么小小年纪就学会打架了！赶快去道歉，说你错了。”

晨晨没有动，低声说了一句：“我没错，我才不给他道歉。”

爸爸更加生气了，拽着晨晨去道歉，晨晨反抗着，委屈地哭了起来。

晨晨妈妈马上制止了晨晨爸爸的行为，她将晨晨带到一旁，为他擦了擦眼泪，然后轻声问道：“妈妈可以问问你，你到底为什么打同学吗？”

晨晨说：“他抢走了我的卡片，我收集了好久的，有十几张呢！我让他还给我，他就是不还，还嚣张地说‘我就是不还，你能怎么样’。所以我就生气地和他打了起来。妈妈，我只是想夺回卡片。”

妈妈听了晨晨的解释，说道：“他抢走你的卡片是他不对，妈妈去让他给你道歉并将卡片还给你。不过，晨晨，你可以用其他方法来让他归还卡片，比如请老师帮助。打架是不对的，因为是你先动的手，所以你需要和他道歉。好不好？”

晨晨点点头。

妈妈又说：“晨晨，你要答应妈妈，以后都不能轻易动手打人了，遇到事情要想其他解决办法。”

晨晨再次点点头。

最后，两个小伙伴互相说了“对不起”，然后和解了。

案例中，晨晨爸爸和妈妈的做法值得反思。显然，晨晨爸爸的做法是不合适的，很多孩子并不是存心想要惹事，如果不听孩子解释就责骂，那不仅起不到教育作用，还会伤害孩子的心。

给孩子辩解的机会，不管他是强词夺理还是真有委屈，先听他把话说完，然后再决定是否惩罚，以及该采取什么方法。如果孩子完全是强词夺理，犯的错也十分严重，那么父母就要严厉教育，让孩子深刻认识到错误，能自觉反省和改正。如果孩子犯的错情有可原，那么父母要先想办法安慰孩子，化解孩子愤怒的情绪，再温和地指出孩子的错误，让孩子心服口服。美国第一任总统华盛顿的父亲就是这样做的，他惩罚孩子之前，都会听一听孩子的申辩，如果孩子的理由正当，且完全出于好的目的，那么他不仅不会惩罚孩子，还会嘉奖孩子。

听孩子申辩是教育孩子十分重要的一种方式。犯错而不许辩解，或者只要辩解就加以训斥和惩罚，这种教育方式只会在孩子心中留下“以强欺弱”“弱者只能屈服于强者”的印象。长此以往，很容易影响到孩子的心理健康，让孩子变得沉默寡言和自卑。

听孩子辩解，也是尊重孩子人格的体现。虽然在家庭中父母对孩子起着教育的作用，但孩子也有独立的人格，父母无权随意打骂孩子，更不能做专制和蛮横的家长。

对待犯错的孩子，父母一定要明确一点，即以理服人。只有给孩子讲明白错在哪里，孩子才能真心改过，而厉声责骂和威胁恫吓却很难达到这样的目的。

【孩子最想对父母说的 7 句话】

1. 能不能听我把话说完?

2. 我自己的事情，能不能让我做决定?

3. 不要逼我上各种补习班和兴趣班。

4. 除了成绩，能不能关心一下我的其他方面?

5. 即使我错了，也别总是发火。

6. 为什么总拿我和别人家的孩子做比较，我不想和别人比。

7. 你们的想法就一定是对的吗?

第八章

倾听有技巧，孩子乐意说

倾听，不只要用耳朵，还要用心。只有当孩子感受到父母在认真听，他们才会乐意去诉说。

怎样才能做到有效倾听

在亲子沟通的过程中，有时候倾听产生的效果远大于说教。尤其是对于青春期的孩子，耐心倾听可以打开孩子的心扉，给孩子一个倾诉心声的机会，同时可以使父母充分了解孩子的所思所想，从而针对孩子存在的问题做出理性的指导。如果父母不懂得倾听孩子的心声，只是一味说教，那么就会出现类似下述案例的情形。

孩子："我真的非常讨厌李欣！"

爸爸："怎么了孩子，你为什么这么说呢？"

孩子："她把我最喜欢的钢笔扔掉了！"

爸爸："你做了什么让她不高兴的事情吗？"

孩子："我什么也没做！"

爸爸："你确定？"

孩子："那当然，我真的没有招惹她！"

爸爸："那好。李欣是你的同桌，也是你的朋友，我觉得你不该记恨她。毕竟有的时候你也很调皮，总喜欢先去招惹别人，惹完之后又抱怨别人欺负你。”

孩子：“才不是呢，这次真的是她先欺负我……哼，真是跟你没法交流，把什么账都算在我的头上。”

如果上面案例中的爸爸能够以一种倾听的姿态来和孩子对话，那么一定会出现一幅和谐而温馨的沟通画面。

孩子：“我真的非常讨厌李欣！”

爸爸：“你现在一定很愤怒吧……”

孩子：“是的，我真的想在她的屁股上踹一脚！”

爸爸：“你为什么会那么讨厌她？”

孩子：“你知道吗？今天下午她突然像发疯了一样，把我最喜欢的钢笔丢在了地上，可是在这之前，我根本没有得罪她。”

爸爸：“哦，原来是这样啊！”

孩子：“我觉得我们之间有误会。上午，老师布置了一道很难的数学题，她不会做，就直接抄了我的。这件事后来被老师知道了。我们就都被罚站了，而且还写了检讨。我怀疑，她以为是我向老师告的黑状，所以才扔我的钢笔。”

爸爸：“你是这样认为的呀！”

孩子：“是的，因为她捧着作业，满脸怨恨地看着我。”

爸爸：“哦。”

孩子：“但是我真的没有告诉老师，我没有！”

爸爸：“是吗？”

孩子："那当然！我觉得是后排的萌萌泄的密，今天中午，我看见她神神秘秘地在跟老师讲悄悄话。"

爸爸："哦，一定是萌萌告的状吗？"

孩子："我也不是很肯定，只是猜测。不过，不管怎么样，我都没有做对不起李欣的事情。"

爸爸："我知道，她冤枉了你。"

孩子："是的。本来我以为她会因为抄作业连累了我而心里愧疚的，没想到她反而恩将仇报……"

爸爸："你觉得如果你说实话，她会相信吗？"

孩子："我不知道……不管怎样，我都应该跟她解释清楚，然后让她跟我赔礼道歉。"

读完上面的案例，我们会发现，其实有时候家长不需要说教，只要认真倾听，孩子就能把事情的前因后果说得清清楚楚，而且他还有一套解决问题的方案。因此，从某种程度上说，家长的倾听比说教更重要。倾听可以让父母走进孩子的内心世界，倾听可以更好地促进亲子之间和谐交流。

那么，父母应当如何有效倾听孩子的心声呢？以下是几点可行的建议：

（1）学会用心倾听

要想做一个让孩子满意的倾听者，父母首先要做一个用心的听众。所谓用心，也就是专注。面对孩子絮絮叨叨的话语，父母如果肯花时间认真地听完，那么就是一个合格的倾听者。如果父母只是心不在焉地听、假装听、有选择地听，那么很有可能扼杀了孩子自我疗伤的机会。

总之，用心倾听的家长可以通过轻松愉快的聊天氛围，排解孩子内心的孤独感，进而加深亲子关系。而不懂得用心倾听的家长则无法走进孩子的内心。

（2）给孩子一种被关注的感觉

在倾听的过程中，父母要用自己的言行给孩子一种“我很在意你讲什么”的暗示信息。这种暗示信息可以给孩子带来一种“我被关注”的安全感和亲切感。另外，这种暗示也维护了孩子的自尊心。众所周知，每个人在与人交流的时候都希望得到别人的重视，孩子也不例外。如果孩子在说话的时候，你听得心不在焉，那么他的自尊心一定会受到伤害。因此，给孩子一定的关注是倾听环节必不可少的步骤。

父母给孩子的关注一般是通过体态语言和口头语言实现的。

体态语言又称“动作语言”，是人际交往中传情达意的重要方式。它一般通过情态语言（如目光语言、微笑语言等）、身势语言（手、肩、臂、腰、腹、背、腿、足等动作）和空间语言来表情达意。

比如，在倾听孩子倾诉的过程中，父母可以搬个小凳子坐在孩子跟前。这种空间语言在无形中告诉孩子父母特别在乎他说什么，父母和他之间的心理距离非常近。

另外，父母还可以通过身体微微前倾的方式告诉孩子自己很重视他的讲话。如果父母做出了身体后仰的动作，则暗示对孩子的话并不在乎。

除了空间语言和身势语言，父母还可以通过表情“同频共振”的方式表明与孩子的情感相吻合。如果孩子的表情异常兴奋，那么父母也要流露出喜悦之色；如果孩子的神情悲痛，那么父母也要显得非常沉痛。

所谓的口头语言就是父母通过“嗯”“噢”“我知道了”之类的话语，表示自己对孩子讲话内容的关注，消除孩子“妈妈/爸爸在想别的问题，没有认真听我说话”的心理误会。

当父母通过口头语言表达对孩子的关注时，一定要遵守“简洁、温和、体贴”的原则。如孩子觉得心里难受，而父母只是不停地安慰孩子“这没什么，你要学会坚强”“为这一点小事难过，不值当”，孩子会觉得你一定不理解他的感受。但是如果父母说“我知道你很难受，如果我碰到这样的事情，肯定也会觉得委屈”，相信会有截然不同的效果。

父母在用口头语言安抚孩子的消极情绪时，一定不要大声呵斥，应当采用温和亲切的声调，这样才能建立亲子之间信任的桥梁，激发孩子交流的积极性。

（3）倾听需要一定的耐心

关于自己成长的感受，孩子是很愿意有个人和他一起分享的。如果家长愿意耐心倾听孩子成长路上的点点滴滴，那么一定能取得孩子的信任，这就为后续亲子之间的顺畅交流创造了条件。若是家长没有耐心倾听孩子的叙述，不仅会挫伤孩子的自尊，导致孩子的负面情绪无法宣泄，还会破坏亲子关系，使双方之间越来越疏远，矛盾越积越多，到最后引发孩子强烈的对抗心理，这个时候，父母再想和孩子沟通就很困难了。

孩子说话少，父母要引导

在日常的家庭教育中，家长们常常会碰到这种情形：孩子回答问题很不积极，有时候，即便是大人多次询问，孩子也是敷衍了事。这个时候，家长就会担心：自己的孩子不善提问，不肯说话，会不会在上课的时候无法引起老师的关注？长此以往，会不会影响孩子的学习成绩？

其实，家长的担心不是没有道理，一个不肯说话的孩子就像一个班级的小透明，常常无法吸引到老师的关注，这样孩子在学习上有什么问题，也得不到老师的及时纠正。另外，不肯主动交流的孩子，父母也无法了解其内在的精神世界，一旦孩子遇到什么意外情况，父母也无法及时准确地获悉，这就导致父母错失正确引导的良机。

面对不肯说话的孩子，家长应该怎么教育和引导呢？以下是几条可行的建议：

（1）利用孩子熟悉的事物来引导孩子

有些孩子年龄比较小，尚未形成独立的判断能力。这时让孩子对大人口中的判断性语句做出相应的行为反应，显然是有些强人所难了。不过，家长可以借助孩子喜爱的或者是厌恶的各种东西、形象来教育孩子，达到让孩子喜欢说话的目的。

露露是一个话很少的小女孩。为了引导露露多说话、多提问，她的妈妈根据她的喜好，做了有效的引导。每次看动画片的时候，妈妈总是鼓励露露要像动画片中的主人公一样，不懂就去提问。慢慢地，露露的性格发生了很大转变。现在的她热爱思考，善于表达，性格活泼，而且应变能力和交际能力也提升了一大截。妈妈对此感到非常欣慰。

(2) 对于孩子幼稚的话语，家长切勿打击讽刺

孩子的心智尚未成熟，有时候会以不容置疑的口气说出幼稚的话，这是一种很正常的现象。父母切勿因为孩子的话幼稚可笑，就去肆意嘲讽，否则孩子就会感到很失望。时间久了，孩子与父母交流的欲望会日渐低迷，这个时候，家长要想让他说出心里话就很难了。

家长应该站在孩子的角度思考问题，找到与孩子交流的共鸣点，让孩子感受到父母对他的尊重和重视，由此激发他的表达欲望。

(3) 利用集体活动来激励孩子

在日常生活中，我们会发现一个很有趣的现象：当孩子一个人吃饭的时候，他通常吃得慢慢吞吞，心不在焉。但是当很多个孩子和他一起就餐时，就会出现你争我抢的局面。为什么会出现这种情景呢？因为集体活动激发了孩子主动完成某件事的积极性。因此，家长可以利用集体活动来激励孩子。

对于平时不肯说话的孩子，家长可以鼓励他参加具有趣味性、竞争性的集体活动，在活动中，他们会变得积极主动，敢于说话，敢于提问题。

“净化心灵”的倾听方式

倾听是种净化心灵的艺术。当一个人走到了人生的低谷，心情惆怅烦闷、委屈痛苦的时候，也许你认真倾听他的诉说、简单重复其内心感受，就能舒缓他的不良情绪。我们把这种“净化心灵”的倾听方式称作“反应性倾听”。

如果父母想和孩子良好沟通，也可以采用这种反应性倾听的方式。具体做法就是简单扼要地重述孩子的感受和导致这种感受产生的原因。反应性倾听可以让孩子有一种被理解的感觉，这样一来，不愉快的事情给他带来的伤害就会得到一定程度的抚慰，其内心承受的压力也会有所缓解。另外，反应性倾听也可以帮助孩子增强对自己的情绪及行为的控制能力，这对他以后的人生具有重大的帮助。同时，父母的反应性倾听还能促进亲子关系朝着良性的方向发展，这对以后的亲子沟通大有裨益。

虽然反应性倾听对家庭教育具有诸多好处，但是很多父母在听孩子讲话时，并不能做到这一点，这就导致了亲子沟通的失败。来看下面这则案例。

大伟："我很不喜欢我们的班主任，每次调座位他都把我安排在最后一排。"

爸爸："为什么？"

大伟："只有学习好的同学才能坐到好位置，而我每次只有羡慕的份儿。"

爸爸："谁让你学习成绩不好，长得还高。平时让你多用功，你就是不肯，这下后悔了吧！"

大伟："真烦，每次你都觉得问题出在我的身上。"

上面的例子中，爸爸说："谁让你学习成绩不好，长得还高。平时让你多用功，你就是不肯，这下后悔了吧！"这是一种埋怨型反应。在父母身上，出现频次高的除了埋怨型反应，还有指示型反应、安慰型反应、援救型反应。比如："你应该告诉你的班主任，你的眼睛高度近视，这样能争取到靠前一点的位置""我相信只要你认真学习，下次一定能考个好一点的名次，得到一个好的座位""我这就找你们班主任谈谈。这种'唯分论'的老师太可恶了，这对你不公平。"

上面的四种反应其实都不是帮助孩子解决问题的最佳方法，有些不当的反应还会刺激孩子彻底关上与父母交流的心门。聪明的父母会通过反应性倾听来帮助孩子。

爸爸："看样子班主任确实让你很不高兴，因为他总是把你安排在最差的位置。"

大伟："可不是吗？其实我也想好好学习，可是距离黑板那么远，有的时候我都看不见上面写的字。"

爸爸："你很想挑一个靠前点的座位，可是因为成绩不突出，导致老师忽略了你。"

大伟："是啊，也许我应该好好学习，争取拿个好分数，让老师瞧瞧，这样他才能重视我。"

从上面的对话中，可以进一步了解到：反应性倾听其实就是把孩子表达的观念或者情感接收过来，然后再反应回去，这是对孩子的一种尊重。虽然父母不一定会认可孩子的观点，但是这种倾听方式却给了孩子一种"爸爸/妈妈愿意真诚地了解我的内心感受"的满足感和踏实感。这为双方以后的良性沟通奠定了一个好的基础。

作为父母，要想运用好反应性倾听，需要注意以下两个基本要点：

（1）听孩子讲话，神情要专注

这是对孩子起码的尊重。如果父母一边听孩子说话，一边手里干着别的活儿，或者边走动边倾听，或者背对着孩子倾听，完全没有眼神的接触，那么孩子会觉得父母对他说的话毫不在意，这样会大大打击孩子说话的积极性。

（2）做出开放式的反应

听完孩子表达的内容，家长一般有两种反应，一种是"封闭式"，一种是"开放式"。封闭式的反应说明父母没有理解孩子所讲的内容，而开放式的反应则正好相反。

孩子："我同桌上星期说今天要和我一起去河边玩，结果却爽约了，真让人伤心！"

封闭式反应："是啊，人生本来就有很多事情无法预料，你习惯就好。"

开放式反应："你感觉很难过，因为他不重视对你的承诺。"

通过对比可以看出前者没有理解和接纳孩子的感受，好像孩子怎么想并不是很重要，这样会让孩子产生被拒绝的感觉，很容易让交流陷入僵局。而后者则承认了孩子的感受，表达了对孩子感受的理解，这就容易激发孩子的交流欲望，使父母深入了解孩子的所思所想。

因此，作为父母，在与孩子沟通的过程中，最好在聆听孩子心声的同时做出开放式反应，这样才能使亲子交流变得更加顺畅。

扮演好倾听者的角色，对孩子的话表现出兴趣

每个孩子在讲话的时候都希望别人能认真倾听，并且希望倾听者对他的话感兴趣。父母一定要明白这一点，并在与孩子沟通时扮演好倾听者的角色。如果父母对孩子的话不理不睬，那么孩子就会心灰意冷，备受打击。

一天，珍珍兴高采烈地回到家，她的书包里装着一个大大的笔记本，她要和爸爸分享一个好消息。

情景一：

“爸爸，爸爸，您能猜到我书包里装着什么特别的东西吗？”珍珍故意把书包捂在怀里，让爸爸猜。

“猜不到。”爸爸很不在意地回答。

“好吧，我给您看一看。”说着，珍珍从书包里掏出一个大大的笔记本。

“是一个黑色的笔记本呀。”爸爸随口说。

“这可不是普通的笔记本哟，是我们老师奖励的。我上个学期成绩进步很大，所以老师才发给我的。”珍珍解释道。

“哦，就算是老师奖励的，那也只是普通的笔记本啊，又不是电脑笔记本，有什么值得高兴的?”爸爸轻描淡写地说。

看到爸爸对她的奖品丝毫不感兴趣，珍珍很沮丧地回到自己房间。

情景二：

珍珍把笔记本藏在书包里，故作神秘地让爸爸猜。

“是……一本新书?”爸爸试着猜。

“不是啦，您再好好想想。”

“是……一支钢笔?”爸爸想到女儿非常喜欢用钢笔写字。

“也不是啦！哎呀，给您看吧。”珍珍把笔记本从书包里拿出来。

“原来是笔记本呀。”爸爸一副恍然大悟的样子，继续说，“不过看你神秘兮兮的，我猜这个笔记本肯定不一般。”

“嗯，这正是我想跟您分享的好消息。”珍珍高兴地说道。

“好消息？那我更得好好听一听啦。”爸爸也一脸兴奋地说道。

“因为上个学期我的成绩进步很大，所以老师特意发了这样一个奖品奖励我。您能猜到老师颁发奖品的时候是怎么夸我的吗?”珍珍异常兴奋地说道。

“怎么夸你的？快跟爸爸说说。”爸爸饶有兴致地说。

“我们老师说，我一下子从中等生变成了优等生，这是一个很大的进步，他号召大家都向我学习呢……”珍珍津津乐道地讲了起来。

在情景一中，当孩子眉飞色舞地拿着笔记本让爸爸猜，并准备告诉爸爸一个好消息时，爸爸淡然的反应一下子浇灭了孩子想要交流的热情，最后孩子闷闷不乐地走开了。而在情景二中，爸爸不仅配合孩子猜来猜去，而且还对孩子的好消息充满了期待，这种积极回应的态度让孩子谈兴大发，因此她滔滔不绝地向爸爸讲起了事情的来龙去脉。

同样的一件事，爸爸采用完全不同的两种回应方式，得到了两个截然相反的结果。这就告诉我们，在倾听的过程中，是否对孩子的话表现出浓厚的兴趣直接关系到双方互动交流的效果。因此，父母要想与孩子进行良好的思想交流和情感沟通，就要在孩子面前树立一个乐于倾听的听众形象，对孩子的话表现出兴趣。

为了表现对孩子所讲话题的浓厚兴趣，父母可以添加一些简单的附和性语言，比如“真的吗”“这太不可思议了”“快说，后来怎么样了”等话语。父母还可以偶尔表达一下自己的意见和看法，或者提出一些困惑和问题，例如：“这个结果真的让人始料未及，如果我遇到这样的事情，我会……”“这个事情的结果还算令人满意，但是中间有些细节做得不是很到位，你觉得呢？”此外，父母可以调节回话的语调、语速和节奏等。比如，当孩子讲述一件令人激动的事情时，父母可以用激昂的语调、兴奋的神情、稍微夸张的语气回应孩子，这样更能激发其表达的欲望。

引导孩子说出“心里话”

有一天晚上，张恒9岁的女儿突然告诉她，第二天不想上学了。为了弄清楚女儿内心真实的想法，她试探性地说道：“你以前很爱去学校的，这次不想去，是不是最近在学校发生了什么不愉快的事情?”女儿沉默了一会儿，难过地告诉妈妈，自己最要好的朋友不愿意和她玩了。看着女儿沮丧的神情，张恒柔声问道：“那你一定很难过吧?”女儿重重地点了点头。

后来，张恒跟女儿说：“看来，你明天不想去学校是害怕你的好朋友还是不理睬你，这样你会很孤单。”

女儿又点点头，然后哭泣着说道：“这几天，她一看到我就朝别的方向走了。”对于女儿的遭遇，张恒深表同情地说道：“妈妈能理解你的感受，如果我的好朋友对我不理不睬，我也一定伤心死了。”

女儿听见妈妈这样说，不由得把头埋在了妈妈的怀里，闷闷不乐地说：“明天，我都不知道应该怎么面对她。”张恒抚摸着女儿的背，继续同情地说道：“你碰到这样的事情，妈妈也替你感到难过，妈妈理解你的感受。”

读到这里，你也许会觉得张恒太啰唆了，她完全可以告诉孩子“你不要理睬她，她不理你，你可以找其他的朋友玩”，或者“你不要担心，也许你的好朋友过两天就又转变态度了”。

但是，聪明的张恒硬是忍住没说，她不向孩子提供一些解决矛盾的建议，因为她想传达她的理解并让女儿自己找到解决的办法。

后来，在张恒的不断引导下，女儿不仅打开心扉，跟她倾诉了自己的心里话，而且和她商讨了很多种解决问题的办法。最后，女儿决定第二天带一根跳绳去学校——如果她的好朋友在课间仍然不理睬她，她可以自己跳绳，这样就不会显得孤单。

上述案例中，张恒的做法非常值得家长们借鉴。当女儿说不想去上学的时候，她没有斥责，更没有胡乱给孩子捏造一些不想上学的理由，而是理智地引导，认真地倾听，一步步地挖掘出孩子内心真实的想法，最后不仅消除了女儿内心的不良情绪，还锻炼了孩子解决问题的能力。

所以，在与孩子沟通时，父母应通过共情或鼓励的方式引导孩子说出内心的想法，这样才能真正了解孩子存在的问题和困惑，也才能真正体会到孩子内心的感受。如果父母不懂得主动引导，而是采用发问的形式延续对话，比如“你为何感到难过”，孩子可能会被问得一脸茫然。孩子的思想尚不成熟，表述能力欠缺，很多时候无法立刻做出回答，即使孩子能够准确地表述出来，给父母一个说得过去的答案，但他仍然会担心这个答案并没有充分地解释他的感觉。在这种情况下，父母一味反问，只会加速他的沉默，导致沟通无效。

亲子沟通离不开父母的引导。在引导的过程中，家长需要注意避开一些明知道答案的问题，比如“你昨天看电视看到几点”，或者“是谁把家里的电热器弄坏的”。这些不友好的提问会让孩子感到害怕，从而不敢大胆地说出心里的实话。这个时候，父母最好以明确的态度与孩子交流，比如“我知道你弄坏了家里的电热器，所以我有些生气”，或者“你昨天看电视看到一点才睡，真的很不应该”。

【让孩子感到父母在听的 7 句话】

1. 嗯，你说。
2. 哦！你是这样想的啊！
3. 所以，你觉得……
4. 你说吧！没关系。
5. 你说你不喜欢，原因呢？
6. 你说你想……具体说一说。
7. 这是你的看法，对吧？

好父母好家教

好父母不吼不叫
培养好孩子

文贤阁◎主编

江苏凤凰美术出版社

图书在版编目（CIP）数据

好父母不吼不叫培养好孩子 / 文贤阁主编 . -- 南京：江苏凤凰美术出版社，2020.11

（好父母好家教）

ISBN 978-7-5580-7714-2

Ⅰ . ①好… Ⅱ . ①文… Ⅲ . ①家庭教育 Ⅳ . ① G78

中国版本图书馆 CIP 数据核字（2020）第 138005 号

责任编辑 郝旭辉
封面设计 陈玉军
责任监印 唐 虎

丛 书 名 好父母好家教
本册书名 好父母不吼不叫培养好孩子
主　　编 文贤阁
出版发行 江苏凤凰美术出版社（南京市湖南路 1 号　邮编：210009）
北京凤凰千高原文化传播有限公司
出版社网址 http://www.jsmscbs.com.cn
排版制作 文贤阁
印　　刷 阳信龙跃印务有限公司
开　　本 880mm × 1230mm　1/32
总 印 张 36
版　　次 2020 年 11 月第 1 版　2020 年 11 月第 1 次印刷
标准书号 ISBN 978-7-5580-7714-2
总 定 价 192.00 元（全 6 册）

营销部电话 025-68155790　**营销部地址** 南京市湖南路 1 号

前言
preface

家庭教育，是父母对孩子的教育，亦是父母学着如何去做好家长的自我教育过程。

所有的父母都是一样的，都不是天生就懂得如何教育孩子。从小小的生命诞生，到牙牙学语、问东问西，到不听管束、开口顶撞，再到撒谎、逃学，与父母怒目而视……在教育孩子的道路上，家长都是任重而道远。

父母与孩子真的无法沟通吗？

当然不是。虽然孩子的成长中总会伴随着各种各样的问题，虽然每一个孩子都性格各异，虽然“代沟”不可避免，但孩子的成长总有相似性，而抵触、反抗等心理也都有其内在的原因。只要了解孩子的心，只要说对话，用对方法，就能消融与孩子之间的寒冰，实现温和对话，良好沟通。

父母都应该努力让自己变成好父母。

怎样才算是好父母呢？

是了解孩子的父母，是懂得倾听的父母，是会和孩子好好说话的父母，是能让孩子把话听进心里的父母，更是能教好孩子、让其健康成长的父母。

做父母不容易，做好父母更不容易，但我们必须努力去做，因为这关乎孩子的一生。

父母是孩子的第一任老师，也是能直接影响孩子一生的启蒙先生。好的父母胜过一个好的老师，只有优秀的父母才能培养出优秀的孩子。所以，父母都应该努力去成为一个好父母，去做一个懂孩子、懂沟通、懂管教的优秀父母。

本系列丛书系统地分析了孩子的心理，让父母了解孩子的内心，理解孩子的任性、刁蛮、叛逆，找到正面管教孩子的新方法。

本系列丛书收录了众多真实案例，还原生活中最常见的父母与孩子沟通问题，对症下药。

本系列丛书总结了很多实用的方法和技巧，条理清晰，简单实用，为困惑的父母指点迷津。

本系列丛书是送给天下父母的教子书籍，是帮助天下父母成为好父母的经验书籍。希望父母都能意识到家庭教育的重要性，自觉去学习，提升自己、精进自己，努力让自己成为合格和优秀的好父母。

为了孩子和孩子的未来，谨以此书献给全天下的父母。鉴于编者能力有限，若有疏漏和不足之处，望广大读者批评指正。

目录
contents

第三章 冲突偶有发生，记得冷静对待

第四章 传递积极情绪，培养阳光心态

第一章

不吼不叫的父母才能走进孩子的内心

聆听孩子内心的声音，做不吼不叫的好父母。

你知道孩子的真实想法吗？

很多父母总是抱怨自己的孩子不听话，他们想要了解孩子，却发现孩子根本不愿意把真实的想法与他们分享。其实，这样的沟通难题相信很多父母都会遇到，而主要原因是父母没有把自己放在与孩子平等的地位，没有真正走进孩子的内心世界。

每天生活在同一屋檐下，父母是否就一定对孩子的行为和想法了如指掌呢？事实并非如此，有太多父母根本不知道，也没有花心思去了解孩子在想什么，又何谈帮助孩子纠正错误行为呢？要想帮助孩子，改变孩子，首先要充分取得孩子的尊重与信任，走进他们的内心世界。

林悦像往常一样结束了一天辛苦的工作，去接孩子放学回家。夏日的暑热还没有褪去，骑着单车的林悦在一个上坡处显得有些力不从心，此时此刻，她只想回到家躺下休息一会儿，以至于对孩子在身后喋喋不休地说着今天班里发生的事情毫无反应。

女儿滔滔不绝地说着谁谁谁欺负她，谁谁谁和她成了好朋友，林悦都充耳不闻，女儿越说越没有兴致，后来干脆不说了。过了一会儿，女儿突然想起来老师嘱咐过要买橡皮泥，便要求妈妈返回文具店，林悦顿时火冒三丈，大声呵斥女儿：“你就知道给我添乱，刚才怎么不说，这都要到家了！”女儿立马噘起小嘴不再说话，等妈妈停下车子后就立即跳下来，气呼呼地说了一声“你是个坏妈妈”，随后往家跑去。

林悦更生气了，一进家门，对着女儿又是劈头盖脸一顿骂：“你知不知道妈妈很辛苦？为什么你就不能体谅一下妈妈，让妈妈少操点儿心？”面对妈妈歇斯底里的吼叫，女儿睁着可怜巴巴的大眼睛，几乎要哭出来了，她委屈地说：“妈妈，为什么你只要我听话，却从来不听我说话呢？你辛苦的时候就骂我，为什么都不考虑我呢？我们小孩子也会有辛苦的时候啊！”

林悦呆住了，她从来没有想过女儿会说出这样的话，自己给她吃给她喝，给她创造一切好的条件，难道这些还不够吗？她有什么好辛苦的呢？

仔细思考了一番之后，林悦发现自己也许确实做得不够好，除了知道女儿在学校里上课以外，其余什么都不知道，不了解孩子有没有朋友，不知道孩子喜欢哪个老师，甚至都忘了上一次开家长会是什么时候，老师说了什么。她总是喜欢站在自己的立场上要求孩子，却从来没有考虑过孩子真正需要的是什么。孩子不听话。不愿意跟父母说自己的真实想法，难道不是自己的需求无数次被父母忽视导致的吗？

明白这一点后，无论林悦多忙，她每天都会挤出时间来陪女儿。当她对女儿的了解越来越多的时候，她意外地发现，女儿并不像她认为的那样不听话。原来，当父母与孩子的沟通越来越顺畅的时候，一切问题就都迎刃而解了。

很多父母对孩子的关注仅限于学习，其他方面则听之任之。长此以往，孩子的很多需求都得不到满足，内心的想法无处倾诉，甚至一些烦恼都不能与最亲近的父母倾吐，自然而然会与父母产生隔阂，不愿意再与父母多沟通，因此也就很容易成为父母或他人眼中“不听话”的孩子。

教育专家认为，要消除孩子的不听话行为，首先就要和孩子增强沟通，消除父母与孩子之间的代沟。每个孩子都有丰富的内心世界，父母首先要做的，就是站在孩子的立场上，想他所想，真正地了解孩子的喜怒哀乐，了解孩子的梦想与追求，了解他们的困难并给予及时的开导和帮助，真正了解并走进孩子的内心世界。那么，如何才能做到真正了解孩子的内心呢？

（1）接受并尊重孩子的感受

父母在倾听孩子讲话时，哪怕不认同孩子的想法或处理事情的方式，也不要直接对孩子进行负面评价。尤其是当孩子出现负面情绪或错误行为时，更不要急着批评或否定孩子，而是要尊重他解决问题的方式，理解他的内心感受，对他的错误行为适当加以引导。

（2）跟孩子交流自己的看法

在认真倾听孩子倾诉的同时，还要适时向孩子重复他所说的重要内容和关键信息。在这个过程中，父母可以提出自己的看法，告诉孩子自己对他所做的事持有什么样的态度，同时给出一些建议，但不能强制性地要求孩子接受。

（3）少说多听

很多父母喜欢在孩子面前滔滔不绝，恨不能将自己多年的生活经验全部倾倒给孩子，但是大多数情况下，孩子并不喜欢听父母“唠叨”，他们也有倾诉的欲望，希望自己的情绪有一个理想的出口，所以他们更喜欢也更需要的是父母的耐心倾听。作为父母，保持足够的耐心，在孩子面前少说多听，才是真正有智慧的做法。

（4）避免责骂孩子

无论孩子做错了什么，都不要一味责骂孩子。孩子会疏远父母，很多情况下是为了逃避责骂。所有人都会本能地趋利避害，孩子对待责骂的第一反应也是远离，所以他们会对总是责骂自己的父母产生距离感，尝试着把事情闷在心里，不向外倾吐。当孩子不愿意在父母面前表露心事时，父母与孩子之间的关系就会越来越远。

父母只有真正地放低姿态，把孩子放到平等的地位上，倾听他们内心的声音，才能做到良好沟通，才能更好地帮助孩子改正错误的行为。

接纳孩子的缺点

父母存在“望子成龙，望女成凤”的想法无可厚非，但我们不能要求所有的孩子都成为人中龙凤。不同的孩子有智力、能力等各方面的差异，在不同的人生发展阶段也会表现出不同的特点，当他们展现出某些方面的缺点时，父母的态度对孩子来说就显得至关重要。

很多父母面对孩子的缺点时，不仅没有包容的心，反而会采取冷嘲热讽的态度，更严重者甚至会动用暴力，试图通过这种愚蠢的方式帮助孩子改变。殊不知，有缺点的孩子需要的正是父母的鼓励与认可。作为父母，我们不但要看到孩子身上的闪光点，更要教会孩子用正确的态度面对自己的缺点甚至缺陷。只有这样，才能让孩子的身心健康地成长。如果连最亲近的父母都不能容忍孩子的缺点，不能欣赏自己的孩子，还能指望别人欣赏他吗？孩子又怎么可能成长得健康自信呢？

漫漫从上幼儿园开始，就特别讨厌做手工，因为她发现无论老师怎么教，无论她自己怎么努力地学，她做出来的手工作品永远都是班级里最差的，她从来没有在做手工这件事情上受到过老师的表扬。看到其他同学灵巧的双手上下翻飞，最简单的一张纸都可以折出栩栩如生的小青蛙、小鸟来，而她自己手里的作品却惨不忍睹，她的心里既有羡慕，也有自卑。

有一天，漫漫告诉妈妈，她不想去幼儿园了。妈妈听了之后一惊，连忙问她为什么。她歪着小脑袋，装作漫不经心的样子说："幼儿园也没什么好玩的，天天不就是做手工吗？我不感兴趣。"妈妈明白了漫漫的想法，她轻轻地拿起漫漫的小手，说："你看，你的手多漂亮啊！也许我们在做手工的时候不一定是最好的那一个，但这并不代表什么啊！只要你的手是勤劳的，乐于向他人提供帮助的，它就是最漂亮的手啊！而且你想想，你的歌声是不是特别受老师和同学的喜欢？在一个方面做不好，不代表其他方面都不好，更不能说明我们是不优秀的人，对不对？"漫漫开心地笑了，她想到自己在幼儿园活动中上台表演，她的歌声是那么优美动听，台下的老师和同学们都纷纷给她鼓掌，那一刻，她觉得自己是最幸福的。

漫漫在妈妈的鼓励下，继续在幼儿园学习，她不再那么排斥手工课了，每次上课都会认真地学着别人的样子好好地做。

后来，漫漫发现班上有一个小朋友，因为身材比较胖，每次跑步都气喘吁吁地跟在队伍后面，成为最后一个。他垂头丧气的样子多像自己做手工的时候啊！漫漫停下来，等着那个小朋友慢慢跟上，温柔地对他说："没有关系的，你跑得慢没关系，但是你至少坚持下来了啊！我觉得，你比很多同学都更有毅力，更值得我学习呢！"小朋友听到漫漫赞赏的话开心地笑了。他和漫漫牵着手，努力地朝前面的队伍飞奔过去。

漫漫虽然只是个几岁的孩子，但是她懂得包容别人的缺点，因为她本身就是在家人的包容下成长的。俗话说“人无完人”，无论是对待自己，还是对待他人，都不能苛求完美。父母对待孩子更是如此。如果连孩子的父母都难以忍受自己孩子的缺点或者缺陷，别人又怎么会发现他们身上的闪光点呢？孩子总是得不到认可，慢慢会变得自卑，最终在这种自卑中沉沦，越来越没有斗志，成为一个不求上进的人。

曾经有一个渔夫，在打鱼的时候意外收获了一颗大大的珍珠，可是渔夫却因此多了一桩烦恼之事。因为他发现珍珠上居然有一个小小的黑点儿，这么完美的珍珠，怎么可以有瑕疵呢？于是，无法忍受这个小黑点儿的渔夫开始每天打磨珍珠，希望把那唯一的瑕疵去掉，让珍珠变得完美。最后的结果可想而知——瑕疵不见了，珍珠也随之消失了。

孩子身上的缺点和错误其实就像珍珠上的瑕疵，我们要抱着宽容的心态去对待，要明白瑕不掩瑜，有缺点的孩子不一定是坏孩子。

小白去一个朋友家做客。朋友家有一个三四岁的小女孩，长得特别可爱，性格也很活泼。

小白正在客厅里跟朋友聊天，扎着羊角辫的小女孩突然从卧室兴高采烈地跑了过来，拉着爸爸的手说：“爸爸，你快点儿去看看我的新作品吧！小白叔叔也一起来看看吧！我的新作品可漂亮了！”看到小女孩脸上花猫似的一片水彩，小白已经猜到大概发生了什么事，因为他的儿子也经常把家里搞得乌烟瘴气。这小女孩估计是闯祸了，不知道朋友会怎么批评她，小白不禁为小女孩捏了一把汗。

小白和朋友随着小女孩走进卧室，眼前的景象让小白惊呆了：卧室的四面墙上全是乱糟糟的颜色，简直可以用一片狼藉来形容。小白暗想，原来小女孩的破坏力一点儿也不逊色于男孩啊！

“爸爸，小白叔叔，你们看我画得好不好？我将来要当画家呢！”朋友看向小白，小白看看朋友，耸耸肩，笑了一下。小女孩又拉拉爸爸的手。只见爸爸蹲了下来，拿起地上的笔，在墙上的一个圆圈上又添了几笔，然后捏捏小女孩的脸蛋说：“看！这样是不是更像太阳了？”小女孩高兴地拍着手说：“是，太阳，太阳……”小白则看着这父女俩目瞪口呆。

朋友看了看小白，明白了他惊讶表情背后的意思。他摸着女儿的头温柔地说：“对于这类的事我从来不去约束孩子，没有什么事情是绝对正确的，很多家长认为这是乱写乱画，我觉得这是孩子在发挥她的天性，她是弄脏了房间，但是那又有什么关系呢？房间脏乱了可以打扫，孩子不开心岂不是更让人难过？”

小白转念想到了自己——从来不允许孩子自己用碗筷，只是怕孩子弄脏衣服，如果孩子执意要自己用碗筷，小白就会训斥孩子：“你什么都不会，还那么固执！”然后抢过碗筷强行喂饭。与朋友一比，自己对孩子是多么严苛，又是多么无情！为什么一定要要求孩子的行为必须符合大人的意愿呢？不符合的行为就真的是错的吗？

大人认为是毛病、缺点的事情，就真的不能被接受吗？一定要按照成年人的规则去要求孩子吗？当发现孩子的缺点时，我们是不是反应过于激烈了？比起直接干预、强行纠正，甚至是粗暴地制止，正面的引导会不会更好呢？

每个人都希望得到别人的赞许，孩子也是一样的。如果孩子得到的只是父母的否定和批评，甚至是毫不留情的攻击，他们就只会对父母越来越反感，也很容易失去自信心。哪怕父母要帮助孩子改正缺点，哪怕是作为孩子最亲近、最信赖的人，也要在孩子愿意接受的前提下劝说才有效果。所以，在帮助他们改正缺点之前，不妨先去发现孩子的闪光点，在肯定他们的优点、鼓励他们保持的基础上再提出缺点，慢慢地帮助孩子分析这些缺点，引导孩子改正，这样才能取得事半功倍的效果。

拥有同理心，发现更精彩的世界

很多父母在对待孩子的时候，总喜欢拿出“我是为你好”这句话，对孩子颐指气使，用各种居高临下的姿态进行教育。这种教育方式常常采用命令式语气，只想让孩子听自己的，却完全不顾及孩子的感受。这种家庭教育方式独断专行，是十分不健康的。父母和子女的关系没有谁高谁低，父母不是孩子的上级，孩子也不是父母的附庸，我们应该尽量不要做那些伤害孩子自尊心的行为。要想亲子关系更融洽，父母首先要拥有同理心，懂得站在孩子的角度看问题。

小胡的儿子刚放学回到家，就把书包往沙发上一扔，窝在沙发里噘着嘴开始嘟囔：“老师今天让我罚站了，真讨厌！我再也不想去上学了！”小胡一听孩子在抱怨老师，批评的话语立即脱口而出：“苍蝇不叮无缝的蛋！肯定是你犯错在先，难道老师还能冤枉你吗？自己不找找自己的毛病，还埋怨老师，你这样的孩子真是……”小胡的话还没说完，儿子就气呼呼地站起身来，迅速跑到自己的房间，“嘭”的一声关上了房门。

小胡听到重重的摔门声，这才意识到自己不该这么跟儿子说话，他后悔自己没有问清楚青红皂白就责备孩子，不知道孩子是不是真的在学校里受了委屈。如果就这样任由孩子赌气，自己不先往前走一步的话，孩子生闷气不说，父子两人的关系说不定也会因此进一步僵化。想到这里，小胡拿起一个刚洗好的苹果，来到儿子的房间门口。他轻轻地推开房门，坐在儿子的旁边，把苹果递给儿子，友好地问道："老师罚你，让你觉得很没有面子对不对？爸爸上学那会儿也被老师罚站过，我还被罚在全班同学面前检讨过呢！虽然当时是爸爸做错了事，但是那种感觉啊，还真不好受！"小胡一边说，一边叹气。

儿子的表情这才有了变化，他抬起头，抽抽鼻子，问爸爸："真的吗？你也被老师罚站过吗？是不是跟我一样觉得特别委屈？"小胡点点头说："是啊！是很委屈！不过后来我也想明白了，那件事确实是我做得不对，老师罚我是应该的。你呢？你这次是因为什么呢？"儿子想了想，说："虽然我也知道我上课的时候跟同桌说话不对，但是我们只是讨论问题，又不是乱说话，为什么要罚站？"儿子似乎更委屈了。小胡点点头，对儿子说："对，老师当众罚你确实让你没有面子，那你也要想一下，你跟同桌讨论问题是不是影响到其他同学了呢？老师罚你也有他的道理啊，对不对？"

儿子用力地点了点头，拿着苹果啃了起来，小胡看到孩子这样才算放了心。原来，只要站在孩子的立场上替他考虑，很多问题就会迎刃而解。

很多时候，父母总是喜欢先入为主，出现问题的时候总会先把孩子责备训斥一顿，事情过后即使再想补救都很困难。而他们不知道，这样日积月累下来，极容易造成孩子对父母的不信任，甚至会强化他们的逆反心理。相反，如果父母能经常站在孩子的立场上看问题，不仅能更好地理解孩子，更好地与孩子进行沟通，还能获得孩子的信任。

到底该怎么做，才能真正站在孩子的立场上思考问题，纠正孩子的一些错误行为呢？

（1）以诚相待

不要对孩子刻意地隐瞒什么，更不要欺骗孩子。在生活中，父母遇到的困惑、难题都可以拿出来跟孩子分享，把自己的所思所想都真实客观地表达出来，让孩子知道父母也是会遇到问题的，也是有喜怒哀乐的。孩子虽然小，但他们并非不懂事，家长在对他们坦诚以待的时候甚至会发现，孩子对家长的爱一点儿也不逊于家长对孩子的爱。因此，对孩子直白一点儿比躲躲藏藏效果要好得多。

（2）不要用大人的规则要求孩子

大人的世界远比孩子的世界复杂得多，所以，孩子是很难理解大人的一些想法的，就像我们不能理解孩子为什么会问出各种奇奇怪怪的问题一样。因此，父母不要一味地以大人的视角去看待孩子的问题，更不要要求孩子的言行举止都要符合大人世界的规则。这是很多亲子关系不和谐的导火索。父母要学会站在孩子的视角看问题，不要对孩子提出过于严苛的要求。

（3）学会换位思考

当孩子遇到问题时，父母首先不要急于追究谁对谁错，而是应该先把自己放置在孩子的角度，用孩子的眼光去看待问题、审视问题，耐心地寻找问题的答案。这也是拉近与孩子之间距离的好办法之一。

父母不是孩子的上级，更不能把孩子看作自己的附庸，我们应该努力成为和孩子无话不谈的朋友。所以，放弃命令式的教育方法，好好说话，友好、和平、民主地对待孩子，才是融洽亲子关系，解决孩子问题的正确途径。

接纳不一样的答案

在很多老师甚至父母的眼里，对老师和父母的话言听计从的孩子才是好孩子。所以，很多父母总是对孩子说："宝贝，你要听爸爸妈妈的话，听老师的话，听长辈的话……"总而言之就是要听话，不能做任何出格的事，甚至不要提出与别人不同的意见。

父母总是担心自己的孩子不能合群，不能受到他人的欢迎，所以，很多父母都希望自己的孩子中规中矩，至少不要在同龄人中表现得太不一样。在大人的世界中，似乎所有的事情都有一个"标准答案"，如果孩子没有按照这个"标准答案"做人做事，就会被认为是错的。但是，这样要求孩子其实是在抹杀孩子独立思考的可能性，反而容易限制孩子的思维，扼杀孩子的天性。因此，想要孩子变得优秀，父母首先应该学会接纳孩子给出不同的答案，恰恰是这样的孩子才往往更有创造力和创新意识。

程程妈妈每天晚上都会给孩子检查作业。那天晚上，正在检查作业的妈妈发现孩子一道语文题的答案跟标准答案不一样，妈妈陷入了纠结。那是一道填写近义词的题目，程程妈妈不确定要不要给孩子判错，她思考了一会儿之后，还是给孩子指出了错误，并要求程程马上在作业本上改正。

程程看了看妈妈所说的“错题”，疑惑不解地问妈妈：“‘脆弱’的反义词不是‘强大’吗？为什么说我的错了并让我改呢？我该改成什么呢，妈妈？”

“好像说‘强大’也没有错，但是标准答案上写的是‘坚强’，你这样写应该不算对吧，你还是听话把它改了吧！改成‘坚强’。”妈妈思考了一会儿说。

“既然‘强大’也不错，为什么还要改呢？”程程更加不解，不停地挠着小脑袋。

妈妈有点儿急躁了，指着作业本说：“快点儿改了吧，改了就能得分。”“可是我不想改，我觉得我写的没有错！”程程很坚持。妈妈生气了，没好气地说：“你这样答会被扣分的！明白吗？考试的时候没人管你自己觉得对不对，答案是什么你就写什么，哪儿来那么多事！标准答案肯定是没错的！”

程程见妈妈发火了，不敢再多说话，但他依然挠着头，最后还是很无奈地把“强大”改成了“坚强”。看着作业本上的答案，程程烦恼不已。

除了学习以外，其实生活中也不乏这样的现象。人们总是理所当然地认为正确答案只有一个，只要稍有差错，与所谓的“标准答案”不同，那就一定是错的。然而事实真的是这样吗？很多时候，解决问题的方法可以有很多，事物的正确答案也不一定只有一个。在教育孩子的过程中，如果只是拘泥于所谓的“标准答案”，不允许孩子有独特的思考角度，对孩子来讲，无异于给他们的思维加上了一层枷锁，只会限制孩子的想象力。

要想让孩子更聪明，更有创造性，将来能成长为更优秀的人才，就要鼓励孩子从小对人对事有不同的看法，有独特的视角，甚至当孩子对父母有意见的时候，父母也应该允许孩子与自己展开讨论。如果孩子的想法过于片面，父母可以先给予肯定，再给予一定的指导，但一定不能限制孩子。只有这样才能培养出更优秀的孩子。如果孩子的想法是正确的，父母就要尊重孩子的想法，甚至可以按照孩子的想法尝试一下。

一次，上数学课的时候，数学老师给同学们出了一个非常简单的脑筋急转弯。老师问：“同学们，树上有三只鸟，被猎人打掉一只，现在还剩下几只?”班上的大多数同学听完后，几乎异口同声地回答“0只”。只有莎莎没有开口，老师叫起莎莎，让她回答，莎莎想了想，说是“两只”。话音还没落地，同学们都歪着头看着莎莎笑了起来，甚至有的同学窃窃私语，嘲笑莎莎太笨了，连这么简单的脑筋急转弯都不会。

莎莎被同学们笑得有点儿不好意思，但是她又仔细地想了想，还是坚持认为是“两只”。老师看着莎莎，认真地问她：“莎莎，你是怎么得出来这个结果的呢?”莎莎回答说：“三减一得出来的。本来有三只鸟，猎人打掉一只之后，就剩下了两只。”老师对着莎莎点点头，用赞许的目光看着她说：“你很棒！三减一等于二没有错。你在大家都统一意见，而且与你的意见不同的时候，依然能坚持自己的想法也特别棒！老师非常欣赏你的做法！”讲完这些话之后，老师又耐心地给莎莎解释了为什么树上最后是一只鸟也没有了，莎莎这才弄明白，认真地点点头。

在整个课堂过程中，尽管莎莎的答案并不是完全正确的，但是老师对于莎莎坚持自己意见的行为始终是赞许的。遇到这样的好老师，对孩子来说是一种幸运，我们的孩子是否也能如莎莎一样坚持自己的想法，不管别人是否嘲笑呢？历史上很多优秀的发明家、科学家，也都是在别人的反对甚至冷嘲热讽中始终坚持自己的做法，甚至是付出了很多代价，最后才取得成功的。

所以，当孩子提出与别人不同的想法时，父母的第一反应不应该是否定和打压，而应该是鼓励孩子独立地思考。认可孩子独特的思维方式，甚至是表扬孩子不“人云亦云”的态度，哪怕孩子的答案真的错了，也能因此收获成长。让孩子有自己的个性和想法，成为与众不同的那一个，何乐而不为呢？

营造友谊式的亲子关系

家庭生活是孩子最为重要的生活内容之一，与父母的关系也是孩子的世界中最重要的关系之一。父母不仅是孩子学习上的启蒙者，也应当是孩子各种社会行为的引导者，更应该是孩子情感依赖的对象。教育专家认为，在家庭中获得充分尊重，与父母保持朋友般的关系的孩子，其内在动力更容易被激发，将来也更容易在社会上有所成就。

在家庭中得到充分信任和尊重的孩子，更能体会到信任和尊重的重要性，也就更容易信任和尊重父母，将来也会信任和尊重别人。这样的孩子更容易采纳父母的建议，也更愿意向父母倾诉心理上的变化。反之，如果父母不把孩子当成平等的个体对待，总是将自己的意志强加给孩子，不懂得尊重孩子的想法，则容易导致孩子的叛逆心理加重，使孩子与父母的关系越来越疏远。这在每一个家庭中，不管对父母还是对孩子来说，都是一种伤害，也是每一位父母都不想面对的事情。

父母是孩子的第一任老师，也应该是孩子最信任的朋友，应该采取朋友式的相处模式，体会孩子的喜怒哀乐，引导孩子更好地成长，同时也与孩子共同成长。

李敏有一个读初中的女儿，因为女儿是独生女，她对这个女儿更是疼爱有加，什么家务活儿都不让女儿插手，连手指甲都要替女儿剪，平常更是从来没有单独让女儿出过门。她总是觉得孩子还小，需要在大人的庇护之下才能健康地成长。她觉得女儿只要一出门就是危险的，她担心的事情太多了，以至于一旦女儿脱离了她的视线，她就会变得局促不安。时间长了，女儿有时候也会抱怨，她多次提出希望妈妈能够相信自己一次，放自己一个人出去，让自己有独立做事的机会。但是李敏总是前怕狼后怕虎，无论如何就是不信任女儿自己能做好事情，始终不允许女儿单独行动。

女儿在李敏这种过度呵护下生活得很辛苦。终于有一次，女儿实在忍无可忍，强烈要求妈妈让自己一个人去书店买书，在好好商量没有结果的情况下，女儿斩钉截铁地对妈妈说："这一次不管你让不让我去，我都要去！"李敏虽然不放心，但是也知道自己对孩子这样的爱是有问题的，她也不忍心再看到孩子那近乎祈求的样子，而且女儿确实也不小了，像她一样大的孩子，很多都自己独立出门了，于是她便决定让女儿试一次。女儿开心得就像刚被放出笼子的小鸟，瞬间得到了自由，一个人骑着自行车朝着书店的方向迅速远去。李敏又惊又怕地等了两个小时，一度焦急得手心冒汗，然而让她惊喜的是，女儿真的自己买好书回来了，而且女儿脸上那种兴奋的表情是她许久以来都没有看到过的。女儿很高兴，李敏也为女儿感到骄傲。

经过这一次事之后，李敏和女儿做了一次深入沟通。在沟通中，李敏知道了，因为自己对女儿的过度保护，女儿总是被班上的其他同学当作谈资，女儿很不开心。而且，女儿总觉得妈妈不信任她，久而久之产生了自卑心理。这些都是李敏始料未及的，因为她最初也只是担忧女儿的安全而已。经过这一次畅谈之后，她终于决定放开手，让女儿慢慢去接触和了解这个世界，让她自己独立起来。正因为放手，两人的母女关系也渐渐变得融洽。

很多家长不愿意放手，不愿意让孩子脱离自己的掌控，去做各种尝试，之所以如此，是因为他们总觉得孩子“不行”，而正是父母对孩子的这种不信任让孩子更难迈出独立的那一步。孩子无比渴望被父母认可，想要通过行动来证明自己能行，但总是被父母拒绝。当父母坚信孩子“行”的时候，其实就是对孩子的一种鼓励，孩子内心深处渴望获得称赞，所以他们也会竭尽所能地做好，从而体会到成功的快乐。

很多教育工作者都能熟练地运用“暗含期待效应”理论，并将这一理论付诸自己的教学实践，让孩子获得更多的信任和鼓励，从而在心态上有所变化，学习上也能取得更大的进步。其实，在亲子关系中，这一理论也同样适用。当父母与孩子建立了平等的朋友关系，对孩子的行为多一重期待，就会给孩子更多的空间，更多的鼓励和赞扬，这样孩子既得到了父母和他人的信任，内心又有不断努力的动力，在“他信”与“自信”中昂首阔步，定然能走出更精彩的人生。

父母的威胁与恐吓——孩子胆小的罪魁祸首

不少家长反映自己的孩子胆小怕事，毛毛虫、老鼠什么的自不必说，就连上课时发言都不敢大声说话，在马路上寻求警察叔叔帮忙都要纠结半天。家长们不知道症结所在，只是一味地批评孩子“怎么这么胆小”“这么怕事像什么样子”……其实，家长在为孩子的胆小怕事感到万般苦恼的时候，忘记了检讨自己，孩子的胆小怕事一定有很大一部分原因来自父母，孩子的很多行为和表现跟父母的行为和表现是分不开的。

很多家长对付不听话的孩子时，最常采取的办法就是恐吓，动不动就对孩子说“不听话的孩子会被大灰狼叼走的”，还会编造很多可怕的妖魔鬼怪的故事，有的时候还会说“如果不听话，爸妈就不要你了”。这种方式确实比哄和讲道理见效快多了。毕竟孩子的知识有限，他们分不清父母所说的话是真还是假，出于害怕和恐惧，只能暂时压抑自己的情绪，成为“乖孩子”。这样的方式从表面上看，似乎解决了当时的问题，但是很多父母却忽略了它对孩子长远的影响，总是受到威胁和恐吓的孩子长大后大多都会变得胆小懦弱，因为在他们的内心深处总是会觉得，如果做得不好，就会受到惩罚，就会被抛弃。

还有些家长，只要发现孩子有胆怯的表现，不是嘲讽呵斥就是暴力惩罚。孩子在做出任何言行前都要担心是否能让父母满意，这样的孩子，又怎么能不畏首畏尾、懦弱不堪呢？甚至有一些更不合格的父母，对待自己的孩子就像对待囚徒一样，不许做这不许做那，他们希望对孩子的每一件事都了如指掌，孩子的任何行为都要经过他们的同意才可以去做。试想，一个事事都小心谨慎，没有丝毫自由可言的孩子，怎么可能变得胆大勇敢呢？所以说，胆小的孩子绝非天生胆小，一定是因为在家庭教育中受到了父母的影响。

一个四五岁的小男孩在游乐场里死活不肯走，妈妈生拉硬拽，孩子只是一味地被扯着身子不肯动，妈妈没了办法，就开始冲着孩子咆哮："快点儿走，再不走我就叫医生来给你打针，使劲打你的屁股！"孩子一听，顿时"哇"的一声哭了出来，妈妈更生气了："哭什么哭，就知道哭！别哭了！再哭警察会来把你带走的！"这一来，孩子哭得更凶了。妈妈实在生气，使劲掰开孩子抓住自己手臂的手，用力地甩开，吼道："你要是喜欢哭，就自己在这儿哭吧，妈妈不要你了！"说完便装作要走的样子转过身去。

孩子满脸泪痕，吓得抽抽搭搭，一边哭喊一边追着妈妈："妈妈别走，妈妈别走，我不哭了，我跟你一起走，妈妈，求求你不要丢下我……"

"好，那你以后都不要哭了，不然妈妈真的会丢下你！"孩子强忍着抽噎，擦干眼泪，点点头，拉着妈妈的手，跟着妈妈离开了。

看到这样一幕，相信很多家长都会心疼这个小孩子，但是反观一下自己，是不是也曾有过这样的行为呢？我们是不是有时候也会成为这样可怕的父母？其实我们在冲着孩子发脾气的时候，可能孩子根本不知道自己错在了哪里，也并没有真正意识到自己的问题。他们只是因为父母的威胁和恐吓而强行压制自己的情绪，这种恐吓让孩子不敢表达自己的真实情绪，表面看上去一切都风平浪静了，其实孩子的内心却是极其害怕的。这种恐吓式的教育方法对孩子有百害而无一利。

恐吓和威胁看似解决了问题，实际上是饮鸩止渴。家长要求孩子绝对地听话、懂事，让处于相对弱势一方的孩子总是战战兢兢，他们在父母面前没有办法完全舒展自己的身心，他们唯恐不小心做错了什么受到惩罚，甚至是被父母抛弃。对孩子来说，这种时时刻刻的担心是多么残忍的一件事。作为父母，我们应该给孩子营造一个相对平和的家庭氛围，也要给他们提供宽松的生活环境，更应该给他们犯错的机会。哪怕孩子真的出现了胆小的表现，也不要讽刺挖苦孩子，更不能使用暴力，而应该对孩子更加关爱，了解其变得胆小怕事的真正原因，通过一步步的引导，让孩子变得更勇敢。

孩子的胆小里一定藏着父母的苛责，孩子的勇敢里也一定藏着父母的宽容。

架起亲子沟通的桥梁

什么样的父母才算合格的父母？相信不少人都曾有这样的疑问，但这很难找到一个完全标准的答案。有教育家曾说，合格的父母首先要懂得和孩子谈心，其实这就强调了亲子关系中沟通的重要性。“谈心”两个字看似容易，似乎只要父母和孩子面对面地坐下来，轻轻松松地聊天就可以了，但是在很多家庭中，“谈心”却是一件极其困难的事。追根究底，就是因为父母与孩子之间没有建立起良好的沟通渠道。沟通的双方互相关闭心门，怎么可能进行良好的“谈心”呢？

很多孩子反映，他们根本不愿意跟父母谈心，甚至极为抗拒此事。一是因为他们认为父母除了关心孩子的学习什么都不关心，二是因为父母总是要求孩子对自己绝对服从，孩子完全不能按照自己的个人意志做事，甚至连发表意见的自由和权利都没有。家庭中亲子相处时出现的这种现象其实表现出的是一种不平等的人际关系，而在这种不平等的关系下，父母似乎一直高高在上。其实，他们对自己的定位本身就是错的，因此即便是谈心，也很难及时发现孩子的问题，更不用说给予疏导和帮助。

在一个雨天的早晨，李建照例在吃过早饭后送孩子去上学。刚下过雨的老城区，街道坑洼不平，所以积了一些深深浅浅的水洼。李建父子到校门口下了车，恰好踩到了一个水坑里，爸爸走在前面，一脚踩下去，泥水飞溅起来，正好溅到孩子穿的新裤子上。还没等李建反应过来，孩子竟然也故意一脚跺进了那个水坑，同样溅了李建一裤脚泥水。李建顿时气不打一处来，觉得这孩子简直莫名其妙，于是抡起巴掌就在孩子的屁股上打了两下，然后没好气地喊着“快走”，拽着孩子的手就往校门口去。

身后的孩子什么话也没说，只是喘着粗气任由爸爸拽着他往前走，但是李建能感觉到，孩子在生气，只不过是不小心溅到孩子裤子上一点儿泥水而已，他不知道孩子为什么会有这样的反应。想到这里，李建突然有些心疼，孩子小小年纪还不会排解心里的坏情绪，如果不跟孩子谈一谈，说不定会影响到孩子今天一天的学习状态，甚至有可能在他们之间形成一层看不见的隔膜，因而影响到他们父子之间的关系。

李建边走边想，终于，他在校门口停了下来。他蹲下去，看着孩子的眼睛，特意把语调放温柔了一点儿，问孩子道：“儿子，你为什么要这样做呢？为什么要同样踩进泥坑来报复爸爸呢？爸爸只是溅了你新裤子一点儿泥水而已，并不是什么大事啊!”孩子抬起头，怯怯地说：“可是，不是你先故意把泥水溅到我裤子上的吗?”李建先是愣了一下，然后笑了起来：“爸爸当然不是故意的，你误会了。”这时候他才明白，孩子有这样的反应，归根结底还是要怪自己，因为自己平常老是喜欢捉弄孩子，常常弄得孩子不明所以，这一次孩子又以为爸爸在捉弄他，故意弄脏他的新裤子，所以他生气了，那一脚是对爸爸的反击。

李建这才开始反思，原来是自己的行为造就了孩子的行为，如果没有这一次简单的沟通，也许他永远都不会知道这件事的原因是什么，也错过了了解孩子的一个好机会。他微笑着看着孩子，认真地、郑重地跟孩子道歉：“爸爸错了，是爸爸没有搞清楚状况就跟你发脾气，下次我们有话好好说，好不好?爸爸答应你，以后再也不随便捉弄你了，你心里有什么想法，也要告诉爸爸，好吗?”

孩子懂事地点了点头，李建的心也放宽了很多，对这件事释然了。而且，他心里暗暗发誓，以后无论孩子出现什么情况，一定不能想当然地去批评或者惩罚孩子，而是要通过良好的沟通去发现那些不合理的现象背后的根源。

这是一位有智慧的父亲，他懂得放下身段认真来跟孩子沟通，而不是被自己的负面情绪所左右，也就避免了与孩子的关系更加僵化的境地。

随着孩子年龄的增长，他们开始有自己的秘密，不愿意什么事都跟父母沟通，这个时候，父母就更应该有耐心，从以下几个方面与孩子进行沟通：

（1）营造轻松的谈话氛围

父母在与孩子进行正式的谈话之前，可以通过以下方法营造良好的谈话氛围。

①精准把握与孩子交谈的时机。如孩子在某个方面获得小成功或者心情愉快的时候，又或者是生活、学习上遇到困惑的时候，还有在孩子刚刚游玩回来心情相对来说比较轻松的时候等等。

②在谈话过程中，一定不能使用一些伤害孩子幼小心灵的语言，要温和而坚定地与孩子沟通，注意维护孩子的自尊心。

③保持平等关系，不命令孩子，不训斥孩子，认真听取孩子的建议。

（2）以典型事例切入，把握关键机会

父母抓住典型事例与孩子沟通，往往能起到事半功倍的效果。比如，在学校的家长会刚刚结束的时候，孩子与家长交流和倾诉的欲望比较强烈，家长就可以抓住这个时机。

小艺刚上初中两个多月的时候，因为对初中的生活还不是很适应，而且学习上也没有做太多的努力，所以在第一次考试中表现得十分不理想。开家长会的时候，小艺被老师点名批评，妈妈在讲台下也十分没有面子。

回到家的小艺闷闷不乐，她不敢看妈妈，也不敢说话。就在小艺内心无比纠结的时候，妈妈主动把小艺叫了过来，语重心长地对她说："妈妈今天参加了家长会，了解了你的成绩，也知道了你在学校的一些情况。妈妈发现，自己以前对你的了解太少了，关心也不够，妈妈以前从来都不知道你在学校里是什么样的状态，也没有及时关注你是否适应了初中的生活，你自己一个人要适应新的环境肯定是很辛苦的，妈妈没有充分地体谅你，要先向你道歉。你这次考试没考好，妈妈也是有责任的。”

妈妈的话还没有说完，小艺的眼泪就流下来了。她主动给妈妈道了歉，承认自己除了环境的不适应以外，自身的努力做得也不够，并且在妈妈面前立志要好好学习改变现状。妈妈擦掉小艺脸上的泪水，欣慰地点点头，说："妈妈相信你。妈妈也会和你一起努力的，咱们一起加油!”母女两人拥抱在一起，都会心地笑了。

可见，要想沟通取得理想的效果，抓住关键时机是非常重要的。

(3) 确定主题，明确目标

父母要认真对待孩子在成长过程中出现的问题，谈话的时候要事先确定好要解决的问题，对于孩子会出现的一些反应也要有所预估。对于孩子的疑问要坦诚回答，遇到一些比较敏感的话题，也不要遮遮掩掩，而是要客观真实地给孩子讲解，以免孩子满腹疑问，使得谈话失去原本的意义。

(4) 打破亲子谈话的壁垒

父母与孩子交谈切忌居高临下，摆出一副“我说的都对”“你要听我的话”的姿态。也不要命令式地对孩子说“我们来谈一谈”“说说你最近都遇到了什么事”，这种不民主的谈话方式本身就会让孩子产生抗拒的心理，孩子会认为父母并不是要与他谈心，而只是想要抓住自己的错误来教训自己而已。即便勉强地参与到“谈心”中来，也一定是心不在焉的，起不到良好的沟通效果。所以，父母要表现出平和的姿态，坦诚相对，让孩子放下戒心，消除亲子之间的沟通壁垒。如果是孩子主动要跟家长谈话，更要抓住机会，放下手头上正在忙的事情，亲切地接受孩子的邀请，耐心地倾听。

（5）注重谈话技巧

不同性格的孩子，需要运用不同的谈话技巧去沟通，才能取得更理想的效果。比如，针对性格比较活泼开朗的孩子，父母可以采用比较直接的谈话方式，开门见山地谈。如果是性格比较内向，或者本身就跟父母有矛盾的孩子，就可以选择曲线谈话的方式，从生活中的其他小事引入，或者以孩子感兴趣的话题，如电影、游戏等引入话题，循序渐进地深入谈话的内容。甚至可以借助他人的力量，比如孩子最信任的老师，或者家里的长辈等。只有这样，才能真正打开孩子的内心，一步步走进孩子的世界。

（6）控制谈话时间，切忌唠叨和啰唆

很多生活中的道理孩子们不是不明白，但是他们很厌恶别人一天到晚在他们面前重复唠叨这些，他们更需要的是家长的关心和问候。很多家长喜欢说教，总是用很严肃的表情和态度对孩子进行“谆谆告诫”，而这正是让很多孩子反感的做法。所以，在谈话的过程中，气氛可以轻松一点儿，谈吐幽默一点儿，就像一对朋友在自然地聊天一样，这样孩子反而更容易接受。切忌长篇大论，唠唠叨叨。

其实，父母与孩子“谈心”的过程就是一个精神交流的过程。无论是父母还是孩子，都可以通过“谈心”更多地了解对方，从而进一步理解对方，在未来的生活中能少一些摩擦和矛盾。所以，家长在“谈心”结束之后，一定要向孩子表达清楚自己很愿意了解他们的内心世界，而且已经对孩子有了进一步的了解。

爱孩子，就给他自由

大多数父母都有望子成龙的心态，所以，在越来越激烈的社会竞争面前，很多家长为了所谓的“不让自己的孩子输在起跑线上”，选择剥夺孩子的时间，任意支配孩子的课余时间，安排他们去进行各种学习，以求帮助他们掌握更多的社会生存和竞争技能。

诚然，父母的初心是为了孩子好，在我们的身边这样用心良苦的父母可以说比比皆是。他们不是给孩子报各种兴趣班、知识强化班，就是逼着孩子做堆成山的试卷、练习题，当然，这些父母不是没有看到孩子的抵触和反抗，但是他们认为一时的痛苦没关系，将来一定会受益的，现在经受的一切痛苦都是为了孩子将来过得更好。这看似是多么正能量的想法！然而，这种想法往往导致的是父母与孩子关系的疏远。随着孩子的成长，他们的学业更加繁重，内心压力越来越大，孩子们需要更多自由的时间，他们希望能够自己支配时间，去做自己喜欢的事，这样他们才能用自己的方式释放心中的压力，真正享受到属于孩子的快乐。但也正是这个时候，往往会出现一些父母限制孩子的自由，而孩子以各种形式反抗的普遍社会问题。

莉莉是一名小学生，今年马上就小升初了。莉莉从小就乖巧可爱，是一家人的掌上明珠。但是这样的莉莉却并不快乐，距离小升初越来越近，莉莉的压力也越来越大。原来，莉莉的爸爸妈妈觉得自己的孩子一定不能落后于别的孩子，所以除了文化课补课之外，还给她报了各种兴趣班。每天晚上，莉莉做完作业之后，还要按照爸爸妈妈规定的时间练习画画、弹钢琴。有时候，莉莉累了或者走神了，还会被旁边监督的妈妈责备。莉莉从来都不敢在爸爸妈妈面前说，其实自己根本就不喜欢画画、弹钢琴，因为她知道，说了也只会受到更严厉的斥责而已。

莉莉最怕的就是考试，但是她最害怕的并不是自己考不好，而是害怕爸爸妈妈在考试前的过度紧张，好像去参加考试的不是莉莉而是他们，而且他们会把那种紧张、焦虑传递给莉莉。在考试之前，爸爸妈妈总是会轮流跟莉莉做很多次思想工作，每次都要絮絮叨叨半天，说的都是诸如“一定要比别人付出的更多才能收获更多啊”“一定要比上一次考试进步多少个名次才能对得起爸妈和老师啊”“不能再比谁谁谁成绩差了”之类的，而且他们会给莉莉买一大堆的模拟试题，每天晚上轮流监督莉莉做题。莉莉说，她有时候觉得自己就像一个做题机器，一直不停地做题。爸爸妈妈只在意考试，根本不在意她是不是辛苦，好像她永远不会觉得累一样。

莉莉说，她知道爸爸妈妈是为了她好，但是这样的好让她没有一丁点儿属于自己的时间和空间，让她很难过——为什么自己不能拥有一个轻松快乐的童年呢？这是莉莉始终无法理解的。

其实莉莉就是千万个中国孩子的缩影，她的烦恼也是很多中国孩子的心声。有多少孩子，在成长的过程中承受了不该属于他们的压力！

我们当然不能否认父母的初心是好的，但是他们在打着所谓“对孩子好”的旗号强行要求孩子的时候，却往往忽视了孩子的内心需求——他们需要自由，需要释放天性，需要一个无忧无虑的快乐童年。当父母把“大人的意志”强加给孩子的时候，其实也是在剥夺孩子的快乐和自由。当孩子内心的压力过大的时候，就一定会有所反弹。不同的孩子也许有不同的反抗形式，表现出来的也各不相同，有些情况甚至可能危及生命，而父母到那个时候再后悔，恐怕为时已晚。

如今，很多学校都提出了为孩子减负的口号，但是真正实施起来的时候，并没有预想中的那么容易，虽然付诸了一些行动，但是效果却不尽如人意。孩子对自由和快乐的渴望与家长对孩子的期待、课业负担的过重形成了不可调和的矛盾。那么，如何才能平衡父母的期待与孩子的意愿之间的矛盾呢？我们可以从以下几个方面入手：

（1）尊重孩子的兴趣和意愿

如果父母给孩子报的兴趣班，孩子根本没有兴趣，那么孩子学习的时候就一定不会用心，因此势必保证不了学习效果。相反，如果家长能尊重孩子的意愿，选择孩子感兴趣的方面有意识地培养，那么就更容易激发孩子内在的潜能，也能让孩子在快乐中学习，最终更有可能学有所成。

晓雨是一名四年级的小姑娘，平常十分乖巧可爱，也很听爸爸妈妈的话。但是，看似懂事听话的晓雨却有父母不了解的另一面。

晓雨曾经在母亲节的时候给妈妈写过一封信，漂亮的手工信封上，还贴着一朵小花。妈妈拿到那封信后十分激动，因为孩子虽然表现得很懂事，但已经很长时间没有跟妈妈心贴心地聊过天了，不知道在母亲节这天，她在信里会写些什么。妈妈迫不及待地打开信，孩子的字迹还是那样清秀，妈妈一字一句地读下去，刚读了几行，眼泪却止不住地掉了下来。原来，孩子的信中，根本没有一个跟“感激”或“爱”有关的字眼，全是抱怨和哭诉。晓雨在信中说，自己是一个向往自由和快乐的孩子，原本也可以拥有一个幸福的童年，但就是因为有这样的爸爸妈妈，才会让她的童年变得不自由、不快乐。每次晓雨去上各种补习班都是被爸爸妈妈生拉硬拽去的，他们从来不问她愿不愿意去。信中还说这样的生活让她感到身心疲惫，无力承受。

晓雨小小年纪，甚至说出了“生活有什么意思”这样的话，妈妈对此始料未及。她不知道自己无私付出的母爱，原来给了孩子那么深的伤害。自己所做的一切竟然成了让孩子失去快乐的罪魁祸首。虽然孩子小，有些话说得不知轻重，但是这已经足够引起妈妈的反思：是不是自己真的太独断专行，没有考虑到孩子愿不愿意接受？

妈妈将这封信读给爸爸听，爸爸也很心痛，他们从来都没有发现，自己在为人父母上居然如此失败。他们也是第一次知道，尊重孩子的意愿，不逼迫孩子，才是为人父母的真智慧。

（2）给孩子充足的休息时间

成年人懂得劳逸结合，会在疲惫的时候通过各种方式调整自己的状态。其实孩子也会疲劳，父母也应该给孩子留有充足的休息时间。每个人的精力有限，适当地休息可以帮助人们更好地进入下一个阶段的工作或学习。在孩子经历了一段时间高强度的学习后，父母一定要有意识地给孩子安排合理的休息时间。对于一个已经上学的孩子来说，假期是他们最渴望的，所以一定不要在假期里给孩子安排过多的辅导功课，更不要让孩子每天生活在试卷和习题堆里。如果能够利用假期带孩子外出接触一下大自然，让孩子在自然中远离学习的压力，这也是一种不错的休闲方式。休息好了身心，才能更好地迎接下一阶段的学习。

（3）没必要对游戏说“NO”

很多家长都是“谈游戏色变”，他们普遍认为玩游戏对孩子百害而无一利，尤其是现在的网络游戏，充斥着很多不良的内容。诚然，网络游戏确实存在着一些负面的内容，但我们不能因此以偏概全，忽略那些有益于孩子智力发育或培养孩子某方面能力的游戏。我们完全没有必要完全禁止游戏。

孩子爱玩游戏是他们的天性，而且在游戏的过程中，他们的逻辑思维能力、动手能力等也会得到训练。老舍也曾经表达过对孩子玩游戏的看法，他认为，该让孩子玩游戏，甚至可以鼓励孩子玩游戏，坚决不能禁锢住孩子，因为拒绝孩子玩游戏而让他们失去原有的天真。当然，现代社会的游戏五花八门，内容和水平也参差不齐，家长可以有选择地让孩子进行接触，并且合理地安排游戏的时间和强度，甚至可以和孩子一起玩，一起讨论，和孩子共同参与到游戏中来，体会游戏带来的快乐。这样，不仅可以让孩子的身心得到放松，亲子关系也可以因此进一步增进。

爱孩子，就要尊重孩子，给他们足够的自由。每个孩子都有属于自己的一片天地，就像每一只雏鹰迟早要离开巢穴。我们要放开双手，让他们像鹰一样去勇敢地探索，只有酸甜苦辣、喜怒哀乐都经历了，孩子才能成长为有眼界、有远见的人。给孩子广阔的空间，让他们心无挂碍地去闯荡，去成长，让孩子拥有快乐的童年，也拥有幸福的人生。如果你不知道如何让孩子更快乐，那就先学会放手，给孩子自由吧！

【情景考查】

如果你发现孩子喜欢画画，而且在征求了孩子的同意后，给他报了绘画班，但是孩子前两节课表现还不错，后来就说不想去了，面对这种情况，你会怎么办?

【智慧锦囊】

首先，我们要尊重孩子的意愿，孩子已经提出不想去上课，就一定不要违背孩子的意志，逼迫孩子去。但是孩子不愿意去一定是有原因的，我们要针对孩子前后的态度变化，跟孩子面对面地谈话，通过沟通找出孩子不想上课的真正原因。然后针对这些原因，给孩子一些相应的建议。如果这些建议孩子听不进去，仍然抗拒上课，可以耐心地劝说，鼓励孩子再坚持上几节试试看。如果此时孩子仍然表现出强烈的抗拒，父母不要着急，可以先暂时停几次课，等孩子情绪缓和了以后再继续沟通。但是，如果发现孩子只是懒惰情绪在作怪，暂时不想去上课，那家长就一定要做好督促，一定不能让孩子养成“三天打鱼，两天晒网”的坏习惯。

第二章

树立平等地位，创建和谐亲子关系

平等对待孩子，是不吼不叫的前提。

放下身段，贴近心灵

君君的妈妈一提到自己的孩子总是一副愁眉苦脸的样子，大家都说君君是个活泼开朗的孩子，很讨人喜欢，但是君君妈妈却说这孩子简直就是个“混世魔王”。君君还没上小学的时候就十分淘气，再加上特别喜欢捉弄别人，经常搞得家里鸡犬不宁，令大人啼笑皆非。本以为上了学之后会好一点儿，孩子会变得比以前懂事，却没想到君君在学校里的表现也是不尽如人意，不是上课捣蛋，就是下课闯祸，无论是老师还是同学，大家都不喜欢他。

面对这样难缠的孩子，君君的妈妈和爸爸最初还好言相劝，不停地叮嘱君君一定不能在学校里惹事，要好好学习。可是这些叮嘱完全没有效果，被逼急了的爸爸妈妈后来也采取过训斥打骂的方式，可是君君就像一块木头，爸爸妈妈的这些办法对他都丝毫不起作用，君君的爸妈也不知道该拿这孩子怎么办，只能听之任之。

其实，很多孩子虽然年龄小，但并非完全不明事理，只是他们的心智尚不成熟，还不具备用学到的道理和规则指导自己行为的能力，甚至他们根本不能清楚地判断自己的行为是对是错。在孩子成长的关键阶段，需要父母用心地引导。要想引导孩子，帮助孩子，沟通就显得格外重要。在沟通的过程中，父母一定要抛弃高高在上的态度，首先从身体语言上要让孩子看到我们的姿态与他是平等的，可以放下身段，蹲下来，直视孩子。在用温和的语言和孩子沟通的同时，也要向孩子清楚且坚决地表达自己对其行为的看法和建议。在这样的沟通过程中，孩子会看到父母对自己的平等态度，也会理解父母语气中的坚决。在以后做事的时候，就会有意识地朝着父母期望的方向去努力。

曾经有一位节目主持人分享过他和女儿的一个小故事。这是生活中非常常见的情况，却值得人们深思。这位主持人经常带着女儿出去玩，但他很奇怪地发现，每次牵着女儿的手逛热闹的商店的时候，女儿都会哭闹不止。问了很多次原因，女儿牙牙学语，也说不出个所以然。在很长一段时间里，这位主持人都觉得这件事过于蹊跷，直到有一次，女儿的鞋带开了，他蹲下来给女儿系鞋带，才发现了这个问题的奥秘。

蹲在地上系鞋带的爸爸跟女儿的身高差不多，此时，他们的视线是平行的，他这才发现，原来，大人眼中的热闹商店，在女儿眼中却是可怕的存在。女儿根本就看不到那些琳琅满目的商品、花花绿绿的广告牌，或者店员亲切的笑容，她的眼里看到的只有大人的腿。一直面对这样的景象，女儿当然会哭闹了。他一下子想明白了，赶紧把女儿抱起来，让她骑到自己的肩膀上，女儿此刻终于开心地笑了。

与孩子保持相同的高度其实就是一种平等关系的体现。这是亲子沟通时非常重要的一点。如果大人总是用站着的姿态与孩子交谈，那我们始终都是以居高临下的态度看着孩子的，我们不可能清楚地知道孩子眼睛里的世界是什么样子。无法与他们保持相同的视角，又怎么能谈得上了解孩子呢？

很多孩子在家的表现和在其他地方的表现判若两人，这也是很多家长百思不得其解的地方。孩子们也许在外面能够交到很多好朋友，他们可以无话不谈，孩子在他们面前是活泼的、热情的，但是一旦进了家门，就好像进入了另一个空间，马上变了一副面孔。别说活泼热情，就连多跟爸妈说两句话都不愿意，总是一副冷冰冰的表情，甚至动不动就发脾气。这样的孩子不在少数，这种时候，正是需要父母与孩子进行深入沟通的时候。父母一定要放低姿态，主动走进孩子的心灵，站在孩子的立场上，设身处地地为他着想，理解他的喜怒哀乐。这样才能了解他们的内心世界，也有利于创建更和谐的家庭关系。

做讲道理的父母

有很多霸道的父母，凡事总是希望孩子按照自己的意愿去做，但是他们就是不愿意跟孩子解释为什么要这么做，有的时候为了省去跟孩子解释沟通的麻烦，甚至会采用训斥责备或者敷衍的方式。这些都是不讲道理的父母的典型做法。

有一位妈妈带着身体不舒服的孩子去医院看病，医生给孩子开了药，这位妈妈回家以后，却因为药太苦孩子不愿意吃而犯了难。她向身边的家长取经，大家纷纷给她出主意。有一位妈妈告诉她可以骗孩子那不是药而是糖水，趁孩子不注意的时候直接灌进去就好了，反正能治孩子的病就行……一位爸爸说可以吓唬孩子，告诉他如果不吃药就让他在门外站一晚上，孩子害怕了，就会乖乖听话吃药了……面对大家的献言献策，这位妈妈微笑以对，她想了想，还是决定用自己的方法。

她温柔地坐在孩子旁边，告诉孩子，他之所以感觉到身体不舒服是因为他生病了，而要想摆脱这种不舒服的感觉就需要吃药，药都是苦的，但是忍受了这一会儿的苦，苦过去以后，病也就好了，身体就不会难受了。她还跟孩子约好，如果孩子能乖乖吃药，把病治好了，就可以带他去游乐场玩，还可以骑滑板车。孩子一听顿时来了精神，拍着手说："我最喜欢去游乐场了！好吧，妈妈，我吃药！"虽然孩子吃药的时候还是龇牙咧嘴，很痛苦的样子，但他还是忍着咽了下去。把药吃完以后，孩子说嘴巴里太苦，问妈妈能不能吃糖，妈妈就剥了一块糖放在孩子的嘴里，母子两人都笑了。从此以后，孩子吃药的问题彻底解决了，他们再也没有因为吃药而发过愁。

如果孩子不那么听话，而是一直拒绝吃药，我想这位家长也不会采取任何粗暴的手段，因为她始终明白，给孩子讲道理比敷衍孩子、欺骗孩子要有用多了。

当然，给孩子讲道理的过程并不容易。孩子年龄小，理解能力比较差，再加上他们开始慢慢有了自己的主意，很多时候喜欢自己做决定，所以父母在给孩子讲道理的时候，不可能一帆风顺，但是只要秉持着不强迫孩子做事的信念，最终一定能完美地解决孩子各方面的问题。

给孩子讲道理的时候，父母一定要有信心和耐心，当然也要有相应的谈话技巧。以下是几条父母可以参考的建议：

（1）先肯定，再纠正

没有人喜欢被人批评，大人都喜欢得到别人的认可和赞扬，孩子自然也是如此。孩子的自信心需要家长的保护，因此父母在跟孩子讲道理时一定要先对孩子进行正面评价，在此基础上再指出孩子的问题并进行纠正。

（2）给孩子解释的自由

如果孩子对一些问题有自己的看法或者对父母讲的道理持

有异议，我们要充分尊重孩子的权利，给孩子解释说明的自由，哪怕孩子的意见有偏颇，也不能一概否定，而是要慢慢引导和讲解，让孩子真正地意识到自己的问题，改正错误的想法。只有在双方彼此了解对方想法的基础上，才能取得更好的沟通效果。

（3）密切关注孩子的情绪

跟孩子讲道理也要抓住时机，我们在情绪不好的时候，往往听不进外界的声音，孩子也是一样的。如果孩子当时的情绪比较失落或者过于激动，父母一定不要急于求成，而是要首先帮助孩子把情绪稳定下来，在孩子平静的状态下再进行沟通，否则很有可能适得其反。

当然，要让孩子听道理、懂道理，父母的影响是不可忽略的。所以，父母首先要以身作则，做一个通情达理的人。很多父母在处理事情时不够平静，甚至有使用暴力的习惯，孩子耳濡目染，难免会受到一定的影响。很多成年以后有家暴倾向的人，都是在小时候被暴力对待过的孩子。不讲诚信，不懂得尊重别人的人，教育出来的孩子往往也视诚信和尊重于无物。不要做强势的父母，不要逼迫孩子、敷衍孩子，要始终牢记一点：言传身教胜过一切教育方法。

选对教育场合，保护孩子的自尊心

很多家长在教育孩子的过程中，往往会忽略教育场合是否合适的问题。他们只关注教育孩子这件事本身，所以经常可以看到有家长在人来人往的公共场合对孩子无所顾忌地大声斥责、教训。分析这些父母当时的心态会发现，有些只是觉得在什么地方教育孩子无所谓，也有些认为在人多的地方教训孩子，才能让他们感受到问题的严重性，这样才会把这件事记得更牢固，更容易改正错误。忽略教育场合这一因素本身就是错的，认为人前教子效果更好的想法也是错误的，很多孩子正是因为在公共场合被训斥而导致自尊心受到伤害。父母的苦心教育不仅没有取得理想的效果，甚至起了反作用。

雯雯从小就是个贪玩的孩子，也常常因为贪玩而被爸爸妈妈责备。有一天晚上放学后，雯雯又跟同学出去玩，由于玩得太入迷，忘记了回家。爸爸妈妈见雯雯迟迟不回家，担心雯雯的安全，只好出门去找，找了好久才找到她。妈妈一见到雯雯，就走上前去，气冲冲地一把抓住雯雯的胳膊，当着同学的面大声训斥道："你是傻吗？为什么不知道回家？你知道现在几点了吗？说了多少次了，还是不听！真是蠢到家了，下次再这样，你就干脆住在大街上，不要回家了！"说完就拽着雯雯往回走。

雯雯被骂得一言不发，只能愤愤地跟在妈妈身后走回家。第二天早上，雯雯吃过早饭之后说去学校上学，结果出门后就再也见不到人了。爸爸妈妈四处找都找不到，担心孩子出什么意外，最后无奈地选择了报警。警察帮忙找到雯雯后，她才委屈地说出自己离家出走的原因。原来，她经常因为一点儿小事就被爸爸妈妈当众责骂，每一次爸爸妈妈骂完她都像没事人一样，可是她的自尊心却一次又一次地受到伤害。雯雯说，每次看到爸爸妈妈在训斥完她之后，仍然在她面前说说笑笑，她就觉得自己在这个家庭里毫无尊严可言。这一次被骂之后，雯雯终于忍无可忍，所以，她决定离家出走，甚至想要永远离开那个家庭，不再回来。

这样的故事无独有偶。

小宏是个心地善良的小男孩，遇到别人需要帮助的时候，他总是喜欢向人伸出热情的双手。由于爸妈在小宏很小的时候就去外地打工，一年难得回家一趟，小宏从小就跟着爷爷奶奶长大，所以他很少能感受到父母的爱，而是特别依赖爷爷奶奶。正如人们常说的"隔辈亲"，爷爷奶奶对小宏十分宠爱，他们觉得孩子没有爸爸妈妈在身边疼爱着，就更应该多补偿孩子，所以总是竭尽所能给孩子更好的，生怕孩子受一点儿委屈。但是，对小宏来说，爷爷奶奶的教育也有让他胆战心惊的时候，因为他们总是喜欢用"骂"的方式来教育孩子，而且完全不管在什么场合。所以，小宏一点儿也不喜欢跟爷爷奶奶出门，尤其是去到人多的地方，那种在很多人面前被骂的窘迫总是让他十分难堪。

有一次，爷爷带着小宏出门，上了一辆拥挤的公交车。爷爷和小宏好不容易才有了座位坐下来，这时候，小宏发现身边上来了一位老爷爷，出于好心，小宏赶紧站起来给老爷爷让座。没想到的是，老大爷刚一坐下，爷爷就开始骂小宏："你傻吗？全车的人都不让座，就你让座，自己的座位不坐给别人，你是不是傻！"小宏在全车人的面前被爷爷骂得面红耳赤，老大爷也不好意思继续坐下去，只好又站起身来让小宏坐在了原来的座位上。小宏觉得十分尴尬，那一路简直如坐针毡，他只希望能快一点儿到站，结束这种芒刺在背的感受。

英国教育家斯宾塞曾说过："对孩子训话意味着你要求他绝对服从，让他像你一样思考问题。和孩子朋友式地交谈，意味着大家一起寻找方法解决问题，重新衡量自己的观点，搞清楚究竟谁的观点更符合实际。"父母或家人在人前教育孩子的时候，其实就是变相地要求孩子绝对地服从，不能对父母或家人的做法有任何异议。这样的教育方式是一种十分霸道的行为，而且会严重伤害孩子的自尊心。也许，一次两次孩子可以忍受，但是这样的经历多了，每一次都会像钉在木板上的钉子，哪怕钉子拔下来了，孩子的心里也会留下一个个伤疤。当积累的伤疤越来越多的时候，孩子的心理会严重失衡，他们往往会采取语言或行为上的方式对抗父母，甚至采取更极端的手段来回应父母。

作为父母，真正聪明的做法是，当孩子犯错的时候，选择一个安静的地方坐下来，首先平复自己的情绪，让自己心平气和，并帮助孩子稳定他的情绪，然后再跟孩子沟通，讨论孩子的做法或想法错在哪里，错的原因是什么，应该用什么样的办法改正等。如果在这个过程中，孩子有委屈、有意见，父母一定要给孩子充分表达的自由。在父母和孩子在想法上取得一致的情况下，教育才有可能成功。

当然，想要一次性改正孩子的错误行为是不现实的。所以父母也不要急功近利，在教育孩子的过程中要有足够的耐心，给孩子时间改变问题，也给自己时间了解孩子。

把尊重放在首位

有一天，一位妈妈带着孩子在公园里玩。活泼可爱的孩子在公园里蹦蹦跳跳，跑来跑去，很快就在公园的一角找到了新玩伴。孩子和几个新朋友在公园的花池旁边说说笑笑，玩得不亦乐乎。妈妈也不打扰，就在不远处的长椅上看着。

眼看着太阳即将落山，妈妈呼唤孩子一起回家。孩子大声答应着，像一阵风一样地跑到妈妈跟前，这个时候，妈妈发现，孩子的手里多了一只纸飞机，而且看样子孩子特别喜欢。妈妈就问孩子："这是哪里来的纸飞机？折得可真漂亮！"孩子快乐地把玩着那只纸飞机，高兴地对妈妈说："这是我用妈妈给我买的小汽车换来的！它能飞得很远呢！不信你看！"说着就用力地把飞机扔了出去，然后"咯咯"笑着去追了。妈妈心里一惊：这孩子真是太自作主张了，那辆小汽车挺贵的，怎么可以拿它去换一个一文不值的纸飞机呢？妈妈刚想把孩子叫过来教训一顿，抬头就看到孩子兴冲冲地拿着纸飞机跑回来的样子，话到嘴边，她又咽了回去。既然孩子那么喜欢，管他玩具值钱不值钱呢？既然孩子玩得那么开心，又何必给他徒增烦恼呢？

虽然在大人的眼里，这场交换是不公平的，但是孩子从中获得了快乐，他们不觉得自己吃了亏或者占了便宜，这不就够了吗？

只有大人才会用事物的价值去衡量事情做得是否正确。孩子的世界是特别单纯的，他们做任何事情都会有自己的决定。作为家长，我们为什么不能尊重孩子的选择呢？很多家长总认为孩子太小了，所以做的判断都不一定是正确的，是非对错应该由父母来判断。孩子所做的决定确实不一定正确，但是只要不出格，没有妨碍到他人，也未尝不可吧！如果父母只是一味地让孩子服从自己的决定，甚至粗暴地干涉孩子的选择，那就完全谈不上“尊重”二字。

随着孩子慢慢长大，他们的自我意识越来越强，开始形成自己的价值观，不愿意任何事情都受到别人的干涉或压制，有的时候甚至会做出与家长的期望相违背的事情，或者是提出一些不合理的要求。这个时候，家长不应该一味地打压孩子，而是应该营造一个民主的家庭环境，认真倾听孩子这样做的原因，了解孩子的内心，尊重孩子的选择和要求。只有这样做，才能使孩子愿意与父母建立沟通的桥梁，而不是被打压过后产生反抗行为甚至是报复心理。

那么，家长如何才能真正做到尊重孩子呢？

(1) 尊重孩子的独立人格

父母要从根本上意识到，孩子不是自己的附属品，他们有自己独立的人格，他们是有想法、有尊严的生命体。每个人都是一个独立的个体，成人之间需要互相尊重，不能妄自干涉别人的生活，对待孩子也应该是一样的态度。父母需要给孩子足够的自由空间，哪怕孩子因为年龄小或人生经验不足犯了错，父母也不能粗暴地阻止孩子去做他们想做的事。当然，适当地引导孩子少做“蠢事”“傻事”是有必要的，但是这绝对不代表我们可以代替他们做所有的决定，更不代表我们可以直接否决孩子的想法。

（2）尊重孩子应有的权利

很多孩子在家庭中基本上是没有发言权的，他们说的话基本上都是被父母忽略的。在家庭生活中，父母首先要把孩子看作和自己地位平等的人，在自己对孩子提出意见的同时，也要允许孩子对大人的行为发表意见，如果合理，就要选择性地采纳。当孩子试图参与到父母谈话中来的时候，切忌对孩子说“大人的事情小孩子懂什么”“别插嘴”之类的话。另外，在生活中，也要尊重孩子的选择权，比如孩子不喜欢上兴趣班，就不要强逼着孩子去学；如果孩子喜欢绘画，就不要按照家长的意志非给孩子报钢琴班。有些家长甚至干预孩子交什么样的朋友、看什么样的课外读物等。其实，孩子的世界非常单纯，只要保证孩子是安全的，没有妨碍到别人，也不会受到什么不利的影响，家长就应该全力地支持孩子有自己的朋友圈，有自己的喜好。

（3）不用语言侮辱孩子，不用体罚、变相体罚的方式伤害孩子

很多父母在孩子犯错的时候，总是会忍不住说出“你怎么这么笨”“太不争气了”“我怎么生了你这样的孩子”等伤害孩

子自尊心的话。当然，父母当时的愤怒的确发泄了出来，但对孩子心理的伤害却是不可逆的。所有的父母都应该意识到，这种对孩子说话的方式是大错特错的。还有些家长会用体罚或变相体罚的方式来伤害孩子，从表面上看，孩子当时似乎是听话了，按照父母的要求去做了，家长收获了满意的结局，但是这样的孩子在成长过程中大多都会留下心理阴影，不仅会对孩子的性格产生影响，甚至会影响到孩子今后的行事作风，从而对其一生产生无法挽回的影响。因此，父母一定要引以为戒，不要用任何形式的处罚来伤害孩子幼小的心灵。

(4) 以宽容的态度对待孩子的错误

父母应该意识到，孩子的年龄小，心智也不成熟，犯错是不可避免的。父母应该做的是，引导孩子认识自己的错误并加以改正，培养他们知错就改的好习惯。对待孩子的错误采取宽容的态度，才能收到良好的教育效果。

肖宁有一次跟妈妈去亲戚家里做客，肖宁玩得很开心，在亲戚家的院子里上蹿下跳。正玩得不亦乐乎的时候，不小心把主人种的一大盆花撞倒了，花盆碎了一地。亲戚发现的时候，肖宁战战兢兢地站在一旁不敢说话，妈妈问肖宁："是不是你弄坏的？怎么这么调皮捣蛋呢！不知道爱护别人家的东西吗？"肖宁看着妈妈的眼睛，不敢承认，只好说是有一只猫扑了过来，正好扑到花盆上。看到肖宁紧张的样子，亲戚拉了拉妈妈的衣服，两人相视一笑，什么都没有说。

后来，肖宁跟着妈妈回到家，心里一直惴惴不安，担心妈妈会发现什么，但是妈妈似乎真的相信了那个谎言。肖宁原本想，干脆就这样让它成为一个秘密吧。但是，每次看到妈妈一如往常地关心自己，眼神里对自己满是信任的时候，肖宁都会因为愧疚而心跳加速，他为自己的不诚实而纠结矛盾。

终于，在花盆事件过去几天之后，肖宁再也忍不住了，他发现，这种感觉还不如被妈妈教训一顿来得舒服。他主动向妈妈承认了错误："妈妈，上次我们去做客的时候，那个花盆其实是我打碎的，跟猫一点儿关系都没有。当时，我害怕你们会责怪我，所以撒谎了。妈妈，我知道错了，对不起！"妈妈听了肖宁的话，轻轻抚摩着他的头说："妈妈知道了，但是妈妈没有怪你。谁都有犯错的时候，也有犯了错误暂时不敢承认的时候。但是妈妈知道你是个好孩子，等你自己想通了，你一定会主动承认的，所以妈妈一直没有问你。但是，妈妈也希望你以后做事能够小心一些，不要太莽撞，好吗？"

肖宁很感动，他点点头，向妈妈保证，以后一定不莽撞了，而且做错了事情一定会主动承认，再也不撒谎了。妈妈看到肖宁这么懂事，十分欣慰。

很多父母总是说要尊重孩子，但是对孩子的尊重不是说说而已，而是要具体地体现在父母与孩子相处的点点滴滴中。很多父母总是说要与孩子保持平等的地位，但是真正落实到行动上的时候，往往又忍不住拿出高高在上的姿态。受到父母尊重的孩子，对他人的理解能力和对困难的承受能力会更强，心灵也会成长得更加健康，他们对事情会更有主见，而且处理事情不会极端，也更容易塑造良好的品格。所以，从现在开始，从每一天的点滴小事开始，尊重孩子的选择，让他们自己做决定吧！

勇敢地说出“对不起”

很多大人都很在意自己在孩子眼中的权威性，在他们眼里，父母的权威是不允许被挑战的，所以，他们可以训斥和责备做错事的孩子，自己犯了错却从来不会在孩子面前承认，更不用说向孩子道歉。美国心理学家罗达·邓尼曾经说过：“父母错了，或违背自己许下的诺言时，如果能向孩子说一声‘对不起’，可以帮助孩子建立自尊，同时能培养孩子尊重人的习惯。”因此，能否勇敢地向孩子说出“对不起”，是衡量父母是否合格的重要标准。

一位爸爸在下班回家后，发现家里刚买的花瓶碎了，因为儿子从小就是一个淘气包，闯过不少祸，所以他的第一反应就是儿子又干坏事了，想到这里，爸爸不由分说地把孩子叫过来批评了一顿。孩子一直在解释，说花瓶不是自己打碎的，可是爸爸却不相信孩子的话，认为除了儿子没人会干这种事，他一定是在狡辩，于是更是气不打一处来，拉过孩子照着屁股就是一顿打。他一边打一边责问孩子：“说，花瓶究竟是不是你打碎的？你到底承不承认？”儿子被打得哇哇大哭，但就是不承认，抽抽搭搭地说：“说了不是我打碎的就不是我打碎的！不是我做的，为什么非要我承认？你算个什么爸爸，除了会打人还会干什么！”父子两人闹得不可开交。爸爸一看孩子如此嘴硬，也没有了办法，便任由他在一边大哭，自己走开了，不再理他。

孩子莫名被打，哭得很伤心，见爸爸不再理他，便索性跑到自己的房间里，用力地关上了房门不再出来。直到妈妈下班回家后，花瓶事件才终于水落石出。原来，那个花瓶是妈妈打扫卫生的时候不小心摔碎的，确实跟孩子一点儿关系都没有。这时，爸爸才意识到自己做错了，不该那么武断地冤枉孩子，更不应该一气之下打孩子。

妈妈示意爸爸去给孩子道歉，但是爸爸说什么都不肯去。“我是堂堂一家之主，怎么能跟一个小毛孩说‘对不起’呢……过不了多长时间，他就会把这件事忘了……”爸爸嘟囔着，妈妈继续埋怨爸爸，爸爸也只是坐在旁边一言不发。妈妈毫无办法，只好硬着头皮去房间哄孩子。

孩子趴在床上，小小的身体颤抖着，看着抽泣着的孩子，妈妈很心疼，便安慰他：“儿子，别哭了。妈妈已经跟爸爸解释过了，花瓶是妈妈不小心碰碎的，跟你没有关系，爸爸已经知道错了，你原谅爸爸好吗？”“不好，不好，为什么我要原谅他？他什么都不知道就打我，我不要这样的爸爸！”孩子哭得更加厉害了。在门外听着孩子和妈妈的对话，爸爸心里也很不是滋味，心里觉得对不起孩子，但是又没有办法拉下脸来跟孩子道歉，最后还是叹着气走开了。

虽然是一件极小的事，但是对于那么小的孩子来说，很难想象这一次风波给他的心理会造成什么样的伤害。一个不讲理还知错不改的爸爸，又给孩子做出了怎样的榜样呢？想到这里，我们不禁为孩子的未来担忧。他将来成家，有了自己的孩子以后，会不会成为爸爸的“翻版”呢？

在这次事件中，爸爸是做错事的那一方，但是他明知道自己冤枉了孩子、伤害了孩子，却不肯在孩子面前承认错误，其实这就为孩子做了一个坏榜样，以后孩子做错事的时候，也会选择像爸爸一样拒绝承认。看似很小的一件事，其实影响着孩子做人的原则。只有父母敢于承认错误，在孩子面前以身作则，孩子以后才能成长为品行端正的人。家庭就是一个社会的缩影，一句“对不起”，不只是道歉，还是对孩子的一种潜移默化的教育。

当父母与孩子之间产生矛盾的时候，首先应该反思自己，是不是自己确实做得不对，如果有错，就要拿出一个大人的担当，勇敢地向孩子说出“对不起”。只有这样，孩子才能认识到这是正直、严肃的父母，亲子之间才能打破壁垒，重新沟通，从而建立更好的亲子关系。

【情景考查】

如果你的孩子在公共场合犯了错误，你内心很生气，那么你会怎么处理这件事？

【智慧锦囊】

首先要明白，孩子犯错是正常的，是理应被允许的，因此首先要控制住自己的情绪。既然是在公共场合，人比较多，父母一定要避免当着陌生人的面训斥或责备孩子。因为那样，只会伤害到孩子的自尊心，对于解决问题没有任何帮助。

其次，要用温和的语气指出孩子错在哪里，告诉他需要改正的地方是什么，并且要给孩子解释的机会。在孩子解释完之后，帮助孩子分析犯错的原因，并且和孩子一起总结教训，明确以后应该如何纠正这种错误的行为。等孩子真正明白了以后，父母还要给他们表达愧疚和道歉的机会，让他们将内心的情绪发泄出来，父母也要真诚地接受孩子的道歉，告诉孩子，知错就改就是好孩子。

另外，为了让孩子记住这一次犯错的教训，一定不能就这么草草地结束，要适当地给孩子一定的惩罚。当然，这个惩罚一定不能采用暴力手段，不能在孩子心里留下阴影，让孩子觉得只要犯错就要受到严厉的惩罚。父母可以通过其他的形式，比如根据孩子犯错的情况和认错的态度，惩罚孩子做家务、跑步、写小作文等，不仅让孩子意识到要为自己的行为负责任，而且还能在这个过程中学到一些知识。

第三章

冲突偶有发生，记得冷静对待

好父母不吼不叫，遇事先让自己冷静下来。

消除孩子的敌对心理

仔细观察身边的孩子，我们会发现，有很多孩子都能很好地融入集体，也会做出很多团结他人的暖心的行为。但是，也有些孩子总是保持着对他人的仇视以及对抗的姿态，这种表现其实是敌对心理在作怪，敌对心理对孩子的影响不容小觑。

青青的父母已经不是第一次带她去看心理医生了。青青的一系列行为常常让父母感到十分痛心，也很无奈。除了带她看心理医生，爸爸妈妈已经束手无策。

青青已经是一名初三的学生了，按理说应该是懂事的年龄了，但是她却不是大家所期待的乖乖女。青青总是三天两头和父母大吵大闹，有的时候发一顿脾气就算了，吵得不可开交的时候还会离家出走，而且每次气冲冲出门的时候，总是大嚷着："我再也不想看到你们了！你们就当没有生过我这个女儿！"妈妈总是气得大哭，青青对此却无动于衷，依然桀骜不驯，听不进任何人的劝慰。

青青的爸爸说起孩子，也总是皱着眉头，他不明白，为什么自己会培养出这样一个孩子。青青家虽然经济条件一般，但是爸爸对青青历来就十分疼爱，对青青也基本上是有求必应。但是随着青青年龄的增长，爸爸发现，她的要求越来越高，对爸爸妈妈的索取也越来越严重。爸爸一开始以为，青青是年龄大了爱美了，是正常的，所以青青想要衣服鞋子什么的，爸爸还是会尽量满足她。可是现在的青青，经常会因为要买一件衣服或者一双鞋子的要求没有得到及时的满足就乱扔东西，还会对着爸爸大吼大叫："你根本就不爱我！你们都不爱我，全都是骗子！"这样的事情不胜枚举。有时候，青青只是觉得妈妈做的饭菜不合胃口，就摔筷子走人，或者开家长会爸妈到得稍微晚了一点儿，都有可能引起青青的大闹。

青青虽然年纪不大，但总是爱说一些负能量的话，在她的朋友圈里，常常会出现诸如"我怎么努力也比不上别人""为什么别人的家庭都那么幸福，我们家只有痛苦""人生原本就是一场毫无意义的单程旅行"之类的语言。一开始大家还会安慰青青，鼓励她积极阳光一点儿，可是青青对此毫无反应，不仅没有丝毫的改变，甚至对这些关心她的人也充满了敌意，人们也就不再过问了。青青也因此越发觉得自己受到冷落，似乎全世界都欠她什么东西，她的周围没有朋友，只有敌人。

青青对父母和他人的敌视其实就是敌对心理的一种表现。在这种心理的作用下，青青的表现是桀骜不驯的，攻击性很强，但是内心却十分痛苦，也非常孤独。敌对心理往往会让孩子在群体中处于一种被孤立的状态，同时也会让孩子总是呈现出与周围的人、事、物剑拔弩张的状态。时间长了，孩子的自信心、心理承受能力都会受到影响，甚至有的孩子会认为这个世界上没有人关心她，产生极端的想法。

那么，作为父母，如何才能帮助孩子消除这种敌对心理呢？以下是几点建议：

(1) 正确认识孩子的心理特点

孩子对外界产生敌对心理的原因主要有以下几种：

①孩子自身心理脆弱。每个人对人际环境的适应能力不同，心理承受能力也不同。有些孩子心理不够强大，难以承受生活中的挫折和磨难，也很难承受较大的学习压力。当各方面的压力同时来袭的时候，这些孩子就很容易出现心理接受困难的问题，从而产生各种特殊的表现。其中就包括对外界产生敌视，这种敌对心理不仅体现在对父母、老师或同学的敌视，甚至对没有生命的东西也会产生敌视行为，比如摔课本、踢凳子、拍桌子之类。孩子心理承受能力差是导致这种结果的一个重要因素。

②家庭和学校的错误教育方式。当老师在学校里对孩子有了不公平对待的表现时，孩子往往会对老师产生敌对心理。在家庭中，如果父母的教育方式存在问题，比如总是在孩子面前吵架，或者将生活、工作中的压力转嫁到孩子身上，甚至出现暴力行为的时候，孩子也容易以敌对的方式给予反抗。家庭和学校的错误教育方式也是造成孩子敌对心理的重要原因之一。

③身体和心理发育的关键阶段特点。青春期的孩子独立意识变得越来越强，他们渴望摆脱父母和师长的监督和指导，走自己想走的路。但是由于他们尚未有丰富的人生阅历，自己也

没有能力解决生活或学习上的很多问题，这一矛盾就会让他们产生诸多烦恼。而家长在这个时候，往往又喜欢充当一个指引者的角色，凡事都要插一嘴，当孩子个人的独立思想和处事能力不匹配，再加上父母的强制性干预，很多孩子就会试图用反叛的形式来标榜自己的独立，敌对心理也就出现了。

(2) 及时发现孩子的敌对表现并加以引导

敌对心理并不是凭空产生的。孩子的心理需求没有得到及时满足、孩子的倾诉没有得到重视和及时回应、父母并没有做到完全了解孩子等，都可能促使孩子产生敌对心理。父母和孩子双方都应该意识到问题的严重性，尤其是父母，要主动放下身段与孩子沟通，反思自己在生活中是否有做得不到位的地方。如果有，要勇敢地向孩子承认自己的错误。除此之外，还要通过与孩子的真诚沟通，了解他们有什么样的心结，帮助他们解开心结，并引导孩子及时调整自己的情绪。

上文中青青的例子其实就可以通过这样的方式解决。青青的父母可以真诚地邀请青青，一家人找一个机会坐下来，安安静静地聊聊天，互相说一说自己真实的内心感受。父母要缓和情绪，真诚地向孩子道歉，承认自己对孩子关注不够的问题，并积极回应孩子提出的问题，共同探讨，找到解决问题的方法，然后将其付诸实践。也许，整个改变过程并不容易，但是，可以循序渐进地缓解孩子的情绪，让孩子的状态朝着正面的方向去改变。

(3) 改变原有的教育方法

消除孩子的敌对心理，还可以采用更温和的教育方法，要多给孩子一些关爱和尊重。很多孩子表面看上去桀骜不驯，对人对事十分苛刻，实际上他们的内心是十分脆弱的。他们表面上的表现和内心的想法并不一致，他们也希望得到别人的关注和理解。家长要充分了解到这一点，可以与学校老师相互配合，帮助孩子消除心中的愤懑，重新建立对生活和学习的信心。另外，也可以鼓励孩子或者是亲自带着孩子去参加课外活动，或者让孩子通过唱歌、画画、写作等方式将自己的心情表达出来，也可以放任孩子去撒欢，与同龄的孩子一起愉快地玩耍。孩子不是学习机器，我们也不能把他们逼成学习机器，要认识到，他们是有思想、有灵魂的人。父母要引导孩子在与他人交往的过程中发现自己的问题，特别是与同龄人之间的交往，可以让他们反观自己，互相取长补短，从而改正一些错误的行为。再者，还要善于运用表扬和鼓励的方式增强孩子的信心。没有一个孩子是注定不能成才的，只是在成长过程中，他们被一些困难阻挡了，前行的脚步不那么坚定有力了而已。父母应该及时地发现孩子身上的优点，欣赏他们的优点，并且要告诉他们，哪怕有某些方面不完美，但他们依然是值得称赞的好孩子。

敌对心理不仅对孩子自己有着巨大的伤害，影响到孩子的现在和未来，而且对他身边的家人朋友也是一种伤害。父母一定不能急于求成，要谨慎处理，从点滴小事做起，帮助孩子彻底摆脱敌对心理。

改变孩子的坏脾气，亲子关系更融洽

很多孩子在生活中都会出现稍有违背自己的心意就乱发脾气的情况，家长对此也大多束手无策。要么是毫无原则地满足孩子的一切要求，要么是采取置之不理或者暴力手段解决问题。其实，乱发脾气的情况在儿童这一群体中普遍存在，这是一种自控能力差的表现。当父母发现自己的孩子有了这方面问题的时候，首先要反思一下自己，是不是自己的某些行为影响到了孩子，而不要一味地指责孩子。

小鱼是一名小学生，因为是独生子，父母和爷爷奶奶对小鱼都特别宠爱，几乎是“饭来张口，衣来伸手”，尤其是爷爷奶奶，几乎对小鱼有求必应，小鱼也因此形成了飞扬跋扈的性格。

在家里习惯了当“小皇帝”的小鱼说话做事时总是以自己的意志为导向，从来不会考虑别人的感受。无论在什么场合，无论面对的是谁，只要遇到不顺心的事就会大发脾气。在学校里，小鱼经常会跟同学们闹别扭。有一次，小鱼命令别人把橡皮借给自己，遭到别人拒绝的时候，他气急败坏，强硬地抢过来，甚至还拳脚相向。有的时候，别人没有听从小鱼的意见，他就会怒发冲冠，用命令的语气要求别人必须按照他的想法来做事。在小鱼的意识里，别人是不被允许违背他的想法的。正因为这样的个性，小鱼在学校里常常搅得班上鸡飞狗跳，被老师单独拎出来谈话是家常便饭，小鱼的父母也常常成为老师点名沟通的对象。

小鱼在家里乱发脾气，家人无可奈何，但还是选择宠着他、让着他。可现在，小鱼的这个问题不仅影响到了家庭的和谐，在学校里也招来了很多小伙伴的不满，因而导致小鱼在学校里受到孤立和冷落，他自己也变得闷闷不乐。老师多次找小鱼的父母商量对策，却始终没有想出什么好办法。小鱼依然我行我素，任性妄为。

像小鱼这样的孩子并不是个例，现在很多孩子从小养尊处优，被大人们宠坏了，脾气也很难改。但若真正想要孩子能健康快乐地成长，就不能不改掉坏脾气。那么，父母应该如何帮助孩子改掉坏脾气呢？

要想从根源上解决问题，就要首先了解孩子乱发脾气的原因。一般来说，孩子乱发脾气主要是由于以下两种情况：

（1）家人的溺爱

父母或长辈的溺爱容易让孩子迷失自我，把自己当成世界的中心。他们什么都不用操心，一切都由家人包办，久而久之，这样的孩子会缺乏责任感，他们从来不去做也不愿意做力所能及的事情，甚至是自己份内的事情也懒得去做。在这种无底线的溺爱中长大的孩子，理所当然地认为全世界都要围着自己转。

当他们走上社会，发现世界不是自己想的那样的时候，已经为时已晚。当他们的需求得不到满足的时候，就会产生严重的心理失衡。

（2）父母的性格和行事风格

有些父母过于看重对孩子物质上的满足，而从来不注重孩子的精神建设。他们努力给孩子最好的物质生活，却从来不明白对孩子来说更重要的其实是正确价值观的传递。还有很多父母本身的性格就是骄傲任性的，他们喜欢以自我为中心，很少顾及他人的感受。孩子在这样的家庭环境中耳濡目染，难免会变成父母的复制品，只考虑自己，不考虑别人，久而久之，养成自私自利的性格。

想要帮助孩子彻底改掉乱发脾气的坏习惯，家长可以采用以下方法：

（1）当孩子乱发脾气时，让孩子独处

父母可以适当劝说孩子，给孩子做思想工作，要求孩子停止不恰当的行为。但是，如果孩子依然乱发脾气，父母不要不忍心，可以“狠心”地让孩子独处一会儿，静静地等他自己平复自己的情绪。自己的哭闹被人忽略了，孩子也许一时不能接受，但是次数多了，就会逐渐意识到，乱发脾气是没有什么用的，这种行为便会随之减少。

（2）不要批评孩子

孩子情绪平复下来以后，一切照常，父母对于刚刚孩子发脾气的事要闭口不提，更要避免在事后批评孩子。

（3）转移孩子的注意力

当孩子乱发脾气的时候，父母可以尝试将孩子带到其他地方，或者用周围的新鲜事物将孩子的注意力从引起他发脾气的点上移开，让他暂时忘掉这个“烦恼”。

（4）为孩子创造平和的环境

父母遇到孩子发脾气的问题时，首先要保持冷静，养成处事不惊的好习惯，孩子就会在点滴小事中学习父母的做事风格，性格慢慢变得沉稳安静，以后就不会再乱发脾气了。

（5）培养孩子的耐心

很多孩子乱发脾气，跟本身的急性子也有关系，所以，父母可以想办法帮助孩子改一改急性子。平常可以抽时间带孩子参与钓鱼、画画、写字等需要凝神静气的事情，慢慢把孩子的性子由急磨慢。有了耐心，孩子就不容易乱发脾气了。

乱发脾气不是孩子靠着自制力就可以轻松控制的事情，他需要父母的引导和帮助，但是父母也不要视这样的行为如洪水猛兽，而是要做好情绪疏导工作，既让孩子的坏情绪有发泄的出口，又要让孩子明白发脾气并不是解决问题的好办法。当然，父母作为孩子最亲密的人，生活在同一个屋檐下，还要以身作则，做到平心静气，不乱发脾气，让孩子处于耳濡目染的环境中，慢慢改掉乱发脾气的坏习惯。

对孩子说“不”

有些孩子经常会向父母提出一些不合理的要求，家长出于爱孩子的心理，往往会不加考虑地满足。这其实是一种非常危险的做法。当一个孩子无论提出什么样的要求都能得到满足的时候，他只会越来越分不清对与错的界限，会变本加厉地提出更多不合理的要求。而且，孩子会认为，自己提出的要求得到父母的满足是理所应当的，如果父母不满足，就是不爱自己。久而久之，孩子会变得自私自利，以自我为中心，对身边的人只知道无穷地索取，而完全不懂得付出。

父母面对孩子的不合理要求，一定要狠下心来，学会对孩子说“不”。一时的纵容只会助长孩子的自私自利，而且也很难让孩子从父母这样的“爱”中学会感恩和回报。所以，在孩子提出不合理的要求时，父母一定要坚定态度，该拒绝的时候一定不能妥协。

小诚是一个在单亲家庭长大的孩子，因为从小缺乏父爱，妈妈总觉得亏欠孩子，所以总是竭力满足小诚的诸多要求，以求让孩子看起来不那么“可怜”。虽然妈妈的收入并不高，但只要其他孩子有的，妈妈就让小诚一样也不缺。妈妈宁可省吃俭用，也一定要让小诚吃的穿的样样都不比别人差。

事情发生在一个周末的早上，妈妈前两天刚刚答应小诚，等发了工资，周末就带他去商场买一双他早就看中的名牌鞋。小诚很激动，盼了好几天，终于盼到了周末，一大清早就不停地敲门催促妈妈起床，可是妈妈却因为连续几天加班导致身体不舒服，迟迟没有起来。小诚敲门敲得不耐烦了，气急败坏地喊：“我要去商场买那双鞋！你快点儿起来！说好了今天带我去买鞋的，不要说话不算话！快起来！快起来！”妈妈无奈，只好拖着疲惫的身体起床，打开房门，耐心地跟小诚商量，能不能下午再去，让妈妈先休息一下。可是小诚却执着于买鞋的事，丝毫听不进去妈妈的话，对妈妈的不舒服也视而不见，他满心都是那双名牌鞋，还大声吼道：“答应我的就要做到，我现在就要去，现在！马上！”妈妈实在拗不过小诚，只好挣扎着收拾好，带小诚去商场买鞋。那一天，小诚如愿以偿地得到了他梦寐以求的那双鞋子，却不知道妈妈有多心酸。

很多父母把孩子视为最重要的人，这本身没有错，但是当父母为了这份爱不顾一切、付出所有的时候，这份爱也就变了味道。真正优秀的父母不是对孩子有求必应，而是给孩子一个宽严相济的教育环境，教会孩子知恩图报，体谅他人。当父母毫无原则地满足孩子甚至是纵容孩子的时候，其实就是在培养孩子自私自利、不知感恩的坏性格。因此，为了不让孩子朝着错误的方向去发展，父母应该学会拒绝孩子的不合理要求，具体可以这样做：

（1）言出必行

父母承诺过孩子的事情一定要做到，对于明确禁止过孩子做的事情也不能因为心疼孩子而妥协。不要觉得满足不了孩子就是对不起孩子，更不要让孩子觉得父母是可以因为自己的吵闹而改变主意的。当父母在孩子面前是重承诺、分是非的形象时，他们会耳濡目染地学习父母的这些优点，这样也有利于孩子的身心发展。

（2）晓之以理

虽然是拒绝孩子的不合理要求，但并不代表可以采用粗暴的手段。父母要给孩子讲道理，要让孩子明白，不满足他的要求不代表父母对他们的爱有所减少，反而这是对孩子另一种形式的爱，要让孩子在被拒绝的时候不会受到心理上的伤害。

（3）忽视哭闹行为

孩子被父母拒绝，要求没有得到满足，就会心理失衡，在父母面前撒泼哭闹是很正常的现象。这时候孩子的哭闹是有目的的，父母一定要“狠心”，不要因为孩子的哭闹而动摇，要坚决忽略这种哭闹行为。坚定立场，不要让孩子错误地以为你会因哭闹妥协。因为一次不坚定的行为换来的将是以后的坏习惯。

（4）分散注意力

一些年龄较小的孩子，可能根本听不进去父母的解释，他们只会用不停哭闹的方式来给父母施加压力。面对这样的孩子，父母可以充分利用身边的环境和孩子注意力不集中的特点，分散孩子的注意力，将孩子的不合理要求转移到其他事物上来，这样就可以在不知不觉中消除孩子的执念。

（5）向孩子说明拒绝的原因

父母对孩子的拒绝是有理由的，我们不能给孩子一个敷衍的理由，也不能蛮横地说“就是不行”，而是要让孩子知道，有些要求是没有意义的，他不会因此变得更快乐，或者让孩子明白他所要求的东西是没有价值的。哪怕是拒绝孩子，也要让孩子明白，父母是讲道理的，强行拒绝孩子，会让孩子的心理受到伤害，是不可取的做法。

大多数孩子都非常“精明”，他们知道用撒泼哭闹的方式可以“逼迫”父母服软，而这时候父母的态度就决定了孩子今后的处事方法。既然明知道哭闹是孩子想要得到满足的一种“手段”，那么父母就要坚定立场，不为所动，想一想，为了孩子的未来，一定要坚定地对孩子说“不”。

知错能改，善莫大焉

古人有言：“人非圣贤，孰能无过？”其实这就是告诉人们，犯错并不可怕，人犯错是正常的，真正可怕的是什么呢？我想，应该是知错不改的态度。很多人对待错误的态度就是死不悔改。很多孩子犯了错误之后不愿意承认，也不愿意改正，这样的坏习惯与孩子本身有关，但十之八九也与父母的教育方式有关系。所以，作为父母，在孩子犯错时，要有方法、有对策，帮助孩子养成知错就改的好习惯。

台湾作家三毛小时候是一个非常调皮的孩子，她曾经讲过小时候发生的一件趣事，让人忍俊不禁的同时，也告诉我们一些做人的道理。三毛的父母从小对他们兄弟姐妹的零花钱控制得比较严格，可三毛偏偏喜欢买点儿好吃的好玩的，或者是故事书，所以她总觉得爸爸妈妈给的零花钱不够用。有一次，三毛看到妈妈柜子上赫然放着一张五元大钞，而且那时候家里没有别人，内心的冲动让她忍不住走上前去。三毛虽然犹豫了好久，但还是把钱拿起来偷偷地放到了自己的口袋里。她幻想着，有了这张五元大钞，她就可以买新的连环画，买好吃的糖……为了这张五元大钞，三毛做了不少规划，她几乎兴奋得睡不着觉了。可是，不知道怎么回事，稍微平静一些后，拥有了大钞的三毛却怎么都开心不起来。

那天晚上睡觉的时候，妈妈要给三毛脱衣服，三毛腾地一下就跳开了。她担心妈妈发现自己偷了钱，就假装生病，说自己不舒服，让妈妈去拿体温计量体温从而支开妈妈，然后把钱藏到枕头下面。后来，用人要给三毛洗澡，三毛又担心用人发现自己的秘密，只好在洗澡的全程都紧紧攥着那五元钱，洗完以后，钱角也湿了。

原以为这五元大钞能带来天大的幸福，却没想到这偷来的幸福给三毛带来了极大的困扰。几天以后，她终于忍受不了了，决定把这个“烫手山芋”扔出去。于是，她趁着没人注意的时候，又偷偷地来到那个柜子旁边，假装没事人一样悄悄把钱放了回去，然后又假装惊喜地对妈妈喊：“妈妈，你看，那五块钱在这里呢！我就说是你自己忘了吧！”说罢狡黠地一笑。妈妈也笑了笑，把钱收起来，没有再说话。五元大钞事件就这样过去了，一切回归风平浪静，而三毛的心里却一直记得这件事。

多年后，三毛在跟兄弟姐妹们聊天的过程中才知道，原来妈妈早就识破了当年她的小伎俩。妈妈从一开始就知道是她拿了那五元钱，也一直在看她辛苦地演戏，但是妈妈自始至终都没有戳穿她，也没有对她进行责骂或惩罚。妈妈说，她很庆幸女儿能发现自己做了错事并且及时改正。妈妈知道孩子做错事的时候心里也是矛盾、不舒服的。三毛很感激妈妈的闭口不言，因为妈妈的理解和信任，一个小女孩的自尊心得到了充分的保护。而作为妈妈，能够给孩子犯错的权利和改错的机会，让孩子在潜移默化中养成知错就改的好习惯，也是为人父母的一种智慧。

每个人都会犯错，错误是不可避免的，但错误绝对不是洪水猛兽，父母没有必要要求孩子丝毫都不犯错误。其实当孩子正视错误，从错误中吸取教训的时候，它就可以成为孩子成长道路上的一份积淀，能帮助孩子更好地成长。

当然，并不是每个孩子都能像三毛一样知错就改，父母的责任就是要帮孩子养成知错就改的好习惯。想要做到这一点，就一定要了解他们知错不改的原因。

追根究底，我们可以将孩子不肯承认并改正错误的原因归结为两点：一是害怕。犯了错的孩子担心自己一旦承认了错误，不仅不会被原谅，甚至有可能会被爸爸妈妈责备、打骂。每个人都有趋利避害的本能，所以他们会选择对自己的错误闭口不言，这是可以理解的。另一个原因是心理叛逆。处于叛逆期的孩子不愿意听从父母的话，他们总是想要通过一些特殊的行为来证明自己是独立的，所以，犯了错的时候，哪怕明知道自己做得不对，还是倔强地不肯承认。也许在那个时刻，让父母生气，让自己不受父母的管控，就是他们的目的。面对这些知错不改的孩子，父母应该多花心思去了解他们，深入探究这一现象背后的根源，具体可以从以下几个方面入手：

（1）关注孩子的情况，找到犯错的真正原因

父母要随时关注孩子的情况，很多父母认为，只要孩子身

体健康，吃得饱、睡得好，学习不耽误就万事大吉了。其实，我们除了要确保他们的身体健康以外，还要随时关注孩子的情绪变化和心理变化，尤其是青春期的孩子，更应该密切关注，包括他们与老师、同学之间的关系是否和谐融洽，自身的一些坏情绪是否得到了疏解等。只有这样，孩子才能真切地感受到父母的关心和爱护，才愿意说出真正的心里话，父母也才能借助沟通找到孩子犯错的真正原因，然后有的放矢地解决问题。

（2）引导孩子反省自己的错误

孩子犯错之后，父母不要直接批评或者惩罚孩子，而是要先给孩子讲明道理，帮助孩子分析他的错误行为会给自己或者他人带来怎样的伤害，他又会为此付出怎样的代价。在这个过程中，父母要保持严肃的态度，实事求是，让孩子意识到问题的严重性，并且引导孩子对自己的错误行为进行反思，从而吸取教训，引以为戒。

（3）对孩子的教育要掌握尺度

对待犯错的孩子，批评和惩罚都是可行的，但父母一定要注意方式，把握合理的度。如果父母对孩子的错误只是泛泛而谈，这场教育就起不到什么效果。但是，如果对孩子的惩罚过于严厉，则有可能引起孩子的反感情绪甚至是反抗心理，造成更严重的后果。因此，父母对待孩子的错误既不能敷衍了事，也不能过于严苛，伤害孩子的自尊心。

（4）父母对孩子的教育要统一观点

对于孩子的同一个错误，父母采取的方式如果是一个唱白脸，一个唱红脸，孩子自然而然地会更愿意接受倾向于自己的那一方，所以会造成孩子跟妈妈更亲近，或者更喜欢爸爸的结果。但其实这种教育观点不统一的做法是非常不明智的。正确而有效的方法是，父母两人统一观点，都要同样爱孩子，也要同样懂得教育孩子，尤其是遇到孩子犯错的时候，不要你说对我说错，让孩子无所适从，从而影响他对事件对错的准确判断。只有父母先统一了意见，才能让孩子意识到自己的做法确实是不对的，是需要纠正的。

(5) 家庭是最好的教育场所

对待孩子的错误，父母要坚持在家教育，毕竟家庭是孩子最熟悉的地方，也是最能让孩子感觉到温暖的地方。即便是父母批评孩子，只要在家庭这个温馨港湾之中进行，至少能够让孩子觉得，自己虽然做了一件错事，但只要听爸爸妈妈的教育改正了，就没事了。但是很多家长喜欢把孩子的错事四处宣扬，甚至常常威胁孩子“以后不听话我就告诉老师，让老师惩罚你……”“叫你不听话，这下子出名了，大家都知道你的光辉事迹了……”这样的语言会让孩子心理上产生畏惧感和危机感，总认为自己犯了错就是大逆不道的事，甚至以后做任何事都变得战战兢兢。相信这样的结局一定不是父母愿意看到的。

总之，犯错不可怕，父母不要苛求孩子不犯错，而是在他们犯错的时候，依然能用包容的心态对待他们，用真诚的沟通去了解他们犯错的原因，然后根据自己的人生经验，给孩子一些中肯的建议和合理的引导，让孩子意识到犯错的原因，并从中吸取教训，从而培养孩子知错就改的好习惯。

有的放矢，轻松搞定“人来疯”

生活中有很多孩子是典型的“两面派”，他们当着父母的面表现得乖巧听话，可一旦家里来了客人或者见到新鲜的面孔，马上就会变一副模样。平常的乖巧劲儿烟消云散，他们不仅大喊大叫胡闹个不停，还会故意和父母对着干，父母让做的事不做，不让做的偏偏去做，而且，他们在做这些事情时往往表现得异常兴奋。

小石头是一个五岁的小男孩，他头脑聪明，口齿伶俐，对人非常有礼貌，小区里的大人小孩都很喜欢他。在家时，小石头也是一个十分听话的孩子。可是，每次父母要邀请客人来家做客时就会犯嘀咕，因为他们总是担心小石头会闯出什么祸来。

有一次，妈妈邀请她的一个好朋友到家里做客，客人来的时候小石头正在聚精会神地玩积木，一听到有人来了，他就开始蠢蠢欲动。虽然在客人进门的时候表现得稍微有一点儿害羞，但是没过几分钟，小石头就马上像变了个人似的开始大闹起来。他先是站在沙发上往下跳，表演自己的“绝招”，见客人高兴地鼓掌，小石头就表演得更加起劲了，他拿来一把扫帚，嘴里大声喊着：“我是孙悟空！”一边喊，一边把扫帚当成金箍棒上下挥舞。妈妈多次试图阻止都没有什么效果，只好说：“这孩子就喜欢看《西游记》，最崇拜的就是孙悟空了……”客人微笑地看着小石头，没有多说什么。

小石头越玩越开心，最后直接蹦到沙发上，玩了一会儿又跳到了客人的身上。一开始小石头只是抓着客人的手，要客人陪他一起玩耍，后来又捏客人的脸，再后来居然开始扯客人的头发，妈妈怎么阻拦都没有用，小石头死死抓住客人的头发不放，弄得场面十分尴尬。而且，小石头还用脏脏的鞋子在客人的裙子上踩了好几个脚印。原本是一次快乐的朋友小聚，结果就被小石头这个“熊孩子”搅得尴尬收场，妈妈的朋友饭都没有吃就找借口走了。

这次“做客事件”之后，小石头的妈妈就再也不敢邀请别人到家里来做客了。因为小石头这个“混世魔王”实在太让人头疼，妈妈不知道他又会搞出什么名堂，而且妈妈对他根本就毫无办法。

很多父母面对这种“人来疯”的孩子都感到有心无力，其实我们在抱怨叹息之前，可以先冷静下来，好好分析孩子“人来疯”背后的原因。

“人来疯”的具体原因可能有以下几种情况：

（1）孩子不知道如何表达

每个人表达内心兴奋和快乐的方式都不一样，与他人交流的方式也不一样。孩子们在人生的不同成长阶段，也会对外界的事物有不同的感受和反应，他们表达情绪的方式也各有不同。大多数孩子从两三岁开始，就已经有了社交行为。这个时候的社交行为体现在他们希望能够结交新的朋友，无论对方是同龄人还是大人，他们会以自己的方式表达心中的热情和想要与人交流的愿望。但由于孩子年龄小，没有社交经验，不懂得怎么正确地与伙伴、父母的朋友或其他人沟通，所以就表现出上蹿下跳、尖叫打闹，或者是恶作剧等一系列令人不解的奇怪行为。其实，这些都是孩子试图表达自己、与他人沟通的方式。

（2）孩子渴望得到关注

孩子在成长过程中，心理会不断变化，随着自我意识的增强，他们越来越希望得到外界的关注。尤其是一些性格比较活泼，喜欢在人前表现的孩子，他人的关注带给他们的快乐，远远不是一件新衣服、一个好玩的玩具、一个有趣的游戏，或者是一档搞笑的电视节目能比得上的。为了博得关注，孩子们首先会表现得滔滔不绝，在父母面前不停地说话，希望得到父母的回应，但是小孩子的话题往往是父母不感兴趣的，所以很多父母会忽视孩子的话，也就很难满足孩子求关注的心理。长期得不到父母陪伴的孩子渴望得到关注的心理会更迫切，他们用怪异的表现寻求存在感的现象就表现得更为突出。

（3）正常的生活秩序被打断

如果家里有客人来访，孩子的生活秩序势必会被打乱。有的孩子有着比较固定的作息时间，而且养成了习惯。如果有客人来访，孩子可能一时无法适应这种变化，就有可能产生“人来疯”的种种表现。

那么，父母如何帮助孩子，让孩子摆脱“人来疯”，变得“乖巧”呢？

(1) 让孩子感觉到自己是重要、被尊重的

客人到访前，父母要提前告知孩子，让孩子事先有心理准备，至少要让孩子知道客人在什么时候来，来访客人有几位，他们都是谁等。客人到来后，父母要主动给双方做介绍，郑重地把孩子的名字、年纪、兴趣爱好等告诉客人，让孩子感觉到他是被尊重和被重视的，而不是被排除在这一次家庭活动之外，然后要让孩子向客人打招呼。父母在与客人交谈时，可以安排孩子做一些力所能及的小事，比如端水果、端水等，让孩子觉得自己可以和大人一样平等地参与到谈话当中来。如果孩子愿意，也可以让孩子在客人面前展示自己的才艺，无论是跳舞还是唱歌，或者是诗歌朗诵，都可以满足孩子的表现欲望，让孩子渴望被关注的心理得到满足，他们的心情会更愉快。当然，客人离开后，父母要对孩子的一系列正确的行为进行肯定和表扬，并且鼓励孩子以后一定要坚持如此。孩子得到了赞赏，就更容易听父母的话，表现得更好。

如果是性格比较内向，或者平常不怎么出门的孩子，父母可以有意识地带孩子参加一些朋友聚会，让孩子认识更多新朋友，消除对陌生人的新鲜感，或者带孩子参与一些户外活动，让孩子接触大自然。在这些活动中，孩子能更好地放松身心，也能学习如何与人正常地交往和沟通。

(2) 拒绝客人捉弄孩子

客人有时候为了逗孩子，会采用捉弄孩子的方式，比如说

一些吓唬孩子的话，比如“你是爸爸妈妈从垃圾桶里捡来的”，或者是做一些吓唬孩子的动作，比如扮成大灰狼的样子翻着白眼对着孩子龇牙咧嘴……父母要知道，孩子年龄小，很难分辨真假，幼小的心灵也极容易因此受到伤害，留下阴影，所以父母要及时阻止这些行为。另外，如果客人的一些行为引起了孩子的抵触和反感，父母也要站在孩子这边，帮助孩子拒绝客人。比如，客人拥抱孩子而孩子表现出明显的抗拒，这个时候一定不能强制性地要求孩子与客人拥抱，也不可以批评孩子这样是不懂礼貌的，而是要告诉客人，孩子不喜欢这种表达友好的方式，可以提议他们握个手或者点头微笑一下。父母对孩子情绪的实时关注会让孩子有较强的安全感，也会在很大程度上消除孩子在某些情况下做出的奇怪举动。

（3）合理安排会客时间，不影响孩子的作息

对于较难适应生活秩序被打乱的孩子，父母要安排合理的会客时间，尽量不要影响孩子的作息。如果确实需要会客，父母也可以提前告诉孩子，给孩子安排好任务，比如在书房里看书，或者是完成一幅小画作等，避免孩子因为客人的到访而被打乱生活节奏。

父母平时要给孩子足够的关怀和爱护，让孩子有充足的正能量面对陌生人或者陌生的场景，平常对孩子不能没有要求，任由孩子为所欲为，也不能对孩子过于严苛，给孩子的心理增加太多的压力。“人来疯”这种特殊表现并非凭空而来，一定是由复杂的原因引起的，父母要打开慧眼，善于观察，认真研究并发现这一现象背后的原因，发现孩子心灵深处的秘密，有的

放矢地对孩子进行良好的引导，同时还要付出足够的耐心，一点点地帮助孩子解决这一问题。

总之，“人来疯”不是毛病，容易“人来疯”的孩子也不一定是坏孩子，作为父母，要体谅孩子，发现孩子隐藏在“人来疯”背后的秘密，帮助孩子解决这一问题。

【情景考查】

如果你带孩子在商场玩，孩子喜欢上了一个玩具，要求你买给他，但你觉得家里这样的玩具太多了，拒绝给孩子买，孩子便哭闹不止，这个时候你会怎么办？

【智慧锦囊】

坚定立场，绝不妥协。哪怕孩子的哭泣让人心烦意乱，你甚至想干脆给孩子买了算了，省得在大庭广众之下丢脸，也一定要狠下心来，绝对不能让孩子认为哭闹是解决问题的好办法，那样孩子就会一而再再而三地用相同的手段逼你就范，今后就还会有第二次、第三次类似的情况发生。

保持情绪温和，不粗鲁对待。孩子在需求得不到满足的时候，情绪比较激动，父母切忌粗鲁对待，不能采用大声吼叫或者暴力手段强行压制孩子，要努力保持温和的态度，与孩子就事件本身进行沟通。

用其他新鲜事物来吸引孩子的视线，转移孩子的注意力。当孩子的注意力被转移的时候，对于玩具也就不会那么执着，哭闹问题就迎刃而解了。

冷处理，让孩子自己慢慢安静下来。如果孩子实在听不进去父母的话，或者还是执意要玩具，父母可以采取冷处理的方式，直接忽略孩子的要求和当时的状态，等孩子自己平复了心情，再给孩子讲道理，并安抚孩子的情绪。

第四章

传递积极情绪，培养阳光心态

好父母不吼不叫，培养阳光向上的好孩子。

做乐观自信的父母

父母是孩子的第一任老师。可以说，父母的言行举止对孩子产生的影响是贯穿其一生的，如果父母不自信，遇到事情畏缩不前，总是把“我不行”挂在嘴边，那就很难教会孩子勇敢。相反，如果父母阳光乐观，无论遇到什么挫折都能微笑面对，勇敢地走出来，那么相应的，孩子也会受到积极的影响，朝着健康快乐的方向发展。

孩子的性格和父母会有很多相似之处。很多家长在教育孩子的时候，总是会拿孩子身边的其他孩子，也就是人们常说的“别人家的孩子”举例子，动不动就是“你看隔壁李奶奶家的孙子多懂事”“你大姨家的表哥这次又考了第一名”“你什么时候才能像王阿姨的女儿一样争气”……其实，与其给孩子找各种各样的榜样，倒不如先从自身做起，做优秀的父母，让孩子在潜移默化中变得更好。

小齐还在上幼儿园的时候，爸爸就在一次意外事故中不幸去世了，小齐从此就跟妈妈两个人生活在一起。妈妈含辛茹苦地养育小齐，其中辛苦可想而知。可是，最近小齐妈妈却遇到了一件难事，让她头痛不已。不是小齐闯了什么祸，而是近几年小齐妈妈的公司发展不太顺利，现在面临着大面积的裁员，而小齐的妈妈就在被裁员的名单之中。本来就艰难支撑的家庭，因为妈妈失去了工作，再一次陷入了窘境。

刚刚失去工作的妈妈不愿意把这份无奈和辛酸告诉儿子，只是说最近公司不忙，给所有人都放了几天假，小齐将信将疑。妈妈常常在夜里默默地流泪，但从来没让小齐看到过。妈妈一边照顾小齐，一边偷偷地四处找工作。经过一段时间的寻找和考虑后，妈妈去了一家工厂上班。直到工作完全定下来以后，小齐妈妈才告诉儿子，自己换工作了，因为新工作待遇更好。工厂的工作很辛苦，而且常常要加班，但是比起其他轻松的工作能多挣一点儿钱，小齐妈妈很开心，也很努力。

小齐虽然不知道到底发生了什么，但是他是一个心思细腻的孩子，把妈妈的辛苦都看在眼里。他知道妈妈工作不容易，有的时候会提前在家做好饭等妈妈回家。有一次，妈妈回家之后已经快十点了，看到满脸疲惫的妈妈，小齐主动上前接过妈妈的包，等妈妈坐下后，帮妈妈脱掉了鞋子，给妈妈捏脚。没想到，妈妈就那样坐在沙发上睡着了。小齐知道妈妈太辛苦了，他忍不住哭了出来。第二天吃过晚饭，小齐终于鼓起勇气劝妈妈："妈妈，这个工作太累了，您换一个吧！以后我可以不买好衣服好书包，咱们省吃俭用，您不要去那个工厂上班了，好吗？"妈妈对孩子的懂事感到欣慰，但是却笑着对小齐说："人不吃苦怎么能成功呢？虽然这份工作辛苦了点儿，但是妈妈完全能胜任啊，而且，妈妈在工作中找到了自己的价值和成就感，最重要的是，有你这么好的儿子，妈妈就一点儿都不觉得累！”小齐若有所思地点点头。

小齐在学校虽然很听话，但是成绩平平，最近的一次考试，只有语文能在班里排得上名次，其他科目的表现都不怎么让人满意。小齐拿到了成绩单，看到可怜的分数，沮丧了好几天，一想到妈妈那么辛苦，就更不忍心把这样的成绩单拿回去打击妈妈。在犹豫了整整一个星期之后，小齐在心态乐观的妈妈的影响下，终于鼓起勇气告诉了妈妈。妈妈拿着小齐的成绩单仔仔细细地看着。还没等她说话，小齐就先开口了：“妈妈，我知道这一次我发挥得不好，您一定很失望，但是我在学校把出错的题都问过老师了，知道自己的问题出在哪里了。一次失败没有什么，我以后一定会好好学习，把成绩提上来的！妈妈，请您相信我！好吗？”听着孩子铿锵有力的话，妈妈欣慰地抱着小齐笑了。

我们必须承认，这是一对坚强又乐观的母子。妈妈下岗后积极乐观的态度对小齐产生了正面的影响，所以小齐才能正视自己学习上的问题，而且能主动地分析出现问题的原因，并迅速地从失败的阴影中走出来。如果小齐的妈妈面对失去丈夫又失去工作还要独自抚养孩子的重担时自暴自弃，感叹自己的命运坎坷，在小齐的面前总是唉声叹气，甚至把生活的不如意发泄到年幼的小齐身上，小齐又会成长为什么样子呢？他在学习或生活上遇到困难的时候是不是也会停步不前呢？父母的心态和生活态度会直接影响到孩子的性格，这一点是毋庸置疑的。

成年人的世界没有“容易”二字，父母在生活中会遇到各种各样的苦恼和困难，如果自己面对这些都一蹶不振，表现出失落沮丧的样子，又怎么能要求孩子阳光向上呢？很多家长都为自己不懂得怎么教育孩子发愁，说教的方法不奏效就使用暴力，有的时候也会采取欺骗、贿赂等五花八门的方法让孩子听自己的话，这些手段从短期来看似乎起到了一定的作用，但那些都是暂时的，并不能从根本上解决问题。其实，所有的教育方法都比不过父母的言传身教。

真正阳光自信的父母，敢于在孩子面前提出要求，直截了当地向孩子表明自己对孩子的期待，还会为孩子的成长成才做好榜样，提出建设性的意见。而且这样的父母也鼓励孩子对自己的想法提出异议，他们会采用民主平等的方式共同探讨，最终由父母和孩子双方共同找准成长的方向，并且朝着这个方向不断地努力，哪怕途中遭遇了艰难险阻，父母也会冷静客观地分析情况，给孩子以新的指导。孩子在这种父母的引领下，也能学会为自己的人生掌舵。

作为父母，教育孩子责无旁贷，如果我们不能用更好的方法让孩子变得更优秀，那就从自身做起吧，优秀的父母是孩子最好的榜样。乐观自信的父母才能培养出阳光向上的孩子。

给孩子一个快乐的成长环境

一个孩子是否快乐，很大程度上取决于他从小所处的生活环境是否快乐。在轻松愉快甚至幽默的家庭氛围中，孩子更容易成长得无忧无虑、自由自在。相反，如果孩子从小生活在压抑沉闷的环境中，性格和心理自然也会受到负面的影响，甚至会对孩子的一生产生不可逆的伤害。

奥斯卡获奖电影《美丽人生》是很多人都特别喜欢的一部电影，这部电影之所以大获成功，除了其中表现出的反战思想和做人信条，还因为它给人们讲述了一个令人动容的教子故事。看完这部电影的观众，无不为电影中父亲的智慧和幽默折服，也为其教育孩子的方式所倾倒。

影片讲述的故事发生在二战时期，一名犹太小男孩连同他的父母都被关进了纳粹集中营，他们每天都干着繁重的体力活，而且每天都会有人惨死在集中营里，那里是一座人间炼狱。面对凶残的德国纳粹组织，父亲不愿意让孩子天真的心灵受到战争的伤害，所以他告诉孩子，他们在玩一场游戏，对面有敌人，如果能够赢得这场游戏，就可以赢得一辆威风的坦克车，孩子很开心地表示一定会好好努力，争取赢得胜利。

虽然父亲每天都被折磨得筋疲力尽，但他面对孩子的时候，始终都是微笑的。他对孩子说："咱们的游戏很快就要获胜了，一定要坚持住！爸爸虽然看着很辛苦，但是每天做的事情不过是游戏规则里的要求罢了。"孩子真的把这场大屠杀当成了一场游戏，他时刻听从父亲的话，最后在父亲的帮助下，成功地存活下来。虽然父亲最终不幸惨死在纳粹的枪口之下，但是当孩子终于等到战争结束，真的有一辆坦克车出现在孩子面前的时候，那个场景带给人们的震撼是难以言喻的，那位伟大的父亲也值得人们以泪祭奠。

一个人的内心要有多阳光，才能把惨绝人寰的战争当成一场游戏？但就是这样一位内心强大、积极阳光的父亲给了孩子最难得、最美好的童年，他教会了孩子无论身处任何逆境都能让自己拥有快乐的能力。影片的最后，纳粹分子在战争中一败涂地，孩子笑容灿烂地看着坦克车，相信不少观众都曾为此热泪盈眶。

中国有句古话叫"近朱者赤，近墨者黑"，孩子的价值观、人生观尚未完全成形的时候，也是非常容易受到外界环境影响的时候，朝夕相处的父母对孩子的影响力就可想而知了。很多人在年老后，仍然认为童年时期的家庭环境带给他们的影响是超越任何人生阶段的。一个家的家庭氛围，直接影响着孩子的成长体验和性格养成。

之前大火的电视剧《都挺好》中的苏明玉就是一个深受到家庭环境影响的孩子。虽然成年后的苏明玉在事业上取得了一定的成功，也得到了很多人的尊重，但是我们很容易发现，她的内心深处对于“家”有牵挂，但更有怨恨。明明有父亲、哥哥，但是她依然过得像孤儿一样。在她雷厉风行地征战职场的时候，也难免会有孤军奋战的孤独感，家庭带来的孤独感是事业上的成功所弥补不了的。

究其原因，其实就是苏明玉小时候在家庭中过得不够幸福。父母重男轻女的思想和各种偏心的做法对苏明玉造成了巨大的打击。自己和哥哥吵架的时候，明明是哥哥的错，被妈妈训斥责备的却是她；为了供哥哥出国留学，苏明玉的房间被租出去换钱；甚至在苏明玉考上了好大学，想要继续深造的时候，都被父母以家里没钱为名阻挡了求学之路，最后只能委曲求全地读了一个普通学校……这一切都让苏明玉心理失衡。她始终都不明白，自己究竟做错了什么，也不知道为什么自己那么不受父母的喜欢，原本应该温暖的家庭，带给她的却只有冰冷的伤害。

电视剧的结局中，苏明玉跟父亲、哥哥冰释前嫌，重新成为相亲相爱的一家人，这当然符合中国观众的大团圆期望，能让观众得到一丝心理慰藉。但是如果真的在现实生活中遭遇了这样的家庭，更可能出现的情况是这个孩子的性格会变得阴郁，而无法改变，那得多么让人痛心啊！苏明玉的心理是强大的，她在消化了很多负面情绪之后，内心依然有最柔软的地方，她依然懂得爱别人，爱生活，但是她受的伤也不是轻易就能愈合的，哪怕最后结局美好，谁又敢说她心里的那块伤疤真的就彻底消失了呢？

虽然现在的很多孩子都享受着富足的生活，不愁吃穿，但并不是所有孩子都是快乐的。有些家庭的成长环境只是让孩子长大而已，孩子的内心却很难获得真正的快乐。要想让孩子成长得更快乐，作为父母就要努力为孩子营造一个快乐的成长环境。我们具体可以从以下几个方面去努力：

（1）良好的夫妻关系是孩子快乐成长的前提

曾经有一个学校做过一项问卷调查，调查的内容是孩子最希望父母做的三件事。接受调查的孩子给出了形形色色的答案，但是经过统计之后发现，其中被提到次数最多的是“希望父母不要吵架”。可见，父母吵架对孩子来说是非常痛苦的经历。有许多可怜的孩子，从小就是在父母的互相埋怨和争吵中度过的，他们不理解父母吵架的原因，也不知道面对父母的争吵自己应该做些什么，但是可以肯定的是，没有一个孩子在面对那种剑拔弩张的场面时是不害怕、不惊惧的，甚至这些场景有可能会成为孩子一生的噩梦。对于孩子来说，只有父母的关系足够融洽，家庭氛围足够温馨，他们才能在家庭中获得足够的安全感，不会担心随时随地会爆发战争，才能懂得爱和尊重别人。反观一些夫妻经常吵架的家庭，这样的家庭培养出的孩子往往会伴随着自卑、孤僻等性格弱点，甚至会受到父母的不良影响，形成暴力型人格。

（2）拒绝对孩子诉苦

没有哪一对父母不面临着工作和家庭的双重压力，如何化解这种压力，是对很多父母的一种考验。有些家长总觉得自己做的一切都是为了孩子，为了家庭，自己是做出贡献和牺牲最多的那一个人，所以，在孩子不听话的时候，或者是自己感到辛苦的时候，他们总是喜欢在孩子面前大倒苦水："你知不知道我们这么辛苦都是为了你！你一定要好好孝顺父母，听我们的话，这样才对得起我们天天起早贪黑，为这个家忙碌！"一个孩子出生了，他们自己是没有选择权的，他们来到这个世界上，理所当然要接受父母的养育，这也是为人父母的责任。常常把辛苦付出挂在嘴边，不停地向孩子诉苦，只会增加孩子的心理压力，甚至在有些情况下会让孩子产生负罪感，让孩子觉得是自己不够好所以才让父母这么辛苦，这些都是孩子不应该承担的。

当然，也有一些做得很好的父母，他们无论在外面多么辛苦，哪怕是风尘仆仆地回到家，也会用微笑和拥抱来面对孩子。他们在跟孩子聊天的时候，只会向孩子传递对工作的热情，对生活的热爱。他们也一样奔波劳累，但是几乎每天都是精神饱满、斗志昂扬的，这样的父母才能培养出乐观向上的孩子。

（3）努力营造良好的亲子关系

父母除了要在生活上照顾好孩子以外，还要学会尊重孩子，与孩子心贴心地沟通，对于孩子心理上出现的一些问题，要及时给予引导和帮助，努力与孩子建立朋友式的亲子关系。

（4）保持居住环境的整洁美观

孩子的大部分时间都是在家庭和学校中度过的。一个好的学习和生活环境对孩子来说至关重要。家长应该注意，时刻保持居家环境的整洁美观，让孩子更轻松、更快乐地学习和生活。

父母要承担起照顾孩子和培养孩子的重任，就要在方方面面下功夫。一个良好的环境是孩子成长路上不可或缺的重要因素，父母一定要在这个方面多多努力，让孩子的成长没有后顾之忧。

调节情绪，让孩子学会拥抱更好的自己

从根本上来说，情绪是没有好坏之分的，但是不同的情绪会给孩子的生活带来完全不同的影响。对情绪毫无控制力的孩子，往往会任由情绪支配，冲动地做出不顾后果的事。相反，能够良好地控制自己情绪的孩子，才能轻松化解生活中的诸多问题，用更温和的方式面对一切。

杰杰放学一回到家就气呼呼地跑到了自己房间，不说话，也不吃饭，对爸爸妈妈的询问也充耳不闻。妈妈见杰杰情绪不太对劲，赶紧去问发生了什么事，却被杰杰关在门外不让进去。妈妈费尽唇舌，又是哄又是劝，杰杰才打开房门让妈妈进去。妈妈坐在杰杰的身边，见杰杰噘着嘴生闷气，便用温和的语气跟他聊天，问他今天在学校里有没有发生什么有趣的或者特别的事情。经过一番旁敲侧击后，妈妈才知道，原来杰杰在学校受了委屈，正郁闷呢。

杰杰平常是一个做事特别积极的孩子，也非常认真，所以老师这一次安排杰杰组织一场班级辩论赛。杰杰身负重任，对

辩论赛的事报以十二分的重视，在正式比赛之前，杰杰做了很多准备。万事俱备，只欠东风，杰杰在确定参赛名单的时候，却遇到了困难。

因为杰杰既不是班长，也不是学习委员，很多同学对他组织这一次活动并不认同。所以当杰杰邀请同学们参加比赛的时候，有些同学说这样的活动没意思，不愿意参加，还有的同学借口作业太多，也拒绝参加，甚至有人就像没听到一样，根本不把这事放在心上。杰杰费尽了唇舌，最终也没有几个同学报名。杰杰觉得自己的付出没有得到应有的回报，一想到要辜负老师的信任，而这些都是这帮同学造成的，他内心就委屈得不得了。

妈妈听完杰杰的诉苦，轻轻地拍着他的肩膀安慰。杰杰眼里含着泪，对妈妈说："他们也太差劲了！我都那么努力地准备辩论赛了，可是他们一点儿也不配合，完全不知道什么是集体！一个班集体中都是这样的人，还不越来越乱了吗！哼，我再也不要理他们了！"

妈妈知道杰杰这次真的闹情绪了，赶紧想办法帮杰杰疏导，她思考了一会儿，温柔地对杰杰说："我知道你真的很努力了，妈妈觉得你真的很棒！一个人要对自己要做的事情负责任，而你已经付出了足够多的努力，你在这件事情上是成功的！你的那些同学不抓住这次机会去参加辩论赛，是错失了锻炼自己的机会，这是他们的损失啊！既然他们做错了，就应该由他们自己承担后果，你为什么要拿别人的错误来惩罚自己呢？妈妈知道你是个大度的人，每个人的想法不同，不能要求所有人都附和你，因为这么一点儿小事就闹情绪，你觉得值得吗？以后，咱们还说不定遇到什么烦心事呢，每次都这样怎么行呢？”杰杰在妈妈的安慰下，渐渐平复了心情。

回到学校之后，杰杰一扫之前脸上的阴霾，他先是找到了喊叫着不想报名的几个同学，心平气和地跟他们进行了单独的沟通，告诉他们这次辩论赛的意义，以及积极参与对他们自己有什么帮助。之后他又去网上下载了很多精彩的辩论赛的视频，课间的时候在大屏幕上播放给同学们看，让他们领略辩论赛的魅力。最后，他还找到了班主任，向班主任说明了情况，请班主任再一次向同学们发起邀请。没想到的是，这一次，居然有二十多名同学报名。杰杰非常满意地笑了，他觉得自己的努力没有白费。

如想象中的那样，辩论赛举办得非常成功，同学们也在这场辩论中收获了知识，得到了锻炼，而且，自从辩论赛后，大家对杰杰的表现也十分赞赏，纷纷称赞杰杰的组织能力和良好的心态，杰杰也因此收获了很多好朋友。

杰杰的故事告诉我们，情绪对一个人的影响是巨大的，当一个人学会了调节自己的情绪，就能很容易地从消极被动的状态中走出来，而且做事的时候更容易产生新的思路，也会有新的收获在前方等候。

在很多大人看来，杰杰的事也许根本就不是什么值得一提的大事，但是，所有孩子的内心都是敏感的，他们所处的年龄段也决定了他们的心理是脆弱的。负面情绪在不严重影响孩子的正常学习和生活情况下，是可以慢慢被消化掉的，但是当这样的情绪积累到一定程度以后，孩子们往往会陷入更加迷茫的状态。他们虽然会竭尽全力，试图摆脱当前的困局，但他们根本不懂得用什么样的方式去消化，只能越来越消极。这个时候，父母就起到了关键性的作用。我们一定要找准时机，及时地帮助孩子疏导情绪，及时地给孩子一个发泄情绪的出口，让他们尽快从低沉的情绪中走出来。

那么，父母都可以采取哪些措施来帮助孩子调节情绪呢？以下几点建议可以给父母们参考：

（1）教孩子放下

生活中不可能所有的事都能尽善尽美，只要尽了最大努力，就算结果不尽如人意，也应该学会勇敢地面对和接受。父母想要孩子更坚强，首先应该从小让孩子学会放下，让他们知道即使某一个方面表现得不好，也用不着过分在意，毕竟“人无完人”。如果事事都计较成败得失，一个人很容易会变得急功近利，人生也会因此失去很多快乐。父母在教育孩子的过程中，也要教会他们心胸豁达，不要事事挂怀。

（2）教孩子找机会倾吐烦恼，不要压抑情绪

很多孩子从小就养成了写日记的习惯，他们会在日记里记录自己的喜怒哀乐，用文字抒发内心的情感起伏，当然，这是一种非常棒的排解烦恼的方式。如果孩子没有写日记的习惯，或者是不擅长用文字来疏解内心的负面情绪，父母则需要引导孩子用不同的形式排解。父母一定要意识到，负面情绪积压得久了，会影响到孩子的自信心，甚至是行动力，最后很有可能影响到孩子的学习和生活。家长可以通过聊天的方式引导孩子

主动把心里的烦恼说出来，告诉孩子他们并非孤身一人面对困难，他们身后有可值得依靠的家长、老师和同学，这些人都可以作为孩子倾诉烦恼的对象，为他们提供情绪的出口。只要家长引导孩子把烦恼说出来，坏情绪自然会得到一定程度的缓解。

当然，除了这些之外，倾吐烦恼的方式还有很多。只要适合孩子、能够帮到孩子，父母都可以尽力一试。

（3）教孩子转移注意力

如果孩子沉浸在烦恼当中无法自拔，父母的劝说、鼓励或者是老师的开解等也毫不奏效，那父母可以通过引导孩子转移注意力的方式解决。比如，带孩子到户外去玩，让孩子在大自然中感受世界的美好，帮助孩子放平心态，忘掉烦恼。也可以引导孩子回忆高兴的事情，比如小时候过生日、和小伙伴玩游戏、参加比赛获奖的经历等，父母也可以给孩子讲一些小时候发生的趣事，调动孩子的愉快感受。父母要告诉孩子，生活中除了失败和烦恼以外，其实还有很多美好的事物值得我们去关注，情绪是可以自己调节的。当孩子把注意力都放到一些美好的事物上来，坏情绪自然就会被赶跑。

（4）教孩子体谅别人

当孩子遇到一些问题，没有检讨自己的错误，而是一味地抱怨别人，沉浸在负面情绪中的时候，父母不能听之任之，更不能为了让孩子嘴上出气，就跟着孩子一起说别人的坏话。这个时候，父母应该做的是，引导孩子换位思考，多站在别人的立场上思考问题，想象一下如果自己站在别人的立场上，是否会做出和他人一样的事来。这样，孩子就能更好地体谅别人，也更容易迅速地缓解自己的情绪，从心情的阴霾中走出来。

（5）帮助孩子分析坏情绪产生的根源

父母要帮助孩子从根本上解决坏情绪，就要分析问题产生的根源。如果是学习上的问题，父母可以引导孩子与老师共同探讨解决的方法，并做好改进的计划。如果是家庭原因，父母就要和孩子进一步沟通，了解孩子的内心需求，挖掘孩子的隐痛，如果发现是父母的某些行为伤害了孩子，那么父母就要勇于承担，虚心改正，以身作则。总之，从根本上弄清楚原因，才能彻底赶跑孩子的坏情绪。

当孩子真正学会了调节情绪，他的未来才会更加光明，就算遇到再大的困难，也都会在积极心态的助力下闯过去，拥抱更好的自己。而在此之前，父母一定要做好榜样，以身作则地教育孩子、引导孩子。

别让孩子背负那么多

人生漫漫长路，我们总会品尝成功的甜美，也难免遭遇失败的打击。面对成功不骄傲自满，面对失败，可以独自消化那份苦楚，这是一个人的可贵品质之一。但是，无论如何，失败的滋味总是苦涩难言的，对成年人来说尚且如此，何况是孩子呢？少年时期的孩子们，原本应该过着轻松快乐的生活，享受属于他们的单纯美好的时光，可是他们的生活却难免会经历“失败”的体验。我们在同情这些孩子的同时，追根溯源就会发现，这些失败来源于父母师长，来源于孩子身边最亲近的人。不断遭遇失败的孩子，自尊心难免会受到伤害，而且要承受难以排解的心理压力。如果失败经历得过多，他们甚至会在不间断的挫败感中渐渐失去自信心，从而拖慢了人生前进的步伐。

为什么年少的孩子身上会背负那么重的负担呢？究其原因，大多数是因为家长把自己的期望全部寄托在孩子身上，那些曾经热忱追求过却没有实现的理想，那些想要走却没有勇气走的路，那些更精彩的另一种人生……父母把自己无法实现的梦强加给孩子，希望孩子作为另一个自己去体验。于是，他们用各种手段逼迫孩子学习，强迫孩子一定要出人头地。与很多父母的做法类似，很多学校也只看重孩子的学习成绩，他们把学习成绩作为评价一个孩子最重要的指标。因此，在家庭和学校的双重期待中，很多孩子承受着超出他们身体和心理承受能力的巨大压力，面临着情绪和心态的崩溃。

辰辰是一名品学兼优的孩子，学习成绩一直名列前茅，再加上他心地善良，性格平和，所以很受老师和同学们的喜欢，父母也为有这样一个儿子而骄傲。当然，辰辰的一切都不是凭空而来的，他的父母在辰辰成长的道路上起了非常关键的作用。也许你认为辰辰也会为自己的好成绩而高兴，但事实并非如此。辰辰总是闷闷不乐，他经常觉得自己喘不过气来，哪怕是考了好成绩，比赛获了奖，被老师夸奖，被同学羡慕，他也很难真正地感觉到快乐，因为这些都远远不能满足爸爸妈妈的期望。辰辰的父母对他要求很高，除了整体的成绩排名不能低于班级前三名以外，单科成绩也制定了很高的目标。另外，父母还给辰辰报了奥数班、编程班，只要是周末或者假期，辰辰就会被送去补习。爸爸妈妈样样都要求他出类拔萃，他们最常挂在嘴边的两句话就是“技多不压身”“不能输在起跑线上”。辰辰已经习惯了爸爸妈妈的说话方式，哪怕他的成绩再好，爸爸妈妈在夸过他之后，一定还会再说一句：“还有进步的空间，这也算不上特别好的成绩，继续努力吧，下次要争取更好！今天晚上把新买的数学试卷找一套出来做做……”多少次，辰辰和父母的对话都是这样结束的。父母只会给辰辰安排任务，却根本看不到辰辰眼中的落寞和失望。

有一次考试，辰辰没有发挥好，虽然总成绩不算特别差，但是他有一科只考了年级三十多名。老师也没有想到辰辰会考得这么差，非常失望地拍着辰辰的肩膀说：“你从来都没有考过这样的低分！真是太让人失望了！哎！”拿着成绩单的辰辰无比害怕面对爸爸妈妈的眼神，吓得迟迟不敢回家，因为他知道，一回家面临的肯定是父母的责问和训斥。

就这样，辰辰把成绩单藏在枕头下面好几天。每天早上，辰辰都是垂头丧气地去上学，再垂头丧气地回家，爸爸妈妈也没有看出孩子的异常。在巨大的心理压力下，有一天晚上，辰辰居然做了个噩梦，他梦到爸爸妈妈恶狠狠地拿着他的成绩单，妈妈凶神恶煞地问他为什么会考成这样，爸爸竟然拿着皮带要来抽他，辰辰在梦里大声地呼喊：“爸爸妈妈不要打我，求求你们不要打我，我会好好学习的！”辰辰在梦里一边喊一边哭了起来。听到辰辰睡梦中的哭喊，爸爸妈妈这才突然意识到，原来，他们所谓的为孩子的未来着想，竟然给了孩子那么大的心理压力，他们的内心顿时五味杂陈。

第二天早上辰辰刚起床，爸爸妈妈已经做好了饭在等他，辰辰不知道为什么，爸爸妈妈今天都特别温柔，说话都是轻声细语的。吃饭吃到一半的时候，辰辰妈妈先开了口，她说：“辰辰，你们这次考试的成绩，爸爸妈妈已经问过老师了……”辰辰一听，顿时汗毛直竖，筷子都从手里滑落到了地上。妈妈看着辰辰紧张的样子，帮他把筷子捡起来，继续耐心地说：“虽然你这一次有一科没有考好，但是总成绩还是不错的。而且，学习再好的人都有失利的时候，爸爸妈妈不希望你太把这件事放在心上，我们也不会责怪你。只要我们仔细分析这次考试的问题，好好学习，弥补缺漏就好，成绩是次要的。”这是辰辰第一次听到妈妈说这样的话，压抑了好多天的委屈终于一齐发作，他“哇”的一声哭了出来。爸爸妈妈看着辰辰的样子，心疼得不得了，都暗下决心，以后再也不会给孩子这么大的学习压力了。

望子成龙无可厚非，但是父母应该准确地把握一个度，毕竟父母要的不只是成绩优秀的孩子，还希望孩子能身心健康、快乐地长大。父母每给孩子多施加一分压力，孩子的快乐就会减少一分，他们幼小的心灵原本不该承受那么多！所以，不要再给孩子那么多负担了，他们背负的东西太多，就难以体会真正的快乐。每个人的童年时期、少年时期都只有一次，不要让孩子在这么单纯的年纪里留下遗憾。

当然，不给孩子过多的压力，不代表可以任由孩子为所欲为，或者丝毫不对孩子有任何要求，把握好其中的尺度才是关键。那么，作为父母，我们可以采取什么方法给孩子减轻负担，让孩子在一定的要求下过得更轻松快乐呢？

（1）给孩子留出自由支配的时间

孩子在学校里的学习负担已经很重，很多父母还要给孩子安排各种各样的兴趣班、补习班，这样不仅占据了他们的课余时间，而且很容易让孩子对原本喜欢的事物失去兴趣，慢慢变成只是按照父母的要求完成学习任务而已。所以，父母在给孩子报辅导班的时候一定要尊重孩子的意愿，而且不要安排得太满，要给他们自由安排时间的权利，并且多鼓励孩子外出锻炼，接触自然，放松身心。

（2）允许孩子发泄不满情绪

孩子压力过大的时候势必会导致情绪的偶尔失控，他们也许会对身边的人和事表现出不满，甚至是愤怒。父母不要强行压制孩子的不满和愤怒，要给孩子的情绪一个出口，让他们尽情地表达内心的痛苦。

（3）给孩子创造安静的生活环境

安静的生活环境有利于缓解孩子内心的压力，所以父母要努力营造一个怡人的环境，让孩子一回到家就进入一个清新整洁的空间。

（4）营造温馨快乐的家庭氛围

当父母发现孩子学习压力过大时，在家里应尽量避免谈论与学习有关的问题，孩子考试结束以后也不要喋喋不休地询问考试情况。父母之间如果产生矛盾，要心平气和地通过谈话和商量的方式解决，不要在孩子面前表现出剑拔弩张的状态。跟孩子交流的时候，可以选择一些轻松有趣的话题，比如电影、游戏、小动物等，帮助孩子在轻松的氛围中放松心情。

（5）帮助孩子化压力为动力

洋洋从小语言表达能力就很好，上学以后，作文也写得特别好，一直是老师眼里的作文天才，他写的文章常常被老师拿来在班里当成范文读，洋洋对此也十分骄傲。

最近，洋洋的心情有些紧张，因为老师选他参加一个市级的作文比赛，与他同时参加的还有隔壁班同样成绩优异的小左。

洋洋倒不是担心自己比赛比不好，他更担心的是自己比不上小左会丢面子，自己的“威名”就没了。洋洋跟爸爸妈妈说：“我一定要赢得这次比赛，这可是为我们全校争光的机会！”爸爸妈妈见洋洋这么有决心，也都十分高兴，开心地跟洋洋讨论比赛的一些注意事项。

比赛成绩下来的那一天，洋洋一脸失落地回到家。看样子，似乎是没有发挥好，妈妈小心翼翼地问洋洋比赛结果，洋洋委屈得几乎要哭出来，忍了半天才撇着嘴说：“为什么隔壁班的小左平常作文都没有我写得好，比赛的时候却得了一等奖，而我只拿到了三等奖……”

妈妈一听，笑着安慰洋洋说：“你已经很棒了！三等奖也是很优秀的啊！”

“可是，我写作文输给了小左，我不服！”洋洋一脸严肃又有些生气地说。

妈妈明白，洋洋是有了危机感，一直以来，他都是老师和同学眼中作文写得最好的那一个，当出现另外一个人比他更优秀的时候，他心理上有了压力。这正是教育孩子的好时机，于是，妈妈继续对洋洋说：“小左能够获得一等奖，也许有运气的成分在，但是从另一个方面想，他也一定是有相当强的实力的。既然这一次咱们没有发挥好，那就要向优秀的人学习，既然你们就在隔壁班，为什么不互相认识一下，多做一些了解呢？你还可以向人家请教一些写作的方法啊！两个人一起进步，都会变得更优秀，这样不是更好吗？”

洋洋挠挠头，觉得妈妈说得十分有道理，心里顿时豁然开朗。他决定要跟小左做朋友，以后两人互相探讨，共同进步，下次再有比赛的时候，两个人还可以再一起参加，他一定会再次努力，争取超过小左。

这个故事中，洋洋的妈妈就是个会教孩子化压力为动力的聪明妈妈。为人父母，在孩子遭遇挫折或者陷入自我怀疑的时候要告诉孩子，学习上出现暂时性的问题是正常的，正是这样才能找到自己的短板，也才能知道自己进步的空间有多大。让孩子学会在逆境中成长，将学习的压力转化为向上的动力，这是父母必修的功课。

每个人都要承受来自各方面的压力，大人也许能更轻易地将这些压力进行释放，但是孩子的承受能力和化解能力有限，所以家长要做好引导工作，帮助孩子释放压力，走出阴霾，迈向更精彩的人生。

割掉忌妒的毒瘤

忌妒是一种复杂的负面情绪。一个有忌妒心的人，在看到别人在名誉、才能或者其他方面超越自己时，会不由自主地对对方产生厌恶、猜忌，甚至是憎恨的情绪，而且自己也会因此变得焦虑、恐惧，并为此感到羞耻。人一旦深陷忌妒之中，往往会给自己和他人带来很多困扰，情绪严重的，甚至会对别人做出不可思议的伤害行为。如果一个孩子对别人产生了忌妒心理，是一件非常可怕的事情，这甚至会影响到孩子的未来。所以，父母一定要帮助孩子，将忌妒的萌芽扼杀在摇篮之中。

美美的学习成绩一直很好，爸妈都很宠她，也常常在别人面前夸奖自己的女儿。因为成绩好，美美在学校里也是老师很喜欢的学生，所以无论在哪儿，美美总是一副高傲的表情，在她的心里，自己就是最优秀的孩子，没有人能比得上她。只要和同龄人在一起，她总是喜欢对别人的语言或行为指手画脚，对别人的优点却从来视而不见，因此，美美虽然成绩优秀，却没有多少谈得来的朋友。

有一次，舅妈带着大美美两岁的表哥来家里做客。美美知道，表哥的学习成绩也不错，但是她觉得表哥一定不如她，所以有意想在众人面前和表哥比试一番，借这个机会表现一下自己。在大家吃过午饭闲聊的时候，美美主动提出要和表哥玩成语接龙的游戏。大人们没有在意美美的话，表哥是个比较内向的人，一开始也没有表态。美美哈哈大笑地对表哥说：“表哥，你是不是怕输呀？哈哈哈……我们不玩很难的，就玩成语接龙嘛！谁说错了就给对方加一分，最后输了的人请吃冰激凌，怎么样？”说完之后，还不忘强调自己在班里玩成语接龙是第一名，谁都赢不过她，表哥如果愿意认输也可以直接放弃比赛。大人们都没把美美的话放在心上，但是美美却不依不饶地非要表哥和她玩。

美美的爸爸妈妈见女儿如此有兴致，便也鼓励表哥跟美美玩，还说输了也没关系，都是表兄妹嘛。表哥看了一眼自己的爸爸妈妈，爸爸妈妈微笑着默许，于是，表哥接受了美美的挑战。美美心里喜滋滋的，她下定决心，要在众人面前把表哥 PK 掉。可是，令人意想不到的是，三轮成语接龙玩下来，美美完全不是表哥的对手，表哥已经赢了十几分，美美才只有三分。每次接龙的时候，表哥总是说得又快又准，反而是美美，轻易就败下阵来。眼看着胜负已定，美美要在众人面前丢人了，气急败坏的她抓耳挠腮，对着表哥大喊：“你也没什么了不起的，不就是比我大两岁吗？等我再长大一点儿，才不会输给你呢！哼！讨厌鬼！”边说边哭着跑出去了，留下一群大人面面相觑，场面十分尴尬。

一个孩子拥有好胜心是非常正常的，但是当看到别人比自己优秀就气急败坏、难以接受，那就是一种不正常的心理状态了。很明显，美美不愿意接受自己不如别人的事实，对超越自己的人只会用敌视甚至是仇视的眼光看待，这就是忌妒心理在作祟。

一个忌妒心强的孩子，是很难接受别人的优秀的，他们的自信是一种毫无自知之明的盲目自信，这种孩子在集体中也并不受欢迎。

容易忌妒别人的人，就会对人冷淡、刻薄，因为不愿意承认别人的优秀，就会选择对人进行打压，甚至是以诽谤的方式发泄内心的情绪。忌妒心就像一条毒蛇，它盘踞在孩子的内心深处，如果不加以处理，会慢慢啃噬孩子纯洁的心灵，让孩子的心理越来越扭曲。那么，父母应该如何帮助孩子消除忌妒心呢？我们可以试试以下几种方法：

（1）判断孩子对他人的忌妒是不是争强好胜的表现

如果孩子只是争强好胜，表现出的是不服输的状态，父母就可以教育孩子，既然不愿意认输，就要通过努力证明自己，获得比别人更大的成就，而不是通过一味地否定别人来达到心理平衡。

（2）教育孩子学会欣赏别人的优点

每个人都是优缺点的集合体。这个世界上不存在完美的孩子，也不存在一无是处的孩子，因此家长要教育孩子，在真实客观地认识自己的同时，也要看到别人的优点，对别人取得的成绩要发自内心的赞美，并以谦虚的态度向他人学习，争取让自己也变得同样优秀。

（3）帮助孩子摆脱自卑的困扰

有些孩子上一秒还是自信满满，在遇到比自己更优秀的人时，就有可能突然变得沉默寡言，自伤自怜起来，他们可能在某一个小团体中是表现最好的，但是拥有这样的心态，势必难以走向更宽广的世界。当孩子因为别人做得好而开始自我怀疑，甚至是有自卑表现的时候，家长一定要及时开导孩子，告诉他们，一个方面做得不如别人，并不代表自己就是最差的，每个人都有不同的闪光点，要看到自己的优点，不断改正缺点，这样才能变得更好。家长要有意识地培养孩子的自信心，告诉他们，哪怕是受到了打击，也要奋起直追，做不服输的孩子。

忌妒有时会催人奋进，可更多的时候会将一个人拖进伴随忌妒而生的扭曲的深渊。孩子要健康地成长，就要割掉心中忌妒的毒瘤，做一个积极的人。孩子并不能及时认识到自身存在的忌妒以及忌妒带来的危害，这时就需要父母做好引导。忌妒的对面是宽容、大度，所以父母要教会孩子宽容，这样孩子的未来才会更美好。

【情景考查】

如果你的孩子陷入了消极情绪无法自拔，整天都垂头丧气，你会怎么帮助孩子摆脱这种状态呢？

【智慧锦囊】

要与孩子及时沟通，心平气和地跟孩子聊天，在谈话中一步步引导孩子说出内心的烦恼，帮助孩子倾诉不快，避免情绪长期积压在心里，形成更严重的心理问题。

要鼓励孩子大胆尝试。如果孩子是因为遭遇了挫折而陷入了悲观情绪，父母则要教育孩子，遇到事情不要畏首畏尾，不要胆怯，哪怕失败了，也要敢于尝试第二次。对于那些看上去难以解决的问题，也要有放手一搏的勇气，从心理上帮助孩子改掉胆小懦弱的性格。

要帮助孩子敞开胸怀，接纳外界的新事物。可以带孩子到户外，体验户外生活，感受大自然，让孩子在大自然中敞开心扉，获得心灵上的慰藉。

第五章

巧用赞美和批评，培养品质与能力

好父母不吼不叫，注重培养孩子的品质与能力。

将赞美大声说出来

很多家长都会不自觉地走入批评式教育的误区。他们认为，只有批评孩子，让孩子没面子，最好是面红耳赤无话可说，他才能记忆深刻，以后不会再犯同样的错误。相反，如果总是赞美孩子，很容易养成孩子骄傲自满的性格，对孩子的成长是不利的。其实，这是一种错误的想法。

巧巧从小就非常机灵，上学以后，成绩也特别好。无论哪个学科的老师，都很喜欢她。但是，巧巧却始终是闷闷不乐的，因为无论她做得多好，每次满心期待妈妈能夸奖一句的时候，总是失望而归。

有一次考试，巧巧考了班上第一名，她开心地回家想要跟爸爸妈妈分享，希望他们能感受到自己的这份成就感。但是还没等爸爸开口，妈妈就一盆冷水浇了下来："又不是年级第一，有什么好高兴的！就算是年级第一，还要跟其他学校的学生比呢！还要跟整个市里的学生比呢！这么容易满足，以后怎么能进步？这么大孩子了，怎么一点儿上进心都没有……"经过妈妈这一连串连珠炮似的打击，巧巧原本的欣喜和兴奋一扫而光，再也笑不出来了。

这样的事情并不是偶然，而是巧巧的家常便饭。有一次，巧巧画的画被学校老师张贴到了公示栏，大家纷纷赞赏巧巧是画画的天才。没想到妈妈去接巧巧放学的时候看到了那幅画，当场就撕了下来，而且还大声地训斥巧巧："你天天不想着好好学习，就知道弄这些没用的东西！画画有什么用，能当饭吃吗？我看你这样下去，以后还能有什么出息！"巧巧被骂得狗血喷头，她撇撇嘴，把一肚子想说的话都憋了回去。

有一次，巧巧又被妈妈骂了，她实在是忍无可忍，在老师询问时，委屈地哭了起来。老师深入地跟巧巧做了沟通之后才了解了情况，于是去巧巧家里家访，试图帮助巧巧妈妈改变一下教育方法。老师和巧巧妈妈深谈一番后，巧巧妈妈这才意识到，自己的说话风格已经严重影响到了巧巧的心情，后悔不已。她一直以为自己这样做是对孩子严格要求的一种表现，她希望孩子不要骄傲，要更加主动地追求上进，没想到给了孩子那么大的压力，这是妈妈始料未及的，她当即向老师保证，以后一定会采用更温和的方式来教育孩子。

好孩子一定不是自我成就的，一个优秀孩子的成功成才肯定少不了父母的努力。当我们发现孩子身上的闪光点时，一定要毫不吝啬地把赞美的语言说出来，让孩子知道，父母已经看到了他的长处，而且非常欣赏他，让他感觉到他是值得父母骄傲的孩子。即便孩子还不够完美，身上有很多问题需要改正，我们也要告诉他："你有很多优点，爸爸妈妈以你为傲。但是，爸爸妈妈希望你能在其他的方面也努努力，凭你的聪明，一定会进步很快的。”只有这样，不断地肯定和鼓励孩子，他们才愿意听取父母的意见，一点点地改变自己。

紫霄是一个特别有画画天赋的孩子。妈妈也很注重培养她的这一特长。但是，在紫霄刚开始学画画的时候，也经历了一个非常辛苦的过程，是妈妈的一路陪伴和鼓励，帮助紫霄走了过来。

最开始的时候，妈妈只是在家里教紫霄画画，权当是一种哄孩子的方式，没想到的是，当时只有两岁的紫霄，居然特别喜欢各种颜色的彩笔，她在白纸上专注地画着，画完了之后就拿给妈妈看，指着画中的内容给妈妈介绍：“这是妈妈，这是爸爸，这是我。这是房子，这是树，这是太阳……我们一家人就生活在这个美丽的大花园里……”尽管紫霄的画里只有一些乱七八糟的线条和几个不算圆的圆圈，但是妈妈从来不曾否定过她。每次妈妈都会认真地听紫霄介绍画里的内容，然后微笑着夸奖她：“哇！你画得太棒了！妈妈都没有你画得漂亮呢！宝宝的手真灵巧！”就这样，在妈妈的鼓励和陪伴下，紫霄顺理成章地喜欢上了画画。

等紫霄大一点儿的时候，妈妈帮紫霄报绘画班，紫霄每次上课都是兴冲冲地去，每次都提前到教室，还会把在家里画的作品拿给老师看，请老师指点。

紫霄的绘画技艺越来越娴熟，就连老师都说，这孩子是个难得的好苗子，好好培养，一定能成才。妈妈听到老师这样的评价，内心也十分欣慰。也许，紫霄现在还不明白妈妈在她的绘画生涯中起到了怎样重要的作用，但是她一定感受到了画画的快乐，和妈妈带给她的自信。我们也能从这个故事中发现，在赞美中成长起来的孩子，更容易获得成功和快乐的体验。

当我们遭遇挫折的时候，总希望身边能有人给我们一些鼓励，孩子的心理和我们其实是一样的。在得到他人赞美的时候，孩子更容易激发内在的动力，更愿意付出更多去自我实现。也许对于家长来说，只是简单的一句“你做得很好”，或者只是对孩子竖起了大拇指，向孩子投过去一个赞许的目光，但这些都能让他们的内心感受到力量，从而更加坚定地前行。

没有哪个孩子生来就是注定不平凡的，要想孩子有更大的创造力，将来有更大的成就，父母就要摒弃刻板的教条主义和蛮横的教育方式，大声地赞美孩子，让孩子知道他不比任何人差，甚至在很多方面做得特别优秀。父母不要将孩子限制在一个固定的框里，要让孩子自由地发挥，自由地成长。只要家长能够时刻注意赞美孩子，孩子就会给你展示一个全新的绚丽的世界。

沫沫从小就喜欢动手，刚三岁半的时候，他就已经会用纸折很多动物造型了，在这之中他最喜欢的是叠千纸鹤。有一次，沫沫在书房里看故事书，妈妈在客厅里接待客人，跟客人聊着聊着，不知不觉一个小时就过去了，妈妈突然发现书房里变得很安静，一点儿声音都没有。妈妈担心沫沫，于是来到书房，却看到沫沫根本没有在看故事书，而是趴在桌上叠千纸鹤呢！大大小小各种颜色的千纸鹤铺了一地。妈妈怒气上涌，冲着沫沫吼道：“刚才不是在读书吗？怎么又弄起这个来了？整天就知道玩儿这些没用的东西，这有什么用呢？你就是折纸折得再好，又有什么意义呢？”沫沫抬起头，瞪着惊恐的眼睛，看着怒气冲冲的妈妈一动也不敢动。

朋友闻声赶来，看到吓得不敢动弹的沫沫，赶紧蹲下来搂住孩子的肩膀，温柔地问他："你折的千纸鹤可真漂亮啊！阿姨可喜欢了，你能送给阿姨吗？"沫沫看着阿姨，说："可以，但是只能送给你一只。""为什么呢？多送给阿姨两只不行吗？阿姨真的非常喜欢呢！""可是，我是折了送给妈妈的，她明天就要过生日了，这是我打算送给妈妈的生日礼物。"朋友转过身，对沫沫妈妈使了个眼色就出去了。妈妈怔了一会儿，这才蹲下来，仔细地看着孩子手上的千纸鹤，多么精致可爱的东西啊！为什么自己从来没有仔细观察过呢？岂止是没有仔细观察过千纸鹤啊，她又什么时候认真观察过孩子的心呢？

妈妈后悔极了，她向沫沫郑重地道歉："对不起，妈妈不该吼你。你真的是一个特别棒、特别温暖的孩子，妈妈以后再也不吼你了！"妈妈在给沫沫道歉的同时，也真诚地赞美了孩子。说完后，她抱着沫沫久久没有松开。沫沫微笑着把一只千纸鹤放到妈妈的手里，对妈妈说："没关系！妈妈，你喜欢我叠的千纸鹤吗？"妈妈用力地点点头，她似乎能明白沫沫的心了。

很多父母不懂得赞美孩子，其实是忽略了赞美的巨大作用。赞美别人，可以让人心情愉悦，让人在困境中看到光芒，让人在绝望中看到希望，甚至可以改变一个人的一生。为了孩子更好地成长，家长需要学会正确地赞美孩子，我们可以从以下几个方面去做：

（1）赞美要尊重事实，实事求是

赞美不能过于盲目，也不能太过敷衍。很多家长赞美孩子的时候只会说"你真棒""你真好"，但这句话听多了之后就会发现，其实特别虚空，没有什么实质性的内容。其实，高明的赞美应该要具体化。比如，当孩子唱歌的时候，我们可以赞美孩子的歌声美妙；孩子画画的时候，我们可以赞美孩子色彩搭配得十分美观等。总之，要实事求是，进行具体、有针对性的赞美。

另外，赞美的话语不要过于夸大，比如“你是世界上最棒的”“谁都比不上你”，这样的话会让孩子在长大以后对自己的能力产生怀疑，或对自己的能力产生错误的判断。

（2）及时赞美，阶段性鼓励

赞美要及时，也就是在孩子做出某种行为时，马上对他们进行赞美，这样的效果是最好的。但是鼓励也要分阶段，比如，当孩子遇到挫折想要放弃的时候，我们就可以用以前他自己的正面事例来鼓励他，告诉他，以前遇到困难能够坚持下来，现在也照样可以。或者是当孩子的学习进入某一个关键性阶段的时候，如马上要期末考试，孩子的心情比较紧张，或者是在比赛前夕，父母就可以鼓励孩子，告诉他们要正确地看待考试或者比赛，充满信心，竭尽全力。

（3）赞美要具体到细节

如果孩子行为的细节得到了赞美，那么孩子往往会把那个细节再次放大，于是在脑海中形成了相对来说比较清晰的记忆，孩子下次就会仍然按照父母希望的样子去努力，这样对孩子的教育起到的效果会更好。

孩子的成长离不开家长和老师的适当赞美，不要将赞美的话放在心里，要大声地说出来，孩子才能真切地感受到鼓励，这样才能更好地前进。

适当赞美，让孩子对自己正确定位

懂得赞美别人，是一种美好的品质。但是，赞美也要分情况，也要尊重事实，不顾事实的赞美，虽然看似取悦了别人，但是容易让他人对自己进行错误的定位。对待孩子也是一样，赞美孩子是非常好的一种教育方式，但是在赞美他们的时候，一定要把握好度，这样才能让孩子对自己有一个准确的定位，不至于盲目自信。

有一次，因为爸爸妈妈加班回来比较晚，娇娇自己在家。百无聊赖的娇娇忍不住好奇心，在家里翻箱倒柜，试图找到一点儿新鲜的东西，以便打发那个下午。终于，娇娇在妈妈的柜子里发现了一些颜料。要知道，妈妈平常很少让娇娇单独玩儿那些颜料的，爸爸妈妈会把那些颜料藏在某个地方，让娇娇找不到。趁着妈妈不在家，娇娇的胆子大了起来，她把颜料通通拿了出来，挤在地上，拿起笔就开始在地板上“创作”。等到妈妈下班回来的时候，发现画累了的娇娇已经趴在地板上睡着了。妈妈根本不知道从哪里下脚，地板简直惨不忍睹。妈妈强忍住内心的郁气，轻轻摇醒娇娇。娇娇醒了，眨巴眨巴眼睛，一看是妈妈，高兴地问道："妈妈，你看我画的画怎么样？"妈妈虽然对这脏兮兮的地板感到很头痛，但还是微笑着对娇娇说："你画得很好，妈妈看到你在地板上画了好几道美丽的彩虹，真漂亮！妈妈相信，只要你继续努力练习，以后一定能画得更好！"娇娇开心地搂住了妈妈的脖子。

当然不是所有的父母在面对这种情况的时候都能像娇娇的妈妈一样那么镇定，也没有那么好的脾气来面对满地的狼藉。而且，很多家长是从来不夸孩子的，因为他们认为孩子夸多了就会骄傲，不利于孩子的成长。虽然我们提倡家长多赞美孩子，但是对这一观点也并非全盘否定，因为生活中确实有些孩子在面对赞美的时候容易迷失自我。

小玉的妈妈从小就注重培养小玉的语言能力，所以在她很小的时候，就已经有意识地教她背很多英语单词和中国古典诗词了。小玉也慢慢喜欢上了语言，她的这一优点却被家人无限夸大，每次跟人谈论起孩子，都要在别人面前夸赞一番。久而久之，小玉也认为自己身上有着别人比不上的优点，变得有些骄傲。

有一次，家里来了几位客人，小玉的妈妈还是像平常接待客人时一样，让小玉在众人面前背古诗、英语单词来展示自己。小玉最喜欢这种场合了，因为她十分享受大人们用赞许的目光看着她时的样子。小玉清了清嗓子，十分认真地背起了《满江红·怒发冲冠凭栏处》，一边背诵还一边表演，几位客人纷纷为小玉鼓掌，夸赞小玉是个小天才。小玉背完一首，歪着头，抱着手臂，露出骄傲的神色。

正当大家为小玉的可爱哈哈大笑的时候，小玉突然问其中的一位叔叔："叔叔，你知道大象用英语怎么说吗？"叔叔故意逗小玉玩，就回答说"不知道"。谁知小玉突然蹦出一句："连这么简单的英语单词都不会，叔叔真是个大白痴！"虽然只是孩子随口说的一句话，但是已经足以让场面变得异常尴尬。众人只好笑笑，那位叔叔也是哭笑不得。

之所以会发生这么尴尬的场面，是因为家人在夸小玉的时候有些过度了，孩子想当然地以为自己是最厉害的那一个，甚至觉得自己是天才，有了这样的想法后，就会变得目中无人，甚至会对他人出言不逊。这不是孩子本身的问题，是父母的赞美有失偏颇造成的。

下面这个例子也是这样。

有一天晚上，小梅在辅导儿子写作业，看到儿子做数学题做得特别快，正确率也很高，于是忍不住夸孩子说："你可真没让妈妈失望！这题目做得又快又对，我就知道，以你的水平，以后是可以当个数学家的！论数学这一科，你们班没有一个比你厉害的！"听了这话，儿子更高兴了，于是他嗖嗖地做题，速度更快了，只求量不求质。做完以后，小梅一检查，却发现了好几个问题，小梅问儿子："这几个错了的你自己能再修改一下吗？"谁知儿子当场把笔一扔，坚决不改。

小梅劝慰孩子说："错了也没关系啊，我们改正就好了……"谁知儿子却一脸不屑地说："这么简单的题，有什么好改的，我又不是不会，只是不小心算错了而已……"小梅没想到，自己对孩子的夸奖居然夸出问题来了。在之后做作业的时候，儿子每次做错了，总是会说“我又不是不会，只是失误罢了”来为自己找借口，小梅对此也非常苦恼为什么会出现这种情况。其实，究其原因，就是妈妈夸得过度了，儿子被架在数学家的大名上下不来，他不愿意承认自己堂堂一个“数学家”居然也会出错，这样会让他觉得很没面子，而且这样一来，每次儿子遇到难题的时候都会选择性地放弃，连思考都不思考，养成了坏习惯。其实，儿子的心理就是怕配不上妈妈说的“数学家”三个字。所以，发现题目有点儿难，就连做也不做，省得被人发现自己是“假数学家”，不做总比不会更好听。

所有的孩子都渴望得到夸奖，夸奖很多时候可以激发孩子的动力，让他们更愿意主动学习，但是当夸奖过度的时候，就会使得孩子的思想出现偏差，不能清楚地辨别自己的对错，也不能对自己进行准确的定位和评价，这其实是非常可怕的。

很多家长都认识到，夸奖孩子是激励孩子的一种好方法，但是夸奖绝对不是乱夸，而是要讲究方法和技巧。孩子总是在被批评的家庭氛围中长大是不健康的，反之亦然，在毫无原则、毫无技巧的夸奖中长大的孩子也是不健康的。如果一个孩子每天都生活在虚假的赞美当中，我们很难想象，这样的孩子将来能不能承受住生活的打击和折磨。如果因为父母的过度夸奖导致孩子变得不能正确地认识自己，变得脆弱不堪，岂不是弄巧成拙吗？俗话说“忠言逆耳利于行”，夸奖孩子，让孩子增强自信心是必要的，可如果一味夸奖导致孩子养成既自负又骄傲的性格，倒不如给孩子一些“逆耳忠言”了。

当孩子做了好事的时候，我们不要吝啬自己的夸奖，但是要根据当时的情况，选择恰当合适的语言进行表达，让孩子意识到自己的行为是被人认可的，让孩子有自信心，将来做更多这样的好事。但是，如果孩子犯了错，也要坚持原则，可以给予孩子适度的惩罚。夸奖容易让孩子找到自信，但是一旦过度，孩子就容易骄傲自满，完全不懂得谦虚的可贵。所以，在夸奖孩子的时候一定要注意方法，不要把孩子培养成一个目中无人、嚣张跋扈的人。

批评也需注意方法

孩子的世界非常单纯，他们的眼里有时候没有对错之分，父母在孩子不分对错的这个阶段，要帮助孩子去判断对错，对于孩子的错误行为，要帮助孩子彻底纠正，以后避免再犯。帮助孩子纠正的时候，很难避免地要用到批评或责备的教育方式。

成年人的世界有不得不遵守的规则，但是让孩子遵守这些规则却并不容易。他们并不是随着年龄的增长自然就能学会遵守规则，而是要经过父母和师长的教育，在长期的实践中慢慢积累经验。只有经历了犯错的过程，才能长成明辨是非、知错就改的好孩子。

责备或批评孩子，说起来容易做起来难，它要求父母掌握一个合理的度。我们首先要明确，孩子的错误是故意的还是失误，是可原谅的小事还是原则性的大问题。在判断清楚的情况下，才能对孩子进行责备或批评教育。大多数情况下，对孩子进行责备就可以起到一定的效果了，如果一定要动用批评的方式，那就在批评孩子的过程中掌握好分寸。

那么，我们如何把握批评的分寸呢？这就要求父母在批评孩子的时候，要同时给孩子一些建设性的意见，既让他们知道自己做错了，也给他们指明了改正的方法。

小慧早上吃早饭的时候，一不小心把妈妈刚倒好的牛奶洒了，坐在小慧对面吃饭的妈妈顺手拿起筷子在小慧的头上重重敲了一下，然后生气地训斥道："是不是每天都要跟你说要小心，要小心？做什么事都毛手毛脚的还能干什么？刚才就提醒过你别把牛奶弄洒了，但是你就是要弄洒它！每次都要别人帮你擦屁股，真是烦死了！"说完之后，一脸烦躁地收拾，收拾好了之后又骂小慧"笨手笨脚"的，说她一点儿也不像个女孩子。

在另一个家庭，也上演了类似的事情。

七七不小心打翻了妈妈刚倒好的牛奶，妈妈虽然着急上班，但还是耐心地帮七七把身上擦干净，给她换了衣服，又把地板擦干净，然后抱着七七说："没关系，妈妈再去倒一杯，你要记住哦，下次小心一点儿，不然杯子都要被摔碎了，万一割到你的手指妈妈会很心疼的。"七七听话地点了点头。妈妈也对女儿露出了赞许的目光，然后继续吃饭，妈妈没有再对女儿说什么，但是七七却很感激地看着妈妈说："我知道错了，妈妈，下次我会注意的。"

同样的场景，不同的父母，处理的方式完全不同，对孩子心理上造成的影响也是天差地别的。有时候，孩子犯了错，可能不是故意为之，父母在面对孩子的错误时，可以责备或批评，但是一定不能把对孩子所做错事的责备转变为对孩子人格或品质的攻击。而且，在说话的时候，一定要注意措辞，不能在生气时因冲动而口不择言，想到什么就说什么。但在生活中真实的情况往往是，在孩子犯错后，家长很容易像第一个事例中的妈妈一样对待孩子，他们只发泄了自己的怒火，却没想到伤害了孩子的心灵。

为什么父母很难把握责备与批评的度呢？很大程度上是因为父母在责备或批评孩子的时候，自身的情绪过于激动，没有办法做到冷静平和。所以，为了更好地发挥责备与批评的效果，父母首先要学会控制自己的情绪，压抑内心的怒火，对孩子的责备与批评就事论事，而不要上升到对孩子性格或人品的攻击。

很多家长可能会认为，那我们就要对孩子的错误行为保持百分之百的忍耐，这也是错的。当我们一直忍耐孩子的错误的时候，其实扮演的就是一个不分是非的父母的角色，就没有办法让孩子知道他已经犯错了，而且父母对此表示反对，希望孩子改正。过度的忍耐并不能让孩子觉得父母对自己是温和慈爱的，反而会让孩子认为父母不够关心自己，甚至可能为了进一步博得父母的关注而做出更多更出格的事情。

父母会因孩子犯错而产生愤怒是正常的，只要利用好了愤怒，甚至可以发挥其在教育孩子过程中的巨大价值。那么，父母到底该如何利用好愤怒这一情绪呢？我们可以从以下几个方面去做：

（1）将愤怒限定在一定程度内

父母可以在孩子面前表现自己的愤怒，但是这种愤怒的情绪只来自当时，而不能因为父母自身的心情或者与此无关的事情而随意加重。适度的愤怒可以让孩子明白什么是可以做的，什么是不能被容忍和原谅的，父母也有责任让孩子知道，只要他们做的事没有超过底线，父母虽然愤怒，但还是可以和孩子好好沟通的。

（2）在愤怒的同时将想法和意图也传达给孩子

父母在表达愤怒的同时也要告诉孩子自己为什么发怒、自己希望孩子怎样做等，这样既能缓解内心的压力，也能让孩子明辨是非对错，以免对自己和孩子造成新的矛盾和伤害。

从小培养好孩子对父母的信赖感之后，孩子是很容易感受到父母的情绪变化的。所以，当孩子真的犯错的时候，父母可以不加遮掩地把自己的愤怒情绪传达给孩子，让他们知道，有些事情父母是不喜欢的。在今后的生活当中，孩子就会有意识地去避免类似事情的发生，从而获得更好的成长体验。

做一个宽容他人的暖心人

明代文学家冯梦龙曾经说过：“事不三思终有悔，人能百忍自无忧。”这是一种豁达的生活态度，也给后人的为人处世方法以巨大的启迪。跟宽容的人在一起，往往有如沐春风的感觉，他们没有咄咄逼人的压迫感，也不会干涉别人的行动或想法。宽容能让孩子更好地融入周围的环境，更好地为人处世，这种良好的品质从幼年时期就应该着重对孩子进行培养。

宽容渗透在生活的方方面面，它有很多不同的表现形式，要培养孩子的宽容的品质，就要了解如何才能做到真正的宽容。宽容的表现主要有以下几种：

（1）有选择性地遗忘

宽容的人往往都是“健忘”的人。他们对于别人做的错事，或者伤害自己的事，往往会选择性地遗忘。而他们记住的是别人美好的一面，对自己友好帮助的一面。这种“健忘”可以让人摆脱坏情绪的危害，也可以给别人机会去发现自己的错误，反省自身，从而帮助他人成长。

有两个朋友相约去旅行，他们曾经去过一个海边，在那里，两个人一起欣赏了美丽的海边日出，但是却在商量下一步的具体行程时，产生了分歧，两人越吵越凶，最后竟然动手打了起来。甲个头比较小，在这场打斗中吃了亏。晚上，甲在自己的旅行日记中写下：“今天乙出手打了我，我真没想到他是这样的人，我无比厌恶他。”

后来，两人又有一次去了沙漠旅行，结果却在途中迷了路。甲的水壶不小心打翻了，仅有的一点儿水迅速消失在沙漠中。甲有点儿沮丧，这时候，乙把自己的水壶拿出来，递给甲说：“快喝点儿吧，我们还得撑着走出这片沙漠呢！”甲拿过水壶，喝了几口，又将水壶还给了乙。甲乙两人最终走出了沙漠，甲在旅行日记中写道：“今天我的水壶打翻了，乙把珍贵的一点儿水让给我喝，我没想到他这么无私，我赞美他，欣赏他。”然后，他又翻到了之前的那一页，把在海边被打的那一篇日记轻轻撕去。

后来，两个人又相约去了很多地方旅行，他们仍然会有争吵，也仍然会互相关心帮助，但是他们的友谊一直坚不可摧。

父母在教育孩子的过程中，也要教会孩子“健忘”，把别人对自己的伤害轻轻抹去，只留下别人对自己的关心和帮助。凡事以一颗平和宽容的心去对待，看到的世界会更加美好，也会结交更多的朋友。

媛媛的妈妈和琪琪的妈妈是好朋友，所以媛媛和琪琪从小时候开始就常常在一起玩，渐渐成了形影不离的小伙伴。有一次，媛媛又来到琪琪家做客。琪琪非常热情地把自己刚买的几条小金鱼给媛媛看。几条小金鱼欢快地摇动着尾巴，在水里自由自在地游着，两个人就趴在鱼缸边上看得入了迷。

琪琪拿来鱼食喂小金鱼，媛媛也要喂，琪琪说："小鱼不能吃太多，吃多了会撑死的。"可是媛媛偏偏不听，执意往鱼缸里倒了不少鱼食。琪琪几乎要哭出来了："你这样会把小鱼撑死的，以后就没有小鱼陪我们玩了……"媛媛也知道自己太鲁莽了，就低着头对琪琪说"对不起"，琪琪却跑到一边，噘着嘴不再跟媛媛说话。

没想到的是，第二天刚一起床，琪琪就发现有两条小鱼真的死了，她伤心地哭了起来，心里对媛媛有说不出的厌恶。

周六的时候，妈妈要带琪琪去媛媛家玩，但是琪琪怎么都不肯去。妈妈给她拿了她最喜欢的洋娃娃说："带着你的洋娃娃去跟媛媛玩吧，她也一定会很喜欢的！""我不要。我再也不想和她玩了，小鱼就是被她害死的，她是一个坏人，我以后再也不想跟她做朋友了……"妈妈一看琪琪的情绪那么大，赶紧开导孩子说："我知道媛媛上次做得确实不对，但是人家已经向你道过歉了，我们不能总抓住别人的错误不放啊，这样不仅你心里难过，媛媛心里也会不舒服的。而且，你想一想，上次你把媛媛刚买的新裙子弄上了泥点子，媛媛是不是都没有怪你，还跟你说白裙子上沾上了泥点子，就当是开了小花呢！"

琪琪听完以后，陷入了沉思，想到上次把媛媛的新裙子弄脏，心里也有点儿内疚，便和妈妈一起去媛媛家玩，两个人重归于好，玩得不亦乐乎。

当我们总是在意别人的过错时，除了让对方痛苦，其实也给自己增加了思想上的负担。父母要教育孩子，少计较别人的错误，多看到别人的优点，这样对人对己都有好处。

（2）允许别人有不同意见

所谓“仁者见仁，智者见智”，对待同一个事物的不同态度和意见正是人们智慧的一种体现。但是在现实生活中，有人却过于霸道，不允许别人与自己有不同的意见，这样的想法是非常危险的，对别人来说也是不公平的。父母也要教育孩子，应当尊重别人的意见。

小叶在小强家里看动画片，小强非要看光头强和熊大熊二，但是小叶却想要看喜羊羊与灰太狼，两个人拿着遥控器你争我抢，最后谁也没看成，小叶还委屈地哭了。

小叶责备小强：“为什么你不懂得让着女孩子！再说了，光头强和熊大熊二长得多丑，光头强嘴巴那么大，熊大熊二那么胖，丑死了！你居然喜欢这样的人！你看喜羊羊、美羊羊多可爱，羊村里的羊们都长得很漂亮，而且非常可爱！”

小强一听就急了：“我就觉得光头强可爱怎么了？凭什么你说什么就是什么，我还觉得你那什么喜羊羊长得丑呢！不想看就算了，不要在我家吵！”小叶委屈地离开了。

回到家后，小叶扑到爸爸怀里就哭，说小强欺负她，还说她的喜羊羊丑，一边说一边骂小强是个笨蛋、傻瓜。爸爸抱着小叶，轻轻地拍着她的背，等小叶情绪平复下来，便对她说：“我没记错的话，你最喜欢的花是百合花对不对？”“是啊！百合花又大又漂亮，还很香，我最喜欢了。爸爸怎么突然说起这个？”“但是你妈妈更喜欢玫瑰花是不是？”小叶点点头，说：

"是啊！可是玫瑰花有刺，妈妈为什么还要喜欢它呢？"爸爸笑了笑，说："因为每个人的想法不同啊，这个世上的花有那么多种，不可能人人都喜欢一种的，对不对？我们为什么要强求别人跟我们一样喜欢百合花呢？"

小叶若有所思地说："我没有强求别人要跟我一样。"

"那你为什么要骂小强笨蛋、傻瓜呢？你喜欢你的喜羊羊，他喜欢他的光头强，你们只是爱好不同，两者并不矛盾啊！"小叶恍然大悟，她这才明白，不同的人会有不同的想法，我们不能勉强别人跟自己保持一致，而应该学会尊重他人。

父母在教育孩子的时候，也要告诉孩子，要拥有宽容之心，懂得接受不同的意见。

(3) 学会忍耐

无论在家庭还是在学校，孩子总是免不了做错事，也免不了受到批评。有些孩子不懂得忍耐，对所有批评他的人都针锋相对，甚至把别人的批评误以为是敌意。比如没交作业被班长批评，就认为班长针对自己。没有按时到校被老师批评，就认为老师对自己有意见。甚至是父母多说了两句，就觉得父母不尊重自己，以致做出一些出格的事情来反抗。这些都是不懂得忍耐的表现。

有一天放学，晴晴刚回到家就开始跟妈妈诉苦。她说："今天班里进行小测验，同桌抄了别人的试卷，老师非说是抄的我的，还把我批评了一顿，同桌也不知道给我解释一下，真是气死我了！"

妈妈知道晴晴考试从来都不会作弊的，就问她："妈妈知道一定不是你，那你向老师解释了吗？”

“解释什么？老师都不给我机会解释，就说我俩关系好，考试的时候得的分数都是差不多的，可是真的不是我给他抄的！”晴晴更委屈了。

妈妈笑笑说：“没关系，老师也不是故意错怪你的。可能在当时的情况下，你的可能性看上去更大一些，而老师又没有时间去做详细的调查。既然你没有做，明天上学再去好好跟老师解释一下就可以了。至于你的同桌，他肯定是被老师抓住以后很紧张、很害怕，哪里还想到要为你解释呢？这都不是什么大事，忍耐一下，明天跟老师说清楚就好了。”晴晴只好点点头。

第二天，晴晴找到了老师，还没等她开口，老师就先说话了：“晴晴啊，昨天考试作弊的事，是老师错怪你了，老师已经知道是怎么回事了。你不要放在心上好吗？下次老师一定会认真调查好再批评的。”晴晴心里的一块石头终于落地了，她用力地点点头，离开了办公室。

人们常说“宰相肚里能撑船”，说的其实就是宽容大度之人。古有三尺巷的传说，现有周总理被剃头师傅刮破脸而不责备，这些无不是宽容的典范。父母也要时时刻刻注意，教育孩子成为一个宽容大度的人。

培养同情心，从小做起

孩子从很小的时候就开始有了社交行为，但是什么样的孩子才能在生活中得到他人的信任和尊重呢？什么样的孩子才是受欢迎的呢？其实，在大人的世界中，我们不难发现，在与人交往的时候，一个有同情心的人，往往能急人所急，想人所想，也更容易获得别人的接受和喜欢。反之，只关注自己，对别人毫无同情心的人，则不容易受到周围人的欢迎，甚至有时候会被孤立。孩子的世界也是一样的。

同情心，顾名思义，可以理解为与他人共情，理解他人情感或情绪的一种心理。广义上来说，无论是对别人的情感反应和认知反应，还是理解他人观点的能力，都属于同情心的范畴。科学研究表明，孩子六岁之前，就是培养同情心的好时机。

在很多场合中，我们都会发现这种现象。当有婴儿哭泣的时候，如果有其他婴儿在场，他们也往往会出现焦虑不安，甚至会因为听到其他孩子的哭声，自己也忍不住大哭起来。这是孩子对别人哭声的一种正常反应。出现这种表现的孩子往往比较小，这也还不能算作同情心的表现，但是这种现象至少告诉我们，孩子从很小的时候，就已经能“感同身受”了。

一个孩子最终能否成长为具有同情心的人，不只是孩子单方面的问题，还与家庭教育和社会影响有着紧密的联系。所以，作为父母，要善于抓住时机，对孩子做好同情心教育。一个孩子拥有了同情心之后，才能更真切地感受到这个世界更多的喜怒哀乐，也更容易学会表达自己对他人的关怀和理解。同情心对孩子的一生都将产生重要而深刻的影响。

在生活中，我们也很容易看到这种现象，一个刚刚学会走路的孩子，看到别的小朋友摔倒的时候，会不自觉地撇嘴，露出想哭的表情，其实这个时候就是父母培养孩子同情心的绝佳机会。我们可以将想要哭泣的孩子抱在怀里，柔声安慰他，然后跟他对话：“小朋友摔倒了一定很疼对不对？我们一起把他扶起来，帮他检查一下有没有伤口吧！一起去鼓励他一下！”尽管这个时候孩子可能还不太会表达，但是他已经有了关心别人的概念。等孩子再大一点儿的时候，他们就可以把自己的同情心转化为具体的行动了，这个阶段也是父母常常感觉到孩子在长大，很多行为都让人觉得暖心的时候。比如孩子发现妈妈正在午休的时候，可能会主动把电视机的声音调小。家里有人生病的时候，孩子会关切地端茶倒水，甚至不用嘱咐，孩子也会学着大人的样子试着做家务，为家人减轻负担等，这些都是孩子同情心的外化。这些在孩子的成长过程中都是自然而然的事，父母要做的只是强化孩子的这种观念和意识，帮助孩子更好地成长。

有一次，蓉蓉的爸爸要出差到很远的城市，一大早就要去坐飞机，蓉蓉还在睡觉的时候，爸爸已经拉着收拾好的两个行李箱准备出门了。就在这个时候，蓉蓉突然从卧室里跑了出来，她揉揉惺忪的睡眼，看着爸爸，对他说："爸爸，爸爸，我要送你去机场，昨天晚上我看到你收拾的行李太多了，你自己拿不动的，我来帮你吧！"爸爸心里十分温暖，他摸着蓉蓉的小脑瓜，温柔地对她说："爸爸出差，可能要半个月才能回来，你在家里要听妈妈的话哦！"蓉蓉用力地点点头，爸爸又说："爸爸一个人在外面会很想你们的，有时候可能会觉得有点儿孤独呢！"蓉蓉一听，赶紧搂住爸爸的脖子，亲了爸爸一下。蓉蓉一看爸爸笑了，又赶紧把妈妈、爷爷和奶奶都叫过来，让他们都来拥抱爸爸，亲亲爸爸，告诉爸爸不要想家，要好好工作。家人都为蓉蓉的暖心感到幸福。

当然，像蓉蓉这样自然而然地表现对家人的关怀，是同情心的一种表现。孩子们首先会对与自己最亲近的家人产生同情心。他们会视家人的痛苦为痛苦，还会自己想办法去帮助家人缓解情绪。这个时候，作为父母，一定要好好地表扬孩子，告诉孩子他们的做法是很温暖的，而且让全家人都感到了快乐，这样一来，就会在孩子的心里强化这种感受，今后孩子仍然会做出类似的事情。

当然，除了对家人以外，我们还要培养孩子对他人或者是陌生人，甚至是动植物的同情心，让孩子明白，一切生命都是平等的，我们要学着去体会除了自己之外的一切事物的喜怒哀乐。这样的同情心会让孩子的感情变得更加丰富。

有一次，妈妈带彤彤去公园里玩，太阳下山了，他们正准备回家的时候，却发现草丛边有一只灰溜溜的小东西。彤彤有点儿害怕，但还是被好奇心鼓动着走上前去。她拉着妈妈的手慢慢走近一看，原来那是一只小刺猬。彤彤是第一次见到真正的刺猬，她非常好奇，就蹲下来仔细地观察那小家伙。小刺猬蜷缩着身子，成了一个刺球，看到小刺猬可爱的样子，彤彤向妈妈提议把刺猬带回家养起来，以后和小刺猬做好朋友。

可是妈妈却对彤彤说："妈妈觉得还是不要这样做，如果我们把刺猬带回家，刺猬会不开心的。"

"为什么啊？我会给它建一个小房子，每天给它吃的喝的，它想吃什么就吃什么，我还会再给它一床小棉被，它也冻不着，还会生活得很幸福，为什么还会不开心呢？"彤彤不解地问。

"那如果有人给你吃的喝的穿的，什么都是最好的，让你也饿不着、冻不着，但就是不让你跟爸爸妈妈在一起，你会愿意吗？会开心吗？"妈妈问彤彤。

"那当然不行，我要爸爸妈妈。"彤彤斩钉截铁地说。

"对啊！你是这么想的，小刺猬也是这么想的啊！都已经晚上了，小刺猬还没有回家，它的爸爸妈妈肯定已经在家做好饭等着它回去呢！如果我们把它带走了，小刺猬的爸爸妈妈就失去了孩子，小刺猬也失去了爸爸妈妈，它们一家人都会很伤心的。你愿意让它们一家人都伤心吗？"妈妈问道。

彤彤听了以后，想了一会儿，主动跟妈妈说："我知道了妈妈，动物也是有感情的，我要跟着妈妈一起回家，我们也让小刺猬回家找它的爸爸妈妈去吧！它们一家人在一起就会像我们一家人在一起一样幸福，对不对?”妈妈点点头，牵着彤彤的手回家了。

后来的几天，彤彤每次经过那个草丛，都会忍不住往那儿看一下，但是她再也没有见到那只小刺猬。彤彤心想：“小刺猬一定已经回家了，现在跟它的爸爸妈妈在一起呢！我应该为它感到快乐!”想到这里，彤彤开心地边走边唱起歌来。

很多年龄小的孩子，会认为一切事物都是有灵魂的，家长可以利用孩子的这一认知特点，培养孩子对除了自己以外的人或事物的理解与关心。同情心的培养不是一蹴而就的，它需要一个漫长的过程，在这个过程中，父母会起到非常重要的作用。因此，父母要抓住一切机会，培养孩子对外界的情感感知，教会孩子去体会他人的心情，这样更有利于孩子拥有同情心，也更容易融入周围的环境中，将来在社会上可以更好地生存。

诚为本，信无价

古人有言“人无信不立”。诚信是无价之宝，无论在什么行业做什么事情，诚信都是取得他人信赖的最重要的品质之一。只有信守承诺，才能赢得他人的尊重，做事才能成功。反之，不讲诚信的人，只会让人厌恶，敬而远之，这样不仅不能交到真正的朋友，也很难在社会上立足，更不用说有什么大的成就。

诚为本，信无价。只有诚实守信之人，才能获得别人的支持和帮助，在社会中立于不败之地。诚信的品质需要从小培养，父母一定要关注孩子对待谎言的态度。一个谎话连篇的孩子，一定跟家庭环境的影响有关系。家长也要学会以身作则，做诚实守信的人。

张诺从小就是一个诚实守信的孩子。上大学的时候，他喜欢上了一个女孩，表白之后，始终没有得到女孩的正面回答，张诺有一些苦恼。但是，后来女孩接受了他，在很多年后，他们已经成家立业，张诺才知道，原来打动女孩的只是一件小事。

那时候，张诺已经大四了，大家都忙着找工作，对学习都有点儿顾不上。最后一次考试临近，大家也没有太多时间复习。但是大多数同学都说没事，不用担心，老师不会让他们毕不了业的。

果真，考试的时候，考场纪律十分宽松，老师几乎是对同学们的作弊行为睁一只眼闭一只眼，大家都心知肚明，这次考试不过是走个过场罢了，但是只有张诺认认真真地做题，对别人的做法视而不见，甚至有同学丢小纸条丢到了张诺的脚边，他都丝毫不为所动。

后来，成绩出来了，大家都考得不错，平常学习成绩名列前茅的张诺这一次却垫了底。有些同学暗地里说张诺太傻，这不是自己给自己找麻烦吗？但是张诺丝毫不把这些话放在心上。

原来，张诺喜欢的女孩就是在那个时候喜欢上他的。一个人要做到成绩优秀并不难，但是要做到诚实守信却不是那么容易的，尤其是在一些特殊情况下。

对学生来讲，考试作弊就是一种不讲诚信的表现。当他们沉醉在作弊得来的高分的时候，其实已经忽略了诚信的美好。一个好的成绩代表不了什么，但是诚信的优秀品质会伴随着人的一生，并在以后的生活中带来更多更有价值的东西。

李奇原来经营着一家工厂，虽然规模不是特别大，但在当时的小县城他已经是数一数二的有钱人。但是后来，由于各方面的原因，李奇的工厂倒闭了，还欠了一大堆的债务。

突然从一个工厂老板沦为债务缠身的普通人，李奇有点儿接受不了，这个时候，他的朋友找到他，说可以替他还清债务。李奇想了想，还是拒绝了，他说：“欠债还钱，天经地义。”工厂倒闭跟别人没有关系，既然是他自己的事情，就要自己承担这个后果。而且他手脚健全，没有了工厂还可以通过其他方式赚钱，做人要讲诚信，要靠自己的双手赚钱，债务早晚都会还清的。

李奇放下身段，找了很多工作，有时候帮别人卸货，有时候送快递，甚至有时候一天可以做好几份兼职。他省吃俭用地存钱还债，循环往复，债务一点点减少。

李奇除了有经营头脑之外，业余时间还喜欢写写文章。在这段人生最艰苦的日子里，他竟然在杂志上发表了几篇文章，文辞犀利感人，吸引了一些读者。李奇众多债主中的一个也读到了他的文章，也许是对李奇的人生经历有着较深刻的认同感，他非常喜欢李奇的文章。这位债主找到李奇，向他承诺说："你欠我的债我不要了，你可以省下时间和精力来写文章，你写的文章真的很好。"李奇很高兴自己的作品得到了认可，但是对于免去债务的事他还是选择了拒绝。

由于长期从事繁重的工作，李奇也病倒过。躺在病床上的时候，有朋友来看望他，李奇轻松地说："没什么大不了的。过不了几天我就又生龙活虎了。我的债务还得差不多了，这种感觉真好啊！"以后再也没有人跟李奇提替他还债或者是免除债务的事，因为大家都明白，这样一个重诚信的人，是不允许这种品质被破坏的。在巨大的精神支撑下，李奇很快就出院了，接下来的时间，他继续拼命地工作，靠自己的双手最终还清了所有债务。

不讲诚信的最突出的表现就是说谎。很多人可能会认为，偶尔撒个小谎无伤大雅，但是我们要知道“积少成多”的道理。当一个人习惯了撒谎以后，可能连他自己都很难分清楚自己说的到底是事实还是在撒谎。撒谎成瘾的人，其实是带有性格缺陷的人，也是有品质缺陷的人。虽然孩子小的时候并不懂事，但是父母也一定要重视孩子的撒谎问题，从小帮助孩子杜绝这种不良习惯。

大多数情况下，孩子撒谎其实是为了逃避惩罚，或者是不愿意接受某个任务或承担某个后果。如果家长对这样的孩子听之任之，孩子长大后就会成为一个没有担当、推卸责任、意志力不坚定的人。对孩子最好的诚信教育就是以身作则，父母首先要做到不撒谎，答应孩子的事情要努力做到，即便做不到，也要跟孩子解释清楚原因，并给出解决的方案。只有父母为孩子做好了榜样，孩子才能在潜移默化中理解诚信的真正意义。

如果发现自己的孩子学会了撒谎，甚至是习惯了撒谎，父母应该怎么做呢？相信有很大一部分家长都会说“一定要好好教训一下，让孩子长长记性”，但这样粗暴的“教训”也许是最无效也是最糟糕的方法。具体该如何做，家长们可以参考以下几点建议：

（1）以身作则

虽然孩子撒谎，但是他的生活中不是只由谎话组成的，父母要先肯定孩子说真话的部分，让孩子知道，撒谎并不代表他一无是处。

（2）杜绝暴力

坚决杜绝用暴力手段对待孩子。如果每次都使用暴力手段，孩子只会更加想要隐瞒自己的错误，撒谎问题只会越来越严重。

（3）探究原因

父母要探究孩子撒谎的真正原因。如果是父母做了不好的示范，或者是父母的一些行为给孩子造成了压力，孩子被迫撒谎，家长就要深刻地检讨自己，向孩子道歉，并且与孩子约好，以后和孩子一起改正错误。

总之，孩子并非生来就会撒谎，造成这种现象的原因一定是复杂多样的，父母要充分地了解孩子以及体谅孩子，帮助孩子改正这一不良习惯。

拥有诚信的人，生活尽管依然有苦难，却会得到很多人的帮助。诚信是一种珍贵的人生财富，所以在孩子的成长过程中，一定要教会孩子以诚信为本，父母更要做好榜样，做诚实守信的人。

学会合作，人生更精彩

大家都知道，一根筷子能够很轻易地被折断，但是一把筷子捆到一起，就很难折断，其实这就是合作的力量。懂得合作的人，可以借助他人的力量将任务完成得更快、更好，也能在群体中找到自己的归属感和认同感，这无论是对个人的性格还是对工作、生活，都是有利而无害的。

小星什么事都喜欢自己独立解决。的确，他是一个独立自主的孩子，许多难题他都可以靠自己的智慧和双手解决，小星也因此得到了家人、邻居和老师的称赞。小星的生活技能和学习能力似乎都是自己慢慢习得的，哪怕是父母忙得没时间给他做饭，他也能自己做一桌香喷喷的饭菜等父母回来。哪怕是升初中的时候，有很多细节内容都不懂，小星也可以自己跑到学校里找到老师，问个明白。家人丝毫不担心小星独自一人在外面。

小星上初中了，因为读的是寄宿学校，小星每两周才会回家一次，妈妈本想帮小星把衣服、床单之类的洗了，但每次都被小星拒绝，他总是自己一个人把这些事情全部做好，不要任何人插手。别人都在羡慕小星的爸妈生了一个如此懂事的儿子的时候，爸妈却发现，这孩子似乎跟小的时候不大一样了，虽然以前的性格也不是特别外向，但是至少比现在活泼很多，跟爸妈的交流也多。但是现在的小星，总感觉像跟父母之间隔着一层看不见的屏障，难以心贴心地靠近。

小星的父母意识到孩子的心理可能出现了问题，赶紧找学校的老师了解情况。原来，小星在学校里的表现也是如此，有时候，同宿舍的同学想要帮他带饭或者打水，他都会拒绝，不愿意麻烦别人，不接受别人帮助的同时，小星也不愿意插手别人的事情。所以，他在宿舍里总是落单的那一个，时间长了，小星的性格就变得越来越孤僻。

一个人的力量再强大，都不能单独生活，我们要学会与他人合作，在与他人的交往和互帮互助中建立友谊，解决困难，成就自己，也成就他人。但是像小星这样的孩子就做不到这一点，他的自理能力是很强的，但是缺少与他人合作的意识。所以，他可以做对且做好一件事或几件事，但并不是能做好所有的事。只有在合作中借力，做事才能有更好的结果。

我们不难发现，生活中需要合作的事情太多了。比如升国旗仪式上，一定要有升旗手、护旗手的共同合作；拔河的时候，团队的力量才是最大的，每个人都倾尽全力才有可能赢；再比如简单的搬家，一个人很难完成，找几个朋友帮忙，效率就会高很多。包括孩子们在上课的时候，遇到难题解决不了了，互相讨论一下，各自说出自己的想法，也许就有新的思路，问题也就迎刃而解跑出来了。如果孩子不愿意参与集体活动，就很难体会到这种共同协作的魅力，也很难融入集体当中，而只会有越来越多的孤独感。

有一位老师，刚刚走进教室登上讲台，就拿起手中的敞口玻璃瓶来，对同学们说："同学们，今天老师要用这个玻璃瓶跟大家玩一个游戏，好不好?"同学们一听要玩游戏，顿时欢呼雀跃，齐声喊"好"。

只见老师拿出一堆玻璃球，一颗颗放到瓶子里，对同学们说："谁能用一根手指把玻璃球从瓶中拿出来，谁就能得到老师大大的奖励哦!"同学们兴致更高了，纷纷踊跃举手上台，可是，尽管他们都十分努力地想要把玻璃球拿出来，却没有一个人能成功。

老师看着沮丧的孩子们，说："现在，我们的游戏规则改一下，大家可以再加一根手指，与刚才那根手指合作，试一下可不可以成功!"同学们继续尝试，这一次，好几个同学都轻而易举地把玻璃球拿了出来。老师一边给孩子们分发奖品，一边说道："同学们，一根手指做不到的事，其他手指一帮忙就可以做到了，这就是合作的力量啊!我们在生活中遇到问题的时候也一样，自己解决不了的事情，融入到集体中可能就能解决了。所以，大家也一定要学会合作，好不好?"同学们大声说"好"。老师又让同学们自由发言，说一下自己可以与别人合作哪些事情，孩子们争先恐后地回答。有的说可以在妈妈炒菜的时候帮忙洗菜，这样大家就能快一点儿吃上饭了。有的说参加合唱比赛的时候，不能只顾自己，还要帮助唱得不好的同学，大家都唱得好才能赢得比赛。还有的同学说，除了老师教我们知识以外，我们也要懂得自学，老师和同学合作，才能让大家成才……孩子们通过这一次的游戏，对合作有了全新的认识。

家长在教育孩子要学会合作的时候，也可以采用游戏这样既轻松又愉快的方式，在游戏的过程中让孩子切身体会合作的重要性。但是，一定要让孩子明白，合作比单枪匹马更容易成功，但是成功不是合作的最终目标。只要参与了合作的过程，在其中得到了锻炼，合作就是有意义的。

放开双手，给孩子更广阔的天空

老鹰可以在天空中自由自在地翱翔，一双犀利的眼睛让猎物闻风丧胆，但是老鹰的强大不是与生俱来的，而是在很小的时候，就要被鹰妈妈赶出巢穴，独自练习飞翔捕食。

狮子被称为草原之王，它们之所以有这么强的战斗力，除了本身的体质以外，还因为它们从小就练习捕食。幼小的狮子如果因为害怕或力量太小铩羽而归，甚至会遭到父母的抓咬来作为惩罚。

羚羊虽然比不上很多猛兽强壮，但是独一无二的奔跑能力总是能让它们在敌人的追击下顺利逃生，因此在草原上拥有一席之地。羚羊的速度也是被妈妈逼着练习才有的。

动物界遵循“弱肉强食”的生存法则，它们面临着巨大的生存压力，不得不练就一身过人的本领。它们的父母在这个过程中除了引导以外，还起到了很大的督促作用。

反观我们人类，同样处在竞争激烈的世界，但是我们的孩子是否太过于养尊处优了？太多的孩子“衣来伸手，饭来张口”，在父母的呵护下安稳生活，却没有一点儿独立生存的能力，这是多么可悲的事情！

琳琳从小学习成绩就很好。爸爸妈妈为此十分骄傲，琳琳在班上也受到很多老师的喜欢。但是只有一件事让老师感到头痛，那就是每次班级里进行大扫除的时候，琳琳都是在一边站着，从来不会主动上前帮其他同学，甚至是给琳琳布置好了打扫的任务，她也无动于衷，即使别的同学请琳琳一起帮忙，她也只是拿着工具做做样子。

老师曾经跟琳琳沟通过，告诉她这种活动要与其他同学一起参与，可是琳琳始终都满不在乎，后来才说出原因，原来琳琳在家从来都不做家务，哪怕只是简单的扫地、擦桌子，甚至是自己的衣服都从来不动手洗。爸爸妈妈告诉琳琳："你只要负责学习就好了，其他什么事都不用管。"所以，在琳琳家里经常是这样的场景：琳琳在书房写作业，饭做好了，妈妈叫琳琳吃饭。吃完饭以后，琳琳又去读书。爸爸为琳琳削好水果，准备好酸奶，端到琳琳的桌子上。妈妈掐着表算着琳琳学习的时长，需要休息的时候就把琳琳叫出来休息一下，休息完了继续学习。

琳琳的数学成绩很好，有一次需要去外地参加一个比赛，其他孩子都是由老师带队一起去，只有琳琳单独行动，爸爸妈妈组成了陪同比赛两人组，与琳琳同吃同住，连考试用的铅笔都提前给琳琳削好。琳琳如愿以偿地考了不错的成绩，爸爸妈妈激动不已，老师和同学们看在眼里却觉得这样的爸爸妈妈很少见。

琳琳已经是初中生了，但是经常找不到自己的衣服在哪里，甚至自己不会去超市买东西。

很难想象，以后琳琳读了高中，甚至上了大学，当她一个人到远方求学的时候，她自己要怎么独立地生活。也很难想象，这样爱孩子爱到要捆绑孩子的父母又如何教给孩子什么才是真正的长大。

很多家长会认为，孩子的任务就是学习，学习好了就是一切，所以他们愿意替孩子做一切事情，毫无怨言。但事实上，这看似伟大的父母之爱背后，藏着多少无知！与人沟通的能力，融入社会的能力，独立解决问题的能力，这些都是孩子们必须习得的能力，如果一个孩子不能掌握这些能力，哪怕学得再好，在人们眼中再优秀，最后也只会成为“高分低能”的伪学霸而已。

家长为孩子付出是人之常情，但是我们的初心是爱孩子，而不是害孩子，为什么仍然有些家长不懂得“溺子如杀子”的道理呢？当我们为孩子大包大揽的时候，有没有想过孩子其实也想独当一面？当我们让孩子在温室里享受的时候，有没有想过温室以外的严霜会让刚进社会的孩子遭遇莫大的打击？当我们替孩子遮挡了所有的风雨，就是挡住了孩子的成长之路，我们养大的只是一个四肢健全的人，而不是一个独立于他人之外的有尊严的生命个体。

小满从小就喜欢热闹，无论是公园，还是游乐场，或者超市，只要是人多的地方，就都是他的乐园。小满是家里唯一的孩子，爷爷奶奶、爸爸妈妈都十分宠爱他，但是两代人宠爱孩子的方式却不一样，小满跟爷爷奶奶或爸爸妈妈在一起时的表现也完全不同，这一点，在小满跟着大人去超市时表现得尤其突出。

跟爷爷奶奶去超市的时候，小满撒了欢一样的四处乱跑。爷爷奶奶跟在后面，稍不留神，小满就不知道跑到哪里去了，爷爷奶奶常常要在超市里转很久才能找到他。更让爷爷奶奶无奈的是，小满喜欢玩具和零食，每次去超市都要买一堆，而且很多玩具都是家里已经有的，很多零食也是家里堆了很多没有吃完的。爷爷奶奶好言好语地劝小满，小满却嘴一噘，根本听不进去。爷爷奶奶实在不给买的时候，他就使出自己的撒手锏——往地上一坐，哇哇大哭。爷爷奶奶既生气又无奈，只好由着他的性子来，所以，最后往往就是买了一堆玩具和零食。

但是，当小满跟爸爸妈妈去超市的时候，却好像换了个人一样，不仅不哭不闹，而且从来不会带很多没用的东西回家。

原来，每次爸爸妈妈带小满去超市，都会提前和小满商量好，今天需要采购的东西有哪些，预算是多少。属于小满的物品有哪些，预算有多少。而且，爸爸妈妈会额外给小满十块钱自由支配，让小满自己决定买什么东西。他可以选择文具、玩具、食品，或者任何别的东西。有了这十块钱的自由，小满好像一下子变成了小大人一样，紧紧攥着钱，在超市里认真地看着货架上的商品，有时候嘴巴还会嘟嘟囔囔地算账，算不过来的时候还会请教爸爸妈妈。

每次跟爸爸妈妈从超市回来，小满没有花多余的钱，却非常满足和快乐。甚至有一次，小满花了仅有的十块钱买了一块小蛋糕送给妈妈，因为那天刚好是妈妈的生日。爸爸妈妈都为小满的懂事感到欣慰。

很多事情，家长不愿意让孩子去做，一方面是不想让孩子太辛苦，另一方面是觉得孩子根本就做不好。但事实证明并非如此，当我们真正地让孩子自己做主的时候，会发现孩子有他们自己的思考方式，也会有自己解决问题的方法。只有让他们自己动手操作，他们才会体会到父母的艰辛，对他们来说也是一次锻炼的机会。经常锻炼孩子，会让孩子收获成就感，也会让父母更轻松，甚至能从中发现以前从未察觉到的孩子的变化。

总之，作为父母，千万不要用“爱孩子”的名义去禁锢孩子，要把他们当作小鸟，解开束缚他们翅膀的绳索，让他们去寻找更广阔的天空。

【情景考查】

如果你的孩子遇到事情不敢面对，总是胆小怕事，你会怎么做？

【智慧锦囊】

大多数孩子的胆小怕事都与后天的教育有关，尤其与家长的教育密不可分。所以，我们应该认真观察孩子，挖掘孩子胆小的原因，有的放矢地帮助他们改变这一状态。

有些孩子胆小是因为家长对待孩子过于苛刻，不允许孩子犯错，所以孩子长期处于战战兢兢的心理状态，唯恐哪里做不好让爸爸妈妈不满意。针对这种情况，父母要与孩子好好沟通，不强求不逼迫。尤其是在孩子犯错的时候，要始终保持宽容的态度，不给孩子施加压力。

还有些孩子胆小是因为从小受到父母的保护太好，他们没有与外界和他人经常接触的经验，也没有独立解决问题的能力。针对这种情况，父母要勇敢地放手，给孩子走出去的机会，多让孩子接触大自然，接触他人。

总而言之，对于胆小的孩子，家长一定不能操之过急，要在生活的细节中一点点地去引导和教育，及时地给孩子鼓励和帮助，让孩子在轻松愉快的家庭氛围中慢慢改变。

第六章

不吼不叫，让孩子以学习为乐

好父母不吼不叫，培养学习兴趣是首位。

比学会知识更重要的，是学会学习

中国古典书籍《老子》中有这样一句话："授人以鱼，不如授人以渔。"说的是把鱼送给别人，倒不如教给别人钓鱼的方法，因为自己掌握了钓鱼的方法，才能拥有源源不断的鱼。这个道理在学习上同样适用。

很多父母对孩子的学习成绩头疼不已，他们总是抱怨孩子学习没有动力，每天都拖拖拉拉的，好像学习不是自己的事，而是父母的事。甚至会觉得自己的孩子在学习上没有进步，就是因为孩子太笨了，根本不是学习的料。其实，这些抱怨往往忽略了也许孩子确实学到了知识，但是不一定真正掌握了方法，没有方法的学习，时间长了，孩子自然会出现学习兴趣不够，动力不足的问题。所以，父母在孩子的学习上应该做的就是，引导孩子去思考，养成总结方法的好习惯，而不是做一道题会一道题，学一个知识点懂一个知识点。只有真正学会了方法，孩子才能举一反三，将知识融会贯通。

有一天，格格放学回家写作业，遇到一道难题，便来请教爸爸。爸爸拿起格格的作业本，上面是这样一道数学题：有一条全长300米的路，现在要在公路两侧种树，每隔5米种一棵，请问一共可以种多少棵树？

“这是你们这个年级经常会出的题目啊！上次也问过爸爸一次呢！来，爸爸再帮你做一遍。”说完，爸爸按照解题的步骤，一步步将计算的过程写了出来。格格非常开心地说：“谢谢爸爸！”然后照着爸爸写的抄在了作业本上。爸爸还是担心孩子不会，又问了一句：“会做了吗？”孩子点点头，继续做其他题目。

过了几天，班里组织了一次小测验，格格的考试成绩不错，但还是错了两道计算题，爸爸拿到测试卷看了一眼，顿时有点儿生气，他对格格说：“爸爸以为你会在难题上出错，没想到错在了这里。你想一想，前两天爸爸不是刚给你讲过那道种树的题吗？这道题跟种树的那道题是一样的啊，怎么又错了呢？当时你还说听懂了……”格格委屈地说：“当时我是听懂了啊！”

这件事过后，格格爸爸开始反思，他突然明白了，原来是自己的问题。那道题会了，这道题只是换了个说法、换了个情景，孩子就又不会了，那是因为孩子根本没有真正理解，她会的只是当时的那道题，而不是这一类题，她不懂得整个题目的思维过程。想到这里，爸爸突然开心起来，以后再教孩子就知道该怎么办了。

后来，格格又遇到过同一类的题，这一次，爸爸没有给格格写出解题的步骤，而是伸出了手掌，他把五根手指分开，问格格：“你看我的手指之间有几个空格？”格格很自然地回答四个，爸爸点头道：“对，这就是我们生活中常见的一个数学问题——间隔。除了手指之间有间隔之外，种树的时候，树与树之间叫间隔。锯木头的时候，先在木头的不同位置上划线，这些线之间也叫间隔……那你看，我们有五根手指，中间四个间隔，如果把手指换成小树，是不是一样的道理呢?”

格格使劲地一敲脑袋，说：“爸爸，我明白了。五棵小树也是四个间隔，一百棵小树就是九十九个间隔……我会了!”格格在作业本上一步步写下解题的思路，最后算出了答案。爸爸看着格格不断地点头，格格也为自己真正地学会了这个方法感到高兴。而且，此后格格再也没有出现过类似的错误。

其实，在给孩子讲解学习方法的同时，也是父母在增长知识不断成长的过程。很多父母也许会觉得这样的方法太麻烦，很浪费时间，但其实不是的。我们麻烦这一次，给孩子讲明白一个解题方法，以后遇到类似的问题就不需要重复地花时间给孩子再次讲解。所以，这是一劳永逸的好办法。

我们在教育孩子的过程中，不应该只看重孩子最终的结果是什么，而要关注孩子是如何得出这个结果的，在这个过程中，孩子经历了怎样的思考过程。父母需要扮演的不是一个什么都懂的全能者，而是站在孩子的视角上，用孩子能够理解的方式引导孩子思考，让孩子在不断地动脑中真正体会到学习的成就感和快乐，从而建立起对学习的乐趣。爱学习的孩子不一定善于学习，而善于学习却是孩子在学习生涯中最大的财富。

阅读，让孩子受益终生

中国古人说“读万卷书，行万里路”，英国戏剧家莎士比亚也说过：“书籍是全世界的营养品。”可见读书的重要意义。对一个孩子来说，读书的过程就是接触世界的过程，他们可以通过读书遨游在他们从未到过的神奇世界，可以和素未谋面的文学大家对话，可以看到这个世界上闪闪发光的高贵灵魂……作为父母，一定要想方设法让孩子养成阅读的好习惯，这将使他受益终生。

小智的学习成绩不好不坏，但是小智有一件特别讨厌的事情，那就是阅读。每次有阅读任务的时候，小智总是要放到最后才去完成，而且每次都是匆匆读过去就算了，根本不愿意多花时间在阅读上。爸爸妈妈总是嘱咐小智一定要多读书，但是对小智也是毫无办法。

后来，爸爸发现了小智的一个好习惯。原来，小智是班上的数学课代表，他喜欢把同学们的作业收上来之后，一个一个地检查有没有错误，有的时候只是写错了一个字，也会被小智批评一通。有一次，爸爸发现小智又检查同学们的数学作业了，便对小智说："那个谁谁谁学习成绩那么好，不可能出错的，你就别检查人家的了吧！""那不行，谁说成绩好就不会出错呢！再厉害的人也有犯错的时候！"小智非常严肃地回答。爸爸点点头，说："好像还真是，就连获得了诺贝尔文学奖的莫言，都被人家在文章里找出了错误呢！""真的？莫言不是很厉害吗？怎么会被人找出错误来呢！"小智似乎很感兴趣。爸爸便跟小智解释道："我们中国有一本杂志叫《咬文嚼字》，号称'语林啄木鸟'，就是专门挑名家作品的毛病，不信你看看？"小智点头说"好"。于是，每天晚上花费半个小时看《咬文嚼字》成了父子俩雷打不动的节目。

后来，不满足于看《咬文嚼字》里的内容，小智主动提出要看杂志里提到的名家名篇的原文，爸爸当然一一满足，小智也渐渐地喜欢上了阅读，从每天读半个小时，到一个小时，甚至到后来，只要有空闲时间就如饥似渴地读书。看着小智埋头读书的样子，爸爸妈妈都非常欣慰。

对孩子来说，尤其是低年级的孩子，很多学习习惯的养成远比学到知识更重要。其中，阅读习惯就是孩子必须要养成的好习惯之一。那么，家长应该怎么做来培养孩子的阅读习惯呢？可以参考以下几种方法：

(1) 营造读书的家庭氛围

孩子在很小的时候，就喜欢父母给他们讲睡前故事，其实这就是阅读习惯养成的好时机。父母要抓住机会，不间断地给孩子朗读，除了睡前以外，平常也要让孩子看到自己读书的样子，孩子耳濡目染，会把读书当成一件平常的事情来对待，从而更顺利地接受。

（2）让家里充满书香

孩子除了在学校或者图书馆可以接触到各种书籍以外，父母也应该在家里给孩子准备充足的书籍资源，不管是儿童读物还是工具书，或者是各个不同领域的入门书籍都可以准备一些，让孩子想读的时候都可以随手拿到。而且，家长也要和孩子达成爱护书籍的共识。

（3）将好书送到孩子的案头

很多父母不知道应该让孩子读什么样的书籍，担心孩子在书中看到一些负面的东西，这个时候就需要父母把关，帮助孩子从形形色色的书籍中挑选适合孩子年龄和感兴趣的内容，把好书送到孩子的案头。但是，父母在选择书籍的时候一定不能闭目塞听，可以广泛地选取各种类型的经典书籍，让孩子接触到各种书籍的魅力。

帮助孩子选择书籍的时候，父母可以参考以下建议：

3 岁以前的孩子，对于丰富的色彩和不同的形状具有极其敏锐的感知力。所以，父母可以给这个阶段的孩子挑选图片类或者绘本类的书籍，文字内容要简单有趣，最好能贴合生活，贴近孩子比较熟悉的事物。

3~6 岁的孩子，已经具有初步的学习意识和学习能力。父母可以为孩子准备一些带有插图的故事书，或者是童话书，包括简单易上口的古诗等，对孩子都是很有吸引力的。在这个阶段，父母要不断地鼓励孩子，同时赞美孩子的阅读能力，让孩子更有兴趣继续阅读下去。

6~9岁的孩子已经积累了一定的读书经验，而且他们的自主意识变得更强。所以，这个阶段的父母可以给孩子提出阅读意见，但不要强硬地干涉，最好还是让孩子根据自己的喜好来选择喜欢的书籍。这样的阅读效果会更好。

9岁以上的孩子，喜欢的书籍种类更加丰富，父母也要尽量放手让孩子自己去选择。另外，父母也可以鼓励孩子写一些读书笔记之类的东西，让孩子进一步加深理解。

（4）理论联系实际，引导孩子发现书籍与生活的关系

孩子在读书的时候可能会产生很多不同的想法，也可能产生一些疑问，父母要多跟孩子沟通，根据孩子的阅读内容和理解程度，引导孩子将书籍上的知识运用到生活中来。如果孩子读了介绍动植物的书籍，家长可以带孩子去动物园、植物园进行观察；如果孩子读的是科幻类的作品，可以和孩子一起看一部科幻电影；如果孩子读的是古典名著，也可以让孩子欣赏相关的电视剧等。总之，让孩子在阅读的过程中发现阅读与生活的关系，不断提高孩子的阅读兴趣，这样才能将阅读持之以恒地进行下去。

（5）始终坚持与孩子一同读书

无论是在孩子小时候，父母给孩子读书，还是孩子长大后，他们自由地阅读，父母都不要脱离孩子阅读的环境。尤其是孩子开始独立阅读之后，父母也要保持与孩子一同读书的习惯，甚至可以和孩子约定一段时间内共同阅读的书单，读完以后可以交流心得，或者是写读后感给对方看，也许会有新的思想火

花出现，孩子也会对这种形式始终保持兴趣，父母也可以通过这种形式更多地了解孩子的思想。

阅读不是过瘾，也不是形式，而是一种可以贯穿人一生的良好习惯。如果希望孩子能感知更广阔的世界，拥有更深远的视野，更懂得爱别人、爱社会，那就从小培养孩子的阅读兴趣吧！如果父母本身没有阅读习惯，那就从现在开始，拿起书，开始你的阅读人生！

考试失利，不代表人生会失败

相信很多人小时候都做过类似的事情，在考得很差的试卷上，将红色的“3”加一笔改成“8”，或者是将“1”改成“9”。当然，我们的每一次“暗箱操作”都没能逃过父母的火眼金睛，甚至会因此挨一顿打。其实，这些事情回忆起来是很有趣的，但是如果我们深入地想一想，为什么那么多孩子在上学的时候热衷于改成绩，就会发现，原来孩子是那么害怕考试带来的挫败感以及一连串的后果。而这种对于考试失利的惊慌从何而来呢？我想，还是跟家长的态度脱不了关系。

江江回家又晚了。只是这一次晚归，不是因为贪玩，而是因为他的书包里多了一份沉甸甸的试卷。那是这次测试的试卷，他早就知道自己考不好，但是成绩真的出来的时候还是害怕得心跳加速。

江江磨磨蹭蹭地回到家，见妈妈正在厨房里忙碌，爸爸在客厅看电视，江江特意放轻了脚步，想要悄悄地走到自己的卧室。“江江……”爸爸叫住了他。他只好转过身，走到爸爸的身边。“试卷发了吗?”爸爸放下手中的遥控器，严肃地问。“没……没有……老师没发。”江江的声音低到几乎听不见，说完就赶紧溜进了房间。

吃饭的时候，江江使劲地往嘴里扒拉着饭菜，恨不得马上离开餐桌。妈妈看着江江，严肃地说：“江江，我刚才都问过李阿姨了，李阿姨说她家明明的试卷都发了，你怎么又撒谎呢?”还没等江江说话，爸爸也搭腔了：“是啊！你哪次考好过？我们又不是不知道你……真是笨到家了，亏我们还给你报了辅导班，简直是白花钱……”江江胡乱地扒拉着碗里的米饭，终于忍不住掉下泪来，他猛地站起身，跑到自己的房间，把一张满是错误的试卷拍到爸爸妈妈的面前，大声喊道：“你们看吧，这就是我的试卷，我就是没考好！我就是笨蛋！你们不想要这样的笨蛋就把我丢掉好了!”说完又回到自己的房间，锁上房门，再也不出来。

妈妈见江江这么激动，一时之间也急得掉了眼泪，她也是第一次意识到，自己和丈夫对成绩的重视已经严重伤害到了孩子的心灵。

像江江这样的情况并非个例，很多家长都把考试放在至高无上的位置，似乎只有考好了，才能证明自己的孩子是个好孩子。考试失利的时候，父母只顾着将自己的情绪发泄出来，却没有关注到孩子的心情。考试失利的时候，最难过的其实是孩子。他们要承受老师的否定，要承受一些同学的看不起甚至是挖苦，还要承受内心的挫败感，最严重的，是要承受父母对他们的态度。他们极其渴望父母能在这个时候看到他们的失落，希望能得到几句安慰，可是身边却都是向他们“讨说法”的人。孩子在面对考试失利的时候，才是最孤立无援的那一个。

作为父母，应该在孩子心灵受伤的时候及时地给予关注和安慰，让孩子感受到家庭的温暖，帮助他们尽快地走出悲伤情绪。当孩子一脸丧气地回到家，爸爸妈妈可以给孩子一个拥抱，用温暖的眼神告诉他，即使是考试失利了，家仍然是那个温暖的家。还要问一问孩子：“是不是没考好被老师批评了？被同学嘲笑了？担心爸爸妈妈责怪吗？”同时告诉孩子：“只要在这次考试中吸取教训，总结自己的问题，在之后的学习中慢慢改掉，你也是可以考好的，爸爸妈妈都对你有信心。”这样，孩子才会克服考试失利的阴影，重新振作起来，也会看到父母对自己的期望，从而更坚定地努力向前。

淼淼对自己的学习要求非常高，尤其是英语学科，因为她特别喜欢英语，而且是班里的英语课代表，所以考满分对她来说并不是难事。但是，这一次考试，淼淼的英语却只考了85分，虽然老师也说这套题比较难，很多学生都没有发挥好，但是淼淼仍然觉得无法面对这个成绩。

淼淼回家之后，一副闷闷不乐的样子，妈妈大概猜到了什么情况，便对淼淼说：“对我们来说，没有什么比你开心、比你坚强更重要了！考试对我们来说也不重要。一次失利不代表你的人生会失败，不是吗？”淼淼抽泣着说：“这样的成绩简直让我想撞墙！我觉得我对不起老师，对不起你们……”妈妈心疼地轻抚着淼淼的背，说：“你考得好或者不好，都是我们的好孩子，以后不管你成为什么样的人，我们也都一如既往地爱你。

当然，妈妈知道，你是一个上进的孩子，你会越来越好的，我们都相信你，你也要相信自己!”淼淼擦擦泪水，用力地抱了抱妈妈。

同样的情况，完全不同的态度。有些孩子在考试失利后得到的是讽刺、责问，甚至是打骂，有些孩子得到的却是安慰、鼓励。试想，你是什么样的父母呢？你的孩子又愿意生活在什么样的家庭中呢？

聪明的父母，都会帮助孩子分析考试失利的原因。一般来说，考砸的原因无非基础不牢、粗心大意、考试紧张、学习方法有问题，等等。只要我们帮助孩子找到考砸的原因，并且告诉他们下一次注意这个问题就可以了。如果孩子平常就马虎大意，我们可以让孩子在平时做作业的时候就养成自己检查的好习惯；如果是学习基础不牢固，可以帮助孩子梳理课内的基础知识，每天鼓励孩子进行复习巩固；如果孩子总是考前焦虑，我们也可以在考试前带孩子出去放松一下，临考试之前不要跟孩子说期望他考什么样的成绩，送孩子去考场的时候，告诉孩子，考不好也不会受到惩罚等等。

另外，如果孩子感情比较细腻，心思敏感，父母除了给孩子分析考砸的原因之外，还要注意措辞，不要用过激的言辞伤害孩子。父母可以告诉孩子，虽然某一科没有考好，但是其他科目还是有进步的，或者告诉孩子，虽然总体的分数不是很高，但是比上一次有了明显的进步等，让孩子在父母的鼓励中重新振作，找回自信。

但是，如果孩子对于自己考砸的事情丝毫不放在心上，甚至觉得考成这样根本不是自己的问题，或者出现觉得别人的成绩都不真实，忌妒别人等表现的时候，父母就要对孩子说点儿“狠话”，告诉孩子，自己做的事情自己要承担后果，没有复习好的内容，在考试以后仍然要重新复习一遍。告诉孩子，其他人考得好一定是有原因的，要向别人学习，也可以采用激将法：“既然你这么厉害，你就考好了来给我们证明一下啊！不要总是纸上谈兵……”这样有助于激发孩子的好胜心理，起到良好的效果。

无论什么样的孩子，无论考试结果有多差，父母都要付出足够的耐心和宽容，帮助孩子从考试失利的阴影中走出来。而且，要通过家庭给予的温暖告诉孩子，考试失利并不代表人生的失败。人生的精彩全靠自己努力。

以平常心对待分数

我们经常在很多学校门口看到这样的景象：一群接孩子的家长聚在一起聊天，有的家长说起自己的孩子只考了班级30名，紧皱着的眉头让其他家长纷纷表示同情，他们也露出一副恨铁不成钢的样子，说着“这时候成绩差，可会影响到将来的”“听说某某辅导机构还不错，赶紧带孩子去看看吧”“有些孩子就不是学习的料”之类的话。还有的家长说孩子考了高分，其他家长则纷纷露出无比羡慕的表情，一边“啧啧啧”一边说着自己的孩子不听话，好像如果可以，恨不得跟别人换孩子。

不仅家长关注分数，老师和同学也是如此。校园里，同学们聚在一起除了谈天说地之外就是谈成绩，论分数。那些学习好、分数高的孩子似乎就成了同学们眼中的“神人”，那些考得好的同学也常常表现出高人一等的姿态。而反观那些分数垫底的孩子，却要常常受到同学们的嘲笑以及挖苦，很多时候都扮演着不被喜欢的“坏学生”的角色。

但是，我们真的能以分数定胜负吗？

很多家长不知道，我们对于分数的执着已经无形中伤害到了很多孩子。曾经听过这样一个令人心痛的故事：

爸爸妈妈带着笑笑去看心理医生，因为最近孩子总是厌食，而且经常闷闷不乐的，看了医生也没什么改善，眼看着笑笑脸上的笑容越来越少，爸爸妈妈选择带孩子去看心理医生。

在经过一段时间的心理沟通以后，笑笑终于在心理医生面前说出了困扰自己的心结。

原来，笑笑是一个成绩优异且性格也特别开朗的孩子，笑起来的时候特别可爱。笑笑的改变发生在一次考试之后，笑笑的成绩依然排在年级前几名，但是笑笑的数学考了95分，爸爸妈妈对这个成绩并不满意，因为丢的5分都是由于马虎大意造成的，这是笑笑不能犯的错误。爸爸妈妈对笑笑的要求很高，总是说考不上好高中，以后就考不上好大学，甚至会影响到将来的人生。光学习好是不行的，必须要拔尖才可以。所以，这5分在爸爸妈妈眼里是与年级第一名的差距。在爸爸妈妈批评过后，笑笑也深感羞愧，为自己丢了这5分内疚不已，越想越伤心，甚至那几天连饭都没有正经吃过。虽然看到女儿这样，爸爸妈妈也很心疼，但是他们却想着正好让孩子长长教训，以后就不会再犯类似的错误，所以并没有放在心上。

但是，让人想不到的是，笑笑居然给自己下了一个死命令，如果下次考试考不到年级前三名，就绝食三天来惩戒自己。下一次考试的结果果然不尽如人意，笑笑再一次受到了打击，就在身心交瘁的时候，爸爸妈妈又是一顿批评，笑笑似乎瞬间就泄了气，在后面的学习中就再也不上心了，上课经常走神，在家做作业也心不在焉，吃饭总是马马虎虎，眼看着瘦了下去。爸爸妈妈一直到几个月以后才意识到问题的严重性，来寻求心理医生的帮助。

我们很难想象，一个活泼开朗又成绩优异的孩子，在被分数一步步逼着走向绝境的时候，是什么样的体验。她对爸爸妈妈又有什么样的想法。

我们不能否认，分数在孩子的学习中起着重要的作用，但是分数只是检验孩子对知识掌握程度的一种方式，它的目的应该是帮助孩子发现自己学习上的问题，对于没掌握好的知识进行复习巩固，可是，分数原本应该只是督促孩子学习的一种手段，却变成了折磨孩子的一种方式。他们战战兢兢地面对考试，等待成绩，似乎得到的那个分数就能决定他们的命运。考好了，皆大欢喜；考不好，四面楚歌。

老师、家长对分数的看重，导致了孩子对分数的看重，所以孩子出现了类似笑笑的问题，父母首先要承担起责任。父母本身首先要从心里消除对分数的执念，多关注孩子的学习，而不是分数，从各个方面关心孩子，而不只是成绩。做到这一点之后，再帮助孩子调节心理，化解对分数的执着，父母可以这么做：

（1）告诉孩子分数不是衡量其好坏的标准

很多孩子把分数当作衡量自己的标准，考好了，就觉得自己是争气的好孩子；考砸了，就觉得自己一无是处。其实这种想法本身就是错的。父母在教育孩子的时候，一定要告诉孩子，分数只能起到检验他们学习效果的作用，他们的品质好坏、道德高低与分数毫无关系；告诉孩子，成绩不好不一定不能成为优秀的人。

（2）转变孩子的思想，不要认为只有考得好，人生才能完美

每个孩子都有自己与生俱来的天赋，并非所有人都能通过读好书、考上好大学最后成功成才，人生可以有很多不同的选择。父母要告诉孩子，只要照着自己喜欢的方向去努力，认真钻研，无论将来从事什么行业，都能发光发热，实现自己的人生价值，对国家和社会做出贡献。"条条大路通罗马"，各不相同的人生才更精彩。

（3）父母不要对孩子报以过高的期待

很多父母不明白，为什么都是听老师讲课，有些孩子能学好，有些孩子就是不开窍。其实这一点完全不难理解。人的智力、性格等各有不同，接受同样的知识时，吸收的程度和运用的能力也有不同程度的差别。父母要正视孩子之间的这种差别。尤其是孩子考试的时候，不要给孩子太多的压力，也不要对孩子抱有过高的期待。尊重现实，降低期望值，是父母带动孩子走出对分数执着的重要一步。

总之，我们不能排斥分数，它能帮助孩子检验自己的学习效果，但是一定不能迷信分数，当父母或者孩子对分数过于迷信的时候，其实就是在给孩子变相地施加压力。正确地对待分数，用平常心去对待，父母和孩子都会变得更快乐。

培养观察能力，从小做起

提到观察能力，很多对孩子能力培养不够重视的父母都会觉得无关紧要，因为他们觉得，只要孩子是正常的、健全的，眼睛能看，耳朵能听，身体能感觉，自然就会懂得观察，还需要刻意去培养吗？答案是肯定的。

从幼儿园阶段开始，孩子的语言能力就呈现快速发展的状态，但是很多家长会发现，有些孩子能够把在幼儿园发生的趣事向父母绘声绘色地表达出来，有些孩子却磕磕巴巴地说不清楚。到了孩子读小学，开始进行语段的描写甚至是小作文的书写时，这种差距就表现得更为明显。很多孩子能将画面上的内容或经历过的事情完整、准确又生动地写出来，有些孩子却是费尽心思也写不出流畅的句子。其实，这种看似表达能力的问题，都有观察能力不够的因素。

观察能力的培养是对一个孩子智力培养的关键一环，这种能力并非与生俱来，它需要家长花时间、花精力，帮助孩子去掌握。

佳佳和图图是同班同学，也是一对好朋友，他们经常在一起学习、玩耍。有一次，佳佳和图图的妈妈带他们去动物园玩，两个小家伙玩得不亦乐乎，他们不停地跑来跑去，一会儿学着猴子的滑稽样子挠痒痒，一会儿把手臂使劲往前伸着，摇摇晃晃，说是大象的鼻子，还把脖子伸长了比赛，看谁的脖子更像长颈鹿……疯玩了整整一个下午，两个人都累坏了，在回来的路上就歪在车座上睡着了。

从动物园回来的几天，两个人一提到当时看到的海豚、大蟒蛇还是嘻嘻哈哈地说个不停，兴奋劲儿一直过不去。

没过几天，班里上语文课，老师让同学们写一篇小作文，题目叫作《快乐的一天》，佳佳和图图都不约而同地写了去动物园游玩的经历。可是，作文被老师批改了以后，却完全是截然不同的结果。佳佳的作文声情并茂，不仅写出了动物园里各种动物的憨态可掬，还把自己的心情表现得十分恰当，但是图图的作文却是稀里糊涂的，似乎就是凑字数，丝毫谈不上什么可读性，大家读了两人的作文之后都会怀疑，他们去的到底是不是同一个动物园。

妈妈也问过图图，问他到底喜不喜欢动物园，他说喜欢，妈妈又问他那些动物可爱不可爱，他回答说非常可爱。妈妈更加纳闷儿："为什么那么喜欢那些动物，就是写不出来呢？"图图挠挠头，呆呆地说："我也不知道，我就是不知道怎么写……"

其实图图的情况就属于观察能力不足，不懂得通过观察来联系学习，也不懂得观察要与思维相结合，只有善于将观察到的事物或现象在头脑当中进行归纳总结或者再加工，才能算是真正的观察过程。很明显，图图的家长从小就没有对图图的观察能力给予足够的重视，更别谈培养了。

孩子们对于周围的事物表现出极大的兴趣，想要去探索，这种好奇心集中在孩子一岁半到四岁的阶段，所以，这个阶段也是父母培养孩子观察能力的关键时期。如果你发现，你的孩子蹲在草丛里看一只蟋蟀喝露水，或者是研究一群蚂蚁搬运食物，抑或只是呆呆地看着窗帘上的小花图案，那都是他们的好奇心在起作用，要抓住机会，教会孩子观察。就像是一项训练一样，在生活中慢慢训练孩子，他们的观察能力就会有质的提升。父母在培养孩子的观察能力时，要注意以下几点：

（1）目标明确

引导孩子观察事物的时候要明确，不能毫无目的地乱观察。比如想要让孩子观察小动物，可以选择小猫或者小狗，引导孩子从整体到局部观察，比如动物的大小、毛色，再观察小动物的生活习性，比如睡觉、吃饭、玩闹等。

（2）注意观察事物的特点

培养孩子观察事物的特点，而不是泛泛地观察。比如，在观察大象的时候，跟孩子进行对话，谈论大象的皮肤和鼻子的特点等。经常这样引导孩子观察，会使孩子形成良好的观察习惯，不会漫无目的。

（3）检验观察结果

观察结束之后，父母一定要检验孩子的观察结果，大多数时候可以通过让孩子口述的形式进行，在这个过程中，家长要不断地重复孩子的话，以示对孩子的鼓励，也可以对孩子口述的内容进行补充。整个复述的过程其实是对观察的一次复盘，能够强化孩子的认知，提升孩子的综合能力。

现在市面上有很多帮助孩子培养各种能力的玩具和教具，但是不是所有的教具或玩具都适合孩子。作为父母，我们力所能及做到的事情有哪些呢？如何才能让孩子拥有超强的观察能力，培养他们对世界的敏锐度呢？以下几个方面可以供家长参考：

（1）带着孩子走进自然

现在的孩子本身学业负担就比较重，适当的户外活动有助于缓解孩子的学习压力，同时也可以帮助孩子培养良好的观察能力。父母带孩子接触自然界中的一草一木，能让孩子更敏锐地察觉到季节的交替以及时空的变化。在这个过程中，孩子会慢慢对很多事物产生探索的兴趣，甚至可以在平常忽略的事物中发现新的天地。当孩子们有了新收获的时候，就会进一步激发他们的探索欲望。

父母可以尝试在不同的季节带孩子到相同的地方去观察，比如公园、湖边，让孩子切身体会不同季节的不同景物，观察植物的生长变化过程，天气的冷暖交替，或者是云来云去、大雁南飞、动物冬眠等。当孩子发现这个世界的奇妙的时候，他们就会由衷地感叹世界的美好，而且会怀着同样期待的心情去认真观察其他的事物。

（2）选择性帮助孩子确定观察的重点

孩子在观察周围事物的时候，家长要有选择性地帮助孩子确定观察的重点。比如，带孩子走进乡村的时候，可以重点引导孩子观察母鸡，看看母鸡下蛋是什么样的过程，母鸡孵小鸡是什么样的情形，甚至只是母鸡的啄食、奔跑，让孩子多去关注某一个事物的小细节，有助于培养孩子敏锐的观察力。

(3) 培养孩子将观察的景象用语言表达出来

会观察，还要会表达，表达的过程其实是对观察能力的一种强化。有一位小学生曾经写过这样一首叫作《笋》的小诗："悄悄地，拱出大地，想来打听，春天里，树绿的秘密，花开的消息。"短短的一首诗，却足以看出孩子对于外界观察的细致，以及语言表达的流畅，甚至还包含着春意盎然的意境。观察能力绝不仅仅是看和听那么简单，它是一种综合性的能力，是能够伴随人一生的优秀特质。

法国著名的昆虫学家法布尔曾经说过："在对某个事物说'是'以前，我要观察、触摸，而且不是一次，是两三次，甚至是没完没了，直到没有任何怀疑为止。"他写出的《昆虫记》被称作"昆虫的史诗"。法布尔之所以有如此成就，正是源于他超强的观察能力。早在他几岁的时候，就常常在花园里一待就是一整天，观察草叶、花瓣、昆虫的翅膀，可以说，法布尔的一生都是在观察中度过的。一个不具备较强的观察能力的人，很难成为一个智力超群的人。而观察能力的培养要从小开始。所以，抓住机会，带着孩子走出去，好好观察吧，给孩子一个广阔的未来，一个更丰富的人生。

保护孩子的好奇心

爱因斯坦曾经说过："我们思想的发展，在某种意义上常常来源于好奇心。"在他的眼里，好奇心是一个人特别珍贵的特质，而这种特质对于一个人的习惯养成、性格塑造，甚至是成功成才都起着至关重要的作用。因此，父母要正确地看待孩子的好奇心，并且尽全力地保护这份好奇心。

孩子的好奇心往往表现在生活的方方面面。在孩子还不会说话的时候，他们就已经会用眼神和手势来表达对世界的好奇心，比如，他们会盯着一个声音的来源看个不停，或者是对着颜色鲜艳的玩具的摇动而转头，有的时候也会用手指着某一个地方咿咿呀呀。等孩子长大一点儿会说话的时候，他们会把对这个世界的好奇通通丢给爸爸妈妈，这个时候，孩子就变成了"十万个为什么"，他们经常会问诸如"鸡蛋为什么是白的""太阳去哪里了""我是从哪里来的""为什么我们看不到风"这一类奇奇怪怪的问题，经常问得爸爸妈妈无言以对。

等孩子再大一点儿的时候，他们的好奇心就更加膨胀，他们对一切未知的事物都充满了兴趣，哪怕是一只小小的蚂蚁也能观察半天，而且乐此不疲。他们的眼里似乎容不下完好无损的玩具，一定要把它们拆卸得零零碎碎才肯罢休。家里的一切事物对他们来说都是释放好奇心的工具，他们把洗衣粉倒进碗里，看巨大的泡泡漫出来时拍手叫好；他们把妈妈刚刚叠好的衣服全部抖出来，还在地上踩来踩去；甚至有时候会把沙发套剪开，然后钻进去跟人捉迷藏……

在很多父母的眼里，这些“熊孩子”做的事简直无法容忍，少不了要给他们来一顿“棍棒教育”，但其实，这样做是错的。只有真正拥有强烈好奇心的孩子才会做出这样的举动，这些行为不仅不代表他们是坏孩子，反而是他们有着丰富好奇心的表现，父母在拼命地洗床单、拖地为他们收拾残局的时候，一定要为此欣慰，因为你何其有幸，拥有这样一个好奇心爆棚的孩子。他们的天性会帮助他们对很多事物产生兴趣，愿意深入钻研，所以，只要父母抓住机会，适当引导，就可以让孩子成功地养成学习和钻研的好习惯。

小勇是邻里街坊人人都称赞的“小小发明家”，因为他总是会有各种各样的创意，他的小发明也总是让人们惊讶于一个孩子的创造力。比如，他发明的狗狗喂食机器人，既在狗狗食盆里没有水或食物的时候能够准确地感应到，还能及时地给狗狗冲洗食盆，并装上新食物。他还发明过一个可以折叠的拐杖，那是送给爷爷的，爷爷出门的时候带着它既轻便又省力，而且拐杖的顶端还有一个小按钮，晚上的时候，只要一按这个按钮，拐杖上就会探出一个小手电筒，可以为爷爷照亮道路。小勇的发明可不止这些，他参加过不少大大小小的比赛，还拿过市里小发明比赛的亚军呢！大家纷纷赞叹的同时，也有不少人向小勇的爸爸妈妈请教如何培养出这么优秀的孩子。结果小勇的爸爸只说了一句话：“别限制他，让他自己造！”

原来，在小勇很小的时候就已经表现出了极强的破坏力，经常会把家里搞得乌烟瘴气。一开始只是拆卸玩具再组装，大一点儿了就开始拆电视、电脑，甚至是洗衣机、空调都没逃过他的“魔掌”。爸爸妈妈对此感到十分苦恼，甚至为此还打过他，但是后来他们发现，小勇并不是真的故意在给家里添乱，他只是对这些事物比较好奇，他想要知道为什么洗衣机会轰隆隆地转起来，衣服就被洗干净；也想知道能够出现各种各样画面的电视机里究竟藏着什么秘密。尤其是当小勇开始上科学课以后，他对这些事物的好奇心就更重了，但这个时候他已经不再执着于拆卸，而是更专注于研究、探索，他也会向老师请教，或者是通过网上搜索的方式搞清楚想要知道的各种问题。爸爸妈妈觉得不应该再阻止孩子的“胡闹”，便放宽了心让他按照自己喜欢的样子去“研究”身边的一切。

小勇之所以能够比同龄人的创造性更高，与他的家庭教育不无关系。父母思想的转变，对小勇一系列行为的包容都给小勇的好奇心的发展创造了良好的条件。孩子的幼年和青少年时期，恰好是他们好奇心特别旺盛的时期，家长一定要关注这个时期的孩子的心理和行为上的变化，对于那些看似怪异甚至是类似捣蛋的行为更要关注，这可能正是他们的好奇心发送的信号，家长要抓住机会，发展孩子的好奇心，鼓励孩子积极尝试各种新鲜的事物。具体的做法可以参考以下几点：

（1）认真回答孩子的问题

大人的世界是讲究效率的，所以大人们总是有目的地做事，有目的地提出问题，进而解决问题，但孩子的世界完全不是如此。我们经常会看到有的父母拿着手机津津有味地看着，孩子在身边跑来跑去，一会儿抛出一个问题，父母最多就是抬抬眼皮，随便回答“嗯”“对”“好”来敷衍孩子，被孩子问得厌烦了，最多会说一句“小孩子不懂，不要问这些问题”，甚至有的父母直接对孩子的提问置若罔闻。其实，孩子的这些“十万个为什么”正是他们的好奇心在推动着，而这些父母的做法则亲手扼杀了孩子们的好奇心。

恺恺特别喜欢问问题，不管对谁，总能问出一连串让人啼笑皆非的问题。身边的人有时候被问得实在无话可说便只好搪塞几句，但是恺恺的爸爸从来不会这样，他对恺恺的每一个问题都会认真对待，认真回答。即便有时候被孩子问到了自己解决不了的问题，爸爸也会带着孩子一起去图书馆查阅资料，或者通过其他途径解决。

有一次，恺恺问了爸爸一个问题：“爸爸，人为什么会拉粑粑?”相信大多数的家长在听到孩子问这样的问题的时候，都会一笑了之，或者说一句“人要吃饭，当然就要拉粑粑啊”。但是当孩子进一步追问“为什么吃了饭就一定要拉粑粑”的时候，估计大多数的家长就无言以对了。但是恺恺的爸爸不是这么做的。

爸爸先给孩子讲了人体的整体构造，又告诉孩子人的消化系统是由什么组成的，以及“粑粑”的形成过程，恺恺年纪还小，这些知识有些听得明白有些听得糊涂，爸爸就暂时放下了这件事。几天后，爸爸送给恺恺一本书，书名叫《我们的身体》，里面图文并茂地介绍了人类的身体构成，孩子的很多问题都能在其中找到答案，甚至在书本里还有可以折叠和拉动的图画，让孩子更能直观地理解相关知识。这本书不仅为恺恺解答了关于“人为什么会拉粑粑”的问题，还让恺恺对自己的身体了解得更加深刻，也解决了其他的疑惑。

孩子问问题代表他们有求知欲，我们要认真对待他们问的每一个问题，并且尽量借此机会引导孩子去探索和学习，在不断地问和总结当中，孩子会掌握越来越多的知识，视野也会变得越来越宽广。

（2）平和地对待孩子的破坏性行为

孩子在好奇心的驱动下，可能会做出很多让家长忍无可忍的破坏性行为，但是，无论什么情况，家长都切忌使用蛮横无理的方式阻止孩子的行为，更不能采用暴力手段。如果孩子乱翻东西，我们可以鼓励孩子一起收拾，重新规整，让孩子体会到做家务的辛苦。如果孩子拆卸玩具，我们可以帮助孩子再重新组装起来，告诉孩子玩具的正确玩法，并跟孩子一起玩，培养孩子正确对待玩具的态度。

孩子的好奇心是一笔宝贵的财富，作为家长，要珍而重之。如果孩子因为好奇心的驱使而做了“错事”，父母一定要以包容的心态去对待，适当地引导孩子，合理地发挥他们的好奇心，引导孩子钻研学习，尝试新鲜的事物，接触不同的领域，慢慢培养孩子成为一个有创造力的人。

【情景考查】

如果你发现你的孩子有逃学现象，你会怎么处理？

【智慧锦囊】

首先，面对孩子逃学的问题要明确一点，即使内心气愤，也要先平复自己的情绪，平心静气地面对这件事，再去寻求解决的办法。

管理好自己的情绪之后，就要去调查清楚孩子逃学的原因。如果孩子愿意，可以跟孩子面对面沟通，用平静的语言引导孩子将逃学的真实原因告知父母，如果孩子比较抵触，父母不要强行逼迫孩子，可以通过向孩子的老师、同学或者好朋友询问的方式侧面打听。

如果孩子逃学的原因仅仅是贪玩，父母要体谅孩子，孩子的学习压力比较大，课业负担比较重，再加上孩子爱玩的天性，出现逃学现象是可以理解的。作为家长，要想办法帮助孩子疏解这种压力。比如在孩子周末或者假期的时候带孩子外出游玩，放松身心。

如果孩子逃学的原因与学校有关，比如受到了老师严厉的批评，或者跟同学之间发生了矛盾，则要认真了解事情的真相，帮助孩子分析问题，找到从根源上解决问题的办法，而不是用逃学的方法来解决。如果孩子仍然不能改变想法，父母可以请求老师或同学的协助，帮助孩子打开心结，重新回归校园。

如果孩子是因为学习遇到困难，遭受了打击，父母更不能听之任之，要安慰孩子，欣赏孩子的闪光点，让孩子知道他还是有很多优点的，帮助孩子找回自信心。

当然，孩子逃学的问题可能有各种各样的原因，但是无论是哪种情况，父母都要多多关注孩子，多与孩子沟通，及时根据具体情况调整解决问题的方法，以防止发生更严重的事情。

好父母好家教

把话说到孩子心里去

文贤阁◎主编

江苏凤凰美术出版社

图书在版编目（CIP）数据

把话说到孩子心里去 / 文贤阁主编 . -- 南京 : 江苏凤凰美术出版社 , 2020.11

（好父母好家教）

ISBN 978-7-5580-7714-2

Ⅰ . ①把… Ⅱ . ①文… Ⅲ . ①家庭教育 Ⅳ . ① G78

中国版本图书馆 CIP 数据核字（2020）第 137998 号

责任编辑　郝旭辉
封面设计　陈玉军
责任监印　唐　虎

丛 书 名　好父母好家教
本册书名　把话说到孩子心里去
主　　编　文贤阁
出版发行　江苏凤凰美术出版社（南京市湖南路 1 号　邮编：210009）
　　　　　北京凤凰千高原文化传播有限公司
出版社网址　http://www.jsmscbs.com.cn
排版制作　文贤阁
印　　刷　阳信龙跃印务有限公司
开　　本　880mm × 1230mm　1/32
总 印 张　36
版　　次　2020 年 11 月第 1 版　2020 年 11 月第 1 次印刷
标准书号　ISBN 978-7-5580-7714-2
总 定 价　192.00 元（全 6 册）

营销部电话　025-68155790　营销部地址　南京市湖南路 1 号
江苏凤凰美术出版社图书凡印装错误可向承印厂调换

前言
preface

家庭教育，是父母对孩子的教育，亦是父母学着如何去做好家长的自我教育过程。

所有的父母都是一样的，都不是天生就懂得如何教育孩子。从小小的生命诞生，到牙牙学语、问东问西，到不听管束、开口顶撞，再到撒谎、逃学，与父母怒目而视……在教育孩子的道路上，家长都是任重而道远。

父母与孩子真的无法沟通吗？

当然不是。虽然孩子的成长中总会伴随着各种各样的问题，虽然每一个孩子都性格各异，虽然“代沟”不可避免，但孩子的成长总有相似性，而抵触、反抗等心理也都有其内在的原因。只要了解孩子的心，只要说对话，用对方法，就能消融与孩子之间的寒冰，实现温和对话，良好沟通。

父母都应该努力让自己变成好父母。

怎样才算是好父母呢？

是了解孩子的父母，是懂得倾听的父母，是会和孩子好好说话的父母，是能让孩子把话听进心里的父母，更是能教好孩子、让其健康成长的父母。

做父母不容易，做好父母更不容易，但我们必须努力去做，因为这关乎孩子的一生。

父母是孩子的第一任老师，也是能直接影响孩子一生的启蒙先生。好的父母胜过一个好的老师，只有优秀的父母才能培养出优秀的孩子。所以，父母都应该努力去成为一个好父母，去做一个懂孩子、懂沟通、懂管教的优秀父母。

本系列丛书系统地分析了孩子的心理，让父母了解孩子的内心，理解孩子的任性、刁蛮、叛逆，找到正面管教孩子的新方法。

本系列丛书收录了众多真实案例，还原生活中最常见的父母与孩子沟通问题，对症下药。

本系列丛书总结了很多实用的方法和技巧，条理清晰，简单实用，为困惑的父母指点迷津。

本系列丛书是送给天下父母的教子书籍，是帮助天下父母成为好父母的经验书籍。希望父母都能意识到家庭教育的重要性，自觉去学习，提升自己、精进自己，努力让自己成为合格和优秀的好父母。

为了孩子和孩子的未来，谨以此书献给全天下的父母。鉴于编者能力有限，若有疏漏和不足之处，望广大读者批评指正。

目录

contents

第三章 厌学的心理：怎么诱导孩子才愿学

第四章 别扭的情绪和心理：怎么说服孩子才会听

第五章 不良的习惯：怎么纠正孩子才肯改

第六章 勇气的萌芽：怎么鼓励孩子才敢做

第一章

隐藏的心里话：怎么读懂孩子的心

想要把话说到孩子心里去，首先要读懂孩子的心，听孩子的心声，听孩子的小小烦恼和心结。

我们必须变成小孩子，才配做小孩子的先生

在现实生活中，很多家长都抱怨孩子不理解自己，然而他们是否真的了解孩子呢？家长经常从成人的角度分析事物，很少关心孩子心里的真实想法，这种做法难道是正确的吗？对孩子来说，显然是不公平的。史蒂文斯说："无论我们怎样努力，也只能理解谈话者 25%的意思。"正因为如此，父母应该尝试从孩子的角度去分析和解读孩子的话。既要听清他们说什么，又要尽力揣摩他们的真情实感。比如，孩子早上起来吵着要穿昨天买的新衣服，父母不应该果断地拒绝说："明天才能穿。"站在孩子的视角，他可能会这样想："我今天穿新衣服又能怎么样？为什么要明天再穿？我有我自己的选择，为什么总要按照你的安排做事情呢？"如果这样的话，你无法给他一个合适的理由，他可能会不停地吵闹。倘若这时父母换个角度思考，答应他的请求，又会怎么样呢？孩子穿上新衣服一定会很高兴，接下来的一段时间他做什么事都会很开心，而且对你唯命是从。很多父母只会一味地拒绝孩子的请求，却给不出合适的

理由，要知道孩子是有自己的思想的，一味无理由地拒绝会让他的内心滋生憎恨，而且他还没有丝毫的惭愧之感。

孩子年纪很小，适度地满足他们的请求是可以的，这样做带来的利远大于弊。在他们这个年纪，对周围的很多事物都存在新鲜感，所以才会迫切地想穿新衣服、玩新玩具……这时，父母的想法和孩子的想法是完全不同的，他们可能只担心把新衣服弄脏，或者他们也不知道谁对谁错，只是一味地按照自己的意愿命令孩子做事。在日常生活中，一些孩子在遭到父母批评时会这样想："每次我和他们意见不合时，他们总是带着强硬的口气和我说话，我都没有辩解的机会，有时候他们的批评完全不是那么回事。"父母不允许孩子表达自己的真实想法，也没有查清事情的来龙去脉，只知道一味地管束，这种方式与教育的宗旨大相径庭。孩子的心理承受能力非常有限，如果他的请求不过分，没有违背原则，就尽量满足他吧！

父母要明白，只有跳出成人的框框，从孩子的角度看待事情，才能读懂孩子的心，与孩子构建和谐的亲子关系。

期中考试时，阿瑶的语文考了 80 分，而数学只考了 50 分。

她的妈妈看过成绩单之后，叹着气说："如果你的数学能考 60 分，那么我会非常高兴的。"这学期很快就过了一半，阿瑶语文考了 75 分，数学考了 60 分。可是妈妈却不断地追问："为什么语文退步了？"对于数学成绩的进步，妈妈仅仅简单地说了一句："接着努力吧！"

站在妈妈的角度来看，60 分只是达到了及格线，因此没有值得骄傲的地方。可是语文成绩的退步就像一个警钟，比数学更值得关注。但是阿瑶未必这样想，令她百思不得其解的是："数学成绩进步了10分，而语文成绩只退步了5分，为什么妈妈格外在乎退步的那5分，却没有好好夸奖自己进步的10分呢？"由此可见，妈妈和阿瑶思考问题的角度是不同的，如果没有进一步对话，她们很难了解彼此的真实想法。妈妈是否真的了解自己的孩子？是否明白孩子对考试成绩的真实感受？父母与其看着孩子的成绩心急如焚，不如和孩子好好沟通，从孩子的角度去认识和了解孩子。每一个孩子都有自己的长处和短处，站在合适的角度观察，你会在不经意间发现，自己的孩子有很多没被发现的优点！因此，有专家建议，父母应该学会真诚地赞美孩子，因为赞美可以激励他们更好地成长。

一对年轻夫妇有一个一岁大的女儿，她虽然不会说话，但是很喜欢看动画片。一天中午，妈妈陪着女儿看电视，电视上播放的是女儿最喜欢的一部动画。可是今天不知道怎么回事，女儿总是哭闹不停，而且表现得很不耐烦。妈妈刚开始很奇怪，以为女儿是饿了、渴了，或是想上厕所。后来她俯下身子从女儿的方向看电视，立刻茅塞顿开。原来有东西挡住了女儿的视线，她无法看清电视上的画面。

我国著名教育家陶行知有一句名言："我们必须变成小孩子，才配做小孩子的先生。"父母是孩子的第一任老师，应该在必要时放下自己的架子，学着和孩子平起平坐，跟他们一起认识和了解事物，这样才能真正称得上一位好"老师"。

倾听孩子的心里话

在意大利北部，有一座名叫瑞吉欧的小城镇。20 世纪 60 年代以来，当地幼教工作者努力发展学前教育。经过多年的艰苦创业，这座默默无名的小城镇已经享誉世界，其学前教育被誉为“全世界最好的学前教育”。

这座小镇有一句名言：“接过孩子抛来的球。”意思是要努力理解孩子们的真实想法，感知他们对世界和未来的看法，更要耐心、平和地和他们交流，倾听他们的真实心声。

事实上，在现实生活中，绝大数孩子并没有诉苦的机会。仔细观察孩子周围，其同学或者玩伴往往都是独生子女，具有很明显的以个人为中心的倾向，大多不知道如何劝导别人。因此，就算孩子把心中的烦恼告诉了同学或者玩伴，他们也难以给出合适的安慰或建议。如此说来，孩子只能向自己的父母吐吐心中的苦水了。假如一个孩子从来不向父母倾诉内心的烦恼，那么孩子的父母在教育方式上必然有问题。认真思考一下，为什么孩子有心事不愿意和父母说？是不是父母对他要求太严格，以至于他不敢吐露心声？只要父母弄清楚这些问题，就能理解倾听孩子的心里话何其重要了。

小刚是家里的独生子。一到晚饭时间，小刚就饶有兴致地和妈妈谈论他在学校的见闻，比如今天班主任又在班里批评或表扬了哪位同学；学校田径场周围的鲜花全部盛开了；他的同桌阿华又偷偷在女同学的文具盒里放了毛毛虫；他上周的外语测试考了第一名……小刚坐在椅子上滔滔不绝地说着，他的妈妈则兴致勃勃地听着，从不感到厌烦。

很多父母认为，孩子不应该在吃饭时说那么多话，可是小刚的妈妈却不这样想，她觉得认真倾听孩子说话是尊重孩子的表现，甚至比吃饭都要重要。试想一下，假如孩子兴高采烈地和你说话，告诉你一些他觉得非常有趣的事情。可是你根本不愿意听，还接二连三地打断他，可想而知孩子是多么伤心。换位思考一下，如果父母受到这种对待，即便心理承受能力很强，也很讨厌被人忽视的感觉吧！

在教育孩子的过程中，懂得认真倾听孩子讲话是亲子沟通的前提。不能因为孩子年纪小就不尊重他们，每个人都需要获得他人的认可，才能活得更有意义。

假如我们毫不在乎孩子的倾诉，他们内心的悲喜就无法表达，久而久之会变得失落、沮丧和烦闷，甚至对生活产生悲观情绪，不再积极地获取知识。

一天傍晚，小唐刚回到家就把书包打开了，兴奋地从里面拿出了一幅画。爸爸看后非常诧异，因为小唐把一个太阳染成了绿色，而且还给太阳披上了围巾、戴上了帽子。于是，爸爸疑惑地问小唐："你画的是太阳吗？太阳不是这样子吧？"小唐解释说："我画的当然是太阳啦！这是冬天的太阳，因为冬天非常冷，我为太阳公公披上了围巾、戴上了帽子。它之所以是绿色的，是因为我想让地球充满绿色。”“儿子，虽然你的想象力很丰富，但是太阳应该是红色的，绿色的太阳是不存在的。”爸爸一边说，一边把画轻轻放到了床上。听了爸爸的话，小唐心里很难过，他撇着嘴拿起了那幅画，低着头走进了自己的房间。

童心世界是五彩缤纷的，任何能让孩子感兴趣的事物，都可以引发他们的奇思妙想。假如小唐的爸爸能够用欣赏的眼光看待“绿色的太阳”，理解并赞赏小唐的想法，那么一定会让小唐变得无比自信和积极。

倾听是父母对孩子表示关怀的有效方式，是了解孩子内心世界的主要途径。父母应该花费时间真诚地去倾听孩子的心声，并时刻注意孩子的言行，从言行中捕捉他们的情绪和想法。当父母一步步地通过倾听走进孩子的内心时，父母也便成了孩子倾诉心声的“朋友”。

走进不听话孩子的内心

教育孩子长大成人是每个父母应该肩负的责任。可是如果不能正确认识自己的孩子，无法了解孩子的内心世界，这种教育便失去了意义。事实上，很多父母不够了解自己的孩子。当孩子做了错事之后，父母总是站在自己的角度去教育孩子，让他们改正错误，结果往往得不到预期的效果。

了解孩子的内心世界

不少父母认为，孩子是自己看着长大的，怎么可能会不了解呢？事实上，父母真的未必了解孩子的内心世界。相信不少家庭都出现过以下这种情况：

“你为什么乱扔玩具？赶紧把它们捡起来。”

“我就不捡。”

“你真不听话。”

“我就不听话。”

当孩子在屋子里乱扔东西，产生了很大噪音，或者因为不小心受了伤大声哭闹时，一些父母会怒气冲冲地跑进房间进行批评；另一些则会温和地将孩子抱在怀中，用轻缓的语气漫无边际地安慰……在这种情况下，父母的最佳做法应该是平心静气地去聆听孩子的心声，说不定他会给你非常吃惊的答复。

每一个孩子都渴望得到父母的理解。父母应该深入了解他们的内心世界，重视他们的情感体验，然后从他们的心理特点出发，寻找行之有效的教育方式，这样才能使孩子更好、更健康地成长。

然而很多父母却因为种种原因不了解孩子的所思所想，也不知道孩子究竟有什么需求。他们不想花费时间走进孩子的内心，当然不能深入洞察孩子的心理。

还有一些父母虽然想要了解孩子的内心世界，却没有采用恰当的办法。对于处于青春期的孩子，这些父母不希望他们在自己面前有隐私，他们认为这是对自己权威的挑战。因此，当孩子不在身边时，他们会偷偷查看孩子的日记本或者乱翻孩子的书包，希望以此了解孩子的内心世界。

嫣然今年 14 岁了，是家里的小公主，父母唯恐女儿受到丝毫委屈，把她的衣食住行安排得妥妥当当。

但是嫣然一点儿也不高兴，因为妈妈管得太严了，她觉得自己没有私人空间。而且每次妈妈和她说话，总是抱着质疑或者询问的态度，而不是心平气和地和她沟通，比如："昨天中午你去哪儿了，回来那么晚？""今天有个男生找你，他是你的同学吗？"……

除此以外，妈妈还经常检查她的房间，偷偷翻看她的日记以及同学给她的来信等。嫣然对妈妈的做法忍无可忍，采取了实际行动进行抗议。她在自己房间的墙上贴了一张纸，上面写着：未经本人同意，不要乱动桌子上的东西。她还买了带锁的日记本，甚至在存放日记本的抽屉外面也上了一把锁。为了故意气妈妈，嫣然在接电话时谎称是男同学打来的。妈妈知道后非常气愤，对爸爸说女儿拿她当外人，把她当作小偷来防范。慢慢地，嫣然和妈妈的关系越来越紧张。

父母随便探询孩子的隐私，其实是一种错误的行为。如果孩子没有自己的隐私，就很难形成独立的人格。如果他发现自己的父母在窥探自己的小秘密，很容易产生信任危机。

开启孩子的心灵之门

(1) 经常与孩子交流思想，做他们的良师益友

亲子间的思想交流至关重要，既能够帮助父母更好地了解孩子的真实想法，又能让孩子明白父母的一片苦心，慢慢懂得为父母分担忧愁，为家庭和睦贡献自己的力量。因此，身为孩子的父母，一定要寻找合适的方法和孩子成为朋友，让他们乐于向自己倾诉，敢于分享心中的喜和忧，做好他们的导师。

叶修和妈妈是非常要好的朋友，不管有什么心事，他都乐意和妈妈诉说。有一次，叶修放学后非常不开心，不知道该找谁倾诉苦闷。他正打算出去散散步，刚好遇到了买菜回来的妈妈。于是，他匆匆地跑到妈妈身边，请求妈妈和他到公园散步，妈妈愉快地答应了他。可是一路上他什么都不说，妈妈知道他不开心，就用俏皮的语气问他："小家伙，你是不是有话要跟我说?"叶修这才慢吞吞地说："妈妈，每个星期五是我们组值日。放学之后，同学们扫完地就走了，他们不愿意倒垃圾，每次都是我一个人清理垃圾，所以我今天又回来晚了。一些同学说我很笨，就连姥爷也这样说。妈妈，我这样做真的很笨吗?""不，妈妈觉得你是一个非常聪明的孩子。""您为什

么这样说呢?”“因为小叶修是个勤奋的好孩子，不仅热爱劳动，还知道做事有头有尾，比那些半途而废的同学厉害一百倍，妈妈真为你骄傲。”听了妈妈的话，叶修紧皱的眉头舒展开了，欢快地走在公园的小路上。

（2）学会观察子女

了解孩子内心想法的关键是观察孩子。有人说：“眼睛是心灵的窗户”，还有人说：“言为心声……”。孩子的内心想法会通过语言、神情或动作一一表现出来。孩子的课本、练习册、草稿纸上的一笔一画，都是他们内心世界的独白，父母可以借助这些东西进一步了解孩子、理解孩子。在观察孩子的同时，父母也要下意识地观察他们身边的朋友。

（3）尊重孩子的情感，认真倾听孩子的故事

一天的学校生活结束后，孩子会有一些有趣的事情想要分享给父母。即使辛苦工作了一天，父母也应该抽出时间耐心地聆听孩子的故事，并给予真诚的评论和鼓励，因为这是尊重孩子的正确方式。

（4）多方了解孩子的内心世界

想要了解孩子的内心世界，父母可以试着从他的同学、老师着手。如果有必要的话，也可以经常联系孩子同学的家长。

总而言之，简单地关心孩子的生活和学习是不够的，父母还要学会从多个角度观察自己的孩子，并采用多种教育方式，言传身教，逐渐了解孩子的内心世界，帮助他走向正确的人生道路。

敞开心怀与孩子谈一谈

很多父母经常抱怨："我的孩子有事情不愿意和我说。"而孩子却愁苦地说："父母不知道我们想要什么，只是一个劲儿地说个不停，而当我说时他们却没耐心听。"这是一种很常见的情况。孩子其实有很多想法和事情要和父母说，但因为父母不够重视或者不愿倾听，他们的情感和意见往往不能得到充分的表达。可是，如果父母不愿和孩子谈心，又怎么可能深入了解孩子？对孩子不够了解，又如何能正确地帮助和教育孩子？父母应该用平等的态度对待自己的孩子，和他一起讲述见闻、分享欢乐、分担忧愁，让家庭氛围更加和谐。

沐橙是一个喜欢花钱的小姑娘。有一次，妈妈没有给她零花钱，她无法买到自己喜爱的洋娃娃，就对妈妈有了反感的情绪。无论妈妈让她做什么事，沐橙总是对着干。妈妈觉得女儿不懂事，自己辛辛苦苦地工作就是为了让女儿生活得更好一些，可是女儿却这样对自己。

后来，爸爸下班回来了，他给沐橙讲述了自己辛苦工作的一天。没过多久，妈妈发现女儿忽然变得乖巧起来，她疑惑地问爸爸为什么会这样。爸爸笑着说："小孩子也是很聪明的，只要你用正确的方式沟通，她就能明白。之前她和你闹别扭，是因为你没有耐心和她交流啊！"

听了爸爸的话，妈妈豁然开朗，然后开始注重和女儿之间的沟通。过了一段时间，妈妈非常高兴，因为女儿身上的叛逆行为少了很多。

试想一下，如果这位妈妈早一点儿和女儿交流，耐心地解释自己辛苦工作的意义，也许女儿就能理解妈妈的辛苦，母女间的关系也能更上一层楼。

如何与孩子有效沟通呢？

（1）沟通的话语要明确

很多父母与子女产生矛盾，主要是由于误解。父母说话含糊不清、似是而非，孩子听后理解错误，就会对父母产生反感态度。为了避免这样的问题，在和孩子沟通时，父母的言语务必要清楚、明确。

（2）认真听孩子表达

孩子也渴望自己说话有人倾听，父母应该对孩子的话表现出浓厚的兴趣，而且让孩子感受到你对他的重视。当孩子说话的时候，父母尽量不要打断，也不要因为说错话就立刻批评，应该站在孩子的立场上思考问题，使孩子感受到他被重视和理解。

（3）言语要符合实际、合乎情理

运用贴合实际、合乎情理的话语和孩子沟通，一方面能够培养孩子的理智和自信心，让父母的话有可信度；另一方面可以在孩子心中树立良好的形象，让他觉得父母可亲近、能依靠。

（4）消除对孩子负面评价的心理定势

父母根据孩子以前的表现来理解孩子现在说话的内容，很容易曲解孩子的本意。因此，父母应该客观地倾听孩子的心声。既不要以偏概全，一坏全坏；也不要爱屋及乌，一好都好。孩子会在成长过程中不断变化，父母必须懂得排除主观偏见。

（5）重视孩子的内心感受

父母应该关心孩子的真实感受以及需求，鼓励孩子勇于坦露自己的真情实感。必须使孩子理解：父母不同意他做某些事，不是不理解他、不尊重他，而是担心他的选择不利于他日后的成长。

打破亲子沟通障碍，与孩子有效沟通

“父为子纲”的规则依然存在于现代中国的多数家庭。父母的话就像皇上的口谕一般，对孩子来说是绝对的权威。他们不需要质疑，只要执行即可。

这种教育方式是强制的，会让亲子间的沟通变得非常艰难。于是，怎样和自己的孩子无障碍地沟通，成为很多家长正在思考的难题。

相信很多家长都遇到过这种问题：事情的道理说得明明白白，而且非常有哲理性，可是孩子就是不服气，自己完全没办法。

有的家长还有过这种体会，就是有时候和自己的孩子说话感觉“驴唇不对马嘴”。孩子因为认知能力有限，不能正确领会父母的意思。父母却对孩子的说法不屑一顾，认为他们完全是“乱弹琴”。而当父母想要和孩子好好交流时，孩子却表现得漫不经心。

对于以上两种情况，一些心理学家提供了解决方法：很多事情没必要让孩子心服口服，只要“口服”就足够了，不能强求孩子从心里接受他难以理解的东西，允许他提出自己的质疑和意见。事实上，仅仅做到这些是不够的。孩子不同于成人，他们的人生阅历不够，对事物的认识浅薄，往往思想单纯，不愿意听空洞、深奥的说教，也难以理解这些。因此，想要实现有效的沟通，父母就应该懂得把问题具体化。

如何做到将沟通具体化

（1）父母要学会设计启发式问题

心理学上有一个概念叫“对立违抗”，它主要讲的是“孩子会把最亲近的人当作攻击目标”。为了应对这种情况，家长可以参考以下两点解决办法：第一，仔细思考孩子能够接受哪些东西，不能接受哪些东西，在沟通之前权衡利弊。第二，家长要学会用疑问的形式和孩子对话，尽量在沟通中设计一些有意义的问题。不少专家认为，提问是一种非常高级的交流形式，它不仅可以迅速提高孩子的沟通能力，还可以训练孩子的思考能力和反应能力。家长在提问的过程中，尽量带着鼓励的语气，便于提高孩子的积极性。

（2）沟通要涉及实质内容，帮助孩子规划人生目标

很多家长都喜欢语重心长地和孩子说话，可是说出来的话空洞且没有实质内容，比如：“你可要认真学习呀！”这样的沟通方式显然是错误的，很难对孩子产生良好的效果，而且也不利于孩子的成长。因为这样的话可操作性不强，没有任何具体的方向。孩子的身心发育不够成熟，不明确自己应该做哪些事。即便父母告诉孩子具体该做什么，他们也可能因为自控力不足，无法做成那些事。由于没有达到目标，孩子反而容易产生紧张不安的情绪。

云芝今年13岁，正在读初一。她外向开朗，而且学习很好，班里的同学都喜欢和她一起玩，说她是一个开心果，不管到哪里都能制造出欢乐。可是云芝在家里特别安静，要是父母不主动跟她聊天，她可以一整天都不说话。妈妈偶尔说几句话，她都觉得很不耐烦，嘴里嘟囔着“别再啰唆了”一类的话。云芝的父母非常困惑，他们不清楚究竟做错了什么，让女儿这样反感。后来，云芝总算说出了在家里表现得很安静的原因，她觉得父母的话单调而且没有新意。在她看来，父母反反复复就只有五句话：“好好吃早餐，不然学习没力气。”“骑自行车过马路要注意安全。”“上课一定要认真听讲。”“好好跟同学相处。”“放学后不要乱跑，早一点儿回家。”家长每天重复这五句话，怪不得云芝会感到厌烦，逐渐在家里沉默寡言。

任何家长都非常关心自己的孩子，不停地叮嘱孩子该做什么事，不该做什么事，唯恐他们犯错。家长可以关心孩子，但是表达关心的话语不要千篇一律，否则很容易让孩子厌烦，甚至变得叛逆起来。所以，家长在和孩子沟通时应该将问题具体化，应该用心和孩子交流，了解孩子究竟喜欢什么样的交流形式。只有充分了解自己的孩子，才能更好地帮助他们规划人生，给他们制定合适的目标，让他们每一步都体会到成功的乐趣。

针对孩子生活、学习中遇到的具体问题，具体分析

孩子在学习和生活中遇到的问题是不同的，针对具体问题，在和孩子沟通时，尤其要注意以下两个方面：

(1) 根据孩子的性格，用孩子易接受的语言

不同的孩子拥有不同的性格特征，有的孩子活泼开朗，有

的孩子文静乖巧。家长应该懂得“对症下药”，根据孩子的性格特征选择对应的沟通方式，这样做可以降低他们的反感，达到想要的效果。

（2）尊重孩子

“教育要尊重孩子”是一个老生常谈的问题，这句话人人都会说，也明白其中的道理。可是在实际生活中，真正能做好这一点的父母却少之又少。

比如，妈妈正在客厅工作，儿子忽然跑进来说：“妈妈，你陪我到游乐园玩吧。”这时，妈妈应该怎么答复呢？有些妈妈会说：“让爸爸带你去玩吧。”有些妈妈会说：“你真不懂事，妈妈现在这么忙，哪有时间带你出去玩呢？”还有一些妈妈会说：“一边玩去，不要来打扰我。”……无论上述哪种答复对孩子都是不尊重的行为。

事实上，这时恰好是一个和孩子交流的好机会。妈妈可以耐心地向孩子解释自己必须完成手里的工作，然后才能带他出去玩，比如这样对孩子说：“妈妈手里的工作很着急，如果不能及时完成，会被领导责备的。这就像你不能及时完成作业，老师也会责备你一样。”要么就把手里的工作放一放，带孩子出去玩一小会儿，然后计算好时间，回来接着工作……

家长对孩子的尊重，不能只是说一说而已，一定要付诸于行动。千万不要用“小孩子知道什么”一类的话回绝孩子。

说孩子能听懂的“话”

孩子时不时地会问自己的父母“为什么”“怎么办”……父母对此总是感觉身心疲惫，很多时候难以招架，有时父母还会忍不住感叹说：“我竟然被自己的孩子问倒了。”

在很多情况下，并不是父母不愿意回答孩子的问话，而是他们不知道如何回答。有些问题三言两语难以解释明白，说多了以孩子的认知无法理解，尤其是那些很难理解的深奥的科学道理，所以父母要学会将复杂、冗长的科学道理简化，用孩子能听懂的话进行表达。那些深奥的科学道理不要急着让孩子接受，随着年龄的增长，他们会在适当的时间学到这些的。

小雪今年3岁了，正在上幼儿园小班，她非常聪明，但是有个坏习惯——不爱喝水，常常缠着父母给她买可乐。如果父母不给她买，她就哭闹不止。最后，小雪的父母只能选择退让。

一天晚上，超市都已经关门了，小雪却吵着要喝可乐，爸爸干脆利落地说了声“不行”。可是小雪仍然吵闹着：“我就是要喝可乐！我就是要喝可乐！”眼看孩子的爸爸又快妥协了，妈妈在大门口喊来了邻居小刘，让他给小雪讲一讲经常喝可乐的危害。小刘是一位化学博士，他蹲下身来耐心地解释道："可乐里面有大量的食品添加剂，小孩子喝了一点儿营养都没有，还不利于身体健康！"

也许是因为对小刘比较敬畏，小雪眨着眼睛勉强听他讲了一会儿，可是没过多久她又开始嚷叫起来："我想喝可乐！妈妈快给我买可乐！"小刘叹着气说："叔叔不是告诉你了吗，经常喝可乐对身体不好。你是个乖孩子，听叔叔的话好吗？"小雪摇着头哭喊道："不，我就是要喝可乐！"

这时，小雪的姥姥从屋里走了出来，和蔼地对她说："小雪不要急，姥姥带你找可乐好不好？"听了姥姥的话，小雪从妈妈怀中挣脱，跑到姥姥的怀里。姥姥抱着她走到窗前，指着天空说："聪明的小雪，你知道天上有什么吗？"小雪抬头望了望天空，然后说："是星星和月亮。"姥姥接着说："星星一出来就说明天黑了，在幼儿园里，小朋友们天黑了会干什么呢？""大家都去睡觉了。"小雪以为姥姥要让她睡觉，吵着说："我不要睡觉，我想喝可乐！"姥姥轻轻摸了摸她的脸蛋，笑着说："姥姥不是让你睡觉，姥姥是想告诉你，可乐去睡觉了，所以你今晚不能喝可乐了。"小雪想了想，然后乖乖点了点头……

"可乐去睡觉了"这样的说法在大人眼里非常荒诞，可是孩子竟然相信了，这是为什么呢？因为孩子的认知水平远远低于成人。可是很多家长却忽略了这一点，试图用深奥的科学道理说服孩子。这样做的结果往往是父母说得口干舌燥，孩子听得索然无味，根本不知道大人在说什么。因此，在和孩子交流时，父母一定要明白一个道理：亲子交流的重点不在于父母说得有多专业，而在于孩子能不能理解！

父母习惯了用成人的眼光看待问题，所以也会用成人的思维给孩子解答问题。在孩子成长过程中，适度增加一些科学知识有助于增强孩子的好奇心，便于他们接受新鲜事物。但是如果孩子无法理解父母所说的知识，一味地强迫孩子接受，只会让他们变得更加疑惑。由此可见，家长给孩子讲大道理有一个前提，那就是让孩子听得懂。

了解孩子为什么不爱搭理父母

现实生活中，常常可以听到一些父母感叹：“孩子长大啦，越来越不愿意和我们说话了。”为什么孩子不爱搭理父母了呢？除了孩子的性格原因，主要因素无外乎父母不了解孩子的内心世界。

父母只关心孩子的学习成绩

子凡是一名初中生，到今天为止他已经半个月没和父母好好说话了。如果有一些话非说不可，他就简单地敷衍几句，这让他的父母头疼不已。

自从子凡升入初中，父母就为他的衣食住行忙前忙后，为他的学习操了不少心。可是子凡的父母没有想到，他们无微不至的关心反而引起了儿子的反感，从小乖巧懂事的儿子竟然和他们展开了“冷战”。

子凡其实也很苦恼，他觉得父母管得太多了，而且常常不了解他的真实想法就妄下结论。在日常生活中，子凡小心翼翼地跟父母说话，唯恐某句话说错了遭受父母的批评和责骂。他有时候也想表达自己对事物的看法，可是父母总是表现得非常不屑，觉得他只是一个什么都不懂的小孩子。正是因为这一点，子凡对父母产生了抵触心理，他甚至和同学抱怨："我非常讨厌他们将我看成不懂事的小孩儿，一天到晚只是督促我勤奋学习，干脆把我变成学习机器得了！"面对自己的父母，子凡的话越来越少，他也不喜欢这种"僵持"的状态，可是又没有更好的解决办法。如果父母的教育方式不做调整，子凡就会继续和父母"冷战"。

出现上面这种情况跟子凡内敛的性格有一定关系，可是为什么很多外向开朗的孩子也会这样呢？

天明今年读初二，在学校乐观外向，人缘非常好。可是一回到家里，他就像变了一个人似的，一天到晚沉默寡言。天明其实也很无奈，他不知道如何跟父母沟通。在同学面前，他可以畅所欲言，谈论学习、音乐、电影、游戏……但是跟父母谈论这些，就会出现令他不开心的情形。有一回，天明兴奋地和父母谈论一个游戏人物，却遭到了他们的批评。天明的父母认为游戏有百害而无一利，孩子关心这些会影响学习。

天明感觉自从他上了初中，父母对他的态度跟以前不一样了。上小学时，他常常跟着父母到外面玩，参观了许多水族馆、博物馆、动物园。可是现在他只能在周末参加补课班，就算放了寒暑假，父母也不带他参加任何活动。天明甚至觉得家里的氛围变得很压抑，他好像除了学习什么都不应该做。他非常理解父母的关心，但是很难接受这样紧张的家庭环境。父母的做法让天明压力倍增，后来他很少再和他们说话了。

子凡和天明的情况很相似，他们二人的感受也差不多。他们的父母没有意识到，过度关注孩子的学习，反而给孩子增加了心理压力。当孩子进入校园后，家长经常围绕学习和他们谈话。大多数家长都迫切地要求孩子考出好成绩，却忽略了孩子心中喜欢的事物，有些父母干脆直接扼杀了孩子的业余爱好。问卷调查显示，将近90%的家长在和孩子聊天时不会谈论孩子的喜好，只注重孩子的学习成绩和在校表现。父母不应该只关心孩子的学习，这样会使孩子认为交流很枯燥。学习固然重要，但不是孩子生活的全部，他们也有自己的爱好，应该受到尊重。如果父母把做跟学习无关的事情看作“不务正业”，孩子就会逐渐失去和父母交流的兴趣。

父母和孩子之间存在代沟

我们都熟悉代沟这个名词，它指的是出生在不同年代的人，在心理状态、生活方式和价值观念等方面存在巨大差别。古往今来，绝大多数家庭都存在代沟，这种现象在现代表现得更为明显。

不久前，有一个同事打电话说，她上初中的孩子在家里越来越不爱说话。即使是在一家人吃饭的时间，孩子也只是闷头吃喝，根本不会主动和父母聊天。吃完饭之后，孩子就匆匆跑回自己房间，经常好几个小时都不出来。

同事谈起这件事时非常难过，她觉得孩子越来越不懂事了。孩子出生之后，她放弃薪资丰厚的工作，在家里全心全意地照顾他。眼看着孩子长大成人，却越来越不爱和父母说话，她觉得母子之间好像隔了一座山，心里很不好受。

我问同事是不是孩子最近心情不好，也许过几天就好多了。同事叹着气说她的孩子跟朋友打电话能聊好几个小时，好像肚子里有说不完的趣事，常常捧腹大笑，令她羡慕不已。

亲子之间常常会存在代沟，身为孩子的父母，必须先查明为什么会产生代沟，然后采取对应的方法和孩子耐心交流，这样才能很好地解决问题。

为了充分了解孩子，父母应该试着接受一些新思想，不可固执地认为大人的观点一直正确。只有学会理解孩子的想法，才能更好地教育孩子。

孩子的发言权总被剥夺

少羽今年15岁，正在读初中。少羽的爸爸是个心直口快的人，非常喜欢表现自己。只要在场的人超过两个，少羽的爸爸一般都会成为主角。少羽的爸爸还有一个坏毛病，就是非常爱抢话，别人一句话还没有说完，他就硬生生地打断。尤其是跟少羽聊天，几乎从来不给少羽说话的机会。每当少羽想要表现自己时，他爸爸就非常不屑地说："你知道什么！"或者干脆否定他的说法。

有时候，同学会来家里玩，当少羽和同学谈论一些趣事时，少羽的爸爸总是抢着说话。哪怕家里来了客人，询问少羽的学习情况，少羽的爸爸也要插嘴进来，热情地和客人聊起来，把少羽晾在一边。久而久之，少羽觉得很自卑，变得越来越不喜欢说话了。

后来，当父母和少羽说话时，他不乐意搭理，最多说一个"嗯"。少羽的变化让父母感到很奇怪，他们想好好和儿子聊一聊，可是少羽始终沉默寡言，他们不知道如何是好。

有人说："父母话太多，小孩子口才就不好。"从少羽的事例可以看出，这句话有一定道理。

每个人都想将自己内心的想法表达出来，少羽的爸爸可能没有意识到，他的超强表现欲影响了儿子的正常表达。少羽之所以变得沉默寡言，主要是因为父亲不尊重他的发言权。当孩子想要发言时总被打断，他的交流欲望就会逐渐减弱，所以才会变得沉默寡言。因此，父母的表现欲太强，也是导致孩子不爱说话的一个原因。

孩子不爱搭理父母，父母不应该怪孩子，更应该从自己的身上找原因。找到原因后，父母应该努力想办法克服与孩子之间的沟通障碍，并努力增强孩子的交流欲望。

家长可以参考下面这些方法：

（1）紧跟“孩子社会”的发展步伐

一些父母总觉得自己是从孩子时代过来的，对孩子的想法了如指掌。可是现在的孩子整天面对先进的网络世界、丰富的娱乐生活，跟自己的童年时代有着云泥之别。为了更好地了解孩子、教育孩子，父母要努力学习新知识、接触新世界。例如，在业余时间多上上网，查一查孩子喜欢什么，陪孩子看看电视，寻找沟通的话题……如果孩子把你当作知心朋友，他还会不想和你聊下去吗？

（2）不要对孩子期望过高

对孩子期待过高，很容易引起孩子的反感。从现实中的大量实例可以看出，大多数好学生不是家长逼出来的，而是在良好的家庭环境中培养出来的。想让孩子成功有两个必要条件，一个是良好的成长环境，另一个就是天分。牛顿和爱因斯坦只满足上面一个条件，但是他们仍然成功了。而且学习不好的孩子不一定不优秀，他们可能有其他天分，等待父母去发现和培养。

（3）给孩子留一定的个人空间

家长务必注意，要学会给孩子留一定的个人空间，不要将自己的观点强加给孩子。哪怕是情同手足的朋友，也要有自己的自由空间。青春期的孩子处于成长的十字路口，需要的是父母的正确指引，而不是一味地替他们做主。随着年龄的增长，他们会逐渐明白很多道理。父母应该鼓励孩子表达自己的想法，这是让孩子变得自信开朗的好方法。

【家长课堂】

多多5岁，上幼儿园，一日她和小伙伴发生了不愉快的事情。

多多：“妈妈，我再也不想和小南说话了！”

妈妈：“怎么了？她做了让你难过的事了吗？”

多多：“嗯，她今天推了我一下。”

妈妈：“把你弄疼了，是吗？”

多多：“有一点儿，不过还好。”

妈妈：“你觉得她是故意推你的吗？”

多多：“是。”

妈妈：“那你一定很难过，因为她是你最好的朋友。”

多多：“是的。”

妈妈：“妈妈觉得朋友之间应该相互原谅，你愿意原谅她吗？”

多多：“愿意。”

妈妈：“那明天去和她和好吧！”

多多：“好的。”

沟通建议：当孩子与小伙伴发生矛盾时，请认真地听孩子诉说，理解他们的难过，然后一点点帮孩子去化解他们心里的情绪。

第二章

语言的力量：怎么说孩子才会懂

语言是一门艺术，想要孩子认真听你说话，就要学会如何去说。不同形式的一句话，效果也会截然不同。

孩子不听话，大多是因为父母不会说话

生活中，我们常常能听到类似这样的抱怨："我的孩子太难管了，我说什么他（她）都不听，喊得嗓子都快冒烟儿了，他（她）还是纹丝不动。"这是大部分父母内心真实的感受。其实，当我们以这样的心态"控诉"孩子的不是时，已经滑入了错误的轨道。明智的父母一般都懂得换一种思维方式，反思自己的不足。

亮亮的奶奶要回乡下了，亮亮想去车站送一送她。这本来是一件无可争议的事情，但妈妈却担心亮亮数九寒天出门会冻得感冒了，所以坚持不许他去。对于妈妈的反对，亮亮抗议了很多回，但得到的答案只有两个字——不行。不过，最终亮亮还是倔强地上了公交车，妈妈当着车上众人的面也不好发威，只能狠狠地瞪了亮亮一眼。到了火车站，下了公交，妈妈愤怒地朝亮亮喊道："你给我等着，看我回去怎么收拾你！"亮亮听后一溜烟儿跑了。在人头攒动的火车站里，一个小孩子东跑西蹿是一件非常危险的事情，全家人的心都提到嗓子眼儿了。爸爸赶紧跑过去抓住他，奶奶走过去把他抱在怀里，忍不住嗔怪道："你干吗要跑啊？吓死我们了。"脸上挂着泪珠的亮亮胆怯地说道："我怕妈妈回家打我……"

当我们读到这里，是否应该有所反思？对待自己心里最疼爱的孩子，为什么不能多一点儿耐心，多一点儿温柔，好好和他们说话呢？遇事一味地指责、命令、恐吓，怎么会把话说到孩子的心里去呢？

有人说："这世上没有不听话的孩子，只有不会说话的父母。"这句话乍一听似乎对父母有点苛刻，但是仔细品味，不无道理。不过可惜的是，很多父母并不理解其中的含义。

在和孩子相处的过程中，沟通真的是一门艺术，如何好好说话考验着每一位父母。有些家长不懂得沟通之道，最后直接把说话升级为火药味十足的训斥，有的甚至觉得训斥还不足以威慑孩子，直接上手，用武力的方式解决。可以说，生活中的很多父母都是用这种高压的方式令自己的孩子屈服。有的时候为了让孩子更好地屈从自己，他们甚至连一个友好的眼神都不肯给孩子，于是生活中"一说话三瞪眼"的父母屡见不鲜。

总而言之，训斥、瞪眼、开打似乎成了很多父母管教孩子的标配。当然，所谓与孩子交流，其实也是父母"眼口手"协调配合。这样的教子方式何其愚笨，何其悲哀！在此过程中，父母只是一味地强求孩子服从，一味地把自己的想法和观点灌输给孩子，而孩子心里到底怎么想的，内心感受如何，心理承受能力怎样，他们全然不顾，这样孩子怎么会心甘情愿地按照父母的意愿做事情呢？所以与其说孩子顽固不化，听不进父母的想法，还不如说大人主观意识太强，完全不顾及孩子的心理和感受。

所以聪明的父母一般都会抱着和谐交流的目的和孩子好好说话。话说得好，说到孩子的心里，父母和孩子之间就能轻松愉快地把事情解决掉，而且彼此之间的关系也不受一点儿伤。而不理智的父母则经常意气用事，永远用一副急赤白脸的样子和孩子对话，这样即便你说得有道理，孩子也听不到心里去。

古语说得好：“晓之以理，动之以情。”父母想要孩子把自己的话听到心里去，首先就得以理服人，以情动人。其次，说话的态度也很重要，不管在任何时候，父母都要控制好自己的情绪，平和地与孩子对话。此外，孩子的自尊心也需要受到尊重，所以有些话不能不分场合地乱讲。如果你真正能做到这三点，相信打动孩子，让孩子听话也不是一件很难的事情。

亲子沟通需要坦诚和尊重

坦诚和尊重是一切和谐交流的必要前提。即便是面对孩子，也应如此。在亲子对话的过程中，父母既要循循善诱，让孩子说出他们的所思所想，又要本着尊重的原则，把自己内心的想法坦诚地告诉孩子。

乐乐的奶奶生病了，他的爸爸妈妈打算换个更大点儿的房子，把奶奶接到家里照顾。经过几天的奔波，他们最终筛选出两套比较合适的房子，一套在东城，一套在西城。晚饭过后，乐乐的妈妈把房子的大致情况告知了乐乐，并且希望乐乐能说说自己的意见。乐乐在上小学五年级，正是爱玩爱闹的年纪，而东城区的那套房子附近正好有个大型的游乐场，所以他很希望爸爸妈妈能在东城区安家。爸爸妈妈心里呢，其实更想要西城区的那套房子，因为那边的交通更方便一些，最重要的是那套房子有电梯，奶奶上下楼也很方便。乐乐的妈妈见儿子的想法正好和自己相左，却并没有打算驳斥儿子，而是耐心地和儿子讲起了道理。最后，经过妈妈的一番有理有据的开导，乐乐愉快地接受了在西城区买房的决定。

其实，作为一个各方面尚未成熟的小孩，妈妈并不是真的指望他给出什么买房的意见，之所以以商量的口吻和孩子对话，最主要的是想给孩子起码的尊重。作为家里的一份子，妈妈觉得孩子有权参与家里的重大决定。这种坦诚而又充满尊重的亲子对话很值得大家学习和借鉴。

另外，父母在与孩子对话的过程中，还应该注意一些其他问题：

(1) 在孩子面前需要真诚

生而为人，没有谁是完美无缺的，大家都有自己的局限性，也都会犯错，作为父母也不例外。在大多数情况下，家长凭借着自己多年的学识、阅历，能给孩子正确的指引，但是有的时候难免也会因为认知的局限而暴露自己的短板。此时很多父母为了维护自己的面子，刻意把自己的缺点隐藏起来。其实这种做法是不对的。孩子正在一天天长大，他们的认知能力也在逐步提升，知识面也渐渐拓宽，如果父母一直以这种不真诚的态度和孩子交流，其实孩子是有辨别真伪的能力的，久而久之，孩子会因为你的刻意隐瞒而反感。

比如，上高二的萌萌在写作业的时候碰到一道非常难解的物理题，她想了很久都毫无头绪，于是她就去求助自己的爸爸。爸爸一看题目，其实也想不出正确的解题思路，可是为了保住自己的面子，他仍然强装镇定地说："这道题这么简单你都搞不定，真是白学了！"随后他急匆匆地借故走开了。其实爸爸到底会不会做这道题，萌萌早已了然于胸，她虽然嘴上没有说什么，但是心里却觉得自己的爸爸虚伪极了。而如果此时爸爸能真诚一点儿，虚心地跟萌萌说："这道题确实很难做，不如咱们一起向其他人请教一下。”那么相信萌萌一定会谅解自己的爸爸。尽管这样的做法让爸爸学识渊博的形象大打折扣，但是总好过给孩子留下一个不直诚的看法。

不管怎么说，真诚的人更容易得到别人的理解，所以父母没必要为了自己的面子在孩子面前伪装，如果你能真诚一点儿，他们反而会更理解你。

（2）让孩子多多了解父母的过往

众所周知，每个孩子身上都会有一些自然生发的好奇心，他们不仅会对生活中的花鸟鱼虫好奇，还会对父母儿时的生活感到好奇。他们很想知道自己的父母小时候是不是也和他们一样，每天要做很多的作业，也有很多的烦恼和困扰。此时，父母如果能在合适的时间敞开心扉，和孩子聊一聊儿时的喜怒哀乐，那么不仅会满足孩子的好奇心，还可以借着曾经的阅历和经验，向孩子输入一些必要的做人道理和正确的价值观。

假如你儿时家境贫寒，没有接受良好的教育，但你通过自己不懈的努力创造了一番不错的事业，那么不妨把你的奋斗经历详细地说出来，这样孩子也会被你顽强坚韧的精神所感动，最后受你影响，他也会变得坚强勇敢。

假如你从小是家里的小皇帝，过着衣来伸手、饭来张口的日子，那么你可以告诉孩子你因为这种不独立的性格在社会上吃了多少苦头，但最重要的是让孩子知道你是如何一步步改过自新，重新获得独立生存的能力的。这样也可以让孩子意识到自己不能处处依赖他人，人生要依靠自己才能活得精彩。

假如你年少时因为内向、不善言谈，而遭到很多同学的轻视和拒绝，而且因为表达不力错失了很多有意义的社交活动，那么也请把这些糟糕的经历和孩子一道分享，分享这些经历并不意味着贬低自己，而是在变相地激励孩子积极向上，走出封闭的自我世界，多多与人接触，在增强语言表达能力的同时获得更多的社交自信，而这些将是他以后成功路上的宝贵财富。

假如你小时候有一个当舞蹈家的梦想，可是后来因为一次事故，让你从此与梦想擦肩而过，但你并没有因此而颓废沮丧、意气消沉，而是利用业余时间学习其他方面的技能，最后经过你的一番努力，竟然也在其他方面做出了不俗的成绩。如果孩子知道你的这些经历，一定也会学得积极乐观，不再为一些鸡毛蒜皮的小事苦恼。

这一点一滴的经历饱含着你对世界的认知，孩子听了受益无穷。这些有血有肉的过往远远比你干巴巴地给他讲一大堆做人的道理要管用得多。当然，你也不必担心自己从前的这些糗事儿会影响你在孩子心目中高大伟岸的形象，随着时间的推移，孩子会长大，变得懂事，最终体会到你的良苦用心。

总而言之，坦诚地和孩子交流是一件很了不起的事情，它不仅能帮助你有效地向孩子传递做人做事的道理，而且还能帮助你们建立和谐友好的亲子关系。

（3）和孩子平等、礼貌地沟通

在亲子沟通过程中，对孩子平等、礼貌也是非常重要的。只有孩子感受到了尊重，他才会愿意心平气和地听从你的建议和指导。

菲菲是一名初三的学生，期中考试的时候她的数学成绩很不好，为了帮助女儿考上一个理想的中学，菲菲的妈妈想在寒假的时候给她找个好点儿的家教老师，为其补充一下缺失的知识。可是在正式决定请家教之前，她的妈妈也有很多的顾虑，她明白自己的女儿现在学业非常繁重，十门课程门门都得熟练掌握，这并不是一件容易的事情。好不容易熬到寒假，还有一大堆的作业等着她做，这个时候如果再给菲菲“加塞”，菲菲会不会有些吃不消呢？虽然妈妈有这样的顾虑，但她最终还是把自己的想法告诉了女儿，刚开始菲菲是有些不情不愿，可是后来经过妈妈的一番诚恳、委婉地劝解，女儿也明白了妈妈的良苦用心，于是欣然接受了假期补课的事。不过在答应补课之前，她要求妈妈允许她每天玩两个小时，妈妈看见菲菲也意识到学习的重要性了，于是毫不犹豫地答应了她的请求。

菲菲的妈妈是一位明智的家长，她知道只有平等、礼貌地和孩子对话，才有可能达到理想的交流效果，倘若自己事先不知会菲菲补课的事情，毫无征兆地给孩子请来家教老师，一定会招来孩子强烈的反对，那么到时候，即便是补课被强制执行了，菲菲的学习效果也会差强人意。因此，这件事情可以给家长们带来一个新的启示：亲子沟通务必要遵守平等、礼貌的原则，否则很难得到双赢的结果。

给孩子创造一种童话般的氛围

孩子虽然和大人生活在一起，但是他们感知到的世界和大人完全不同。在他们的眼中，一切事物都是有生命的，有感知能力的，比如小玩偶是会孤独的，小鸟是会流泪的，小蝌蚪是会叫妈妈的等等。总而言之，他们的认知世界充满了童真童趣，他们喜欢以童话式的思维来看世界。所以，为了更好地契合孩子的童心，家长们在与其沟通时，不妨为其创造一种童话般的氛围，这样更有利于双方和谐交流。

被誉为“世界儿童文学的太阳”的安徒生就很会与孩子交流。有一回，他陪邻居家的小女孩玩耍，在玩耍的过程中，他事先把一个小玩具藏在草地的蘑菇下，藏好之后，他告诉那个小女孩，小精灵常常会把宝贝玩具藏在草地的蘑菇底下，小女孩听后惊喜地按照他的指示找到了那个玩具。和他们一起玩耍的牧师见此情景，十分不悦，等小女孩回家后，他生气地斥责安徒生：“你这是一种欺骗的行为，等她将来发现这不是真的，一定会倍感难过的。”

但安徒生对此却不以为然，他语气坚定地说道：“不，你不会明白的，她当然会发现这些不可能在现实生活中出现。但我为她做的这一切，将使她保有一颗生机勃勃、充溢着美和神奇的心灵。”

安徒生用自己的行动告诉我们，与孩子交流其实不用搞得那么复杂、那么神秘，他们的内心简简单单，如果你能用童话般的方式与他们交流，他们一定会满心欢喜。

迎合孩子内在的喜好

爱玩是孩子的天性，也是孩子最显著的特点之一。在玩耍中，他们心情愉悦、精神畅快，这很有利于其健康身心的形成。如果父母能就着孩子的这种兴趣爱好，把交流巧妙地穿插在游戏当中，那么一定会收到很好的教育效果。

比如小女孩普遍都喜欢洋娃娃，她们喜欢给自己心爱的洋娃娃梳小辫子、穿衣服，然后抱着哄它入睡。这种天真可爱的行为在大人看来有些幼稚，不过在孩子眼里其乐无穷。其实，这个时候是亲子交流沟通的最佳时机。你可以拿来一块毛巾递给孩子，然后温柔地说道：“宝贝，你的洋娃娃陪你一天了，一定打瞌睡了吧，我们给它盖上毛巾，不要再打扰它睡觉了。来，跟着妈妈去洗漱，洗完咱们一起陪着洋娃娃睡觉。”这样说孩子既不会对洗漱的事情产生抗拒，又发展了其丰富的想象力，同时还培养了她照顾他人的美好品质，这样“一箭三雕”的事情，家长何乐而不为呢？如果妈妈们不懂得迎合孩子的喜好，强行把孩子从游戏的世界里拔出来，那么一定会破坏交流沟通的氛围，更重要的是亲子间的关系也会受到影响。

用形象、类比的方式和孩子沟通

孩子的内心非常简单，如果你的话说得生动有趣，对他有很强的吸引力，那么他在开怀大笑的同时也会很快把你的话进行消化、吸收；如果你的话说得苍白无力，不仅会分散他的注意力，还会减弱孩子和你交流的欲望。

比如4岁的明明看见爸爸的汽车后面在冒黑烟，于是好奇地问为什么。聪明的爸爸听到儿子的提问，忍俊不禁地说道：“车和人一样。人活着要吃要喝，才能补充身体的能力，继续往前跑，之后才会把身体里的废物通过‘尿’和‘便’排泄出来。车子也一样，它补充能量需要喝汽油，排出废气需要冒黑烟。你可以把尾气管冒黑烟当成车子在‘尿尿’。你也知道‘尿’的味道很不好闻，所以我们看到之后需要赶紧把车窗关好。”爸爸将车和人做了类比，明明在形象生动的表述中很快就理解了爸爸所说的话。

要注意和孩子说话的语气

知名主持人蔡康永有一句话：“你说什么样的话，你就是什么样的人。”这也就是说，一个人说话的语气里，藏着他的修养。一位知识渊博、有修养、有内涵的家长，说话语调亲切温和，孩子们听了会心神愉悦，欣然接受；而一位思想浅薄、言语间充满命令和训斥的家长则会让孩子反感和厌恶，即便他说的话再怎么有道理，孩子也很难接受。

老李的儿子从小就是一个淘气包，经常在外上蹿下跳、招惹是非，老李为此没少跟别人赔礼道歉。事后，他会狠狠地把儿子教训一顿，不过奇怪的是，训的时候孩子被老李暴跳如雷的气势吓得魂不守舍，可是事后该犯的错一点儿都没有少。老李对此非常无奈，他不知道自己怎样做才能让儿子学乖。

有人曾经说过：“一个人说话的语气比他讲话的内容重要得多。”其实仔细琢磨，这句话不无道理。如果你和孩子交流沟通的时候全靠吼叫，那么不仅无法把话说到孩子的心里，更重要的是孩子的性格也会受此影响，变得暴躁易怒。所以，要想成为一名合格的家长，首先要注意自己说话的语气，心平气和地和孩子促膝相谈，才更容易把自己的教育理念传递到孩子心里。

（1）说话时声调宜低、宜缓，以此减轻孩子的心理负担

在亲子沟通的过程中，孩子喜欢听到赞美之声，讨厌听到批评的声音。一旦受到严厉的批评和大声的训斥，他们就会本能地产生一些心理负担，进而精神紧张、焦虑不安。当然，一旦这道自我防御的心墙建立起来，家长就很难听到孩子真实的心声，更无法把话说到孩子的心里去。反之，如果家长一开始就用一种低缓、沉稳的声调和孩子说话，那么孩子的心态是平稳的，精神是松弛的，这样更容易接受父母的说教。

（2）用低缓的声调减弱乃至消除孩子的逆反心理

孩子固然有“三天不打，上房揭瓦”的调皮属性，但是家长也不可时时呵斥，动辄厉声责骂，为什么这么说呢？因为在训斥声中长大的孩子内心和父母保持着一种距离感，有的孩子心里藏着被打骂的伤痛，进而还会滋生出很深的怨恨。而在这种怨恨心理的作用下，他会变得阳奉阴违，甚至故意和父母敌对。所以，身为父母，与其让孩子的这种“逆反心理”破坏你们之间的关系，倒不如早早地放下负面情绪，心平气和地和孩子商讨解决问题的办法，这样孩子会放下心里的戒备，认真思考你的观点和建议。

（3）用低缓的声调来拉近双方的心理距离

在亲子沟通的过程中，大声斥责会把孩子的心推得越来越远，进而无法实现思想的交换、灵魂的共鸣。而低缓的交谈则犹如好朋友之间的悄悄话一般，能给孩子带来一种尊重感和亲切感，孩子也会更容易听进去。

（4）用低缓的声调说教来展现你的文明素养

孩子闯祸闹事固然是一件很令人恼火的事情，但是这个时候如果父母能平息自己心头的怒气，镇定地用一种低缓的声调进行说教，这不也体现了自己的内涵和素养吗？这种平和的心态不仅有利于亲子教育，还能给孩子树立一个好的榜样。

让孩子乐于接受批评

王浩昨天回家的时候已经晚上十一点多了，焦急等待的妈妈看到王浩之后，质问他下晚自习后跑到哪儿去了，没想到王浩一脸不耐烦地答道："我已经不是一个孩子了，有行动的自由，你有必要事事都管着我吗？"妈妈听了王浩的回答虽然心里很不是滋味，但是爱子心切的她还是不由得问道："你肚子饿不饿？妈妈锅里还热着饭呢！"谁料，王浩头也不回地甩了一句"不吃"，随后就打开电脑玩起了游戏。妈妈知道王浩考试在即，多次提醒他要复习，王浩竟然理都不理。面对王浩种种无礼的表现，这下妈妈彻底怒了，她沉下脸来，狠狠地批评起王浩来。王浩听着妈妈的斥责声，大声地吼道："你太烦人了，能不能少管我！"接着三步并作两步，走回了自己的房间，"砰"的一声，把门重重关上了。

孩子涉世未深，对人际关系非常敏感，他们在探索人际交往法则的同时也在模仿着大人的行为。大人有些表达愤怒的行为他们一学就会，比如"摔门"的这个动作，有可能是王浩父母生气时的一个"标配"动作，结果就悄无声息地传递到孩子的脑海里。所以，为了家庭的和谐，成年人应该多以关爱、理解、包容的姿态为孩子做好的示范，这样孩子才会朝着理想的方向健康成长。

不过，在上面的案例中，王浩“摔门”并不是重点，它只是孩子在受到批评之后的一个情绪化的反应。王浩的根本问题在于，对于家长的批评他的态度极不端正，似乎在刻意回避。这是需要引起广大父母重视的问题。

随着物质水平的提升，现在的家长越来越重视孩子的文化水平和艺术修养，但是很少有人会注意到孩子的心理建设，于是，面对家长的批评，孩子会表现得异常极端。那么，身为家长，应该如何正确引导孩子理智地接受批评呢？

首先，让孩子学会认真倾听，在倾听中反思自己的行为，在反思中思考改进的方法。孩子对批评者的反唇相讥或者“自卫还击”的行为都应该及时地制止。

当然，这也并不意味着家长可以搞“一言堂”，如果你的批评违背客观事实，也应该允许孩子做出辩解。一味地让孩子委曲求全，不给他任何申辩的机会，不仅不利于问题的解决，还会生发出更多的矛盾。

另外，父母还应该告诉孩子，对任何批评者都应该同等对待。子曰：“三人行，必有我师焉。”只要是比自己强的同行者，若是言之有理，哪怕出自同龄人之口，都应该让孩子谦虚地接受。如果孩子因为面子问题，将这些批评之声拒之门外，无疑等于拒绝了自我成长的机会，这样很不利于孩子自身的发展。

总而言之，父母要让孩子能够正确地认识批评、善待批评，虚心接受来自他人有益的教导，从而对孩子的人生起到警示的作用。

此外，为了让你的批评更好地说到孩子的心里，父母在批评的时候也应该注意相应的方式方法。

（1）搞清楚批评的目的何在

在你开口之前，首先要明确此次批评的目的是什么，如果不注意这一点，很多父母批着批着就跑偏了。就像有些妈妈，原本是因为孩子不专心学习而批评的，可是说着说着，把孩子的一大堆毛病都拉出来批判。这样没有重点、没有针对性的批评好似父母一通任性的宣泄，到头来孩子不仅意识不到自己的错，反而觉得很委屈，像是在为父母的坏情绪买单。

另外，父母还应该知道，批评不是目的，它只是让孩子自我反思、改正错误的一种手段，所以你的批评应该紧紧围绕“让孩子不再犯错”展开，而不应该将其视为一个自我发泄的出口，更不能让批评之言成为摧毁孩子自尊和自信的杀伤性武器。

（2）批评之前先表扬孩子的优点

孩子犯了错，家长批评的时候不能全盘否定孩子，把孩子贬低得一无是处，这样会很伤孩子的自尊心。

会说话的父母在批评孩子时，通常不会忽略其身上的优点。他们在分析问题的时候能做到客观公正，一分为二。他们会先称赞孩子好的一方面，然后再通过一个转折，指出孩子问题的所在，最后他们还会想出一些具体可行的改正方案，帮助孩子战胜自身的不足。这样的处理方式不仅保护了孩子的自尊，还大大增强了孩子对批评的接受程度。

（3）批评的方式要因人而异

批评是带着批判的眼光审视别人的不足，会给别人带来不好的心理体验。因此，作为批评者，父母应该谨慎使用这种手段，即便使用也应该注意方式方法，不同的性格要采用不同的批评方法。面对性格内向的孩子，父母需要和孩子有比较亲密的动作接触，可以拉手，可以搂肩，在亲密接触的同时给孩子耐心地讲道理。责备调皮的孩子时，要正视孩子的眼睛，一边表达你对孩子的不满，一边增加一些必要的身体接触，这样恩威并施的交流方式可以达到更好的交流效果。

（4）给孩子一个消化的过程

有些家长比较心急，总是希望自己话一说出口，孩子立刻就能认识到自己的错误，并且随即把错误改正过来。其实，在现实生活中，这种心态过于理想化。俗话说："心急吃不了热豆腐。"操之过急的违心认错犹如打蚊子喂象，起不到多大的作用。不管怎么样，家长应该给孩子一个认错的过程，让孩子在接受批评之后慢慢消化，进而在心里真正认识到自己的错误，这样他才会转化为行动。

（5）批评的言论不可过于激烈

有些家长错误地认为，批评得越狠，孩子反思得越深。其实这种自以为是的想法不仅达不到教育的目的，还会招来孩子的反感。

"你真是笨得像一头猪，这样简单的问题你都能答错？""像你这样劣迹斑斑的孩子，这辈子都没救了。"这样激烈的言辞，伤的是孩子的自尊，毁的是他对未来的期望。这样负面的打击听得多了，孩子会越来越自卑，甚至，最后破罐子破摔，真的成了众人眼中不堪的模样……

所以，父母在批评孩子的时候一定要把握好力度，既不可过重，也不可过轻，在保证孩子自尊心不受到伤害的同时，还要使你的批评之言能起到警醒的作用。

正确教育犯错的孩子

在这人世间，没有谁是完美无缺的，也没有谁是没犯过错的。犯错并不可怕，最关键的是犯错之后能及时改正，让曾经的错误督促自己不断地进步，这才是犯错的意义所在。

列宁小时候乐观开朗、活泼好动，常常因为不安分而弄碎家里的东西。

在8岁那年，他去姑妈家做客，期间他和表哥、表姐玩“捉迷藏”的游戏，玩着玩着，不小心打碎了一只花瓶，不过当时没有人看见。

后来，姑妈发现了那只碎花瓶，于是向孩子们询问道：“是谁打碎了花瓶?”当时孩子们纷纷摇头，表示花瓶不是自己打碎的，列宁害怕承认后会受到责备，于是也跟着大家一起摇头。

虽然列宁在极力否定自己打碎花瓶的事实，但是细心的母亲却看出了其中的破绽，她根据列宁平时在家里的调皮表现，断定花瓶就是儿子打碎的。

一直以来，列宁都是一个主动认错、从不撒谎的好孩子，所以这一次，他的妈妈也相信自己的儿子能主动站出来承认自己的所作所为。聪明的母亲没有拆穿列宁的谎言，而是经常给他讲一些诚实守信的故事，以此来激发他内心的愧疚感，帮助他更好地改正错误。

列宁从姑妈家回来之后，一直闷闷不乐，撒谎之后的愧疚感一直深深地折磨着他。一天晚上，列宁突然在妈妈讲故事时失声大哭起来，他痛苦地承认了自己打碎花瓶的事实，听到孩子羞愧难受的述说，母亲耐心地劝慰道："你是个好孩子，打碎花瓶其实也没什么，只要真诚勇敢地向姑妈认错，相信她会原谅你的"

后来，在母亲的帮助下，列宁向姑妈写信承认了错误。没过多久，姑妈回信说，她原谅了列宁，并给予他由衷地称赞。此时，如释重负的列宁高兴地对母亲说："做诚实的人真好，心里踏实，也不用有思想负担。"

法国作家雨果曾说："尽可能少犯错误，这是人的准则；不犯错误，那是天使的梦想。尘世上的一切都是免不了错误的。"人的一生难免会犯各种各样的错误，犯错既是一种糟糕的经历，又是一次自我成长的契机。所以作为父母，面对犯错的孩子，要把握好合适的教育时机，让孩子认识到自己的错误，并从中吸取经验教训，以此将错误转化为孩子成长路上的一笔宝贵财富。就像列宁那样，相信他勇于认错、勇敢担当的美好品质在其成才的路上一定发挥了很重要的作用。

另外，在亲子沟通中，父母最忌讳的就是对犯了错的孩子厉声呵责、拳脚相加，这种没有耐心、没有宽容的处理方式不仅影响孩子的身心健康，还会吓跑孩子主动认错的勇气。

在生活中，我们常常会看见这样一种现象：一个孩子不小心把家里的某个贵重物品打碎了，但是他怀着忐忑不安的心情，偷偷把碎了的东西藏起来，以免大人发现。为什么孩子会做出这种行为呢？其中很重要的一个原因就是他怕自己承认之后，得不到大人的谅解，反而招来一顿打骂。

所以，在生活中，用宽容的态度给犯了错的孩子一个改过自新的机会才是明智父母的正确选择。当然，教育一个犯错的孩子，仅仅做这些是远远不够的，家长还需要帮助孩子分析犯错的原因，让他意识到错误的严重性，以此来规范和调整自己今后的行为。如果孩子的错误是有意而为，甚至一犯再犯，那么家长就有必要检讨一下自己的做法是否存在哪些不当之处，如果确实存在某些教育方面的失误，那就需要及时纠正了。

有技巧地责备孩子

王伟是个学习成绩不错的初中生，他平时表现很好，老师和同学们对他的评价也很高，但是有一次他却因为一时冲动犯了一个很大的错误。

王伟的家境并不是很好，当其他同学都骑着自行车上学的时候，他却只能怀着艳羡的心情，步行穿梭在上下学的路上。虽然步行的时间也不长，只花20分钟，但想起同学们脚蹬踏板、风从耳边呼呼吹过的那种美妙感觉，王伟的心里还是酸酸的。一次他在操场上发现了一辆没有锁好的自行车，一时没忍住，就想骑上去过过瘾。他原本是想骑一会儿就还给同学的，可是在路过书店买书的间隙，自行车却被别人偷了。他的父母知道这件事后生气极了，但是他们并没有打骂他，而是先赔了同学的自行车。

后来，父亲把自己的自行车锁在家里，每天走着上下班。父亲的单位离家比较远，一天来来回回得两三个小时，王伟见此情形内心非常愧疚。他知道家里的经济状况非常紧张，母亲失业，家里的一切开销全靠父亲。而自己又是父母的希望，现在他不仅没有体谅他们的难处，还招惹是非，让父母为难，实在是太不应该了。自此以后，他不仅改掉了自己原来不好的行为习惯，而且在学习上更加刻苦努力了。

读完上面这个事例，相信很多脾气急躁的父母遇到类似的情况都会对孩子棍棒相加，当然即便不动手，一顿臭骂肯定也是在所难免的。但是请你仔细思考一下，打骂真的是教育犯了错的孩子的最优选择吗？和打骂的效果相比，上面案例中的父母的做法应该更胜一筹吧。

由此可见，面对犯了错的孩子，责备也是讲究方式方法的。

(1) 压低声音

责备犯错的孩子，嗓门大并不意味着教育效果就好。所以大家没必要“火山爆发”式地怒吼，也用不着咬牙切齿地训斥，有的时候低声往往比“惊雷”更有效果。

(2) 恰到时机的沉默

孩子成长到一定程度，也会形成自己较为系统的认知。在他的认知观念里，什么是美，什么是丑，什么是对，什么是错，他也有一定的考量。所以，当他做错事的时候，他自己也会忐忑不安，如果你再闭口不言，严肃地盯着看他一会儿，他更加能意识到自己的错误，进而反省自己，改正自己的过失。

(3) 含蓄暗示

在批评指责孩子的时候，不一定非得用激烈的语言，也不一定非得动手打两下才算作罢，含蓄的语言或示意的动作也会让孩子心服口服。比如在一个安静的场所，孩子突然大声叫嚷，你可以做一个“嘘”的动作，然后示意他看看周围的人，这时孩子就会意识到自己的错误，立刻安静下来。

（4）把握适时和适度原则

孩子犯了错误，要及时予以批评指正，不要等过了三五天之后才找他“算账”。另外，在责备孩子时要把握好尺度，言辞不能过激，也不能揭孩子伤疤，伤他们的自尊，最好的批评教育是就事论事。

（5）肯定孩子的优点

有些孩子做事情的出发点是好的，但是因为没做好，反而办了坏事。比如你的孩子帮你洗碗，结果不小心把碗打碎了，这个时候你需要在批评时加层糖衣，在肯定良好动机的基础上，帮助孩子进一步纠正自己的行为。

总而言之，责备是需要讲究技巧的，责备的前提是尊重孩子的人格。另外，责备也要有的放矢，挑孩子主要的错误去讲，而不能全程把责备变成孩子的批斗大会。当然，责备更不能变成父母的“一言堂”，要知道孩子也有发表不同意见的权利。

拒绝孩子的不合理要求

随着独生子女的增多，家长对子女娇惯纵容的现象也不断增加。被众星捧月哄出来的孩子通常有着“小公主”“小少爷”的属性，他们说话、行事喜欢以自我为中心，会跟家长提很多不合理的要求，而这些不合理的要求主要体现在以下两个方面：

（1）要求的内容过多

孩子原本就有一支水枪，可是看见摊位上新的水枪，还要求大人再买一个。某天看到别的小朋友在玩新式水枪，又想再买一个。这是典型的欲求过分。

（2）要求需要立即被满足

很多任性的孩子，不管任何时候、任何地点，想要什么东西，家长必须立即满足他，否则就会又哭又闹，不依不饶。

其实，孩子出现这样刁蛮任性的行为习惯，最根本的原因还在于家长，是家长的“有求必应”滋长了孩子的欲望。许多父母十分溺爱孩子，不管孩子要什么，他都无条件立即给予，这样一旦某天孩子的欲望无法满足，他们就会用哭闹表示自己的抗议。但家长却没有意识到，溺爱其实是把软刀子，会戕害孩子。任性骄横的孩子自我控制能力很差，而孩子一旦缺乏这种能力，将来遇到挫折的时候，其容忍力和超越力只会为零。所以，我们说溺爱不是爱，而是戕害。

苏联著名教育家苏霍姆林斯基曾说过这样的话："孩子一高兴，父母就高兴，越往后，孩子就越认为自己的行为合理。假如孩子的行为表现只受他的欲望驱使，那么他就会对生活产生异常狂妄的要求，而对自己却没有丝毫的要求，长此以往，他就会成长为一个贪得无厌、为非作歹的恶人。"

由此可见，父母的溺爱和娇惯是孩子"欲求过分"的主要原因。所以为人父母，要想让自己的孩子在今后的人生之路上走得更好，就得有意识地拒绝孩子的过分要求。美国专家帕特里夏·埃斯特斯说："适当地拒绝孩子十分重要，即使你是完全可以满足他的。必须让孩子明白，不是想要什么就能得到什么。"这位专家告诉我们，即便孩子的要求正当合理，父母也不一定都要全部满足，给孩子适当的"挫折教育"，才更有利于其今后的发展。

当然，拒绝孩子也是讲究方式方法的。孩子本就弱小，很多事情都得依靠父母，如果父母直接简单粗暴地拒绝孩子，无法给孩子带来安全感。所以明智的父母会通过正确科学的方式拒绝孩子过分的要求。

（1）不合理的要求要提前告知孩子

要想杜绝孩子不合理的要求，首先得让他知道何为"不合理"。比如，带孩子去超市，事先要跟他说明花销的范围，超过某个范围，均被视为不合理的要求。有了这样的规定，孩子要买什么，肯定会事先在心里掂量掂量，然后根据自身的经济状况购买。这种将不合理要求扼杀在萌芽状态的做法非常值得大家学习和借鉴。

当然，就算有这样的规定，孩子有的时候还是会控制不住自己的行为，碰到自己喜欢的东西会哭闹，以此要求你满足他的愿望。遇到这种情况，有经验的父母通常会采用转移注意力的方法，将孩子的目光转移到别的地方去。

（2）给孩子讲明拒绝的理由

拒绝孩子不合理的要求时，父母不仅要态度坚定，还要给他讲清楚拒绝的原因，让孩子认识到父母的难处，这样不仅可以让孩子学着克制自己的欲望，而且还有助于培养孩子的同理心。

一位小男孩某天出门，看见街边的小摊上摆着一辆十分漂亮的小汽车，于是要求爸爸给他买。爸爸严肃地摇了摇头，语气坚定地说道："这个不可以买了，咱们家已经有一抽屉的小汽车了，买了那么多的小汽车，爸爸已经没那么多钱了，而且这个小汽车和上次姑姑送的那个几乎一样，所以没必要再买一辆相似的汽车了。"

事例中的爸爸语气坚定，而且拒绝得有理有据。当孩子明确了爸爸拒绝的原因之后，就不会再提类似的要求了。

（3）对于孩子的哭闹"冷眼旁观"

孩子的哭闹往往是把控父母的一把利器，如果父母一时心软，抵挡不住，就会把孩子慢慢推向任性和自私自利的边缘，而且父母自己也会身陷不断给予的桎梏当中难以自拔。

有这样一个例子：

佳慧指着超市货架上的几个巧克力，一边哭着，一边扯着嗓子大喊："我要这个，我就要这个！"她的妈妈不答应，她就一边大喊，一边躺在地上打滚。看着佳慧的动静越闹越大，而围观的人群也越来越多，妈妈最后只得按照女儿的要求买了巧克力。

在我们的生活中，和佳慧妈妈做法相似的家长有很多，他们迫于孩子的死缠硬磨、路人异样的眼神只能乖乖投降。于是孩子的坏习惯就在这样一次次的迁就中慢慢养成了。当然，还有一些情况是这样的：对于孩子的要求，家长无法达成一致意见，有的是爸爸拒绝买，妈妈支持买；还有的是爸妈拒绝买，而爷爷奶奶为了疼孙子孙女，私下满足孩子的要求，这样不仅会造成孩子心理的失衡，还会滋长他们的任性。

所以，明智的父母一定不能屈从于孩子不合理的要求。哪怕孩子再哭再闹，家长也要学会冷处理。当然，拒绝孩子的无理要求，仅仅靠冷处理是远远不够的，父母还应该搞清楚孩子提无理要求的原因。很多时候，孩子要某个东西，并不是他真的需要，而是攀比心在作祟。所以这个时候，家长就得先引导其树立正确的消费观，这样才能从根本上杜绝其不合理要求的出现。

晚饭过后，牛牛坐在沙发上看电视，看着看着，电视上突然出现了一则棒棒糖的广告，这时候牛牛看着五颜六色的棒棒糖，迫不及待地对爸爸喊："爸爸，我要吃棒棒糖，你赶紧给我买去！"

爸爸说："不行，你昨天才吃过，今天不能再吃了。"

"不行！不行！我就要吃！"牛牛晃着小脑袋，一个劲儿地说道。

“牛牛得听话啊！常吃糖，牙齿里会长虫子的，咱们换个东西吃好不好？你看，冰箱里有妈妈买的牛奶，牛牛可以喝那个。”

“我就是要吃棒棒糖，就要吃，你赶紧去买啊！”牛牛开始哭闹起来。

妈妈看牛牛闹得比较凶，于是无奈地和爸爸商量着是否要满足孩子的愿望。

但是理智的爸爸不为所动，他语气坚定地告诉妈妈：“你让他哭，不要理他！”

后来，妈妈回自己的房间看书去了，而爸爸依旧稳坐在沙发上看着手机，牛牛趴在沙发上哭闹了一会儿，见没人理他，于是偷偷地从手指缝里观察了一下。但是，爸爸妈妈似乎没有一个人再理会他。

过了好长时间，牛牛哭累了，于是自己无趣地坐在沙发上继续看电视去了。

在上面这则案例中，爸爸妈妈的做法非常理智，他们面对孩子不合理的要求，坚决地予以抵制，这就大大消灭了牛牛的“嚣张气焰”，牛牛看哭闹无用，于是只得收手作罢。

另外，值得注意的是，父母在拒绝孩子要求时，如果还应允了孩子其他的条件，那就一定要按时兑现，因为家长如果言而无信的话，以后在孩子面前就没有什么威信可言了，没了威信的父母自然也管不了自己的孩子。

【家长课堂】

章壮壮8岁，上小学，一天和爸爸逛商场，看见一个巨型奥特曼，拿在手里不走。

壮壮："爸爸，给我买这个。"

爸爸："我记得家里已经有很多奥特曼了。"

壮壮："可是，这个是最新款的，而且也没有这么大的。"

爸爸："你是不是想说，给你买了这个以后你就不买了。"

壮壮："是的。"

爸爸："但上次你就是这样说的，你是不是要遵守约定？"

壮壮一言不发。

爸爸："奥特曼款式很多，我们不能都将它们搬回家，所以放下它，好不好。"

于是壮壮放下了奥特曼。

沟通建议：面对想买玩具的孩子，不要只说一句"不买"，要耐心地说服他。

第三章

厌学的心理：怎么诱导孩子才愿学

不要逼孩子去学习，要找对语言和方法，循循善诱，让孩子主动去学，乐于去学。

父母要带动孩子学习

在如今这个时代，学习早已不是孩子的专属任务了。俗话说："父母是孩子的第一任老师。"只有父母不断进取和学习，才能使孩子受到熏陶和感染，进而带动孩子学习。

那么，父母应该怎样带动孩子学习呢？

（1）当孩子发问时，父母要认真回答

孩子生性天真，总是会提出一些在大人看来十分幼稚可笑的问题。比如，"妈妈，我是从哪里来的""为什么太阳到了晚上就会消失"。面对孩子的提问，父母不能随意敷衍过去，更不能避而不答。孩子正处于接受事物能力最强的时期，父母要充分利用这个时期全力培养孩子，尽可能地满足孩子的好奇心，激发他对学习的兴趣。如果一味地忽视，就会扼杀掉孩子的好奇心与求知欲。

一个6岁的小男孩十分爱问问题，一次，他问妈妈："星星为什么会发光呢？"妈妈回答说："星星中的行星能够反射太阳的光。"儿子接着问："那太阳为什么会发光呢？"妈妈就不知道怎么回答了。

又有一次，孩子和妈妈视频的时候，孩子问："为什么妈妈可以和我在手机里讲话呢？手机这么小，为什么能装得下我们呢？"妈妈不耐烦地搪塞了过去。久而久之，小男孩就不再询问妈妈了。

对于孩子提出的那些让人摸不着头脑的问题，家长不可置若罔闻，无论是否答得上来，都应该用惊喜的表情对孩子说："你可真了不起，竟然能够提出这样的疑问！到底是为什么呢？简直太不可思议了！"

要知道，能够注意到大多数人未曾想过的问题的孩子，都是充满创造性和好奇心的。如果能够对他们加以培养，那么他们将来可能会取得难以想象的成功。

当你实在招架不住时，可以通过查阅百科图书来满足孩子的好奇心，增加孩子的学习兴趣，还可以借助"图鉴"，让孩子理解得更加清晰透彻。

"妈妈，为什么树叶是绿色的？"

"因为叶子里有一种叫作叶绿素的色素。"

"为什么到了秋天树叶会由绿变黄呢？"

"因为秋天叶子缺少阳光的照射，叶子中的叶绿素会慢慢褪去，红、黄色素便显露出来，叶子就变成黄色或红色了。"

只要父母能像这样一直对孩子的问题予以回答，孩子自然就会在无形中接受知识，乐于去探索、学习。

（2）父母在家庭教育中务必做到寓教于乐

教导孩子学习并非都是枯燥痛苦的，革命家李大钊在成为人父后，就十分重视循循善诱、寓教于乐，从不刻板生硬。他通过扫雪、讲故事、唱歌、读诗等各种方式，教育子女爱劳动，养成良好的品格。

在冬天的一个早晨，鹅毛般的大雪下了一夜初停，屋外地上已经盖上了一层厚厚的“棉被”。

李大钊对孩子们说：“院子里积满了雪，你们想不想去扫雪？还可以堆雪人呢！”这时，心疼孩子们的姥姥阻止说：“外面寒风刺骨，你让孩子们去扫雪，万一冻病了可怎么办？”

李大钊笑着说：“孩子应当从小学会吃苦耐劳，否则难成大器。况且经常活动身体还可以增强免疫力，一直待在屋里就更怕冷啦！”说完，李大钊就和孩子们一起拿了扫雪的工具，走到院子里扫雪。李大钊扫着雪，还不忘教育孩子：“不劳动的人没有饭吃，谁也不能当寄生虫！”就这样，孩子们扫雪、堆雪人、听父亲讲故事，玩儿得不亦乐乎，哪里还觉得冷，干得也越来越卖力了。

在教育孩子上面，李大钊还侧重于用音乐陶冶孩子们的心灵，让孩子在歌曲中懂得许多道理。

李大钊一有了空闲时间，就喜欢听孩子唱《校歌》。一次，孩子们饱含深情地唱完那首熟悉又喜欢的《校歌》后，李大钊又教孩子们唱起《国际歌》，他不仅让孩子们学习怎么唱，还让孩子们理解歌词大意，并且给孩子们讲歌曲背后的故事，让孩子在故事中明白这首歌曲的意义，懂得为人处世的道理。孩子们学会唱之后，也深深爱上了这首珍贵的歌。后来，李大钊的孩子们都走上了革命的道路，为祖国做出了重大贡献。

所以说，当父母懂得将道理和知识融入到娱乐中时，孩子便会懂得学习的快乐，进而爱上学习。

不要让孩子死啃教科书

如今，不少家长喜欢让孩子死啃教科书，并固执地认为只要这样就能学好知识。在这里，我想说的是，学好教科书固然重要，但如果仅仅掌握课本里的那些知识，便会使孩子的思维极大地受限，从而无法适应社会发展的需要。

小学阶段的李明成绩一直名列前茅，可是迈入初中后，他的学习成绩便明显下滑，后来竟然到了中下游，李明的父母对此深感忧虑。经过一段时间的观察，他们发现李明经常对着课本，读读写写，看起来相当用功，只是他从不翻阅课外书。

经过和老师以及成绩优异的学生的家长沟通后，李明的父母终于明白，正是因为李明从不在课本之外的书籍里汲取知识，才导致他的学习成绩不断下降。

这个事例告诉我们，孩子所需要的知识并不全在教科书里。有的家长喜欢拿很多由教科书衍生出来的题目给孩子做，让孩子在题海中求得知识，其实这样往往会事倍功半，还会让孩子误以为学好课本上的知识就完成了学习任务。

所以，家长一定要给孩子正确的引导，让孩子明白要想成为对国家、对社会有用的人，就要不断开拓眼界，扩大知识面，变得博学多闻，这样才能成为栋梁之材。

以下两点是避免孩子死啃教科书的方法：

(1) 让孩子明白细枝末节也有知识

当孩子迈入小学后，手里就有了专用的教科书，此时孩子在潜意识里就会天真地以为，只要掌握了书本中的知识，就能成为一名好学生、一个好孩子。这时候，父母就要适当地引导孩子，帮助孩子树立一个正确的学习观念。告诉孩子，教科书里的知识只是冰山一角，要想懂得更多，还需要从其他方面入手。例如，中外名家的著作、手机电视里的新闻时事等。既学好课本上的知识，又吸取课本之外的知识，才能做到与时俱进，成为适应社会发展的人。

在日常生活中，点滴小事也有知识可寻，如果孩子观察不到，就需要父母引导孩子去注意，要从一点一滴做起。如让孩子找自己喜欢的童话故事，教孩子将故事读通顺、读流利，然后学着复述整篇故事。

让孩子学会自己阅读故事只是目的之一，弄清楚故事主要讲述了什么内容，以及所要表达的意义才是首要目的。这样不仅培养了孩子独立选择自己喜欢的故事的能力，还锻炼了孩子的阅读能力和思维能力。

同样，手机、电视上的新闻时事，也要让孩子挑一些看。之后，家长可以利用与孩子相处时的零碎时间，让孩子大概说一说今天看过的新闻时事。如此一来，不仅让孩子加深了理解，还提升了孩子的语言表达能力。

通常来说，孩子都喜欢看电影、电视，家长完全可以利用这一点，有目的地引导孩子从中了解一些历史文化，感受今日中国的强盛。比如，孩子在战争片中了解到过去的中国曾遭受过别国的压榨和欺侮，产生了“为什么曾经中国有那么多地方被其他国家统治，那么动荡不安，现在又恢复了和平和自由?”这样在课堂上不会产生的疑问，家长可以简单做出解答：“因为那时候的中国不管是在思想上还是军事上都太落后了，落后就要挨打。可如今中国紧随世界潮流，变得越来越强大，于是不仅收复了失地，还树立了让别国不敢再来进犯的威严。”

这样的简单解说，可以使孩子从心底生出一种自豪感，产生对祖国强烈的爱，让孩子树立远大的目标和理想，努力学习，掌握本领，争取在未来为国争光。家长的简单引导，既能让孩子变得勤思多问，思想觉悟有所提高，又使其从小就产生了对祖国的热爱之情。

（2）让孩子热爱大自然

亚里士多德曾说过这样一句话：“大自然的每一个领域都是美妙绝伦的。”读书学习能激发孩子的学习兴趣，亲近大自然同样能让孩子从中捕获知识。比如，游历泰山时，引领孩子欣赏朦胧的山雾、险峻的山峰、壮美的落日，让孩子与大自然亲密接触，使得孩子对壮丽的景观留下深刻的印象。回到家后，让孩子将自己看到的、听到的、感受到的按照游历的先后顺序说一遍，整理语言，再让孩子用笔记下来，这样就完成了一篇条理清晰、优美动人的游记。

让孩子走进大自然，描绘大自然，从而使得孩子不爱写作文、怕写作文的障碍在对大自然的喜爱中逐渐克服了，这在为孩子的写作打好基础的同时，还培养了孩子对生活、对祖国大好河山的热爱之情。

平时，父母也可以利用身边的资源让孩子独立探索，例如，让孩子在阳台的花盆里亲自动手种一株植物，让孩子每日观察植物从生根到发芽再到长叶的过程，培养孩子的观察能力和动手能力。

总之，如果孩子不再只盯着教科书上有限的知识，家长又能给予孩子正确的引导，就一定能让孩子更好更快地成长。

孩子的成长离不开家长的教育、家庭的影响，更离不开老师的辛勤培养。相信只要家长、老师、社会密切配合，共同为孩子的学习助力，国家的未来定将人才辈出。

艺术培养不能强逼

下面是一位妈妈对她的女儿以顺其自然法则进行教育的过程：

一次，一位妈妈询问刚上幼儿园的女儿愿不愿意学舞蹈，如果愿意就给她报一个舞蹈班。女儿高兴地答应之后，妈妈就托人找了一位有名的舞蹈家。听说这位舞蹈家教学十分严格后，妈妈就提前向其打了个招呼："我让孩子学舞蹈只是出于培养爱好，而孩子学舞蹈只是因为喜欢，您就当个业余爱好者教吧。"舞蹈家听了这位妈妈的话简直大跌眼镜。

一个星期天，舞蹈室外送孩子们上课的父母排了长长的一队。过了一会儿，孩子们上课了，这位妈妈隔着舞蹈室的门就能听见，孩子们在老师的指导下做各种拉伸动作时发出的呻吟声，其中还夹杂着高低不平的指责声，才只是热身运动，孩子们就已经感到"大难临头"。也许是因为提前就已说明，舞蹈家对这位妈妈的孩子还算客气。

这位妈妈从未有过将女儿培养成舞蹈大师的梦想，但再宽松的氛围也无法改变学习的枯燥无趣。为了逃避上课，女儿开始向妈妈撒娇，甚至会哭闹。

正当这位妈妈犹豫不决时，这位舞蹈家要准备出国了，于是妈妈趁机礼貌地解除了师生关系。

过了一段时间，这位妈妈在朋友的介绍下，请了一位年轻的舞蹈老师。

这位妈妈很快就发现舞蹈家和这位年轻老师之间的区别：那位舞蹈家是以将每个孩子都培养成艺术人才为目标的先生；这位老师是以让每个孩子都能在舞蹈中感受快乐为目标的朋友。

这位老师每个季度都会举办一次比“舞”大会，她的全部学生，从刚入门者到10级高手，纷纷上场表演，相互切磋学习，十分有成就感。

这位妈妈的女儿十分喜欢这位年轻的老师，对舞蹈也重新燃起了浓厚的学习兴趣，还悄悄对妈妈说：“我如果学不好舞蹈，就太对不起老师了。”

就在这颗恳切的报恩之心的促使下，第二年，女儿顺利通过了1级考试。

所有父母都望子成龙、望女成凤，之所以让孩子在接受正常教育之外，再接受一项或多项特长教育，就是为了拓宽孩子的成才道路，为迎接未来的各种挑战打好基础。父母为孩子着想的一片好心是毋庸置疑的，但有时却因为一些思想认识上的错误，而走入特长教育的误区：不少父母将自以为正确的想法强加给孩子，迫使孩子去做自己并不喜欢的事。也有父母发现孩子有某方面的潜能，就让孩子用全部精力往这个方向发展，势必要成为画家、音乐家、舞蹈家……然而，这样做的后果就是让孩子对所学特长心生厌烦和抵触。如果这些只是父母的一厢情愿，而不是孩子的意愿，那么父母就应换位思考，扪心自问：究竟你希望孩子有一个速成艺术家的童年还是希望他有一个快乐成长的童年？

如此不顾孩子的兴趣爱好，强迫孩子学习一项技能，而孩子又不具备这方面的天赋和悟性，久而久之，这将是对孩子身体和精神的双重折磨。这种强制性的要求，不仅会扼杀孩子真正的兴趣，还会抑制他们的独立能力和创造能力，成为孩子成长道路上的一块绊脚石。

前段时间看到一则新闻：六岁女孩参加五个兴趣班后患上抑郁症。这个女孩名叫田田，生活在河南省开封市的一个三口之家。田田的父母对她一直寄予厚望，在田田三岁半的时候，母亲就放下工作将全部精力放在将田田打造成才上。起初，田田的母亲给她买了很多儿童书籍叫她朗读、背诵，四岁的时候，请家教教她英语、书法、绘画。后来，田田的父母觉得幼儿园的教育太过浅显简单，于是干脆让孩子上艺术学校，甜甜每天的时间都被各种兴趣班填得满满的。当其他小朋友在户外恣意玩耍时，她在上绘画课；当其他小朋友在父母的陪伴下去游乐园时，她在上小提琴课；当其他小朋友……

终于等到田田上小学了，田田的父母又急不可耐地请老师给她补数学、英语和作文。田田在父母严苛的操控下，变得沉默寡言，脸上也不曾有过笑容。每到周末，田田就被安排进各种兴趣班里，其他空余时间就是在母亲的监督下练习小提琴。只要听不到琴声，田田的母亲就会冲过来对她横加指责，一番说教过后，还会加上一句“我们付出这么多心血，就是为了你有一个美好的前程……”。

可是，一年下来，田田不仅画画学的一般，小提琴也不见长进，其他就更不必说了。这让田田的父母陷入了深深的焦虑，有时还会对田田发脾气。久而久之，田田心中感到无比失落，她开始变得胆小、郁郁寡欢，在学校不愿意和人接触，也不和同学交往。

经老师反映，田田的父母才注意到问题的严重性，便急忙带她去医院检查，后经医生鉴定，田田患上了轻度抑郁症。

田田的父母错就错在剥夺了孩子在学习过程中的主体地位，管教过于苛刻，态度过于粗暴，结果让田田失去了自由和快乐，背上了沉重的精神负担。这样专制的父母，有时还会披上一层“慈母仁父”的外衣。一旦孩子提出自己的意见，父母就会站在“为你好”的位置，高高在上地命令孩子接受他们的安排。父母在孩子面前永远是最高明的、最具权威的。孩子幼小的心灵尚未发育成熟，只得默默承受，但时间一长，受到的伤害也越来越深。这种不尊重孩子意志的行为，根本谈不上教育，而是一种折磨。

让孩子接受特长教育，父母首先要树立平常心态。不要抱有孩子能够通过兴趣班成为这个“家”那个“家”的幻想，整天强迫孩子无休止地画画、练琴。这样做不仅会让孩子承受过重的压力，还会让他们对学习心生厌倦。孩子毕竟是孩子，想让他们接受特长教育，父母应该因势利导，激发孩子的学习兴趣和学习欲望，而不是采取强迫压制的办法逼着孩子去学，否则产生的结果往往事与愿违，正好应验了那句老话：“强扭的瓜不甜。”

事实上，父母真的不必过于看重特长教育，特长教育只是用来补充学校教育的一种形式，需要在孩子力所能及的情况下进行，否则就是喧宾夺主。

如果孩子上了兴趣班，那么作为父母更要摆正心态。有的父母就喜欢让孩子在人前展示，一听到赞扬的声音，就沾沾自喜，认为孩子为自己争了光。但是这样的做法会让孩子承受很大的心理压力，促使孩子产生不良情绪。孩子的表现好，应该给予适度的表扬，但不要将孩子当作炫耀的工具。孩子的表现不太好时，有的父母就喜欢拿别的孩子的成绩来与自己的孩子做对比，殊不知，这样的做法会极大地打击孩子的自尊心，让他们失去自信，总觉得自己比别人差。如果真的爱孩子，就应当不管孩子取得怎样的成绩，都不断地给予他鼓励和支持。

孩子为什么不爱做作业

小林升入三年级后，做作业的时间变得越来越长，经常写到很晚才完成，有时还干脆不完成。有一次妈妈接到小林老师的电话，得知小林好几次都没有上交作业，于是今天老师让他放学留下来补作业。小林出现这样的状况，到底是因为作业太多写不完，还是不会做呢？

其实，学生做不完作业或者不做作业的现象十分常见，其中的原因大致归为以下几点：

（1）学习基础差

有的孩子基础较差，写作业难免会感到吃力，碰到有难度的作业便不愿做。正因此，当天的知识没有得到巩固，导致第二天上课跟不上老师的节奏，成绩也越来越差。渐渐地，开始对学习丧失信心和动力，从而更加不爱做作业。

（2）学习环境差

糟糕的学习环境导致孩子的注意力无法集中。客厅里的电视音量太大，孩子一边听着电视里的声音，一边做作业。或者被写字桌上的玩具吸引，边写边玩。在这样的情况下，作业自然很难按时完成。

（3）受老师批评的影响

孩子很在意老师的批评。有的孩子自尊心很强，受到老师的批评便心生不满，产生抵触心理，于是故意不完成作业。长此以往，就对学习越来越没有兴趣，变得不爱做作业。

（4）作业繁重

作业繁重也是孩子完不成作业的原因之一。尤其是刚刚步入小学的孩子，会因为握笔姿势不正确，握笔力度不佳，而使得写字速度太慢。繁重的作业对他们来说是十分吃力的，因为写作业的时间大大缩减了他们娱乐的时间，所以他们对做作业产生了抵触心理。

（5）缺乏独立思考的能力

有的孩子写作业时一定要家长陪同。他们写作业家长要从头陪到尾，否则就无法将心思放在学习上。于是，在写的过程中，孩子一遇到问题就请求帮助或辅导，缺乏独立思考的能力。写完作业后一般还要家长帮助检查，这样的依赖心理会使孩子的自觉性变差，在没有家长的监督下，就不能好好完成作业。

（6）对作业认识错误

孩子在对作业的认识上存在错误。有的孩子误以为，做作业是为了应付家长或老师而不得不做的事情，是学习的额外负担，于是从不会积极主动地做作业，自然是能磨蹭就磨蹭，能不写就不写。

其实，孩子不爱做作业并非什么大毛病，大多数孩子都会经历这个阶段。家长不要因孩子不按时完成作业而加以斥责，甚至体罚，否则就会将问题扩大。在成长敏感期中的孩子，一次小小的赞扬会让他们深受鼓舞，但一次小小的批评也能让他们深受打击，甚至会变得自暴自弃。有时候父母的一个小小的举动就决定着孩子是受到鼓励还是受到打击，是往前走还是往后退，所以对这一点家长们要格外注意。

家长首先应当耐下心来观察几天孩子做作业时的情形，找出孩子做不完作业的原因，再采取相应措施加以解决。以下几点建议可以供您参考：

(1) 给孩子创造良好的学习环境

为了孩子能够集中精神做作业，家长应当尽力为孩子创造良好的学习环境，比如为孩子安排一个专门做作业的空间。当孩子做作业时，将玩具、食物全部收起来，把客厅的电视关闭或调小音量，让孩子在干净、安静的环境中写作业。

(2) 帮助孩子记清老师布置的作业

有的时候，老师布置的作业种类太多，孩子可能会记不清，家长可以给孩子提一些解决的办法，比如让孩子拿出一个本子专门用来记录作业，这样回到家写作业时就可以拿出来翻看一下。同时还可以在记录完全和忘记记录时加以奖励和惩罚，比如，奖励一面小红旗，或惩罚取掉一面小红旗，几面小红旗可以兑换一个小奖品等，用这样的方式，让孩子养成良好的记录习惯。

(3) 指定时间表并严格遵守

为孩子制订完成作业的时间表，起初可以制订每天的，然后慢慢加长。制订时间表时务必要和孩子商量，如果意见出现分歧，例如孩子希望先玩再做作业，家长认为先做作业再玩，那么可以让孩子将两种方法都尝试一下，哪个效果好，就正式施行哪个。

（4）提升孩子的学习兴趣

对于基础较差的孩子，家长可以与孩子的老师沟通一下，请老师在指点孩子的学习和作业时能够更加细致清晰，或者请老师分难易度为孩子布置作业。当孩子较快地完成了难度小的作业时，家长要及时给予表扬，并鼓励他再接再厉，这样孩子的自信心就有了，对学习的兴趣也会有所提高，自然会主动地完成作业了。

（5）家长要逐渐减少陪伴孩子写作业的时间

在孩子做作业的过程中，家长只需对孩子进行必要的辅助和指导，如检查、提醒。过分干预或过度指导，只会让孩子对家长产生依赖心理，养成必须有家长陪伴才肯做作业的不良习惯。如果孩子的注意力总是不集中，可以一直陪伴，但每次陪伴的时间要逐渐减少，直至他们能独立完成作业。

除了以上几点，家长还要晓之以理，让孩子明白做作业是为了掌握和巩固知识，是必经的学习历程，让孩子慢慢适应每天做作业的规律。相信，只要家长能够对症下药，孩子对做作业的态度就一定会有一个很大的转变。

学会给孩子规定学习时间

在日常生活中，不少家长都曾这样抱怨道："我家孩子一进家门就打开电视，一看动画片，就把读书写字的事抛之脑后。不管你怎么提醒，他都听不进去；不管你怎么敦促，他都不理不睬。如果采取强制措施，他就又哭又闹。"没错，不少父母都对孩子不愿做作业或写作业时拖拖拉拉感到头疼。

一次，强强发出了请求："妈妈，让我看会儿动画片好吗?"妈妈立刻回道："再做半小时的试卷。"没想到的是，半小时后，他妈妈检查试卷时竟发现强强在那段时间里只做完了一道题。强强再一次请求妈妈，于是妈妈告诉强强，只要他做完一张试卷，就可以去看一会儿动画片。结果，强强把这张试卷做得有质有量，所用时间为25分钟，而在此期间，强强的眼睛没有一次离开过试卷，注意力十分集中。

在孩子身上发生这样的情况是司空见惯的。社会心理学家认为，无论在工作还是在学习中，"痛苦"的前方都应当有快乐作为报酬。也就是说，不管处于怎样的痛苦当中，只要前方有自己期望或迫切需要的东西，那么人们都会顺利通过这次痛苦的考验。教育家称之为“目标倾斜”，它说明人们在离目标不远时，工作和学习的曲线就会呈现出显著提升的趋势。因此，专家认为，家长完全应当把这种心理现象利用在教育孩子上。先弄清孩子的兴趣所在，比如孩子最喜欢的一项娱乐活动，那么就把这项活动放在孩子完成作业的时间后面。如此一来，孩子既能欣然接受，又能轻松愉快地投入学习当中。从心理学角度上讲，这样的教育方法是“先苦后甜”的“目标倾斜”，同样也可以叫作“目标倾斜”的“先苦后甜”。

如果孩子正在兴高采烈地看动画片或打游戏，家长看到后，请不要立马上前打断孩子，责令他去学习。因为这样不仅达不到目的，反而会让孩子心生怨愤而产生抵触心理，更加没有心思学习。即使孩子在被逼无奈之下拿起作业本，也会心不在焉，他们表面上是一副正在学习的样子，实则心里还在想着刚才看的动画片或者玩的游戏，在这种情况下，收到的学习效果简直微乎其微。

既然强制措施下不出效果，那么就来调整一下学习时间。和他们约定好开始学习的时间，时间一到，再督促他们去学习。这样就会让孩子明白父母是尊重自己的，孩子得到父母的体谅，自然也会理解父母的苦心，一定会更加专注于学习。

与东方传统的教育方式不同，西方的教育向来主张“痛快玩，努力学”，让孩子自主设定娱乐、读书的时间。有关资料证实，孩子们制订的学习计划通常都是先放松身心去玩耍，再开始读书学习，最终收到的学习效果也都很好。

《礼记·中庸》说道：“凡事预则立，不预则废。”这句话告诉我们，凡事都要有计划、有技巧。学习也是如此。那么，怎样帮助孩子合理规定学习时间呢？以下几点建议会对您的孩子有所帮助。

（1）制订可行的计划

如果将学习计划制订得难度过大，就会让孩子产生紧张心理，进而产生挫败感。有的孩子虽然制订好了计划，却未能执行，究其原因，可归为三种：计划制订得过于理想化；自身缺乏执行力，没有坚持下来；规定的学习时间脱离现实，没有做到因时制宜，受到诸多外在条件的干扰。

不过，以上原因的任何一种，都是可以凭借孩子的努力和家长的配合让原来的学习计划得到改善，从而解决问题的。

（2）考虑生活的平衡性

规定学习时间时，要从多方面考虑，而不要只顾着学习。生活中的其他日常活动与学习都有着密切的关系，所以，即使学习占主要地位，也不能剥夺一日三餐、睡觉、上课及课外活动的时间，还要有与朋友、家人交往娱乐的时间。总之，要让孩子将一天中的各种活动进行合理分配，只有充实而有规律的生活才能帮助孩子提高学习效率。

（3）要有一定的灵活性

生活中难免会出现一些突发情况，这时就会对所制订的计划产生影响，必须将计划做一些变动。比如，某天孩子因参加足球比赛而扭到了脚，这时就要根据实际情况改变学习计划，带孩子看医生或者让孩子卧床休息。如果只是为了完成计划而强迫孩子去学习，那就因小失大了。

（4）学习计划既要有灵活性，又必须以基本不变为原则

学习计划是可以根据实际情况做些调整的，但如果总是因同学临时相约打球、逛街而变动，就难以让孩子形成好的习惯。因此，父母在帮助孩子规定学习时间时，就应该预先商量好这种情况发生时的应对措施。计划一旦制订好，就要一丝不苟地执行下去，不能轻易打乱它。

（5）有具体的学习目标

要综合孩子的学习目标、学习近况、学习成绩等方面来制定具体的学习目标。规定学习时间要以孩子自身的能力和特点作为依据，还要考虑孩子各方面的能力和学习兴趣是否能够适应制定的学习目标和采用的方法。另外，家庭环境、家庭经济条件等方面也需要考虑在内。

不同时期制订的计划也要有所不同，一般可分为三种：学年计划、学期计划和一周作息时间表。

因为孩子的大脑正处于发育阶段，与成人的大脑相比更易疲劳。所以要制订一周作息时间表，让孩子连续学习的时间不要过长，更不能挑灯夜战。现在孩子上课没精神、打瞌睡，多半是因为家长或老师布置的作业过多。比如，大部分孩子在学校上完课之后，还要到培训学校继续学习，回到家后还要加班加点地写作业，这样只会导致孩子上课状态不佳，学习效率下降，最终得不偿失。

家长们一定要注意，充足的睡眠才能保证孩子精神饱满、

心情愉悦地学习，才是提高学习成绩的首要条件。

总之，家长应该帮助孩子规划好学习时间，让孩子的学习更加规律、稳定，这样才能达到更好的学习效果。

帮孩子集中注意力

如果家长们比较关注孩子读书这件事，就不难发现这样一条规律：专心致志地读一遍书好过心不在焉地读十遍书。注意力高度集中的人，就好比手持利刃，即便面对再大的困难，也能克服；而注意力不集中的人，就好比盲人射箭，射得再多也射不中靶心。这两者的区别还会在课堂上得以充分体现，同在一个屋檐下听讲，为什么有的孩子学习好，有的孩子学习差呢？这其中的关键就在于注意力是否集中。

小刚是一名初三学生。他天马行空的想象力以及聪明伶俐的头脑经常令身边人叹服。然而小刚在学校的表现却时好时坏，有时他的作业完成得很出色，成绩名列前茅；有时他错误百出，阶段考试成绩一落千丈。老师和家长都知道小刚头脑聪明，认为只要他踏实认真，就一定能取得好成绩。当父母询问小刚是不是遇到什么难题时，小刚说："上课时我的大脑总是不受控制，任何东西都能让我转移注意力，这让我做事总是虎头蛇尾。"

在老师讲课时，台下的小刚看似老老实实地坐在座位上，其实他的思绪早已飘到教室外了。当老师讲课提到花生时，小刚的注意力就开始分散，想起小时候在乡下和奶奶，还有邻居家的小孩儿一起去地里挖花生的情景，而这时老师已经讲到下面的内容或分析文章结构了。小刚的老师也反映："小刚在自习课上总是不停地动来动去，考试时也会因粗心大意而出错。"

老师建议家长带小刚去看心理医生。在医生的指导下，小刚开始学着控制自己的注意力。比如，上课时他会在心里反复提醒自己认真听讲；检查自己的作业并制订学习计划。在开始做某件事之前，他会专注下来思考："用什么方法能让我更好地完成任务？"或者"完不成这件事会产生什么后果？"

后来，小刚慢慢改掉了原来的不良习惯，注意力大大提升，学习成绩也有了显著的提高。

要想克服孩子注意力不集中的难题，首先要弄清楚孩子为什么注意力不集中。一般孩子注意力不集中的原因有以下几点：

（1）外界环境干扰

孩子都有好奇心，容易被新奇的事吸引，甚至还会主动寻找新奇的刺激。因而学习时极容易被新奇的刺激干扰导致分散注意力。比如，窗外的汽车喇叭声、建筑工地施工时机械的轰鸣声、行人的谈笑声、家用电器发出的噪音……一切与学习活动无关的外界事物都会在一定程度上影响孩子的注意力。

（2）对所学的东西或所做的事不感兴趣

孩子总是能在感兴趣的事物上集中注意力。比如，孩子对感兴趣的漫画书、儿童节目往往能够全神贯注。相反，在面对不感兴趣的事物时，就无法将注意力集中在上面。

（3）自控能力差

如果没有自控力，就无法对自身的注意力加以控制。明明知道作业还没有完成，还有课文没有背诵，但脑子里还依然想着玩乐，就很难将注意力集中。

（4）疲劳

疲劳过度也是孩子无法集中注意力的原因之一。有的孩子因为作业繁重，经常写到很晚，这时就可能导致孩子产生疲劳。

（5）情绪波动

情绪产生波动，孩子的心就无法安定下来。比如，受到指责时，孩子的心情会十分低落，或者心生怨怼，反过来，有时太开心，比如游戏通关，就会喜不自胜。学习也是如此，孩子的情绪波动也会导致他的注意力无法集中，哪怕是做他感兴趣的事。

（6）没有具体的学习目标

孩子坐在写字台前却无法集中精神学习，这与没有具体的学习目标有很大关系。需要学习的内容杂乱无章地填满了孩子的大脑，孩子无法将精神集中。

注意力对孩子学习的影响不容忽视，而干扰孩子注意力的因素有很多，那么父母应该怎样帮助孩子集中注意力呢？以下几种方法供您参考：

（1）用兴趣吸引孩子的注意力

兴趣能促使孩子更加积极地进行某种活动或探索某些事

物，因为每个孩子都会在他喜欢或感兴趣的事物上集中注意力。孩子的学习兴趣产生于学习活动当中，学习兴趣可分为两种：直接兴趣和间接兴趣。对孩子来说，学习活动会引起对学习的直接兴趣，而学习活动的结果引发的是对学习的间接兴趣。很多孩子都说过这样一句话："看书是我最快乐的一件事。"他们之所以热爱看书，是因为看书的结果能够给他们带来喜悦。如果孩子对学习具有浓厚的兴趣，那么孩子在学习活动中就能保持专注，积极主动地学习。

（2）用目标来维持孩子的注意力

成功调动孩子注意力的一个重要条件就是让孩子明确自己所要做的事情的意义和目的。成绩好的孩子，就是得力于他们有明确的学习目的，能够集中和保持注意力在学习上面，而人的注意力是可以无限发展的。

例如，在第二次世界大战期间，一支来自美国的侦察队要前往德国军队的后方执行任务，由于时间紧急，他们必须在一个星期内学会说德语，否则很容易暴露身份。这时每个侦察兵都有一种巨大的危机感，将自己完全投入了学习德语之中。结果一个星期后，所有侦察兵都学会了德语。

话说回来，不少孩子都有过"临阵磨枪"的经历，孩子为了应付考试，能在某段时间内屏蔽干扰专心学习，可是考完试后，就又回到原来的状态，注意力不再集中了，这种学习态度是不可取的。学习的目的不单是为了应付考试，而是为了增长知识。要让孩子明确学习的真正目标，以便让他们始终专注于目标。

（3）控制心理疲劳以提高注意力

孩子在学习时大脑也在不停地运转，如果人体不能及时给大脑补充活动时所需要的氧气和养料，孩子便会感到疲劳。这种生理上的疲劳会让孩子无精打采、难以集中注意力，长时间持续性学习还会造成心理疲劳。心理疲劳分为三个阶段：第一阶段，从积极地学习到逐渐感到枯燥，接着会产生倦怠，注意力涣散，无法把握学习的要点；第二阶段，情绪出现波动，注意力无法集中，对学习感到烦躁；第三阶段，感到疲劳难耐，无法再继续学习。这时可以让孩子通过休息以及充足的睡眠来消除疲劳。

为了避免孩子在学习时感到疲劳，可以让孩子将多种学科内容交替学习，每一科占用的时间不要超过两个小时，这样可以让大脑均衡地运转，使大脑皮层的各个中枢轮流兴奋起来，

进而提高学习效率。在各学科交替学习的间歇，可以花20分钟看看课外书或听听音乐，劳逸结合，学习效果会更好。

（4）提供一个安静舒适的学习环境

安静舒适的学习环境有利于孩子专心致志地学习。第一，要排除背景噪音的干扰，例如，家长在客厅看电视的声音传到正在做作业的孩子的耳朵里，或许会让孩子的注意力转移到电视节目上，或许会让孩子感到心烦意乱，总之无法让孩子专注于学习。

第二，要减少视觉上的干扰。例如，孩子总会被窗外的事物所吸引，不妨将头的方向掉转一下，或者拉上窗帘。不要在孩子的写字台附近摆放过多醒目的小物件，还要保持环境的整

洁，减少对孩子视觉上的刺激以控制孩子的注意力。

第三，给孩子准备一套高度合适的桌椅。如果桌椅的高度不合适，就会让孩子无法踏实地坐在座位上，还容易感到疲劳，继而分心。

【家长课堂】

淘淘9岁，不喜欢做数学题，经常一边做题一边玩。

妈妈：“淘淘，我发现你没有在认真做题。”

淘淘：“我不喜欢做数学题，这个可以先不做吗？”

妈妈：“这个明天就要交给老师了，你想什么时候做呢？”

淘淘：“明天还早呢！我晚一点儿做。”

妈妈：“数学题有些难，是吧？”

淘淘：“嗯，有些难。”

妈妈：“那妈妈帮你看看，咱们一起做。”

淘淘：“好啊！”

沟通建议：当发现孩子没有在认真写作业的时候，不要对孩子吼叫，要针对孩子厌学的特点，进行适当的劝说。

第四章

别扭的情绪和心理：怎么说服孩子才会听

不要想着强硬地对抗孩子的逆反情绪，要耐心地疏导，慢慢让孩子接受。

不要放任孩子的任性

所谓任性，就是放任自己的性子，不加约束，不管自己的行为正确与否，都要去做。但是，一个人是无法让周围所有的人和物都无条件地配合他，所以任性的孩子很容易碰钉子，撞到南墙。任性的孩子也往往难以适应环境，会因不被他人接受而陷入孤独。

有的家长对任性的孩子一味地迁就，结果后患无穷。如果真的爱孩子，就要树立科学的教育观念，掌握科学的教育方法，让孩子从小养成良好的性格以及行为习惯，免得因纵容孩子的一时任性，而在孩子的成长道路上埋下隐患。

近几年大学生杀人、自杀、抢劫、偷盗等违法犯罪事件屡见不鲜。一些很多人能够以平常心去处理的问题，却会引发正在接受高等教育的大学生犯罪，这究竟是什么原因？中国心理卫生协会王建中教授说："大学生中独生子女占绝大多数，在父母的呵护下生活一直都比较顺，自我定位不准，对挫折没有准备，一旦遇到比较大的事件，容易产生过激行为。"

因此，家长只有找出导致孩子任性的根源，才能有的放矢地帮助孩子摆脱任性的性格。一般来看，导致孩子任性的原因有以下三种：

（1）模仿别人的结果

在生活中，如果孩子不止一次看到其他小朋友任性而为后得到满意的结果，那么在他心中就很容易产生“会哭爱闹的孩子有糖吃”这样错误的观念，他就会模仿，学着任性。例如，亲人朋友欢聚一堂，其中有一个孩子对着家长使性子，结果孩子在家长的迁就下得到了满足。这个孩子就成了其他孩子的反面教材。其他孩子一找到合适的机会，就会模仿他的行为。此外，父母其中一方有明显的任性行为，也会对孩子造成影响。

（2）家长迁就的结果

有些家长对孩子百依百顺，过于娇惯。尽管孩子提出一些不合理的要求，家长也会因为孩子小，不懂事，而一味地迁就孩子。孩子见这一招屡试不爽，就慢慢地形成了思维和行为定式。比如在商店玩具柜台前，孩子要求家长买某一玩具，父母不答应，孩子就大发脾气，哭闹不止。于是碍于面子的家长只得满足孩子的愿望。这种任性的行为，就是家长以往迁就孩子的后果。

一对夫妇老来得子，所以对儿子泽泽十分溺爱，可以说泽泽是被父母捧在手心里长大的。

一次，泽泽看到一个小朋友手里拿着一架遥控飞机，便请求父母给自己也买一个一模一样的，父母立即就答应了。

遥控飞机买了没几天，泽泽又看到同学买了一个新款机器人，于是又和父母说想要，不出意外，这次泽泽又如愿以偿了。

从这以后，只要泽泽看到别的小朋友那里有好玩的玩具或好看的物件，他就请求父母给他买，没过多久，他的玩具就堆成了小山，其中还有很多都是新的。

上了小学的泽泽，看到同学有手机，就让父母给他也买一个手机。父母觉得小学生用手机太早，又担心他会因此耽误学习，于是这次没有满足他的要求。泽泽愿望落空，满腹怨气，他不听父母的解释，开始闹绝食，还说不给他买手机就不去上学。

面对泽泽的百般任性，他的父母真不知如何是好。

案例中的小朋友泽泽的任性很显然就是父母惯出来的，所以说，父母不能放任孩子的任性，否则会严重影响孩子的性格。

(3) 家长对孩子过度严厉，或是不知道尊重孩子

有的家长对孩子的要求十分苛刻，孩子达不到，就很容易产生逆反心理和抵抗行为，继而变得任性。还有的家长不懂得尊重孩子，经常对孩子施加棍棒教育，甚至当着外人的面打骂孩子。孩子为了挽回面子，就会做出反抗父母的任性行为。

太任性的危害，小则让孩子成为不受欢迎的人，身心无法健康发展；大则让孩子由于易冲动而犯罪。

所以，家长一定要明确孩子任性的起因，对症下药，断绝孩子的任性行为。

如果孩子的任性是受他人影响，这时父母应及时对孩子进行教导，让孩子是非分明，认识到任性行为的错误，不去模仿。

如果是受父母的影响，这时父母应当及时反思，与孩子进

行真诚的沟通，向孩子坦白自己行为的错误，告诉孩子不要模仿，并与孩子互相监督，一起改掉任性的坏毛病。

如果是父母迁就所致，这时父母就应当及时调整自己的迁就行为。首先，让孩子认识到任性的危害。其次，向孩子承认自己教育方法不当。然后，和孩子一起商量如何克服任性的坏毛病，并与孩子立下规矩。比如，父母必须在要求孩子做某件事时，提前说明原因；孩子可以对父母的要求提出异议，并说明理由；双方的想法有冲突时，可以求同存异，然后请其他长辈或者老师提供建议。

如果是家长太过严厉或不尊重孩子所致，这时家长就要纠正自己错误的教育观念，不再对孩子提出过于苛刻的要求，严慈并济，并注意保护孩子的自尊。除此之外，家长还要创造一个温馨和谐的家庭环境，让孩子有更多的话语权。

疏导孩子的逆反心理

最近听到不少父母都在抱怨自己的孩子，说孩子经常和他们顶嘴，他们让做什么孩子就偏不做什么，他们说不对的事孩子却偏偏要尝试一下，总之就是和他们对着干。可想而知，这些都是由逆反心理引起的。

一位母亲为正处于青春期的儿子而感到无比焦虑。她找到孩子的老师诉说苦衷："这孩子很少能和我坐下来沟通，导致我也无法了解他心里的真实想法。即便我对孩子照顾得无微不至，却感觉他与我越来越疏远，还经常和我唱反调。这孩子真是让我伤透了心。"这位母亲的言语中透露出无奈和心酸。

但是，当老师和这个小男孩交谈一番后，却发现男孩很有自己的一套想法："我妈逢人就讲她对我费了多少苦心，而我又多么不理解体谅她。可她有理解和体谅过我吗？她趁我不在的时候偷看我的日记，背着我挂掉女同学打来的电话，不让我参加同学的生日聚会，整天数落我，让我事事都听她的安排，这是在剥夺我的人身自由啊！和她没有什么好沟通的，话不投机半句多。再说，我已经长大了，我有自己的主见，才不想当她的牵线木偶呢。”

大多数处于青春期的孩子都会表现出不服从管教、喜欢顶撞大人的一种强烈逆反行为。这是因为他们开始变得成熟，自主意识更强了，不再像以前那样对父母唯命是从。他们已经具备评判事物的标准和看待问题的特有角度，而这些特有的标准和角度在他们同龄人之间心照不宣，但到了家长这里却不知作何解释。一些家长就想一探究竟，时刻监视着孩子的一举一动，而孩子又无时无刻不想摆脱家长的监督。而一旦家长试图控制孩子的行为举止，孩子就很容易产生抵抗情绪。家长的表现越强势，孩子产生的逆反心理就越强烈。

其实，家长与孩子之间出现以上情况是很正常的。在这里需要家长注意的是，在孩子的成长过程中会出现两个逆反期。

第一逆反期出现在孩子三四岁大的时候，第二逆反期出现在孩子的初中阶段。这两个逆反期有着显著的区别：处于第一逆反期的孩子，主要为了获得活动自由，而不愿意父母加以干涉。如非要自己夹菜、自己穿衣服等。

处于第二逆反期的孩子有了更为强烈的独立自主的心理需求，他们排斥父母的控制，希望能够独立安排自己的活动。所以，当孩子升入初中，父母还像从前那样接他放学时，孩子通常会对父母不予理睬，或视而不见，继续跟同学边走边聊，觉得父母一直跟着自己，让他很没面子。

其实，父母完全不需要为孩子的逆反心理而过度担心和忧虑，心理专家指出：处于青春期的孩子产生的最大变化就是，从依赖父母转为依赖朋友，因此导致亲子关系疏远，甚至出现孩子脱离家庭的倾向，但等这段逆反期过去之后，一切都会恢复常态。

那么，父母该如何对孩子的逆反心理进行调适呢？

（1）要尊重孩子的人格

孩子的表现好时，家长应该鼓励孩子继续这样做下去，并给予适当的表扬。孩子的表现不好时，家长要提出中肯的建议和适当的批评，并帮助孩子加以改正。总之，不管是对孩子表扬还是批评，都应当客观公正，适可而止。

（2）不要过分干涉孩子的事情

当孩子到了一定的年龄，家长就应该放手让孩子去做事，不要过分干预和参与，特别是不要侵犯孩子的隐私，比如查看孩子的手机、日记等。只有这样，家长才能与孩子建起信任的桥梁，从而让孩子愿意在家长面前坦露心扉。

（3）不要急于求成

有些家长在教育孩子时，完全不顾孩子的实际情况，给孩子定下过高、过严的标准，孩子达不到就会失去信心，心生厌烦，进而产生逆反心理。因此，家长教育孩子，切勿急于求成。

（4）适时地正确引导

青少年都无法接受别人对自己的行为横加指责，因此家长在教育孩子时要讲求方式方法。可以在恰当的时机送孩子几本积极健康、具有教育意义的书籍，如《爱的教育》《童年》等；也可以选择性地给孩子讲一点儿自己儿时的经历，让孩子在不知不觉中受到正确的引导。

别纵容孩子乱发脾气的毛病

博超升入初中后，秉性大变，从以前的乖巧懂事变成了现在的暴躁易怒。尤其在暑假期间，整天不出门，不是看电视就是玩游戏，父母唠叨两句他就大发脾气，有时还摔东西以示反抗。这让博超的父母伤透了脑筋。

孩子对父母乱发脾气，姑且能够被宽容，但对其他人乱发脾气，难免会被对方以牙还牙，以眼还眼。所以，父母千万别纵容孩子乱发脾气的毛病，要让孩子知道乱发脾气是一件害人害己的事，并帮助孩子纠正这种错误的行为。

（1）让孩子培养谦和的个性

当父母发现孩子有乱发脾气的毛病，一定要及时对其进行说服教育，告诉孩子，乱发脾气的人是不受欢迎的，大家都喜欢和脾气友好的人做朋友，同时也要学会包容别人。另外，还要帮助孩子提升自身修养，养成谦和的个性、温文尔雅的作风。

（2）宽容别人的脾气

当孩子的同学对他乱发脾气的时候，告诉孩子，不要也发脾气，这个时候正是和对方发展成朋友的最好时机：你不与他计较，从而表现出你的宽容大度，对方自然会反思自身的错误而对你另眼相看。

（3）让孩子学会转移注意力

如果孩子因遭遇不公而怒火中烧，就告诉孩子，不如先放下这件糟糕的事，转而找些会让自己心情放松的事情做。比如看自己喜欢的电视节目、听听音乐、读读感兴趣的书籍等等。当然，这种方法只能缓解一时，无法从根本上解决问题，但效果立竿见影。

（4）做两三次深呼吸冷静下来

如果孩子是因他人挑衅而情绪激动，这时父母要告诉孩子，如果现在控制不住自己的情绪，向对方发火，事情就会变得更加糟糕。然后让孩子放松冷静地做两三次深呼吸，慢慢平静下来。

（5）父母要适当地制止孩子乱发脾气

当孩子无故大发脾气时，父母要及时予以制止。比如，留一些时间给孩子，让他平静一下自己的情绪，等他自己冷静下来，再询问事情的缘由。家长切不可一味地训斥孩子，以免让孩子的情绪更加激动。如果孩子屡犯不止，还可以加以适当的惩罚，然后告诉他乱发脾气是不对的，让他道歉，并保证下不为例。

发脾气、无理取闹是大多数小孩子的惯有行为，如果父母能尽早采取相应措施加以控制，就很容易帮助孩子纠正过来。因此，父母一定要多多关注孩子的情绪变化，一旦发现孩子乱发脾气，千万不要纵容他。

搞定固执的孩子

人们经常会把“固执”和“有主见”相互混淆，其实二者有很大的区别。前者是指拒绝他人提出的任何建议，并将自己的观点贯彻到底；而后者是指自己对事情有确定的意见。

一位老师曾经遇到了一个固执的孩子。上课铃刚响，老师站在讲台上准备讲课。这时，一个孩子的行为引发了老师的关注：这个孩子手里拿着一个玩具车，右脚踩在桌子上根本不在乎老师和同学的目光。老师面无表情地走到他身边，轻轻放下他的脚，然后拿起他手里的玩具车说：“现在是上课时间，下课后再玩！”这个孩子把头抬得高高的，眼睛瞪得大大的，很抵触地望着老师。老师走到讲台上看了他一眼，他却将头扭到窗外，明目张胆地不听老师讲课，好像在示威一样。于是，老师强调了一句：“请某某同学认真听课！”可是他就像没听到一样，既不搭理老师，又不朝黑板这边看。

期末考试成绩公布后，这个孩子的母亲来学校参加家长会。老师耐心地将孩子在学校的不良表现告诉了他的母亲，没想到这位母亲一点儿反应也没有，只是心平气和地说：“我的儿子脾气一直很倔，在家里就这个样子，谁也管不了他，我们早就习惯了……”

这个孩子为什么如此固执？为什么上课时不在乎老师和同学的目光？母亲的话解释了原因：孩子从小被家人惯坏了。身为孩子的父母，一定要透彻地了解溺爱孩子的后果以及家庭教育的重要性。

固执的孩子往往性格偏执，而且心胸狭隘；经常觉得别人在针对自己，把别人没有恶意的、友好的行为错当成敌对行为，因此产生了很多误解和冲突；在现实生活中，无法和亲人、老师、同学、朋友和睦相处；对自己评价太高而且固执己见；总是对别人的言行不满意，喜欢诡辩、好冲动；即使自己犯了错误或者遭遇了挫折，依然强词夺理、不肯承认错误。

身为孩子的父母，当你忙于督促孩子好好学习、期待他们考出好成绩时，有没有意识到应该花一些时间深入了解孩子的内心，倾听他们的心声呢？你有没有发现孩子身边的朋友正在变少呢？如果你的孩子不改变固执的性格，没有多少孩子愿意和他相处。

性格固执的孩子会令父母头疼不已。其实只要父母选择合适的教育方式，固执的孩子也能够向好的一面转变，将固执恰当地转化为“主见”。

有专家表示，一些孩子的固执性格是天生的，这种固执也有一定的积极作用。例如，固执的孩子能够专注于自己喜欢的事情，这对他们未来的学业有很大好处；与普通人相比，固执的孩子能够更快地掌握一门技术。

如果父母可以教育孩子扬长避短，这种固执的个性就能够转变为有主见的优秀品质。如果孩子学会将固执和耐力配合，成功的几率就能增加不少。这里有一些改变固执的方法，可以供各位父母参考：

（1）多听听孩子的意见

父母和固执的孩子相处时，应该试着给予更多的尊重和宽容，温和地让他们实现预定的目标。有时候，学会倾听是一种行之有效的方式。不过父母一定要坚持原则，在保证孩子不伤害别人、不伤害自己的前提下，让他去做一些自己喜欢做的事情。比如孩子不想和父母待在一起，想跟其他小朋友一起玩，父母就应该满足他。

（2）父母应该以身作则

孩子的固执很可能遗传了父母的基因。如果父母打算改变孩子，一定不要忘了改变自己。父母也需要多倾听别人的意见，反思自己身上存在的一些问题。如果父母能够改变固执己见的性格，将会对孩子产生直接、有效的影响。

（3）不要过于迁就孩子

父母帮助孩子改变固执的性格不可能一蹴而就，而是一个漫长的过程。如果父母的理解、宽容和民主没有效果，这时就该行使相应的权力。例如，到了晚上睡觉时，孩子仍然在看电视，不肯上床休息。父母可以强制性地抱他上床，然后告诉他："已经到了该睡觉的时间，就算你现在没有睡意，也必须待在床上。"

（4）让孩子真诚对待朋友

父母要让孩子明白真诚交友的重要性。应该告诉孩子，这个世界并不是灰暗的，大多数人还是善良、友好的，对朋友尤其是知心朋友不能抱着不信任的想法。父母还应该明确一点，交友是为了让孩子克服偏执心理、获得友谊援助、消除心理障碍、交流思想感情。

（5）让孩子尽量主动给予他人帮助

父母应该培养孩子乐于助人的品质，这可以让孩子获得对方的信任，增强他们之间的友情。当别人陷入困境时，更应该施以援手。俗话说："患难见真情。"朋友之间只有相互帮助，才能更加信任彼此。孩子学会和别人友好相处，有利于改掉固执的性格。

消除孩子内心的自负心理

李媛从小就有个作家梦，本来有理想、有追求是一件好事儿，但可悲的是随着年龄的增长，她的自信心极度爆棚，最后彻底滑入了自负的深渊。她在上初三的时候，就自诩自己文笔优美，有当作家的天赋。而对于老师的讲课则心不在焉，她觉得老师讲的那一套都太过时了，新时代的新青年，就该大胆创新，有新的格调。

在这种“前卫”思想的支配下，她渐渐厌弃了书本上枯燥的理论知识，也沾染上了逃课的恶习。后来由于她这种不认真的学习态度，导致其期中考试的成绩急速下滑，望着眼前可怜巴巴的分数，李媛再一次“自信感”爆棚，她对自己说：“考试成绩不代表什么，我将来可是要当作家的人，成绩不好也照样能当作家，看看人家韩寒不也是六门功课‘红灯高挂’吗?”

后来，她索性把书本一扔，开始给杂志社投起稿来，不过心高气傲、腹内空空的她写的东西完全没有可读性，投出去的稿子犹如泥牛入海，毫无音讯。此时，自我膨胀的她依旧没有意识到自己的问题，而是一个劲儿地埋怨杂志社的编辑没有眼光。

后来，她的父母终于意识到孩子问题的严重性了，于是煞费苦心地帮助她重新认识自己，极力消除其性格中的自负因子，慢慢地李媛终于走上了正常的人生轨道。之后，经过几年努力的学习，李媛积淀了扎实的文学功底，这个时候，她才成功地出版了自己的作品。

自负是一种非常消极的能量，拥有这种能量的人往往眼高于顶，既看不起别人，又不切实际地给自己制订过高的目标，最后由于自己能力不够，又不得不从虚幻的云端重重跌回现实，摔得头破血流。

通常来说，自负的孩子一般家庭条件都比较优渥，正因为他们拥有很多别人无法企及的东西，所以才会滋生出优越感，感觉高高在上而盛气凌人。所以，作为父母，如果你发现自己的孩子有傲慢无礼、不尊敬长辈、不爱与人搭话，甚至有挖苦和讽刺别人的举动，就要引起重视了。

自负的孩子情绪不稳定，而且很难和别人和睦相处，一旦遇到生活或者学习的重创则颓废沮丧、自暴自弃，从一个极端滑向另外一个极端。所以为了防止孩子出现这样的现象，父母需要正确了解导致孩子自负的原因，以及掌握一些与之相关的科学引导方法。

一般来说，导致孩子骄傲自负的原因无外乎以下几种：

(1)“感染”了父母的自负

有些家长自己就目中无人，说话做事总是一副趾高气扬的样子。久而久之，孩子在家长的影响下，也变得骄傲自负，不屑与一般人打交道。比如，经常嘲笑他人缺陷的父母，其孩子也会效仿大人，对他人的长处视而不见，而对他人的短处则冷嘲热讽。

（2）物质条件充裕

生活条件优越的孩子，更具有炫耀的资本。如果家长在孩子出现自负倾向的时候不及时纠正，那么他一定会滋生虚荣自傲的心理。比如，孩子拿着高端的名牌手机，就会看不起那些拿着杂牌或者山寨手机的孩子。

（3）过分的表扬

孩子自负的表现往往与家长过分的夸奖有关。比如，孩子一岁会吃饭，两岁会脱衣，三岁会唱歌，本是正常现象，但是爱子心切的父母非要在邻里之间炫耀一番。这种毫无节制的炫耀式教育一旦开启，无形中就拔高了对孩子的评价，这使得孩子对自己没有一个正确的认识。本来很平常的一个孩子，却在大人的过分表扬中变得自命不凡。

当孩子出现骄傲自满的情绪时，家长需要及时地通过以下几种方式进行正确引导，这样孩子的身心才能得到健康的发展。

（1）父母要保持谦虚的姿态

俗话说，孩子是父母的“复印件”。如果“原件”身上就沾染了骄傲自满的气息，那么孩子势必也会受到影响，把父母身上的“傲气”全部复制粘贴走。要知道“榜样”的力量是无穷的，父母千万不要小看了孩子的模仿能力。因此，想让孩子保持谦虚谨慎、积极乐观的姿态，父母自身应保持谦虚低调。

（2）告诉孩子骄傲自负的危害

骄傲自负的孩子往往自视过高，爱抬高自己贬低别人，这种行为如果长期不纠正，会让孩子的人际关系陷入紧张的局面。另外，骄傲自负的孩子自以为是、故步自封，这无疑会成为孩子成长路上的一块绊脚石。所以，家长应该让孩子意识到这些具体的危害。在正确引导孩子认识自负的危害的同时，家长还可以给孩子讲一些古今中外有所作为，但时刻保持谦虚姿态的名人故事。

（3）引导孩子正确评价自己

孩子之所以会产生骄傲的情绪，有一部分原因是他有某方面的特长和优势。不过家长应该让孩子知道“尺有所短，寸有所长”的道理。父母可以通过优劣对比的方式帮助孩子正确认识自己，如可以这样说：“你虽然能言善辩，但做事拖沓马虎，他虽然笨嘴拙舌，但是做事干练沉稳；你虽然身材高挑，但腹内空空，他虽然身宽体胖，但才华横溢；你虽然才思敏捷，但是好逸恶劳，他虽然笨拙迟缓，但是勤快能干……”经过这样的对比，可以让孩子全面地认识自己的长处和短处，进而放下高调的姿态，努力弥补自己的不足。

（4）精神鼓励应多于物质鼓励

当孩子表现良好的时候，你可以多给他一些口头的鼓励，这种鼓励形式所起到的作用并不比物质鼓励差。而过多的物质奖励反而会让孩子产生畸形的满足感，失去内在的精神动力，从而削弱其进取意识。

帮孩子克服“以自我为中心”的心理

3~6 岁的孩子通常有一个较为明显的心理倾向，那就是“以自我为中心”。这个阶段的孩子界限感模糊，常常通过最原始的方式来表达自己内心最真实的想法。

比如，孩子在看到别人家的玩具时就想“占为己有”，其实这个时候的“以自我为中心”是孩子早期自我意识发展的必然阶段，他顺手去拿只是意味着孩子对这个玩具非常喜欢，这属于正常的发展现象，只有过了这个时期孩子才会变得成熟。再比如，家里来客人时，孩子会叽叽喳喳，表现得异常活泼好动，有的时候他们会在客人面前跑来跑去，有的时候还会拿各种玩具给客人看，这种“人来疯”也属于本能的一种反应，家长没必要过于焦虑。但是当孩子长到 9~10 岁，他就能够脱离以自我为中心的世界。这个时候，如果孩子还是缠着客人，说话、做事以自己的需求为基准，稍不如意就大发脾气，那就是孩子在“以自我为中心”了。

蓓蓓 4 岁，最近妈妈发现她有些不好管教了，家里来客人，大人们聚在一起唠家常，蓓蓓也要跟着掺和进来，有的时候大家聊得太投入，忽略了她，她还会跑到大人面前打断别人的话，然后再把自己的观点重申一遍。除此之外，她还经常把控着家里的电视遥控器和玩具不许别人碰。蓓蓓的妈妈多次批评她，告诉她不可以这样做，但是蓓蓓仍然屡教不改。

玲玲5岁，性格很强势。比如妈妈在打扫家务时不小心碰到了她的东西，她一定要妈妈跟她道歉、说好话；反之，如果是她在玩乐的过程中不小心冲撞了别人，却怎么也不肯道歉。为此，妈妈跟她说了很多做人的道理，但是她一句也听不进去，后来妈妈甚至还体罚过她，但都无济于事。

上个星期的某一天，玲玲从学校回来之后，一直闷闷不乐，妈妈问及原因，才知道原来那天手工课上，老师表扬了很多同学，但就是没有表扬她。妈妈好说歹说，帮她分析了很多可能的情况，但她还是一直闷闷不乐。直到妈妈答应她第二天去找老师问个究竟，玲玲才转悲为喜。

上述两个案例中的孩子，就是以自我为中心的典型代表。其实这个时期的孩子出现这样的情况也不足为怪，一方面它是孩子自我意识发展时期的一个本能反应，另外一方面，现代的孩子大多都是独生子女，是被家人捧在手心里的“小公主”“小皇帝”，家里有什么好吃的、好用的都是尽着孩子来，久而久之，孩子就成为别的孩子眼中的“自私鬼”。和同学相处久了，孩子还会因为“自我中心”和别的同学发生一些摩擦。

那么面对以自我为中心的孩子，父母应该怎么做才能帮其克服这种心理障碍呢？

(1) 鼓励孩子多交朋友

通常情况下，4岁以上的孩子已经开始接受学校教育，其生活和社交环境都会发生很大的变化。这个时候家长一定要帮助孩子从孤独的自我环境中走出来，鼓励其与同学、邻里发展友谊。当然，家长还可以建议孩子把自己新交的朋友带回家里玩儿，也可以鼓励孩子去别人家里做客。另外，家长也应该鼓励孩子多帮助他人，比如，给贫困学生捐款，帮同学照顾他的宠物等。在此交往的过程中，孩子就能慢慢走出狭隘的自我世界，学会关心他人、体谅他人。

（2）鼓励孩子参加集体活动

形式多样的集体活动，是培养孩子集体荣誉感和合作意识的有效途径，也是帮助孩子走出以自我为中心的一种有效手段。在孩子参加集体活动之前，父母要教育孩子谦让、守礼、乐于助人；在孩子参加集体活动之后，父母要与学校老师保持一定的联系，了解孩子在集体中的表现，并耐心倾听孩子在集体活动中的感受，以此来帮助其做出更好的行为调整方案。

（3）杜绝娇惯、溺爱的行为

溺爱和娇惯是误入孩子口中的毒药，聪明的家长从来也不会让娇惯纵容扼杀孩子的独立性，消磨孩子的进取心，反之，他们会让孩子吃苦、流汗，养成艰苦朴素的生活作风。而培养勤劳、朴实的品格正是避免孩子自我中心化的一个重要过程。

（4）帮助孩子养成宽容别人的习惯

要想让孩子克服自私狭隘的自我观念，家长可以通过换位思考的方法教孩子站在别人的角度为别人着想。比如在活动课上，别的小朋友不小心撞到了自己的孩子，你可以告诉孩子“那个犯错的小朋友还小，身体平衡能力不强，我们应该原谅他”“那个小朋友没有看到你，他不是故意撞的，所以值得被原谅”。这种“宽以待人”的教育理念会慢慢地帮助孩子走出以自我为中心的桎梏。

（5）引导孩子养成尊重他人的习惯

不尊重他人是孩子以自我为中心的一个具体体现，家长要想帮助孩子消除这一思想的顽疾，首先就得让孩子学会尊重他人，让孩子学会换位思考，替他人着想。

（6）教育孩子学会分享与合作

教育家陈鹤琴先生说过：“随便什么事，你要小孩怎么做，做什么样的人，学什么样的事，求什么样的知识，研究什么样的问题，你要有一个法宝。什么法宝呢，那就是鼓励！”因此，要想培养孩子的分享和合作意识，家长需要耐心鼓励孩子与别人分享，一块橡皮或者一本书，都可以成为孩子与他人分享的对象。

另外，家长还可以引导孩子通过堆积木、过家家等一些具体的游戏，让孩子认识到合作的重要性。如果孩子能从与他人的友好合作中感受到快乐，他就可以消除“自我中心”意识。

【家长课堂】

小宇 15 岁，上初中，正处于青春叛逆期，经常反抗父母，与父母“对着干”。

妈妈：“小宇，听说你又没去补习班。”

小宇：“没去。”

妈妈：“那你去哪里了？”

小宇：“我为什么要告诉你。”

妈妈：“小宇，我觉得我们应该坐下来谈一谈，你是不是对我给你报的补习班有意见？”

小宇：“是啊！白天上课已经很累了，你还给我报这个班那个班。”

妈妈：“其实，妈妈主要是考虑到你的成绩有几科不是太好，所以想着让你课外追一追，但没考虑到这样你可能承受不了，是我想的不周到。那小宇你觉得要去掉哪个补习课，咱们是不是可以留一科。”

小宇：“行，可以留一科。”

妈妈：“既然咱们说好了，那以后就得按时去补习班了！”

小宇：“知道了。”

沟通建议：当孩子出现逆反和抵触情绪时，父母首先应考虑产生孩子逆反心理的原因，然后对症下药。

第五章

不良的习惯：怎么纠正孩子才肯改

面对孩子的不良习惯，不要一味责备、打骂，要耐心地纠正，让孩子真心悔改。

怎么纠正磨蹭的孩子

楠楠今年8岁，正在上小学，她乖巧伶俐，可是喜欢磨蹭，这点很让人心急。无论是洗漱、吃饭，还是看书、写作业，她都是一边玩一边做，如果周围没有人催促，她很长时间都做不完一件事。

这天，妈妈早早起床准备好了早饭，然后在7点钟的时候叫醒了楠楠。校车每天7点40分准时在楼下等着，楠楠妈妈想40分钟时间足够楠楠洗漱、穿衣和吃早餐了。

但楠楠进入洗手间已经10分钟了，还没有出来，楠楠妈妈就去洗手间查看，原来楠楠又是一边刷牙一边玩。楠楠妈妈催促道："快点儿，宝贝，一会儿赶不上校车啦！"

楠楠从卫生间出来后，已经7点15了，妈妈又催促她赶快坐到餐桌前吃饭。坐到椅子上之后，楠楠不紧不慢地喝着粥，没一会儿就又被其他东西分心，开始左顾右盼。10分钟过去了，半碗粥还没喝完，妈妈在一旁看着很焦急，不停地念叨着："你能不能专心吃饭？"

只有妈妈催促了，楠楠才赶快喝两口。等楠楠吃完早餐，已经7点35了，但衣服还没换，头发也没梳。妈妈急急忙忙帮她换了衣服，又简单给她扎了头发，然后才下楼。

到楼下的时候，已经晚了5分钟，幼儿园老师温和地对楠楠妈妈说："楠楠妈妈，因为还有其他小区要去，我们不好意思让其他家长等太久，所以麻烦楠楠妈妈下次早一点好吗？"

楠楠妈妈被说得很羞愧，说："好的，下次一定早点下来。"

其实，这种情况已经不止一次了，楠楠妈妈也很为难，她不知道该怎么纠正楠楠爱磨蹭的行为。

生活中，很多孩子都有做事拖拉、磨蹭的毛病，这点让很多家长头疼。其实孩子的这种拖延行为是有原因的，作为家长，应该找到孩子磨蹭行为的诱因，对症下药。

那么，孩子做事磨蹭的背后都有哪些原因呢？以下是一些常见原因：

(1) 缺乏时间观念

孩子一般都没有明确的时间观念，尤其是上幼儿园的小孩。他们不知道要在一定时间内做完某件事，更不知道快速做完一件事有什么意义，所以磨蹭行为在他们看来并不是什么不好的行为。因为缺乏正确的认知，所以他们根本没有紧迫感，能磨蹭就磨蹭。

比如，大人们知道迟到是不好的行为，但孩子对于早去或晚去幼儿园有什么分别并不清楚，所以也不会着急。

(2) 注意力易分散

孩子都有好奇心，所以注意力很容易被周围其他有趣的事情吸引，难以在一件事情上集中注意力。

比如，孩子在写作业，窗户上突然出现一只小壁虎，甩着可爱的小尾巴在爬，孩子就会立刻放下书和笔，跑过去看；孩子在吃饭，但电视机里正放着动画片，孩子就会盯着动画片，而有一口没一口地吃饭。

（3）没有兴趣

有些事情是因为孩子不想做才故意磨蹭的，为什么不想做？最大的原因就是他对这件事不感兴趣。

比如，父母让孩子将书本整理好，他磨磨蹭蹭，一副不开心的样子。而如果让他带小狗出门散步，他就很积极，也不会显得不耐烦。由此说明，他对书本不感兴趣，而小狗却能引起他极大的兴趣。

（4）动作生疏

除了有意的磨蹭外，有些磨蹭行为其实并不是故意的，而是因为孩子对某件事生疏导致的。尤其是幼小的孩子，思维能力和身体协调能力还在发育，他根本不可能将某件事完全做好。

比如，三岁多的孩子，他很难快速将衣服穿好的，五岁多的孩子可能让他单独洗漱也会花费很长时间。

（5）缺乏自信心

有些孩子不能快速完成某件事，可能是因为自信心不够，因为担心做不到，或害怕做错，从而做事缓慢。其实，越是害怕，行为就越会迟疑，如果此时父母不明原因地一味催促，孩子就会更加不安、紧张，做起事来也会更慢。

（6）父母行为的影响

父母是孩子的第一任老师，孩子在幼年时，会不自觉地模仿大人的行为。如果父母自己做事情习惯磨磨蹭蹭，没有很强的时间观念，那么这种行为就会潜移默化地影响到孩子，让孩子也养成做事拖沓、磨蹭的不良习惯。

(7) 父母过分代劳

生活中，一些父母看孩子做得慢，就喜欢帮孩子做，其实这样更容易导致孩子的磨蹭。

比如，看孩子吃饭慢，就一口口喂孩子吃；看孩子洗脸慢，就洗好毛巾给孩子擦脸；看孩子收拾玩具慢，就帮孩子一起收拾……

久而久之，孩子就会形成一种心理：慢点做也没事儿，因为爸妈会帮我。必须看到，这样做对孩子的成长是非常不利的，父母要让孩子学会独立，不要对孩子的事情过分代劳。

(8) 逆反心理作祟

青春期的孩子，容易产生逆反心理，所以很多事情都和父母对着干。很多时候，父母越是催促，他们越是不做。在学习上，更容易产生抵抗情绪，因为有些父母对孩子期望过高，补习班报了一个又一个，除了学习学校课程，还要学书法、学乐器等。这让孩子压力过大，所以会出现不愿做或拖着不做等行为。

针对孩子的磨蹭行为，父母应该认真分析原因，然后根据具体情况，采取适当的方法予以纠正。具体方法如下：

(1) 增强孩子的时间观念

因为孩子对看不见、摸不着的时间没有清晰的概念，所以父母应该有意识地去增强孩子的时间观念，让他们真正意识到磨蹭是不好的行为习惯。

比如，如果孩子的大脑已经对钟表有了概念，父母可以简单地教孩子看表针的移动，告诉他从哪到哪，走了多少时间。在陪孩子整理玩具的时候，父母可以对孩子说："指针现在在这儿，当它走到这儿的时候，正好是5分钟。现在开始，宝贝整理玩具，让我看看你能不能在5分钟内把这些玩具收好！"这个方法同样适用于吃饭、洗漱和其他事情。

让孩子一边看指针一边做事，他就会控制速度，慢慢在心里产生时间观念，而一点点改掉磨蹭的习惯。

（2）劳逸结合

孩子写作业磨蹭，很大原因是孩子的作业太多，做完了一科还有一科。父母要适当给孩子减压，不要让他们心里承受太大的负担，否则就容易造成拖和磨的现象。

比如，周末学校留了很多作业，父母可以对孩子说："今天上午你只要写完这两套卷子，下午时间你就可以出去玩。"

劳逸结合，让孩子看到希望，这样就可以鼓舞孩子写作业的积极性。具体操作时，父母需要仔细研究作业的量，合理安排孩子写作业的时间和玩的时间，不要想着让孩子一下子将作业都做完。

（3）少催促多鼓励

很多时候，父母越催促，孩子就越烦、越慌，这样做起事情来也不可能高效。

父母应该试着将催促的话语变成鼓励的话语，比如，孩子今天自己在穿衣服，很久才穿了一只胳膊。妈妈可以这样对孩子说："宝贝如果能将另一只胳膊快速穿进去，那就太棒了！"当孩子受到正面的激励，就会有意识地加快行为，次数多了，他做事的效率自然也就提升了。

（4）帮孩子寻找做事的快速方法

有些孩子做事效率不高，除了有磨蹭的心理因素外，还可能掺杂着做事方法不对的原因。如果是这种情况，父母就要多加费心，为孩子找到提高效率的方法。

比如，孩子早上总是拖拖拉拉，很长时间才能收拾好东西出门，父母可以教孩子前一天晚上临睡前就把要带出门的东西收拾好，以免第二天手忙脚乱。

（5）让孩子意识到磨蹭的后果

对于屡教不改的孩子，只有让其意识到磨蹭的后果，才能引起孩子的重视，以实现自我约束。

比如，孩子写作业总是三心二意，每次都要写很久，这种情况就可以给他规定时间。规定时间没有完成，就不让他写了，让他带着没写完的作业去和老师交代，老师自会严厉训斥他，这样他就会吸取教训。

此外，父母也可以通过其他方法来培养孩子的专注力，让专注成为孩子的一种良好的做事习惯，从而慢慢改正拖延、磨蹭的习惯。

怎么纠正爱攀比的孩子

现实生活中，攀比已经成了一种普遍现象，比房子、比车子、比教育、比工资，我们必须意识到攀比是一种非常不好的心理和行为。

攀比不仅在成人世界普遍存在，在孩子的世界也很常见。纠正孩子的这种攀比心理十分重要，因为任其发展肯定会对孩子的人格修养产生影响。

多多的妈妈最近很苦恼，因为多多不肯去幼儿园，还一直和她哭闹。事情的起因就是玩具，多多和幼儿园的小朋友一直喜欢看《汪汪队立大功》，听说龙龙的爸爸妈妈给他买了很多系列玩偶，动画片中出现的每一个人物都有。

听龙龙一说，多多就不高兴了，他回去就让妈妈给买《汪汪队立大功》的系列玩具，但妈妈觉得他的玩具已经太多了，而且不能追一部动画片，就买一系列玩具，她不想惯坏孩子。于是，多多就耍起脾气来，说："龙龙都有，我也得有，不给我买，我就不去幼儿园。"

多多妈妈看着耍赖的儿子，束手无策，和儿子僵持了一天，最后还是给他买了玩具。

从案例中可以看到，面对多多的任性、攀比，多多妈妈并没有找到好的解决办法，最后还是满足了孩子。

其实，多多妈妈这样做根本不能从实质上解决问题，而且容易助长多多的攀比心理，下面一个案例就说明了这个问题。

石女士的女儿米米今年已经15岁了，对于女儿，石女士说起来就感到头疼。她说女儿攀比心特别重，五六岁的时候，她就和小伙伴们比玩具，只要看到其他小朋友手里拿着她没有的芭比娃娃，她就央求妈妈买，妈妈不给买她就央求爸爸。米米爸爸比米米妈妈更宠女儿，所以即使她不给买，爸爸也会给买。

石女士说，给女儿买几件玩具也没什么，最令她生气的是女儿对待玩具的态度。一个新玩具玩不了几天，她就没兴趣了，然后又盯上了其他孩子手里的玩具。因为玩具太多，而且又新，石女士送给其他亲戚孩子不少。

等到米米上小学后，依旧喜欢攀比，比吃、比用，石女士和丈夫都是能满足就尽量满足，心想着不能让女儿伤心。

转眼，到了初中。米米看同桌买哈根达斯吃，她也买，根本不考虑家庭情况。她看有的同学背阿迪达斯的书包、穿新百伦的鞋子，于是也和父母要。第一次要的时候，石女士感到很惊讶，因为她和丈夫平时都穿平价衣服。不过，出于对女儿的宠爱，他们还是给米米买了。不过他们没想到的是，女儿要的越来越多，只要是同学有的，她都想要，从电话手表、学习机到智能手机，石女士感到压力很大。女儿班上有几个家庭条件特别好的同学，他们吃的、穿的都是牌子货，女儿天天和他们比，石女士根本无力承担。

对于米米不断增多的要求，石女士和丈夫采取了强硬措施，米米对父母态度的转变根本不理解，她对父母大发脾气。当又一个要求得不到满足后，她竟然离家出走了，因为她觉得同学有的，而她没有，很没面子。

石女士说，她一直这样满足米米，她以为她会知足、会懂事，但没想到竟然使她变得如此虚荣和任性。

可以看到，米米的攀比习惯是父母一点点惯出来的，因为从小没有及时遏制，所以越来越严重。

印度杰出诗人泰戈尔说："鸟翼上系上了黄金，这鸟永远不能再在天空翱翔。"同样，家长们在物质方面无限制地满足、娇惯孩子的做法，也恰似给孩子脚上戴上了沉重的脚镣，让孩子的人生变得异常难走。

孩子不良习惯的养成，追根究底，都是父母教育的问题。他们对孩子无原则的宠爱和放纵，正是造成其爱慕虚荣、热衷攀比的根源。

现在很多家庭都只有一个孩子，众星捧月，不仅父母宠爱，爷爷奶奶、姥爷姥姥更是无比疼爱。尤其在物质方面，随着生活水平的提高，对孩子无限制地满足。在吃的、穿的上，很多父母都是宁愿自己苦也不愿孩子苦，这也就加剧了孩子们比牌子、比价格的心理。

一味地满足孩子，再加上不对孩子进行珍惜和感恩的品德教育，日子久了，孩子就会心安理得地索取，心安理得地接受，不断地对父母提要求，而家长若不采取相应的措施，最后孩子难免会变本加厉。所以说，正是父母无条件的满足和放任，才使孩子形成了“贪得无厌”、盲目攀比的不良习惯。

有一句话说得好：“父母要学会藏起一半爱。”父母爱孩子这没有问题，但更要学会如何去爱，要爱得有原则。一味地迁就、放纵不是真的爱孩子，而是害孩子！

当孩子对物质、金钱太过重视时，就会滋生拜金主义、享乐主义；当讲排场、比阔气、要面子成为孩子的日常习惯，那孩子就很难培养出健康的心理。攀比的心理发展到极端是十分危险的，因为当欲望得不到满足时，人就会产生邪念，去偷、去抢，不知不觉就会走上犯罪道路。正如犯罪心理学家李玫瑾说：“父母对孩子过分的爱，不仅不能让孩子学会爱，反而会使孩子觉得自己就是家庭的中心，进而变得自私，甚至冷酷、残暴。”

所以，对于这个问题，家长们要重视起来，切勿在物质方面无限制地满足、娇惯孩子。

怎样帮助孩子纠正爱攀比的行为呢？以下方法可以借鉴：

（1）摆脱溺爱

溺爱是孩子心生攀比的主要诱因，要什么给什么，并放任孩子和其他孩子比，久而久之，孩子就会变得越来越骄纵、难以控制。

（2）做孩子的榜样

每个父母都应该努力成为孩子的榜样，如果在生活细节中，父母能随时约束言行，不与其他人攀比，不好面子，不铺张浪费，那么孩子就能耳濡目染，树立正确的消费观。

（3）适当批评

对于孩子的攀比行为，父母不能视而不见，无论大小，父母都要及时指正。不过，父母批评孩子的语气要温和，不要用责骂的语气，要温和地告诫孩子“那样做是不对的”“我们不应该和别人比”。

（4）循循善诱

孩子的攀比心如果处于萌芽期，只要耐心地引导孩子就会马上改正，如果孩子的攀比心已经由来已久，那么就需要父母耐心劝诫。让孩子改正一种长期的不良习惯，需要循序渐进，切不可心急，否则难以收到成效。

怎么纠正偏食的孩子

孩子的身体处于生长发育的阶段，需要补充多种营养，单就一种食物而言，是很难满足这一需求的。

换言之，孩子在成长阶段，需要摄入多种食物来满足身体需求。所以，孩子偏食行为足以引起重视，因为偏食，极有可能导致孩子各种营养物质的缺乏病，如营养不良症、营养性贫血等。

萌萌今年5岁了，她有一个很不好的习惯，那就是偏食。最开始，妈妈发现萌萌不爱吃香菇，因为有一次她做了三道菜，香菇、白菜和土豆，妈妈每一样都夹了一些到萌萌碗里，但萌萌却将香菇都挑出来了。

妈妈看见后很不高兴，表情严肃地对萌萌说："你怎么把香菇都挑出来了，这很浪费。"

萌萌噘着嘴说："香菇味道很奇怪，我不喜欢吃。"

妈妈还想说什么，但萌萌奶奶却说："不吃就不吃吧，我吃，别强迫孩子。"

这次之后，萌萌妈妈就很少买香菇了，她心里也觉得孩子不爱吃就不勉强了。不过有一次吃饭，萌萌妈妈又发现女儿不爱吃茄子，无论她怎么劝她都不吃，夹进碗里的菜她会一点点夹出来。

半年下来，萌萌妈妈发现女儿不爱吃的菜越来越多，豆芽、香菜、芹菜，一些常见蔬菜她都不感兴趣，唯独偏爱肉类。因为总吃肉而不吃蔬菜，萌萌经常便秘，这让萌萌和妈妈都感到很痛苦。

萌萌妈妈知道必须纠正孩子偏食的行为，她记得萌萌三四岁时也是吃这些菜的，她不知道女儿怎么突然就偏食了，为此一筹莫展。

事实上，很多家长都为孩子偏食的现象忧心不已，不过有些孩子的偏食行为可能与父母有关。

超超6岁，上幼儿园中班。一天中午，超超妈妈办事路过孩子的幼儿园，于是就进去看了看超超。园里的孩子正在吃中饭，一看见菜超超妈妈脸色就不好了。那日的菜是西葫芦炒鸡蛋、萝卜炖肉，超超妈妈不喜欢西葫芦和萝卜，之前做了两次，看儿子也没有多喜欢吃，后来干脆不买这两样菜了。

可此时，妈妈看见儿子拿着勺子吃得正香。她找到幼儿园老师，老师说："西葫芦、萝卜都是我们园里经常做的菜，孩子们都很喜欢吃，超超最开始是不想吃，但后来看见其他小朋友吃得很香，他也吃了起来，你看现在吃得多香。"

"是吗？"超超妈妈说，"我还以为他不爱吃呢？原来都是我们影响的。"

从上述案例中可以看到，超超其实不挑食，是父母挑食影响了孩子。不过，萌萌的情况不同，她挑食可能与父母有关，也可能无关，无论原因是什么，都有必要给予纠正，不能听之任之，这样会影响孩子的身体健康。

那么，父母应该怎样帮助孩子克服偏食的毛病呢？以下建议可以用以参考：

（1）不要让孩子吃太多零食

许多孩子不喜欢吃饭，这与零食有很大关系。许多家庭在对待零食的问题上都比较松懈，觉得孩子喜欢吃就吃。但是，大多数零食的味道都较好，甚至比一般父母做的菜要好吃得多。如果放任孩子无节制地吃零食，那么孩子的口味就会变得挑剔，变得不爱吃饭。

零食分很多种，有一些不利于孩子健康，如薯片、辣条等，对于这类零食，父母最好不要让孩子吃。有一些零食对孩子有好处，如坚果、葡萄干等，对于这类，父母没必要禁止孩子吃，但应该控制吃的量和时间，以免降低孩子吃正餐的欲望。

总之，合理控制零食，对孩子改正偏食有一定的积极作用。

（2）调动孩子的饮食兴趣

为了引起孩子对瓜果蔬菜的兴趣，父母可以带着孩子一起去买菜，教他认识各种蔬菜，还可以给他讲讲各种蔬菜的口感，让孩子对其产生兴趣。

吃饭的时候，让孩子也动动手，搬搬椅子，摆摆餐具，让孩子感受到吃饭的氛围，也会让孩子口味变好，吃得更香。

（3）弄清楚孩子偏食的主要原因

想要有效纠正孩子偏食的习惯，先要找出原因。如果孩子对某些食物有过敏性反应，就不能强迫吃；如果是因为不喜欢，就应该一点点劝他接受。比如，孩子不喜欢茄子，父母就可以变些花样让孩子尝一尝，也许有一种口味孩子就喜欢了。

在纠正孩子偏食习惯的过程中，父母不能采取强硬态度，说类似“你必须给我吃掉”之类的话，这样更容易引起孩子的逆反心理。要温和地诱导，告诉孩子这种菜很有营养，吃了对身体有什么好处，等等，让孩子从心里真正接受它。

怎么纠正不讲卫生的孩子

个人卫生问题看似是小事，但直接反映了一个人的整体形象和精神面貌。

个人卫生是好是差，住集体宿舍的时候最能体现出来，尤其是男生宿舍，很多都是惨不忍睹。脏袜子攒了一堆，书桌乱成一团，地面碎纸屑一地，让人一看就不想走进去。

不得不说，这就是很多宿舍的状态。如果能从小就培养孩子讲卫生的好习惯，那么就能创造更加干净整洁的集体居住环境。所以，及时纠正孩子不讲卫生的习惯是很有必要的。

小辰是个调皮的小男孩，今年 5 岁，他喜爱玩泥土和沙子，但却不爱洗手。

这天，小辰跟着妈妈从公园回来，一进屋，小辰就跑到茶几上拿水果，拿了一个苹果，他刚要咬，妈妈就厉声说道："小辰，你手上都是泥土，怎么能直接吃水果，赶快去洗手。"

小辰不情不愿地去了卫生间，没过一会儿就回来了，又准备拿起刚才的苹果。妈妈急忙又说："小辰，别吃那个，你刚刚拿了，上面已经有灰尘了，需要洗一洗。"

说着，小辰妈妈走到了小辰身边，拿过苹果准备去洗，但她看见了小辰的手，上面还有泥点呢。于是小辰妈妈一手握住小辰的手，对他说："这就是你刚刚洗的手？你看看这泥都没洗干净。"小辰低下了头。

妈妈说："宝贝，我们要洗干净手，然后才能吃东西，否则把脏东西吃进肚子，我们会生病的。"

之后，小辰妈妈领着小辰去了卫生间，细心地告诉小辰要怎么洗手，要抹上洗手液认真地搓洗，不能像他那样冲一下了事。

小辰点点头。

和小辰一样，娇娇也是一个不爱干净的小孩，她最烦洗澡。每次娇娇妈妈给她洗澡，她都又哭又闹，反复说着"我不要洗"。无论娇娇妈妈怎么说，娇娇都不愿意配合，所以每次给娇娇洗澡，都是在哭闹中完成的。

后来娇娇妈妈咨询了一个心理医生，医生说，对待孩子的反抗情绪，不能硬碰硬，要找到原因，合理诱导。比如孩子不爱洗澡，可能是妈妈给她洗得不舒服，尤其是洗头，很多孩子都不喜欢。此时父母要和孩子讲明白为什么要洗澡，以及讲卫生的重要性，如可以说"你洗得香香的，你的小伙伴会更加喜欢和你待在一起。"

娇娇妈妈听从了医生的建议，每次都耐心地和娇娇讲道理，渐渐地，娇娇对洗澡不再那么抵触了，会主动配合妈妈。

通过案例可以看到，对待孩子不讲卫生的习惯，一定要用对方法，恰当疏导，这样才能让孩子真心接受。具体来看，可以从以下各方面来尝试：

（1）父母要做好表率

想要教育孩子，父母首先自己要做好，这样才能成为孩子的表率，让孩子心服口服。具体来说，父母在日常生活中要注意自身仪表，衣服、鞋子和包等都要保持整洁，家里要经常清理，东西要摆放整齐，从小让孩子形成注重仪表、保持屋内整洁和物归原位的意识。

（2）让孩子养成梳洗的生活规律

孩子从四五岁开始，父母就要引导孩子独立洗脸、刷牙，早晚各一次，一定要及时督促，这样就能形成习惯。当孩子再大一些，就引导其每日独立洗澡的习惯。

总之，对于个人卫生，一定要严格要求孩子，不能放任孩子说不洗就不洗的习惯。

（3）教孩子制订生活作息表

制订生活作息表可以有效帮助孩子安排每日事宜，尤其是洗漱时间的制订，会对孩子形成约束力。当孩子能够完全按照作息表行动时，孩子的良好习惯也就形成了。

（4）为孩子具体制定卫生规则

对于幼小的孩子来说，很多卫生习惯都注意不到，如吃饭时经常将饭菜弄得到处都是，吃东西前总是忘记洗手，饭后会忘记擦嘴，等等。对于这些细节问题，家长可以通过观察制定具体的卫生规则，然后贴在饭厅和卫生间，时刻提醒孩子“饭前洗手、饭后擦嘴”“小心吃饭，不撒饭粒”等。

（5）严格执行

有时候，虽然父母给孩子定了规矩，但在执行上却不够严格。当你要求他晚上刷牙时，孩子可能会犯懒说：“我今天不刷可以吗？我困了，我要去睡觉。”这时候，父母千万不能心软、不能让步，要强调遵守约定这一点。如果父母总是心软，孩子就会对自己放松，一次两次，最后可能变成常事，这不利于培养孩子的良好习惯。

（6）要好好检查孩子的完成度

让孩子自己洗漱后，父母不可掉以轻心，以防孩子敷衍了事。如果发现孩子的手或脸没洗干净，就让他回去重洗，可以亲自监督，让孩子吸取教训。

培养孩子良好的卫生习惯，需要父母耐心地指导、劝诫，并用言行教化孩子。

怎么纠正贪玩的孩子

爱玩是孩子的天性，我们可以让孩子玩，但也要控制孩子玩的时间，如果孩子只知道玩，而忽略了其他的事，比如功课，那就必须加以管教了。

贪玩，一方面会直接影响到孩子的功课，一方面也会消磨孩子的意志，让孩子丧失理想和抱负。此外，贪玩也会滋生出孩子的一系列不良习惯，如为了玩而翘课、撒谎、装病等。所以，如果发现孩子过分贪玩，以致影响了成绩，甚至出现了撒谎等行为，那么父母就要采取相应措施，不能听之任之。

付磊今年 11 岁，上小学六年级。付磊的家庭很民主，爸爸妈妈都是知书达理的人，对儿子很尊重，几乎不太干涉儿子的一些想法和做法。

付磊自小就活泼好动，人也十分机灵，喜欢玩一些需要开动脑筋的玩具。幼年时，付磊的父亲就给他买了很多大型积木和益智玩具，让他尽情地玩。

上小学后，付磊的玩具从简单的变成了复杂的，他喜欢电子玩具，喜欢玩手机游戏。付磊的父母觉得，偶尔玩玩这些对开发智力也有好处，于是没有多加干涉。只是有时看付磊玩太久会说一两句，付磊听到后就会马上收起来了。

不过，付磊的老师发现上课的时候，付磊经常走神，经过一段时间的重点观察，老师发现付磊经常在课桌底下偷偷玩手机。老师向付磊父母反映了情况，并表示学校希望学生不要带手机进学校，学校也理解父母和子女联系的需要，但手机无疑会让他分心，影响他学习，希望付磊父母能够将付磊的手机没收。

付磊父母与老师谈话后，就找付磊聊了聊，说明了学校的规定，希望付磊能理解。父母表示，手机付磊可以保留，在学校外依旧可以使用，只是不希望他带进学校，并叮嘱付磊上课要专心。付磊向父母做了保证，也自觉将手机留在了家里。

之后几个星期，付磊上课都比较专心，老师没再发现他有走神的情况。只是在家的时候，付磊玩手机玩得越来越凶，付磊父母说过他几次，他口头答应了，但还是会在自己房间偷偷玩，父母觉得孩子学习一天也累了，就睁一只眼闭一只眼。

付磊进入初中以后，成绩越来越不好，上课的时候，精神涣散，注意力不集中，还经常打瞌睡。老师注意到了付磊的情况，找付磊父母谈了谈，从付磊的情况来看，他是晚上玩手机时间太长，睡得晚，所以白天上课没精力。

付磊父母觉得不能再纵容他了，于是强硬没收了付磊的手机和游戏机。后来，付磊经常找借口和老师请假，然后去游戏厅或网吧，随着请假次数的增多，引起了老师的重视，老师再次找到了付磊的父母。

父母得知付磊竟然开始撒谎、逃课，流连网吧和游戏厅，非常惊讶和伤心，但也不知该怎样劝说孩子。

生活中，付磊的情况并不在少数，因为贪玩，沉迷游戏，所以上课精神涣散，学习成绩一落千丈。那么，该如何帮助这种贪玩、不爱学习的孩子呢？下面是一些具体建议：

（1）软硬兼施

想要有效纠正孩子的恶习，就要学会软硬兼施。“软”是指用温和的话语，启发、劝导孩子，让其意识到自己的行为是不好的。“硬”是指严格教育。所谓严格教育，不是说要管死孩子，而是指不能放松对孩子的教导，要时刻关注孩子的精神状态和行为，对于孩子的不良行为要及时给予纠正，不要纵容，不要溺爱。

（2）培养兴趣

只有真正让孩子找到学的兴趣，才能让孩子自觉改正贪玩的习性。父母要善于发现孩子的特长和爱好，让孩子乐于学，这样孩子就不会一心想着玩儿了。

（3）为孩子找一个学习伙伴

学习也需要氛围，如果孩子的朋友爱学习，那么一定程度上也能带动孩子进入学习状态。伙伴之间的影响是十分重要的，与贪玩的朋友在一起，无疑会助长孩子贪玩的习性。所以，父母有必要注意孩子交了什么朋友。

总之，父母应慎重对待孩子“贪玩”的行为，不要让贪玩影响到孩子的学习，要及时劝导、纠正。

怎么纠正爱看电视的孩子

聪聪今年8岁，上小学三年级，每天放学回家第一件事就是打开电视看动画片。

这天，聪聪放学回家，放下书包就坐在沙发上，打开电视开始看动画片。

聪聪妈妈看见了，就对他说："聪聪，你作业还没有写吧？"

聪聪看都没看妈妈，随口说了一句："我一会儿写。"

聪聪妈妈听聪聪这么说，也没有说什么，就走开了。

吃晚饭时，聪聪的眼睛也一直盯着电视，无论聪聪妈妈怎么劝说都不愿意关掉电视。

吃完饭后，聪聪妈妈让聪聪写作业，但聪聪还是推托。

聪聪妈妈最终强行关掉了电视，但聪聪不仅不写作业，还大哭起来。聪聪妈妈感到很无奈，不知如何是好。

孩子太爱看电视是很多父母的烦恼，因为看电视问题，父母和孩子常常发生争执，有些父母干脆采取强硬措施，但结果却并不理想，有些父母虽然有意避免和孩子发生正面冲突，但也没找到什么管用的好方法。

现在社会，每个家庭几乎都有电视机，完全让孩子远离电视是不可能的，关键是怎样引导孩子正确看电视。

(1) 内容把关

电视节目多种多样，但有些不适合孩子看，父母应该在内容上严格把关，让孩子看有助于增长知识、开阔思维的节目。如儿童片、科教片等。具体来说，父母要注意以下方面：

①教孩子看电视节目，不是为了看电视而看电视。如果看电视只是为了消磨时间，那么对孩子来说是没有意义的，一定要培养孩子看有益于身心发展的节目。

②仔细了解电视节目的内容，然后帮孩子做区分。对于孩子看的电视节目，父母首先要自己了解清楚，为孩子过滤掉含有性、暴力、犯罪和种族主义等内容的电视节目。另外，不同年龄段孩子适合看什么节目，父母也要了解清楚，让孩子收看与他们年龄相适应的节目。

③给孩子准备一些有意思且具有教育意义的电影和录像带。父母要多关注孩子的成长，引导孩子看有趣且有思考意义的影像，这样也可以帮助他们有选择地看电视。

④注意电视广告对孩子的影响。有些商业广告的内容和语言也许孩子会感兴趣，但却不一定适合孩子，而且可能会影响孩子的消费观和价值观，这点父母要多加注意。

⑤注意成人情感类节目。现在很多电视剧都涉及爱情，父母应少让孩子看这类电视剧和电影。必要时，父母要与孩子多沟通，分析孩子的好奇心理。

(2) 控制时间

根据孩子年龄阶段的不同，父母应该制定不同的时间标准，如一天不超过半小时、一小时、两小时等。长时间看电视，不仅会影响儿童视力，还会降低儿童专心致志思考问题的能力。

（3）学习时不能看电视

有些孩子一边写作业一边看电视，父母要严格制止这种行为，更不能让他养成习惯。写作业需要的是专心致志，电视会让孩子分心，影响作业的质量。

（4）不要在孩子房间放置电视机

这种情况也许并不多见，有则改之，无则加勉。

（5）陪孩子一起看电视

如果时间允许，父母可以陪孩子一起看电视节目。在看的过程中，可以与孩子交流，为孩子讲解。同时，父母也能了解孩子的喜好，从而做出分析。

（6）以身作则

在看电视问题上，父母要以身作则，不能一方面要求孩子少看，而自己却一直看。父母对孩子的影响通常都是潜移默化的，父母喜欢看哪种节目，看多长时间，一定程度上都会影响孩子的判断，所以父母要以身作则，养成健康且规律的看电视习惯。

怎么纠正沉迷网络的孩子

随着互联网的发展，人们的生活越来越便捷，但也引发了一系列的问题。对于处于学生阶段的孩子来说，互联网的诱惑非常大，如果孩子沉迷网络，就会直接影响到学习。

艾女士有一个女儿叫筱筱，性格柔顺，有些内向。筱筱自小就很听父母的话，很少和父母顶嘴，也从不做让父母伤心的事。

在学习上，筱筱一直很认真，上课能认真听讲，也能按时完成作业。从小学到初中，成绩一直处于上游，为此艾女士和丈夫都很欣慰。

因为筱筱的爸爸经营了一家进出口公司，所以工作繁忙，艾女士是全职的家庭主妇，平时基本上都是她在照顾女儿。艾女士觉得女儿一向听话，所以教育也以柔为主。在生活上，艾女士竭力满足孩子的一切需要，吃的、穿的都精挑细选，只要女儿需要，复读机、学习机、手机等，她都给女儿买。

去年，筱筱以优异的成绩考入了市里的重点高中，艾女士和丈夫都非常高兴，于是对女儿说："你太棒了，说吧！想要什么奖励？"

筱筱说："我想要一个笔记本。"

筱筱爸爸一听，痛快地说："没问题！"

没过几天，筱筱就得到了一台最新的苹果电脑，她爱不释手。

之后，艾女士发现，筱筱看电脑的时间越来越长，艾女士怕她睡太晚，于是经常催促她关掉电脑。只要艾女士一说，筱筱就会听话地关上电脑，但不久之后艾女士又发现，虽然筱筱关掉了电脑，熄了灯，但依旧在床上玩手机，刷网页、看视频，经常到十一二点才睡觉。

周末的时候就更严重了，筱筱在电脑前一坐就是大半天，吃饭都不愿意动，还经常单独端着饭菜到自己屋子里吃。

艾女士已经和女儿谈了几次，但筱筱口头答应会减少上网时间，实际上并没有减少多少。在学习上，筱筱的成绩变得不上不下，老师反映说："感觉筱筱对学习没有十分上心，作业都是敷衍了事，作为父母，最好监督一下。"

艾女士心里清楚，是网络世界分散了筱筱的注意力，作为学生，本该将学习放到第一位，而上网只能作为"暂时的休息"，但现在筱筱却本末倒置了。

艾女士几次劝说都无果，她知道"软教育"已经对女儿没有效果了，于是采取了强硬态度。每天到了放学时间，她就关闭家里的网络，让筱筱无法上网。筱筱见状，就想出了其他办法，她拿着作业说要去同学家一起写，因为同学就在同一栋楼，艾女士就让她去了，觉得两个孩子还能互相监督。

谁知，筱筱并不是每天都去同学家，其实是转移到了网吧，就算去了同学家，写完作业后，也会一直在同学家玩手机。

面对筱筱的行为，艾女士严厉批评了她，但一向文静的筱筱却开始顶嘴，指责父母对她太严苛，连上网都不允许。之后，筱筱就和父母开始了冷战。

面对女儿的这种状态，艾女士不知道该怎么办？

艾女士的困惑，也是很多家长的困惑，那么，家长应该如何对待这类上网成瘾的孩子呢？

（1）循循善诱

当孩子对上网过分痴迷时，父母一定不要心急，觉得说一次孩子就会改。有时强硬的举措可能会造成孩子的逆反心理，所以循循善诱，慢慢进行疏导是最好的方法。

（2）以身作则

很多家长在闲暇之余，也经常抱着手机或电脑，看电视、玩游戏，这些行为无疑是在告诉孩子他们也可以这样做。所以，父母要在孩子面前树立良好的形象，合理安排娱乐时间，为孩子做出榜样。

（3）不溺爱孩子

有些家长对孩子百依百顺，还在上小学，就给买手机，而且对孩子上网采取纵容的态度，觉得孩子还小，不必严加约束。殊不知，孩子都是这样一步步沉迷其中的。所以，要从小就对孩子上网娱乐的行为进行约束，要在孩子心中建立不可以沉迷的观念，要教会孩子合理安排学习和娱乐的时间。

（4）规定上网时间

对于已经沉迷网络的孩子，家长不能完全禁止其上网，以防孩子产生抵抗行为，如案例中孩子撒谎去网吧的行为。家长可以规定孩子的上网时间，明确规定学习和游戏的时间，让孩子心里接受，并愿意执行。

（5）培养孩子的兴趣爱好

家长要注意培养孩子的兴趣爱好，如唱歌、跳舞、下棋、打球等，让孩子的业余时间丰富起来，这样就能减少孩子上网的时间。

（6）带孩子多出去游玩

让孩子多接触大自然，可以开阔孩子的心境。所以，周末的时候，父母可以带孩子多出去走走，和孩子一起放松心情，让孩子远离狭小的房间和网络的诱惑。

（7）指引孩子正确上网

网络向来是有利有弊的，网络上的一些不健康内容会对孩子的身心产生不好的影响，所以对孩子的上网内容需要特别注意。具体来看，家长可以在孩子的电脑以及家里的电脑上安装一些屏蔽软件，让孩子能有一个健康的上网环境。

网络可以用于娱乐，也可以用于学习，家长可以引导孩子多接触一些网络课程，多关注一些名师课堂，让网络良好地为学习服务。

（8）求助心理医生

如果孩子沉迷网络的情况已经非常严重，成了“网瘾少年”，那么家长就需要寻求专业心理医生的帮助。听取心理医生的建议，对孩子的行为进行有针对性的管束，渐渐帮孩子摆脱对网络的依赖。

（9）将孩子送到正规戒网瘾机构

这类机构往往有专业的心理导师，能够对孩子进行有效的疏导，对孩子戒除网瘾有一定的帮助。不过，需要注意的是，孩子情况不严重的、能够自行疏导的，就没必要采取这种方法。这种方法只针对情形特别严重的孩子，家长、老师以及心理医生都束手无策的情况下，才建议尝试。

怎样纠正逃学的孩子

张先生的妻子几年前过世了，留下他和儿子小山。从小到大，在孩子的教育问题上，张先生都很少参与，一是工作忙，二是儿子和母亲比较谈得来。自从妻子过世后，张先生发现和儿子之间很难沟通，而儿子也不太听话。

小学阶段，张先生知道儿子的成绩一直是中等，在学习上不算用功也没有太厌学。但是升入初中后，张先生发现儿子对学习变得心不在焉了。据老师反映，小山上课时总东张西望，还偷偷看闲书，和同学递纸条，根本不用心听讲。老师训斥几句，他也不放在心上，回答问题更是不积极，偶尔被老师点名，也是支支吾吾。

张先生得知了儿子的情况，就找小山聊了聊，但他发现儿子根本不愿意和他说话。张先生叮嘱他上课要专心，要努力提高成绩，小山就回答一句“哦！知道了”。

聊过几次后，张先生觉得儿子应该会有所改变，但没想到情况越来越严重。一天，张先生接到小山班主任的电话，说小山最近经常逃学。最开始，还以身体不舒服为借口请假，后来多次请假被拒后，竟然直接逃课。

张先生听后十分生气，回家后严厉质问小山，但小山态度很不好，张先生一怒之下打了他。冷静下来后，张先生十分后悔，想要再和儿子好好聊聊。但小山拒绝和父亲对话，也不去学校了，出了家门就直接钻到网吧里，钱花完了，就在街上闲逛。

张先生很头疼，不知道该如何阻止儿子逃学的行为。

分析来看，案例中小山对学习的态度并非一日形成的，最终频繁逃学与家庭氛围的转变可能也有关，张先生需要耐心与小山沟通，解开小山的症结，然后再进行有效的疏导。

其实，孩子逃学的原因多种多样，家长需要认真分析，找出主要原因，然后对症施药。总结来看，孩子逃学的原因一般有以下几种：

（1）压力太大

现在有些学校课业重，容易使孩子出现学习疲劳，再加上名次的客观比较，无疑给孩子施加了无形的压力。有些家长对子女期望过高，所以在学习上要求十分严苛，使孩子精神压力过大。正因为学校和家庭的同时施压，给孩子造成了沉重的心理负担，进而产生了厌学情绪，所以频繁逃学。

（2）恐惧心理

有些老师教育孩子的方法不当，除了训斥，有时还会体罚，这容易给孩子心理造成伤害，使孩子害怕老师、害怕上学。

此外，一些同学比较强势，喜欢拉帮结派，欺负和打骂性格懦弱的孩子，这类孩子心生恐惧，就害怕去学校，只能用逃学来躲避同学的欺辱。

（3）逆反心理

处于青春期的孩子最容易产生逆反心理，有些家长过于看重分数，只要孩子的分数达不到他们心里的标准，或某一次考试落后了几分，就对孩子大发脾气。这种行为很可能会导致孩子对学习失去兴趣，家长越逼迫越不学，于是开始和家长对着干，甚至用逃学来发泄对父母的不满。

（4）害怕被嘲笑

有些孩子天性敏感，有些孩子天生有生理缺陷，有些孩子因为家庭贫寒而自卑……这些孩子都有一个共同点，就是在意别人的目光，如果受到了同学的嘲笑，就容易出现逃学的现象。

（5）沉迷网吧

有些孩子对网络游戏过分痴迷，为了上网，就会找各种借口逃学。即使被发现，也屡教不改，这种情况就需要家长采取相应的措施。

简言之，孩子逃学是多种原因造成的，想要纠正孩子的逃学行为，就需要找对原因，然后慢慢纠正。

总结来看，在具体操作中，家长需要注意以下几点：

（1）冷静对待孩子的逃学行为

家长发现孩子逃学后，不要动怒，更不要打骂孩子，这样往往解决不了问题，而且可能会激发孩子的反抗情绪。家长首先要做的是和孩子好好聊聊，听孩子说一说为什么逃学，然后再进行温和的劝诫。

（2）减缓孩子的学习压力

家长要关注孩子的精神状态，如果发现孩子一段时间内学习任务过重，精神状态不佳，就想办法给孩子减减压。此外，家长也不应该给孩子制订过高的目标，可以让孩子自己制订目标，这样孩子就会减少一些压力。

（3）不要太看重分数

虽然分数是成绩好坏的直接体现，但过分看重分数，就会给孩子心理造成压力。

此外，评价孩子，可以从多个角度去评价，如学习态度、其他特长等方面。家长要明白，不是只有考100分的孩子才值得嘉奖，每一个孩子都有值得被夸奖的地方。

（4）和老师多沟通

孩子的学习状态，老师是最清楚的，家长要常和老师沟通交流。针对孩子的逃学行为，可以和老师一起具体分析，以找到逃学原因。

如果家长在劝诫孩子方面缺乏经验，不能和孩子进行良好沟通，那就可以请老师帮忙，让值得信赖的老师开导孩子，纠正孩子的行为。

（5）注意孩子的交友对象

俗话说："近朱者赤，近墨者黑。"孩子的朋友对其行为会产生一定影响，如果孩子无意间结交了一些不学无术、打架逃学的学生，那么自己的孩子就有可能被带坏。所以，父母可以通过旁敲侧击了解孩子朋友的情况，也可以通过学校同学了解孩子的交友情况，如果孩子结交了不良少年，就要及时劝导孩子远离他们。

（6）给孩子一些娱乐的空间

有些父母只关心孩子的学习，却忽略了孩子的娱乐需要。

孩子长时间处于学习、思考的状态，得不到放松和排解，就容易产生心理问题。所以，父母要适当给予孩子娱乐的时间，带孩子去参加一些户外运动，如钓鱼、划船、野炊等。此外，也可以让孩子和同学偶尔出去逛逛街，让他们去玩自己喜欢的东西。只有真正做到了劳逸结合，孩子才能更加精力集中地去学习。

总之，想要纠正孩子的逃学问题，需要家长付出时间和精力，一点点去引导。不仅要让孩子认识到错误，还要让孩子真正对学习产生兴趣。

怎么纠正喜欢说谎的孩子

有这样一个流传很久的故事。

很久以前，有一个老国王，因为他没有孩子，所以决定在国内挑选一个孩子作为继承人。老国王对这个孩子只要一个要求，就是必须诚实。

很快，老国王就找到了一批孩子。为了考验孩子们是否具有诚实的品质，他想了一个办法——他拿来一些花种，分给了每个孩子，并告诉孩子们："你们谁能用这种子种出最美丽的花朵，我就选他做继承人。"

其中有一个小男孩，他每天都精心培育花种。但是，十天过去了，半个月过去了，转眼一个月也过去了……种子依然没有发芽。

男孩有些疑惑，他问妈妈怎么办。

妈妈建议道："是不是土壤不行，你换一盆土试一试？"

男孩挖来了新的土壤，种下了种子，但几天过去了，仍然不见发芽。

很快，到了国王规定献花的日子，孩子们都到了王宫，除了这个小男孩，其他孩子手里的花盆中都盛开着鲜花。小男孩捧着空空的花盆，难过极了，心想只有他一个人没有种出花朵，不禁流下了眼泪。

国王看了看，随后来到小男孩身边，问道："你怎么端着空花盆？"

男孩一五一十地向国王讲述了自己培育种子的过程。

国王听完，高兴地拉着小男孩的手，大声宣布说："这就是我最诚实的儿子。其实我发给大家的种子都是煮熟的，所以并不会发芽。"

这个故事告诉我们，从古至今，人们赞扬的都是诚实的品质，而厌恶谎言。然而，现实生活中，有些孩子却撒谎成性，让父母很为难，不知该如何是好？

王先生有两个儿子，一个6岁，一个9岁，两个孩子平时在一起打打闹闹，兄弟间感情很好。不过有一天，王先生发现放在茶几上的10元钱不见了，他先问了妻子，妻子说没拿。王先生又查看了门窗，门窗都是紧闭的，所以10元钱不可能无缘无故消失，只能是两个孩子拿了。

王先生将两个儿子叫到眼前，问道："茶几上有10元钱，你们谁拿走了？"

大儿子首先说话了，说："是弟弟拿的，我看见了。"

小儿子听哥哥一说，急忙辩解道："你胡说，我根本没拿。"

王先生知道两个儿子有一个说谎了，他很快就锁定了大儿子，因为他撒谎不是一次两次了。之前，王先生让他写作业，他张口就说老师没留，几次王先生都相信了，后来产生了怀疑，就询问了老师，老师说几乎每天都会留作业。王先生想不明白了，儿子没写作业，但第二天还按时交上了作业，这是怎么回事？后来审问儿子才知道，他是抄的同学的作业。

王先生一想起这些，就确信是大儿子所为，于是对大儿子说："明明是你拿的，你不仅撒谎，还栽赃给弟弟，你觉得这么做对吗？你看到弟弟有多委屈了吗？"

大儿子惭愧地低下了头。

对于大儿子爱说谎的习惯，王先生并没有好的解决办法，他不知道大儿子为什么总是撒谎。

具体说来，孩子撒谎可能是为了掩饰错误，也可能是为了偷懒，就像案例中的大儿子一样。孩子说谎并不可怕，可怕的是父母对孩子说谎的行为没有引起足够重视，使其形成了不良习惯。

综合来看，面对爱说谎的孩子，可以从以下几方面进行管教：

（1）允许孩子犯错

著名的哲学家罗素说过："孩子不诚实几乎总是恐惧的结果。"多数孩子撒谎都是为了掩饰错误，不想面对父母或老师的惩罚。造成孩子害怕承担错误的心理可能与父母的教育有关，对于做错事的孩子，父母要采取宽容的态度，不要一味责骂。如果孩子打破了花瓶，你就怒不可赦，甚至上手打孩子，那么孩子就会形成恐惧心理，这样下次在无意打破东西时，就极可能说谎，不承认是自己做的。

（2）用故事来引导孩子

父母可以经常给孩子讲关于诚实的故事，如"狼来了"的寓言故事，让孩子认识到诚实的可贵。

（3）父母不要和孩子说谎

父母的行为直接影响到孩子，想要孩子不说谎，父母自己就不能说谎，尤其是不能和孩子说谎。在不能说真话的时候，可以保持沉默，或者聊其他话题。

（4）分析孩子说谎的原因

当孩子说谎后，要耐心倾听孩子的理由，不可不分青红皂白地责骂孩子。问明原因后，再对孩子的撒谎行为进行批评教育，但要注意语言和语气。

（5）表扬孩子的诚实行为

孩子犯错误后，如果对父母说了真话，父母就不应再责骂他了。这时候，最好用赞扬代替责骂，可以这样说："我对你的错误真的感到难过，不过我还是要表扬你说了真话，没有对我说谎，因为你的诚实，我决定不追究你的错误了，但下次要注意不可再犯。"

总之，对待说谎的孩子，家长要冷静对待，不要急着给孩子定罪，不打骂。在搞清楚事情的来龙去脉后，小心开导，让孩子自己正视谎言，自觉改正说谎行为。

【家长课堂】

晨晨10岁，他不小心打碎了爸爸的茶具，但他没有主动去和父亲承认错误，而是逃离了现场，爸爸正好看到了一切。

爸爸：“晨晨，是你把我的茶具打碎了吧。你怎么那么不小心呢。”

晨晨：“不是我。”

爸爸：“那是谁?”

晨晨：“可能是弟弟。”

爸爸：“我看见是你打碎的，我知道你现在心里也不好受，你一定希望不是你打碎的。但你不应该撒谎，更不应该想着把过失嫁祸给弟弟。如果你通过这件事能够告诫自己以后做事小心点，那我是不会责罚你的，现在咱们一起去收拾打碎的茶具吧！”

晨晨：“好。爸爸，我知道错了。”

沟通建议：孩子如果撒谎，要先考虑他为什么说谎，而不要想着惩罚。

第六章

勇气的萌芽：怎么鼓励孩子才敢做

面对深藏在孩子内心的怯懦，要予以鼓励，要让孩子拥有可贵的勇气和坚韧的性格。

鼓励孩子自己动手

“丁零零……”一声铃响后，孩子们像一个个小炮弹一样嗖地蹿出教室，校园外是翘首以盼的家长们。

妈妈看到乐乐背着书包跑过来，就习惯性地接过他的书包。

乐乐躲开妈妈的手，不高兴地说：“妈妈，我要自己背着。”

妈妈吃惊地看着乐乐，非常疑惑地问：“妈妈帮你拿着不省力吗?”

“不。你看其他小朋友都是自己背着的，我也要自己来。”乐乐坚定地说。

早晨，妈妈收拾完自己就立马过来帮还在和鞋带奋斗的乐乐系鞋带。

这时，乐乐噘起小嘴说：“我可以的，让我自己来!”

妈妈没有理会他，一边快速系鞋带一边对乐乐说：“你自己来？等你磨磨蹭蹭系完鞋带，都快中午了，你还想不想上学啊？我们抓紧时间出门，要迟到了!”

乐乐听了妈妈的话，非常不开心，但也只好跟着已经帮自己系好鞋带的妈妈出门了。

上面这些情况在现实生活中经常遇到。有的父母将孩子看成掌中珍宝，捧着怕摔了，含着怕化了，所有累活儿都要替他们干；还有的父母觉得孩子干得磨蹭，没有效率，还不如自己干省心；有的则觉得孩子根本干不了，还会糟蹋东西。事实上，这些父母这样做并不是在疼爱自己的孩子，而是扼杀了他们自己动手的习惯。

关于这一点，幼儿园的老师们最有发言权。有些孩子不会自己吃饭，总要老师喂，否则就会不小心把饭菜碰到地上；好多孩子不会脱鞋、穿鞋，午休的时候要么站在地上等老师帮忙，要么就干脆穿着鞋爬上了床，弄得床上到处都是脏鞋印；还有些孩子连被子都不会铺，不是喊老师帮忙，就是直接钻进叠好的被子里。为什么会这样呢？因为在家里，父母是不让孩子动手做这些的，孩子理所当然地依赖别人帮忙做，完全没想过自己学。

天下父母没有不疼爱自己孩子的，不过疼爱也是要讲究方式方法的。要在生活的方方面面中锻炼孩子，他能做的就让他自己做。如果凡事父母包办，孩子在一边等着、看着，没有动手的机会，渐渐地，他们会变得依赖和懒惰。

模仿大人是孩子的天性，这种天性会在孩子两三岁以后逐渐显现出来。当他们双手灵活性和身体协调性提高到一个新的水平，他们便会想自己动手做事情，如叠被子、系鞋带、穿衣服等。孩子们可能开始做的时候觉得比自己看到的难得多，但他们有了这个动手经历，就会很高兴地觉得自己是可以做到的，而且会为了表示自己能行，开始拒绝父母伸出的援助之手。在这种情况下，父母就应该给孩子自己发挥的空间和动手的机会，就算知道孩子完成这件事要耗费九牛二虎之力，父母也要耐心地等待孩子自己动手去完成，这样有助于提高孩子的独立性和自理能力。

放暑假了，姥姥邀请宝贝外孙女红红去家里住几天，红红对妈妈说："妈妈，我要去姥姥家，帮我准备行李吧。"

"红红想想需要什么东西，然后告诉妈妈。"妈妈和蔼地说。

红红想了一会儿，对妈妈说："要带上换洗的裙子、鞋子，以及小花伞、背包、头绳和发卡。"

"真棒，红红想得真齐全，那让我们一起准备吧！前几天我们出去旅游，回来后你自己把背包放起来了，背包在哪里你最清楚哦，你去找找看。"妈妈对红红说。红红飞快地跑到自己房间，不一会儿就把背包拿了出来。

"红红找得好快，那么接下来你去挑选自己喜欢的裙子吧，有三件就够了。"妈妈又说。这次红红翻找了很久，然后带着自己满意的裙子过来了，顺便还带了两双鞋子。

"太棒了，妈妈没说你就带来了鞋子。前两天下了雨，我们用过雨伞，你的小花伞应该在阳台上晾着，你去看看吧，一定可以找到的。"

就这样，红红在妈妈的帮助下，把需要带的东西都找到了。妈妈帮她把行李全都打包好，然后对红红说："你看，你的行李都准备好了，而且都是你自己拿的，是不是很简单？下次你再出门的话，就可以试着自己准备行李了，对不对？"红红用力点了点头。

实际上，孩子们都有自我管理的潜能。父母出于对孩子的期待，更应该给他们更多自己动手的机会，从而让孩子成长得更加健康；让孩子学会自己做主、自己动手，才是对孩子真正的认可、真正的爱。

这些案例充分说明了两个问题：第一，父母应该重视孩子说出的“我可以自己来”这样的话，而不是当成一句可有可无的玩笑话，孩子虽然个子小，但是他们也有想自己做一件事的心，父母应该予以尊重；第二，对于喜欢藏在父母身后，不会说“我可以自己来”的孩子，父母更应该去引导孩子自己动手，帮他们养成自己动手的好习惯。

关心孩子，就让孩子自己去处理自己的生活，从一点点的小事做起，做一些力所能及的事。另外，父母也要多给孩子一些鼓励和支持，以增强孩子的自信心。

赏识孩子的大胆怀疑

孩子是一个有独立思想的人，如果某一天，他对周围的某个事件有了自己的看法，或者对某个结论产生了质疑，家长应该为此感到欣慰。

孩子大胆质疑，不随波逐流的精神非常宝贵，因为只有具备这种精神的人才会勤于思考、善于创新，进而有可能创造出可喜的科研成果。

在人们的普遍认知里，蜜蜂嗡嗡发声是由于其翅膀振动而产生，这一观念甚至得到了专家学者的认可，但就是这样一个被写进书本的常识，却被一位名叫聂利的 12 岁小学生用实验推翻了。

《十万个为什么》里介绍：蜜蜂“嗡嗡”的声音来自翅膀的振动，如果翅膀停止振动，声音就立即停止。可是有一天，聂利去一个养蜂场玩，发现许多蜜蜂聚集在一起，翅膀并没有振动，也照样发出“嗡嗡”的声音，这一现象引起了聂利对书本的强烈质疑。怀揣着这种质疑，她用放大镜仔细观察了一个多月，终于找到了蜜蜂发声的真正器官。

聂利也凭借着自己撰写的论文《蜜蜂并不是靠翅膀振动发声》荣获全国青少年科技创新大赛银奖和高士其科普专项奖。

一个 12 岁的小女生带着内心小小的质疑，竟然真的推翻了成年人都没有怀疑过的来自书本的“定论”，这多么的不可思议啊！

但这样的事情的确发生了，我们在此不得不感慨：这种敢于挑战权威的怀疑精神，比“蜜蜂发声器官”这个发现本身更具有价值。

所以，作为家长，如果你的孩子在生活中也表现出“不唯上，不唯书，只唯实”的质疑精神，那就去赏识和鼓励他吧！因为很多事物的本质在怀疑中才能逐渐显露出来。

曾经有一位法国教育心理学专家给法国和中国的小学生同时布置了一道测试题：一艘船上有 86 头牛、34 只羊，问：这艘船的船长年纪有多大？

超过九成的法国小学生认为这道题出得太荒谬了，根本无法计算，他们当中还有人嘲笑出题者是不是糊涂了。显而易见，这些学生的回答是对的。但是反观中国的小学生，有八成的人在认真地计算着答案：86-34=52 岁。只有 10%的同学对这道题提出了质疑。换句话说，回答正确的中国学生竟然只有 10%！

对于这样的实验结果，这位教育心理学专家感到十分不可思议！他不明白两国的学生为什么会有这么大的差距。后来，在调查走访中，他才发现是中国的唯分数论教育理念扼杀了孩子们大胆质疑的勇气。因此，这一点值得广大家长朋友们好好反思。

意大利诗人但丁曾经说过："怀疑有如草木之芽，从真理之根萌生。"作为孩子的父母，也应该像下面案例中的这位妈妈一样大胆鼓励孩子的质疑精神。

一天晚上，晓菲拿着自己的语文课本走到了妈妈跟前，他怯生生地告诉妈妈，他在书中发现了一个错字。

妈妈立即问他是哪一个字。晓菲指着书上一个"他"字对妈妈说："这个字是错的。"

"你为什么会觉得它是错误的呢？"妈妈问晓菲。

"因为老师说过动物用'它'，称呼男士用'他'，而小蝌蚪是动物，所以不应该使用这个'他'。"晓菲一边说，一边在半空中写下了一个"它"字。

"噢，你说的很有道理，让妈妈看看。"妈妈把书拿过来，认真阅读了一遍课文，然后转身对晓菲说："按照常理，小蝌蚪是应该用'它'，但这篇课文写和是一个童话故事，在故事里，我们已经把小蝌蚪当成一个找妈妈的小朋友来写，所以就用了'他'，明白了吗？"

"噢，原来是这样啊！"晓菲点头答道。

家长在培养孩子怀疑精神的同时，要像晓菲妈妈那样，对孩子发出的质疑给予赏识和引导，这样才能牵引着孩子一步步地向着真理靠近。

古希腊哲人德谟克利特说过："头脑不是一个要被填满的容器，而是一支需要被点燃的火把。"在亲子教育的过程中，我们一定要一改之前填鸭式的灌输，让孩子成为学习的主体，并且充分调动他们思考的积极性，这样才能让他们发现更多的问题，挖掘更多的科学真相。

为孩子注入勇气

天下所有的父母都希望自己的孩子敢作敢为、充满勇气，想必无人想让自己的孩子变成一个胆小懦弱的人。只不过，世事不能尽如人意，生活中有很多缺乏勇气的孩子，他们或是不敢关灯睡觉，或是晚上不敢自己去厕所，或是不敢一个人走夜路，或是害怕毛毛虫，或是不敢在另一个城市独自上学，要家长陪读才安心。这些都令人不禁产生这样的疑问：孩子们的勇气哪里去了？

晨晨性格很内向，胆子很小。小时候的晨晨原本很活泼，喜欢跟着邻家大哥哥一起做游戏，为了看小金鱼甚至赖在别人家不走。可是渐渐长大的晨晨，性子却越来越内向，放学后就会回到家里，很少出去玩了；去别人家做客也很拘谨，只敢一直待在一个地方；父母看到他有不对的地方，只是严厉地讲了两句，他就会悄悄掉眼泪。父母和老师了解过晨晨在学校的情况，老师反映晨晨不爱回答问题，被提问到的话，也不能流畅地回答，而且声如蚊蝇，课间他就只是在座位上坐着看书，不和其他同学出去玩儿。因为这个，晨晨在父母眼里成了易碎品，家里人对他都小心翼翼的，生怕伤害到他幼小的心灵。晨晨的父母为这件事情很是头疼。

古语说“初生牛犊不怕虎”，孩子们生来是不缺勇气的，而他们的勇气流失都是后天造成的，孩了成长为什么样，和父母的教育有莫大的关系，孩子缺乏勇气，大抵是因为父母下面这些教育方式：

（1）不断地批评和指责

孩子做错事情本来就很害怕，如果这个时候父母因为自己的怒气难平，发泄在孩子身上，用言语批评指责孩子，那么孩子只会因此变得更胆小，所以父母不要不断批评孩子。例如，孩子今天和小朋友打架了，事情闹到双方父母都被请了过来，如果这时候身为家长羞于此事，并恼羞成怒，不问缘由先打骂孩子一顿，或者是批评一顿，孩子肯定会被吓到，也许他在这场争端里还是受害者。

此外，孩子做了错事，家长不问缘由，也不讲清楚道理，就批评孩子，久而久之，会令孩子不敢为自己辩驳，丧失勇气。

（2）不断地吓唬

孩子本是一张白纸，出生之后给涂上什么颜色就是什么样子的画纸。多数情况下父母的一句话会在孩子小小的内心中惊起巨大的波澜。父母经常会在孩子不想睡觉的时候吓唬道：“你再不睡觉，外面就有大灰狼进来吃你！”孩子不听话闹脾气的时候，父母总会吓唬说：“你再不听话就不要你了。”“不听话就把你扔到垃圾堆里。”殊不知，这样虽然达到了父母让孩子听话的目的，却在孩子心中种下了恐惧的种子。

（3）限制孩子与他人交往

家长们“望子成龙，望女成凤”，对孩子的成绩最为重视，在父母眼中，孩子的学习是头等大事。家长们限制孩子除学校以外的一切时间：放学要回家写作业，不能在外面和朋友玩儿；周末出去玩儿不如去上补习班；家里来了客人不用出来打招呼，打了招呼反而浪费学习时间。这样的环境下，孩子的人际交往能力逐渐下降，见了陌生人只会畏畏缩缩，不知说什么。

（4）过分娇惯

父母宠爱孩子是正常的亲情流露，但是溺爱却会使孩子失去锻炼的机会，不利于孩子的成长。因为孩子一直生活在父母的庇护下，凡事由父母帮忙解决，会娇生惯养，没有应对风浪的能力，出了家门面对自己陌生的东西也只会越来越胆小。

缺乏勇气是孩子们普通存在的问题，那么怎样做才能改变孩子胆小懦弱的性格呢？专家给出的建议是，父母应该从自己的教育方法缺陷里面找突破口：

（1）不要呵斥

孩子胆子小很正常，毕竟他们懂的东西远远没有父母多，面对孩子的胆小，父母不要呵斥怒骂，“怎么这么点胆子”“胆小鬼”之类的话只会让孩子更加害怕。正确的方法其实是应该正面引导，找出孩子害怕的原因，耐心地帮助孩子消除恐惧。

（2）不要强迫孩子

孩子的心灵还很弱小，所以父母不能用强硬的办法逼迫他，不然只会起到相反的效果。例如，孩子害怕黑，家长不要强行把他扔在空无一人的黑巷子里，而是应该牵着他的手，带他一遍遍走过黑暗。

(3) 要扩大孩子的社会生活圈

如果孩子胆子小，可以慢慢锻炼他，鼓励他假期多和朋友一起出去，带他去参加一些活动、聚会，多与别人交往，扩大社交面，等等。

(4) 培养孩子的自理能力

孩子自理能力的增强，能帮助孩子增强自信心，减轻孩子的依赖心理，让孩子有勇气去面对眼前的事情。例如，父母可以让孩子自己叠被子，自己打扫房间，自己洗他比较小的衣服，让孩子养成自己面对事情的习惯，这样无论遇到什么，他都会勇敢地自己迎上去，而不是寻求别人的帮助。

(5) 给予正面启发

榜样的力量是强大的，父母可以用一些正面事例激发孩子的勇气。例如，父母可以带孩子去看一些有关英雄人物的电影，给孩子讲英雄故事，讲身边的勇敢的人，在这样的耳濡目染下，孩子也会不自觉地去学习和模仿这些英雄人物，从而增强自身的勇气。

父母发愁孩子缺乏勇气，为什么不反思一下自己的教育方式是不是有问题呢？毕竟孩子的成长多数是靠后天的教育。父母应该时时自省，谨慎思考教育问题，千万不要在不知不觉中给孩子造成不良影响，使孩子形成胆小的性格。

英国著名哲学家约翰·穆勒曾经说过：“除了恐惧本身之外，没有什么好害怕的。”孩子缺乏勇气，父母要投入精力多去关注，用适当的方法帮助孩子克服恐惧、重拾勇气，这样才能让孩子逐渐成为敢作敢为、富有勇气的人。

帮孩子克服害羞性格

生活中有很多孩子都会出现这种行为：在家很活泼，爱动爱玩，但一到了外面就变得内向了，不仅不爱说话，还总往父母怀里靠。遇到长辈，不打招呼，遇到其他小孩，也不主动和人家玩儿。

很多家长都抱怨孩子不懂礼貌，但事实上，这是孩子的一种害羞心理，是孩子缺乏勇气的表现。

一些家长对孩子的这种害羞行为并不在意，但其实过分害羞不利于孩子的身心发展。心理专家指出：害羞的孩子会因为缺乏与他人交往的勇气而轻易地否定自我，遇事不敢争取，渐渐会变得越来越内向、孤立，不被人关注，因此也会丧失很多机会。

星星5岁，妈妈将她送到了幼儿园。但星星紧紧抓住妈妈的衣角，不让妈妈离开。幼儿园老师笑着对星星说："星星，你看，这里有好多小朋友，你可以和他们一起玩儿。"

星星摇摇头，还是不放开妈妈的衣角。

幼儿园老师又说："星星，在那个小屋里有好多玩具，你看那边，还有秋千和滑梯，和姐姐去玩儿好不好？”

妈妈也说：“宝贝，你不是最爱荡秋千吗？”

星星看了看秋千，但依旧没有迈步。

之后，幼儿园老师和其他小朋友做起了游戏，妈妈又鼓励星星去加入他们，但星星只是静静地看着。

那天，妈妈在幼儿园陪了星星一整天，星星一直和妈妈待在一起，并不和其他小朋友玩儿。

之后的每一天，妈妈将星星送到幼儿园就离开了，想着让星星自己去适应一下新环境。结果老师说，星星每天都自己一个人待在角落，像是害怕其他孩子似的，别人找她玩儿她也不去。

面对星星的情况，幼儿园老师和妈妈都一筹莫展。

星星这种情况已经属于严重的害羞表现，如果不加以引导，星星就会变得越来越不合群。进入社会后，将很难融入社会。

荀子曰：“人之生也，不能无群。”意思是说，人要通过交往，才能建立和谐的人际关系，才能适应社会生活。

心理学家也指出，人际交往是一种基本智能，而且儿童早期的人际交往技能和交往状况往往会影响到其未来的人际关系。

由此来看，在幼儿时期就要注重培养孩子的人际交往的能力，不能对孩子的害羞心理视而不见，要鼓励孩子去与别人交往。

孩子害羞的原因并不是完全相同的，有多种因素会造成孩子怯懦和害羞的心理。只有充分了解孩子害羞的原因，才能帮孩子走出心理障碍。具体来看，孩子羞怯、不敢和他人交往主要有以下几个原因：

（1）身体因素

有的孩子生来就与其他孩子不同，可能身体某部位存在缺陷，所以这类孩子容易敏感，会因为自卑而变得羞怯，不愿与人交往。

（2）性格因素

有些孩子天生性格内向、孤僻、胆小，害怕与人交往，喜欢一个人安静独处。

（3）环境因素

在不同的文化环境中，孩子的心理状态也不一样，如中国的孩子比美国的孩子更害羞。

在不同的家庭氛围中，孩子的心理状态也不一样，如家庭和睦，父母性格开朗的家庭，孩子也比较活泼；而家庭冷清，父母过于严肃的家庭，孩子就可能偏内向。

（4）教育因素

有些父母在教育上偏于严苛，所以孩子会不敢表达自己的意见，甚至会变得沉默寡言。

有些父母在教育上偏于感性，容易溺爱孩子，以致造成孩子过分依赖父母，而变得缺乏勇气不敢独自面对挑战，久而久之，就会对自己的能力产生怀疑，而变得羞怯。

（5）失败因素

俗话说："一朝被蛇咬，十年怕井绳。"有些孩子不能正确面对失败，失败后会陷入沮丧和抑郁，不敢再尝试和挑战。因失掉了自信，而变得胆小、害羞；因产生了恐惧心理，而变得容易退缩。

父母帮孩子克服害羞心理，可以从以下几方面来尝试：

（1）接受和鼓励孩子

父母要接受孩子害羞的性格特征，但不要认为孩子的性格就定型了，不可更改了。害羞的性格完全可以改变，只要父母能找对方法。

严格说来，害羞并不属于疾病，只是缺乏勇气的表现，对社交会有一定的影响。父母可以尝试让害羞的孩子自己去做一些简单的事情，引导孩子去接受小朋友的邀约，随时随地鼓励孩子，帮孩子树立自信心。

（2）帮孩子创造交往的机会

越是不敢与别人交往的孩子，父母越要帮孩子制造交往的机会。比如，父母可以和有孩子的邻居时常走动，带孩子去邻居家拜访，让自己的孩子与邻居的孩子一起玩耍。

（3）通过游戏了解孩子

针对幼小的孩子，父母可以通过做游戏的方式来探听孩子的心理。比如，孩子五六岁，不爱和小朋友玩儿，父母可以买一些带在手上的人偶，来扮演其他小朋友，问一问孩子，为什么不想与别人玩儿，让孩子主动说出内心的想法。

（4）通过讲故事启发孩子

孩子都喜欢听故事，无论是童话故事，还是寓言故事，其中一定有关于自信心的故事，父母可以通过讲故事的形式来启发孩子。比如，孩子因为身体缺陷而闷闷不乐，那么父母可以给孩子讲一讲丑小鸭的故事，让孩子摆脱自卑心理。

在保护孩子幼小心灵的同时，父母要尽力去改变孩子的害羞心理，但切记要注意方式方法，方法不当，不仅收不到良好的效果，还可能给孩子造成其他心理伤害。

培养孩子独立面对生活的勇气

父母在孩子从幼稚、弱小走向成熟的过程中，一直都是一个"搀扶者"，直到孩子能真正自己"站立"——独立。所以说，每个孩子都曾在父母的羽翼之下成长，然后渐渐长大。然而，很多时候，孩子在父母的羽翼下久了，被"搀扶"习惯了，潜意识里就不愿再独立，总想依赖父母。可是，成长不可违背，这就是人类社会延续和发展的规律。

随着年龄的增长、身体的发育，孩子早已能独立起来，这一点父母丝毫不用担心。作为家长，目前最关心，也是最担心的，就是孩子的心理是否能"站立"起来，并最终脱离父母这双"拐棍"，自由翱翔。要知道，一个没有实现心理独立的孩子，在身处社会时，必然难以独自面对任何困难和挫折，但凡一点儿小困难、小坎坷，都可能击碎他面对未来的勇气和自信。

傍晚，林太太家3岁的儿子当当独自在客厅里玩耍，包着角的茶几上放着几本绘本、几个玩具，还有零零落落的拼图。林太太和林先生端着饭菜刚迈出厨房，就看到当当转身来看他们时脚不小心扭了一下，接着就是“咚”的一声，他狠狠地摔在了地上。

林先生赶紧疾走几步放下饭菜，并准备过去把当当扶起来，然后哄哄他。但林太太没让他过去，只是说：“不用去扶他。”林先生瞬间疑惑了，当当那么小，这样重重地摔到地上，当妈的就不心疼吗？结果，让他意外的是，当当没哭没闹，他先双手撑地，接着左摇一下、右晃一下，终于笨拙地站了起来。刚站起来的当当又若无其事地继续玩起了玩具。

林先生走过去蹲下对当当说：“当当真勇敢！”当当露出了开心的笑容。对此他颇有感慨，于是问林太太：“当当平时摔倒都是自己站起来吗？”林太太笑着说：“是呀。孩子摔跤是正常的，得让他学会自己站起来，这样一来，对他心理的独立也有促进作用。当当一两岁时，我会亲自把他扶起来，等他再大一些，我就不扶他了。第一次摔倒我没扶他时，他就坐在地上一直哭着喊痛，我蹲在旁边慢慢哄他，鼓励他自己站起来，虽然那次用了挺长时间，不过最后孩子还是自己找到了爬起来的方法。接着没多久，他又摔了，这次摔倒时，他刚想哭，我就立即跟他说：‘当当真勇敢，自己站起来。’他知道我不会扶他了，也没哭，自己在那里歪着脑袋想了好一会儿，接着就挣扎着自己站起来了。之后，他每次摔了都是自己站起来，我再也没扶过他。要是摔得重了，他自己在那儿哭两声，哭完再站起来；摔得不重的话，他就像没事人一样，自己站起来后偶尔还冲着我笑笑。”

在孩子还小的时候，不是每个家长都能“狠得下心”，教会孩子摔倒后自己站起来。对此，林太太的观点是：“孩子小，特别是大脑发育不完全，所以摔跤是常事，假如每次摔倒都要妈妈搀扶才肯起来，孩子慢慢就会形成依赖；另外，小孩子不管摔没摔疼，只要摔了就习惯性用哭声吸引大人的注意，如果一味地纵容他摔了就哭，也会让他的性子变得娇弱。身体摔倒还好应付，可是等将来长大以后，遇到了挫折，这个时候，心理的摔倒比身体的摔倒更难爬起来，从小就引导孩子学会摔倒了自己站起来，将来他在面对挫折时，才会更有勇气，在面对困难时，也才会更有自信。”

要引导孩子学会心理站立不是一朝一夕的事，这需要家长首先要端正态度，其次是运用科学的方法。或许有家长看着孩子小，爱子心切，不舍得让孩子独自去承担任何压力，可是，这样一来，孩子将来若不自信、不能独立、软弱、不上进等，你的“不舍得”就会成为他的借口和所有不如意的原因。而且，孩子的独立应当从小就开始培养，慢慢积累。一个人，如果从20岁才开始心理独立，肯定不如从3岁便开始训练来得踏实和纯粹。因此，关乎孩子一生的问题，此时的意识尤其重要。

孩子学会心理站立的时机应该是当下，父母千万不要拖，也不要等。父母对孩子在心理站立方面的教育，直接决定了孩子能否学会这项“生存本领”。孩子刚刚来到世间时，父母就成了他的第一任老师。有人说：“没有种不好的庄稼，只有不会种庄稼的农民；没有教不好的孩子，只有不会教的父母!”农民是如何对待庄稼的，决定了庄稼的命运，比如“揠苗助长”；父母是如何对待自己的孩子的，也同样可能会决定孩子的命运。

赏识孩子的想法和选择

培养孩子的自信有一个重要方式，那就是学会赏识孩子的想法，委婉地引导孩子发现自己的不足，鼓励孩子有主见地做事。如果孩子的想法能够得到父母的认可，他就能收获无与伦比的自信和喜悦。

父母不要随意否定孩子的决定，不要忽略孩子的想法，更不要用成人的思维强迫孩子做事，应该鼓励孩子敢想敢做，让孩子勇于表达自己的观点，敢于为自己的想法动手实践。有了父母的支持和鼓励，孩子才能变得更加自信。

子乔今年 15 岁，马上面临中考。他学习成绩一直不错，父母很期待他能考上省重点中学。子乔很喜欢打篮球，他们市正在举办“少年篮球选拔赛”，能够进入前三名的队伍，将会成为“市少年篮球队”的队员。子乔很想试一试，但他又担心父母不同意。虽然他学习很好，但是中考在即，不敢随意放松学习。经过一番思考，他决定和父母商量一下。

一天放学回家，子乔对父母说：“爸爸妈妈，我们市最近在举办‘少年篮球选拔赛’，进入前三名的队伍可以成为‘市少年篮球队’的队员。你们都知道我很喜欢打篮球，我想试着参加这次比赛，你们会同意吗？”

爸爸说：“子乔，还有两个月你就要参加中考了。爸爸知道你成绩不错，可是中考竞争非常激烈，参加篮球比赛一定会耽误你的复习时间。我和你妈妈好好商量一下再答复你。”

第二天早上，子乔去上学了，爸爸对妈妈说：“咱们儿子真是长大了，能够自己拿主意了。我觉得这样才是真正的男子汉，不如给他一个锻炼自己的机会。”妈妈听后点了点头。

晚上放学回家，妈妈对子乔说：“儿子，我和爸爸都支持你参加篮球比赛。听说这次参赛的队伍很多，你要做好心理准备，万一没能进入前三名，也不要因此灰心丧气，影响了中考的复习。”

后来，子乔开心地参加了篮球比赛，可惜他所在的队伍没能进入前三名。不过他没有因此垂头丧气，顺利考入了省重点中学，子乔的父母为此感到非常欣慰。

赏识、支持孩子的想法是尊重孩子的表现

支持孩子为自己的想法行动，给孩子自由选择的权利，可以增强孩子的自信，有利于他们健康成长。有些父母喜欢站在成人的视角分析和评价孩子的想法，限制孩子的自由选择。如果一直这样下去，父母只会越来越累，因为孩子会逐渐失去自信和自我决定能力。当今社会瞬息万变，孩子早晚要独立走上社会，面对众多的选择，他们没有足够的自信和自主决定意识，将会变得恐慌和焦虑。台湾心理学家黄月霞认为：“支持孩子的选择，有利于孩子发展。孩子有这方面的训练，在面对心理压力前，将会有较少的焦虑和恐惧，能想出种种答案。”

给生活增添乐趣

问题的解决技巧在日常生活中也很重要。问题总是伴随人的一生，如果一个人没有被问题吓倒，问题就能给生活增添乐趣。善于解决问题的人才是真正快乐的人，掌握了解决问题的方法，问题就像一个令人兴奋的假想敌。如果父母懂得赏识和支持孩子的决定，他将会因此展现出直面困难的自信和独立应对问题的能力，这将让孩子受益一生。

给孩子提供独立做事情的机会

父母如果真的爱自己的孩子，就应该给他自己做决定的权利，允许他做一些力所能及的事情。这样做既可以给孩子表现自我、信任自我、肯定自我的机会，也能够锻炼他的独立性。同时，父母也可以减轻自己的心理负担，抽出时间做一些自己喜欢的事情，何乐而不为呢？

鼓励孩子笑对挫折

很多父母想要让孩子的道路一帆风顺，这种想法是不现实的，而且不利于孩子的健康成长。如果孩子什么挫折都没有经历过，他很难形成坚韧不拔的意志，也无法适应复杂多变的社会生活。当孩子在交往中遭遇了挫折时，父母应该给孩子锻炼自我的机会，让他从挫折中提高交往能力，而不是认为孩子受了天大的委屈，想方设法为他解决各种问题。

孩子的认知能力有限，在生活或学习中遇到挫折是必然的。父母不要嘲笑孩子笨，也不要因为他犯了一点儿错就责骂不停。要想让孩子在面对挫折时乐观自信，养成“胜不骄，败不馁”的品质，父母应该以身作则，在克服困难方面为孩子树立榜样。

每个人行动都有自己的目标，孩子也是如此。当孩子遭受挫折时，父母应该审视孩子的目标是否远远脱离实际。如果目标符合实际，父母可以帮助孩子寻找战胜挫折的办法；如果目标不符合实际，就应该帮助孩子调整。例如，有些家长觉得自己的孩子天资聪颖，经常要求他考试分数超过 90 分。一旦成绩出来后，没有达到父母期望的分数，孩子就会感到心理受挫。这时，父母不要指责和批评孩子，而应该仔细分析他没考上 90 分的原因。究竟是期望值定得太高，还是其他原因。只有这样才能丢掉孩子的心理包袱，充分调动孩子的积极性。

小颖今年上六年级，从小品学兼优。过去五年她一直担任班长，可是新学期竞选班长她落选了，因为同学认为她工作能力较弱。

放学回家后，小颖向妈妈哭诉竞选失败的事情。也许这一次失败对小颖打击比较大，她竟然对妈妈说："我再也不想去学校了！"

不管妈妈怎么劝说，小颖都不肯从房间里出来，甚至连晚饭都不吃了。

很多孩子从小被父母捧在手心，衣食住行都有人打理，只要遭受一丁点儿失败，就难以接受。小颖过去一直都是班长，她自信地认为新学期的班长非她莫属。当她听到落选的消息，就像天塌了一样。

挫折其实是孩子的必修课。身为孩子的父母，要帮助孩子摆脱失败时的消极情绪，教育孩子从失败中吸取教训。如果孩子从来没有经历过失败，父母可以主动安排一些挫折，让他们尽早学会勇敢应对。

例如，当孩子想要拿到某个东西时，父母不要直接拿给他，而应该提醒和鼓励他努力思考，尽量让他自己拿；当孩子和同学产生了矛盾，鼓励孩子主动和同学协商；当孩子遭受了失败，提醒孩子不要气馁，鼓励他积极向上，总结失败的经验和教训，不要再犯同样的错误。

很多父母认为，小孩子没有强大的心理承受能力，挫折会让他们的内心无比痛苦，所以父母应该保护好他们，不要让他们受一点点伤。父母关心孩子的心理可以理解，可是一个不经历挫折的孩子是无法取得巨大成就的。如果父母足够明智，应该尽早树立挫折教育意识。

明智的父母会向孩子分享自己在生活和工作中的挫折，让孩子全面认识挫折，勇于面对挫折。父母可以将自己战胜挫折的方法告诉孩子，让他从中思考和学习，学会热爱生活、不怕失败、乐观向前等美好品质。

父母之所以要进行挫折教育，是为了增强孩子的耐挫能力，让孩子勇敢、理性地应对挫折。挫折教育的内容有很多，既包括培养孩子的独立、勇气和意志等，又包括心理教育、社会教育、吃苦教育等。挫折教育的目的并不是简单地让孩子尝一尝失败、受一受苦难，而是潜移默化地从不同方面入手，提高孩子的耐挫和抗挫能力。

一些父母错误地认为挫折教育就是吃苦教育，把孩子送到一些以吃苦为主的夏令营，或者让孩子到穷苦山区体验生活等。其实吃苦教育只是挫折教育的一个方面，仅仅让孩子体验吃苦是不够的，更重要的是让他们从中学会如何面对挫折。

父母应该保持乐观和自信，替孩子的每一次成功喝彩。当孩子遭遇了挫折，父母应该说："这点儿挫折不算什么，相信你可以战胜它。"当孩子成功战胜了挫折，父母应该赞扬说："早就知道你可以战胜它，无论以后遇到什么困难，你都可以克服!"

如果孩子在交往过程中遇到了挫折，父母应该引导他总结受挫的经验和教训，通过努力思考解决问题。如果孩子依靠自己的力量解决了困难，父母应该及时鼓励，这样孩子就会感受到成功的喜悦，增强战胜困难的信心。如果孩子努力思考也无法解决问题，父母应该先安慰他，不要让孩子有太大的压力，然后适当地提醒和帮助，让孩子明白成功的不易。

别让孩子半途而废

有一句德国谚语说得好："无终不如无始。"这句话的意思是说，无论做什么事都要有头有尾，不能半途而废。

在现实生活中，孩子们经常做事虎头蛇尾，坚持不到最后。身为孩子的家长，千万不能对此视而不见、放任不管，应该选择合适的方法让孩子做事有始有终。

孩子的耐心需要父母巧妙引导

很多孩子做事没有耐心、有始无终，要么就是一曝十寒，做不到日积月累。父母虽然发愁，却找不到好方法让孩子学会坚持到底。科学研究表明，在同样良好的环境下，3 岁的孩子有 3~5 分钟的时间连续集中注意力，4 岁孩子能达到 10 分钟，而 5~6 岁的孩子能连续集中注意力 15 分钟左右。由此可见，孩子做事没有耐心是正常的，没必要过度担心。培养孩子的耐心有很多方法，这些方法简单而且实用。

例如，孩子非常喜欢画画，但是没有耐心把一幅画画完整。一天中午，孩子在图画本上画了两棵小树，然后就跑去找妈妈玩游戏。妈妈看了一眼纸上的树，提议和孩子开展一次比赛。谁先在纸上画出一片美丽的森林，谁就是最棒的。听了妈妈的提议，孩子兴致勃勃地拿起画笔，聚精会神地画起小树来。

又例如，孩子打算用积木搭一个楼房，只搭了两层就没耐心了，走到桌子旁玩起了塑料瓶。爸爸看见了，走过来对孩子说："你看这小瓶子多好看啊，像不像楼房的烟囱？我们先把高楼搭起来，然后把小瓶子放在上面吧！"在爸爸的引导下，孩子重新回到搭积木的游戏上，直到完成一幢高高的大楼，才开心地去找其他小朋友玩耍。

上面两个例子告诉我们，如果孩子没有耐心完成一件事，父母可以想办法为这项活动增加一些乐趣，引导孩子回到这项活动上，把事情做完整。

父母要指导监督孩子做事

当孩子做事的时候，父母应该在关键时刻进行提示或指导，这样做的好处在于能够让孩子学会思考，不至于遇到难题就一蹶不振。当孩子简单地动了动脑子就放弃时，父母不应该直接代他完成，而应该鼓励他努力思考，寻找好的解决办法。在必要时，父母可以适当地对其批评，让孩子独立完成一件事。只要父母能够长期坚持下去，孩子就会逐渐养成做事有始有终的好习惯。

让孩子坚持参加锻炼

古罗马有一句谚语说："健康的精神寓于健全的体魄。"由此可见，一个身体健康、体魄健全的人，更易于形成坚持到底的品质。

有日本学者曾经追踪观察过一批大学生，他们发现那些体力好的学生非常自信，能够客观灵活地看待问题，意志非常坚定。而那些体力差的学生恰恰相反，不仅自卑感强，而且意志极为薄弱。这充分说明了健康的身体有利于坚强意志的形成。

体育锻炼可以增强一个人的体魄，也可以提高免疫力，还是锻炼人意志的好方法。例如，球类运动可以训练人的反应速度，登山运动可以锻炼人的坚韧精神，长跑运动能够培养人吃苦耐劳的精神。孩子们在体育锻炼中培养出来的品质，将会体现在他们的生活和学习当中，从而取得更大的进步。

培养孩子的耐心，不能扼杀天性

孩子都有好动的天性。想要做到在不扼杀这种天性的前提下培养孩子的耐心，是一件很困难的事情。

站在儿童心理发展的角度来看，孩子的耐心和他的注意力关系密切。他们身心发展水平较低，控制自己注意力的能力较弱，再加上他们易分心和稳定性差等原因，培养耐心难度很大。在日常生活中，家长可以从不同角度进行培养。

（1）排除无关的干扰

对孩子来说，周围的很多事物都是新奇的。他们会在无意间被这些事物吸引，因此中断了正在进行的活动，影响了耐心的培养。为了避免无关事物的干扰，家长应该为孩子营造一个平和安静的成长环境。例如，在给孩子讲故事时，家长不要过多地走动，尽量将故事讲完再去做其他事，以免分散孩子的注意力。当孩子画画时，家长尽量不要进行看电视等声音较大的活动，以免扰乱孩子的思维。

（2）避免孩子过度疲劳

孩子的神经系统承受能力很弱，长期从事某种单调的活动或者处于紧张的状态，必然会使他们感到疲惫，注意力因此难以集中。一些父母为了培养孩子的耐心，常常连续几个小时让孩子做一件事，他们想不疲劳都难。所以，在培养孩子的耐心时要劳逸结合，孩子疲劳时就让他去休息，不可一味地强迫孩子坚持，否则会产生逆反情绪。

(3) 增强孩子的兴趣，使其全身心投入

为孩子安排活动时，尽量根据孩子的兴趣入手。既要保证活动内容贴近儿童生活，又要有一定的趣味，让孩子在活动时感受到乐趣。例如，教孩子穿衣服时，父母可以把穿衣的过程编成儿歌，他们一定会非常喜欢："抓领子，盖房子，小老鼠，钻洞子，吱吱吱吱，上房子。"

在进行涂色练习时，为了便于孩子接受，父母可以采用拟人的方式加以引导：为圆形娃娃画上好看的衣服，不要涂到线外面，也不要画得太小，等等。

(4) 不断地鼓励、支持孩子，使其有始有终

父母的鼓励和肯定可以让孩子有成就感，也能培养孩子的自信心，使他越来越喜欢做某件事情，而且做得一次比一次好。

【家长课堂】

蔓蔓13岁，喜欢唱歌，但不够自信。

妈妈："听说本学期期末学校会举办一场晚会。"

蔓蔓："是的，同学们都可开心了，有的还报名参演呢？"

妈妈："那你也报名了吗？"

蔓蔓："我可不行。"

妈妈："谁说你不行，你唱歌多好听啊！"

蔓蔓："真好听吗？我害怕同学们笑话我。"

妈妈："真好听，相信妈妈，没有人会笑话你的。"

蔓蔓："那我报名试试？"

妈妈："当然可以，你一定行的。"

沟通建议：如果孩子在某方面有一定的才艺，要给予鼓励，让孩子勇于去尝试，千万不要打击孩子的自信心。

好父母好家教

好妈妈不打不骂培养优秀孩子

文贤阁◎主编

江苏凤凰美术出版社

图书在版编目（CIP）数据

好妈妈不打不骂培养优秀孩子 / 文贤阁主编 . -- 南京：江苏凤凰美术出版社，2020.11

（好父母好家教）

ISBN 978-7-5580-7714-2

Ⅰ . ①好… Ⅱ . ①文… Ⅲ . ①家庭教育 Ⅳ . ① G78

中国版本图书馆 CIP 数据核字（2020）第 137995 号

责任编辑 郝旭辉

封面设计 陈玉军

责任监印 唐 虎

丛 书 名 好父母好家教

本册书名 好妈妈不打不骂培养优秀孩子

主 编 文贤阁

出版发行 江苏凤凰美术出版社（南京市湖南路 1 号 邮编：210009）

北京凤凰千高原文化传播有限公司

出版社网址 http://www.jsmscbs.com.cn

排版制作 文贤阁

印 刷 阳信龙跃印务有限公司

开 本 880mm × 1230mm 1/32

总 印 张 36

版 次 2020 年 11 月第 1 版 2020 年 11 月第 1 次印刷

标准书号 ISBN 978-7-5580-7714-2

总 定 价 192.00 元（全 6 册）

营销部电话 025-68155790 营销部地址 南京市湖南路 1 号

江苏凤凰美术出版社图书凡印装错误可向承印厂调换

前言
preface

家庭教育，是父母对孩子的教育，亦是父母学着如何去做好家长的自我教育过程。

所有的父母都是一样的，都不是天生就懂得如何教育孩子。从小小的生命诞生，到牙牙学语、问东问西，到不听管束、开口顶撞，再到撒谎、逃学，与父母怒目而视……在教育孩子的道路上，家长都是任重而道远。

父母与孩子真的无法沟通吗？

当然不是。虽然孩子的成长中总会伴随着各种各样的问题，虽然每一个孩子都性格各异，虽然“代沟”不可避免，但孩子的成长总有相似性，而抵触、反抗等心理也都有其内在的原因。只要了解孩子的心，只要说对话，用对方法，就能消融与孩子之间的寒冰，实现温和对话，良好沟通。

父母都应该努力让自己变成好父母。

怎样才算是好父母呢？

是了解孩子的父母，是懂得倾听的父母，是会和孩子好好说话的父母，是能让孩子把话听进心里的父母，更是能教好孩子、让其健康成长的父母。

做父母不容易，做好父母更不容易，但我们必须努力去做，因为这关乎孩子的一生。

父母是孩子的第一任老师，也是能直接影响孩子一生的启蒙先生。好的父母胜过一个好的老师，只有优秀的父母才能培养出优秀的孩子。所以，父母都应该努力去成为一个好父母，去做一个懂孩子、懂沟通、懂管教的优秀父母。

本系列丛书系统地分析了孩子的心理，让父母了解孩子的内心，理解孩子的任性、刁蛮、叛逆，找到正面管教孩子的新方法。

本系列丛书收录了众多真实案例，还原生活中最常见的父母与孩子沟通问题，对症下药。

本系列丛书总结了很多实用的方法和技巧，条理清晰，简单实用，为困惑的父母指点迷津。

本系列丛书是送给天下父母的教子书籍，是帮助天下父母成为好父母的经验书籍。希望父母都能意识到家庭教育的重要性，自觉去学习，提升自己、精进自己，努力让自己成为合格和优秀的好父母。

为了孩子和孩子的未来，谨以此书献给全天下的父母。鉴于编者能力有限，若有疏漏和不足之处，望广大读者批评指正。

目录
contents

第三章 家有“问题”男孩：要宽容不要纵容

第四章 敢于“放养”：让男孩变成小男子汉

第五章 成长关键期：自尊、自信让男孩无往不利

第六章 注重细节：别让好孩子变成“熊孩子”

第一章

伤害式沟通：母子之间代沟秒变鸿沟

棍棒之下多逆子。

“打是亲，骂是爱”是谬论

打骂教育是一种畸形的家庭教育，非但无法使孩子成才，反而会导致家庭悲剧的发生。早在三百多年前，英国大名鼎鼎的哲学家和教育思想家约翰·洛克就曾经下定论：“打骂的教养方式，只能培养出‘奴隶式’的孩子。”每一个父母都望子成龙、望女成凤，然而，他们中的一部分却没有把握好教育的度，导致教育“失重”“失度”，也因为急功近利而在不知不觉间采取打骂的教育方式，导致事与愿违。正是因为如此，一些家庭里才会发生令人触目惊心的悲剧。现实之中，有些父母时常打骂孩子，使孩子在冲动之下做出让父母抱憾终生的事情，以致有的孩子无奈地离家出走，或因不堪忍受残酷的家庭教育选择跳楼自杀，也有的孩子被父母失手打死。

打骂教育并非是父母为了显示自身的权威，而是因为父母没有正确的教育观念，信奉“不打不成才”的愚昧方法。很多父母口口相传，“打是亲骂是爱，不打不骂不成才”“棍棒底下出孝子”“舍不得打，上房揭瓦；捶捶打打，才成骏马”，更有许多家庭把这些世俗的教育传言奉为金科玉律。

皮皮虽然才9岁，但是他可是全校出了名的捣蛋大王，甚至在学校创下了打架纪录。哪怕他能安安稳稳地上完两堂课，老师和同学们都会感到轻松很多。他憎恨身边所有的人，而且只要受到批评，就会推卸责任，为自己辩解。

邓老师是学校里刚刚走马上任的心理辅导员。他发现皮皮性格孤僻，没有安全感。原来，同学们都远离皮皮，害怕被皮皮攻击。每当其他同学结伴在操场上玩耍时，皮皮只能充满渴望而又妒火中烧地看着。有的时候，皮皮还会偷偷地用妈妈的护肤霜，也许是希望给大家留下一个良好的印象吧，遗憾的是，从来没有人注意到他。

三个星期里，邓老师始终坚持定期和皮皮谈话，终于走入皮皮的心里，消除了皮皮的对立情绪，皮皮忍不住失声痛哭起来。皮皮毕竟是个孩子，他的内心也很脆弱。邓老师默默地想：皮皮一定长期都处于压抑的状态中。

皮皮说："老师和同学们都不喜欢我，我也很讨厌自己！其实我根本不想和同学打架，却控制不住自己。我经常被爸爸打，放学了不想回家，不知道要去哪里……"

邓老师经打听了解到，皮皮的父母感情破裂，经常当着皮皮的面吵架，甚至有的时候气得歇斯底里，还会打骂皮皮以发泄怒气。长期生活在如此糟糕的环境中，皮皮的性格越来越喜怒无常。

由此看来，皮皮打人骂人、调皮捣蛋，他的父母要负主要责任。从心理学的角度来说，经常挨打的孩子，心态会扭曲，心理会走入极端。这些孩子大多有以下几种表现：

(1) 冷漠

孩子做错事之后很渴望得到妈妈的原谅和指导，这样才能明确自己应该怎么做，以后遇到类似的情况时知道应该怎么做。

但是，如果妈妈只会打骂孩子，就会与孩子渐行渐远，也会使孩子对妈妈的感情变得淡漠。童年时期，孩子挨打的次数越多，就越会因为紧张和恐惧而情不自禁地进行自我保护，他们更加关心自己，担心自己的安全，而无暇顾及他人，丝毫不懂得关心、照顾、体贴他人。尤其是在与他人发生冲突时，根本不可能设身处地为他人着想。

（2）自闭

孩子做错事之后偶尔会说漏嘴，在这种情况下，假如妈妈动手打孩子，那么孩子就会尽量闭嘴，以免言多必失，被妈妈发现破绽，暴露真实的情况。当有了“少说为妙”的想法，孩子就会变得内向，越来越不喜欢说话。有些孩子做了错事之后，如果被其他孩子告发，并且因此受到惩罚，那么他们就会封闭自己，尽量不与其他孩子交往。日久天长，孩子越来越自闭。

（3）盲从

当孩子从无数次的经历中总结出教训，意识到只要听父母的话，就能够免于挨揍，渐渐地，孩子就会失去主见，不再坚持自己的想法，而是毫无原则地采纳妈妈的意见。可想而知，孩子在这样的状态下长大，不管做什么事情都难以有所创新。他们毫无主见，必须在别人的命令下才能展开行动。

（4）说谎

为了避免皮肉之苦，很多孩子都会自作聪明地采取隐瞒和欺骗妈妈的办法保护自己。假如能够蒙混过关，那么孩子就认为撒谎很有效果，从此之后再也不怕干坏事或者犯错误，反正只要撒谎就能够避免受到惩罚。假如没有如愿以偿地蒙混过关，那么孩子就会认为自己的撒谎技术有待提高，未来再遇到相似或者相同的情况时，他们会想方设法让自己的骗术更加高明。

（5）推卸责任

为了避免挨揍，孩子做错事后的第一反应就是为自己辩解，推卸责任。日久天长，孩子的责任心越来越差，不管做什么事情都会抱着不以为意的态度，认为反正做得不好，也不都是我的责任，与我又有多少关系呢？

（6）懦弱

如果妈妈动辄打骂孩子，那么随着时间的流逝，孩子对于妈妈的恐惧会越来越深，最终只要看到妈妈就会感到害怕，根本不敢接近妈妈，性格越来越懦弱。时间长了，孩子就会感到非常孤独无助。

（7）自卑

如果孩子经常被妈妈打，特别是经常被妈妈当众打，自尊心就会受到伤害，时常感到自己“低人一等”，整天自以为被他人看不起而蔫头耷脑。自尊心受到伤害的孩子不敢独立承担任务，总是畏缩胆怯，即便长大成人，在工作中看到领导也会感到害怕，或者在代表公司与对手谈判的时候，常常感到紧张，局促不安，心中没底，无法圆满地完成任务。

（8）固执

有些妈妈动辄打骂孩子，使孩子产生了强烈的逆反心理和对抗情绪，表现为特别叛逆，破罐子破摔，“油盐不进”。有些孩子还会故意和妈妈做对，妈妈让他往东，他偏偏要往西，似乎只有通过这样故意捣乱的方式才能表现出对妈妈的反抗。

（9）对抗

有些孩子特别倔强，越是被妈妈打骂，越是拒绝承认错误，明明已经意识到自己的错误了，偏要坚持己见，说自己是对的，妈妈是错的。为了表现出独特的个性，绝不向妈妈妥协，他们还会离家出走，故意逃学，以这些方式来与妈妈对抗，使妈妈疲惫不堪，焦头烂额，对孩子无计可施。

（10）粗暴

众所周知，孩子的模仿力很强。他们每天和妈妈朝夕相处，妈妈成了他们最好的老师。从本质上而言，妈妈打骂孩子，非但无法达到预期的教育效果，反而会在无形中给孩子带来负面影响，使孩子也具有暴力倾向，在特定的情况下对他人大打出手。这样下去，孩子很有可能形成对一切都不以为意、无所顾忌的性格。

（11）喜怒无常

很多妈妈都打着爱的旗号教育孩子，在打了孩子之后，还口口声声称为了孩子好，为了教育孩子，为了爱孩子。这样的爱常常使孩子感到困惑，也使孩子分不清楚什么才是真正的爱，情绪越来越反复无常。妈妈在打了孩子之后，如果发现孩子改正了错误，那么就会理所当然地认为打可以有效改变孩子的行为，而丝毫没有意识到孩子是因为害怕挨打才勉为其难地改正错误。可想而知，尝到甜头的妈妈会经常使用暴力对待孩子，在教育孩子方面变得越来越冲动和草率。时间久了，孩子会成为妈妈的镜子，和妈妈一样容易冲动，喜怒无常。

总之，妈妈期望通过打骂的方式来教育孩子是错误的，这种极端的方式根本不可能使孩子变得听话。教育专家指出：妈妈在打骂孩子之前，会推卸责任，觉得正是因为孩子不听话，所以才逼着自己去打骂他们，而很少努力地探索有效的方法教育孩子。妈妈们，当你们被孩子气得怒火中烧时，不妨试试用以下这些方法教育孩子，相信它们会让你渐渐改掉打骂孩子的不良行为。

（1）多多了解孩子

在为了生活奔波忙碌的同时，妈妈一定要抽出时间多多陪伴孩子，深入了解孩子，经常与孩子沟通，也与负责带养孩子的保姆或孩子的老师经常沟通，这样才能全方位了解孩子在家庭和学校中的表现。人与人之间，沟通是关键。哪怕亲如父母子女，也要多一分了解，才能少一分误解。只有了解孩子，在孩子不听话的时候，妈妈才知道如何引导和帮助孩子。

（2）耐心倾听孩子

如果妈妈很容易情绪冲动，那么在面对不听话的孩子时，往往会不假思索地打骂孩子。孩子越是不听话，妈妈越是应该冷静下来，耐心地倾听孩子的想法，走入孩子的内心，了解孩子不听话的原因。当妈妈想方设法地了解孩子的真实想法，并且竭尽全力帮助孩子解决问题时，就会发现孩子的行为是有原因的，也是可以谅解的，在此过程中，妈妈就能够消除负面的情绪，恢复冷静和理智。

（3）对孩子寄予适度的期望

很多妈妈都会对孩子提出过高的要求，尽管她们自己都无法实现这些要求。孩子还小，贪玩好动，固执己见，忘性也很大，他们有一些不良表现很正常。妈妈如果对孩子有所要求，就要考虑孩子的成长状况，意识到孩子处于特殊的成长阶段，切勿拿着“放大镜”去看待孩子的缺点和不足。

（4）尊重和平等对待孩子

很多妈妈都喜欢高高在上地对待孩子，以此在孩子面前保持威严，也习惯于以上对下的态度对待孩子。教育专家建议，妈妈要真正地尊重孩子，平等地对待孩子。在亲子相处中，要放下架子，和孩子沟通时，目光要平视，不要总是俯视孩子、命令孩子。此外，妈妈还要减少对孩子说“不”，经常给孩子选择题去做，让孩子在妈妈限定的范围内独立自主，做出决定。如果孩子有其他意见，妈妈要允许孩子发表看法，提出他的方案。

(5) 和孩子协商

妈妈切勿为孩子极力规划整个人生，也不要要求孩子必须按照妈妈的设想去过一生，否则妈妈和孩子都会非常痛苦。孩子是独立的生命个体，对于人生，他有自己的想法和规划，在日常生活中，他们也有自己想做的事情。妈妈要学会和孩子协商，在必要的时候，与孩子各退一步，才能相安无事。

(6) 控制好情绪再管教孩子

在极端愤怒的情绪之中，妈妈歇斯底里，怒火中烧，根本无法以理性的方式管教孩子。因此，当妈妈不管怎样都无法恢复冷静的时候，不妨暂时离开现场，或者采取其他方式有效地转移注意力，诸如做其他事情。一定要等到自己恢复冷静之后，再友好地与孩子沟通。

小雨正在读小学三年级。这天放学回到家里，小雨兴高采烈地告诉妈妈：“放学时，老师让我和其他几个同学打扫卫生，结果我们全都跑了，把老师气得脸都绿了。”看着小雨因为兴奋而满脸通红，妈妈心里很生气，但她还是努力地控制住情绪，才对小雨说“是吗”，暂时把这件事情放下了。

吃完晚饭，妈妈心情平静下来，这才坐下来，让小雨说说逃跑不值日这件事情到底是对还是错。小雨很清楚自己做得不对，因而赶紧向妈妈承认错误。妈妈看到小雨主动承认错误很高兴，和颜悦色地问小雨：“你觉得，你应该怎么做呢？”小雨沉思片刻，对妈妈说：“我要找到老师承认错误，保证做一个热爱劳动、积极值日的好孩子。”小雨既承认了错误，也很清楚应该如何改正错误，妈妈这才欣慰地笑了。

在这个事例中，如果妈妈在听到小雨说起不值日的事情时，就在盛怒之下批评教育小雨，甚至打骂小雨，非但无法起到教育的效果，还会导致小雨关闭心扉，以后再也不和妈妈述说在学校里发生的各种事情。当时，小雨正在高兴呢，压根没有意识到自己犯了错误。正因为妈妈给了孩子思考的时间，才让小雨认识到了错误，并积极改正。因此在对待孩子的错误时，妈妈一定要控制好情绪，冷静处理。

以罚代教，不是严格是“懒政”

每个孩子都要经历漫长的成长过程，在此期间，难免会犯各种各样的错误，这是生命必经的过程。当孩子犯错的时候，不同的妈妈会采用不同的方法教育孩子：有的妈妈觉得孩子小，对于孩子的错误无所谓，听之任之，不予指正，纵容孩子犯错；有的妈妈大惊小怪，小题大做，把孩子的错误上升到一定的高度，兴师动众，对孩子严厉训斥，甚至还会因为生气就对孩子拳脚相加。这两种教育方法都很偏激，是错误的。第一种教育方法庇护、放任孩子，孩子将会因为没有得到及时的教育指正而再次犯错，甚至会误入歧途。第二种教育方法大张旗鼓、惩罚失当，会伤害孩子稚嫩的心灵，超过孩子的心理承受能力。

妈妈望子成龙心切，惩罚孩子当然是为了孩子好，但是要讲究方式方法。教育专家认为，惩罚的方式只能告诉孩子“下不为例”，减小孩子再次犯错的概率，却无法使孩子学会如何去做，更无法促使孩子改正错误，养成良好的习惯。惩罚带给孩子切肤之痛，孩子从中吸取“教训”，与此同时也会受到“恶性刺激”，使怨恨在他们幼小稚嫩的心灵里扎根。这样一来，孩子肯定会滋生逆反心理，不利于其健康成长。

在家庭教育中，妈妈以罚代教是错误的行为。只有在一切积极的教育方式都失去效用时，才能考虑采取惩罚这种弊大于利的教育方式。妈妈要记住，惩罚孩子的初衷是告诉孩子“不能做哪些事情”，因此要在孩子出现不良行为时当机立断实施惩罚，这样才能及时让孩子意识到不良行为有可能产生的恶劣后果。要想帮助孩子改正错误，就要尽量避免“秋后算账”。负责任的妈妈会经常认可、鼓励、赞美孩子，这些才是积极的教育方式。

马克·吐温是举世闻名的小说家。作为美国批判现实主义文学的奠基人，他在大量的作品中批判了当时资本主义社会的丑恶现象，如果只看这些犀利的文字，我们会误以为他是一个冷漠苛刻的人。而熟悉马克·吐温的人都知道，生活中的他有着鲜为人知的另一面。作为父亲，他对孩子非常慈爱，教育孩子就像写小说一样幽默风趣，使孩子感到轻松愉悦。

马克·吐温给了孩子一个温馨和谐的家，在这个家里，父母与孩子之间相互尊重、平等友爱。父亲从不会摆出家长的架子高高在上地对孩子发号施令，训斥孩子。当然，如果孩子犯了错，马克·吐温绝不会姑息纵容，而是会以合适的方式让孩子们记住深刻的教训，并且保证以后不再犯同样的错误。不过，马克·吐温从不惩罚孩子，他教育孩子的方式与众不同。

一个春风扑面的下午，马克·吐温夫妇想带孩子一起去附近的农庄旅行。全家人一起坐在满载干草的大车上，驶向郊外，惬意地欣赏着沿途美丽的田园风光。孩子们对这次郊游盼望很久了，但是在临行前，发生了一个小插曲。大女儿苏茜不小心打哭了妹妹克拉拉。苏茜主动向妈妈承认错误，请求得到妈妈的原谅，可是按马克·吐温的家规，苏茜必须受到惩罚。与普通家庭不同的是，要由苏茜自己提出受罚的方式，而且要征得父母的同意。

苏茜思来想去，最后鼓起勇气对妈妈说："今天，我不坐干草车去农庄了，这样我才能记住这次教训，避免下次再犯同样的错误。"

马克·吐温很清楚苏茜是鼓起了最大的勇气才决定以这样的方式惩罚自己的。后来在回忆这件事情时，他说："我并不想让苏茜这么做，即使已经过去了26年，现在想起苏茜因此失去了坐干草车去农庄旅行的机会，我依然感到痛心。"

妈妈们应该借鉴马克·吐温的做法。在惩罚孩子时，妈妈们应该注意以下几点：

(1) 惩罚的"量刑"要适当

惩罚孩子的目的是让孩子改正不良行为，所以惩罚的"量刑"要适度。惩罚过重，孩子会反抗；惩罚太轻，无法让孩子引以为戒。所以惩罚孩子既不能一带而过，也不能过度地滥用"刑罚"，这样才能达到教育孩子的目的。

(2) 为孩子指明"出路"

惩罚孩子切勿在没有达到目的之前就终止，只有在受罚的孩子改正错误时，才算达到目的。妈妈要坚定立场，清楚地告诉孩子如何改正错误，否则后果如何。例如，孩子常常把东西丢得乱七八糟，这时，妈妈应该要求孩子独立整理房间，把东西收拾整齐，否则不许他吃喜欢的食物或看喜欢的电视节目。妈妈一定要明确地告诉孩子如何去做，以及要达到怎样的标准，此外还要管住自己，不要代替孩子去做。

(3) 赏惩要分明

妈妈教育孩子要赏罚分明。该奖励时，就要真心诚意地奖励孩子，让孩子产生自豪感；该惩罚时，就要态度明确、措施果断，让孩子真正意识到自己的错误。唯有如此，才能让孩子明辨是非，养成知错就改的好习惯。在对孩子实施惩罚之后，爸爸与妈妈要统一态度，切勿妈妈惩罚孩子，爸爸安抚孩子，否则会使惩罚失去效力。事实证明：当陷入惩罚——奖励——惩罚的恶性循环中，孩子会产生认知偏差，误以为犯错和得到奖励之间有必然的联系，从而对于所遭受的惩罚丝毫不放在心上。

(4) 及时惩罚不延迟

现代教育理论认为，惩罚之所以能够产生效果，是因为条件反射。那么，条件反射要想取得良好的效果，就要缩短有条件刺激和无条件刺激的间隔时间。妈妈只要发现孩子做出错误的行为，在条件允许的情况下，应该马上惩罚孩子。如果当时的情况不允许马上惩罚孩子，例如有客人在或者在公共场所，那么在事情发生之后，妈妈要在最短的时间内创造相似的情境，帮助孩子回顾当时的言行，进行自我反思。这样孩子才能意识到当时的错误行为，妈妈也可以借此机会明确要求孩子进行改正。

(5) 不要进行劣性转嫁

常言道，世事不如意者十有八九。现实生活中，每个人都会遇到各种各样的糟心事。每当心情不好时，妈妈很难控制自己的情绪，也会在不知不觉间把负面情绪发泄到孩子身上，这么做后果很糟糕。一来孩子无过受罚，妈妈过度惩罚，会使孩子觉得不公平；二来如果妈妈因为缺乏自制力而导致惩罚过于严重，孩子就会产生反抗情绪。所以，妈妈千万不要在情绪低落的时候教育孩子，也不要在喝酒之后惩罚孩子，以免无法自控，导致自己在孩子心目中的形象一落千丈。

(6) 不要挖苦和讽刺孩子

妈妈切勿挖苦和讽刺孩子，更不能自恃生养了孩子就用恶毒的语言谩骂孩子。实践证明，孩子无法理性地接受妈妈的挖苦讽刺和恶毒谩骂，将会因此而伤害自尊心。妈妈要始终牢记，惩罚孩子的目的是引导孩子改正错误行为，而不是口无遮拦地刺激孩子内心深处最敏感的角落——自尊心。很多妈妈在惩罚孩子时情绪崩溃，“出口成脏”，一定要改正。这只会使教育失去效果，也会让妈妈的话在孩子心中失去说服力。

（7）事后说理是必需的

妈妈与孩子是教与被教的关系，一定要以理服人，才能让孩子信服。惩罚只是教育的手段，而不是教育的目的，在惩罚孩子之后，妈妈一定要及时和孩子讲道理，否则惩罚就会失效。妈妈要通过晓之以理、动之以情的方式帮助孩子平复心情，也要采取深度剖析的方式让孩子清楚自己的错误所在，意识到继续犯错的严重后果。现代教育理论提出，惩罚属于劣性条件刺激，效果非常短暂。接受惩罚的孩子改正了错误行为，并不意味着他已经真正明白其中的道理，更不能保证他不会再犯同样的错误。事后说理，能够让孩子清楚地知道受罚的原因，这样才能根除错误，因而是教育孩子不可省略的重要教育步骤。

（8）响鼓不用重槌，杜绝唠叨

很多妈妈在教训孩子时都爱唠叨，还会持续地问孩子：“你听清楚了吗？”孩子害怕妈妈的威严，也担心被打骂，只能无奈地回答“听见了”，实际上孩子或者没走心，或者压根没听到。孩子之所以迎合妈妈，只是为了让妈妈早点停止唠叨而已。当孩子下次再犯同样的错误时，妈妈会更生气，还会继续唠叨，而孩子则依然把妈妈的谆谆教诲都当成“耳边风”，妈妈就会因此断言孩子“不听话”。实际上，不是孩子不听话，而是妈妈的唠叨太多，让孩子不知道哪一句是重点。此外，如果妈妈经常唠叨，孩子的耳朵就会选择性“失聪”，对妈妈的话“零反应”。在教育孩子时，妈妈一定要改掉爱唠叨的坏习惯，凡事点到为止，在看到孩子的具体反应之后再有的放矢地去应对。

(9) 就事论事，不翻旧账

在接受惩罚的时候，很多孩子最担心的事情就是妈妈把陈年旧账翻出来一起算。遗憾的是，很多妈妈都不能理解孩子的心情，在教训孩子时，总是把陈芝麻烂谷子的事情都牵连出来，甚至会对孩子进行人身攻击，把孩子批判得体无完肤，最终使孩子忘记了本次训教的主题。孩子会如何做呢？反正自己一无是处，妈妈也看不到自己有什么进步，更看不到自己的优点，为此觉得自己天生就是挨训该罚的料。有些孩子逆反心理很强，也会觉得妈妈是故意借着这个机会整他。这样一来，孩子哪里还有信心改正错误呢，只会继续破罐破摔、我行我素，使妈妈的批判毫无效果。训教惩罚孩子时，妈妈一定要坚持一事一议、就事论事的原则，切勿翻出陈年旧账，引起孩子反感。

无端责骂，压垮男孩的自尊

生活中，很多妈妈时刻不忘父母的权威，动辄打骂孩子，误以为只有这样才能表现出她们作为妈妈高高在上的地位。其实这是错误的观念。还有的妈妈批评孩子时满脸严肃，声调很高，误以为有理就在声高，也误以为这样能够让孩子加深记忆，增强教育的效果。其实不然，这会导致妈妈们走入家庭教育的误区。

有一个年轻的全职妈妈性格急躁，遇到小小的事情就会着急，而且说话不假思索，很少考虑到孩子的感受。有一次，孩子很感兴趣地与妈妈讨论书本里看到的故事情节，妈妈不耐烦地训斥孩子："玩去吧，没看到我正忙着呢。"有的时候，妈妈还会说："你除了玩还知道什么，什么时候才能懂事啊？"或者说："我怎么那么倒霉，生了你这么个废物！"她总是这样说孩子，对于别人好心的提醒不以为意，还说："小屁孩哪里来的自尊心，没关系的，听过就忘记了！"

这个妈妈不会想到，孩子在成长之中受到语言暴力，内心创伤会很严重。这种伤害是在不知不觉间发生的，妈妈丝毫没有意识到伤害的存在，孩子开始对自己各种否定，不求上进，也根本不听妈妈的话。

针对妈妈的责骂是否会影响孩子的成长，美国的一位儿童心理学家曾经进行过研究。他把妈妈责备孩子的不良态度进行了划分，并且列举了使孩子变坏的各种责备方式，如下所示：

难听的字眼：傻瓜、蠢货、废物、无能的家伙。

侮辱：你就是个笨蛋！饭桶！垃圾！

非难：让你不要这么做，你非要做，真是无可救药！

压制：不要狡辩，我只需要你认错！

强迫：我说不行就不行，没有理由！

威胁：你再不听话，妈妈就不要你了！你马上滚出这个家！

挖苦：让你拖地，弄得到处是水。你小事都干不好，还想干大事吗？

诸如此类的恶言恶语，强迫孩子，威胁孩子，甚至挖苦和讽刺孩子，往往出自一些全心全意照顾孩子的年轻妈妈之口。妈妈即使恨铁不成钢，训斥孩子时也不能采用这样的方法。这些是最不能被孩子，特别是叛逆心、自尊心强的孩子所接受的话。妈妈还要注意，一定不要用央求的方式与孩子沟通，更不要用金钱来诱惑和收买孩子，否则只会让孩子误入歧途。

当孩子出现错误行为时，妈妈直接责骂孩子，只会给孩子的成长带来负面影响和反作用，绝对不能使用。

（1）伤害孩子自尊心

孩子的自尊心很强，斥责的语言会伤害孩子的自尊心。当妈妈反复斥责孩子，孩子会渐渐习惯，变得麻木不仁，自尊心全无。曾经有人说：“当外界没有为孩子们提供能够让其自尊心理健康发展的良好环境时，孩子们的自尊心就会呈现出残缺、病态的特点。有些孩子甚至没有自尊心，他们是斥责教育的受害者。”

（2）激发孩子的逆反心理

斥责会导致孩子产生对立情绪，孩子即使明确意识到自己的错误，也会因为情感障碍而拒绝承认错误。

（3）影响孩子发展独立性

很多妈妈认为斥责是为了管教好孩子，而管教的目的则是为了让孩子听话。基于这样的想法，有相当多的妈妈总是强迫孩子按照她们的话去做，否则，就会声讨孩子。这会导致孩子越来越被动，失去主见，做任何事情都很依赖妈妈，遇到紧急情况不能独立思考，只会等着妈妈发号施令。他们不敢独立判断事态，也不敢独立做决定，生怕做错事情遭到妈妈的斥责。这不但会阻碍孩子发展独立性，也不利于培养孩子的思维能力和创造力。

（4）削弱孩子自我教育的能力

表面看起来，孩子在遭到斥责之后很快就会表示顺从，这使妈妈误以为解决了问题。但是，孩子只是记住了斥责会让自己痛苦，而没有认识到自己的过错行为，从这个意义上来说，斥责反而会削弱孩子自我教育的能力。

为了避免斥责带来的负面影响，妈妈要尽量减少斥责孩子。例如，用沉默代替斥责。很多孩子一旦犯错就担心受到妈妈的责骂，当妈妈的表现符合孩子的预期，孩子会感到“如释重负”，反而忽视了批评和过错。反之，如果妈妈以沉默的态度对待犯错的孩子，孩子会感到非常紧张，浑身都“不自在”，进而主动反省错误。

当确认有必要斥责孩子时，妈妈一定要注意以下几点。

（1）让孩子明确自己的错误

孩子年龄小，知识储备不足，缺乏生活经验，能力也很有限，因此经常会闯祸。妈妈要客观评价孩子的错误，耐心地和孩子讲道理，与此同时，还要帮助孩子分析犯错的原因，引导孩子进行自我反省。孩子在犯错之后，常常因为担心被妈妈责骂而推卸责任，最有效的方法是在孩子辩解时，反问孩子：“假如你是对方，你会如何解释？”孩子在妈妈的引导下会进行思考：“如果我是对方，我又会说些什么？”这样一来，孩子才会反省自己推卸责任的错误，从而接受批评，并且积极地改正错误。

（2）告诉孩子应该怎么做

训斥孩子不是教育的目的，而只是一种教育手段。教育的终极目的是让孩子避免再犯同样的错误。妈妈在斥责孩子时，要耐心地教会孩子正确的做法。最好暗示和引导孩子进行独立思考和判断，通过孩子主动自发的努力，改进孩子的行为。

（3）尊重孩子的人格

很多妈妈都觉得孩子小，懂的东西很少，殊不知，孩子正在成长，他们对外界的一切都有自己的认知方式，也会产生一定的情感倾向，与此同时，他们还需要得到他人的理解和信任。妈妈只有发自内心地尊重孩子，采用科学的教育方法对待孩子，才能培养孩子的自尊心，让孩子具备责任感。

斥责孩子的时候，妈妈一定要留意场合，讲究分寸。不要当着他人的面训斥孩子，也不要恶言恶语，挖苦和讥讽孩子。在斥责孩子时，妈妈不要提高声调，而是应该压低声音，用低于平常说话的声音责备孩子。“低而有力”的声音，才能引起孩子的注意，也让孩子愿意听妈妈所说的话。此外，低声还可以避免他人听到斥责，从而保护孩子的自尊心。比起高声训斥的“热处理”，低声“冷处理”的效果更好。

（4）不要无缘无故地斥责孩子

生活中，很多妈妈会因为自身情绪不佳而无缘无故地责备孩子。孩子不知道自己哪里做错了，妈妈也说不清楚究竟为何发火。这是两个原因导致的：一是妈妈情绪激动，毫无意义地对孩子一通训斥，却没有说到关键之处；二是妈妈看孩子某个方面不顺眼就大发雷霆，却又无法指出到底孩子哪里做得不好，因而只能发无名火。显而易见，这两点都会导致事与愿违。

斯宾塞曾经说过："即使是最没有教育智慧的人，也能采取粗糙轻率的家庭管理方式。就算是野人和最愚蠢的农夫，也会以打骂孩子作为惩罚。就算是兽类，也会采取这样的方法管教幼崽，最好的证明就是，一条母狗会用吠声和假咬的方式制止一个提出过分要求的小狗。"因此他认为，最基本的责备方法必须让孩子清楚地意识到他们到底哪里做错了——为什么错了——怎么做是正确的。

（5）斥责孩子时就事论事，不提过往

有些妈妈在责备孩子时，常常把孩子曾经经历的失败引作例证来否定孩子，这样会伤害孩子的自尊心，也会让孩子自信全无，使孩子因此叛逆而不服管教。

张伟7岁了，最喜欢边学习边看电视。这么做的危害就是学习时无法集中精神，使学习的质量大打折扣。原本，妈妈只需要提醒张伟这么做的后果就行。例如告诉张伟："孩子，学习时要专心，不能看电视，这样会影响学习效果。你可以做完作业再看电视，还可以看完一段时间电视再写作业。"然而，妈妈没有这么说，而是怒气冲冲地对张伟发牢骚："上次，你吃饭的时候看电视，把饭碗打碎了。""正因为这样，你还不小心从沙发上掉下来。""正因为如此，你还被老师罚站。"妈妈脱口而出的这些责备和张伟眼下的行为毫无关系，张伟委屈极了，自尊心受到伤害，既没有心思写作业，也没兴致看电视，甚至还怀疑自己："妈妈说了我这么多的不好，难道是因为我本来就是坏孩子吗？”

责备孩子时总是说起过去的事情，或者重提曾经训斥过一次的事情，或者结合曾经发生过、未来有可能发生的错误进行说教，这么做的效果很糟糕。它不但会淹没说教的主题，而且不利于分析和解决当前的问题。妈妈接二连三地指出孩子的诸多错误，并且把各种原因导致的失败排列起来，只会让孩子对妈妈心生不满甚至怨恨。

奖罚分明是最好的“家法”

奖罚分明能够激励孩子的正确行为，制止孩子的不良行为，同时还能激发孩子的兴趣，让孩子积极地去做妈妈要求的事情。需要注意的是，奖罚要适度，不能过度。

奖罚无论大小，都会在孩子的心理上产生影响，一个人常常吃药会产生抗药性，孩子对奖罚也同样有适应性。单从惩罚的角度来说，要避免小错大罚、大错小罚，更要避免体罚孩子。孩子年纪小，需要父母的保护，父母的体罚会让孩子的身心都受到严重伤害。

为了让奖励起到更好的效果，妈妈要把有条件奖励和无条件奖励结合使用。有条件奖励，即和孩子协商决定做什么事、达到什么样的标准、给予孩子怎样的奖励；无条件奖励即只奖励孩子积极主动去做的、意料之外的好行为。专家建议，奖励不宜过于频繁，否则就会起到反作用。过多的奖励，会让孩子失去内部驱动力，把一切事情都与奖励密切联系，做任何事情都是为了得到奖励。由此可见，对孩子的奖励要适度，避免泛滥，要区分不同的事情，而非凡事都给予奖励。

有些妈妈生搬硬套现代管理手段，不愿了解孩子内心真实的想法和感受，只是根据孩子的表现进行奖惩，甚至把孩子每周休息时间都与学校里小测验的成绩排名挂钩。这样的做法明显属于奖罚不当，必然会导致孩子不服气、不情愿。其实，即使奖罚标准正确，也难以避免奖罚过度，无法起到预期的教育效果。奖罚既要有理、有度，还要有效，这才能达到教育的目的。

妈妈应该保持奖罚分明的态度，该奖励时就奖励，该惩罚时就惩罚，真正做到有理有据、有张有弛。奖励与惩罚，应该以孩子的需要作为基础适时调整。妈妈只有把握孩子的需求，才能让奖惩起到良好的教育效果。

处罚孩子时，妈妈的态度必须前后一致、明确，不公平的惩罚会伤害孩子的内心，使孩子无法正确评价自己，还有可能仇视和抱怨妈妈。因此，妈妈要慎重地惩罚孩子。当孩子总是犯同样的错误时，当孩子对心平气和的说教不以为意时，当孩子不愿意听妈妈所讲的大道理时，妈妈可以给孩子小小的惩罚，并且明确地告诉孩子应该如何做、达到怎样的要求或标准，也要告诉孩子如果达不到要求将会有什么后果。妈妈一定要帮助孩子确立改正的目标，教育的效果才会更好。

嘟嘟和姥姥姥爷一起生活，到了该上学的年纪，妈妈才把嘟嘟接到身边。这个时候，妈妈发现嘟嘟在长期与姥姥姥爷生活的过程中养成了很多坏习惯：贪玩、专注力差、做事粗心大意、不喜欢读书。为了帮助嘟嘟改掉坏习惯，妈妈进行了各种尝试，但是收效甚微。小学三年级时，嘟嘟的学习成绩很糟糕，在班里是倒数第五名。

妈妈很苦恼，也非常着急，因为妈妈很清楚，如果嘟嘟继续保持这样的学习状态，就会缺乏信心，也不利于其成长和发展。为了尽快帮助嘟嘟克服缺点，妈妈越来越急躁，失去了耐心，患上了“急躁症”。妈妈迫不及待采取“高压式”教育方式，每次检查作业时，只要发现嘟嘟对待作业敷衍了事，妈妈都会狠狠地训斥嘟嘟，希望以此来帮助嘟嘟认真完成作业。

然而，半年过去了，妈妈的方法丝毫没有起到效果，嘟嘟因为害怕妈妈的训斥，压根不愿意和妈妈谈论关于学习的事情，还总是向妈妈隐瞒老师布置的作业，不想把作业交给妈妈检查。妈妈明显感到嘟嘟正在承受巨大的学习压力，对待学习的热情持续下降，回到家里沉默寡言，偶尔和妈妈说话也是一副心不在焉的样子。

妈妈认真地反思自己的教育方式，尽管嘟嘟是自己的孩子，但是她并不了解嘟嘟，也不够关心嘟嘟，尤其是教育嘟嘟的方法根本不科学。从此之后，妈妈非常认真地观察嘟嘟的言行举止，不再对嘟嘟居高临下，而是非常关心嘟嘟。每当嘟嘟有了小小的进步，妈妈还会慷慨地表扬嘟嘟。为了帮助嘟嘟克服畏难情绪，重新激起嘟嘟对学习的兴趣和热情，每次检查作业，尽管看到嘟嘟的作业并不完全符合要求，妈妈也努力地找出嘟嘟作业中的闪光点，及时表扬嘟嘟。

在妈妈的努力之下，嘟嘟的学习表现越来越好，取得了很大的进步。早晨来到学校，嘟嘟见到老师主动问好："老师，早上好。"虽然嘟嘟的声音有些小，但和以前总是害羞地低着头相比，嘟嘟的表现好多了。

此外，嘟嘟还学会了感恩。在爷爷奶奶接送他上学放学时，他懂得关心爷爷奶奶，不会再跑得飞快，让爷爷奶奶气喘吁吁地跟在他身后追着跑了。

虽然嘟嘟还没有完全做到积极勇敢地表现自己，但进步还是很明显的。妈妈非常欣慰，也相信嘟嘟一定会越来越自信，不断进步和成长。

在奖励和惩罚孩子时，要做到以下两点：

（1）不要伤害孩子的自尊心

每当孩子做错事时，很多妈妈动辄打骂孩子，这对教育孩子是很不利的。针对体罚，要和奖励一样把握好度，过于频繁地体罚孩子会降低惩罚的作用。众所周知，惩罚孩子的目的是让孩子有更好的表现，所以要根据孩子的行为确定惩罚的轻重。惩罚过重，孩子会产生抵触情绪；惩罚太轻，又无法对孩子起到惩戒作用。惩罚孩子要始终牢记本心，既不要过于严厉，也不要轻描淡写。有研究机构经过调查发现，很多孩子正是为了逃避父母的打骂，才采取撒谎的方式掩饰真相。孩子的心思很单纯，他们误以为只有撒谎才能掩盖过失，保护自己。如果孩子第一次撒谎成功，接下来就会得寸进尺，在谎言的陷阱中越陷越深。谎越撒越大，需要更多的谎言来圆，孩子撒谎的行为也就越发恶劣。在谎言的保护下，孩子会做出很多出格的行为，甚至走向歧途。这样的事情有很多，可见，妈妈对孩子的奖罚必须讲究分寸，把握尺度。

孩子的接受能力没有成人那么强。诸如恶言恶语、侮辱谩骂，都超出了孩子的承受能力，很容易伤害孩子的自尊心。妈妈切勿盲目行使为人父母的权利，而是要牢记惩罚孩子的最终目的。妈妈要知道，孩子不但有自尊心，而且自尊心很强，内心也非常敏感。生活中，很多妈妈在批评、惩罚孩子时满口脏话，导致教育的效果大打折扣，根本不能有效地说服孩子。

（2）奖励和惩罚要及时

妈妈要知道，孩子的心理处于快速变化之中，如果奖励拖延，就会使孩子忘记自己为何能够得到奖励，使得良好行为与奖励无法形成因果联系，效果大打折扣。不及时奖励，会导致孩子的积极性受到严重打击，自尊心也受到伤害，因为他们会觉得父母对自己并不关心和看重，所以不愿意继续坚持做出良好的表现。

有些妈妈还会对孩子食言，因为各种原因，不兑现对孩子的承诺。明明说好今天要去做的事情，以有事耽误为由推到明天、后天，又推到大后天。这种做法对于发挥奖励的积极作用极为不利。当妈妈接二连三地爽约，时间久了，孩子就不再期待。为了让奖励发挥作用，妈妈必须说到做到，言行一致。

总而言之，妈妈奖罚不当，就会向孩子传达错误的信息和观念，也会使孩子养成不遵守诺言的坏习惯。要使奖罚效果显著，就必须选择恰当的奖罚方式，抓住最佳时机进行奖罚。

奖励绝不是简单地给孩子一些零花钱，或者送给孩子一件小礼物，惩罚也不是单纯地打孩子屁股。奖励和惩罚孩子都是家教的艺术，也表现出父母的教育智慧。要想让奖罚达到预期的效果，妈妈一定要恰当运用奖罚的教育方法。

别拿孩子当“出气筒”

虽然很多教育专家都认为妈妈发脾气会对孩子造成不良影响，但是时至今日，真正能够做到从来不对孩子发脾气的妈妈少之又少，因此，“一刀切”地禁止妈妈发脾气根本不现实。从孩子的角度而言，假如他们每天都生活在妈妈的甜言蜜语中，就会越来越娇气、内心脆弱，即便日后长大成人，也不能接受批评和劝告。他们就像温室里的花朵一样，经不起大自然的风雨。偶尔发一发脾气，特别是在孩子经多次劝告，还是对妈妈的话置若罔闻，依然故意捣乱的情况下，采取较为严厉的态度对待孩子是无可厚非的。

但是，妈妈切勿无原则地乱发脾气，否则就会伤害孩子的自尊心。发脾气时，妈妈的语气往往十分严厉，在冲动之中很难把握分寸，有时会对孩子粗暴无礼，使用的语言有失恰当，也不能做到就事论事，而是在心烦意乱之下给孩子乱扣罪名，甚至还会对孩子进行人身攻击。有些妈妈因为在某些事情上不顺利，就会迁怒于孩子，使孩子无端受委屈，这对孩子而言是不公平的。

与孩子相处，妈妈切勿感情用事，也不要把孩子当成“出气筒”。很多孩子都是顽皮淘气的，当孩子犯了严重错误时，妈妈骂孩子甚至揍孩子一顿是有必要的，至少可以让孩子牢牢记住下一次不要再犯同样的错误。但是很遗憾，很多孩子之所以挨揍，和他们所犯的错误并没有直接关系，而与妈妈的心情好坏有密切关系。妈妈心情舒畅时，不管孩子犯了什么错误，妈妈都会睁一只眼闭一只眼。但是如果妈妈心情不好，孩子哪怕没有犯错，也会被无辜指责。

佳佳的妈妈脾气暴躁，喜欢感情用事。有一次，佳佳吃完饭帮忙扫地，出于好玩的天性，他开始扫地前先模仿孙悟空挥舞了几下扫把。哪知妈妈正在和爸爸吵架怄气，看到佳佳拿着扫把在客厅里胡乱挥舞，不由分说地就给了佳佳一巴掌。

可怜的佳佳无缘无故地挨了揍，估计以后再也不敢拿起扫帚扫地了。

佳佳以后不扫地没关系，但如果佳佳将来不能分清是非，遇事同样感情用事，那可就糟糕了。妈妈这样管教孩子，等孩子渐渐长大，懂得道理，就会因此感到委屈，而且对妈妈很不服气。时间久了，孩子还会不尊敬妈妈，脾气暴躁的妈妈只能自食其果。

孩子是独立的生命体，有独立的人格，作为妈妈应该发自内心地尊重孩子，这样才能培养孩子健全的人格。感情用事地对待孩子，是不尊重孩子人格的表现，对于孩子的成长危害很大。妈妈如果不尊重孩子的人格，就是不尊重自己。试想，假如妈妈总是感情用事地对待孩子，孩子小时候也许会慑于妈妈的地位和权威服从妈妈，时间长了，孩子就会从无所适从变为麻木冷漠，对妈妈毫不理睬，发展到最后，孩子还会反抗妈妈，与妈妈犟嘴，不尊重妈妈。到了这种程度，妈妈不管怎么管教孩子，孩子都会充耳不闻。

对待孩子感情用事，意味着妈妈自身的素质是比较低的。要想改变对待孩子感情用事的坏习惯，妈妈就要坚持学习，努力提升自己教育孩子的水平。妈妈要多了解和学习心理学、教育学的知识，意识到感情用事会给孩子的身心发展带来负面影响。妈妈要加强自身的修养，努力克制感情，掌控情绪，尽量不要感情用事，而是要养成冷静思考的好习惯，增强自己教育孩子的责任感。只有做到这些，妈妈才能更好地教育孩子。

刘徽天真活泼，很有礼貌。他虽然年纪小，却很擅长下象棋。而刘徽的妈妈是一个性格冲动、缺乏修养的人，总是喜怒无常，情绪不佳的时候，还会把负面情绪发泄到刘徽身上。有一天，妈妈当着他人的面夸赞刘徽聪明伶俐、棋术高超。对方知道她也会下象棋，于是提出要求，让她与刘徽当众杀一盘。在虚荣心的驱使下，妈妈当即摆好棋盘，和刘徽对弈。

原本刘徽的棋艺就比妈妈高，再加上刘徽好胜心强，结果，才二十个回合，刘徽就让妈妈一败涂地。围观的人纷纷对刘徽竖起大拇指，称赞刘徽人小棋艺高。听到别人夸赞自己的儿子，妈妈当然很骄傲。这时，一个围观者冷言冷语讽刺妈妈："孩子的棋艺还不错，但是妈妈的水平太 low 了。"妈妈觉得很丢脸，瞬间满脸通红，心里不是滋味，但又不好和围观者吵闹，所以就对刘徽发起火来。她突然伸出手给了刘徽的脑袋一巴掌，呵斥道："你这个不长眼的东西，和你亲妈下棋都不知道让几步！"在妈妈喜怒无常的教训下，刘徽委屈得哭起来。

当看到孩子青出于蓝而胜于蓝时，作为妈妈应该感到高兴和骄傲。为了自己的面子，就当着他人的面打没有犯错的孩子，这是大错特错的。有些妈妈在工作中遇到不顺心的事，回到家里也会对着孩子发泄愤怒。这会导致亲子之间发生情感危机，还会影响孩子人格的正常发展。每一个妈妈都应该加强自我修养，不管是在生活中还是在工作中，遇到不顺心的事时，一定要保持冷静和理智，切勿轻易在孩子面前流露负面情绪，更不要对孩子撒气，把孩子当"出气筒"。

【惩罚孩子的几种技巧】

（1）罚坐

在处罚区里摆放一张椅子或者一张软垫，准备好闹钟用来计算处罚的时间。处罚地点应该偏僻私密；孩子犯错时，妈妈可以规定处罚时间，也可以让孩子自己决定处罚时间；处罚结束后，让孩子分析被处罚的原因，反思如何改正错误。

（2）帮忙做家务

孩子把各种东西扔得乱七八糟时，妈妈可以罚孩子帮忙做家务。但是，一定要注意安全。对于年纪小的孩子，妈妈要陪伴孩子一起做家务。这样的惩罚方式能够训练孩子物归原处，也可以帮助孩子养成良好的卫生习惯。

（3）阅读、写字

在固定处罚区摆放一张小桌子，提前准备好铅笔、画纸、故事书、彩笔等，让孩子独立阅读或写字，帮助孩子化解被惩罚时愤怒的情绪。

（4）没收喜欢的东西

孩子不注意保持整洁，乱丢东西时，妈妈可以没收孩子喜欢的东西作为惩罚。等孩子停止吵闹之后，妈妈再引导孩子说出为什么会犯错，当然，妈妈也可以向孩子解释没收东西的原因。

（5）禁止某些权利、要求

妈妈可以暂时禁止孩子吃爱吃的东西、玩爱玩的玩具，以此作为惩罚。处罚时不要威胁孩子，不要大声训斥孩子；要让孩子知道妈妈为何禁止他享有这些权利，当孩子的表现有所改善的时候，就可以把这些权利再交还给孩子。

第二章

拒绝冷暴力：
陪男孩一起成长

陪伴是孩子成长最需要的礼物。

与其喊破嗓子，不如做出样子

榜样的力量很强大，对于成长中的孩子而言，榜样的作用尤其重要。家庭是孩子最基本的教育单位，妈妈就是这个教育单位里最重要的老师，妈妈的言行举止都会成为孩子的效仿对象。很多事实都告诉我们，孩子正是从妈妈身上学会了最初的行为。所以妈妈要特别重视自己在孩子面前的形象，发挥对孩子的影响作用，为孩子树立良好的榜样。

苏联大名鼎鼎的教育家马卡连柯曾经说过，父母对自身提出的要求，对家人的尊重，对自身言行举止的注重，这些对于教育孩子而言是首要的，也是最重要的。在日常生活中，妈妈必须每时每刻都严格要求自己，在每一件事情上都给孩子树立榜样。己所不欲，勿施于人，妈妈要求孩子做到的，自己必须首先做到。

妈妈经常抱怨马波贪玩、淘气、不认真学习。有一次考试，因为马波两门功课不及格，妈妈就和爸爸齐心协力地“收拾”马波，把马波打得哇哇大哭。邻居实在看不下去，批评他们：“你们只知道督促孩子好好学习，你们自己好好学习了吗？你们总是招集很多人在家里打麻将，却要求孩子专心致志地写作业，他怎么可能写得下去呢？”尽管邻居态度很不好，但是妈妈没吭声，因为她意识到了自己的错误。这件事情之后，邻居再也没有听到过妈妈打骂马波的声音了，他们家里也再没有麻将声了。

马波的妈妈知错就改，为孩子树立了好榜样，对于教育马波将会起到积极的作用。

妈妈在抱怨孩子之前，应该先反问自己："我总是让孩子认真学习，我自己认真学习了吗？我总是让孩子勤奋刻苦，我自己勤奋刻苦了吗？我总是要求孩子考试排前几名，我的工作出类拔萃吗？我总是让孩子必须出人头地，我自己出人头地了吗？我总是让孩子遵守纪律，我自己遵守纪律了吗？如果我自己根本做不到这一切，或者有些事情我自己都不想做，反而要求孩子必须去做，也必须做好，这样的教育能成功吗？"

孩子的学习态度和道德品行，与妈妈的榜样作用密切相关。妈妈是孩子最好的老师，有什么样的妈妈，就有什么样的孩子。只有妈妈热爱学习，孩子才会热爱学习；只有妈妈热爱劳动，孩子才会热爱劳动；只有妈妈乐于助人，孩子才会乐于助人。虽然这些看法太绝对化，但却在一定程度上告诉我们：妈妈是孩子最好的老师，言传身教是妈妈给予孩子最好的教育。

美国教育家克莱尔说："假如你自己都没有成就，就不要期望孩子有所成就。"在这里，"成就"首先指的是妈妈要成为被孩子接受的、爱慕的妈妈，其次才是在生活和工作中取得的成就。

只有善良才能造就善良，只有光明才能造就光明，只有友爱才能造就友爱，只有和平才能造就和平。同样的道理，如果有仇恨就会造就仇恨，如果很消极就会造就消极，如果十分冷漠就会造就冷漠，如果特别自私就会造就自私。为了让孩子拥有幸福的人生，每一个妈妈都应该做好孩子人生的榜样，成为孩子最好的学习对象。

妈妈和孩子的关系非常亲密，和孩子接触最早，与孩子相处时间最长，所以妈妈是孩子最好的榜样。妈妈的言行举止就像没有文字的教科书，会在不知不觉间影响孩子。在孩子眼中，妈妈的所思所想和一言一行，都非常重要。要想培养出色的孩子，妈妈就要成为孩子的楷模。

大文豪托尔斯泰说："教育孩子的本质是要教育好自己，只有坚持自我教育的父母，才能有力地影响孩子。"

常言道，三岁看小，七岁看老。对于孩子而言，家庭教育非常重要，就像一座大厦的根基，只有夯实基础，才能筑成高楼大厦，才有更漂亮的外观。孩子从一出生就在家庭里生活，与妈妈朝夕相处，妈妈是孩子当之无愧的首任教师，有责任为孩子打好基础。

妈妈是孩子的启蒙者，也是孩子终身的教育者，对孩子的教育影响非常大。妈妈要做孩子的好榜样，需要坚持以下两个原则：

（1）以身作则

妈妈作为孩子的榜样，是具体的形象，且具有暗示和感染的力量。妈妈不但是权威，还会成为孩子言行举止的标准，成为孩子的参照物。妈妈要使孩子的言行一致，自己首先要言行一致。和让孩子放任自流相比，妈妈言行相悖对孩子的负面影响更严重。古人云"以教人者教己"，就是要求妈妈首先要具备优秀的品质，才能培养孩子优秀的品质。

（2）以身示教

在家庭教育中，妈妈总是在告诉孩子应该这样做、不应该那样做，并且主要以这种方式规范孩子的言行。这种说教非常空洞，所起的作用可以忽略不计。最有效的方法就是以身示教。妈妈的言行举止，都会被孩子看在眼里，在此过程中，孩子会对妈妈产生崇敬，并以妈妈为榜样，模仿妈妈的言行举止。在生活中，妈妈必须谨言慎行，以身示教，在要求孩子之前，自己必须首先做到。

妈妈要对孩子遵守诺言，答应了孩子的事必须兑现。对于难以兑现的事情，切勿轻易做出承诺。如果妈妈总是言出不行、出尔反尔，就会失去孩子的信任，失去孩子的崇信、敬仰与爱戴，亲子教育的效用也会随着失信次数的增多而递减。此外，如果妈妈经常说话不算话，孩子会在不知不觉间效仿妈妈的行为，不愿意兑现自己的诺言，形成坏习惯。

妈妈是孩子一生的老师。明智的妈妈会以身示教，做孩子的好榜样。

学会和男孩做朋友

如今，很多孩子都是独生子女，生活中非常孤独，缺少朋友的关心。妈妈应该成为孩子的朋友，分享孩子的喜怒哀乐。妈妈要想消除与孩子之间的代沟，就不要再高高在上，而是放下架子和孩子交朋友，真正走入孩子的内心世界。妈妈应该遵循“父母+朋友+老师”的思维方式与孩子相处，如果孩子能够把妈妈当成知己，也把妈妈当成镜子，那么亲子关系就会更加融洽。

很多孩子都喜欢和妈妈一起做游戏，也很愿意和妈妈交往。爱玩是孩子的天性，很多妈妈不会过分限制孩子玩耍。然而，能够放下手中正在做的一切，蹲下身来看着孩子的眼睛，全身心投入地和孩子一起玩的妈妈却很少。大多数妈妈都觉得玩是孩子的事情，和妈妈无关。而且，她们忙着工作，忙着做家务，也不知道如何和孩子一起玩。尤其是在当今社会中，很多妈妈和爸爸一样要奔波忙碌地工作，努力赚钱养家，很少有时间陪伴孩子。如果妈妈能够经常和孩子玩耍，也借着玩耍的机会与孩子亲密相处，就能促进亲子关系的发展，加深亲子感情。同时，和孩子一起玩耍也是帮孩子增长知识的手段，因为孩子在玩耍的同时，实际上也在通过这种独特的方式接受新事物，学习新知识。

作为现代实验科学方法论的创始人，笛卡尔的思想对于全世界的影响都很深远。时至今日，通过阅读笛卡尔的著作，我们依然能够感觉到笛卡尔的思想光辉。笛卡尔一生之中之所以能够做出伟大的成就，与童年时期父亲对他的教育密不可分。

笛卡尔的父亲与其他的父亲一样望子成龙，他非常愿意陪着笛卡尔一起玩耍。小时候，笛卡尔很喜欢玩搭房子游戏。笛卡尔的父亲极力支持，他认为孩子在搭房子时必须手脑并用，不但能够锻炼肌肉，训练手眼，而且能够增强动手能力，从而使孩子心灵手巧，激发出更多的潜能。在着手搭建房子之前，孩子必须先在脑海中形成形象，因此搭建房子的游戏还能培养孩子的形象思维能力。

每当笛卡尔玩搭房子游戏时，父亲都会陪伴在一边，给予笛卡尔很多帮助。他会引导笛卡尔对搭建的房子进行想象，并且告诉笛卡尔想象得越具体，搭建出来的房子也就越漂亮。有时，父亲还会利用各种模型、图画，激发深笛卡尔的想象，让笛卡尔头脑中的形象更加具体生动。父亲不但为笛卡尔的“工作”创造各种便利的条件，还会为笛卡尔讲解关于结构建筑的知识与方法。父亲耐心地告诉笛卡尔如何把木块铺平，如何延伸木块，提升木块的受力水平等。

在游戏中，笛卡尔对于空间有了一定的认知，知道前后、左右、上下、中间、旁边等空间概念，后来还对高矮、长短、厚薄、轻重、大小等有了正确的认知。在玩游戏的过程中，他还学会了制订计划，按照步骤进行设计，既收获了乐趣，也收获了成就感。

曾经有一位幼教专家说：“玩就是学，学就是玩。”对孩子而言，玩能够给他们带来快乐，他们也能够一边玩一边学，在玩中快乐地学习。让孩子通过玩游戏的方式进行学习，可以引导孩子锻炼肢体，还能够促进其记忆能力的发展，开发孩子的智力，培养孩子的情绪，带着孩子一起认知世界。那么，妈妈应该如何陪孩子一起玩呢？

（1）以专注的神态，全身心投入地与孩子一起玩

妈妈只有真正投入地陪孩子玩游戏，孩子才会开心。敷衍了事的态度会让孩子兴致索然，甚至感到不愉快。

（2）与孩子比赛，在比赛过程中了解孩子的心理

对于缺乏自信的孩子，在比赛过程中，妈妈可以故意落后，以增强孩子的自信心，让孩子获得成就感；对于好胜心太强的孩子，妈妈应该有意识地胜他一筹，从而增强孩子对失败、挫折的心理承受力。

（3）以朋友的身份、平等的态度与孩子一起玩

很多孩子还没有掌握玩的技巧，妈妈要耐心地与孩子一起玩，切勿厌烦地说“你真笨”“学不会”等话，这会让孩子情绪低落，自信心受到打击，也许以后再也不与妈妈一起玩游戏了。

（4）记录与孩子一起玩的镜头

利用影像设备，把和孩子一起玩的镜头记录下来，留到以后和孩子一起欣赏、回忆，可以增进亲子感情。

“隔代养育”有利有弊

孩子的成长离不开妈妈的照顾，在成长的过程中，孩子还需要与妈妈进行交流和沟通。妈妈要多关注孩子的心理需要，抽出固定的时间陪伴孩子，也要更加用心地了解孩子，常常与孩子谈心。

很多妈妈因为各种原因，会选择把孩子完全托付给老人照顾和教育，自己也在忙碌工作之余图个轻松清静。老人因为“隔代亲”会对孩子无原则地疼爱，这给孩子的成长带来很多困扰。即使妈妈的确无法独立教养孩子，需要老人帮忙，也应该尽量多与孩子相处，关心和了解孩子的情况，满足孩子的心理需要，而不要把孩子推给老人之后就彻底不管不问。等到发现问题再来批评和训斥孩子，显然无法起到良好的效果。

豆豆从小和爷爷奶奶一起生活。后来，虽然爸爸妈妈在大城市买了房子，但是爷爷奶奶舍不得豆豆离开他们身边，而且爸爸妈妈的工作特别忙碌，根本没有时间照顾豆豆，所以豆豆继续留在爷爷奶奶身边生活。爸爸妈妈感到很轻松，无须操心豆豆的各种问题，只要把工作做好就行。

有一天，妈妈下班之后去爷爷家看望豆豆。发现豆豆放学回到家里，作业一个字都没写呢，就开始看电视。妈妈检查豆豆的作业本，看到作业本上是接二连三的红叉叉，简直错误百出，忍不住批评豆豆："你的作业怎么错了这么多？我告诉过你很多次了，放学回来必须先完成作业，然后才能看电视或者出去玩。你觉得你做得好吗？"豆豆对妈妈的话置若罔闻，眼睛一直盯着电视屏幕，妈妈气急败坏地关掉电视。

豆豆哭喊起来："干吗关了？我还没看完呢！"妈妈火冒三丈，对豆豆喊道："别看电视了！先写作业，等我检查之后才能看电视。以后不许放学回家就看电视，必须学习！"豆豆冲着妈妈大喊大叫："我就要看电视，我就要看电视。爷爷奶奶都不管我，你凭什么管我！"说完，豆豆看到妈妈态度坚决，就向爷爷奶奶求助，让爷爷奶奶赶紧把妈妈"赶走"。

爷爷忍不住抱怨妈妈："你每次只要回家就招惹他，能不能安安生生的？他要看，就让他看会儿再写作业。"妈妈冲着爷爷着急道："爸，必须先完成作业，否则耽误学习了！"爷爷说："你别教训我，我有分寸。豆豆这么聪明，将来肯定有出息。"说着，爷爷打开电视，豆豆心满意足地看起来。

很多老人溺爱孩子，对孩子呵护有加，不管什么事情都代替孩子去做，根本不会有意识地管教孩子，培养孩子的独立能力。正是因为如此，老人带的孩子往往娇气、任性，不能自我控制，缺乏独立意识，行为能力很差，也没有责任感。妈妈的教育观点与老人的教育观点很容易发生冲突和矛盾，对于不与孩子一起生活的妈妈来说，她们偶尔见到孩子，更关心孩子的学习情况，并且会对孩子提出要求。溺爱和严格要求爆发冲突，会导致孩子在心理和感情上出现错位，认为爷爷奶奶才是最疼爱他们的人，而妈妈只会挑剔和苛责他们。渐渐地，孩子会与妈妈疏远，使亲子之间产生隔阂。有的时候，还会使妈妈与老人之间发生矛盾。

古人云，养不教，父之过。为人父母不仅有“头衔”，更肩负着沉甸甸的责任。多数家庭里，妈妈承担着更多照顾、教育孩子的责任，因为主要由妈妈负责照顾孩子，所以妈妈很容易发现孩子的问题，也要及时地指正孩子，帮助孩子改正错误的行为，培养孩子良好的习惯。妈妈还要与老人多多交流，向老人灌输正确的教育观念，也把孩子身上的问题指出来，告诉老人，这样才能与老人齐心协力，把孩子教育得更好。妈妈要注意以正确的方式与老人沟通，要照顾到老人感情上的承受能力，也要考虑到老人心理上的接受程度，尽量心平气和地与老人协商，还可以用事例来进行说明，帮助老人理解其中蕴含的深刻道理。记住，切勿对老人的不当做法加以指责，以免伤害老人的感情。

不要冷落乖巧的男孩

在很多家庭里，男孩如果既听话懂事，又学习好，按理来说应该得到妈妈更多的关爱。然而，有些妈妈对于省心的男孩反而会忽略，“放心过度”而表现出漠不关心。每当取得好成绩的时候，男孩希望得到妈妈的认可，从而满足自己的情感需要。如果妈妈无形中冷落了孩子，会使孩子感到失落，不愿意继续努力，产生破罐子破摔的想法：“反正我即使努力也得不到妈妈的认可和赏识，不如不努力。”渐渐地，孩子失去积极性，不再努力进取，也会觉得很受伤，从而与妈妈之间产生隔阂，发生矛盾。

哲哲放学回到家里，看到妈妈和以往一样，又和她的牌友们热火朝天地“码长城”。妈妈听见哲哲放学回家了，继续盯着麻将，对哲哲说：“哲哲回来了？妈妈正在忙着呢，你快点回到房间里写作业吧，乖乖的哦！”哲哲答应了一声，走到自己的房间里。这个时候，一个牌友夸赞哲哲：“看看吧，你这个儿子真省心，比女孩还好带呢！”妈妈眉开眼笑：“是的呢，我儿子从小就很乖巧，学习成绩非常好，根本不用我管。正因为这样，我才能放心大胆地和你们一起玩呀。”

哲哲在妈妈和牌友的洗牌声中，心神不宁地完成了作业。

走出房门，哲哲问妈妈：“妈妈，爸爸今天晚上回不回来吃饭?”哲哲接连问了好几遍，妈妈才抬头看了看挂钟，惊讶地说：“呦，时间过得真快，已经六点半了。哲哲，爸爸今天晚上有应酬，不回来吃饭。妈妈忙，你自己找点儿东西吃吧，或者给你钱出去买着吃吧，行吧?”说完，妈妈继续沉浸在牌局里。

哲哲一言不发地回到房间里，没有吃任何东西，只是呆呆地坐在书桌前。他很清楚，自己不管说什么妈妈都听不见，只会叮嘱他：“学习上的事情，我帮不上忙，你对学习心里有数，也不用我操心。对你，妈妈放心。”假如爸爸在家，也会告诉哲哲：“爸爸都是为了挣钱养活你，才会每天忙着应酬，你将来上学还需要花很多钱呢。只要你有本事考上好学校，爸爸一定花钱供你，哪怕你读硕士、博士，甚至出国，爸爸都会无条件支持你。”

哲哲想着想着，忍不住流下眼泪。

很多妈妈都觉得孩子学习成绩好，又很乖巧听话，从来不会向妈妈提出要求，就可以不用管教孩子。长此以往，妈妈对孩子缺乏关心，很少与孩子交流，导致亲子关系越来越疏远。孩子的成长离不开妈妈的关怀和照顾，更需要与妈妈交流。并非只有“问题孩子”才需要与妈妈亲密相处，妈妈也切勿等到孩子出现问题时才关注孩子。

很多妈妈觉得对于学习好、听话，从来不会惹是生非的孩子，可以放手不管，因而总是忙着做自己的事情，忽视孩子的情绪和感受。孩子长期在妈妈漠视的环境中成长，缺乏妈妈的关怀、照看，很少与妈妈沟通，一定会因为不曾感受到妈妈的爱而孤独寂寞，内心也会因为空虚而承受巨大的压力，导致性格孤僻、自闭。这样的孩子将来处理人际关系，会谨慎、多疑，明哲保身，不会主动关心和体贴他人。他们外表冷漠，缺乏自信，与人交往和沟通都困难重重。

很多妈妈都特别重视与学习关系密切的家长会、考前辅导会等，而忽视孩子的其他活动。孩子哪怕取得小小的进步，也是付出努力的结果，他们会为此感到骄傲和自豪，也希望能够得到妈妈的认可，与妈妈分享自己的喜悦。当妈妈对学习的重视和对孩子其他方面的忽视形成强烈的对比，孩子会误以为妈妈只关心他的学习，而丝毫不关心他，也会觉得无论自己如何努力都得不到妈妈的肯定、鼓励，从而在心灵、情感上受到伤害，变得越来越懈怠。对于孩子而言，他们想把自己的才华、成就都展示给妈妈看，更想和妈妈一起感受成功的喜悦。只要时间和条件允许，妈妈一定要陪伴在孩子身边，与孩子一起见证成功的时刻，这是激励孩子最好的方式。

妈妈要多多关注孩子的心理需求，花费时间与孩子沟通，打开孩子的心扉，走入孩子的内心，深入了解孩子。学习成绩好的孩子同样会面对成长的烦恼，也会有各种问题，甚至还会承受比其他孩子更大的压力。他们担心自己不够努力，担心成绩下降让妈妈失望，担心别人超过自己等。从这个意义上来说，学习好的孩子更需要妈妈帮助他们解开心结，减轻心理压力。

妈妈一定要特别关注看似让人省心的孩子。这些孩子往往性格内向，乖巧懂事，很少主动诉说心事，也不会积极采取其他方式自我排解，因而他们的心理压力很大，烦恼和困惑更多，更容易形成心理问题。

让家成为男孩的温馨堡垒

请先阅读两篇孩子的日记。

（一）

今天，我正在写作业，爸爸妈妈不知道为何争吵起来，妈妈指着爸爸的鼻子破口大骂，爸爸拿起鸡毛掸子就朝着妈妈打过去，妈妈丝毫不畏惧，当即和爸爸扭打在一起。

我很害怕，看看爸爸，又瞧瞧妈妈，决定劝说妈妈，妈妈狠狠地瞪了我一眼，让我“滚”。无奈，我只好再去劝爸爸，爸爸毫不留情地给我一巴掌。我委屈地打开家门，跑了出去。

我漫无目的地在街上走着，看到邻居娜娜正牵着她爸爸、妈妈的手，满脸笑容地逛街。我心里很难受，泪如雨下。

（二）

我才15岁，但是已经深刻感受到生命的痛苦！我作为儿子，失去了妈妈。每当其他孩子说起妈妈的好时，我就只能把眼泪往肚子里咽。为什么别人都有慈爱的妈妈，天天都能得到妈妈的关心和照顾，而我却连妈妈长什么样子都不知道呢！

缺陷型家庭会给孩子带来严重的精神损害，这两篇日记已经说明了问题。

父母经常吵闹、打架，会让孩子的神经始终处于紧绷的状态，日久天长，他们的情绪越来越抑郁、脾气越来越急躁，对外界的刺激过度敏感；有些孩子则恰恰相反，因为长期以来习惯了在这种糟糕的环境中生活，所以他们对于任何人和事都非常冷漠，不知道如何与别人友好相处，哪怕只是发生很小的冲突，他们也会采取攻击性的行为解决问题。

父母离婚，孩子缺少父爱或母爱，所以感情冷淡、情绪抑郁、性格孤僻、缺乏进取心、自暴自弃，甚至还会悲观厌世。根据调查显示，很多青少年罪犯都来自离异的家庭。

家庭成员的关系和家庭气氛，将会直接影响孩子性格的形成，也会影响孩子思想和品德的发展。糟糕的家庭环境，会使孩子的身心健康发展陷入困境。当婚姻出现问题，妈妈应该多为孩子着想，要知道，孩子最需要的就是亲生父母的陪伴和照顾。亲生父母的爱就像雨露一样，将会滋养孩子幼小的心田。

为了教育好孩子，妈妈要努力提高自己的素质，为孩子创造良好的成长环境。对于孩子而言，妈妈的美德是难得的财富。在孩子身上，总是能够看到妈妈的影子。孩子是妈妈的镜子，他会继承妈妈的优点熠熠闪光，也会继承妈妈的缺点黯然失色。要想让孩子受到熏陶，妈妈要成为优秀的妈妈，以自己的崇高人格为孩子营造和谐融洽的家庭氛围，以言传身教潜移默化地影响孩子，让自己成为孩子朝夕相处的好榜样。

孩子的成长环境包括物质生活条件、社会地位、家庭成员的关系和家庭成员的言行举止以及情绪情感。家庭教育，归根结底是环境的教育，需要依靠良好的环境熏陶和感染孩子。

良好的家庭环境对于每个家庭成员的心理都会产生影响，特别对孩子个性品格的形成意义深远。有的家庭，成员之间和谐融洽，虽然会有不同意见，但在原则问题上能够精诚合作，团结一致，彼此宽容和谅解。在这样的家庭里生活，孩子将会互助互爱，宽容体谅他人，心理、品质、能力等各方面均衡发展，还会获得安全感，自觉地接受教育。反之，如果家庭环境很糟糕，家庭成员彼此漠视，形同陌路，争吵不休，自私自利，相互折磨，则家无异于精神的监狱。在这样的家庭环境中成长，孩子的心理往往会扭曲，甚至会畸形发展。比如，对人对事都很冷漠，事不关己高高挂起，非常偏执，不愿意与人合作，甚至把家庭生活产生的巨大精神压力发泄到别人身上，以求获得心理平衡。这样的孩子很容易走上违法犯罪的道路。

只有在良好的家庭氛围中，孩子才会具备良好的心理素质，获得长足的发展。民主、和睦的家庭里充满了爱，人与人之间关系和谐。每个人都是家庭的主人，孩子将会获得幸福感、安全感，还会获得归属感、自豪感。孩子不管是做人做事，还是对待学习，都有良好的情绪，远离忧虑、紧张、烦躁，自然能形成良好的品质，认真专注地学习。要想为孩子营造和睦的家庭氛围，妈妈就要做到与其他家庭成员互尊互爱，同心协力，同甘共苦，彼此扶持。

有人信仰“出淤泥而不染”，但是这并非普遍现象。如果我们过分迷信这句话，从不关注和治理环境，放任孩子在糟糕的环境里成长，这是非常危险的。这与让孩子吃苦，接受锻炼完全不同。

如今，社会上很流行为子女创造丰富的物质环境，很多妈妈觉得养育孩子就像种树一样简单容易，只要肥料充足，树木就能开花结果。因此，妈妈们不惜花费重金，又是买电脑，又是买钢琴，又是报培训班，又是请家教，目的明确，即为孩子创造良好的学习条件。这是对的，代表着社会进步，但却很片面，也很盲目。家庭教育的开展固然需要物质条件作为保障，但过于充裕的物质条件，却会使孩子走向另一个极端。自古英雄多磨难，从来纨绔少伟男，正是这个道理。

爱孩子不仅仅表现在满足孩子的物质需求，对孩子提出过高的期望上。毕竟妈妈不是权威，不是孩子的上级，所以不要对孩子发号施令，也不要对孩子拳脚相加，更不要居高临下地对待孩子。每一个孩子都希望和妈妈成为好朋友，最好是无话不谈的那种。

古今中外，良好的家庭环境造就人才的例子有很多。因此，妈妈一定要为孩子营造健康的成长环境，既要重视物质，也要重视精神。

（1）让孩子在良好的家庭环境中成长

事实证明，很多少年罪犯都生活在不良的家庭环境中。家庭环境里，到处都是父母的影子，而这些影子又会投射到孩子身上，潜移默化地影响孩子。妈妈一定要把构建良好的家庭环境，作为重中之重。

事实证明，孩子在和睦融洽的家庭中成长，性格乐观开朗，个性很好，而且有上进心。常言道，“家和万事兴”，孩子成长需要家庭和睦，家庭的健康发展更需要家庭成员之间彼此包容和扶持。假如夫妻之间，父子或母子之间毫无亲情可言，家就会变成冷冰冰的宾馆，让孩子的心灵受到伤害。

（2）妈妈要具有高尚情操

妈妈是孩子的第一任老师，也是孩子一生的老师，对孩子影响深远。妈妈的言行举止都会印在孩子的心里。有的妈妈喜欢撒谎，孩子听着妈妈的谎言长大，怎么可能诚实呢？如果妈妈没有高尚的情操，根本不可能培养孩子高尚的情操。

（3）妈妈要养成良好的习惯

大名鼎鼎的作家伏契克说：“如果父母生活放荡，孩子就会变成酒徒和罪犯。”他还说：“在家庭生活中，如果父母染有庸俗的习气，孩子就会成为骗子、恶棍和不务正业的家伙。”每一个妈妈都应该重视这些名言警句，养成良好的习惯。

(4) 妈妈要积极向上

孩子的可塑性很强。妈妈要给孩子机会接触社会的正能量，让孩子学习积极向上的精神，树立不怕困难、勇于进取的决心。切勿让孩子对社会心存不满，把自己看得毫无是处，否则孩子非但不能服务社会，还很难在社会上生存。

(5) 关注生活中的细节

实际上，妈妈对孩子的影响和孩子对妈妈的评价，都来自现实生活中的细节。妈妈无意识中说出的一句脏话，不知不觉间发的牢骚，面对困难的畏缩胆怯，在背后议论他人的不好……这些看似无关紧要的小事，是最有“传染性”的，它们会像细菌一样聚集在一起，渐渐地玷污孩子纯洁的心灵。

妈妈的言行举止都会影响孩子。例如穿衣打扮、表情目光、身体姿态等非语言行为，都会给予孩子最直观形象、生动具体的教育，它们将会成为语言教育的补充、加强，甚至能够取代语言教育，产生更好的教育效果。再如，妈妈慈眉善目地对待孩子，使孩子感到亲切，使孩子愿意亲近妈妈，也感受到妈妈的可亲、可敬，这样孩子就会感受到妈妈一直都在鼓励自己、称赞自己，觉得自己非常幸福、安全，从而具有更大的勇气克服困难。相反，妈妈总是一脸严肃地对待孩子，则会让孩子感到恐惧，忍不住对妈妈避而远之。

妈妈要为孩子树立好榜样，以完美形象面对孩子，就要从平常的表情、目光、姿态和衣着等方面着手。这不仅有助于树立妈妈的良好形象，而且可以在潜移默化中感化孩子，循序渐进地培养孩子良好的修养、气质，提升孩子发现美、感受美的能力。

只有以良好的成长环境为基础，孩子才能形成良好的心理素质，为成功人生奠定基础。家庭是社会生活的最小单位，对孩子心理素质的形成和发展影响深远。建立良好的家庭环境，才能保证孩子身心健康发展，具备良好的心理素质。

【单亲家庭的教育重点】

(1) 正确看待单亲家庭的孩子

不要带着有色眼镜看单亲家庭的孩子，不要让孩子生活在残缺感之中。离异的妈妈在教育孩子时，要积极地向爸爸寻求合作，毕竟对于孩子来说，爸爸还是爸爸，妈妈还是妈妈，他们依然应该拥有爸爸妈妈完整的爱。

(2) 离婚要尽量减少对孩子的伤害

妈妈作为孩子的抚养方，要以保护孩子的健康成长为首要原则，而把个人恩怨放在后面。要本着和平相处的原则，与前夫达成合理友善的教子协议，允许孩子每隔一段时间就与爸爸相聚。要保持乐观向上的精神，避免总是在孩子面前发牢骚，使孩子感到压抑。

(3) 切忌在孩子面前指责前夫

教育孩子时，作为单亲妈妈切忌在孩子面前指责前夫。很多妈妈离婚后都想向孩子证明自己是唯一的受害者，这样会让孩子始终被变故的阴影笼罩着，无法开启新生活。只要妈妈端正心态，积极乐观地开始新的生活，孩子受到的负面影响就会很小。成人无法想象孩子承受家庭变故的能力，哪怕一开始对新的生活模式心怀抵触，孩子也会渐渐地适应和接受新生活。

第三章

家有“问题”男孩：要宽容不要纵容

人非圣贤，宽严相济才能让男孩改过。

男孩的“小错”也要纠正

一位教育专家说过：“转眼之间，今天的儿童就成为青年，稍不留神就无法补救了。”然而，在现实生活中，很多妈妈都觉得孩子犯了小错误可以不管不问，只有犯了大错，才需要批评指正。因此，很多妈妈都会犯这样的错误：不在乎孩子所犯的微小错误，更不会主动提醒孩子要多多注意。这是不对的，妈妈应该重视孩子的小错误。很多细小的错误，都是孩子做事三心二意的态度导致的，如果不及时纠正，会使孩子养成糟糕的做事习惯，也会导致孩子的价值观出现偏差。

当孩子犯了小错时，妈妈要如何做才是正确的呢？

（1）教孩子树立正确的善恶观

古人云：“勿以恶小而为之，勿以善小而不为。”妈妈应该向孩子灌输这样的正确思想，帮助孩子形成正确的是非观念，树立正确的善恶观念。对于善事，不管多小都要积极主动地去做；对于恶事，不管多么小都切勿去做。

妈妈要始终保持警惕，当发现孩子犯错误时，切勿姑息迁就，而是要及时为孩子指出危害。不要因为事情很小，就放弃对孩子进行正面教育，大量事实告诉我们，很多孩子都是从微不足道的小事开始犯错的，最终由“恶小而为之”，发展到非常严重的程度，铸成大错。因此，妈妈必须告诫孩子不好的行为即使再小也不要去做。小恶不除，必成大患，妈妈只有防微杜渐，才能防患于未然。

（2）就事论事，不要夸大事实

当孩子犯了非原则性的小错时，妈妈要谅解孩子，没有必要把所有的错误都“上纲上线”，否则会把孩子推向实质性犯错的道路。要想把握好度，对待孩子犯错，妈妈要坚持就事论事的原则，切勿扭曲事实，夸大事态的严重性。

因为距离学校太远，帅帅平日住在爷爷奶奶家里，只有周末才回自己家。每个周末，妈妈都会给帅帅零用钱，还特意嘱咐帅帅除非情况紧急，否则不要向爷爷奶奶要钱。周末，妈妈去接帅帅回家，爷爷告诉她：“帅帅没有经过我的同意，就从抽屉里拿了两百块钱。”

妈妈很惊讶，顿时怒火中烧。家里给了帅帅足够的零花钱，也会满足帅帅的要求购买很多用品。即使有特殊的需要，也应该光明正大地向爷爷要，怎么能自己偷偷拿呢？妈妈生气地训斥帅帅：“我给了你足够的零花钱，好吃好喝地供着你，你难道不满足吗？竟然偷爷爷的钱！”

帅帅争辩道：“我没有偷！我想和同学一起买网卡，我还承诺会周末回家拿来压岁钱还给爷爷，但是爷爷坚持说小孩上网就是瞎玩游戏，无论如何也不借钱给我。可是我已经和同学说好了，如果做不到多丢人！趁爷爷睡觉的时候，我就从抽屉里拿了两百元钱，想回家拿了压岁钱之后再偷偷放回抽屉里。没想到，爷爷这么快就发现了。”妈妈听了，生气地说：“你还狡辩！你买网卡玩游戏，本来就是不该做的事情，就不能回家拿了压岁钱再买吗？爷爷不给你，你就自己拿，这就是偷……”

妈妈觉得帅帅的行为很恶劣，是道德品质问题。虽然帅帅承认了错误，而且事情过去了很久，但是妈妈还是想起来就很生气，只要逮着机会就教训帅帅。她还把这件事告诉了家里的亲戚，包括外婆、外公、小姨、舅舅等，让大家都一起做帅帅的思想工作，杜绝帅帅的“偷”钱行为。这件事情对帅帅的内心造成了很大的伤害。

很多妈妈教育孩子时喜欢“拔起萝卜带着泥”，只要揪住孩子的一个小错误，就能数落孩子的一大堆毛病，把孩子说得蔫头耷脑，觉得自己一无是处，非常自卑，也丧失了信心，干脆“破罐子破摔”。

（3）及时纠正孩子的错误行为

当孩子犯了小错误，一定要及时为孩子指出错误，给孩子批评警告。俗话说：“千里之堤，溃于蚁穴。”很多时候，孩子并不能意识到自己犯了什么错误。如果妈妈不及时纠正孩子犯下的小错误，将来等到孩子犯下大错误，就追悔莫及。妈妈应该知道，孩子虽然判断能力有限，但是他们还是能够区分好与坏的。如果孩子犯了错误，也意识到自己做了错事，妈妈就要及时抓住孩子“我犯错误了”的内疚心理和反思契机，当机立断对孩子进行有效的教育，纠正孩子的错误行为。这样一来，孩子就会不犯或少犯类似的错误。

（4）找到正确的教育方式

生活中，有些妈妈无法正确对待孩子的小错，假如心情好，非但不会指责孩子，甚至还会表扬孩子。等到孩子把小错变成大错时，她们马上歇斯底里，愤怒地责罚孩子。殊不知，这些教育观点、行为都是错误的，只会事与愿违。当孩子犯了错误时，妈妈要坚持原则，赏罚分明地对待孩子。孩子做得好，要奖励孩子，但孩子做错事时，切勿姑息，哪怕只是犯了小小的错误，也要及时适度地处罚孩子，这样孩子才能正视错误，及时改正错误。

在成长的过程中，每个孩子都会犯错。当孩子犯错时，假如妈妈因为孩子犯的错误很小，就溺爱孩子，忽视孩子的错误，不对孩子进行适当的教育，就会让孩子陷入更危险的处境。星星之火，可以燎原，小小的过错如果不能得到及时的处理，反而被纵容，最终一定会铸成大错。每一个妈妈都很爱孩子，切勿因为溺爱和纵容而毁了孩子。

“小时偷针，大时偷金”

孩子有着强烈的占有欲。有的孩子看到别人有新玩具，非常羡慕，想向别人借来玩，却被别人拒绝，在这种情况下，如果爸爸妈妈不能满足孩子的要求，孩子就会始终惦记着这个玩具。最终，在占有欲的驱使下，他们采取偷窃的恶劣手段，以实现内心的满足。还有的孩子看到小伙伴拿着好东西炫耀，但是自己却没有，就会爱慕虚荣，觉得丢了面子，自尊心受到伤害。为了也有炫耀的资本，他们会趁爸爸妈妈不注意，偷钱买相同的东西。如此一来，他们的自尊心获得满足，内心也找到了平衡。

奇奇家特别有钱，不但住着高档小区，生活水准也很高，而且家里有两辆豪车，一辆是奥迪，一辆是奔驰。然而，前不久，奇奇在超市企图偷窃卡通玩具，被人发现和制止之后，一脸无所谓地走了。邻居当时恰好在现场，感到很惊讶和不解。原来，奇奇的家里虽然有钱，但是他的爸爸妈妈都特别忙，每周顶多回家两三天，其他时间都由保姆负责照顾奇奇。最重要的是，奇奇的爸爸妈妈感情不好，经常吵架。

如此想来，奇奇的行为也就不难理解了。平日里，奇奇很少见到爸爸妈妈，爸爸妈妈也似乎把奇奇忘记了。又因为爸爸妈妈之间感情并不和睦，给奇奇留下了心理阴影。或许奇奇正是要通过偷窃行为，来吸引爸爸妈妈对他的关注。

和奇奇为了引人注意去偷窃不同，很多孩子是把偷窃看作“英雄”行为，以此来表现自己的“勇敢”。他们单纯地以为，拿了别人的东西而别人毫无觉察，这是自己“有本事”。有这种心态的孩子常常把偷来的赃款、赃物与其他小朋友分享，以换取自己当“领头羊”的机会，也得到其他小朋友的“尊重”。

除此之外，有些孩子在受到委屈、感到不公的时候，也会以偷东西的方式发泄内心的愤懑，或者进行反抗。在幼儿园里，老师常常会特别偏爱一些孩子，不管做什么事情都对他们特殊照顾，还会优先安排他们参加各种活动，或者找个借口给予他们奖赏。相比之下，老师会忽略另外一些孩子，他们既得不到玩的机会，也很少受到老师的奖赏。当两个孩子为了争抢一件玩具而争吵时，老师会袒护某一个孩子，做出不公正的裁决，把玩具给自己喜欢的孩子，而批评另一个孩子。在这种情况下，那些没有得到老师宠爱的孩子会感觉不公平，因此进行反抗，偷那个被偏爱的小朋友的东西，或者把争抢的玩具偷偷地带回家，据为己有。

妈妈是孩子的第一任老师，对孩子的影响特别大。孩子有偷窃的行为发生，也许是教育不当导致的。

晓明第一次偷拿邻居家的东西，妈妈不以为意地向邻居解释说：“晓明还小，不懂事，你千万不要计较，等他长大了就会明辨是非了。”妈妈对晓明采取放任自流的态度，导致晓明在偷窃的道路上越走越远，最终锒铛入狱。

有些妈妈不会保管钱财，总是把钱随便放在家里。孩子的自控力有限，会想吃好吃的，想玩好玩的，当经不住诱惑的时候，孩子就会先斩后奏，不征求妈妈的同意，就私自从家里拿钱去买好吃的、好玩的。事后，孩子担心被妈妈责骂，始终隐瞒真相。等到粗心的妈妈终于发现家里的钱少了，却又没有追究，孩子就会心存侥幸，甚至误以为自己这样做是被妈妈允许的，并不属于偷窃行为，所以越来越肆无忌惮，最终发展成偷窃，总是随便偷拿别人的东西。

有些妈妈管教孩子很严厉，一旦发现孩子有偷拿东西的行为，马上大发雷霆，轻则责骂、羞辱孩子，重则体罚孩子，完全不顾孩子的自尊心，也压根不想弄清楚孩子这么做的根本原因。这种严厉的态度和反应，会让孩子心理压力增大，严重打击孩子的自尊心和自信心。结果，孩子会怨恨妈妈，感到自卑，甚至产生逆反心理："反正无论我怎么解释，妈妈都认为我是偷东西。"在这种心态的作用下，孩子会故意通过偷窃来发泄不满。

孩子有偷窃行为，与妈妈的教育有密切的关系。当发现孩子有不好的苗头，或者做出不当的行为，妈妈一定要多多用心，坚持努力，争取把偷窃的幼苗扼杀在摇篮里。

在孩子小的时候，妈妈就要向孩子灌输所有权的意识。很多孩子年纪小，压根不知道所有权是什么，也没有物权归属的概念。他们以自我为中心，想要得到一件东西就会直接拿走，而不管东西的所有权归谁。孩子很少考虑把别人的东西据为己有有什么后果。这是孩子的天性，一是孩子无法真正理解所有权的含义，二是孩子的情绪自控力很差，这意味着孩子的偷窃行为多数并不是品质恶劣所致。

在这种情况下，妈妈很有必要培养孩子的所有权意识。在与孩子一起玩耍时，可以对家里的各种东西进行所有权确认，明确谁拥有哪些物品，还可以在相应的物品上写姓名或做记号。此外，要制定家庭规则：没有经过物品所有人的许可，不能随便拿他人的东西。妈妈要当好孩子的榜样，在为孩子洗衣服、收拾玩具之前，首先征得孩子的同意。还可以和孩子一起玩“角色扮演”的游戏，训练孩子形成所有权意识。妈妈与孩子轮流扮演偷窃者和被偷者，让孩子体验自己所拥有的东西被“偷窃”之后的糟糕感受。

妈妈切勿对孩子管教太严，更不要动辄对孩子无意的偷窃行为大动干戈，斥骂、责打孩子，这只会导致孩子产生更强烈的逆反心理，除此之外毫无作用。随着年龄的增长和心理的发展，幼儿逐渐形成道德认识和道德判断，所以面对孩子的偷窃行为，妈妈应该明确教育的重点：让孩子清楚地意识到自己的行为为什么是错误的。可以以询问孩子“为什么偷别人的东西”作为着眼点，假如孩子回答“那个东西好玩”时，那么妈妈要教导孩子如何从正当途径得到想要的东西。假如孩子回答“别人也偷过我的东西”，那么妈妈要为孩子分析偷窃的后果：假如每个人采取偷窃的方式报复小偷，那么社会生活将会彻底乱了套。假如孩子回答“没有错”，那么妈妈要引导孩子设身处地地站在被偷者的位置上考虑偷窃行为给他人带来的伤害，从而自觉地改掉偷窃行为。关键之处在于，妈妈必须了解孩子的心理，才能有针对性地对孩子提出道德要求，并督促孩子做出符合道德要求的行为。孩子往往不会反感这样的教育，而是乐意接受。

郡郡的姑妈开了一个超市，郡郡经常去超市里玩。有一天，姑妈发现超市里少了一盒巧克力，知道是郡郡拿的，觉得孩子喜欢吃糖果无可厚非，因而没有声张。后来，姑妈发现七岁的郡郡胃口越来越大，居然从超市里拿笔、小刀和乒乓球，而且像真正的小偷那样环顾四周，发现没有人注意到，才偷偷塞进口袋。熟练地做完了这些举动，他把自己伪装得很好，一本正经地就像个没事人一样离开超市，俨然是个小偷。

姑妈觉得继续纵容郡郡，会毁了郡郡。有一天，趁着超市里只有她和郡郡在，姑妈很慈祥地看着郡郡，把郡郡抱着坐在自己的怀里。姑妈讲了一个故事给郡郡听："读小学五年级时，我曾经从别人的店里偷过一块橡皮。我很清楚这是偷窃行为，害怕极了，心里很惭愧，晚上都睡不着觉。我觉得这样做很不值得，后来就不再这样做了。"姑妈的故事讲完了，郡郡面红耳赤，主动对姑妈承认错误："姑妈，我知道错了。以后，我再也不偷拿东西了。"

姑妈的做法很有借鉴价值。对于有偷窃行为的孩子，平日里，妈妈可以有意识地给孩子讲一些与偷窃有关的故事，例如自己被他人偷了东西后有很多的麻烦，再如钱包被偷了，又气又急等。心理学研究证明，这么做能够有效诱发孩子的内疚心理，让孩子同情受害者，比惩罚更能帮助孩子改掉偷窃行为。

不要“以自我为中心”

安琪是幼儿园老师，在幼儿园里经历了一件有趣的事情。幼儿园里有一位小朋友叫麟麟。妈妈很疼爱麟麟，每天送孩子来幼儿园时，麟麟一定要先在车上和妈妈交代一些事情，并且要求妈妈按照他所说的顺序把每一件事情都复述给老师。下车，妈妈必须抱着麟麟，再背着书包，把麟麟送到教室里。然后，妈妈就要按照麟麟交代事情的顺序，把每一件事情都复述给老师听。当妈妈说的顺序出现错误，麟麟立马哭闹起来，说妈妈说的顺序不对，要求妈妈重新说。无奈之下，妈妈只好把麟麟在车上交代的事情以正确的顺序再说一遍。直到妈妈按照正确的顺序把所有事情说完，麟麟才会停止哭闹。每天早晨，安琪见到麟麟的妈妈，麟麟妈妈都在重复交代：“老师，我们今天有四件事情需要您记下来。第一件事是我们今天要吃米饭，第二件事是我们没睡醒，第三件事是我们今天有点儿感冒，第四件事是我们还很困，想要睡觉……”

安琪简直无语：这个妈妈是在养儿子，还是在养皇帝呢？就算是养皇帝，也用不着这么宠吧！

安琪说的对，妈妈实在太宠爱麟麟了。如今，大多数家庭里只有一个孩子，妈妈也就理所当然地把孩子当成上帝赐予的礼物，是“天之骄子”。孩子们从小就受到爸爸妈妈和长辈们的疼爱，从出生到学会抓取物品，从爬行到走路，从奔跑到登高，孩子的一举一动都牵动着妈妈的心，妈妈总是想方设法满足孩子的需求。在妈妈眼中，孩子是宝贝，是心头肉，在这样的宠溺之下，孩子变得越来越霸道。很多妈妈都觉得孩子霸道一些没关系，安慰自己孩子毕竟是孩子。时间久了，孩子就会把任性当成有理，把霸道当成理所当然，所以变本加厉。可以说，溺爱过度，正是孩子霸道的首要原因。

在人际交往过程中，难免与他人产生矛盾，也有可能与人发生冲突。引导孩子正确处理矛盾和冲突，可以帮助他们认识“自我”与“他人”的关系，也让他们意识到蛮横、不讲道理和任性霸道根本行不通，从而学会与人友好相处，妥善处理各种问题。此外，男孩还要有博大的胸怀，学会原谅别人，这有助于男孩形成良好的性格。人非圣贤，孰能无过，假如不能原谅别人，也就无法得到别人的原谅。

张兴6岁了，最近尤其喜欢搭积木。在游乐场里，他辛苦地用积木搭了一座宫殿，却被4岁的佑佑碰倒了。看到自己的辛苦付诸东流，张兴很恼怒。即使佑佑流着眼泪向他道歉，他还是不肯原谅，一边哭喊，一边推搡佑佑：“你赔！你赔！你赔！”

妈妈安抚张兴：“妈妈知道你很伤心，也非常生气，所以妈妈不会因为你刚才冲动的表现而责备你。妈妈知道你费尽辛苦才搭好这个宫殿，但是你要知道，佑佑并非故意碰倒你的宫殿，他还小，只是不小心而已。他还不能像你这样小心翼翼地做事情。”

张兴听了妈妈的话，依然不愿意原谅佑佑，他坚持认为佑佑是故意碰倒他的宫殿的。妈妈说：“今天早晨，你也把牛奶洒在了桌子上，还摔碎了牛奶杯子，难道也是故意的吗？妈妈看到你把牛奶洒得到处都是很生气，但是听到你说‘对不起’，我就知道你不是故意的，只是不小心，所以我选择原谅你。你想不想尝试着原谅佑佑呢？佑佑已经真诚地向你道歉了，你应该有风度，原谅佑佑，这才说明你真的成为男子汉啦！”

在妈妈的劝说下，张兴最终原谅了佑佑，他又和佑佑高兴地玩起来。

在这个事例中，妈妈从三点劝说张兴原谅佑佑：第一，佑佑不是故意的，他很小，还不能小心翼翼地做事情；第二，张兴今天早晨不小心打翻了牛奶，妈妈原谅了他；第三，原谅别人是很美好的感受。尽管张兴才 6 岁，但他一定会通过这件事情有所感悟，获得成长。相信在经历这件事情之后，他能够心胸开阔，原谅别人。

学会宽容和谅解他人，才能使男孩摆脱“自我中心”意识，真正知道“自我”与“他人”的不同含义；也能够帮助男孩建立和谐融洽的人际关系，提升男孩适应社会的能力，形成合作意识；还能引导男孩宽容地对待他人，主动为他人着想。

男孩有暴力倾向应及早制止

孩子产生暴力行为的原因有很多。

一个人要从小形成健全人格，养成行为规范。现代社会，大多数独生子女都很孤独，爸爸妈妈始终忙于工作，也会让孩子产生不安全感。当孩子感到不安，又无法从家庭环境中获得力量支撑自己的时候，不良家庭教育和暴力文化会乘虚而入，影响孩子，导致孩子形成暴力人格。有研究发现，假如孩子从幼年就目睹家庭暴力的发生，或者过于频繁地沾染暴力文化，就有可能在潜移默化中形成暴力人格。

现在的孩子大部分都是独苗，一个人得到几代人的关怀。当总是被父母和长辈娇纵和溺爱，孩子就会渐渐地形成说一不二的霸王脾气，个性也会变得残暴且冷漠，常常藐视他人的权益，更不懂得尊重他人，甚至以践踏他人的权益为乐。小时候，孩子们面对无法实现的愿望，会通过哭闹不休的方式来表达内心的愤怒，但是一旦进入青春期，当具备实施暴力的能力和条件，孩子就有可能做出暴力行为。

有些孩子的性格特别敏感，很容易被激怒，或者产生挫折感，心理学家研究发现，这些孩子在降临人世之初就表现出暴力倾向。他们会毫无预兆地大发雷霆，因为一点儿小事情就怒气冲冲，情绪总是暴躁不安。

要想消除孩子的暴力倾向，妈妈就要多关注和引导孩子。妈妈要知道，消除孩子的暴力倾向是一个漫长的过程，必须及早进行。假如等到进入青春期，妈妈才开始预防孩子出现暴力倾向，则为时已晚。要想扼制孩子的暴力倾向，清除孩子心中的暴力概念，就要从孩子懂事的时候开始做起。

（1）给孩子制定规矩

引导孩子遵纪守法，让孩子清楚地意识到人与人之间的相处必须有同情心和怜悯心。人之所以区别于动物，就是不以自己的标准去伤害他人。这将会帮助孩子明确自己应该做什么，不应该做什么。假如孩子违反了纪律，妈妈切勿心慈手软，而是要及时地教训孩子，让孩子意识到自己做错了。

（2）给孩子创造良好的环境

妈妈不要当着孩子的面与人争吵，更不要当着孩子的面与人动手。在观看电视节目时，要避免让孩子看激烈暴力的电视节目。

孩子的模仿能力很强，他很有可能模仿父母争吵和打架，也会模仿电视里的武打场面、暴力行为。尤其是有些孩子攻击性较强，更是应该减少诱发攻击性行为的因素。妈妈不要过分宠溺孩子，还要与爷爷奶奶等长辈达成一致，不要骄纵孩子，纵容孩子的霸道任性。

当孩子心情平静的时候，妈妈可以陪着孩子一起看关于儿童有同情心、和小朋友友好相处、爱爸爸妈妈的图书，这有助于孩子形成良好的行为。在日常生活中，可以教会孩子一些有用的社交技巧，鼓励孩子运用这些技巧解决与同伴之间的矛盾和争执。妈妈还可以设计不同的生活情景，与孩子一起分别饰演不同的角色，帮助孩子掌握化解矛盾的技巧。

(3) 采用正确的教育方式

首先，告诉孩子爸爸妈妈都很爱他，永远不会离开他，帮助孩子建立安全感。

其次，当发现孩子有暴力倾向时，妈妈要心平气和地告诉孩子这样做是错的，切勿采取训斥、打骂的方式纠正孩子的错误，否则只会强化孩子的暴力意识。此外，要为孩子提供合理的渠道宣泄内心的压力，如认真倾听孩子的倾诉，让孩子写日记，让孩子参加搏击训练等。

再次，妈妈要告诉孩子，语言沟通是比暴力更为有效且文明的解决问题方式，也要让孩子意识到维护正当权利的方式有很多，暴力攻击是非常不理智的。错误的教育方式会严重伤害孩子的心灵，阻碍孩子的成长，也会使那些有暴力倾向的孩子因为一时冲动做出过激行为，从此走上人生的歧路。妈妈要从小就教育孩子遵守秩序，并且采取正确的方式方法解决问题，这将会让孩子一生受益。

最后，努力寻找正确的方式，帮助孩子赢得自我肯定。这种方式不局限于学习，还可以和孩子一起参加户外活动，诸如郊游、爬山等，让孩子受到大自然的熏陶。此外，还可以鼓励孩子积极地参加体育运动，或者学习乐器，还可以慷慨激昂地演讲，或者感情充沛地唱歌……孩子哪怕只是在一个项目上取得一定成就，就能够赢得自我肯定，远离暴力倾向。

(4) 妈妈要以身作则

妈妈是孩子学习的榜样，如果妈妈能够以平静的方式表达负面情绪，孩子生气时也会效仿妈妈的做法；如果妈妈经常采用暴力的方式解决家庭问题，孩子在面对负面情绪时也会采取暴力手段。要想清除孩子的暴力倾向，妈妈切勿“以暴制暴”。

在情绪烦躁的时候，妈妈不要处理孩子的问题，最好在恢复冷静和理智之后再与孩子沟通，教会孩子怎样才能控制情绪。妈妈要告诉孩子：“假如你生朋友的气了，要清楚地告诉朋友他哪里做得不好，而不要采取暴力手段解决问题。”时间是灵药，能够淡化冲突，妈妈要教会孩子等待，或者让孩子在情绪冲动时做其他事情，有效地转移注意力。

阿杰是个脾气暴躁的男孩，为了帮助他控制情绪和行为，妈妈想出了一个办法。

这天，妈妈带着怒气冲冲的阿杰走到一面墙壁前，说：“孩子，妈妈知道你脾气冲动，这不是你的错误。不过，你的行为会影响到别人。从今天开始，每当你要生气的时候，就在这面墙壁上贴一个图标。”随后，妈妈拿出很多图标给了阿杰。

一周过去，墙壁上贴了很多图标。有一天晚上，妈妈指着密密麻麻的图标说：“阿杰，你知道自己的脾气有多么糟糕了吗？”阿杰羞愧地低下头。妈妈说：“假如你能做到一天不发脾气，就可以从墙壁上撕下一个图标。”

第一天，阿杰忍了半天的时间，下午还是发火了。第二天，阿杰居然没有发火。这个星期，阿杰有3天都没有生气。几个月过去，阿杰撕掉了墙壁上的所有图标。

妈妈语重心长地对阿杰说：“阿杰，现在你能够控制自己的情绪了，真好！不过你看看，图标虽然撕下了，但是图标留下了痕迹。你每次发完脾气之后自己很快就会忘记，却在他人心中留下了不可磨灭的伤害。”

阿杰惭愧地低下头。从此之后，阿杰的脾气越来越好，很少再生气了。

任性的孩子要这样对付

任性，指的是一个人不会考虑到客观环境和条件，由着自己的性子，想怎么说就怎么说，想怎么做就怎么做，对于他人的劝告和阻拦无动于衷。任性的重要特征是放任自己，从来不约束自己的行为举止。

在常人眼中，任性是孩子的不良品质，必须采取措施制止孩子的行为。然而，与成年人的任性相比，孩子的任性有很大的可塑性。通常情况下，孩子的任性具有双重特征，妈妈应该注意区分孩子任性的不同情况，有的放矢地教育孩子。孩子不断成长，认识范围扩大，自我意识得以发展，自尊心和独立性越来越强，所以才会“任性”。这种“任性”行为符合孩子身心发展的正常需要，表现在孩子在独立完成某件事情时，一定要达到目的；或者为了维护自尊心，自我意识不断增强；或者因为高估了自身的力量，所以热衷于冒险。虽然妈妈会把孩子的这些行为定义为“任性”，但是孩子并不这么认为。妈妈要积极地引导孩子，运用这种“任性”，发展孩子的独立性，而不应当把孩子的这些行为完全视为错误，追究孩子的责任。

虽然孩子任性的原因与遗传和神经类型密切相关，但孩子并非生而任性。很多孩子之所以任性，是因为家庭教育不当。

一方面由于妈妈过度溺爱孩子，总是满足孩子的不合理要求，尤其是看到孩子哭闹的时候，妈妈更是缴械投降。久而久之，孩子就会变得任性。另一方面，妈妈采取高压政策、强硬的教育方式对待孩子，常常责骂孩子，会导致孩子的脾气越来越糟糕，也会变得越来越固执。

最近，妈妈非常苦恼，6 岁的儿子宏远总是提出不合理的要求。他已经有很多“变形金刚”玩具，前几天却突然对妈妈说：“妈妈，我需要一套新的‘变形金刚’。”妈妈盯着电视屏幕头也不回地说：“不行，你已经有好几套‘变形金刚’了。”宏远开始哼哼唧唧，对妈妈“软磨硬泡”：“妈妈，我就要新的玩具，我就想要‘变形金刚’，求求你给我买吧。”妈妈只顾着看电视，不理睬宏远。看到撒娇的办法不灵，宏远委屈地哭起来，哭声越来越大。这个时候，妈妈才来哄宏远，说：“别哭了，乖孩子，别哭，明天就让爸爸给你买，好不好?”

晚上，爸爸下班回家，妈妈说：“最近，宏远也不知道怎么回事，越来越任性。想要什么就得马上买什么，不然就胡乱发脾气。我拒绝了他，他就软磨硬泡，死缠烂打，一直不理他，他就开始哭闹不止。明天，你再买一套‘变形金刚’给他吧。”爸爸说：“这样下去可不得了，你把孩子宠坏了，将来可怎么办? 他已经有好几套‘变形金刚’了，你怎么还答应他买新的呢?”妈妈说：“一开始，我没有同意，但是架不住他哭啊。”

次日清晨起床，宏远提醒爸爸给他买“变形金刚”。爸爸坐在沙发上，把宏远叫到面前，看着宏远的眼睛说：“你已经有好几套‘变形金刚’了，所以我这次不能答应给你买。”爸爸的话音刚落，宏远就哭起来。爸爸态度坚决地说：“假如你的要求合理，我和妈妈都会答应你。但是你的要求根本不合理，听懂我的意思了吗?”看着宏远嘟囔着小嘴收拾书包去学校了，妈妈问爸爸："你怎么这么严肃，把孩子都吓坏了。"爸爸说："我们都要学会对孩子说'不'，拒绝孩子的时候必须严肃认真，让他知道我们经过考虑认为他的要求不合理，然后才彻底地拒绝了他。"

这个事例中，爸爸的做法很值得借鉴。当孩子出现消极的任性行为时，妈妈一定要做到以下几点：

（1）告诉孩子任性的危害性

对孩子的任性行为，切勿娇惯孩子，放弃对孩子的引导和教育，一味顺从孩子，也不要粗暴对待孩子，以打骂代替教育。正确的方法是从说理着手，以情感化孩子，巧妙处理孩子的不合理请求，使孩子清楚地知道任性的危害。任性的孩子很容易情绪冲动或是激动不安，会损害身心健康。还有些任性的孩子，特别感情用事，我行我素，对于他人的劝告充耳不闻，渐渐变得蛮横无理，总是胡作非为，甚至导致严重的后果。

妈妈要明确地告诉孩子，任性是不良的行为习惯，会遭到家长、老师、同学的排斥。长大之后，任性的性格还会使他的人际关系恶化，影响生活和工作。与此同时，妈妈还要让孩子切实感受到任性会给身边的人造成沉重的感情负担，让孩子知道一切的任性行为都是不合理的。唯有如此，孩子才会积极主动地改掉任性的坏习惯。

（2）妈妈要尝试不同的方法纠正孩子的任性

很多妈妈都抱怨："我也知道最好不要打骂孩子，但是当孩子不听话、任性哭闹、发脾气时，不打骂能怎么办呢？"确实，教育孩子从来不是简单的事情，妈妈要找到正确有效的教育方法。

鹏鹏很任性，一次吃饭时，他因为一点儿小小的不愉快就赌气不吃饭了。妈妈批评他，他居然躺在地上哭闹不休，还把桌子上的书全都扔到地上。

面对鹏鹏这类任性的孩子，妈妈要冷静沉着，有耐心，可以采取转移注意力的方法，让孩子先做感兴趣的事情。因为孩子发脾气时神经系统高度兴奋，很容易导致情绪爆发，所以要避免火上浇油，更不要严厉训斥孩子。例如，可以让孩子看一看画册，或者做其他感兴趣的事情，从而安抚他的情绪。等孩子情绪稳定后，妈妈可以假装没事人一样，让他吃饭，此时此刻，孩子很有可能已经忘记了刚才发生的事情。吃完饭之后，妈妈要耐心地教育孩子，指出鹏鹏的错误，告诉孩子这么做的危害，并要求鹏鹏下不为例。这种做法是行之有效的。

除此之外，还可以采取听任法，即当孩子任性时，在保证孩子安全的情况下，对孩子不理不睬，让孩子自觉没趣而停止哭闹，然后妈妈再对孩子进行说服教育；或者采取激将法，即利用孩子争强好胜的性格特点，克制孩子的任性行为；或者采取夸奖法，即利用孩子喜欢得到认可和表扬的特点，激发孩子的自尊心理，及时有效地控制孩子的任性行为。总而言之，纠正孩子任性行为的方法有很多，妈妈要根据孩子任性的具体表现，采取适当的方法。

（3）不要无原则地满足孩子所有的要求

对孩子的合理要求，妈妈当然要多多支持和鼓励。对孩子不合理的要求，或者过分的要求，妈妈切勿无原则地迁就和满足，应该坚决拒绝，并让孩子明白可以做什么、不可以做什么、必须做什么。即使孩子哭闹，妈妈也不能放弃对孩子的严格要求。否则，一旦孩子的企图第一次得逞，之后就会变本加厉，更加任性。思想家培根说：“你知道有哪些方法会让你的孩子不幸吗？那就是对孩子百依百顺。”妈妈切勿对孩子的不合理要求让步。

（4）全家人要统一战线

在教育孩子的问题上，不仅爸爸妈妈的意见要统一，而且与老人的意见也要统一，这样才能避免孩子钻“空子”。如果家人意见不统一，则正确的教育方法就难以付诸实施。例如，当孩子任性时，爸爸指责孩子，妈妈切勿护着孩子。这种时候，如果外婆再出面拉孩子走开，甚至抱怨爸爸妈妈对孩子过于严厉，则家人之间就会相互埋怨、指责、争吵，导致孩子更加任性。在教育孩子的时候，全家人一定要统一意见，避免产生分歧。退一步而言，就算真的有分歧，也不要当着孩子的面争论。

男孩有逆反心理，从容应对

心理医生认为，孩子在 12 ~ 16 岁期间正在经历“心理断乳期”，随着知识面的拓宽，人际交往行为日渐频繁，孩子的内心世界越来越复杂多变，很容易产生“逆反心理”。所谓逆反，就是孩子故意不听父母的话，与父母对着干，总是做父母不允许做的事情，又不愿意做父母要求做的事情。即使知道父母所说的是正确的，他们也不听话。如果不能引导、处理好孩子的逆反心理，就会影响孩子的健康成长。孩子觉得自己已经长大了，对社会、对人生的看法与妈妈截然不同，不想处处都被妈妈管着，因而常常与妈妈顶撞。当孩子进入叛逆期，妈妈要及时与孩子沟通，帮助孩子树立正确的人生观念。不要强制要求孩子，也不要给孩子泼冷水，而是要以爱和宽容对待孩子。好妈妈都知道：在叛逆期，孩子最需要妈妈的理解和关爱，也最需要妈妈耐心的引导和帮助。

乐乐 13 岁，正处在叛逆期，他喜欢反抗，暴躁易怒，反感一切看不顺眼的事物，还会故意逃避，把妈妈的教导当成耳边风。

一个周末的晚上，乐乐从外面回到家里，马上钻进卧室躺在床上，想着一天的种种不快，正当他伸手想抱起枕头扔到地上发泄时，却看到枕头下面躺着一封信。

他打开信，看见上面写道："儿子，我很清楚你对眼下的生活不满意。我知道作为妈妈我未必凡事都是对的，但是，有一点我很确定，那就是我爱你，全心全意地爱着你。不管你对我说什么、做什么，我都不会改变爱你的心。无论何时，我都欢迎你来和我谈心。请记住，不管你身在哪里，也不管你做了什么事情，我都是永远爱你、支持你的妈妈。我为拥有你这样的儿子感到骄傲。永远爱你的妈妈。"乐乐的怒火一下子消失得无影无踪了。

此后，每当乐乐情绪波动时，妈妈总是会写一封信放在乐乐的枕头下面。妈妈的信伴随着乐乐不断地长大。

孩子进入青春期，内心开始萌动，对于人生也开始勇敢开拓。在这个阶段，孩子会很叛逆。妈妈作为孩子的老师，作为孩子的陪伴者，如何应对孩子的叛逆行为呢？

(1) 不要轻易责备孩子

如果妈妈总是不分时间、场合，也不讲究方式方法地批评孩子，并且有些批评并不完全正确，就会伤害孩子的自尊心，导致孩子内心充满愤恨，抱怨妈妈，甚至仇视妈妈。在批评孩子之前，妈妈一定要先弄清事情的原因，不要张口就批评孩子。在的确需要批评孩子时，一定要讲究方式方法，区分时间、场合，还要掌控语气，对孩子循循善诱，让孩子接受批评。

(2) 引导孩子控制情绪

通常情况下，孩子不懂得控制自己的情绪，当他对妈妈的管教不服气时，情绪会比较激动，也许还会冲着妈妈发脾气。在这种状态下，他也许会言语过激，行动冲动。妈妈切勿跟着孩子一起着急，而是要引导孩子控制情绪，可以先把眼下的事情暂时搁置，让孩子看看电视，出去和小伙伴玩一玩，或者独自一人在房间里做喜欢的事情。孩子的情绪来得快去得也快，等到孩子恢复平静，妈妈再和孩子讲道理也不迟。

(3) 孩子有理时，允许孩子申辩

很多妈妈都特别讨厌孩子顶嘴，因此谩骂、体罚孩子，这是错误的。在家庭生活中，要发扬民主的精神，允许孩子申辩。在这样的家庭环境中成长，孩子会意识到自己不管做什么，必须"有理"才能站稳脚跟，这有利于孩子的个性发展。有的时候，孩子也许会狡辩，妈妈要正确引导孩子，与孩子摆事实、讲道理，深度分析问题。这能够培养孩子的理性思维，帮助孩子战胜挫折，走出困境。

(4) 允许孩子拥有更多自由

到了学龄时期，妈妈要适度给孩子自由，教会孩子为自己负责，例如，允许孩子独自骑自行车去同学家里玩等。随着不断成长，孩子将会明白怎样才能获得更多的自由，也接受更大的挑战。过度的保护和亦步亦趋的严格管束，只会限制孩子的成长，禁锢孩子的能力发展。

(5) 明确行为边界

如果孩子要求得到更多的自由，妈妈在答应给孩子自由的同时，要让他明确行为边界，从而做到自由有度。例如允许孩子去朋友家玩，但是孩子必须告诉妈妈去谁家，什么时候回来，到了朋友家之后要记得打电话报平安。只有这样，妈妈才能放心，也可以培养孩子的责任心。

陈培12岁了，正在读初中一年级。星期六，陈培想和同学一起逛百货商场，然后在傍晚七点钟看一场电影，大概要到八点半才能看完，九点前后到家。妈妈不知道是否应该答应陈培的请求，心中很困惑："初一的孩子能自己逛商场、看电影吗?""妈！你就让我去吧!"陈培软磨硬泡试图说服妈妈，"又不是我一个人，还有其他同学呢！同学们都嘲笑我胆子小，这么大的人了还离不开爸爸妈妈，自己一个人什么事都不会做！”“但是，我真的很不放心你的安全。”妈妈回答。“同学们都这样，我当然也可以！”陈培开始掉眼泪。

“陈培，我先打电话咨询一下陆秋的妈妈。”妈妈希望参考其他妈妈的做法，“你和陆秋是好朋友，我想知道陆秋妈妈是怎么想的。”

“我正想打过去呢！”接到陈培妈妈的电话，陆秋妈妈高兴地说，“陆秋和陈培一样吵个不停，说的话也如出一辙。我为了看看其他妈妈的做法，还给班级里其他同学的妈妈打过电话，她们也面对相同的情形。”“那么，我们商量一下，看看如何处理这件事情吧。否则，孩子们会觉得我们不近人情，总是想要掌控他们。”陈培妈妈笑着说。

最终，妈妈们一致决定允许孩子们星期六结伴去逛商场，大概两个小时，假如晚上还要看电影，至少要有一位妈妈陪同。这样就给了孩子有限的自由，妈妈们也比较放心。“妈妈，这种规定有意义吗？”陈培对妈妈们的集体决策不以为然。“规定就是规定，你想去逛街看电影，就必须遵守。或者，你也可以选择不去。你自己考虑吧。”妈妈丝毫不为所动。

陈培决定遵守规则，这样才有机会和同学一起逛商场。独立行动了几次之后，他们发现商场里并没有什么好玩的，很纳闷自己以前为何疯了一样地想去逛商场。陈培不知道，假如不曾得到机会去尝试，他就不可能亲身体验，更不可能有思想上的转变。

（6）适度惩罚孩子

假如孩子滥用自由，没有遵守约定，妈妈应该剥夺孩子的自由，让孩子在一段时间内失去自由，以此作为对孩子的惩戒，然后再给孩子机会再次享受自由，看看孩子的行为是否有所改进。例如：“我已经告诉过你，不能骑着自行车去马路上。现在，惩罚你本周之内不许再骑自行车。下个星期再骑自行车的时候，千万不要忘记规则。”

别让男孩在网络大潮里“溺水”

毋庸置疑，20世纪人类最伟大的发明非网络莫属。随着网络的飞速发展，人类社会已经步入信息化时代，网络影响着社会生活的方方面面，诸如政治、经济、文化、民生等。整个世界都因为网络的出现和发展，而发生了巨大的变化。网络是当之无愧的时代宠儿。因为网络，人与人之间的实时沟通更加方便快捷，网络达人还可以网上购物、学习、交流，极大地提升了效率。

当人们沉浸在网络带来的便利之中无法自拔时，一个由网络衍生出来的现象日益严重：孩子成了网虫，沉迷在网络的世界里忘乎所以。为此，有人说网络是“电子海洛因”，这句话不无道理。网络给我们带来了超时空的数字化光环，与此同时，也给我们带来了污泥浊水与沉渣。很多青少年缺乏自控力，沉溺于虚拟的网络世界里，忘记了学习，感情日渐冷漠。有些青少年经不住网络的各种诱惑，走上了犯罪道路，为此付出了失去自由甚至是生命的代价。

张扬14岁，因为平日里父母对他的管教很严格，所以他就悄悄地拿了妈妈的手机，躲在窗帘后面的阳台上玩游戏。妈妈找不到手机，看到张扬正在阳台上低着头玩手机，生气地冲过去，从张扬手中夺回手机，关掉游戏。张扬正在兴致勃勃地玩游戏，被这样打断，居然毫不迟疑地从阳台上跳了下去。妈妈大惊失色，来不及阻止张扬，马上冲下楼查看张扬的情况。幸好张扬家所住的楼层比较低，张扬掉落的时候是腿部着地，才侥幸捡了一条命，被医生诊断为右腿粉碎性骨折。

妈妈万万想不到，张扬在医院中苏醒过来，并不关心自己的伤情，居然又向妈妈索要手机，压根忘不了手机游戏。想到之前的惨痛教训，妈妈无奈地把手机给了张扬，张扬得寸进尺，又让妈妈充值为他购买游戏角色。妈妈非常崩溃，想不明白为何在儿子眼里，手机游戏比生命更重要。

对于缺乏自制力的青少年而言，网络的危害特别大，很多妈妈发现孩子钻进网吧，当即火冒三丈，却不知道孩子为何会变成现在这样。很少有妈妈会主动思考孩子沉迷网络的原因。其实，只要认真地想一想，妈妈就能找到孩子对网络上瘾的原因。

一般情况下，容易沉迷于网络的孩子不外乎以下三种：第一种孩子兴趣和爱好单一，甚至没有兴趣和爱好；第二种孩子学习成绩比较差；第三种孩子不擅长与人交往，很孤僻。人是群居动物，每个人都要采取各种方式与外界进行沟通，孩子也是如此。这三种孩子都有一个共同点，即无法或不擅长与外界沟通。孩子兴趣爱好单一，会有很多的闲暇时间，当觉得无所事事时，孩子并不会主动与妈妈或者老师沟通；学习成绩差和不擅长人际交往，又会使他们感到自卑，害怕与人交往，渐渐地越来越孤僻，就只能躲在电脑屏幕后面。为了避免孩子成为上述三种孩子之一，妈妈一定要多多与孩子沟通，陪伴孩子，才能防患于未然。

（1）妈妈要正确对待网络

孩子上网，主要为了聊天，或者玩网络游戏。妈妈无须把网络视为洪水猛兽，更不要对孩子严令禁止。我们年少时也曾经沉迷游戏，尽管那时网络游戏还不像今天这么多，但是各种游戏有着异曲同工之妙。因为玩游戏，我们忘了回家，往往要在父母的强制要求下才极其不情愿地回家。如今，大多数孩子都是独生子女，缺少玩伴，他们只能通过网络与陌生的对象沟通。他们和我们一样玩得废寝忘食，除非父母强迫绝不主动停止。仔细想想，这与我们年幼时的玩耍有什么不同呢？妈妈要知道，孩子只是在通过网络接触世界。归根结底，网络只是孩子的一种游戏，如果妈妈态度粗暴，孩子在玩的时候会很委屈，也有可能产生逆反情绪。

（2）培养孩子的兴趣爱好

在心灵空虚的孩子心中，网络真的会变成海洛因。一个孩子如果总是沉迷于网络，以至于影响正常的学习和生活，诸如不上课、逃学，甚至不睡觉、不吃饭，那就意味着孩子在通过网络逃避乏味、无趣的现实世界，逃避让自己自卑和恐惧的一切。现代社会，家庭教育和学校教育都存在不完美之处，在过重的学习压力之下，孩子会感到孤独，不被理解，理所当然会转而向网络进行宣泄。妈妈要培养孩子的兴趣爱好，让孩子专注地做好其他事情，而不是始终沉迷于网络。

（3）让孩子学会自我管理

失恋的人总是沉浸在过往的感情中无法自拔，不愿意听从别人的劝说，除非他自己想明白了，才能翻篇。沉迷网络的孩子也是如此。强制是没有多大用处的，要想让孩子主动戒掉网瘾，妈妈就要让孩子学会自我管理。在培养孩子的自我管理能力时，很多妈妈喜欢代替孩子制订计划，或者强制规定孩子必须怎么做，又或者在孩子耳边唠唠叨叨，喋喋不休地告诉孩子应该做什么。正是因为妈妈代替孩子做了所有的事情，孩子才无法真正想清楚自己要做什么，在这种情况下，孩子如何能够学会自我管理呢？妈妈无须给孩子规定严格的时间，例如何时玩电脑、何时做作业、何时睡觉等。也不要在发现孩子没有安排好时，不分青红皂白地责备孩子。教育孩子必须讲究方式方法，才能达到预期的效果。

在教育孩子摆脱网瘾的时候，妈妈切勿不停地变换策略。时而要求孩子不能玩，时而要求孩子可以想玩多久就玩多久，尤其不要把上网作为给孩子的奖励。

纠正男孩学习中的坏习惯

很多孩子都做不到专心致志地写作业。虽然有些孩子看起来正在安静专注地做功课，但他们心早就飞走了；还有的孩子做功课就像在进行马拉松长跑，从傍晚放学回家可以一直做到深更半夜，但是这样耗费时间，依然不能保证作业的质量，反而使作业错误百出。

望子成龙的妈妈很焦虑，想方设法地试图改善孩子写作业的情况。例如，严加管教孩子，规定孩子在认真完成作业之前，不准吃饭、不准睡觉、不准进行任何娱乐……有些妈妈索性坐在孩子身边陪着孩子写作业，成为最尽职尽责的“监工”。当用尽方法都不生效的时候，妈妈还会气急败坏地体罚孩子。实际上，这些措施都无济于事。

小方今年读小学三年级，为了让小方安心学习，妈妈总是把饭菜端上桌，才叫小方吃饭。日常生活中，妈妈对小方的关心无微不至，为小方准备好一切吃的、喝的，就连牙膏都会提前帮助小方挤好。上学前，妈妈会认真检查小方的书包，再由爸爸背着书包送小方上学。只怕连小方自己都不知道他的书包里装了些什么。

但是，让妈妈抓狂的是，小方写作业总是磨磨蹭蹭的。如果妈妈陪着他一起写，他的速度就能快点儿；如果妈妈太忙了，没时间陪着，小方的作业就会写得一团糟。更糟糕的是，很多时候，小方根本不知道有哪些作业需要完成。老师在批改作业时总会发现，小方的作业做得乱七八糟，毫无秩序可言，也不标明题号，根本分不清楚是哪道题，所以小方经常会做错或漏做一些题目。

老师经常请小方妈妈去学校，进行交流后，妈妈也赞同老师的看法，承认小方在家做作业之前准备文具也非常混乱。每次都要等到写错了，才发现找不到橡皮；总要等到铅笔折断了，才发现削笔刀不知所踪。看到小方一会儿拿这个一会儿找那个，妈妈烦躁地说："你做任何事情都丢三落四的，就不能提前准备好吗？"就因为不停地找东西，小方浪费了很多时间，原本一个多小时就能完成的作业，小方至少要花三个小时甚至更多时间才能完成。

那么，如何才能纠正孩子的这种不良习惯呢？妈妈要根据孩子的心理特点，有针对性地找到合适的方法，而不要急于求成。具体而言，要注意以下几点：

(1) 培养孩子的专注力

对任何一种劳动，特别是脑力劳动来说，专注力意义非凡。专注的孩子不但能够快速完成作业，而且效率高、质量好。那些对待作业粗心大意的孩子，主要是因为不能集中注意力，不够专注，所以不能认真地看准习题的要求，分析已知的条件。专注的孩子学习起来更加轻松，效果更好，所以反而有更多的时间用来休息和娱乐。

(2) 为孩子创造安静整洁的学习环境

孩子的书桌上，只能摆放文具和书籍，而不要摆放其他物品，以免影响孩子的专注力，使孩子无法集中注意力；最好把抽屉柜子锁上，避免孩子随时都能打开抽屉，还没有完成作业呢，就分心去清理抽屉了；书桌前，只能张贴与学习相关的东西，例如公式、地图、拼音表格等，不能张贴其他分散孩子注意力的东西。不管是男孩还是女孩，书桌上都不应该放置镜子，否则孩子们就会挤出时间“顾影自怜”。

（3）为孩子限定完成作业的时间

研究证实，孩子保持专注的时间是有限的：5～10岁的孩子可以集中注意力20分钟，10～12岁的孩子可以集中注意力25分钟，12岁以上的孩子可以集中注意力30分钟。假如想让10岁的孩子集中注意力60分钟，始终专注地完成作业，简直不可能。因此当孩子作业太多时，必须学会分段完成。妈妈要为孩子限定完成作业的时间，帮助孩子更加专注。

（4）在一定时间内专心做好一件事

很多妈妈都会抱怨：“我家孩子做事效率特别低，做作业非常慢，总是边写边玩。”针对这种情况，妈妈要有意识地培养孩子在特定时间内完成一件事的能力。对于家庭作业，妈妈要帮助他们进行合理规划，每当完成一门功课，孩子可以休息片刻，不要过度疲劳。有些妈妈认为孩子动作太慢，不让孩子休息，总是对孩子唠叨不休，使孩子心生抵触，导致做作业的效率越来越低。

（5）不要对孩子唠唠叨叨

很多妈妈为了和孩子交流感情，不想让孩子在做作业时感到孤独，所以常常在孩子做作业时和孩子沟通：“做了多少了？还有多少？”看上去妈妈是在关心孩子，却在无形中干扰了孩子，导致孩子根本无法集中注意力，思路也被打断。妈妈们一定要注意：当孩子学习时，切勿对孩子唠唠叨叨。适当的关心能够让孩子感受到妈妈的爱，但是如果对孩子的某件事过度热情，那么，孩子就会感到厌烦。这对于维持良好的亲子关系是极其不利的。

总而言之，孩子做不好功课的原因并非只在于他自己。作为妈妈，要时刻反省自己是否有做得不好的地方，有则改之，无则加勉，竭尽所能地为孩子创造良好的学习环境。

妈妈还要重视孩子的偏科现象，并且尽早地解决这个问题。中、小学阶段都属于基础教育阶段，在这一时期，孩子们要为将来的学习和成长打下坚实的基础。每一门课程都很重要，不管偏废哪一门课程，都会为孩子将来的成才埋下隐患。现代职场上，所有的工作都是综合性的，而且变动性很大。要想做好一项工作，解决一个问题，往往要综合多个领域的知识——世界教育领域都主张培养复合型人才，并且将此作为重要的教育目标。

实践证明，孩子学习偏科对于成长和发展极其不利。妈妈要怎么做才能帮助孩子纠正学习偏科的问题呢？

（1）让孩子认识到偏科的危害

妈妈要让孩子认识到偏科的危害。例如孩子的理想是成为数学家，妈妈就要让孩子知道：仅仅学习理科知识远远不够，即使成为数学家，也要写论文、报告。在升学考试中，总成绩必须提升，假如有一科成绩太差，导致学科“瘸腿”，就会落榜，也就是所谓的“X+0=0”。

（2）激发孩子对弱科的兴趣

妈妈要有意识地询问孩子对于薄弱科目的学习情况，让孩子深切体会到妈妈很关注他对该科目的学习。妈妈还要与孩子一起分析为何会形成偏科现象，让孩子意识到自己可以克服偏科的问题，帮助孩子树立信心。此外，每当看到孩子在薄弱科目上取得了微小的进步，妈妈都要及时肯定和表扬孩子，这样才能提高孩子学习的积极性，促使孩子主动学习。

（3）采取措施提高孩子的薄弱科目

妈妈可以指导孩子制订学习计划，旨在提高薄弱科目的学习。如果条件允许，妈妈还可以利用工作之余的时间指导孩子，或者聘请家庭教师帮助孩子提升薄弱科目的学习能力。需要注意的是，不能因此而加重孩子的学习负担。

（4）对孩子进行心理暗示

找出孩子在最弱学科上的闪光点，即使只有一两点，也可以针对这些鼓励孩子，让孩子意识到："虽然我的这门课程学习最差，但是也有过人之处。"通过赞扬孩子，引导孩子进行积极的自我暗示，让孩子相信"我一定能够学好这门学科"。

（5）加强引导

妈妈应该深入了解孩子不喜爱的科目的教材，从现实生活中寻找与该学科相关的内容拿给孩子看，让孩子意识到该学科非常重要，从而培养孩子对该学科的兴趣。日常沟通中，也可以与孩子谈起和该学科相关的话题，让孩子感觉学有所用。重点在于，要让孩子感觉到学习弱科很有意思，这样才能增强孩子学习的主动性。

【批评孩子的六种方法】

（1）延时冷却法

在情绪激动时，妈妈要尽量避免批评孩子，因为在冲动之中，言语往往非常激烈，很难做到冷静理智地选择合适的方式。最好先平息自己的怒火，让头脑恢复冷静，再去批评孩子。

（2）循序渐进法

先批评一些小细节，并且肯定孩子虚心接受批评的表现，让孩子学会接受批评，然后再深入到症结所在。

(3)“指桑骂槐”法

妈妈明明知道孩子犯了错误，也不直接批评孩子，而是通过批评和孩子犯了相同错误的人，暗示孩子也犯了错误。孩子将会知道妈妈的真实意思，也会主动反思自己的错误。

(4) 搬梯下台法

很多孩子的自尊心都很强，哪怕明知道自己错了，可是面对妈妈言辞犀利的批评，就是不愿意承认错误，特别是当着外人的面时，孩子的这种行为更甚。这时，妈妈可以给孩子一个“台阶”下。只有给孩子面子，才能得到孩子的感激，也才有可能使孩子主动改正错误。

(5) 难得糊涂法

很多妈妈非常聪明，她们明知道孩子犯了错误，却假装糊涂，非但不批评孩子，反而会特别关心孩子，借此间接提醒孩子。孩子在感动之余会心生愧疚，主动地改正错误。

(6) 有意无意法

顾名思义，就是看似无意，实则有意。妈妈在批评、规劝孩子时，可以借助于第三者，“漫不经心”地向孩子转达意见，或者创造条件让孩子“恰到好处”地听到批评。

第四章

敢于“放养”：让男孩变成小男子汉

好妈妈，勇于让男孩乘风破浪、扬帆远航。

鼓励男孩树立远大理想

每个孩子都有理想，理想具体指什么呢？难道只有立志成为科学家、文学家等，才能称为理想吗？当然不是，这种理解是很片面的。想要有所作为，这就是一种理想；想要成为孝顺父母的孩子，这就是一种理想；想要拥有幸福美满的家庭，这也是一种理想……总而言之，人应该在社会中找到属于自己的位置，承担起责任，做一个自尊、独立、自强的人，这都是伟大的理想。

法国大文豪巴尔扎克曾经说过："只有伟大的理想，才能孕育出伟大的天才。"妈妈切勿抹杀孩子的理想，而是要引导孩子树立理想，敢想敢干，这样才能为孩子未来的成功埋下种子。只有理想远远不够，还要加上实际的行动，才能让孩子的未来充满无限的可能性。

常言道："心有多大，舞台就有多大。"理想是孩子的天性，每一个孩子都要有理想。对于孩子而言，丰富多彩的理想是宝贵的财富。事实告诉我们，每个人的成功都是从理想开始的。理想越大，人生就越开阔。从这个意义上来说，人的一生能获得怎样的成功，很大程度上取决于这个人在童年时期的理想有多大。

孩子树立远大的理想，人生的天地才会更广阔。孩子一旦树立理想，理想就会成为驱动孩子前进的动力。妈妈一定要让孩子树立理想，展开人生的翅膀，自由地翱翔。妈妈还要告诉孩子，只要不忘初心，永远怀揣美好的理想，早晚能够获得梦寐以求的成功。

妈妈如何才能帮助孩子树立理想呢？

（1）发掘孩子的特长，培养孩子的兴趣

人生只有以兴趣和特长为基础，才能确立目标，树立理想，因为兴趣和特长都是来自孩子内心深处的愿望。很多妈妈不曾意识到这一点，总是会把自己的兴趣强加到孩子的身上，还让孩子肩负起妈妈没有完成的心愿，并且以此为基础规划孩子的人生，这只会导致事与愿违。妈妈要知道，只有以尊重孩子的兴趣为前提，才能帮助孩子树立人生目标。

（2）激发孩子对理想的向往

实现目标的道路是很漫长的，而且很艰难，孩子常常会因为畏难而放弃。妈妈要尽量为孩子创造有利于实现理想的条件，让孩子付诸行动。还可以讲一些名人故事给孩子，激发孩子对未来的向往。

（3）协助孩子把目标分解

树立理想之后，最重要的是从现在做起，正所谓“千里之行，始于足下”。妈妈要根据孩子的心态，以孩子目前的状况为基础，帮助孩子制定合理的目标。例如，期末考试在即，短期目标是认真复习；暑假来了，要读几本经典的好书，参加社会实践活动；假如孩子有能力考上名牌大学，那么引导孩子确定考名牌大学的中期目标……当孩子持续实现阶段性目标，就意味着孩子距离实现理想越来越近。

（4）督促孩子朝着理想的目标迈进

古人云，“有志者立长志，无志者常立志。”很多中学生今天看到科学家取得了伟大的成就，就立志成为一名科学家，明天看到演艺明星风光无限，又想成为一名演员，后天可能会突然有了新的想法，觉得成为一名生物学家也很好……这些现象都很正常。怎样才能帮助孩子“立长志”呢？妈妈要随时了解孩子，把握孩子的心态。鼓励和肯定是行之有效的办法，特别是在孩子取得进步时。

（5）让孩子树立符合社会需要和个人实际的理想

青少年们尤其喜欢憧憬未来，但是常常不切实际，好高骛远。妈妈既要保护孩子的好奇心，切勿冷嘲热讽，也要帮助孩子认识自己。让孩子拿出一张纸，在纸上列出自己的优势和劣势，和孩子一起认真地分析自身的情况，树立符合实际的目标和理想。妈妈不要对孩子提出过高的要求，而是要对孩子因材施教。孩子想要成为伟大的科学家、作家固然好，有很多孩子的确可以通过努力实现理想，然而，大部分孩子都要度过平凡的一生，从事普通的职业。所以对于孩子和妈妈来说，心态平和地树立理想更为重要，只要成为对家庭、对社会有用的人，孩子的人生就是有价值的。

妈妈切勿抹杀孩子的理想，而是要培养孩子的勇气，让孩子敢想、善想。

鼓励男孩勇敢行动

孩子只要运动就可能摔跤，然而，生活就是一个运动场，不管是早还是晚，孩子肯定会走入生活，面对竞争。长大成人之后，孩子必须直面生活的考验，每天都要在生活的竞技场上努力拼搏。假如孩子害怕摔伤，不敢进场，那么他就会彻底失去在比赛中获胜的机会。妈妈要有意识地培养孩子的勇气，让孩子勇于挑战，突破自我。

每一个成功都是敢想、敢做的结果，遇事迟疑不定的孩子很难获得成功。敢想敢做的孩子充满勇气，他们敢于迈出第一步，也会发挥想象力，扫除一切障碍，把能力发挥到极致，最终享受成功的喜悦。在这些孩子身上，勇气将会产生巨大的作用，他们将会用行动来验证自己具有非凡的能力，活得潇洒恣意。相比之下，那些畏缩胆怯、犹豫不决的孩子，很有可能会因为迟疑而失去获得成功的机会。

有这样一个奇异的故事：一个孩子的爸爸是水手，他从小就渴望自己能够和爸爸一样出海远航。有一次，爸爸带着他一起出海。第一次上船玩，孩子特别兴奋。他站在甲板上看海，突然发现船后有一条很大的鱼。他指着那条大鱼给别人看，然而其他人根本看不到大鱼。他们想起来一个传说，海里有怪物，形状很像鱼，但是普通人压根看不见。假如有人看见这个怪物，就会因为怪物而死。

从此之后，孩子不敢再去海上，也不敢乘船，然而，他经常去海边。每次来到海边，他都能看见那条鱼就在海里。有的时候，他在桥上走着，也会看到那条鱼游向桥下。孩子渐渐习惯了那条鱼的存在，然而他从不敢靠近那条鱼，就这样充满恐惧地度过了一生。

在生命即将结束的时候，他想：反正我也要死了，不如去看看那条鱼到底有什么奇怪的。因此，他决定靠近那条鱼，看看究竟会发生什么可怕的事情。

他划着小船进入里的深处，那条鱼就跟在小船后面。他问那条鱼："你为何一直跟着我？"那条鱼回答："我想把嘴里的珍珠送给你，但是你每次都离我远远的。"说着，那条鱼张开嘴，它的嘴巴里有一颗璀璨的珍珠。然而他已经是老人了，根本没有力气把那条鱼拉船上，更不可能取出珍珠。他遗憾地说："太晚了，我马上就要死了。"

次日，人们发现一个满头白发的老人死在了小船上。

假如这个人能够鼓起勇气，勇敢地接近那条鱼，他肯定能够在很小的时候就得到珍珠。然而，因为没有勇气，他错过了千载难逢的好机会。生活何尝不像这个寓言故事中的大海呢？风险与机遇并存，胆小怯懦的人固然能够避免掉入大海的风险，但与此同时，也彻底地失去了珍珠。

体育课上，老师要教同学们"跳山羊"。几个同学从器材室里抬出"山羊"，"山羊"又高又大，同学们的心里都很忐忑。"'山羊'这么高，能跳过去吗？""如果不能顺利地跳过去，肯定会被绊倒，摔得很惨。”同学们小声地议论着。

同学们尝试着，然而，能够跳过去的同学屈指可数。林洋的心情越来越紧张，手心里渗出了冷汗。但是，他是体育课代表，必须给同学们做出表率。他暗暗想道：“我都还没尝试，怎么知道跳不过去呢？我要相信自己，不管怎样，都要勇敢地尝试。”

正在此时，老师让同学们不要再盲目试跳，而是亲自为同学们做了示范。只见老师快速奔跑，冲向“山羊”，在双手的支撑力量下，老师的身体变得很轻盈，居然腾空而起，两条修长的腿在空中划出两道漂亮的弧线，顺利地跳了过去。林洋就站在旁边，目不转睛地看着老师做示范。在其他同学尝试跳“山羊”的时候，他仔细回忆了老师的动作。轮到林洋上场了，他深呼吸之后开始助跑，顺利地跳了过去。老师对林洋竖起了大拇指：“林洋，你的动作很标准，而且也很连贯流畅！”

得到老师的认可，林洋满心欢喜。他想：“假如我始终不敢尝试，那么肯定不可能做得这么好。”

胆小怯懦的孩子不敢冒险，却不知道风险和收益是并存的，一份风险，一份回报。天上从来不会掉馅饼，也不存在没有任何风险的好事。在教育孩子的时候，妈妈切勿因噎废食，不要因为担心孩子受伤害就禁止孩子去尝试。回避风险虽然可以避免失败，减少痛苦，换来暂时的安逸，但会使孩子错失学习和成长的机会。而勇敢尝试，恰恰是成长过程中必须经历的。

心理学家提出，勇敢冒险的孩子积极乐观，他们相信困难只是暂时的，必须要勇敢大胆地去做，才有成功的可能。而那些缺乏勇气的孩子却认为失败是必然的，所以畏畏缩缩，无法当机立断地做出决定。妈妈要有意识地培养孩子敢想敢做的勇气，让孩子养成遇到事情当机立断的好习惯，绝不拖拖拉拉。

和缩手缩脚的天才相比，敢想敢干、雷厉风行的普通人具有更强大的力量。不管在什么情况下，总是逃避、害怕尝试的孩子始终裹足不前。只有让孩子把恐惧抛在脑后，无所畏惧地迈出第一步，并竭尽全力去做，孩子才能够敲开成功的大门。

培养男孩健全的人格

21世纪最缺乏的就是人才。顾名思义，所谓人才就是智力突出、能力超群的人，他们能在各个行业里做出巨大的贡献。妈妈们都希望自己的孩子能够成为出类拔萃的人才，然而，一些妈妈对孩子的心理健康和人格健全漠不关心，而只顾着培养孩子的智力，这样一来，孩子如何能够成才呢？

健全的人格是如何形成的呢？总体而言，就是人格的均衡发展，即生理、心理、社会、道德等要素都能获得发展，唯有如此，孩子才能充分发挥自己各个方面的才能。健全的人格涵盖诸多方面，妈妈要从小就对孩子进行人格教育，让孩子具备高尚的品质，如真诚、正直、善良和勇敢等。

那么，怎样从生活小事上着手，培养男孩健全的人格呢？

（1）尊重男孩的人格

从人格上，妈妈要把孩子看成独立的生命个体，意识到孩子有强烈的自我意识，也有尊严。因此，妈妈要为孩子提供自由发展的环境，促使孩子循序渐进地认识自我，发展自我，培养孩子的创新意识，让孩子摆脱对父母的依赖，成为拥有独立人格的人。

（2）不过分溺爱或严格

妈妈对孩子充满了期望，也会毫无保留地把爱都给孩子，然而，爱孩子不等于放纵孩子，更不等于一味地给予，否则期望再高，也未必能够实现。有人问一个男孩：“你最害怕什么？”“我最害怕考试不及格。”“为什么会害怕这件事情呢？”“我爸爸会揍我，还不让我吃饭。”这个人又问另一个男孩：“你希望你爸妈为你做哪些事情？”“给我买一辆真正的小汽车。”从两个男孩的回答中可以发现，不管是过分溺爱孩子，还是过于严格地要求孩子，都是错误的教育方法。爱的力量非常强大，可以创造奇迹，但是如果妈妈过分溺爱孩子，就会使孩子丧失人格；如果妈妈对孩子寄予过高的期望，就会限制孩子的人格发展。因此，妈妈不要过度溺爱孩子，也不要对孩子提出太高的要求，这样才能让孩子健康地成长。

（3）教会男孩面对现实

人格健全的孩子才能正确地认识现实，充满勇气地面对现实，无所畏惧地正视现实，无怨无悔地接受现实，并且积极主动地去适应现实，从而进一步改造现实，而非逃避现实。与此同时，这样的孩子面对生活、学习和工作中的困难和挑战，也都能够圆满地处理。海伦·凯勒身残志坚，面对重度残疾，她没有消极逃避，而是正视现实，接受现实，用顽强不屈的毅力，做出了了不起的成就。在现实中，孩子也会遇到很多挫折和打击，妈妈要教会孩子像海伦·凯勒一样勇敢地直面现实。

（4）让男孩树立崇高的人生目标

人格健全的人会以正确的心态对待名利，他们的人生观和价值观都很端正。他们很清楚自己活着的目的和意义，而不是靠本能的行为来维持生活。他们会积极主动地树立目标，也会为了实现目标而不懈努力，坚持学习。只有人格健全的人，才能得到命运的青睐。妈妈要想方设法地引导孩子树立崇高的目标。

（5）让男孩学会与他人友好相处

人格健全的男孩热衷于交往，他们积极地接纳别人，人际关系发展良好，会与集体融为一体。在与他人相处时，他们态度积极，很少会消极被动。相比之下，人格不健全的孩子不合群，不愿意融入集体之中，无法与他人友好相处。

（6）教导男孩孝顺父母

自古以来，中华民族就发扬“孝”的文化，例如儒家经典《孝经》，就是对“孝道”的精辟解读。古人常说的“忠孝双全”，也表达出孝顺在人生具有至高无上的地位。现实生活中，那些对父母不孝顺的人会遭到指责，也会被大家唾弃。妈妈要引导孩子形成孝顺的意识，也要以身作则培养男孩的感恩之心。这样坚持去做，妈妈不但能够获得男孩“爱”的回报，也有助于男孩身心健康地成长。每一个人只有遵循长幼有序的规则，尊老爱幼，才能获得社会的认可，才能在人生的道路上走得更远。

（7）培养男孩的幽默感

美国专家经过研究发现，要想提升孩子的情商，就要培养孩子的幽默感。具有幽默感的孩子性格开朗活泼，很容易得到老师的喜欢，也很擅长经营人际关系。幽默的孩子能够更好地缓解各种压力，也会积极地消除痛苦，生活得很快乐。幽默还能提升智商，大多数幽默的孩子都很聪明，也能愉快地完成学业。通常情况下，人的幽默感三成是天生的，七成要依靠后天培养才能得以形成和发展。

（8）教导男孩必须诚实守信

每个人都要诚信待人，才能赢得他人的信任，也能得到他人的真诚相待。这是组成健全人格不可或缺的部分。妈妈不但要教孩子讲诚信，还要让他意识到诚信是一种非常高明的处世策略。

一天晚上，一位绅士走在路上。突然，一个衣衫褴褛的男孩拦住这位绅士。男孩知道，这位绅士在银行工作，名字叫约翰。男孩请求约翰说："我已经一天没吃东西了，您能买我的鲜花，让我有钱去买点儿东西吃吗？"约翰很善良，当即拿出钱包准备给男孩钱，却发现钱包里没有零钱。男孩拿了一朵花给约翰，然后拿着约翰的整钱去换零钱。约翰无奈地等着男孩，男孩飞快地跑走了。约翰等了很久，男孩迟迟没有回来，约翰以为自己受骗了，不过损失一点儿钱对他来说没关系，所以他就回家了。

次日，约翰正在工作，一个比卖鲜花的男孩更小、衣服更破更脏的小男孩来找他。约翰并不认识这个小男孩，小男孩说："约翰先生，我哥哥让我把零钱给你。""你哥哥去哪儿了？""他在换零钱的路上被车撞了，腿断了，现在正躺在家里呢。"约翰深受感动，男孩虽然贫穷，但是很讲诚信。约翰决定帮助他们，他当即跟着小男孩回到家里。得知他们的父母都去世了，约翰主动承担起照顾他们的重任。

健全人格包含的内容很多，上文只讲述了一部分。如今，很多独生子女衣来伸手，饭来张口，习惯了索取，缺少健全的人格。有一位妈妈说："我家孩子任性霸道，特别野蛮。有一次，他想买一个机器人玩具，就对我死缠烂打，被我拒绝之后，竟然动手打我呢！"这种孩子缺乏爱心，更缺少健全的人格。对此，妈妈一定要给予足够的重视，及时反思：“我是否对孩子进行了必要的人格教育？”如果在日常生活中，坚持有意识地培养孩子的人格，那么，孩子就能够学会尊重父母，也会感恩父母，逐渐形成健全人格。

培养男孩的财商

现代社会飞速发展，人们的生活水平快速提升，很多家庭都“比上不足，比下有余”。条件略好的家庭，父母可以提供丰富的物质条件，确保男孩接受良好的教育；条件一般的家庭，生活尽管不是大富大贵，但是也过得很惬意，偶有闲暇还会带着男孩去旅行，行万里路，开阔眼界，增长见识；条件较差的家庭，父母每天都在为了维持生计而奔波忙碌，日子时好时坏，还会面临很多现实存在的困难。在第三种家庭环境中，男孩的成长并没有丰厚的物质条件，男孩却会因此更懂事、更上进。所以哪怕已经人到中年，依然过着窘迫的生活，妈妈也不要自暴自弃，而是要花费更多的心思在男孩身上，为男孩提供成才的物质基础，期待着孩子有朝一日可以出人头地。等到孩子有所成就的时候，妈妈大概五六十岁的年纪，完全可以享受很好的晚年生活。

遗憾的是，很多妈妈都没有“穷”养男孩的意识，每天不是陪着男孩玩，就是为男孩买各种各样的东西，根本没有提供机会让男孩接受锻炼。进入这样的误区，就会出现“穷妈妈”催生“穷二代”的情况。在许多家境富裕的家庭里，妈妈更是缺乏“穷”养男孩的意识。有些妈妈身家几千万，只知道为孩子提供最好的物质条件，却忽略了向孩子灌输理财观念，也忽略了培养男孩的品格和意志。俗话说，“富不过三代”，这是因为受到财富分配的客观规律的影响，也是因为大多数妈妈都缺乏对男孩进行理财教育的意识，所以才会教育出那么多的“败家子”。在西方，许多家长从很小就开始培养男孩的财务独立意识，提高男孩的理财能力。哪怕父母本身是亿万富翁，也会要求男孩利用节假日外出打工赚钱。

在一个家庭里，无论经济水平高低，妈妈切勿满足男孩的所有物质要求，否则会让男孩沉迷于消费。男孩迟早会离开父母的身边，独立在社会上打拼。日常生活中，妈妈“穷”养男孩，就是为男孩成长为男子汉奠定基础。

一个家庭要花多少钱，才能把一个男孩养育到成年？很少有妈妈会刻意计算这些开销，但是作为妈妈真的很有必要认真地算算这笔账给男孩听，让男孩意识到：“父母养育我付出了很多！”

张老师在北京某私立小学任教，给同学们布置了一项作业：问一问你的父母，从你出生一直到小学毕业，大约会花家里多少钱？孩子们给出的回答都不一样，花费从20万到100万不等，平均下来，每个孩子的花费大概40万。只有具备经济实力的家庭，才能送孩子到私立小学读书。在私立学校，住宿生的费用每学期大概7000元，一年下来，读书费用至少也要15000元。大多数家庭都很慷慨地在男孩身上花钱，曾经有位财力雄厚的妈妈，只是为了给孩子定做演出服，就花费了几万元。

调查结果出来后，很多孩子都很惊讶，自己在几年的时间里居然消耗了这么多钱。张老师又问了一个问题：父母是否让你们偿还这笔费用？将来，你们是否有足够的经济实力偿还父母的钱呢？所有的孩子都表示父母不要求他们还钱，而且他们也并不确信自己将来一定有能力还钱。说起爸妈的态度，说起自己将来的赚钱能力，孩子们的心情都很沉重。对于男孩的一生而言，理财至关重要。他们不但需要体会父母的爱，感恩父母，更需要学会回报父母。

在这个世界上，哪个父母不愿倾尽所有地给男孩“最好”的一切呢？然而，“最好的”未必是最贵的，应该根据家庭消费水平去付出。不管家里是富有还是贫穷，都要培养男孩节俭的品质，这将会决定男孩能否权衡一件商品的性价比，能否意识到物质资源是非常宝贵的。这就是“财商”。

每个人在社会上生存，都需要具备财商，然而，大多数妈妈都会忽略对孩子财商的培养。为何有的人很富有，有的人却很贫穷呢？这与每个人财商的高低密切相关。

现代生活中，有很多年轻人都是“月光族”，他们赚钱的能力很强，但是喜欢在领取薪水之后很快把所有薪水都花光，还自诩“能挣会花”。这导致“月光族”虽然收入很高，却没有积蓄。每当经济发生变动时，囊中羞涩的他们很难应对。此外，有很多知识渊博的人不知道怎样科学理财，常常会把自己置于高财务风险的窘境之中，无法积聚财富。这些都代表着一个人的财商很低。

从长远角度来看，提高男孩的财商是很重要的。只有财商高的男孩，才会具备很强的理财能力，将来长大成人，才会获得更好的机会提升生活质量和水平。他们从租房住到买房住，从搭乘公共交通工具上班到开私家车上班，从在附近一日游到出国旅游……高财商的人能够持续地提高经济能力，并且为未来美好的生活做足准备。他们会在年富力强时开始储备退休后的养老金，实现人生梦想。这些，不正是每一位妈妈期望男孩能够实现的吗？

在如今的国情下，很多妈妈都陷入教育焦虑中，认为男孩当前首要的任务就是学习，要远离金钱。很多妈妈担心男孩乱花钱，因此不给男孩掌控钱财的机会，导致很多男孩习惯于伸手要钱，一旦有钱就会马上花光，根本没有消费的规划意识。

妈妈误以为男孩在长大之后会无师自通地掌握理财能力。事实并非如此，很多成年人都会觉得自己在金融方面一窍不通，更何况男孩们呢？一位旅美的华人曾经说："回国之后，我发觉很多中国父母都很矛盾，既希望孩子将来能够拥有大量财富，又担心孩子过早地接触金钱，痴迷于赚钱。这就相当于既希望孩子未来家庭幸福，又担心孩子早恋，是不折不扣的'叶公好龙'。"

那么，妈妈要怎么做，才能有效地提高男孩的财商呢？

要让男孩制订消费预算，有计划地支配金钱，这样能够帮助男孩花费最少的钱，做最多的事情。妈妈要告诉男孩："不该花的钱坚决不花。"这是最基本的理财之道。通常情况下，妈妈很少花费时间去区分孩子需要哪些开销，不需要哪些开销。例如，必须为孩子的教育进行投资，不必经常带孩子下馆子、给孩子买名牌衣服。总而言之，不要因为孩子胡闹就掏钱包，不要让男孩背上债务，也就是告诉男孩不要借别人的钱，也不要借钱给别人。低财商者无论拥有多少财富，都会因为消费没有节制而把所有的钱都花出去，还会陷入债务纠纷之中。

（1）改变固有的思维方式

妈妈常常会在不知不觉间养成替男孩花钱的习惯，有些妈妈甚至义无反顾地这么做，从来不计较在男孩身上花了多少钱。但是，为了使家庭的经济状况有所保障，妈妈一定要改变“凡事以孩子为先”的错误想法。

（2）为男孩开设独立的存款账户

让男孩把自己的钱存入银行，能够帮助男孩养成储蓄的好习惯。

（3）让男孩参与制订家庭理财计划

让男孩和妈妈一起理财，成为家庭理财的能手。在家庭理财的过程中，男孩可以受到理财意识的熏陶，而且家庭理财不同于男孩管理零用钱，而是涉及家庭中的每一位成员的所有开销。可以让男孩养成参与家庭理财计划的习惯，进入“家庭决策层”，这有助于男孩了解家里的基本财务状况。妈妈可以告诉男孩：“孩子，你长大了，今天，你要学习当家。”每个月发工资后，妈妈可以和男孩一起去银行取钱，让男孩亲自交水、电、煤气以及话费。要取出现金让男孩去做这些事情，让男孩亲眼看到自己手里的钱越来越少，直至拿着所剩无几的现金回家，妈妈还要继续“打击”男孩：“必须留出一些钱作为备用金，在家里有人突然生病或者遭遇意外时用。另外，你还要留出全家人一个月的生活费用，知道吗？”路过菜市场，妈妈要让男孩去买菜，等男孩拎着沉重的购物袋精疲力竭地回到家时，妈妈的目的就初步达到了：既让男孩亲身体会到当家的难处，感性地认知现实生活，又避免男孩在未来常常“理直气壮”地向妈妈要零用钱。

只有在做完这些事情后，妈妈说出来的话才会得到男孩前所未有的重视：“孩子，咱家尽管不富裕，但还是有能力供你上学读书的，只是赚来的每一分钱都要花在刀刃上，不能浪费。

现在，你必须加倍努力学习，将来才能够赚到足够的钱，买到你想要的东西！”

晓东今年12岁了，看着晓东一天天长大，爸爸非常高兴。然而，晓东自从升入初中之后，越来越讲究吃穿玩乐，还养成了和同学们攀比的坏习惯，从来不知道省钱，更别说攒钱了。有时候，晓东要零花钱，爸爸给的太少，他还会生气。他从来不关心家里的物品，也不懂得爱惜物品。爸爸看到晓东的表现，非常担心。

爸爸害怕晓东长大之后会养成奢侈浪费的坏习惯，毁掉一生的幸福。妈妈知道爸爸是在担心晓东，她同样也很担心。后来，爸爸妈妈协商后，决定让晓东负责操持家务，掌管财务，试图以这样的方式帮助晓东养成勤俭节约、珍惜金钱的好习惯。

妈妈召开了家庭会议，告诉晓东：“最近家里花钱特别多，每个月都入不敷出。我建议，从现在开始，每个月都要召开一次家庭会议，每个人都要公开通报个人花费，然后再根据家庭总收入，合理分配每个人的支出。”爸爸对此表示同意，告诉晓东：“儿子，你是家里的小主人，而且你已经学习过理财的知识，正好可以理论联系实际，亲身实践。”

晓东高兴地说：“好啊，我是家庭成员，当然要参与理财。”在会议上，全家人一起商量家庭理财计划，决定要齐心协力管好、用好家里的钱。晓东特别兴奋，对妈妈说：“以后，我总算不需要向你伸手要钱了。”妈妈提醒晓东：“管钱可不简单，必须有计划地支配金钱，学会攒钱，才能保证家庭正常开销。”

在家庭理财计划中，晓东切身感受到金钱的重要性，也意识到每一分钱都是来之不易的，体会到爸爸妈妈挣钱的辛苦。他自觉主动地节省开支，很清楚要想当好家，必须坚持攒钱才能在需要的时候解决燃眉之急。

现实生活中，很多孩子都缺乏节俭意识，不懂得合理攒钱，这是因为他们误以为挣钱很容易。妈妈很有必要让孩子持家理财或参与家庭理财活动。通过切身体验，孩子才能意识到理财的重要性，从而学会合理开支，并真正掌握正确的理财方式。

让男孩“当家做主”

早在古代社会，修身、齐家、治国、平天下就已经备受推崇，很多人以此来自我提高，从“齐家”开始培养自己的管理能力。民间有句谚语：“穷人的孩子早当家。”借助于“当家”的契机，妈妈可以提升孩子的能力。孩子只有从小就体会生活的艰辛，才容易获得成功。在穷困的家庭中，孩子得到更多的机会锻炼自己，磨炼意志，提升能力。在从小当家的过程中，孩子将学会合理规划自己的生活，为未来规划人生奠定基础。这些能力，都是如今的独生子女们所欠缺的。很多妈妈都会盲目地为孩子报名参加各种辅导班，很有必要反思：孩子真正缺少的是什么？很多妈妈因为盲目溺爱孩子，无形中忽略了培养孩子最重要的能力。

也许有些妈妈会认为孩子还小，等到长大了，他们自然就会知道该做什么，所以现在不需要对孩子提出太高的要求。这些妈妈不知道，只有在生活的点点滴滴之中用心培养，才能帮助孩子形成责任感，发展组织能力。日常生活中，如果妈妈事无巨细都为孩子安排好，就不要希望孩子会在将来的某一天突然具备组织能力，这简直是痴心妄想。据当前独生子女状况调查结果显示：在中国，有至少60%的独生子女从未做过家务劳动，其他孩子每天也只有12分钟用来劳动。正是这样的现状导致很多孩子依赖性强，懒惰自私。大多数妈妈在教育观念和教育态度方面存在误区，直接影响到家教的质量。妈妈要在孩子力所能及的时候，鼓励孩子参加相应的家务劳动，培养孩子对自己、对家庭的责任心，也提升孩子做好家务劳动的能力。渐渐地，孩子的组织能力会有所提升，对整个社会的责任感也会有所增强。孩子将会成为一个合格的“社会人”。

日本思想家福泽谕吉曾经说过：“教育就是授人独立自尊之道，并开拓躬行实践之法。”儿童时期，孩子正处于品性能力形成与发展的关键时期，可塑性特别强。孩子虽然年纪还小，却拥有独立的人格，是家庭之中不可缺少的重要成员。妈妈要适时教育孩子，耐心地指导孩子，为孩子分配合理的家务劳动，让孩子在家里承担一定的责任，这样才能培养孩子独立思考、自我管理的能力，也能提升孩子的自控力，让孩子在亲自做好家务活动的过程中增加见识，丰富体验，并且形成良好的应变、组织能力，增强孩子的责任意识。

妈妈要适时放开双手，让孩子在参与生活实践的过程中获得更多的能力。在妈妈的帮助下，孩子会渐渐地参与生活，适应生活，最终成功地驾驭生活。

孩子是家庭的成员之一，尽管妈妈觉得孩子还不懂事，但是随着年龄的增长，他们每天都在向妈妈学习，掌握社会的生存法则。孩子会模仿妈妈的一言一行，即便长大成人，他们也会受到幼年时学习和模仿妈妈的影响，最终形成习惯。有些孩子在成长之后，还会把从妈妈那里得到的影响延续到自己的孩子身上。

很多妈妈在家里来客人时，总是以各种理由支走孩子。这是因为妈妈很担心孩子在客人面前吵闹，影响大人之间的沟通，或者担心孩子在客人面前有失礼行为，让客人感到不高兴。其实，这么做失去了教育孩子的好时机，因为在会客的过程中，妈妈可以教会孩子怎样招待好客人，还可以让孩子学会待客的礼仪。随着不断地成长，孩子终将会用到这些知识。妈妈既然不希望孩子缺乏礼数，就要抓住这个机会对孩子言传身教。

妈妈要理解孩子的好奇心，也要尊重孩子的求知心理，主动邀请孩子参与会客，让孩子有礼貌地出场，有礼貌地与客人对话，适度地表现自己。这样能够让孩子学到书本之外的知识，如讲文明礼貌，有素质和涵养，待人接物要有分寸等，并且能够锻炼孩子的胆量，培养孩子的语言表达能力，让孩子学会随机应变，使孩子得到更多的锻炼机会。这么做可以丰富孩子的阅历，增长孩子的见识。所以，当家里有客人到访时，妈妈无须支走孩子。

让孩子参与家庭的“经济管理”，能够培养孩子对家庭的责任感，让孩子清楚父母每个月的收入有多少，家里每个月需要多少钱用于日常开支，多少钱用于突发事件，还要预留多少钱备用。孩子们只有懂得了这些，才会积极主动地为家庭理财出谋划策。如果妈妈能够正确引导，帮助孩子形成合理消费的观念，那么当再次去商场，孩子就不会向妈妈提出各种不合理的要求，而是会乖巧懂事、勤俭节约。

妈妈要引导孩子参与家庭中的各种事务，孩子才能尽早地了解每个家庭成员的责任、整个家庭的规则，以及生活的辛苦与快乐，这是很有必要的。孩子会很乐意接受这种方式，这会让他觉得自己在家里是不可或缺的，也是非常重要的成员，所以他会积极主动地发表意见，为家庭建设贡献力量。这对于培养孩子独立、有主见的性格是大有裨益的，还可以培养孩子分析问题、处理问题的能力。这么做比单纯地指挥孩子、苍白无力地说服孩子更有力度，效果也更好。

很多妈妈都为繁杂的家务事感到头疼，一定要引导孩子珍惜妈妈的劳动成果，不能任性妄为，想做什么就做什么。例如，很多孩子会把妈妈辛苦为他整理好的房间弄得乱七八糟，会把自己的玩具、书籍随处乱放等，这些都是需要注意的小细节。

在幼儿期，孩子对各种事情都充满好奇，也很善于模仿。看到妈妈整理房间、洗衣服、洗菜切菜，他们会产生新奇感，也会产生浓厚的兴趣，总是不自觉地模仿妈妈做这些家务活。妈妈洗衣服，孩子喜欢在一边玩肥皂、玩水；妈妈和面包饺子，孩子会揪一块面团在一旁玩。在这个阶段，妈妈可以吩咐孩子做一些简单的、力所能及的事情，例如让孩子帮助妈妈捡起布娃娃，帮助爸爸拿报纸，帮助奶奶拿拖鞋，帮助爷爷把垃圾、废纸等丢到废纸篓中等。孩子一定会非常乐意地做好每一件事情。

从孩子的幼儿期开始，妈妈就鼓励孩子做一些力所能及的家务劳动，他们会很乐于参加家务劳动，而且不会觉得辛苦，更不会认为做家务劳动是额外的负担。在辛苦劳动的过程中，孩子能体会到妈妈对他们的爱，这些都是从书本中学不到的。

迟早有一天，孩子会长大，不得不独自面对生活。妈妈从小就让孩子亲身参与真实的生活，体会生活的艰辛和不易，这有助于孩子身心健康地成长，也能够丰富和充实孩子的心灵，让孩子健康快乐，这是所有妈妈都期待看见的。

提升男孩的生存技能

妈妈要培养男孩的生存能力和自我保护能力，让男孩充满勇气地面对生活中有可能遇到的困难和危险。然而，有很多妈妈只会想方设法地为孩子创造安逸舒适的生活环境，从来不会有意识地培养孩子的生存能力，更舍不得让孩子经受困难和磨难。在妈妈无微不至的照顾和全权代劳下，有些孩子能力发展滞后，独立性很差，在升入中学、大学后，依然无法独立过好校园生活。这些男孩尚且无法独立生存，还谈何担当男子汉的责任呢？

妈妈全方位保护男孩，只会限制男孩发展的空间，使男孩在独自面对社会生活时无能为力。另外，妈妈总是紧张、小心地保护男孩，也会让男孩特别胆小，觉得世界充满未知的威胁，变得越来越谨小慎微。

一位教育专家在调查报告中，记载了这样一个故事。

清早，在江南的某个省会城市宽阔的街道上，路边停着一辆警车和一辆轿车。警察坐在警车里，一些戴着红领巾的少先队员坐在轿车里。轿车周围簇拥着前来送行的人群，大概有上百人。送行的人使劲往车上递各种美食，还嘱咐道："别乱跑""不要喝凉水，不要吃没洗干净的东西""用自己的水杯、饭碗，不要用别人的”“睡觉盖好被子，不要着凉”“晚上带着手电筒去厕所”……

警车拉响警笛在前面开道，轿车跟在警车后面行驶，很快消失在街道的尽头。送行的人们依然站在原地，脸上写满了不舍，盯着轿车离去的方向，迟迟不愿意离开，此情此景显得非常“悲壮”，就像面临生离死别一样。

实际上，这只是一所学校组织的小学生社会实践活动。该学校挑选出20名小学生，要去偏僻的山区学习一个星期。与此同时，还要从偏僻的山区挑选出20名小学生，作为交换生来到省城学习一个星期。这项活动的名字叫“短期易地留学”。城市和山区的孩子分别住在对方家里，到对方的学校学习。组织者希望通过这样的社会实践活动，让习惯了城市里优越生活条件的孩子体验农村艰苦的生活，从而让城市里的孩子珍惜现有的优越的生活和学习条件，增强社会责任感，树立理想，致力于缩小城乡差距，也树立振兴中华的理想。与此同时，让山区的孩子亲身体验大城市里紧张忙碌的生活，促使他们努力学习，致力于改变家乡面貌，树立建设社会主义新农村的伟大理想。

虽然活动只维持一个星期，还是住在对方的家里，但是家人和亲戚朋友不但大包小包、千叮万嘱，还要动用警车开道，这样的孩子将来如何独立生活呢？不管是在自然界，还是在人类社会，都会遵循“物竞天择，适者生存”的普遍规律。在激烈的竞争之中，在恶劣的生存环境下，只有真正的强者才能生存下来，那些不能独立生存，缺乏自立能力的弱者，只能惨遭淘汰。

在澳大利亚，学校教育中包含一项特殊的课程——野外生存训练。这门课程从20世纪70年代就已经设立了，经过几十年的漫长摸索，结合现代社会发展的切实需要，现在已经成为中小学生的必修课，获得了全面推广。从小学三年级开始，九岁的孩子就接受初步的野外生存训练。根据学校的教学安排，以及学生年龄的不同，野外生存训练的长短和强度有所不同。训练科目很多，如行军与露营训练、划艇与漂流的技巧、峭壁攀爬、丛林识途与越野等。这些训练不但能够增强孩子的体力，让孩子学会各种技能，提升孩子面对险恶环境的应变能力，还能够激发孩子挑战自然的勇气，锤炼孩子坚毅顽强的品质。

美国电影《小鬼当家》中，麦考利还很小，却能够从容自如地对付两个江洋大盗，还凭着机智勇敢让盗贼吃尽苦头、受到惩罚，最后被绳之以法。在现实生活中，哪个妈妈敢把这么小的孩子独自留在家里呢？即使不得已将孩子独自留在家，一旦遇到突发事件，如火灾、地震、患病等，孩子能够从容应对和解决问题吗？

如今，大多数孩子都是独生子女，平日里忙于学习，很少有机会参加各种锻炼。很多男孩也和女孩一样娇生惯养，得到妈妈无微不至的照顾，根本不用为衣食住行操心，更别说接受野外生存教育、探险训练等。很多妈妈已经意识到要让孩子受点儿苦，学一些在学校学不到的本领，丰富孩子的人生体验。在假期，妈妈们会安排孩子参加“生存训练主题夏令营”“军训夏令营”“吃苦训练夏令营”等，让孩子在夏令营里学习更多的知识，参与医疗急救、灾难处理、野外生存等训练，提升相关的技能，从而让孩子掌握更多的生存技能，提升应对突发事件的能力。

从人生的角度看，假如男孩从小就生活在重重保护之中，长大后根本无法承受生活的挫折和磨难。妈妈要调整心态，切勿总是以孩子为中心，剥夺孩子发展独立生存能力的机会。必须避免孩子过度依赖妈妈，发展孩子的独立能力，孩子才会积极地接受妈妈的教育和影响，具有不怕困难、战胜困难的决心和勇气。

在现实生活中，不乏有些孩子能够战胜困境，积极地采用各种手段展开自救，在恶劣的环境中想方设法地生存下来。例如，在云南弥勒市，年仅14岁的女孩遇到强盗，被独自丢在20多米深的山洞里，但是她却凭着顽强不屈的意志力和过硬的生存能力，只靠着吃洞中的青苔，喝山洞里的水，在伸手不见五指的山洞中独自生存了十几天，最终获救；在哈尔滨市，10岁的女孩遭遇绑架，她装作陷入昏迷的样子，记住沿途的路标，趁绑匪不注意，逃脱求生。在西方国家，也有很多这样的事例。例如，在奥地利，有个孩子手臂不慎折断了，就用嘴巴咬住铅笔打了急救电话，最终获救；在英国，一位妈妈心脏病发作晕倒在地，刚刚6岁的孩子拨通火警电话，救了妈妈……

【怎样避免男孩成为“妈宝男”】

“妈宝男”指凡事都听妈妈的、以妈妈为中心的男人，他们缺乏主见，毫无自信可言。在教育男孩的过程中，妈妈们一定要避免男孩变成“妈宝男”。

(1) 从小做家务，培养男孩的责任感

妈妈要培养男孩坚韧不拔、勇敢承担责任的精神。如今的男孩从小就娇生惯养，从来不曾吃过苦，妈妈可以让男孩做家务，培养男孩对家庭的责任感。例如，让男孩和妈妈一起打扫卫生、洗碗做饭。

(2) 让男孩独立自主

强势的妈妈喜欢指挥和命令男孩，也喜欢掌控男孩，因而最容易养出“妈宝男”，妈妈在家里主持着一切事情，哪怕意见有分歧时，爸爸和男孩也都必须听妈妈的，这将直接影响男孩的性格形成。因此妈妈要学会放手，让孩子尝试着独立做出各种决定。当意见有分歧时，妈妈还要主动邀请男孩表达看法，并且尊重男孩的意见。

（3）让男孩爱上运动

热爱运动能够促使男孩长高，也能增强男孩的体魄，更能锻炼男孩的意志力。妈妈切勿总是把男孩困在家里，而是要经常陪着孩子跑步、打球、爬山。爱运动的男孩性格开朗，就像阳光一样温暖灿烂，既能够得到他人的喜爱，也能够增强自信心，很少会成为“妈宝男”。

第五章

成长关键期：自尊、自信让男孩无往不利

自尊心和自信心，是男孩进步的驱动力。

和孩子平等，不会没了尊严

在孩子面前，很多妈妈都会表现出一副高高在上、不可一世的姿态，从而维护作为家长的尊严。这不但会疏远孩子，也会导致孩子关闭心扉，不愿意把心里话告诉妈妈。长此以往，孩子与妈妈缺少交流，就无法从妈妈那里学到更多的知识、得到更多的信息。

有研究机构通过对小学生开展调查发现，小学生的家庭教育情况堪忧。很多孩子的爸爸妈妈经常出差，但是他们只知道爸爸或妈妈这几天出差了，而不知道爸爸妈妈去哪儿出差，具体做什么工作，哪天才会回来。有极少数孩子的爸爸出差去了国外，孩子也毫不知情。显而易见，爸爸妈妈很少与孩子沟通，也很少把自己的情况告诉孩子。

有相当一部分妈妈从来不与孩子交流和沟通，更不会有意识地洞察孩子的内心世界。她们把家里的所有事情都对孩子封闭，从不告诉孩子。这些妈妈觉得，没有必要和一个小毛孩子说什么，孩子虽然已经读小学或者中学了，但是孩子毕竟是孩子，是晚辈，不能凡事都告诉他们。孩子只需要负责学习就行。

在孩子面前，有这种想法的妈妈常常板着面孔，摆出一副绝对权威、高高在上的样子，动辄训斥孩子。她们不敢与孩子平等相处，担心会在孩子面前失去做妈妈的尊严，使自己的威信降低。除了学习之外，妈妈根本不了解孩子的心理状况，甚至孩子已经走上了人生的歧途，妈妈也丝毫不曾察觉。面对这样的妈妈，孩子觉得无话可说，因此只好保持沉默，独自承受内心的焦虑不安、委曲压抑、痛苦等负面情绪。

妈妈应该平等地与孩子谈心、交流，为孩子打开一个窗口，让孩子了解成人、了解世界。在交流的过程中，孩子们也会借此机会探究妈妈的内心世界，了解家庭生活的情况，例如家里的经济情况、生活状态，父母的工作情况、未来规划等。这将会帮助孩子增长知识和经验，加深孩子对父母、对社会的了解。

妈妈平等地对待孩子，言传身教地教会孩子以温和的态度对待他人，将促使孩子的心理更快成熟。

在孩子心中，妈妈应该享有威信，否则就不可能实现教育的意图和目标。正是因为如此，很多妈妈才会担心自己在孩子面前丢面子，误认为丢了面子就等同于丢了威信。她们每时每刻都很注意，想要在孩子心中保持神圣不可侵犯的威严。

但事实上，即使在孩子面前，妈妈也无法保证自己永远不犯错误。很多妈妈都觉得对孩子道歉，不利于维护自己的形象。实际上所有的妈妈都会在孩子面前丢面子，重点在于怎样在孩子面前挽回颜面。学会向孩子承认错误，真诚地道歉，并非一件丢面子的事，反而有利于提升形象。这意味着妈妈敢于正视现实，能够做到严于律己。从某种意义上而言，这么做还可以帮助妈妈在孩子面前重塑威信。每个人做错了事情都应该道歉，这是做人做事的基本原则。妈妈要想教育好孩子，就要以身作则，给孩子树立榜样。每当在孩子面前犯了错误，特别是误解了孩子，批评错了孩子，必须主动向孩子表示歉意，这样才能赢得孩子的信任，而不会像妈妈所想的那样，降低妈妈在孩子心目中的威信。

在家庭生活中，坚持民主平等地对待孩子，好处多多。妈妈要平等地与孩子争辩、讨论，虽然大多数妈妈都难以接受这件事情。她们误以为这么做会降低自己的威信，假如在争辩中暴露了自己认知上的不足，出现错误，还会严重地损伤颜面。实际上，这种担心完全没有必要。轻松地与孩子讨论或者争辩某些事情，不但不会降低妈妈的威信，反而能够让孩子更加信任和尊敬妈妈。

与孩子争辩，可以与孩子进行思想沟通，通过争辩达成共识，更好地解决问题。心理学家提出："孩子能够和妈妈进行争辩，在生活中会表现得更加自信，更富有创造力，也更合群。"事实证明，孩子最喜欢和妈妈争辩，也会认真地参与争辩。只有在家庭成员关系和谐融洽且形成民主氛围的情况下，才会出现这样的情况。在家庭生活中，假如妈妈角色意识太强，总是为孩子制定各种各样的规矩，则根本没有机会与孩子争辩。在与孩子争辩时，妈妈切勿担心丢了面子，也不要担心孩子会抗拒和叛逆，不尊重自己。孩子其实很愿意讲道理。妈妈与孩子争辩，要给孩子留下讲正义、讲道理的好印象，才能让孩子打心眼里爱妈妈、亲近妈妈、信赖妈妈、尊重妈妈。通过争辩，孩子会了解妈妈为何会要求他做一些事情，也会积极主动地去做。每当妈妈遇到难题的时候，孩子参与争辩，还能够启发妈妈的思维。总而言之，妈妈与孩子争辩、讨论，好处多多。

对孩子而言，和妈妈发生争辩，不仅有助于孩子培养自信、自立、自尊、自强的意识，还能够帮助孩子宣泄负面情绪。心理学家认为："争辩可以帮助孩子形成自信，走向独立，让孩子在对抗中感觉到自己得到了妈妈的重视，也渐渐领悟出如何做才能贯彻自己的意志。"争辩意味着孩子有自己的主见，能够坚持走自己的路，认真思考问题。长此以往，孩子的思考能力和判断能力、辨别是非曲直的能力都会有所提升，还可以学习更多的知识，学会正确评价自己，认知自己，养成尊重事实、坚持真理、讲道理、求公正的好品质，形成健全的人格。

妈妈与孩子争辩，可以让家庭气氛更加活跃，让孩子在交流感情、沟通思想的过程中，感受到家庭生活中浓郁的亲情，不管是与妈妈拌嘴，还是与妈妈争辩，都是重视妈妈的表现。这样的行为能帮助孩子更深入地感受妈妈情感的变化，正确对待妈妈，摆正自己在家庭生活中的位置，对待所争辩的一切都能够本着化解矛盾、达成共识的原则。假如孩子从来不与妈妈争辩，总是表现出一副与世无争的样子，那么，他很难具备勇气和进取心，更不能在必要的情况下坚持正义。

在很多事情上，当孩子的看法与妈妈的看法截然不同时，妈妈绝不能压制孩子，不要训斥孩子什么也不懂，更不要把自己的观点强加给孩子。首先，要给予孩子发表观点、意见和感受的权利，要耐心地倾听孩子的想法。假如觉得孩子的看法不成熟，妈妈就要想方设法地引导孩子调整思路。妈妈要把孩子当成朋友，与孩子平等、真诚地交流。切勿犯教条主义的错误，一脸严肃地引经据典，教训孩子。要耐心细致地培养孩子发展兴趣爱好，也要尊重孩子的个性。妈妈的确要和孩子讲清楚很多道理，例如告诉孩子偷盗和撒谎是可耻的行为，但是对于有些事情，则要灵活对待。

有个男孩写了一篇作文，名字叫《给我自主的机会》：

我今年12岁，已经长大了，妈妈却依然认为我是凡事都需要她管教的小孩子。不论在生活上还是在学习上，妈妈都丝毫不顾及我的感受，总是不由分说地把关于我的一切都安排好。有的时候，我表达不同的意见，妈妈会训斥我："小孩子什么都不懂，妈妈是为了你好。"

妈妈希望我能够打扮得英俊帅气，所以买了很多衣服给我，但是，她买的很多衣服都是红色的，我根本不喜欢。我建议妈妈买其他颜色的衣服，妈妈却说："你根本不会欣赏，我买什么衣服，你就穿什么衣服吧。"我觉得非常委屈。

我确信妈妈很爱我，然而，我已经是六年级毕业班的孩子了，妈妈还不给我权利让我处理自己的事。我从来没有权利决定自己的事，在家里，没有任何人会尊重我。

在妈妈心中，如今的孩子生活得特别幸福。他们衣食无忧，得到家人无微不至的照顾，业余生活丰富多彩，不管是物质需求，还是精神需求，都能够得到满足，唯一的任务就是好好学习。但是，现实情况并不像妈妈想的那样。

曾经，有心理学家专门调查小学高年级和初中低年级学生，发现只有44%的孩子"喜欢和父母待在一起"，有62%的孩子在

“感到心中苦闷时，选择向同学或朋友而不是父母倾诉”。尤其引人关注的是，只有27.7%的孩子和妈妈们所认为的一样，觉得他们的生活很富足、很幸福。在被问及对爸爸妈妈的最大希望时，高达74.4%的学生希望有机会和爸爸妈妈“谈心、讨论”，从而相互了解，加深感情。

心理学研究证实，情感是一种内心体验，在人的需要得到满足的情况下才能产生。孩子们生活在21世纪，不仅需要优越的生活条件，更需要得到爸爸妈妈无微不至的关心和照顾，也非常渴望和爸爸妈妈之间进行情感沟通，从而满足自己更高层次的精神和情感需要。在家庭教育中，妈妈一定要平等地对待孩子，经常与孩子交谈，尊重孩子的自尊心，爱护孩子的“成人感”，学会控制自己的情绪，学会表达自己对孩子的爱。

妈妈只有多与孩子沟通，给予孩子平等和尊重，才能满足孩子的需求。有心理学家曾经说过：“两代人之间的沟通越多越好。”

妈妈要用提问题代替命令。例如问孩子：“你喜欢哪双鞋子？”这样的提问能够引起互相讨论，从而了解孩子的喜好。如果妈妈要求孩子“只能买这双鞋子”，不但会招致孩子的反感，还会终止对话。

要告诉孩子每个人都会做错事，也允许孩子因为意外而犯错。例如孩子不小心打翻了一杯牛奶，不要总是责备孩子，而是要让孩子把牛奶清洁干净。小事化大是家庭教育的大忌，妈妈要多鼓励孩子，赢得孩子的信任。如果妈妈常常因为不值一提的小事就惩戒孩子，就会导致亲子关系越来越疏远。

妈妈要养成和孩子平等交谈、相互沟通的好习惯，从而有效地消除与孩子之间的代沟，打开孩子的心扉，走进孩子的心灵，读懂孩子。现代社会，很多孩子都会“教育”妈妈。例如，孩子向妈妈提出批评、建议，妈妈要虚心接受，这就是孩子对妈妈的“教育”活动。退一步讲，即使妈妈不接受孩子的建议，也不要否认孩子“教育”妈妈的行为。一切能够转变他人的思想、增进知识，有意识、有目的地对他人施加影响的互动，都应当被看作“教育”。尤其是现代社会，各种新事物、新知识、新思路、新观念不断涌现和产生，孩子们的思想非常活跃，反应敏捷，思想开放，感受能力特别强，常常会积极主动地接受新事物、新知识、新思想、新观念。虽然妈妈也能接受这些新生事物和观念，但往往比孩子“慢半拍”，甚至有可能“晚一步”。孩子向妈妈介绍新事物、传授新知识、灌输新思想、传播新观念，无论效果如何，都是在有意识、有目的地“教育”妈妈。

儿童教育专家赵忠心教授认为，很多父母担心接受孩子的“教育”会降低威信，让孩子变得更加叛逆，抗拒父母的教导。其实不然，如果父母能够虚心听取并且接受孩子的“教育”，反而能够提升威信。古人云：“敬人者，人恒敬之。”妈妈一定要放下高高在上的架子，认真听取并虚心接受孩子的规劝，孩子一定会更加尊重和信任妈妈。

在家庭生活中，妈妈要虚心听取孩子的劝告，做到平等地与孩子讨论问题，这就相当于在自己和孩子之间架起了沟通的桥梁，有助于改善亲子关系，增进亲子感情，改善家庭成员的相处模式。与此同时，还能够增强孩子的自尊心、自信心，激发孩子的上进心，让孩子谨言慎行，严于律己，主动地提升自己，成为妈妈所期望的样子。对“施教者”而言，在教育别人的同时也会教育自己。从这个意义上来说，妈妈和孩子平等，有利于教育孩子。

告诉男孩：你真棒

有一位失意的年轻人流浪到巴黎，他辗转找到爸爸的朋友，称呼对方为叔叔，希望叔叔能为他介绍一份谋生的差事。

“你精通数学吗？”叔叔问。年轻人不好意思地摇摇头。

“那么，你的历史、地理学得怎么样？”年轻人还是摇头。

“法律如何呢？”年轻人很尴尬地低下头。

叔叔接二连三地发问，年轻人都只能以摇头作为回答。他告诉叔叔自己没有任何长处，更没有什么优势。

“那么，把你的地址留给我，我会想办法帮你找一份工作的。”叔叔有些无奈地说。

年轻人赶紧写下自己的地址，转身正准备离开，叔叔却喊住他：“你的名字写得非常漂亮啊！这就是你的优势啊！”

写好自己的名字也算是优势吗？年轻人从叔叔的眼睛里看到了肯定。

“我可以把自己的名字写得漂亮，就能把其他字也写得漂亮，还能把文章写得漂亮……”年轻人受到鼓励，循序渐进地放大自己的优点，找到了自信。

若干年后，年轻人写出了享誉世界的经典著作。在十八世纪，他是当之无愧的大作家，他的名字叫大仲马。

从这个故事中不难看出，称赞对一个人的成功将会起到巨大的作用。叔叔的称赞让本来觉得自己“一无是处”的大仲马成了举世闻名的作家。妈妈也要和故事中的叔叔一样，慷慨地赞美孩子，哪怕孩子身上有很多缺点，他们也一定会有优点。只要妈妈坚持称赞孩子，孩子就可能像大仲马一样获得成功。

现实生活中，有很多人都有不为人知的优点，和“能把名字写得漂亮”类似，却常常因为陷入自卑之中而忽略了自己的优点。妈妈必须掌握培养孩子自信心的技术和艺术，坚持给予孩子鼓励，让孩子在妈妈的鼓励之下找到自信，增强自信，拥有积极的心态，激发出自身无穷的潜力。“你真棒”这三个字看起来平淡无奇，却能够开启孩子的心灵宝藏。在这个世界上，每个孩子的相貌不同，个性不同，却同样渴望得到赞美。

有个妈妈是外国人，汉语水平很差，只能勉强与家人沟通，根本无法检查儿子的作业。但是，这个妈妈很有智慧，每当儿子把作业拿给妈妈检查，妈妈都会赞美儿子：“棒极了！”说完之后，妈妈还会小心地把作业挂在客厅的墙壁上。家里来了客人，妈妈会非常自豪地向客人炫耀：“瞧，我儿子的作业写得多好！”实际上，儿子的作业写得并不好，但是客人看到主人这么高兴，不想让主人扫兴，因而总是随声附和：“是的，真好，非常好！”

儿子得到鼓励，暗暗想道：“明天，我要写得比今天更好！”就这样，儿子的作业写得一天比一天好，学习成绩也一天天提高，成了品学兼优的好学生。

称赞、鼓励对于孩子的成长而言将会发挥非常积极的作用。可以说，妈妈说孩子行，他就真的行；妈妈说孩子不行，他就真的不行。妈妈只要坚持为孩子喝彩，就能够得到孩子回报的一个又一个惊喜。妈妈切勿抱怨孩子不如别人，否则孩子一定会用实际行动证明他的确非常笨。妈妈的语言就像一把刻刀，会把孩子塑造成妈妈口中的模样。

伟大的发明家爱迪生一生中有一千多项发明，他之所以走上创造发明的道路，是因为他在小时候就对世界充满好奇，比如曾经模仿母鸡孵小鸡的样子坐在鸡蛋上孵鸡蛋。妈妈发现了爱迪生特殊的兴趣爱好时，没有讽刺挖苦爱迪生，而是鼓励爱迪生大胆思考。在妈妈的宽容、理解与支持之下，爱迪生发挥创造力，成了伟大的发明家。

称赞能够激发孩子对事物的兴趣，妈妈要大力支持孩子求知。有些时候，孩子的行为显得天真、幼稚，甚至让人觉得不可思议。然而，这正意味着孩子在以独特的方式增长知识，丰富阅历，发展智力。这对孩子的一生都影响深远。

称赞非常重要。但是，作为妈妈，即使你已经开始关注和发现孩子的优点，却并不意味着你成了合格的妈妈，也不意味着你能培养出优秀自信的孩子。要想做到这一点，你还需要做很多事情。

每当发现孩子正在做正确的事情，要用微笑、手势让孩子意识到：我相信你能做好每一件事情。妈妈可以告诉孩子，当完成自己想干的事情，得到他人的称赞和肯定时，可以写一张小字条表扬自己，并且将其存放起来。在发现孩子遇到困难和挫折，或者看到孩子沮丧时，让孩子把字条拿出来看一看，鼓励自己："我很棒，我能战胜困难!"每个孩子都需要有一个"自信罐"。妈妈一定要多多鼓励和肯定孩子，才能让孩子不再只盯着自己的缺点，而是能够更多地看到自己的优点。

曾经有一位儿童教育专家指出，假如孩子生活在鼓励的环境中，他就会越来越自信；假如孩子生活在赞扬的环境中，他就会越来越自爱。伟大的成功学大师戴尔·卡耐基说："对孩子们而言，没有什么事情比得到父母的注意和赞赏更让他们欣喜若狂。”妈妈要坚持肯定孩子，帮助孩子找到自信，使孩子充满活力，让孩子在知识的海洋中遨游，让孩子的童年更美好。

必须注意，很多妈妈对于孩子的表扬和鼓励已经泛滥成灾了。当孩子取得比较好的成绩时，妈妈会欣喜若狂。长此以往，妈妈的表扬变得越来越廉价，无法达到预期的效果。

那么，作为妈妈，怎样才能恰到好处地表扬孩子呢？

（1）及时表扬孩子

当孩子在某些方面有所进步或者表现出色时，妈妈要及时表扬孩子，这样才能满足孩子的情感需求，让孩子鼓起勇气坚持进取。不过，表扬孩子一定要适度，防止表扬泛滥成灾。

（2）真诚地表扬孩子

必须以事实为依据，才能发自内心地表扬孩子，与孩子产生感情的共鸣，帮助孩子形成自信心。那些并非出自真心的表扬，非但无法对孩子产生激励作用，反而会使孩子感到反感和厌恶，导致事与愿违。

（3）表扬要掌握分寸

对孩子的表扬要掌握分寸，把握尺度，切勿过度和夸张。如果表扬泛滥成灾，言过其实，就会使孩子觉得自己很容易就能得到表扬，渐渐地不再看重表扬，或者每天都在盼望着得到表扬。一旦有朝一日妈妈无意间忽略了孩子的“存在”，孩子就会很沮丧，内心脆弱。

（4）表扬要讲究艺术

很多妈妈误以为给钱给物是对孩子最好的鼓励，事实恰恰相反。也有些妈妈表扬孩子时显得很生硬，言辞不够生动和具体，最终让表扬成为“例行公事”，无法真正地激励孩子。其实，最应该经常使用的方法是：给予孩子暖人心扉的赞美。一个会心的微笑，一束赞许的目光，一次看似不易觉察的点头，都能够向孩子传递真情的鼓舞。还可以采取带孩子一起旅游、爬山、逛公园、看电影等方式，表扬孩子。总而言之，妈妈在表扬孩子时切勿思维局限，而是要做到不拘一格，因时因事而异，从而发挥表扬的真正作用。

尊重孩子的权利

人人都知道妈妈是世界上最爱孩子的人，但是很多妈妈并不能真正了解和尊重孩子。有些妈妈对此不以为意："孩子就是孩子，对待孩子不要那么紧张呀！"如今，很多年轻的妈妈自身受过良好的教育，能够正确认识到孩子成长的需求，也会真正地尊重和平等地对待孩子。但是，也有很多妈妈尽管知道要尊重孩子的道理，但在现实生活中却无法坚持做到。一旦孩子的行为违背了妈妈的意志，或者无法达到妈妈的期望与要求，妈妈就会忍不住训斥孩子，甚至打骂孩子。对妈妈而言，很难做到始终尊重孩子，因为这需要妈妈对教育有正确的认知，也需要妈妈在很长的时间里都努力做好。妈妈要把尊重孩子变成发自内心的自觉行为。

英国大名鼎鼎的教育家斯宾塞说："野蛮产生野蛮，仁爱产生仁爱。"这是教育的真理。妈妈只有同情孩子，孩子长大成人之后才会富有同情心。换言之，妈妈只有尊重孩子，孩子长大成人之后才会尊重他人。妈妈只要认真耐心地教育和引导孩子，孩子就能学会尊重他人。

《儿童权利公约》是约束世界各国儿童政策的国际性公约，是现代社会成人正确对待儿童、父母善待孩子的指导思想，是人类在对待儿童问题上最重要的文明成果。作为妈妈应该关心和了解关于孩子的各种知识，并努力实践，以正确的方式教育孩子。《儿童权利公约》提出，父母必须尊重孩子的生存权、发展权、受保护权，以及参与家庭、文化和社会生活的权利，这其中也包括尊重儿童的隐私权。例如，有些妈妈偷看孩子的日记、信件，就侵犯了孩子的隐私权。

在一幅四格漫画中，有四句配文：“你翻看了孩子的书包。”“你偷看了孩子的日记。”“你打开了孩子的抽屉。”“你锁住了孩子的心，请尊重孩子的隐私权！”每个人都有不愿意告诉他人的隐私。孩子也有自己的隐私，这是孩子的秘密。随着年龄的增长，他们的生活领域越来越广阔，他们掌握了更多的知识，阅历更加丰富，他们的情感更加细腻复杂，他们的自我意识、自尊意识都在持续地增强。原本，孩子会无所顾忌地打开自己的心扉，现在，他们却渐渐地关闭了心扉。孩子没有一刻停止成长，妈妈却忽略了孩子正在长大的事实，不愿意承认孩子也有自己的秘密。很多妈妈觉得孩子是自己的“私有财产”，所以自己可以无所顾忌地进入孩子的世界，随意闯入孩子心中的“隐私地带”，甚至有些妈妈采取各种粗暴的方式干涉孩子的隐私，诸如私自翻阅孩子的信件、监听孩子的电话、偷看孩子的日记等。

报纸上刊登过一则新闻：某市，一位初中生男孩回到家后，被爸爸大声训斥。原来，爸爸趁着男孩去学校，偷看了男生写给班级里一个女孩的信。男孩特别生气，指责爸爸的行为是“违法行为”。然而，爸爸只是以一记响亮的耳光回应了男孩的指责。次日，男孩失踪了，家人像疯了一样寻找男孩。直到很多天过去，人们才在距离男孩家几十里外的河湾里发现了男孩的尸体。

妈妈一定要尊重孩子，允许孩子有隐私。妈妈只有赏识孩子，尊重孩子，才能赢得孩子的信任，让孩子主动表达内心的真实想法，这也是家庭教育至高无上的目标。现实生活中，妈妈要密切关注孩子的一举一动，及时觉察孩子在态度和行为上的异常。当孩子需要独立的空间时，妈妈不要随便进入孩子的房间；当孩子希望写日记记录秘密时，妈妈不要偷看孩子的日记，更不要采取打骂或体罚的方式强迫孩子交出日记。

妈妈越是尊重孩子的隐私，越是能够亲近孩子。在进入孩子的房间时，妈妈要有礼貌地敲门，询问孩子："我可以进来吗？"在孩子写信件或者日记时，妈妈必须征求孩子的同意才能查阅。例如，妈妈可以问："孩子，你在写什么呢？我能看看吗？"当想帮助孩子收拾房间、书包或者书桌时，妈妈一定要询问孩子的意见，可以问孩子："妈妈帮你收拾收拾，你觉得可以吗？"

妈妈为了了解孩子而偷窥孩子的隐私，只会引起孩子的反感，距离孩子越来越远。事实告诉我们，这么做会伤害孩子的自尊，使孩子在意识到自己的隐私被侵犯之后，采取更为极端的方式紧锁心门，保护自己。如此一来，妈妈想要了解孩子就变得难上加难，也会使原本和谐融洽的亲子关系遭到破坏。

耐心地回答男孩的问题

妈妈要想教育好孩子，就要学会与孩子共同讨论。对孩子提出的问题，假如妈妈无法当即做出回答，切勿简单粗暴地拒绝孩子。反之，如果孩子不想回答妈妈的问题，妈妈也不要命令孩子回答，否则会让孩子变得畏缩怯懦，失去独立思考的能力，不能坚持主见。

细心的妈妈会发现，每当带着孩子上街或玩耍的时候，好奇心强的孩子常常会提出各种出乎妈妈意料的问题。对孩子来说，世界上的一切事物都是陌生的，会激发他们的好奇心，也会激发他们的求知欲。面对让自己为难的问题，妈妈要和孩子一起去探寻答案。反之，假如幼小的孩子对一切事情都漫不经心，提不起兴致，那么妈妈要引起警惕。

并非所有的妈妈都会认真仔细地思考孩子提出的问题。然而，耐心讲解的做法和态度，每一位妈妈都要具备。虽然孩子提出的很多问题常常会难倒妈妈，但是无论如何，都要保护孩子的求知欲。妈妈不知道如何解答问题没关系，可以告诉孩子应该向谁求教，还可以和孩子一起查阅资料，激发孩子向书本学习知识的热情。绝不要认为孩子提问题难倒自己，会让自己很难堪，就恼羞成怒地向孩子发脾气："你的问题怎么这么多！你在学校的时候为什么不问老师？你难道不知道我很忙？"

"学问学问，一边学一边问。"在不断的探索中，每个人都要持续地发现问题，提出问题，最终解决问题，这样才能掌握更多的知识，积累更多的经验。不仅妈妈如此，孩子更是如此。孩子与妈妈的区别就在于，妈妈遇到不懂的问题，在没有合适的人求教时，可以主动看书查阅资料，寻找答案。然而，孩子因为本身的知识有限，自主学习的能力还没有得到提升，更需要得到妈妈的帮助。

孩子有问题第一时间就想到问妈妈，这正是孩子信赖妈妈的表现。为了孩子的成长，妈妈应该更加努力地解答孩子的疑问，例如帮助孩子答疑解惑，带着孩子一起翻阅书本、查找资料，寻找答案。

与此相反，假如妈妈将孩子的问题视作累赘，敷衍了事，那么渐渐地，孩子就没有兴趣再次提出问题。孩子虽小，却也不愿意自找没趣。当孩子在学习或完成作业时遇到难题，妈妈不要直接帮助孩子解决问题，使孩子的学习兴趣下降，甚至彻底丧失学习的信心。如今，很多妈妈或者因为自身储备的知识有限，或者因为忙于工作，对于孩子的学习心有余而力不足，会专门聘请家庭教师解答孩子在学习过程中遇到的问题，这是无可厚非的。但是，家庭教师只负责教孩子知识，虽然能够在某些方面弥补妈妈的不足，例如知识不足、精力不足，但是无法完全取代妈妈。妈妈必须多接近、多关心孩子。

有些时候，特别是年龄大一些的孩子，会关心家庭亲戚之间的纠纷和矛盾。面对孩子的提问，妈妈往往不想回答，也很难回答。在这种情况下，妈妈可以真诚地告诉孩子"这个问题难以回答，无法回答”，而不要训斥孩子“小孩子乱问什么呢”，这会封闭孩子的心，让孩子不再关心家里的事情。

与妈妈发生这种不愉快后，为避免再次受伤，孩子即使心中有疑问，也不敢继续追问妈妈了。当类似的不愉快频繁发生，妈妈与孩子之间就会产生隔阂。

妈妈常常会因为一类特殊的问题感到难以启齿，那就是和两性有关的问题。在如今的三口之家中，全家人往往会一起围坐在电视机前消磨时光。每当电视里出现涉及性的镜头时，不谙世事的孩子就会提出疑问。例如看到接吻镜头，孩子会感到非常好奇，问妈妈：“妈妈，他们在做什么呢？”妈妈难以启齿，又因为受到封建思想的影响，所以会斥责孩子：“你这个孩子能不能不要瞎提问题？看就看呗，还问！”也有的妈妈会质疑孩子：“你这个小屁孩，关心这些事情干什么？”

以这样的方式回答孩子的提问，非但不能说明问题，反而导致孩子对性更加好奇。如果孩子的年纪很小，最好避免让他们看成人的电视节目，而是引导孩子看益智的少儿类节目。既然孩子已经看到了不该看的镜头，好奇心爆棚，那么不妨低调地告诉孩子：“等你将来长大了，你就明白了。”这样轻描淡写的一句话，就可以避免神秘化或丑化性。对于年龄稍微大一些的孩子，可以适度地讲解，满足孩子一时的好奇。

三四岁的孩子最喜欢发问，在这个年龄段，孩子的智力发育很快。在小学低年级，孩子开始进入学校系统地学习，接触书本，求知欲和好奇心越来越强。妈妈会发现，小学低年级的孩子无异于“十万个为什么”，每天都在问：“为什么？为什么会这样？它是如何变成这样的？”在这个阶段，妈妈切勿因为一时答不出问题而斥责孩子，更不要因为有事正在忙碌而嫌弃孩子。“我这么忙，哪里有时间讲给你听”，或者索性骂孩子“你啰啰唆唆的就像个老太婆，别再问了”，甚至有些妈妈会恐吓孩子，“就你的问题最多，下次别想再跟我一起出来了”！

妈妈粗暴的态度会扼杀孩子的求知欲，伤害孩子越来越强烈的好奇心。假如妈妈总是这样对待孩子，渐渐地，孩子会对所有事情都失去兴趣。在学校学习的时候，孩子就可能对新的功课不感兴趣，特别是对有一定难度的新功课望而生畏，可想而知，结果会很糟糕。妈妈要理解孩子的心灰意冷，其实孩子的想法很简单：“我问你们问题，你们嫌我麻烦，不但不表扬我，还批评我，那我就不问呗。”

这种做法当然是错误的。

孩子要想变得更聪明，一定要有旺盛的求知欲。离开了这个先决条件，孩子很难有突出的表现。妈妈要重视孩子的提问，并且要鼓励孩子积极地提问。

孩子的智力水平有限，理解能力不够强，对于孩子们的提问，妈妈未必需要详尽地解答，但是切勿随口编造理由对孩子敷衍了事，更不要违背科学的精神误导孩子。对于那些一时之间无法回答的问题，妈妈要耐心地向孩子解释：“你努力读书，将来一定能找到答案。”这样因势利导地引导孩子发展兴趣，才是妈妈应该做的。

瓦特少年时期看到烧水的水壶，盖子被蒸气顶起来，因此产生兴趣，持续深入地研究，发明了蒸汽机。很多伟大的发明家都是勤学好问、充满好奇心的，因此妈妈要认可孩子的提问，也要积极地为孩子解答问题。不可否认，有些问题的确超出了妈妈的知识范围，不要觉得丢脸，而是要坦白地向孩子承认，告诉孩子“妈妈也不知道”或者“妈妈也不清楚，等我弄明白了，再告诉你”。妈妈有不懂的地方，这很正常，一个人不可能对每一件事情都很清楚。作为妈妈，无须忌讳向孩子说明自己读书不多，过去家里穷没钱读大学等。妈妈的坦诚相见，能够从小教育孩子对科学和学习形成脚踏实地的态度：知之为知之，不知为不知。只有坚持这样去做，孩子才能从小养成求实求是的科学精神。

孩子们才刚刚开始接触和了解世界，对他们来说，外界的一切都非常新鲜，他们迫不及待地想要认识更多的人，知道更多的事情。想要回答孩子所有的“为什么”很难，当被孩子问得哑口无言时，采取正确的方式回答孩子的提问，消除孩子的疑惑，需要发挥智慧。

春天来了，万物复苏，很多妈妈都喜欢带孩子去公园里玩耍。看到初春绚烂绽放的桃花，妈妈会告诉孩子：“快看啊，这里的桃花开得真鲜艳！”这时，孩子也许会感到奇怪：“桃花是怎样盛开的呢？”妈妈对于这个问题还是可以回答的，要告诉孩子：“春天来了，桃花开了。”但是，孩子依然不知道什么是春天，为什么一到了春天，桃花就会盛开呢？一团迷雾的孩子很有可能继续追问：“桃花为什么要在春天开呢？”

孩子们总是会提出各种天真的问题，有些问题的确很难回答。这是因为大多数妈妈认为事情的发生是必然的，更是理所当然的，但是孩子们却感到非常新鲜和稀奇。

“为什么”是孩子们开动脑筋的表现，也是孩子们求知欲旺盛的表现。如果妈妈对孩子们的问题不以为然，随随便便编造借口搪塞孩子，就会导致孩子对周围的一切失去兴趣，求知欲越来越弱。日久天长，孩子甚至不想开动脑筋思考，还谈何聪明呢？

妈妈可以换一种方式回应孩子："是呀，桃花为什么一到春天就会盛开呢？这个问题问得真好。"接下来，妈妈还可以提出一些启发性的问题引导孩子进行思考："春天来了，温度升高了，天气越来越暖和。冬天里枯黄掉落的树叶已经化成了泥土，天气变暖，树木又长出了新的嫩叶，对不对？也正是因为天气变得暖和了，桃花才会盛开！"如果妈妈能够这样耐心地引导孩子参与讨论，启发孩子进行思考，发表独立见解，可想而知，孩子的求知欲会越来越强，并且与妈妈之间的关系会更加亲近。

学会和孩子一起讨论，在教育的过程中还要注意另外一个重要的方面，即"为什么不让我做这件事"的问题。孩子总是会提出各种各样的要求，当我们无法满足或不应该满足孩子的要求时，孩子一时无法理解，觉得妈妈在故意刁难自己，就会质问"为什么"。妈妈切勿简单粗暴地拒绝孩子，对孩子说出诸如"绝对不行！不准你做！"这样斩钉截铁、伤害孩子感情的话。妈妈不要搞"一言堂"，才能真正尊重孩子，平等地与孩子沟通。

在一个温暖的春日里，孩子看到邻居们都出门去玩了，也着急地央求妈妈："妈妈，咱们也去动物园吧！我想看看麋鹿。"那一天，妈妈有很多事情需要处理，而且身体不舒服，所以拒绝了孩子的请求。孩子哭了整整一个上午，不停念叨着："为什么？为什么？"为此，全家人都很不开心。

妈妈应理解孩子的心情，耐心地向孩子解释自己为何不能答应孩子的请求，告诉孩子自己有什么难处，和孩子商量、讨论，还可以和孩子达成协议：下个星期天去动物园看麋鹿。或者和孩子商定：今天妈妈身体不太舒服，去动物园实在太远了，可以去近处的公园里赏花。

妈妈学会与孩子一起讨论问题，既可以促进亲子之间相互理解，也可以避免亲子之间发生毫无意义的争吵。每个人都是群居动物，在日常生活和工作中，难免需要与人相处，很容易发生分歧。在家庭生活中，如果孩子学会和妈妈相处，那么将来走到社会上，也就知道如何做人和与人相处。

不要把分数看得比孩子还重

妈妈常常担心孩子因贪玩而影响学习，所以就把自己的主观意愿强加到孩子身上，以分数、名次作为量化标准，为孩子立下学习目标，并且把孩子能否实现学习目标，看作衡量孩子是否努力的标准。实际上，这个标准并不合理。

今天，学校要公布初三第一次模拟考试的分数。儿子刚刚放学回到家里，妈妈就迫不及待地追问："考得怎么样？各科考了多少分？"儿子一边把书包放回房间里，一边头也不回地告诉妈妈："妈妈，成绩还可以，但是……"听到"但是"二字，妈妈脸上的笑容突然消失了，转身回到客厅坐在沙发上，怒气冲冲地对儿子说："我不想听到'但是'，我的要求你很清楚，每门考试都不能低于90分，你直接告诉我分数就行！"

儿子紧张不安，躲闪着妈妈的目光："除了数学，其他科目都考了90多分。但是，数学题目太难了，我只考了83分……不过，我在班级里的排名是前20名，有好几个同学都不及格呢……"

妈妈火冒三丈："就知道和不及格的同学比，有没有上进心？你们班有同学考90分以上吗？”儿子轻轻地点点头，妈妈提高声音：“人家能考90多分，你为何就不能？题目太难，考90多分的同学怎么不觉得难呢？别再狡辩了，就是你不努力！我告诉你多少次了，要想考上名牌大学，就要考上重点高中，必须从现在开始争分夺秒地用功，知道吗？每门功课都要高于90分，最好平均达到95分以上，这是我对你不变的要求，你记好了！”

儿子小声嘀咕：“又不是只有我说数学难，老师也说这次数学题目难。我非常努力了，老师还表扬我进步了呢……”

“再狡辩！”妈妈“噌”地从沙发上站起来，狠狠地给了儿子的肩膀一巴掌，“我告诉你，我不管题目的难度如何，也不管老师是否表扬你进步了，我只看分数！你这样的表现，也叫进步吗？你离进步还差很远呢！如果考不上重点高中，以后就考不上名牌大学，那你就找不到好工作，还有什么前途可言？这个星期六、星期日，你必须留在家里把模拟统考的题目再做一遍，不许去任何地方。”

事例中，妈妈对孩子的要求过于苛刻，把分数卡得太过严格，还因此打了孩子。在很多家庭中，经常发生这样的场景，而且，偶尔也会发生极端的情况。

通常情况下，分数的确能够反映孩子的学习情况，妈妈完全有理由关心孩子的分数。但是，很多妈妈望子成龙，过于看重孩子的学习成绩，总是想方设法逼着孩子考取高分，却不知道这么做会给孩子带来严重的伤害。

首先，妈妈过分看重分数，会让孩子恐惧考试。在日常学习中，有些孩子表现良好，但是一旦到了考试的时候，他们就会特别紧张，担心自己在考试中失利。越是担心恐惧，就越是容易出错，使孩子的成绩很糟糕。遗憾的是，很多妈妈都忽略了这一点，总是盲目地给紧张备考的孩子施加压力，导致孩子在心理上陷入恶性循环之中，伤害孩子的身心健康。

其次，过分看重分数，会打击孩子的自信心，伤害孩子的自尊心。孩子心思简单，天真纯洁，都很积极向上。哪怕是在学习上相对落后的孩子，也渴望着自己能够获得第一名。孩子偶尔得低分，妈妈不由分说地指责孩子，轻则辱骂孩子，重则毒打孩子，就会使孩子感到非常委屈，自尊心受到伤害。日久天长，孩子自暴自弃，对学习失去兴趣，甚至感到厌烦。要知道，哪怕孩子很聪明，对待学习努力用功，也有可能偶尔成绩不理想。如果妈妈把分数看得至高无上，对孩子的成绩提出无限度的要求，希望孩子在每次考试中都得高分乃至满分，这是很不理智的。

再次，过分看重分数，会使亲子关系陷入对立状态。小学生的认知非常直观，还没有完全具备透过现象看本质的能力。特别是小学低年级的孩子，他意识不到妈妈注重分数是出于好心，希望他好好学习，是爱他的表现。他只会记住自己因为没有得到满分，被妈妈骂，还挨了妈妈的打；他也会记住，自己如果能够得到满分，妈妈就会高兴地表扬自己，还会慷慨地奖励自己。在这样的对比之中，孩子自以为认清楚一个事实，那就是妈妈并不喜欢他，而是只喜欢高分。就这样，孩子因为分数与妈妈之间产生隔阂，和妈妈的关系越来越疏远。

对待孩子的学习，妈妈如果过于注重分数，会导致很严重的后果。考试的分数无法代表孩子学习的质量，只能从某些方面表现出孩子的学习成果，此外，一张考卷无法决定孩子的价值。妈妈要对孩子充满爱，真心体谅那些因为成绩不理想而紧张焦虑的孩子，让孩子摆脱分数的奴役。

望子成龙，不如让男孩成为他自己

古希腊有一个神话故事：有一位年轻的王子，他的名字叫皮格马利翁。皮格马利翁很喜欢雕塑。有一天，他不知道从哪里得到了一块洁白似雪的象牙，就用象牙雕刻了一位美丽动人的少女。皮格马利翁每天看着少女，居然爱上了“她”。他一有时间就和雕像说话，茶饭不思，入了魔一样热切地盼望着“她”能够变成真正的人。也许是被皮格马利翁的诚心感动了，造物主居然真的把雕像变成了真正的少女。从此之后，皮格马利翁幸福地和少女生活在一起。

根据这个故事，心理学上命名了一个心理规律：如果一个人怀有热烈的期望，就有可能使被期望的人变得如同自己期望的那样。这个规律被称为“皮格马利翁效应”。

有一位妈妈送儿子参加高考，进入考场时，她握住儿子的手，看着儿子的眼睛，说：“孩子，我知道你一直在很努力地复习，在日常的考试中表现也特别棒。我对你充满信心，相信你一定会考得非常好。”听到妈妈的话，看着妈妈真挚的眼神，孩子原本紧张的心情放松下来，脸上洋溢着自信的笑容走进考场。孩子没有辜负妈妈的期望，以优异的成绩考入名牌大学。在教育中，这就是“皮格马利翁效应”的正面影响。

孩子是妈妈的希望，也是家庭的未来。每一位妈妈都希望孩子出类拔萃、健康成长，成为栋梁之材，这是理所当然的。妈妈希望孩子更优秀，能够肩负起责任，这是每一位妈妈的共同心愿。

然而，大多数妈妈都过于急功近利，每当看到别人家的孩子比自己家的孩子优秀，就情不自禁地进行比较，特别是当熟人家里有孩子表现突出时，妈妈更是忍不住抱怨孩子："你跟某某孩子在一个班里学习，都是同一个老师教的，怎么学习成绩相差这么多呢？你就是笨，没有人家聪明！你能不能好好向人家学习？"妈妈原本以为以这样的方式警告孩子，能够让孩子重视学习，积极地学习别人家的孩子，遗憾的是，效果很糟糕，甚至事与愿违。这非但无法对孩子起到正面的作用，还会打击孩子的自尊心和自信心，让孩子越来越自卑。

现代社会，绝大部分妈妈都陷入教育焦虑之中，对孩子期望值过高。这是因为妈妈们普遍望子成龙、望女成凤，也使家庭教育观念走入了误区。孩子也许会想："你们当妈妈的都不是'龙'，凭什么要求我成'龙'？既然成'龙'是一件光荣的事情，你们应该力争这份光荣啊！"由此可见，妈妈要想望子成龙，就要先从自己身上着手，努力提升自己。孩子看到妈妈都这么努力，自然会跃跃欲试。其实，不管妈妈是否成"龙"，也不管妈妈是否期望孩子成"龙"，大多数人都会拥有普通平凡的一生，只有极少数人才能最终成"龙"。妈妈应该引导孩子、鼓励孩子，提供更好的条件促进孩子成长。妈妈只要尽到养育孩子的责任，就能够无愧于心。

很多妈妈对孩子寄予了过高的期望，希望孩子能够实现自己当年没有实现的宏伟志向，但是，过高的期望与孩子的现实情况相差甚远，会让孩子产生逆反心理。

每一个妈妈都希望孩子学习表现优秀，考取高分，这个愿望虽然很美好，但结果未必能够如愿以偿。妈妈要从孩子的实际情况出发，正视现实，客观评价孩子的能力。

妈妈要善待孩子，不要过度期待孩子，更不要给孩子过大的压力。很多孩子为了获得妈妈的爱而坚持努力，却无法马上达到妈妈的要求。妈妈要多多理解和体谅孩子，认识到孩子承受着巨大的压力，要多关爱孩子，从精神上支持孩子，让孩子主宰和驾驭自己的人生。

如今，很多妈妈都希望孩子能够一路“重点”地完成学业。她们认为孩子必须考进重点中学，才有希望考入名牌大学，必须考入名牌大学，才能让前途一片光明。否则，孩子的人生就会没落。因此，在这些妈妈心中，孩子能否考入重点中学成为人生的转折点。很多妈妈为了让孩子进入重点中学，不但托人找关系，还宁可舍近求远，每天不辞辛苦地接送孩子。在日常生活中，妈妈更是有意无意地以“用功学习，考上重点中学”“不好好学习，将来前途暗淡”之类的话恐吓孩子。妈妈为了督促孩子而做出的努力，让孩子的成长之路艰难逼仄，似乎除了一路“重点”之外没有其他的选择。

妈妈超越社会需要，不符合孩子身心发展规律的过高期望，将会严重影响孩子的性格形成，无法提升孩子适应社会的能力，更不能让孩子身心健康地成长。在高期望值的驱使下，妈妈无法客观评价孩子，而是片面地认为学习好的孩子才是好孩子。在这种心态的驱使下，妈妈要求孩子言听计从，无限度地满足她们的期望。她们还会盲目地给孩子开“小灶”，不让孩子玩耍，为孩子报名参加各种课外班，远远超过了孩子的承受极限，有损孩子的健康成长。例如，一个读六年级的小男孩原本学习状态不错，但是妈妈对他期望太高，使他心理压力过大，总是怀疑自己这也不行，那也不行，整日惴惴不安，担心自己考不上重点中学。极度紧张的他患上了抑郁症，居然选择了自杀。妈妈基于对孩子的爱酿成了悲剧，最终受到了惩罚。

为了避免造成这种悲剧，妈妈正确的做法如下：

（1）不要按照自己的意愿来确定对孩子的期望值

每一个妈妈都希望孩子深造成为高级人才，但不要只顾着满足自己的心愿，而忽略了孩子的实际情况，为孩子确定过高的期望值，更不要急功近利地为孩子做“定向”包办，代替孩子选择发展方向。如果妈妈过早地为孩子确定发展方向，不但会犯主观主义的错误，而且会对孩子缺乏信心。与其说这样的妈妈是望子成龙心切，不如说她们更“怕子成虫”。

过早地限定孩子的发展方向，对于促进孩子的全面发展非常不利。如果妈妈总是强迫孩子去做不喜欢的事情，就像“牛不喝水强摁头”，不但无法取得良好的教育效果，而且会对孩子的个性和特长发展起到消极作用。原本孩子可以凭着兴趣爱好成为某个领域的专业人才，却被妈妈脱离实际的教育方式毁了，导致事与愿违。妈妈当然有理由希望孩子成为杰出的人才，却要根据孩子的才能和特长因势利导，因材施教。当然，妈妈还可以以自己的兴趣影响孩子，培养孩子的兴趣，在具备客观条件的前提下，尽量为孩子创造条件，培养孩子的才能，避免孩子未来一无所成。

（2）妈妈要根据孩子的实际情况确定恰当的期望值

不得不承认，每个孩子的生活环境和受教育条件不同，而且生理、心理等方面的发展水平也无法保持绝对的平衡。这使孩子们的主观努力呈现不同的效果。如果妈妈不承认客观条件存在差异，不承认主观能动性是有限的，而总是对孩子提出苛刻的要求，就会损害孩子的身心健康。妈妈在确定对孩子的期望值时，必须从孩子的实际情况出发，不要盲目地把孩子和别人家的孩子进行比较。如果期望值高于孩子的现实水平，会给孩子造成巨大的压力，导致孩子对学习失去兴趣，心生厌烦，还会剥夺孩子的生活乐趣，使他们长期生活在压抑之中。反之，如果期望值过低，同样不利于孩子的成长。妈妈可以根据老师的建议，或者征求专业的心理学家的意见，对孩子适度期望，也接受孩子的合理要求，满足孩子的合理需求。

（3）妈妈要有正确的人才观和成才观

很多妈妈认为，假如孩子有机会接受良好的教育，必然能够成为大名鼎鼎的学者或者专家。不能说这种假设绝无可能实现，然而，历史上有很多优秀的人才并没有机会接受良好的教育，在学习上表现出类拔萃的孩子也未必能够成为真正的人才。成才要以全面发展为基础，充分发挥孩子的特长。如果妈妈违背孩子的兴趣，对孩子要求苛刻，孩子很难成才。很多孩子在婴幼儿时期喜欢听音乐，妈妈就觉得孩子在音乐方面有独特的天赋，将来会成为音乐家。在这种想法的驱使下，妈妈投入很多的金钱让孩子学习音乐。在中国，有很多孩子都被这种盲目的教育摧残。绝大部分妈妈都没有认识到这种教育是有害的教育，会束缚孩子的发展。她们坚持重蹈覆辙，并且大有愈演愈烈之势。这已经成为非常严重的社会现象，令人担忧。

【勉强孩子“超前学习”的危害】

为了不让孩子“输在起跑线上”，很多妈妈提前给孩子报各种特长班。这种超前学习假如超过孩子的接受限度，就会导致严重的后果。

（1）造成无效学习

在填鸭式的教育下，孩子能够认识生字，学会弹钢琴，但是孩子未必理解生字所代表的含义，也未必能够真正掌握音乐的节奏感。

（2）造成情绪障碍

学习压力过大，或者承受太多的挫折，会导致孩子情绪紧张，被忧虑困扰，缺乏信心。孩子一旦厌倦学习，再面对学习时就会产生心理障碍。严重的情况下，孩子还会出现“强迫症”倾向。

（3）损害人格发展

童年时期，孩子将会形成信任、自主、进取、勤奋等人格。在童年时期，如果妈妈总是逼着孩子去做超过自身身心发展和能力的事情，会使孩子产生很多负面情绪，例如内疚、自卑和无力感。

（4）损害亲子关系

如果妈妈持续地催促、强迫孩子学习，就会导致亲子关系越来越紧张，还会爆发亲子冲突。

第六章

注重细节：别让好孩子变成“熊孩子”

优秀的男孩，是未来社会的栋梁。

带领男孩锻炼，让男孩身强体壮

苏联大名鼎鼎的生理学专家、诺贝尔医学奖得主巴甫洛夫曾经说过：“要想脑灵，先要腿勤。”

多年以来，巴甫洛夫始终坚持运动，坚持负重散步。他在一生之中都坚持这个好习惯。1928 年，在莫斯科一条绿树成荫的人行道上，已经 80 岁、满头银发的巴甫洛夫背着包裹正在努力地前行，见此情形，很多孩子都想主动帮助巴甫洛夫背包，巴甫洛夫却谢绝了。巴甫洛夫说：“孩子们，谢谢你们！我这是负重散步，是为了锻炼身体！”因为长期坚持步行，巴甫洛夫的身体非常健壮，即使年纪已经很大了，也依然思维敏捷，在生理学研究中做出了伟大的成就。

散步时，野外的空气特别清新，触目所及都是美景，感受着鸟语花香，可以激发脑力劳动者的智慧。除了散步，还有很多运动都对保持身心健康有益。

其实，身体运动不但能强身健体，还属于智能运动。在古希腊和古代中国，都特别注重身心和谐、修身养性。很多人认为训练心智能更好地激发身体的潜能，反之，训练身体也能激发出心智的巨大力量。实际上，人类的认知正是以身体运动为基础的，身体运动与其他智能关系密切。众所周知，最早的时候，人类认识世界、体验生活是通过感官进行的。劳动创造了人类，也创造了文明。

现实生活中，妈妈切勿放松孩子的体育锻炼，一定要重视体育锻炼对孩子学习的作用。正是因为意识到这一点，诸如巴甫洛夫等科学家，才会在潜心进行科学研究的同时，始终坚持以运动的方式强身健体。

居里夫人发现了镭。她是一位非常优秀的女科学家，在一生之中曾经两次获得诺贝尔奖。她不但是科学巨人，还很爱好游泳。居里夫人把自己的一生都奉献给了科学，她两袖清风，没有给孩子们留下万贯家产，却倍感自豪："我给了他们健康的身体，这是最宝贵的财产。"

"盘尼西林"的发明者弗莱明，物理学大师密立根、康普顿等科学家，也很看重体育锻炼。据统计，从 1901 年开始到现在，已经有几百人获得诺贝尔奖。在他们之中，有60%以上的人是体育爱好者，有的在运动方面还小有成就。

只有经常参加体育锻炼，孩子们才能拥有健康的身体。对正处于发育期的孩子而言，要积极主动地参加体育锻炼，练就强健的身体。此外，体育运动还能培养孩子们具备很多在成人环境中必须具备的素质，例如果断、坚韧、自信、骄傲等。尽管孩子们也可以从智能中得到这些素质，但是有一点不容争辩，即身强体壮的孩子能够更容易地获得这些素质。

怎样才能让孩子形成健康的运动习惯呢？妈妈可以参考以下的方法：

（1）让孩子早睡早起

早睡早起，保持良好的作息习惯，有利于孩子的身体发育，还能有效降低孩子次日学习、运动时的疲劳。早起是指在早晨7点前后起床，这时，大脑经过整个夜晚的充分休息，思维会变得清晰而活跃。一旦形成生物钟，就会在固定的时候开始恢复活力和工作的状态。这个时候，如果强制大脑休眠，违反身体的规律，就会特别疲惫，而且越睡越想睡。如果孩子每天晚上都在十点前睡觉，早上七点前后起床，中午还能抽出时间休息15~30分钟，就会感到神清气爽，精力充沛。要想帮助孩子养成早睡早起的好习惯，妈妈必须以身作则，带头坚持良好的作息习惯。

林柏的妈妈最发愁每天早晨喊林柏起床。和大多数孩子一样，林柏晚上不想睡觉，很少在晚上11点之前上床休息，就像个"夜猫子"一样，直接导致他养成了晚起的坏习惯。平日里，这个坏习惯还不会对林柏造成影响，但是如果遇到着急的事情，后果非常严重。上个周六，因为林柏不肯按时起床，耽误了背单词。为了帮助林柏，全家总动员调整作息时间，妈妈尽早做完家务，爸爸尽量缩短看电视的时间，全家人在晚上9点半准时上床，熄灯休息。在全家的努力下，林柏终于在晚上10点钟睡着了。次日清晨，妈妈早早地喊林柏起床，林柏因为睡饱了，起床很容易，在7点准时出门进行体育锻炼。

（2）有效利用在校的体育活动时间

妈妈要要求孩子认真上好课间操，利用体育课的时间进行运动。课间操和体育课的时间就是专门用来锻炼的，即使懒散地不愿意运动，也不可能做其他事情。与其敷衍了事地对待运动，不如积极认真地投入锻炼，达到健身的目的。妈妈一定要督促孩子端正态度，做得更好。

（3）鼓励孩子坚持锻炼

很多人一时兴起要运动，却又因为不能坚持而"三天打鱼，两天晒网”，最终荒废了锻炼计划。非但没有增强体质，反而养成了拖延的坏习惯。要想获得良好的锻炼效果，切勿“三天打鱼，两天晒网”，必须打持久战，长期坚持运动，从而养成每天锻炼身体的好习惯，从锻炼中收获更多的好处。

（4）帮助孩子制订体育锻炼时间表

帮助孩子制订体育锻炼时间表，或者和孩子一起选择一项容易操作的锻炼内容，这样孩子就可以利用每天的零碎时间坚持进行锻炼。

（5）在家里置办一些体育活动用具

妈妈可以购买一些体育活动用具放在家里，例如乒乓球拍、羽毛球拍、小哑铃、跳绳等，以便孩子在学习的空闲时间，见缝插针地运动。

平日晚上或者周末，妈妈要陪着孩子一起去户外锻炼，例如和孩子打羽毛球，去环境优美的地方散步。如果不想走远，还可以利用小区里的健身器材活动筋骨，锻炼身体，在此过程中还能与孩子沟通。

（6）坚持室外锻炼

室内缺少新鲜的空气，长时间学习会加重脑力活动的负担，所以妈妈很有必要在孩子学习的间隙，陪着孩子去室外活动。例如，每天晚饭后和孩子在室外散步，周末还可以和孩子去郊外远足等。

（7）让孩子多爬楼梯

体重50公斤的人，爬一分钟楼梯能够消耗7卡路里的热量。乍听起来，消耗的卡里路似乎不多，但是，楼梯的阶梯很多。有学者曾经计算过，如果一个人住在四楼，按照每天上下楼梯四次，每周工作五天进行计算，每周可以消耗大概200卡路里。这么多的卡路里，是需要骑行半个小时或者快速步行一个小时才能消耗掉的。对于那些体重偏重的孩子而言，这是减肥的好方法。

（8）让运动成为习惯

运动需要每天坚持，孩子需要做的就是养成习惯，坚持不懈。日复一日地去做，看起来枯燥，实际上会带来很大的好处。年纪稍大的孩子可以做一些家务活儿，例如栽培花木、清洗汽车、修剪草坪等，从而锻炼肌肉，消耗卡路里。年纪偏小的孩子也可以做一些力所能及的家务。一旦坚持这些行为，使其变成习惯，孩子将会终身受益。

多些磨炼，重视男孩的挫折教育

有个男孩16岁了，但是缺乏男子汉气概，显得很“娘”，妈妈为此很担心，也很烦恼。无奈的妈妈带着男孩去拜访一位当散打教练的朋友，请他帮忙训练男孩。

朋友说：“你把孩子交给我，只需要三个月，我一定能把他变成真正的男子汉。但是，在此期间，你不能来看他。”妈妈答应了朋友的要求。

三个月过去了，妈妈来接男孩回家。朋友安排了一场比赛，让孩子和另一位散打教练进行搏斗，借此机会向妈妈展示训练成果。教练刚刚出手，孩子就被打倒在地。但是他没有认输，而是站起来继续迎接挑战，然而，他很快又被教练打倒在地，他再次站起来……就这样，男孩总计被打倒了16次。

朋友问妈妈：“你觉得孩子是否已经成为真正的男子汉了？”

妈妈说：“我都不忍心看下去！我专门把他交给你训练，他却像纸糊的一样被人一打就倒，太丢人了！”

朋友说：“真遗憾，你只看到孩子被打倒，却没有看到孩子被打倒之后马上再次站起来，这需要多么大的勇气和多么顽强的毅力呀！这才是真正的男子汉啊！”

试问妈妈们，你的孩子遭遇过挫折吗？你的孩子在跌倒了之后，能马上站起来继续努力前行吗？生活的道路从来不是平坦的，只有拥有顽强的意志力，孩子才能收获成功的人生。妈妈切勿剥夺孩子“跌倒”的权利，而是要致力于培养孩子百折不挠、勇敢无畏的精神，让孩子在跌倒了之后，能够凭着自身的力量勇敢地站起来。所谓成功，就是比倒下去更多一次站起来啊！

现实生活中，很多妈妈都在抱怨：“每次和孩子玩游戏，只要我赢了，他就很生气，不但吵闹不休，还必须重新来过……”“我们家的孩子没有朋友，因为他必须在一切的游戏和比赛中获胜，哪个孩子还愿意和他玩啊……”

俗话说，胜败乃兵家常事。遗憾的是，很多孩子都不懂得这个道理，他们一味地争强好胜，赢了就欢呼雀跃，输了就哭闹不止。从儿童心理学的角度来看，孩子“输不起”属于正常现象。不管做什么事情，孩子总是希望自己能够出类拔萃，获得成功，得到他人的肯定和认可。孩子年龄小，心智发育不成熟，根本无法认清自己的强项和弱项。内心脆弱、不够强大的孩子，一旦输给了他人，就会闷闷不乐，满脸都写着“不高兴”“输不起”。即使将来长大成人，面对挫折和失败，孩子也会怯懦地逃避困难。比如，妈妈批评孩子学习跆拳道进步很慢，不如邻居家的孩子身强体壮、有力量，孩子索性彻底放弃，不再学习跆拳道。

孩子耐挫折能力低，就会“输不起”。童年时期，孩子输不起，妈妈还会保护孩子，长大之后走上社会呢？谁还会惯着孩子呢？没有谁的人生能够始终一帆风顺，总与成功相伴。失败是人生的必然，孩子应该把失败视为人生难得的体验，妈妈也要借此机会培养孩子的受挫能力。

（1）用恰当的方法教育孩子，增加孩子对挫折的承受能力

尽管要竭尽所能地帮助孩子获得成功，妈妈却不要刻意地为孩子排除日常生活中极有可能遭遇的困难。当孩子遭遇挫折时，妈妈不要心急地马上插手，甚至代替孩子解决问题，而是要冷静地对待，给孩子留下独自面对的机会。例如，孩子用很多积木搭建了一座宫殿，遗憾的是，就在宫殿即将大功告成的时候，却在瞬间坍塌了。孩子万分沮丧，在这种情况下，妈妈不要直接代替孩子解决问题，而是要和孩子一起讨论，引导孩子积极地想办法，协助孩子解决问题。只有在日常遭遇挫折的时候，妈妈才能抓住机会提升孩子克服挫折的能力。当孩子有了丰富的经验应对危机，就会获得成就感，也会树立自信心。

遭受挫折，孩子难免情绪低落，妈妈要积极地鼓励孩子，帮助孩子找回自信，勇敢地面对挫折。例如，孩子参加绘画比赛没有获得名次，妈妈要告诉孩子："一个人不可能在每一次比赛中都获得成功。上一次的唱歌比赛，你的表现特别棒。虽然在这次绘画比赛中，你没有获得好名次，但只要坚持努力，你一定会有所进步，做得更好。"妈妈这样劝慰孩子，既能引导孩子接受生命中必然经历的挫折和失败，也能提升孩子的积极性，让孩子勇敢地面对一切不如意。

（2）鼓励孩子参与集体活动，提高耐挫力

在集体活动中，孩子更是常常面对挫折和失败。这些失败给孩子带来了痛苦，也会让孩子更客观冷静地认识自己，

既看到他人的长处，也看到自己的缺点，渐渐地养成自我反省的好习惯。一方面，孩子必须学会欣赏他人，与朋友和谐共处，团结协作；另一方面，孩子在与同伴交流的过程中，将学习如何克服困难、解决问题。孩子积极地参与集体活动，经历磨炼，耐挫力将会大大提升。和孩子一起玩游戏时，妈妈切勿总是故意输给孩子。在必要的情况下，妈妈可以与孩子玩输了也有奖励的游戏，借助这种方法帮助孩子平衡心态。当然，奖励是有前提的，即必须分析并且陈述输掉的原因。

（3）教导男孩从挫折中崛起

逆境和挫折是人生的学校。每个孩子在学习走路时，总是会摔倒，面对成长，更是会遇到大大小小的麻烦。只有在逆境的打磨之下，孩子才能学会战胜逆境，学会控制情绪，勇敢地面对失败，并且朝着困难前行。终有一日，这些经验都会成为孩子人生中的宝贵财富，赋予孩子直面问题的勇气、解决问题的能力、寻找答案的智慧、承受失败的力量。男孩更需要在尝试中战胜挫折，迎接挑战，只有拥有与挫折打交道的经验，男孩才会拥有足够强大的力量面对问题、解决问题。男孩将会为自己能够独立解决问题感到骄傲，对于他们而言，这是一种至高无上的荣誉。在追求荣誉的过程中，男孩将会拥有顽强的意志力，也会更深刻地体验成功。

很多妈妈已经意识到要对孩子进行挫折教育，然而，她们对于挫折教育的理解很肤浅，觉得所谓挫折教育，就是象征性地让孩子吃一点儿苦，接受失败。她们只顾着把挫折摆在孩子面前，却忘记引导孩子怎样才能正确地面对挫折，渡过难关。她们忽略了要帮助孩子树立战胜挫折的信心，寻找战胜挫折的办法。妈妈必须引导孩子分析遭受挫折的根本原因，从中吸取教训，总结经验，并且引导孩子想尽一切办法战胜挫折、克服困难，才能真正地让孩子感受到成功的喜悦，增强孩子的信心，让孩子排除万难战胜困难。假如孩子只凭着自己的力量无法战胜困难，妈妈要及时安慰和鼓励孩子，并且提供帮助，避免孩子因为过分紧张影响身心健康。

挫折教育是抗挫折能力的教育，正确引导孩子学会直面挫折、战胜挫折、与挫折相处，是挫折教育的重中之重。

冲动是魔鬼，提高男孩控制情绪的能力

一个国家有三个勇士，这三个勇士武功高强，总是恃强凌弱。然而，国王特别欣赏这三个勇士。宰相很不服气，也很讨厌这三个勇士，因此想了个办法要惩罚这三个勇士。国王宴请三个勇士喝酒，宰相命令侍从送上两个特别珍贵的桃子给三个勇士。三个人，只有两个桃子，这可怎么分配呢？宰相提议让三个勇士论功行赏，功劳更大的两个人可以吃桃子。第一个勇士三言两语就讲述了自己的功劳，毫不客气地拿起一个桃子囫囵吃掉；第二个勇士也讲述了自己吃桃子的理由，并且毫不谦让地拿起剩下的那个桃子吃了起来。可是三个人中，还没有来得及发言的第三个勇士功劳是最大的。第三个勇士看到桃子转眼就都被吃掉了，恼羞成怒，感慨自己功劳最大，却没有吃到桃子，无颜面对世人，因此拔剑自刎。旁边的人阻拦不及，眼睁睁地看着第三个勇士丧命。

这个时候，另外两个勇士幡然醒悟，意识到他们的功劳根本没有第三位勇士大。但是，他们却厚颜无耻地抢先吃掉桃子，害得第三个勇士失去了性命，也都羞愧地拔剑自刎了。

这个故事让人感到匪夷所思，却恰恰说明了一个人即使做出了伟大的成就，如果不能控制情绪，人生注定会遭遇失败。在必要的情况下，掌控情绪是非常重要的。

从刚刚来到人世的婴儿到白发苍苍的老人，每个人都会发脾气，然而，一个人如果不能控制自己的坏脾气，在人生的道路上就会遭遇重重困境，甚至离群索居，孤独地度过一生。儿童心理专家指出，孩子要从小学会控制情绪，才能具有成功的潜质。有人认为，情商能够决定孩子的人生，这是很有道理的。要想提升情商，就要学会控制情绪。妈妈一定要教会孩子自我克制，做情绪的主人，不要在冲动之下，使人生滑向危险的边缘。否则，孩子的结局只能像以下讲述的故事里的孩子那样，害人害己。

杜威的学习成绩一直很好，他性格内向，沉默寡言，平日里很少说话，但是，他却看不惯那些恃强凌弱、自以为是的同学。班里有一个块头很大的男生喜欢欺负人，同学们都对他敢怒不敢言。有一天，杜威和这个爱欺负人的男生发生争执，在愤怒和冲动之下，居然拿起小刀朝着那个男生刺过去。那个男生尖叫一声倒在地上，后来被老师紧急送往医院抢救。杜威也为他的冲动付出了惨痛的代价。

现实生活中，每个人都会产生不良情绪，例如愤怒。愤怒情绪就像在人心中传染和蔓延的病毒，会使人重病缠身，一蹶不振。留心观察周围的情况，你很容易就能找到愤怒的人。商店里，顾客正在和销售员争执；出租车上，司机因为堵车，脸上写满了不耐烦；公交车上，两个人正在为抢占座位而厮打。在生活中，类似的事情经常发生，不胜枚举。那么你呢？孩子呢？你们是否也会因为各种原因而勃然大怒？

假如孩子经常生气，那么就要让他学会调整情绪。要想调整好情绪，孩子需要掌握一些小技巧。具体而言，妈妈可以参考下面的方法引导孩子：

（1）养成良好的习惯

每当感到怒气冲天的时候，首先要保持清醒和理智，即使很难做到，也要努力尝试。例如，可以面带微笑，深呼吸，或者去洗把脸让自己的头脑更清醒。这些行为都能够有效缓解愤怒的情绪，让自己恢复冷静，认真地思考解决问题的方法。只有养成良好的习惯，宽容地对待他人，热情地做好每一件事情，孩子们才能渐渐地远离愤怒。

（2）预先判断是否可能导致情绪紧张或沮丧

很多容易使孩子感到紧张，甚至沮丧的事情，都是能够提前预测的。这些事情包括一些日常的事情，例如生病住院、即将开学、预先安排某位亲戚到访、有计划地举家搬迁、适逢重要的节日等。为了做好充足的准备，孩子有必要提前和妈妈进行良好的沟通，这样在事到临头的时候，才能保持理性。

（3）走出抑郁的心境

孩子要学会独立解决难题，度过困难时期，并且从消沉失落的状态中恢复过来，还可以从失败中吸取教训，从而努力进取。当坚持这么做，孩子就会健康快乐地成长。孩子会因为各种原因遭受精神创伤，这些原因多种多样，非常复杂。孩子会因为一些意外的事情受到伤害，例如亲眼看见飓风、洪水、火灾等不可预料的事件夺走家园，家庭成员去世，或者自己生病不得不在医院里接受治疗等。发生这些情况时，妈妈要积极地与孩子沟通，让孩子与妈妈齐心协力地解决问题。

身体的伤害很容易愈合，但是，心理的损伤却有可能给孩子的一生留下阴影。在日常生活中，妈妈一定要保护好孩子，避免孩子受到伤害。

(4) 宽容自己不喜欢的人

妈妈要告诉孩子，其他人的表现不会完全符合孩子的希望，世界就是这样充满矛盾和遗憾，这是不可改变的。当孩子因为不喜欢某人某事而陷入愤怒之中时，实际上是在折磨自己。只有接受现实，宽容他人，孩子才能原谅自己。

(5) 不苛求他人的理解

现实生活中，孩子必须接受现实：很多人将永远不理解你。不要因此而恼火，反过来看，你也不可能了解所有接近你的人。此外，你完全没有必要完全理解周围的人。他们与你有所不同是正常现象。总而言之，要端正心态，切勿不切实际地奢望所有人都和你一样，都理解你、支持你，让你凡事都顺心如意。这是根本不可能实现的。

(6) 遇事要冷静以对

当孩子被卷入冲突之中，一定要尽快让孩子恢复平静，可以让孩子告诉自己："冷静、放松。我必须冷静，控制好自己的情绪，想一想我要在这件事情中得到怎样的结果。""我完全没必要显示自己的厉害。没有什么大不了的，没有什么让我必须生气。否则，我就会陷入更大的麻烦中。这件事情也许会有积极的一面，哪怕出现最坏的后果，也不能妄下定论。""他竟然表现得这么无耻，简直可恨。但是，没有谁的脾气像他那么坏，他可真是倒霉。不要怀疑自己，他说的那些话根本不能伤害我。我正在有效地控制局面，一切都在我的掌握之中。"

帮助男孩戒掉坏习惯，养成好习惯

心理学家威廉·詹姆士说："播种一个行动，收获一个习惯；播种一个习惯，收获一种性格；播种一种性格，收获一种命运。"从本质上而言，好习惯是好方法，既是思想的方法，也是做事的方法。培养好习惯，才能找到获得成功的方法。

很多伟大的成功者都有好习惯，反之，所有失败者都有坏习惯作为"帮凶"。伟人之所以伟大，是因为好习惯对他们鼎力相助，失败者之所以失败，是因为坏习惯总是阻碍他们获得成功。对于每个人而言，习惯都是非常重要的。习惯的力量很强大，妈妈要从小培养孩子的好习惯，将来孩子才会有所作为，有所成就。

半个多世纪前，苏联宇航员加加林搭乘"东方"号宇宙飞船，在太空中遨游了108分钟。加加林是世界上第一个进入太空的宇航员，这份殊荣无人能比。那么，加加林为何能够在20名宇航员中脱颖而出呢？是因为他有一个良好的习惯。在确定人选时，20个候选人的实力都很强。在演习之前，主设计师发现在所有人中，只有加加林主动脱了鞋进入机舱。实际上，加加林只是习惯了脱鞋进入机舱，因为他担心把机舱弄脏。看到加加林这么珍惜自己付出心血和汗水造成的飞船，主设计师特别感动，他当即决定让加加林试飞。加加林伟大的、令世人瞩目的成功居然是从脱鞋这个小小的习惯开始的，这告诉我们：每个人都不要忽视好习惯的重要性！

要想更好地生存，如今的孩子们需要养成哪些好习惯呢？

（1）勤奋的习惯

孩子应该从小养成勤奋的好习惯。对于每个孩子来说，勤奋是不可或缺的优秀品质，也是孩子幸福的源泉。假如孩子不能集中精力做有益的事情，那么他的人生必然很不幸。妈妈不但要教育孩子热衷于劳动，还要引导孩子积极地进行劳动实践。妈妈最好每天为孩子安排固定量的劳动，根据孩子的实际情况安排劳动的内容，随着孩子不断成长，劳动也应该由简单到复杂。如果孩子对待劳动三心二意，不能坚持，就无法养成勤奋的好习惯。劳动的合理时间，以小学生每天20~40分钟，中学生每天30~50分钟为宜，此外还可以根据功课多少进行调节。妈妈要引导孩子自己的事情自己做，更要有意识地对孩子强调“主动分担家务”。每当社区、学校安排公益劳动时，妈妈要积极地鼓励孩子，大力支持孩子参加。每逢节假日，妈妈可以增大劳动量，让孩子做一些既费体力又费脑力的事情，通过劳动，孩子还可以提升智慧，增强能力。

（2）守时的习惯

人是习惯的动物，习惯决定人的命运。妈妈要从小培养孩子优秀的习惯，再让孩子在优秀习惯的引导下，走入成功的快车道。在人际交往中，优秀的人都有很强的时间观念，不但自己遵守时间，也要求别人遵守时间。遵守时间，不但不能迟到，也尽量不要过早地到达，以免使对方难堪。假如有朋友来家里做客，有的人早到，有的人晚到，你一定会觉得尴尬。作为妈妈，要教育孩子严格遵守时间。

（3）讲礼貌的习惯

人与人之间讲究礼尚往来，良好的交往要从讲究礼仪开始。一个人如果举止优雅、彬彬有礼，就能受到他人的欢迎，结交更多的朋友，也可以顺利地找到工作。讲礼貌的人都很谦虚谨慎，从不装腔作势、装模作样，更不会不切实际地夸夸其谈、招摇过市。他们做出恰到好处的行为，而并非只靠着言语来证实自己的品质。懂礼貌的孩子讲究文明礼仪，处处受人欢迎。从心理学的角度来评价，他们“被人接纳的程度高”，会成为社交达人。孩子并非天生就讲礼貌，而是要在后天成长的过程中养成讲礼貌的好习惯。孩子天生擅长模仿，会在不知不觉间模仿父母。因此，妈妈一定要讲礼貌，才能为孩子树立好榜样。例如，热情地招待客人，感谢帮助自己的人，在收到礼物后，及时回馈他人等，这些都是有礼貌的行为。当妈妈以身作则，给孩子做好榜样后，在遇到相似的情形时，孩子就会模仿妈妈做得更好。此外，要教会孩子有礼貌地说话，妈妈要多多使用“请”“谢谢”这些礼貌用语和孩子沟通。

（4）热爱阅读的习惯

妈妈要有意识地培养孩子热爱阅读的好习惯。孩子学习的欲望非常强，对于他们而言，学习是一件让人快乐的事情。如果能够满足孩子对于学习的强烈欲望，妈妈就能培养出特别优秀的孩子。在世界上，犹太民族是很聪明的民族，这是因为在犹太人家庭里，妈妈会从小培养孩子阅读的好习惯。据说犹太家庭的孩子稍微懂事后，妈妈就会打开《圣经》，在书页上滴一点蜂蜜，然后引导孩子去亲吻蜂蜜。这个仪式的意思非常明显，就是为了告诉孩子书本是甜的。犹太人家庭还有一个良好的传统，那就是要在床头摆放书橱，而不能在床尾摆放书柜，否则会被认为不尊重书本，遭人指责。正是因为如此，犹太人爱书的传统才能世代相传，深入人心。热爱阅读的传统，让犹太民族精英辈出。要想培养孩子热爱阅读的好习惯，妈妈要为孩子营造书香浓郁的生活环境。

（5）持之以恒的习惯

每一个人的成功都与持之以恒的好习惯密不可分。很多成功者也许在很多方面都有缺点和不足，甚至会犯各种各样的错误，但是，对于他们而言，要想获得成功，就必须有坚持不懈、持之以恒的精神。不管遭遇多少困难，不管遭遇多少挫折，不管是否有人支持自己，成功者始终都能克服困难，决不放弃地坚持下去。每个孩子都应该具备这样的好习惯，才能距离成功越来越近。

学会为人处世，处处受人欢迎

古希腊人认为，一个人即使有着漂亮的外表，如果不具备良好的教养，就不值得人们尊重。英国教育家斯宾塞说："礼仪教养是一个人品质的基础，如果不讲礼貌、不讲文明，孩子的发展就会被禁锢，孩子的品行就会有瑕疵。只有懂礼貌、有教养的人，才能在生活中处处受人欢迎，拥有好人缘，获得更多更好的发展机会。"

有教养能给人留下深刻而良好的第一印象。心理学上的首因效应告诉我们，第一印象能够帮助一个人从人群中脱颖而出。良好的教养，足以弥补一个人外表上的缺陷和不足，他们虽然没有引人注意的外表，却拥有令人赞赏的优雅举止和仪态，举手投足之间都魅力十足。妈妈们要把拥有良好的教养作为培养男孩品质的头等目标。假如没有好教养作为品质的基础，男孩很容易一事无成。有良好教养的人不管走到哪里，都会受人欢迎，他的言行举止让人感到非常舒服，也会在不知不觉间感染他人，得到他人的认可。

妈妈要从小培养孩子的良好教养。很多妈妈觉得孩子还小，因而对孩子放任自流，误以为等到孩子长大了，自然就能遵守规矩，懂得礼仪。这种观点显然是错误的。古人云："不积跬步，无以至千里，不积小流，无以成江海。"如果男孩缺乏教养，就会形成礼仪上的坏毛病，日久天长，习惯成自然，想改正会很难。如今，有很多男孩从小娇生惯养，说话口无遮拦，家里来了客人也不懂得礼貌招待，饭桌上总是挑选自己喜欢的东西吃，丝毫不顾及旁人……假如妈妈不及时纠正孩子的这些坏毛病，孩子难道会在某天早上醒来后突然变得彬彬有礼吗？培养男孩的文明教养，与让孩子发展天真无邪的本性并不冲突。反之，越是懂得礼仪的男孩，越是能够获得更自由的天地发展自己，因为他不管走到哪里都是受人欢迎的。既然好教养这么重要，妈妈切勿对男孩放任自流，让孩子成为他人眼中"不懂事""不懂规矩""招人讨厌"和"素质低下"的反面教材，而是要努力提高男孩的教养，特别是要教会男孩讲文明、懂礼貌。

有一位妈妈带着儿子陌陌去拜访某位教育专家，想要解决在教育孩子方面的难题。妈妈告诉教育专家："前几天，有个朋友来家里做客。朋友刚刚进门，看见8岁的陌陌正坐在客厅全神贯注地看动画片。朋友微笑着走进客厅，没想到陌陌抬起头冷漠地看了看朋友，再没有任何表示，继续盯着电视屏幕看动画片。朋友友好地和陌陌打招呼，向陌陌问好，陌陌也只是再次扭头看了朋友一眼，就自顾自地接着看电视了。"

教育专家问妈妈："那么，看到孩子的表现，你是怎么做的？"妈妈回答："开始的时候，我还很友善地引导孩子和朋友打招呼，但是看到孩子继续沉默，继续旁若无人地看电视，我觉得很丢脸，只好尴尬地向朋友解释，说陌陌天生胆小，不爱说话。"

不难想象，当时妈妈肯定觉得特别尴尬，所以才会向朋友解释说陌陌不爱说话，天生胆小。然而，如果妈妈总是这样为孩子搪塞，找借口推卸责任，孩子就会越来越不懂礼貌。上述事例中，妈妈并不了解孩子的心思。现实生活中，很多妈妈的做法都和这个妈妈类似，而实际上妈妈只是觉得自己脸上挂不住，所以才为自己找台阶下。

如果了解孩子的心理，妈妈就会知道，孩子之所以不和朋友打招呼，很可能并非胆子小，也不是没礼貌，而是因为孩子正在看电视，说不定在看到朋友走进客厅的时候，他的所有心思依然沉浸在有趣的剧情里，根本没有回过神来。孩子的经验、技巧都有待发展，面对这样的突发情况，无法在第一时间妥善处理是很正常的。

下面是基本的礼仪教养常识，妈妈要教会男孩，让男孩认真学习，对照着这些常识去做，这样男孩才能成为彬彬有礼的"小绅士"。即使你曾经教过男孩这些常识，也不妨"温故而知新"，加深男孩的印象，强化男孩的礼貌行为。

（1）做客礼仪

在去别人家做客之前，妈妈很有必要与男孩沟通去谁家、要见什么人、如何称呼，还要告诉男孩见到主人说些什么，让男孩有心理准备。主人开门的时候，男孩要首先问好，例如“阿姨好”“叔叔好”“爷爷好”“奶奶好”。

到了主人家里，男孩切勿和在自己家一样随处走动，上蹿下跳，更不要随便乱翻主人家的东西。

主人招待水果或者饭菜时，男孩要对主人表示感谢，及时说“谢谢”。

大人谈话时，男孩不能插话或者随意打断大人说话，而是要安安静静地在一旁等待，除非大人问话的时候，才能礼貌地回答。当男孩插话时，妈妈切勿当着主人的面指责男孩，而是在事后教会男孩不插嘴的道理。

如果主人的孩子和男孩年龄相仿，男孩可以与小主人一起玩耍。妈妈要提前告诉男孩，和小主人一起玩耍的时候，要尽量让着小主人，避免发生冲突。

用餐的时候，不能抢先入座，要等主人落座之后，客人再落座。就餐时，也要等主人开餐后，客人才能动筷子。主人夹菜或者照顾客人时，男孩一定要及时说“谢谢”。

告辞的时候，妈妈要让男孩感谢主人的盛情款待，并且提醒男孩不带走主人家的任何物品，诸如玩具或者零食等。

做客回到家里之后，妈妈可以引导男孩说说做客的感想，引导男孩意识到当主人的辛苦。当家里有客人来的时候，妈妈还可以给男孩机会学习当好小主人，招待好客人。

做客时，男孩要穿着整洁得体的衣服，符合场合的需要，且要穿着舒适。

（2）公共场合礼仪

外出前，妈妈要细致地叮嘱男孩这趟出门要做什么事情，并且明确地为男孩立下规矩，确保男孩明白待人处事的注意事项，严格遵守。虽然这么做有些啰唆，但是可以在短时间内在男孩脑子里形成基本印象，以免在大庭广众之下出“洋相”。

妈妈要坚守原则，当过于活泼好动的男孩在超市等公共场合跑来跑去，吵闹不休，且妈妈屡次劝说男孩无效时，一定要冷静处理，最好马上带着男孩回家，让他深刻认识到在公共场合里必须好好表现，否则就会被暂时剥夺出门的机会。

妈妈带男孩去餐厅吃饭时，要先对男孩说明具体情况，并且叮嘱男孩在餐厅里切勿大声喧哗。

教会男孩经常使用“请”“对不起”“很抱歉”“谢谢”等礼貌用语，这样才能更好地与人交流。妈妈要告诉男孩，只有使用这些礼貌用语，才能给人留下良好的印象。

告诉男孩，在遇到熟人时要主动打招呼，切勿视而不见。路上在拥挤处遇到行人，要对行人礼貌谦让。在公交车上，如果乘客很多，年龄稍大的男孩要主动给老幼病残孕让座。

向他人问路时，男孩要有礼貌，说“对不起，请问您……”“请问……”等礼貌用语，并且以恰当的称呼与他人打招呼，例如“爷爷”“奶奶”“叔叔”“阿姨”等。问完路之后，要记得对他人说“谢谢您”。

妈妈应该教会男孩即使心有不满，也不要当着他人的面发泄愤怒，把所有的话都口无遮拦地说出来，更不能出口伤人。例如，在公共场合玩耍，即使和小朋友发生冲突，也不要随口骂小朋友。

(3) 日常个人礼仪

男孩要保证仪容仪表整洁干净，每天都要清洁头发、脸部、脖子、牙齿、双手等经常示人的身体部位；要经常修剪指甲，不当着陌生人的面嚼口香糖；要经常洗澡、换衣服，避免身体散发异味，惹人生厌。

古人曾经概括标准的仪态："站如松，行如风，坐如钟，卧如弓。"时至今日，这样的标准仪态依然适用。走路时，要保持身体直立，挺胸收腹，避免八字脚。切忌耸肩、塌腰。在正式场合，不要双手交叉，也不要双手叉腰，切勿半躺半坐、身体摇晃，也不要跷起二郎腿，以免给人留下糟糕的印象。

对人要毕恭毕敬，尊重和理解他人，对他人充满善意。当着他人的面，切忌剔牙、掏耳、挖鼻、搔痒、抠脚，这些不雅观的动作都不适宜在公共场合出现。

谈吐时要认真严肃，说话简明扼要，既不能沉默寡言，也不能喋喋不休，要认真倾听对方讲话。与他人交谈的时候，要看着他人的眼睛，切忌东张西望，心不在焉。

做错事情，一定要及时真诚地道歉。人非圣贤，孰能无过，道歉也是讲礼貌的重要表现。当男孩因为疏忽大意出现失误，犯了错误，给他人造成伤害时，真诚地道歉是对他人的弥补和心理慰藉，也是对他人的尊重。与此同时，还能表现出男孩的悔过之情。在人际交往中，道歉是挽回过错最直接且最有效的办法，也是男孩形成是非观念，理解和关注他人的感受，学习弥补错误的必经之路。

一个人是否有教养，将会影响人的一生。妈妈一定要从小教育男孩。相信男孩即使长大成人，也会始终牢记妈妈的叮嘱，也会理所当然地遵守规矩，承担责任。这将会让男孩受益一生，也会让男孩的人生之路走得更顺畅。

培养男孩的感恩之心

现实生活中，很多妈妈都会无条件地为孩子付出，却从来不知道必须教会孩子感恩，让孩子有回报父母的孝心。没有感恩之心的孩子是自私的，只有懂得感恩父母、回报父母的孩子，才能学会付出，学会感谢，学会实现自己的价值，回报社会。

在第38届国际奥林匹克数学竞赛上，来自天津的安金鹏获得了金牌。安金鹏家境贫困，他的妈妈特别坚强，从来不向命运低头，反而无私地为孩子奉献所有。安金鹏把妈妈的所作所为看在眼里，记在心里。他满含深情地写了一篇文章献给妈妈，名字叫：《母亲啊，你是我最好的导师》。在这篇文章里，安金鹏写道：

……跛着脚的妈妈正在为我擀面，这面粉是妈妈用积攒的五个鸡蛋和邻居换来的。前天，为给我多筹点儿学费，她推着一辆平板车去卖蔬菜，在路上不小心扭伤了脚。

端着碗，我哭了。我撂下筷子跪到地上，抚摩着妈妈肿得比馒头还高的脚，眼泪如同断了线的珠子一般滚落到地上……

……

我家太穷了，家里欠的债每年都在增加。我的学费是妈妈借来的，我总是把同学扔掉的铅笔头捡起来积攒着，把它用细线捆在一根小棍上继续用。我还会用橡皮把写过字的练习本擦得干干净净，再接着用。

……

我的妈妈常常以一种原始而悲壮的方式收割地里的麦子。她的力气不够大，无法把所有的麦子挑到场院脱粒，家里也没有钱雇人使用脱粒机脱粒。她是熟一块地就割一块地，然后用平板车把割下来的麦子拉回家。晚上，她在院子里铺一块塑料布，然后用双手抓一大把麦秆不停地摔打在一块大石头上……三亩地的麦子，她一个人全都割完了。干活儿的时候，她累得实在站不住，就跪在地上割，膝盖磨破了，走路一瘸一拐的……

为了让我填饱肚子，她每个月都要步行十多里地，为我批发20斤方便面渣，让我带到学校里吃。每个月底，妈妈都会扛着一个鼓鼓的面袋子，步行10里路，到大沙河乡车站乘公共汽车，路途遥远地来天津看我。袋子里除了方便面渣，还有妈妈从6里外的安平镇一家印刷厂要来的废纸——我可以当作草稿纸用，演算题目。还有一大瓶咸菜丝、一大瓶黄豆辣酱，以及一把理发推子。在天津，理一次发最便宜也要5元钱，妈妈来看我的时候就会给我理发，这样我就可以省下5元钱多买几个馒头吃。

在天津一中，我是全校唯一连食堂里的素菜也吃不起的学生，我每顿饭都吃两个馒头，回宿舍泡点方便面渣，就着咸菜和辣酱囫囵吞咽下去；我还是全校唯一用不起草稿纸的学生，我只能用一面印字的废纸打草稿；我还是全校唯一没用过肥皂的学生，每次洗衣服都去食堂要点碱面。即便如此，我从来不曾感到自卑。我的妈妈是一个向苦难、向厄运抗争的英雄，我为有这样的妈妈感到骄傲！

……

我要用我的整个生命感激一个人，那就是辛苦哺育我成长的妈妈。她是一个普通的农妇，但是她教给我的做人的道理却能够激励我一生。

在教育孩子的过程中，安金鹏的妈妈没有被爱蒙蔽双眼，更没有被苦难的生活打倒，她始终清醒地认识到，应该把孩子培养成一个对社会有贡献、有价值的人，而孩子要想回报社会，就要从回报妈妈的养育之恩开始。

很多孩子都不懂得回报妈妈的养育之恩，不是孩子太自私，不懂事，而是因为妈妈从来没有给过孩子机会表达感恩之情。妈妈要有意识地培养孩子的感恩之心和回报意识。小羊跪乳，乌鸦反哺，而孩子又要拿什么来回报妈妈的艰辛呢？

嘉乐正在吃巧克力，妈妈正好下班回家，当即要求嘉乐分一点儿巧克力给她吃。嘉乐不同意，妈妈耐心地给嘉乐讲道理，然而，嘉乐还是不同意。这个时候，妈妈假装生气。看到妈妈生气了，嘉乐无奈地分了一半巧克力给妈妈。

事后，妈妈解释道："我并不是必须吃孩子的巧克力，我只是想让孩子从小就学会分享，拥有感恩之心，主动感谢父母，回报父母。"

还有一位妈妈也很高明，她常常引导孩子主动感谢父母。

这位妈妈特别喜欢仙人球，所以常常告诉孩子养花草的好处。有一次，妈妈带儿子去逛花市，看了很多的仙人球，然而，她只是问了问仙人球的价钱，却连一盆仙人球都没有买。她对儿子说："这里的仙人球简直太好看了，可惜太贵了。"

回到家里，妈妈始终都在惦记着那些仙人球，时不时地就会说起仙人球。很快就要到母亲节了，大街小巷都张贴着商家关于母亲节的促销广告，这些广告无形中提醒孩子要孝敬母亲。

母亲节到了，妈妈刚刚下班回到家里，就看到桌子上摆着一盆仙人球，还有儿子的一封亲笔信。儿子在信里写道："妈妈，您已经养育了我12年，我没有什么可以报答您的。我知道您特别喜欢仙人球，就用攒下来的零花钱买了一盆仙人球送给您，这代表了儿子对您的感激之情。"

妈妈欣慰地笑了，原来，这是她精心设计的课程，目的就是培养孩子的感恩之心。

让很多妈妈感到欣慰的是，如今有很多学校越来越重视对孩子的感恩教育。

有一所中学每年都会给学生布置特殊的任务，即要求孩子写一篇"亲情作文"。通过作文的形式，孩子可以更加深入地体念父母的辛苦和教养自己的恩情。借助这种方式，学校教会学生感谢父母，努力读书，勤奋学习，用成绩回报父母。为了家校互动，学校还会把学生的"亲情作文"寄给父母，让父母也加强对孩子的感恩教育。

"今天，当我找出各种理由为自己语文考试失利辩解时，原本以为妈妈会和我一起抱怨，想不到妈妈却严厉地批评了我：遇到任何事情，都不要给自己找借口，对就是对，错就是错。的确，当结果成为现实，我不该逃避责任，而应该积极地总结经验，从失败中吸取教训。我要感谢妈妈，她使我始终保持清醒，也督促我坚持进取。"这是一位中学生的感恩作文，情真意切，知道妈妈的用心良苦。

除了感恩父母之外，孩子还要感恩老师。马其顿国王亚历山大说："我尊重亚里士多德，就像尊重我的亲生父亲。我的生命属于亲生父亲，亚里士多德却赋予我生命价值的一切。"

老师教会孩子们知识，为孩子们打开知识的宝库。古今中外，很多有所成就的人都特别感谢老师。

有一次，陈景润登门拜访李文清教授。陈景润特别感激李文清教授，他始终牢记正是李文清教授鼓励他向“哥德巴赫猜想”发起挑战。

李文清教授请陈景润进入客厅。陈景润对李教授说：“我来到北京之后，一直不敢忘记老师的教诲和扶持。现在从事研究工作，我更加深切地认识到，老师曾经对我的指导和培养特别重要，是老师帮我打下了基础。”

随后，陈景润把前段时间刚刚发表的数学论文送给李教授，请李教授审阅。在论文的扉页上，他一笔一画地写道：

尊敬的李文清教授：

非常感谢老师长期以来对我的指导和培养。

学生陈景润

他从随身带着的黑包中拿出一套国画图片、一包北京特产的糖果、一支烫着“全国人民代表大会”金字的铅笔，双手送给教授。告辞的时候，陈景润再三要求教授经常写信给他，多多指导他。

妈妈教育孩子感谢师长，要引导孩子从点点滴滴的小事做起，表达尊师重教之情。例如尊敬老师，不给老师增加烦恼，课间帮助老师擦黑板，主动给老师添茶倒水等。特别要教育孩子努力认真地学习，以良好的学习成绩回报老师的谆谆教诲。

在生命的历程中，每个人都会结交一些朋友。真正的朋友既能够同甘共苦，也能够在关键时刻助力孩子们解决人生中突如其来的困难和麻烦。一个人的成功，与朋友的支持有一定的关系。

有家商贸有限公司举行周年庆活动，总经理在台上致辞：“感谢一直以来支持我，关心我，陪我一起风雨同舟的同事和朋友们，感谢生命中所有激励我成长的人。当我沉浸在胜利的喜悦中沾沾自喜时，是他们提醒我要有危机意识，要居安思危。他们是我的良师益友，也是我的人生伙伴。借此机会，我向他们表示真挚的感谢。”

妈妈要教育孩子怀着平常心对待他人，也要热情慷慨地帮助他人，不要总是希望得到他人的回报。然而，对于他人给予的帮助，孩子们理应怀有回报的心意，做一个知恩图报、心怀感恩的人。

【培养孩子习惯的常见误区】

(1) 缺乏意识

很多妈妈对培养孩子的习惯不以为意，甚至认为培养孩子的习惯是学校的责任，和自己无关。有这种想法的妈妈不能深刻认知孩子的教育问题，很容易纵容孩子染上恶习。

(2) 方法不当

很多妈妈一旦发现孩子有不好的习惯，就会对孩子采取强硬的手段，不讲究方式方法地禁、堵、卡，甚至训斥、吓唬、打骂、体罚孩子，使孩子产生逆反心理，使教育事与愿违。

(3) 全权代劳

这样的妈妈特别溺爱孩子，只要求孩子考取更高的分数，在其他方面对孩子宠爱放纵，导致孩子任性、懒惰、懈怠，依赖成性，缺乏自主、自立能力，更无法培养孩子形成良好的生活习惯和学习习惯。